“十二五”国家重点图书出版规划项目
交通运输建设科技丛书·水运基础设施建设与养护
长江黄金水道建设关键技术丛书

长江中游荆江河段航道整治关键技术

刘怀汉　黄召彪　高凯春　著

人民交通出版社股份有限公司
China Communications Press Co.,Ltd.

内 容 提 要

本书为《长江黄金水道建设关键技术丛书》之一，依托长江中游荆江河段航道整治工程，围绕长江黄金水道建设，以提高荆江河段通过能力为目标，重点介绍了长江中游荆江河段航道系统整治中的整治原则、整治参数、整治措施、建筑物结构、航道治理目标、枯水碍航预测预报及航道整治建筑物使用年限等关键技术。

本书可供从事航道整治工程前期研究和设计工作的技术人员使用，也可供高等院校相关专业师生参考。

Abstract

As one book of the *Key Techniques for Construction of the Yangtze Golden Waterway Book Series*, this book, which relies on waterway regulation engineering of Jingjiang River in the Middle Yangtze River and takes carrying capacity improvement of the Jingjiang River as goal that around the Yangtze golden waterway construction, emphatically introduces key techniques used in systematic waterway regulation of Jingjiang River in the Middle Yangtze River, such as regulation principles, regulation parameters, regulation measures, structures, regulation goals, shipping obstruction prediction at low water stage, structures' life, etc.

This book can serve as reference not only for the technicians who are engaged in the preliminary study of waterway regulation engineering and design work, but also teachers and students of related specialties in colleges and universities.

图书在版编目 (CIP) 数据

长江中游荆江河段航道整治关键技术 / 刘怀汉，黄召彪，高凯春著. -- 北京：人民交通出版社股份有限公司，2015.12

（长江黄金水道建设关键技术丛书）

ISBN 978-7-114-12556-0

Ⅰ. ①长… Ⅱ. ①刘… ②黄… ③高… Ⅲ. ①长江－航道整治－研究－荆州市 Ⅳ. ① U617

中国版本图书馆 CIP 数据核字 (2015) 第 255413 号

长江黄金水道建设关键技术丛书

书　　名：长江中游荆江河段航道整治关键技术

著 作 者：刘怀汉　黄召彪　高凯春

责任编辑：刘　倩　王　霞

出版发行：人民交通出版社股份有限公司

地　　址：（100011）北京市朝阳区安定门外外馆斜街 3 号

网　　址：http://www.ccpress.com.cn

销售电话：（010）59757973

总 经 销：人民交通出版社股份有限公司发行部

经　　销：各地新华书店

印　　刷：北京盛通印刷股份有限公司

开　　本：787 × 1092　1/16

印　　张：23.5

字　　数：547 千

版　　次：2015 年 12 月　第 1 版

印　　次：2015 年 12 月　第 1 次印刷

书　　号：ISBN 978-7-114-12556-0

定　　价：70.00 元

（有印刷、装订质量问题的图书由本公司负责调换）

《交通运输建设科技丛书》
编审委员会

《长江黄金水道建设关键技术丛书》
审定委员会

《长江黄金水道建设关键技术丛书》主要编写单位

交通运输部长江航务管理局

交通运输部水运科学研究院

南京水利科学研究院

交通运输部长江口航道管理局

交通运输部天津水运工程科学研究院

中交第二航务工程勘察设计院有限公司

武汉理工大学

重庆交通大学

长江航道局

长江三峡通航管理局

长江航运信息中心

上海河口海岸科学研究中心

《长江黄金水道建设关键技术丛书》编写协调组

组　长　杨大鸣（交通运输部长江航务管理局）

成　员　高惠君（交通运输部水运科学研究院）

裴建军（交通运输部长江航务管理局）

丁润铎（人民交通出版社股份有限公司）

总　序

近年来，交通运输行业认真贯彻落实党中央、国务院“稳增长、促改革、调结构、惠民生”的决策部署，重点改革力度加大，结构调整积极推进，交通运输科技攻关不断取得突破，促进了交通运输持续快速健康发展。目前，我国公路总里程、港口吞吐能力、全社会完成的公路客货运量、水路货运量和周转量等多项指标均居世界第一。交通运输事业的快速发展不仅在应对国际金融危机、保持经济平稳较快发展等方面发挥了重要作用，而且为改善民生、促进社会和谐做出了积极贡献。

长期以来，部党组始终把科技创新作为推进交通运输发展的重要动力，坚持科技工作面向需求，面向世界，面向未来，加大科技投入，强化科技管理，推进产学研相结合，开展重大科技研发和创新能力建设，取得了显著成效。通过广大科技工作者的不懈努力，在多年冻土、沙漠等特殊地质地区公路建设技术，特大跨径桥梁建设技术，特长隧道建设技术，深水航道整治技术和离岸深水筑港技术等方面取得重大突破和创新，获得了一系列具有国际领先水平的重大科技成果，显著提升了行业自主创新能力，有力支撑了重大工程建设，培养和造就了一批高素质的科技人才，为交通运输科学发展奠定了坚实基础。同时，部积极探索科技成果推广的新途径，通过实施科技示范工程，开展材料节约与循环利用专项行动计划，发布科技成果推广目录等多种方式，推动了科技成果更多更快地向现实生产力转化，营造了交通运输发展主动依靠科技创新，科技创新服务交通发展的良好氛围。

组织出版《交通运输建设科技丛书》，是深入实施创新驱动战略和科技强交战略，推进科技成果公开，加强科技成果推广应用的又一重要举措。该丛书分为公路基础设施建设与养护、水运基础设施建设与养护、安全与应急保障、运输服务和绿色交通等领域，将汇集交通运输建设科技项目研究形成的具有较高学术和应用价值的优秀专著。丛书的逐年出版和不断丰富，有助于集中展示和推广交通运输建设重大科技成果，传承科技创新文化，并促进高层次的技术交流、学术传播和专业人才培养。

今后一段时期是加快推进“四个交通”发展的关键时期，深入实施科技强交战略和创新驱动战略，是一项关系全局的基础性、引领性工程。希望广大交通运输科技工作者进一步解放思想、开拓创新，求真务实、奋发进取，以科技创新的新成效推动交通运输科学发展，为加快实现交通运输现代化而努力奋斗！

王昌顺

2014年7月28日

序

（为《长江黄金水道建设关键技术丛书》而作）

河流，是人类文明之源；交通，推动了人类不同文明的碰撞与交融，是经济社会发展的重要基础。交通与河流密切联系、相伴而生。在古老广袤的中华大地上，长江作为我国第一大河流，与黄河共同孕育了灿烂的华夏文明。自古以来，长江就是我国主要的运输大动脉，素有“黄金水道”之称。水路运输在五大运输方式中，因成本低、能耗少、污染小而具有明显的优势。发展长江航运及内河运输符合我国建设资源节约型、环境友好型社会以及可持续发展战略的要求。目前，长江干线货运量约20亿t，位居世界内河第一，分别为美国密西西比河和欧洲莱茵河的4倍和10倍。在全面深化改革的关键期，作为国家重大战略，我国提出“依托长江黄金水道，建设长江经济带”，长江黄金水道又将被赋予新的更高使命。长江经济带覆盖11个省（市），面积205.1万km^2，约占国土面积的21.4%。相信长江经济带的建设将为“黄金水道”带来新的发展机遇，进一步推动我国水运事业的快速发展，也将为中国经济的可持续发展提供重要的支撑。

经过60余年的努力奋斗，我国的内河航运不断发展，内河航道通航总里程达到12.63万km，航道治理和基础设施建设不断加强，航道等级不断提高，在我国的经济社会发展中发挥了不可估量的作用。长江口深水航道工程的建成和应用，标志着我国水运科学技术水平跻身国际先进行列。目前正在开展的长江南京以下12.5m深水航道工程的建设，积累了更多的先进技术和经验。因此，建设长江黄金水道具有先进的技术积累和充足的实践经验。

《长江黄金水道建设关键技术丛书》围绕“增强长江运能”这一主题，从前期规划、通航标准、基础研究、航道治理、枢纽通航，到码头建设、船型标准、安全保障与应急监管、信息服务、生态航道等方面，对各项技术进行了系统的总结与著述，既有扎实的理论基础，又有具体工程应用案例，内容十分丰富。这套丛书是行业内集体智慧之力作，直接参与编写的研究人员近200位，所依托课题中的科研人员超过1 000位，参与人员之多，创我国水运行业图书之最。长江黄金水道的建设是世界级工程，丛书涉及的多项技术属世界首创，技术成果总体处于国际先进水平，其中部分成果处于国际领先水平。原创性、知识性和可读性强为本套丛书的突出特点。

该套丛书系统总结了长江黄金水道建设的关键技术和重要经验，相信该丛书的出版，必将促进水运科学领域的学术交流和技术传播，保障我国水路运输事业的快速发展，也可为世界水运工程提供可资借鉴的重要经验。因此，《长江黄金水道建设关键技术丛书》所总结的是我国现代水运工程关键技术中的重大成就，所体现的是世界当代水运工程建设的先进文明。

是为序。

南京水利科学研究院院长
中国工程院院士
英国皇家工程院外籍院士
张建云

2015年11月15日

序

（为《长江中游荆江河段航道整治关键技术》而作）

“万里长江，险在荆江”。荆江位于长江中游，上起湖北枝城，下迄湖南城陵矶，约占长江干线的1/8。其上游，受益于三峡大坝、葛洲坝水利枢纽工程，呈现“高峡出平湖”，水深显著提高，恶劣的航行条件得到改善；其下游，有洞庭湖的水量汇入，水量增加，再加上较好的水域条件，大型船舶皆可畅行无阻。唯有荆江河段九曲回肠、滩多水浅，历来是长江黄金水道上的航运“瓶颈”，不仅拉低了长江整体通航能力，而且航行不畅使船舶运输成本增加，运输效率下降。

“山虽渺，能阻百川，水虽渺，可控千沙”。在国家加快长江等内河水运发展的大背景下，为了更好发挥黄金水道在综合交通运输体系中的功能和作用，治理荆江航道刻不容缓！鉴于荆江河道水沙及边界条件复杂，航道条件极不稳定，航道治理难度很大，研究解决荆江航道治理中关键性技术难题的重要性不言而喻，也是有效实施整治工程建设的关键环节和必要措施。

“山随平野尽，江入大荒流”。很欣喜地看到《长江中游荆江河段航道整治关键技术》得以出版。本书在总结前人研究成果的基础上，很好地融入了自身科研工作、工程实践经验，体现了作者在航道工程专业领域的研发能力和技术总结水平。本书内容丰富，从多角度、多学科对荆江河段进行了系统的分析讨论，涵盖了荆江河段的历史演变、地理环境变迁，重点对荆江河段的航道演变特征、整治原则与思路、设计水位与整治参数、整治措施、整治建筑物结构作了较为详细的阐述，并集成了最新的研究成果，提出了一些新见解。随着2013年9月长江中游荆江昌门溪至熊家洲段航道整治工程开工建设，本书的成果也得到了工程实践的应用和检验，为工程顺利实施提供了有力的技术支撑。

值得一提的是，本书中提出了长河段系统整治的理念、方法、多种新型整治建筑物结构，并首次在航道领域阐述了“可靠度”的概念和确定方法，这在国内其他著作中并不多见，具有较强的创新意义。本书的出版发行，对丰富内河航道整治的专业理论、促进学科技术进步将起到积极作用，可供从事航道相关专业工作的教学、科研人员参考借鉴。

本书虽然提供了具有理论和实际应用价值的航道整治技术，但荆江航道的系统整治仍然任重而道远。随着依托黄金水道推动长江经济带发展的国家战略实施，必然要求进一步提升黄金水道功能和通过能力，围绕生产实践的新需求解决关键技术难题永无止境。衷心期待广大工程技术人员及科研工作者能继续深入研究，克难攻坚、不断创新，贡献更大的力量和能量。

中国工程院院士

2015 年 11 月 20 日

前 言

长江中游荆江河段九曲回肠，滩多水浅，历来是长江黄金水道上的“瓶颈”。由于河道边界条件极为复杂，航道条件极不稳定，航道治理难度极大，提升荆江河段的通过能力，必须研究解决航道系统治理中的关键性技术并加以应用。

交通运输部科技项目重大专项“黄金水道通过能力提升技术”项目中设置了“长江中游荆江河段航道系统治理关键技术研究”课题，承担单位有：长江航道规划设计研究院、交通运输部天津水运工程科学研究院、南京水利科学研究院、武汉大学、重庆交通大学、长江科学院、长江重庆航运工程勘察设计院、长江航道局荆江航道整治工程建设指挥部。承担单位采用踏勘调研、原型观测、数值模拟、水槽试验和理论分析相结合的技术手段，开展了新水沙条件下长江中游荆江河段航道系统整治原则与基本方法、新水沙条件下长江中游荆江河段航道系统治理整治参数、荆江长河段航道系统整治措施、荆江全河段枯水碍航预测预报系统、荆江河段航道整治建筑物新型结构及施工工艺、荆江河段提高规划标准及治理目标、整治建筑物的可靠度和设计使用年限等方面的深入研究，提出了新水沙条件下荆江河段航道系统整治原则、整治参数确定方法、整治措施、建筑物新型结构及建筑物可靠度评估技术，明确了荆江河段航道尺度提高的可能性，开发了荆江全河段枯水碍航预测预报系统，为长江中游荆江河段航道治理提供了科学依据，并对其他内河高等级航道系统整治起到借鉴、指导作用。本书由课题组各单位的研究成果整理总结而成，共8章。

第1章为绪论，由刘怀汉、黄召彪编写。本章简要介绍了荆江河段概况以及河道治理规划，调研分析了荆江河段已建航道整治工程整治措施的适应性，总结了荆江河段航道治理技术以及系统整治需求和内涵。

第2章为荆江河段航道系统演变特征，由张明进、杨燕华、江凌、渠庚编写。本章总结了三峡工程蓄水后荆江河段新水沙特性，分析了三峡工程蓄水后荆江河段不同河型河床演变特点，初步揭示了上下游河段的演变关联性、水沙变化对河床演变的影响，总结了新水沙条件下荆江河段碍航特性，预测了航道条件变化趋势。

第3章为荆江河段航道系统治理基本原则与方法，由张明进、李明、邓金运、张幸农、陈长英编写。本章揭示了守护型控导工程实现航道条件改善的机理，提出了新水沙条件下荆江河段航道系统整治原则及基本方法，三峡水库蓄水后适用于荆江河段的设计水位确定方法，以及守护型工程和调整型工程的整治参数确定方法。

第4章为荆江河段航道系统整治措施，由李一兵、朱玉德、郑惊涛编写。本章归纳总结了长江中下游整治建筑物设计中需要注意的问题，提出了长河段系统治理措施以及荆江河段各类建筑物平面与竖向设计方法，进行了长江中下游三种主要心滩守护建筑物适用条件的水槽概化模型试验，提出了大小结合的透水框架守护心滩结构形式。

第5章为荆江河段航道整治建筑物新型结构及施工工艺，由曹民雄、马爱兴、柴华峰、喻涛编写。本章调研分析了荆江已建航道整治建筑物的稳定性及影响因素，结合数学模型计算和概化模型试验，全面分析了不同影响因素下及强冲刷条件下丁坝、软体排周围水位、流速、紊动能分布等水力特性及冲刷规律，揭示了破坏机理，提出了丁坝、软体排的修复技术，并提出了适应荆江河段强冲刷条件的空心块体筑坝新结构、波状式压载体的护滩软体排新结构以及相应的施工工艺。

第6章为航道整治建筑物的可靠度评估技术，由王平义、喻涛、韩林峰、曾涛、朱代臣编写。本章总结分析了长江中游荆江河段航道整治建筑物的水毁原因，界定了航道整治建筑物可靠度的内涵，并结合软体排、丁坝两种典型整治建筑物可靠度的水槽概化模型试验，建立了整治建筑物水毁数据库，提出了基于软体排抗滑、抗掀等的时变可靠性分析及计算方法，建立了基于软体排水毁面积计算方法和模糊数学理论的可靠性判别模型，建立了基于水毁体积比的抛石丁坝可靠性判别模型，提出了洪水作用下丁坝水毁等效原理的可靠度及设计使用年限计算方法，探讨了延长丁坝使用年限的相关对策。

第7章为荆江全河段枯水碍航预测预报系统，由黄召彪、黄成涛、李明、张明、刘林、邓金运编写。整合短期（3～7d）、退水期（3个月左右）、长期（10年）三个层面的航道条件预测功能，形成一个基于GIS技术与河流数值模拟技术的系统平台，并应用于荆江河段。

第8章为荆江河段规划标准及治理目标研究，由高凯春、江凌、张为、张明编写。本章建立了荆江全河段平面二维水沙数学模型，研究了荆江河段3.5m航道整治工程实施后的航道条件变化趋势，初步分析了航道规划标准与水运发展趋势的适应性，综合提出了荆江河段提高的航道规划标准及相应措施。最后对本书的特点进行了全面总结。

本书撰写过程中得到了交通运输部西部项目管理中心、交通运输部科技司、交通运输部长江航务管理局、长江航道局等单位的领导和专家的大力支持，同时得到了国内许多同行专家的帮助和指正，在此表示衷心感谢。在本书编写过程中，王建斌副局长提出了许多宝贵的意见，并给予了指导，编者谨致以衷心的谢忱。

限于作者的学识及写作水平，书中难免存在不足、遗漏甚至错误之处，敬请批评指正。

作　者

2015年6月

目录

1 绪 论

1.1 荆江河段概况

长江发源于青藏高原的唐古拉山脉格拉丹冬峰西南侧的沱沱河，干流流经青海、西藏、四川、云南、重庆、湖北、湖南、江西、安徽、江苏、上海 11 个省（自治区、直辖市），在上海市崇明岛注入东海。支流延伸至贵州、甘肃、陕西、河南、广西、广东、浙江、福建 8 个省、自治区。长江是我国第一大河，流域面积 180 万 km^2，约占全国总面积的 1/5，干流长 6 397km，仅次于尼罗河和亚马逊河，居世界第 3 位。长江水量充沛，源远流长，终年不冻，干流横贯东西、通江达海，主要支流沟通南北，深入腹地，是连接我国东、中、西部地区的重要纽带，被称为“黄金水道”。长江水运具有占地少、耗能低、运量大、污染小等特点，发展长江水运符合我国建设资源节约型、环境友好型社会以及实施可持续发展战略的要求，是长江沿江经济持续、快速发展的重要支撑，也是实施西部大开发战略的重要依托。

长江流域共有通航河流 3 600 多条，总计通航里程约为 7×10km（其中，0.7m 以上水深的通航里程为 5.7×10km），占全国内河通航里程的 70%，各项运网密度指标均高于全国平均水平。长江干线航道上起云南水富港，下至长江入海口，全长 2 838km，是我国长江流域综合运输体系的主骨架。按照河道水文和地理特征，把长江作如下划分：宜昌以上河段为上游，宜昌至湖口河段为中游，湖口以下河段为下游。长江航道部门根据航道维护管理特点，宜昌以上称长江上游航道，其中宜宾至宜昌称为川江，宜昌至武汉称长江中游航道，武汉至江苏浏河口称为长江下游航道。

长江中游宜昌至湖口段，全长约 900km，属平原河流，航道蜿蜒曲折，演变频繁剧烈，有近 20 处碍航浅滩制约着航道的通过能力。荆江河段位于长江中游，上起枝城、下迄洞庭湖出口处的城陵矶（图 1-1），全长约 347.2km。荆江北岸有支流沮漳河入汇，南岸沿程有松滋口、太平口、藕池口和调弦口（已于 1959 年建闸控制）分流入洞庭湖，洞庭湖又集湘、资、沅、澧四水于城陵矶处汇入长江，构成非常复杂的江湖关系。

根据河床形态及河道特性的不同，荆江河段以藕池口为界，分上、下荆江。上荆江长约 171.5km，为微弯分汊河段，多弯曲分汊，由江口、沙市、郝穴 3 个北向河湾和洋溪、涴市、公安 3 个南向河湾以及弯道间的顺直过渡段组成。河湾处多有江心洲，自上而下有关洲、董市洲、柳条洲、江口洲、火箭洲、马羊洲、三八滩、金城洲、突起洲等江心洲滩，河道最宽处约为 3 000m，最窄处仅为 740m。枝城至江口段为低山丘陵区向冲积平原区过渡的河段，两岸多为低山丘陵控制，河岸稳定，河床覆盖层主要由沙、砾、卵石组成，平均厚度为 20 ～ 25m，其下为基岩。洲滩多为砾、卵石覆盖，其间也有粗中沙落淤。江口至藕池口段两岸大部分为冲积平原，还有湖泊阶地、剥蚀丘陵和河流阶地以及河漫滩。河岸由卵石、沙和黏性土壤组成，下部为卵石层顶板；中部沙层顶板高程较低，一般在枯水位以下；上部黏性土层较厚，一般为 8 ～ 16m，以粉质壤土为主，夹黏土和沙壤土。

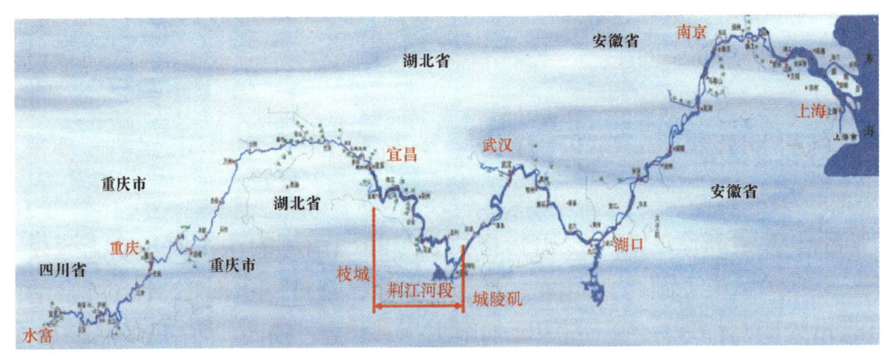

图 1-1　长江中游荆江河势示意图

上荆江两岸均建有堤防，其中右岸有松滋江堤与荆南长江干堤，左岸为荆江大堤，其临江的沙市河湾和郝穴河湾堤外无滩或滩窄，深泓逼岸，防洪形势十分严峻。目前两岸主要险工段特别是弯道凹岸迎流顶冲部位均建有护岸工程，守护岸线总长约 120km。

下荆江上起藕池口，下迄洞庭湖出口处的城陵矶，长约 175.7km，历史上河道蜿蜒曲折，易发生自然裁弯，河道摆动幅度大。20 世纪 60 年代末至 70 年代初，下荆江经历了中洲子（1967 年）、上车湾（1969 年）两处人工裁弯以及沙滩子（1972 年）自然裁弯，使其河长缩短了约 78km。裁弯工程实施后，因下荆江不断实施河势控制工程与护岸工程，河道摆动幅度明显减小，岸线稳定性得到了增强。目前下荆江已成为限制性弯曲河道，由石首、沙滩子、调关、中洲子、监利、上车湾、荆江门、熊家洲、七弓岭、观音洲共 10 个弯曲段组成。下荆江河床组成为中细沙，卵石层在床面以下埋藏较深。河段右岸有部分地段为丘陵阶地，抗冲能力相对较强；左岸为冲积平原，河岸由下部沙层与上部黏性土层组成，抗冲能力较差。

下荆江两岸均建有堤防，其中左岸有荆江大堤与监利洪湖长江干堤，右岸为荆南长江干堤与岳阳长江干堤。自然条件下，下荆江弯道凹岸崩塌、凸岸淤长是其河道演变的主要特征，为了抑制崩岸、控制河势、提高荆江地区的防洪能力，1983 年开始，国家加大对下荆江的守护力度，特别是 1998 年发生大洪水以来，下荆江实施了规模较大的河势控制工程，对稳定岸线与控制河势起到了重要作用。据不完全统计，截至目前，下荆江已守护岸线总长约 146km。

荆江河段由 33 个水道组成，约占整个长江干线航道的 1/8。根据碍航特性的不同，可分为枝城至大埠街河段和大埠街至城陵矶河段两段。

（1）枝城至大埠街河段位于长江中游沙卵石河段的末端，两岸多为低山丘陵控制，河岸稳定；河床覆盖层主要由沙、砾、卵石组成，平均厚度为 20 ~ 25m，其下为基岩；洲滩多为砾、卵石覆盖，其间也有粗中沙落淤。该段由枝城、关洲、芦家河、枝江、刘巷、江口、大埠街共 7 个水道组成，其中，芦家河、枝江、江口水道为重点浅险水道。此段航道主要问题是局部河段水浅、坡陡流急，以及三峡工程蓄水后河床冲刷剧烈，引发水位控制作用减弱，不利于宜昌水位的维持。

（2）大埠街至城陵矶河段流经江汉平原与洞庭湖平原之间，河床组成为中细沙，历史上自然裁弯、切滩频繁发生，洲滩变迁频繁、航槽极不稳定，河道通航能力差，“枯水阻航”“洪水禁航”的现象时有发生，且航道出浅碍航具有突发性、并发性，维护难度大。此河段由涴市、太平口、瓦口子、马家嘴、陡湖堤、马家寨、郝穴、周公堤、天星洲、藕池口、石首、碾子湾、河口、调关、莱家铺、塔市驿、窑集佬、监利、大马洲、砖桥、铁铺、反嘴、熊家洲、尺八口、八仙洲、观音洲共 26 个水道组成，沿程浅滩分布密集。目前，已对一些重要浅险碍航滩段实施了航道整治控导工程，通航环境较过去有一定幅度的改善。但是由于本河段是距离三峡枢纽最近的沙质河段，受三峡蓄水影响较早且明显。三峡蓄水以来，一些河段出现了明显的崩岸扩宽、洲滩冲退或支汊发展，主流摆动加大，致使航槽不稳定性增大，一部分水道航道条件不满足规划尺度，一部分水道较好的航道条件难以长期维持，容易出现浅滩水深不足的局面。

荆江河段历史上变迁频繁，是近 50 年来长江中下游河道演变最为剧烈的河段之一，也是受人类活动影响最显著的河段之一，对于人类活动，特别是防洪护岸工程、裁弯工程、航道整治工程、河势控制工程以及大型水利枢纽的修建，以及荆江河段河床冲淤变形和河道演变都产生了重大影响（潘庆燊，2001 年；余文畴和卢金友，2005 年）。新中国成立以来，特别是在 1998 年和 1999 年大水后，由于历年护岸工程及河道控制工程的作用，对荆江河道平面形态产生了一定程度的制约，总体格局基本保持不变。

新中国成立后，我国对沿江水利工程建设投入了巨大的人力、物力、财力，至 2002 年，荆江河段已经建成了以堤防和护岸为主体的比较完备的河控工程体系。在堤防及护岸工程以及河道内高河漫滩的共同作用下，荆江河道基本具备实施航道治理的河势条件，总体河势格局逐步趋于稳定。近些年针对三峡工程蓄水运用后本河段航道条件出现的不利变化及趋势，并缓解本河段航道维护的不利形势，航道部门对河道内与航道条件关系密切的关键滩槽进行了控制，并陆续对一些重要浅险碍航滩段实施了航道整治控导工程，荆江河段的通航环境较过去有了一定的改善，三峡工程枯水期流量补偿作用也逐渐显现。2009 年以前，荆江河段枯水期航道最小维护尺度一直为 2.9m × 80m × 750m（水深 × 航宽 × 弯曲半径，下同），2010 年 11 月以来，枯水期航道维护尺度已提高至 3.2m × 80m × 750m。目前，荆江河段所在的宜昌至城陵矶河段航道维护类别全年按一类进行维护，航道等级为二级。然而，中游通航与长江上、下游通航环境的巨大变化比较而言，能力不足十分突出，荆江河段现有航道条件与日益增长的沿江经济对水运的需求之间差距较大。

荆江河段滩多水浅，九曲回肠，洲滩变迁频繁，河床演变剧烈，航槽极不稳定，碍航情况频发，历来是长江黄金水道上的“瓶颈”，也是长江干线航道维护最为困难的河段。这主要是由于荆江河段自身复杂的演变特性所决定的。该河段以大埠街为界，上下两段具

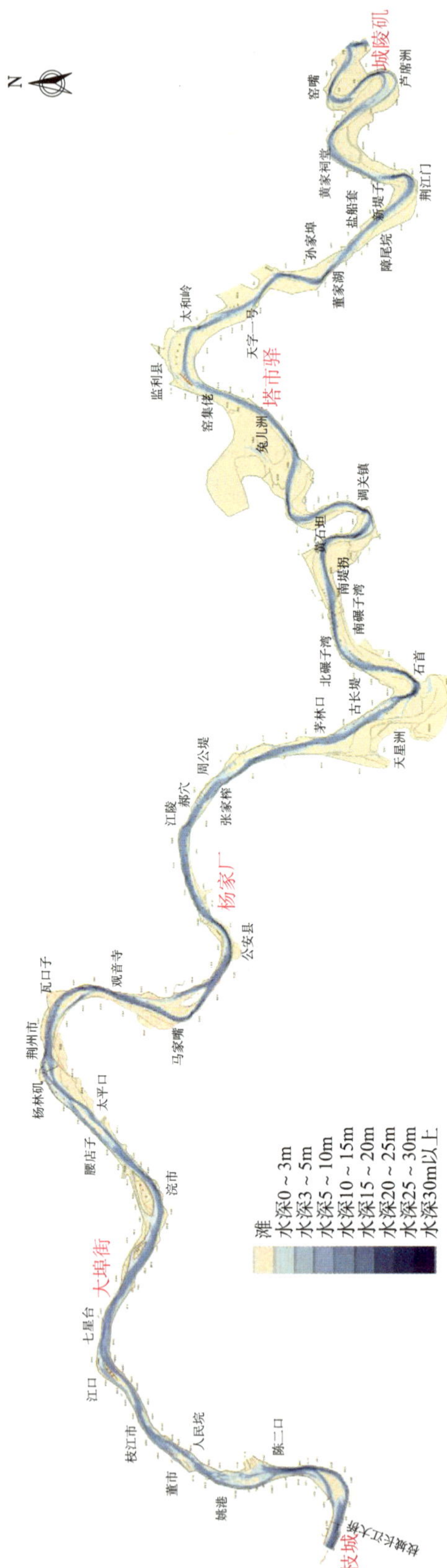

图1-2 长江中游荆江河段河势图

有不同河床底质，上段河床底质为沙卵石，同时存在自身航道尺度不足和坡陡流急的碍航问题，河道冲淤还涉及对上游宜昌水位的影响；下段河床底质为细沙，河道演变则更为复杂，不仅各区段主流摆动频繁，洲滩互为消长，汊道兴衰交替，同时各区段之间存在较强的关联性，表现在下游河道水位的变化会引起上游侵蚀准面发生变化，而上游河道滩槽及主流的变化，会导致下游河道入流、来沙条件的改变，进而引起下游河道主流、洲滩、岸线发生变化。

荆江河段碍航问题一直存在，这与其复杂外部条件对工程力度的限制也有一定的关系，“万里长江、险在荆江”，荆江河段江北为江汉平原、江南为洞庭湖平原，均地势低洼，历来为长江干线防洪的重中之重。另外，荆江河段纵横交错的河流和星罗棋布的湖泊还孕育了极为丰富的水生野生动植物资源，是我国乃至全球生物多样性的热点地区之一，河段内设置有数处自然保护区。这些复杂的外部条件对于荆江河段的航道治理提出了探索新的航道治理理念的要求。

三峡工程蓄水运用后，荆江河段首当其冲，受影响十分显著，航道变化更趋复杂，使得荆江河段成了航道治理的热点区段。

长江中游荆江河段河势图如图 1-2 所示。

1.2 荆江河段航道规划

1.2.1 航道尺度及维护现状

长江中游荆江河段（亦属于宜昌—城陵矶航段），属平原河流。由于自身的自然特性和三峡工程影响，航槽极不稳定，碍航情况频发，据统计显示，荆江河段历年航道最小水深仅为 2.9m。

结合实际航道维护情况以及航道测图资料，对宜昌—城陵矶河段各水道的航道条件现状进行了核查。核查情况显示，目前荆江河段水道共 6 处不满足 3.5m 水深、150m 航宽，包括芦家河、枝江、江口、太平口、窑监、尺八口等水道；部分水道虽满足要求，但随着三峡工程的蓄水运用，航道条件仍不稳定，3.5m 水深条件难以长期维持，包括斗湖堤、周公堤、天星洲、藕池口、碾子湾、莱家铺、大马洲、铁铺、反嘴、熊家洲、八仙洲、观音洲等水道。

针对目前航道现状，荆江河段航道维护类别全年按一类进行维护，年内航道水深实行分月维护方式，现行航道等级为二级，枯水期最小航道维护水深为 2.9m，航道宽度为 80m，航道弯曲半径为 750m。2010 年 11 月开始，试运行 3.2m 枯水期最小航道维护水深，当水位、航道发生较大变化，造成河段航道实际维护尺度调整时，航道信息通告将予以及时更正。

比较来看，长江干线宜昌以上三峡库区航道至重庆航段可保证 4m 水深，城陵矶至下游的航道水深也可以接近 4m，造成长江宜昌—城陵矶段航道条件衔接不通畅呈现“凸”起状，成为长江黄金水道上的“瓶颈”或“卡口”。宜昌至重庆航段，受三峡水库的影响，航道条件显著改善，水库内船舶呈现明显的大型化趋势，在中洪水期 3000 ~ 5000 吨级船舶可以满载通达武汉；3000 吨级及以上的下（上）行船舶，在每年枯水期，不得不在宜昌减载，部分货物只能通过公路分流到岳阳或武汉再重新装船。目前，长江中游航道尤其是宜昌至城陵矶河段是制约长江干线航道通过能力的瓶颈河段，也是长江干线航道维护最为困难的河段。

1.2.2 河势控制规划及工程建设情况

1.2.2.1 不同河型河势控制

河势控制，包括稳定有利河势和调整不利河势两个主要方面。当河段平面形态与其水流条件相适应，处于相对稳定或缓慢量变过程中，且对防洪、航运和综合利用基本有利时，应控制其现有河势，抑制缓慢变化趋势，否则就需要修建整治工程调整和改变水流条件。不同类型河段因其特有的边界形态限制，河势控制应遵循一定规律，顺势展开。

（1）顺直微弯河段河势控制

顺直微弯单一河道边界条件起主导作用，控制了河道的横向发展，河床窄深，河道平面位置基本处于相对稳定状态。它的演变特点主要表现在两岸滩槽冲淤变化大，导致航槽左右摆动。河势控制应因势利导地采取工程措施稳定有利河势的边滩，待河湾发展到具有适当曲率时再及时护岸控制整个河势，控制的岸线应为合适曲率的平顺曲线。水库下游顺直河段原有主槽可能会加深拓宽，长过渡段的平面形态会因水流过程的改变而调整，河势控制需加强边滩守护，防止主流摆动而冲刷河岸。

（2）弯曲河段河势控制

弯曲型河道的河势控制需要根据河段的演变趋势决定。弯曲河道演变特点是弯道凹岸崩塌，凸岸淤积，弯道曲率变小，中心角增大，河身加长。当上下河湾发展不一致时，相邻弯道间距离缩短，形成很大的河环，河环起始点之间的狭颈水位高差较大，一遇漫滩水流会将狭颈冲开发生自然裁弯。当河湾发展受到限制，形成曲率较大的锐弯时，往往在凹岸出现撇弯现象，主流改趋凸岸，切割凸岸边滩。弯曲河段相邻弯道之间相互影响，存在“一弯变，弯弯变”的特征，必须综合考虑河段变化情况，采取总体规划方案。

弯曲型河道河势控制要根据河段演变趋势，采用不同的河控方案。对于曲率适当的平顺弯道，通常采用护岸工程控制凹岸发展，稳定航槽位置；当进出口曲率大，水流不畅时，有可能发生撇弯切滩的弯道，可采用削嘴和凹岸护岸工程调整河湾曲率，使之成为曲率适中的平顺弯道；对于过分弯曲并形成较短狭颈的河道，用上述方法难以达到稳定河势的目的，只能顺应河势发展趋势，在河环狭颈处实施裁弯工程，待新河发展到设计预期尺度时，采用护岸工程稳定新河。水库下游河段由于洪峰削减，中水历时延长，弯曲河段水流曲率半径改变或进口河势变化，容易出现切滩撇弯，顶冲点下移，凸岸边滩甚至河岸迅速崩退，此时应提前采取预防措施，按照流量变化程度，规划出主槽位置，对新的顶冲部位加以守护，预留河道展宽范围。

（3）分汊河段河势控制

分汊河道演变的重要特点是主支汊兴衰交替，互为消长，主支汊相互转化具有周期性，短则十多年，最长则达百年以上。大多数的分汊河段主支汊能保持较长时间的相对稳定。

主支汊交替转化的主要条件是：上游河势变化引起水流动力轴线摆动，进而分流分沙变化，或主汊分沙比大于分流比，而进口河床有逐年淤高趋势。如果两汊边界稳定性相差悬殊，则一汊向抗冲强度弱的一岸弯曲发展，此时发展中的一汊又具有弯道演变的特点，在水流与特殊边界条件的作用下形成微弯形或鹅头形汊道。两岸边界条件相差不大的顺直分汊段，其演变特征是主流线左右摆动，两岸滩槽冲淤变化，经常影响航槽位置。

分汊河段的河势控制工程视演变趋势而定，对主支汊稳定、分汊型河段处于有利状态的双汊河段，可通过在上游节点处、汊道入口处以及江心洲首尾修建整治建筑物和汊道护岸稳定分流比，控制汊道发展，固定或稳定河床形态。尽量不改变两岸城市、港口、工业、农业布局。对主支汊易位的多汊河道，如长江中游的陆溪口、团风河段，可待有利河势时，采取修建顺坝、丁坝等工程调整水流或调整河床，或堵塞支汊的措施稳定河势。水库下游非平衡状态时，两汊交替变化的汊道可能会形成明显主槽，河控可根据防洪、航运等要求，选择将会发展的一汊，利用上游节点作用，引导水流冲刷主槽，促进分汊河段向单一河段发展，防止不利河势的形成。

1.2.2.2 河势控制规划

河势是指河道水流的平面形式及发展趋势，包括河道水流动力轴线的位置、走向以及河湾、岸线和沙洲、心滩等分布与变化的趋势。河势规划的任务是在分析研究此河段水沙运动特性和河床演变规律的基础上，综合考虑国民经济各行业的需求，规划出合理可行的基本流势。而这种基本流势的形成，则是通过各类整治建筑物或整治手段并结合河流的自然发展趋势来实现的。

河势规划是从宏观上控制河床演变的战略思想，它的任务就是在分析研究此河段河床演变规律及水沙运动基本特性的基础上，综合考虑国民经济各部门的不同要求，因势利导，综合治理，通盘考虑上、中、下游，左、右两岸经济发展的远景规划，充分运用河床演变的基本规律，制订出比较合理的基本流路。不同类型的河段应针对不同河型的独特演变规律并结合河势规划要点设计施工，才能实现整治规划意图。

通过跟踪了解长江中下游干流河道治理规划修订情况，对荆江河段河势控制规划如下：

（1）上荆江河段

上荆江水道分歧，汊江发育，属典型的蜿蜒型河道。通过长期的造床和调整作用，形成趋于稳定的微弯河道。近年来累计实施护岸工程 123.6km，对 11 个矶头进行了改造或拆除，以确保荆江大堤和荆南长江大堤的安全，其中，1998 年大水后上荆江完成护岸长度 36.5km。同时，2000 年以后，交通运输部门在江口水道、瓦子口水道、太平口水道、周天水道、马甲嘴水道等水域实施了航道整治工程。经过多年的护岸守护，河道横向变形受到限制，总的河势趋于稳定，达到了主流线摆动幅度较小、岸线基本稳定的效果，变化幅度较大的河道主要发生在弯道、汊道段。

近期（2020 年）治理目标：根据三峡工程蓄水运用后的水沙变化，进一步稳定现有河势，并适当调整沙市河段的河势，增强河道防洪能力，保障堤防工程及护岸工程的安全。同时，整治碍航浅滩，改善船舶航行条件；提高部分洲滩堤防防洪能力，确保洲上人民生命财产及重要设施的安全。

远期（2030年）治理目标：根据上游水利枢纽建设运用后水沙变化情况，继续对影响防洪安全和河势稳定的险工段进行守护，稳定岸线；结合防洪的要求，对洲滩进行治理和利用；整治河床冲刷关键部位，稳定枯水位。

目前，上荆江河段河势基本与沿岸经济布局与发展要求相适应，上荆江河段河势控制规划为：维持主流从洋溪弯道至江口弯道后过渡到涴市弯道，再过渡到沙市河湾，最后经公安河湾过渡到郝穴河湾的总体河势格局不变。具体为：关洲汊道维持现有双汊格局，遏制松滋口分流的减少；江口弯道顺应三峡工程蓄水运用以来沙泓发展趋势，通过河势控制工程及航道整治工程，将主流稳定在沙泓；涴市弯道维持现有河势格局；三八滩汊道段维护现有分流格局，适当增加三八滩左汊枯季分流比；金城洲汊道段维持现有河势格局；突起洲汊道抑制左汊发展；郝穴河湾结合航道整治维持主流平面位置的相对稳定。

（2）下荆江河段

下荆江系统裁弯后，主流变化频繁，洲滩演变较大且崩岸剧烈。下荆江河势控制自1984年开始实施，金鱼沟至荆江门长约90km河段的大部分严重崩岸段已得到初步控制，蜿蜒型河道的演变特性受到一定限制，总体河势基本稳定，河道演变主要表现为河床年内和年际间的冲淤变化，局部河岸崩塌，江心洲弯道内主制汊兴衰交替（如监利乌龟洲）。

近期（2020年）治理目标：在前期河道整治工程的基础上，进一步稳定石首河段主流平面位置，稳固倒口窑心滩左汊为主汊的河势格局，改善藕池口水道通航能力，采取工程措施缓解石首北门口险段的防洪压力，并改善石首港的运行环境；监利河湾控制主流走南汊，改善窑监大水道的航道条件，稳固乌龟洲洲头及右缘，为太和岭一带岸线建设成深水港创造条件；熊家洲至城陵矶段抑制河道进一步弯曲，防止自然裁弯的发生，为后期开展综合治理创造条件。

远期（2030年）治理目标：根据三峡水库以及上游干支流水利枢纽陆续投入运行后下荆江河道演变情况，继续对影响河势稳定和防洪安全的崩岸段进行治理，稳定岸线，保障防洪安全；进一步研究改善碾子湾至塔市驿段弯曲半径过小的不利河势的工程方案，减轻调关矶头的挑流强度；结合三峡工程运用后江湖关系的调整变化，继续研究熊家洲至城陵矶河段的裁弯问题；对藕池口、窑监等碍航河段进行整治，改善航道条件。

下荆江河段河势控制规划为：主流过茅林口后经倒口窑心滩左汊下行进入石首弯道，经北门口后逐渐左摆到北岸的北碾子湾、柴码头后，向右岸寡妇夹过渡进入调关弯道，保持调关矶头等重要控制节点的稳定，经鹅公凸至塔市驿过渡段进入监利弯道，稳定主流走乌龟洲右汊的格局，经铺子湾至盐船套过渡段进入荆江门弯道，保持天字一号、天星阁及洪水港等控制节点的稳定，维持盐船套顺直段主流靠左岸格局，最后进入熊家洲至城陵矶段，该段抑制河道进一步弯曲，防止自然裁弯的发生，为后期实施综合治理创造条件。具体为：石首河湾上段抑制藕池口分流比进一步减小，促使倒口窑心滩、藕池口心滩合并，改善航道；视石首河湾的发展趋势，采取工程措施适当增加石首弯道半径，改善石首港的运行环境。

1.2.2.3　河势控制工程现状

荆江河段河势控制工程体系以堤防和护岸为主体。经过1949—2002年不断建设，特别是1998年后大规模的综合整治建设，荆江河势控制工程的质量和标准大幅度提高，可防御50年一遇洪水，运用分蓄洪工程可提高到防御100年一遇洪水。2002年至今，河势控制工程主要是针对三峡工程蓄水后出现的新情况采取局部河段应急守护。

（1）堤防修建与加固

50多年来，对荆江河段进行了提防体系的整理、改造和加固，并于1998年大洪水后全面加固了干堤和重要支流、湖区的堤防。

荆江河段沿江左岸有荆江大堤和监利长江干堤，另外还有下百里洲江堤、学堂洲民堤，右岸有岳阳长江干堤和荆南长江干堤。其中一级堤防有荆江大堤和长江干堤的岳阳城防堤，二级堤防有监利长江干堤和荆南长江干堤，三级堤防有下百里洲江堤、学堂洲民堤。

下百里洲江堤起于枝江市熊家窑，止于龙洲横堤，全长37.37km。该堤堤身经300多年加培而成，填筑质量较差，填料杂乱，均匀性较差，存在着密实度不够等问题，致使每年汛期堤身散浸、脱坡等险情时有发生。

荆江大堤段起于江陵县枣林岗，止于监利县城南，全长182.35km，其中直接临水的堤段逾60km。荆江大堤自新中国成立以来共经历了5次大规模的加固培修，目前大堤堤顶高程按沙市控制站45.0m（吴淞冻结）加超高2m设计，堤面宽8～12m，堤顶修筑混凝土路面，堤身形象全部达到了设计标准。但由于堤基为深厚的第四纪沉积物，防渗条件较差，堤基渗流问题一直存在，而且监利河湾堤外无滩、迎流顶冲的现状仍然继续威胁着岸坡的安全。

监利长江干堤起于监利县城南，止于螺山，全长92.34km，其中城陵矶以上的监利长江干堤长62.34km。堤内地面高程为24～29m，堤顶高程为39m左右，堤面宽10m，堤内外坡均为1：3。

荆南长江干堤起于松滋查家月堤，止于石首五马口，跨越上、下荆江，全长189.32km。1998年大水后加高加固，堤顶高程为42～46m，堤顶宽度为7～8m，堤身内外坡均为1：3，堤身断面基本达标。

岳阳长江干堤起于岳阳市华容县塔市驿，止于黄盖湖农场铁山嘴，全长163km，其中城陵矶以上的岳阳长江干堤长95km。

（2）护岸工程

长江河道护岸工程是长江防洪体系的重要组成部分，主要是用来防止河岸崩塌和控制河势的工程措施。平顺护岸工程、矶头群护岸工程和丁坝护岸工程等都是长江中下游应用较多的护岸工程类型。其结构形式有两种：一是散抛型（单体型），二是平铺型（排体型）。前者如抛石、沉枕（砂枕、石枕）、石笼等，后者如柴排、混凝土铰链排、土工织物混凝土块排等。护岸工程是保证堤防工程安全运行的基本条件之一，主要分布在弯曲河道或分汊河道的凹岸和主流线贴岸或顶冲段，位于堤防工程迎水坡面的前方。

据统计资料显示，近60年来，荆江河段完成护岸长度为270km，其中，上荆江守护岸线总长约121km，两岸主要险工段特别是弯道凹岸迎流顶冲部位均建有护岸工程；下荆江已守护岸线总长约 149km，自 1983 年开始实施下荆江河势控制工程，到 1998 年大洪水又进一步实施了较大规模的河势控制工程。

下百里洲江堤共 5 处护岸工程，护岸段总长 15.58km，分别为：荆 16L1 段、荆 17L 段、赵家河、江口镇、七星台—大埠街段。水上采用干砌石护坡，水下采用抛石护脚，平均抛石量为 44.6 m^3/m。

荆江大堤段共有 10 处护岸工程，护岸段总长 86.97km，分别为：学堂洲、沙市河湾凹岸（观音矶至邓家台）、文村夹、郝穴河湾凹岸（冲和观至柳口）段、茅林口、古长堤、向家洲、鱼尾洲、北碾子湾至柴码头、中洲子。

荆南干堤段共有 12 处护岸工程，护岸段总长 55.82km，分别为：杨家尖、陈家台至新四弓、公安河湾凹岸、黄水套至郑家河头、送江码头、丢家垸至三义寺、北门口、寡妇夹、连心垸、调关至八十丈、鹅公凸、章华港。

监利江堤段共有 7 处护岸工程，护岸段总长 39.061km，分别为：监利河湾凹岸、集成垸、天星阁、扬岭子、团结闸、熊洲河湾凹岸、官音洲段。

岳阳长江干堤护岸工程护岸段总长 42.76km。

1.2.3 航道治理规划及建设情况

1.2.3.1 航道治理规划

根据 2003 年原交通部批复的《长江干线航道发展规划》，规划荆江河段所在的宜昌至城陵矶河段航道，到 2010 年，航道建设标准为 2.9m × 80m × 750m，保证率为 95%；到 2020 年，航道建设标准为 3.2m × 150m × 1 000m，保证率为 98%，实现 1 万吨级船队汉渝直达。

为贯彻落实国务院指示，进一步加强长江航道建设，充分发挥长江水运优势，适应流域经济社会发展要求，2009 年 3 月，由交通运输部会同国家发改委、水利部、财政部编制的《长江干线航道总体规划纲要》（简称《纲要》）正式获得国务院同意。《纲要》确定的总体规划目标是：到 2020 年，宜昌至城陵矶河段航道为内河 I 级、水深为 3.5m，可通航由 2 000 ～ 3 000t 驳船组成的 6000 ～ 10000 吨级船队。

长江干线航道得到全面、系统治理，航道通航能力有了较大提高且通航条件明显改善。长江口深水航道逐步向上延伸，中游航道通航标准基本畅通且进一步提高，上游航道通航条件得到全面改善，长江航道日常维护和应急抢险保通能力适应航道正常安全运行要求，长江水运基本适应沿江经济社会发展需要。

2010 年 8 月 25 日，时任国务院总理温家宝主持召开国务院常务会议，研究部署推进长江等内河水运发展工作。会议指出，我国内河水运资源丰富，加快长江等内河水运发展，对于构建现代综合运输体系，调整优化沿江沿河地区产业布局，促进节能减排和区域经济协调发展，具有重要意义。要以市场为导向，深化改革，统筹规划，加大投入和建设力度，强化科学管理，切实提升内河水运的质量效益，力争用 10 年左右时间，建成畅通、高效、平安、绿色的现代化内河水运体系。

2010 年 9 月 1 日，为贯彻落实国务院常务会议关于加快长江等内河水运发展工作的部署，为“十二五”规划开好局、起好步奠定坚实基础，交通运输部综合规划司在重庆召开“十二五”长江干线航道建设前期工作座谈会。交通运输部副部长翁孟勇出席会议并强调，务必将长江干线航道建设项目前期工作当作头等大事，以长江干线“中游荆江河段航道治理工程”和“南京以下 12.5m 深水航道建设工程”为重中之重，围绕这两个重点工程和“十二五”发展目标，全面开展项目前期工作，加快推进“十二五”期长江黄金水道建设。

2011 年 1 月，《国务院关于加强长江等内河水运发展的意见》明确指出，“中游实施荆江河段河势控制和航道治理工程，全面改善通航条件”；2011 年 3 月，交通运输部《关于贯彻〈国务院关于加快长江等内河水运发展的意见〉的实施意见》提出，“长江中游重点实施荆江河段航道整治工程”；2011 年 3 月下旬，张德江委员长再次来到长江航道，并宣布“国家内河高等级航道‘十二五’期间建设启动”；《长江干线航道建设规划（2011—2015 年）》中明确提出，“十二五”期间将重点实施长江中游荆江河段航道治理工程这一重大工程，突破长江中游碍航瓶颈，充分发挥长江干线航道的整体效益，该规划已于 2011 年 9 月顺利通过国家发改委审查。

2012 年国家发改委批复了《长江干线航道建设规划（2011—2015 年）》，确定“十二五”期间宜昌至城陵矶段，航道等级由二级提高到一级，航道水深由 3.2m 提高到 3.5m，力争提前实现《长江干线航道总体规划纲要》确定的 2020 年规划目标。长江中游重点实施荆江河段航道治理工程，规划建设宜昌至昌门溪河段航道整治工程。《总体规划纲要》中明确提出中游航道的治理思路是：在加强原型观测、科学研究和模型试验的基础上，准确把握航道演变规律，抓住河道治理的有利时机，采取维护管理和治理工程并重、河势控制与航道整治结合等综合措施，近期以解决航道碍航和不畅为目标，通过系统治理逐步改善中游航道的通航条件并达到规划标准。

1.2.3.2 航道治理情况

中游航道是长江水运的瓶颈航段，也是长江航道治理与维护的重点和难点。近些年为缓解此河段航道维护的不利形势，针对三峡工程蓄水运用后此河段航道条件出现的不利变化及趋势，航道部门在多年的观测、分析、研究的基础上，已陆续对一些重要浅险碍航浅滩的关键滩槽部位先期实施了控导性工程，包括枝江—江口河段航道整治一期工程、沙市河段航道整治一期工程、瓦口子水道航道整治控导工程、马家嘴水道航道整治一期工程、周天河段航道整治控导工程、碾子湾水道航道整治工程、窑监河段航道整治一期工程等（表 1-1）。随着整治工程效益的发挥，以及三峡工程枯水期流量补偿作用的逐渐显现，目前荆江河段的通航环境较过去有一定幅度的改善，枯水期航道维护尺度已提高至 3.2m × 80m × 750m。与此同时，由于河势控制工程的作用，荆江总体河势仍然保持稳定，河床变形以纵向冲刷下切为主，但局部河段主流摆动频繁引起局部河势仍在不断调整、变化，部分河段发生河道崩岸。

上述工程的实施，不仅为本工程的实施积累了设计、施工等方面的经验，而且为本河段后续的航道治理奠定了良好基础。目前正在实施沙市河段腊林洲守护工程、藕池口水道航道整治一期工程、瓦口子—马家嘴河段航道整治工程和窑监河段乌龟洲守护工程。

已实施航道整治工程情况 表 1-1

序号	项目名称	建设标准	建设内容、目标及效果	建设时间
1	枝江—江口河段航道整治一期工程	2.9m×150m×1 000m（水深×航宽×弯曲半径，下同），保证率98%	水陆洲头低滩护滩工程、水陆洲窜沟锁坝工程、水陆洲洲头至右缘中上段护岸工程以及水陆洲右缘边滩护滩工程、张家桃园边滩护滩工程、柳条洲右缘至尾部护岸工程、吴家渡边滩护底工程和七星台一带已护岸线水下护脚工程	2009年7月—2013年9月
2	三八滩应急守护一、二期工程及沙市河段航道整治一期工程	2.9m×150m×1 000m，保证率95%	2004年三八滩应急守护工程一期工程包括新三八滩上段滩面1纵8横护滩带，主要目的是保持滩体的基本完整，防止滩体大幅后退和冲散，随后2005年及2008年又进一步对已建护滩带进行了加固完善，保持了三八滩中上段滩脊的稳定，初步维持了沙市河段下段分汊的基本河势格局	2004—2005年；2008年12月—2012年5月
3	沙市河段腊林洲守护工程	3.0m×80m×750m，保证率95%	腊林洲边滩中上段进行守护，守护长度为3 303m，在下游端部布置130m长的过渡段；对左岸杨林矶一带4 500m长已护岸线的重点部位共1 900m进行水下加固，防止因其继续崩退使得河道进一步展宽而导致沙市河段洲滩形态、水流结构等发生不利变化	2010年7月—2013年12月
4	瓦口子水道航道整治控导工程	3.2m×150m×1 000m，保证率98%	（1）在右岸野鸭洲边滩及金城洲头部低滩上建三道护滩带； （2）对左岸荆45至荆48号断面间约5.3km范围内护岸的部分水下坡脚进行加固	2007年12月—2011年11月
5	马家嘴水道航道整治一期工程	2.9m×80m×750m，保证率95%	左汊口门附近建两道护滩带及一道护底带，以维持南星洲头前沿低滩的完整，防止左汊进一步冲刷发展，尽量减小三峡工程对本水道的不利影响，防止航道条件恶化，为以后进一步整治奠定基础	2006年6月—2010年4月
6	瓦口子—马家嘴航道整治工程	3.5m×150m×1 000m，保证率98%	（1）在金城洲中下段新建两道护滩带，左岸护岸加固，长度为2 015m； （2）雷家洲中下护岸2 300m，西湖庙护岸加固2 520m，南星洲右缘布置一道护滩带，南星洲左汊中下段布置一道护底带，并对已建护底带进行加固。通过以上工程进一步完善有利滩槽格局的控制，使良好的航道条件得以长期保持	2010年7月—2013年11月
7	周天河段清淤应急及航道整治控导工程	2.9m×150m×1 000m，保证率98%	清淤应急：在左岸蛟子渊头部建四道护滩建筑物并对过渡段进行疏浚；工程作用守护蛟子渊边滩，防止期冲刷后退、滩面破坏，促使蛟子渊夹套淤积衰亡 控导工程： （1）在周公堤水道进口左岸九华寺一带建5道潜丁坝，主要作用是限制枯季主流左摆下移，维持周公堤水道的上过渡形式； （2）适当延长蛟子渊边滩上段的原清淤应急工程中的头2道建筑物，再在其上游建2道潜丁坝，主要作用是巩固蛟子渊边滩，促进滩头的完整和稳定； （3）在右岸张家榨已有干砌块石护岸下游840m范围进行抛石护脚，以与水利工程相结合，有利于张家榨一带岸线的稳定	2001年12月—2002年5月；2006年12月—2011年1月

续上表

序号	项目名称	建设标准	建设内容、目标及效果	建设时间
8	藕池口水道航道整治一期工程	2.9m×80×750m，保证率98%	左岸陀阳树边滩建4条护滩带，天星洲洲尾左缘下段护岸1 284m、护滩991m，藕池口心滩左缘中段护岸765m，沙埠矶护岸1 050m。工程旨在通过实施一定的工程措施，形成稳定良好的滩槽格局，消除航道向不利方向转化的因素	2010年7月—2013年12月
9	碾子湾水道清淤应急工程及航道整治工程	3.5m×150m×1 000m	左岸建7道丁坝及2道护滩带、右岸建5道护滩带，以稳定过渡航槽平面位置、防止上下深槽交错；在右岸南堤拐一带布置2.0km护岸，在左岸柴码头一带布置500m护岸，防止崩岸引起过渡段线形向不利方向发展	2000—2003年
10	窑监河段航道整治一期工程及乌龟洲守护工程	2.9m×80m×750m，保证率98%	一期工程：洲头心滩上建鱼骨坝，对乌龟洲洲头、右缘上段进行守护，护岸长度为2 310m，适当清除右汊出口太和岭附近江中的乱石堆，改善船舶航行条件，消除安全隐患 乌龟洲守护工程：对乌龟洲右缘中下段至洲尾长3 880m岸线进行护岸守护	2008年12月—2012年11月；2010年7月—2013年11月

近年来，为尽快实现规划纲要所规定的2020年达到3.5m×150m×1 000m的目标，根本改善荆江河段的航道条件，经长江航道局的委托，对荆江河段展开了一系列长河段系统整治方面的专题研究，为此工程的实施奠定了较好的技术基础。包括《长江中游大埠街至城陵矶河段航道系统建设方案研究》、《长江中游宜昌—城陵矶河段的航道整治工程技术方案研究》、《长江中游宜昌至城陵矶河段航道尺度发展可能性分析研究》等。在上述专题研究的基础上，对大量实测资料进行了收集、整理，然后通过实地调研充分了解了河段周边的建设环境，并为对治理方案进行深入的探讨，反复与水利和地方部门进行了沟通协调；联合多家科研院校，包括武汉大学、长江科学院、武汉理工大学、长江重庆航运工程勘察设计院等，就荆江河段的航道治理关键技术开展了一系列专题研究（表1-2），并利用河工模型、平面二维数学模型等手段对荆江河段的治理方案进行了充分论证。此外，长江航道局还委托相关单位开展了环评、防洪评估。在充分吸收专家咨询意见的基础上，形成专题报告。

荆江河段前期专题技术研究成果一览表 表1-2

序号	成果类别	成果名称	承担单位
1	工可报告	长江中游荆江河段航道整治工程昌门溪至熊家洲段工程可行性研究	长江航道规划设计研究院
2	单水道治理方案研究	芦家河水道演变分析及治理思路专题研究	长江航道规划设计研究院
		枝江—江口河段治理方案专题研究	长江航道规划设计研究院
		太平口水道治理方案专题研究	长江航道规划设计研究院
		斗湖堤水道治理方案专题研究	长江航道规划设计研究院
		周天河段治理方案专题研究	长江航道规划设计研究院
		藕池口水道治理方案专题研究	长江航道规划设计研究院
		碾子湾水道治理方案专题研究	长江航道规划设计研究院
		莱家铺水道治理方案专题研究	长江航道规划设计研究院

续上表

序号	成果类别	成 果 名 称	承 担 单 位
2	单水道治理方案研究	窑监大河段治理方案专题研究	长江航道规划设计研究院 长江重庆航运工程勘察设计院
		铁铺—熊家洲河段治理方案研究	长江航道规划设计研究院
		尺八口水道演变分析及治理思路专题研究	长江航道规划设计研究院
3	河工模型	枝江—江口河段河工模型试验研究	长江航道规划设计研究院
		沙市河段河工模型试验研究	长江航道规划设计研究院
		太平口水道河工模型试验研究	长江航道规划设计研究院
		周天藕河段河工模型试验研究	长江科学院
		窑监河段河工模型试验研究	长江航道规划设计研究院
4	数学模型	宜昌至大通河段一维数学模型研究	长江科学院
		宜昌至沙市河段二维数学模型研究	武汉大学
		大埠街至杨家厂河段二维数学模型研究	长江航道规划设计研究院 武汉大学
		杨家厂至塔市驿河段二维数学模型研究	长江航道规划设计研究院 武汉大学
		塔市驿至城陵矶河段二维数学模型研究	长江航道规划设计研究院 武汉大学
		枝江—江口河段二维数学模型研究	武汉大学
		太平口水道二维数学模型研究	长江航道规划设计研究院 武汉大学
		周天河段二维数学模型研究	长江航道规划设计研究院 武汉大学
		藕碾河段二维数学模型研究	长江航道规划设计研究院 武汉大学
		莱家铺水道二维数学模型研究	长江航道规划设计研究院 武汉大学
		窑监大河段二维数学模型研究	长江航道规划设计研究院 武汉大学
		铁铺水道二维数学模型研究	长江航道规划设计研究院 武汉大学
5	关键技术研究	长江中游荆江河段河势综合分析研究	长江科学院
		引江济汉工程对荆江河段航道条件影响研究	武汉大学
		荆江河段航道整治工程设计水位专题研究	长江航道规划设计研究院 武汉大学
		荆江河段外部条件调查分析报告	长江航道规划设计研究院
6	防洪评价	荆江河段航道整治防洪专题研究	长江科学院
7	环境评价	荆江河段航道整治环评专题研究	湖北省环境科学研究院
8	经济评价	荆江河段水运发展预测及整治工程经济论证	武汉理工大学

1.3 荆江河段航道治理技术

1.3.1 荆江河段航道治理技术研究现状

内河航道整治工程常采用疏浚与整治相结合的措施进行治理，而整治所采取的建筑物按形式可分为丁坝、顺坝、锁坝、平顺护岸、导堤、鱼嘴、护底、溪口导石栏石建筑物等。

1.3.1.1 丁坝

早在20世纪50年代初期，国外已开始对丁坝绕流和冲刷问题进行了试验和理论研究。然而由于丁坝附近水流的流动具有强烈的三维特性，至70年代仍未能从理论上或实验上准确地描述丁坝绕流的一些细节问题。因此在解决治河工程中的丁坝问题时，常常借助于模型试验。近几十年来，丁坝绕流和冲刷研究取得了较大的进展，这些进展主要表现在对坝后回流区长度、宽度的认识，对丁坝绕流机理的探讨，对丁坝上、下游平面流场的理论探讨，丁坝局部水头损失，丁坝作用下河床演变规律以及丁坝绕流的数值模拟等。

丁坝的存在使得周围的水流状况变得较为复杂。但目前，国内外对丁坝附近水流紊动特性及压力分布研究极少，更无水流紊动和压力脉动与丁坝周围冲刷关系的研究成果。

丁坝冲刷的研究是一个非常复杂的课题，由于产生局部水流的水力学问题异常复杂，在这个问题上研究者的观点也不一致，目前对丁坝坝头冲刷机理的认识，与桥墩局部冲刷的机理基本相同。由于研究方法和试验条件的差异，虽然目前已经取得了一定的研究成果，但研究者的观点与所得到的结果都存在着很大的差异，且由于现场测量丁坝坝头局部冲刷资料比较困难，目前用于计算丁坝坝头的计算公式大多数都是由实验资料推导得到的，因而需要从理论上对丁坝冲刷的机理、影响冲刷的因素、冲刷坑范围及体积的确定方法等开展深入系统的研究。

为了提高丁坝的稳定性，国内外对丁坝平面布置和结构形式进行了设计研究，采取了各种各样的丁坝防护措施，以防止水毁的发生。但由于不同国家、不同地区、不同河流，水文、泥沙、地质、地理、气象及设计水平、工程材料、施工工艺等方面的差异，丁坝水毁现象仍很严重。为了提高长江中游航道丁坝的稳定性，特别是针对三峡工程建成后，坝下河道长距离的冲刷对丁坝稳定性的影响，也为了防止或减少丁坝水毁现象的发生，需要对丁坝周围水流结构、受力分布、冲刷机理、结构形式和防护措施等，开展深入、系统的研究。

1.3.1.2 鱼嘴

鱼嘴工程是水利、水运工程建设中采用的主要整治建筑物形式之一。在航道整治中，鱼嘴工程从其修建位置来划分，有洲头鱼嘴工程和洲尾鱼嘴工程；从建筑物的形式划分，有洲头（尾）顺坝、鱼骨坝和护滩工程。鱼嘴按其主要功能可分为固滩鱼嘴、护洲鱼嘴、分流鱼嘴。固滩鱼嘴和护洲鱼嘴基本不改变现有的河道地形条件，水流、泥沙运动与原河道基本一样。分流鱼嘴则改变现有河道地形，对水流、泥沙运动干扰较大，其主要作用是调整、控制分流点位置和汊道分流比，兼顾控制航道走向。分流鱼嘴的主要形式有围堰式和鱼骨坝两种。目前，国内鱼嘴多为护洲鱼嘴，部分鱼嘴也有稳定汊道分流比的作用，结构形式多为围堰式，鱼骨坝形式的鱼嘴也有少量应用。对长江中下游分汊河道的航道整治而言，将来应用最广泛的低水分流鱼嘴至今在长江中下游还没有做过。对此也未进行过专门的深入研究。

鱼嘴工程中较为典型的是鱼骨坝工程，鱼骨坝也称梳齿坝，通常由顺水流方向的脊坝和垂直于脊坝的刺坝组成。目前鱼骨坝尚无成熟的设计理论，国内工程实例不多。已建的有湘江下摄司滩鱼骨坝，由八座横向格坝与一座中心顺坝组成，还有长江东流水道鱼骨坝工程等。

鱼骨坝一般依心滩或江心洲而建，由顺水流方向的顺坝（脊坝）和垂直于顺坝（脊坝）轴线的刺坝组成，脊坝主要用于分流、分沙和归顺水流方向，刺坝可调节环流的运动，并增强坝体的稳定。因此，在航道整治中，鱼骨坝在分流分沙的同时，还可用于改善不良流态、稳定洲滩、保持有利的河势和滩槽格局。

不同形式的鱼骨坝工程对整治河段的水、沙运动有着不同程度的影响。以固滩（护滩）、稳定洲头为主的鱼骨坝，依原有滩头或洲头的地形进行防护，其平面线形应顺滑、水流能够平顺过渡，以减少工程对原有水、沙运动的干扰；而以分流、分沙、调整不利流态为主的鱼骨坝，其方向和尺寸的选取非常关键，一般需进行多方案比选以确定最佳方案。因此，根据河道地形、水流特征以及建筑物整治功能的不同，鱼骨坝的布置形式也往往具有多样性。如湘江下摄司滩段，为同时满足左岸工业取水与右岸码头作业要求，采用由一条中心顺坝（脊坝）与八座横向格坝（刺坝）组成的鱼骨坝进行人工分汊；湘江耒水珠矶滩河段则在滩段江心洲头部作一顺坝（脊坝），并在其两侧各建 4 座丁坝（刺坝），使分汊河道分流区的斜流区上移以避开桥区；湘江北门滩采用在三汊洲头建顺坝，左侧加正交齿坝 5 座等措施来恢复边滩、固定洲头、减小洪枯流向的差别；而长江东流水道鱼骨坝则由一条中心脊坝及 4 座依次加长的刺坝组成。

鱼骨坝坝体的稳定性与其周围水流特性有着密不可分的联系，而鱼骨坝工程后水流特性也直接影响到航道的通航条件。因此，对鱼骨坝的研究首先要建立在对其周围水流特性充分认识的基础上。

（1）鱼骨坝对周围水流的影响

鱼骨坝结构的复杂决定了其周围水流条件的复杂性。鱼骨坝一般建立在江心洲或心滩头部，抬高了洲头，使得水流分流区上移。建于斜流区的鱼骨坝对水流流向改变较大，如胡旭跃等在对桃源大桥斜流碍航问题的研究中发现，在江心洲洲头修建鱼骨坝可以使斜流与航槽的最大的交角由 38° 减小到 15° ~ 24° 。横向布置的刺坝缩窄了过水断面，引起坝田外的冲刷，同时阻挡了水流的横向穿插，促进了坝田淤积。此外，长江航道规划设计院认为各刺坝对水流作用不一，张少云等在沅水跑马滩的整治模型试验中发现，处于斜流区的鱼骨坝，刺坝长度越短，对斜流的约束作用就越小。

（2）存在问题

对于洲头顺坝形式的鱼嘴，其迎流方向、长度的不同均直接影响到坝体两侧的分流、分沙比以及航道的水流条件，可见，鱼骨坝工程中脊坝方向、长度的不同也必然会影响到工程后的整治效果。而刺坝位置、结构的确定同样受到诸多因素的制约。首先，各刺坝对水流作用不一，因此其布置间距不仅影响到工程后水流条件，同时也直接影响到工程造价；

其次，刺坝长度太长时，将对船舶航行安全造成威胁，而且也增加了工程造价，但刺坝长度过小时，却又对水流作用较小，难以达到理想的整治效果。显然，鱼骨坝工程中脊坝的方向、长度以及各刺坝的布置间距、长度均是有待深入研究的问题。

另外，鱼骨坝往往处于主流顶冲点，脊坝常常经受水流的正向冲刷，各刺坝也受到水流的横向冲刷作用，稳定性受到很大的威胁。为此，确定鱼骨坝的易毁部位，从而采用有效的防护措施，也值得进一步探讨。

引起鱼骨坝水毁的因素主要有：

①动力因素。

A. 迎流顶冲。鱼骨坝的坝头及坝身往往处在中洪水主流顶冲点上，在汛期承受着很大的冲击力，在着力点处易引起建筑物的局部破坏或冲刷，从而造成坝体水毁。因而迎流顶冲是建筑物遭受破坏的主要动力条件。

B. 横向冲刷。一般在汊道进口都存在横向水流，在该处修建的鱼骨坝，往往承受着较强的横向水流冲刷，容易引起工程水毁。

C. 工程对水流流态的影响。鱼骨坝工程修建后，引起周围流场的变化，更容易使工程区域河床出现冲刷调整。沿坝水流引起的逐步冲刷，可能淘蚀工程基础，导致建筑物水毁。

D. 推移质底沙运动的磨蚀作用。山区河流推移底沙的粒径较粗，输移时间较长，易对建筑物面层造成较大的磨蚀。

②结构设计因素。

有些建筑物水毁是因结构设计的不合理或坝体材料的不合适引起的。具体表现在急流顶冲点上的坝体和护脚棱体设计断面尺寸偏小、护底范围不够、坝根处结构强度不够、坝体材料整体性差等。

③人为因素。

船舶的碰撞、抛锚，或在整治建筑物附近挖沙、采石等都会对整治建筑物的稳定带来不利影响。

1.3.1.3 护滩建筑物

20 世纪 90 年代，长江中下游航道整治工程拉开序幕，护滩工程开始出现，通过对国内外护滩建筑物的应用情况调研资料表明，以护滩为目的的整治建筑物在国外研究较少，没有可供借鉴的理论和经验。由于密西西比河实现了全线渠化，除了堤防建设外，少见有护滩建筑物。而对于莱茵河而言，治理与开发方略为：兴利除弊，航运为先，因段制宜，多方兼顾，河流整治与流域经济开发、港口城市建设与产业布局紧密结合、融为一体。因此在内河航道网建设方面，从 1895 年基尔运河通航，到第二次世界大战前夕的 1938 年终运河竣工，前后历时 40 余年，天然河流基本实现渠化。基尔、吕卑克和中德三大人工运河沟通了易北河、威悉河和埃姆斯河，哈弗尔运河连接了中德运河与柏林水网，脉络遍布全德国的内河航运网已经初具规模，把各大工业区域与出海门户汉堡港连接了起来。莱茵河与密西西比河相类似，也少见有护滩建筑物。

早期航道整治工程中的护滩建筑物结构形式主要有两种：

①块石护面型的护滩结构。它不使用排布，而是直接在滩面上筑低矮丁坝群或者散抛

块石等。

② 20 世纪 80 年代，出现由在单层聚丙烯编织布上铺盖块石的组合结构。 90 年代起，已开始用系结压载软体排护滩，由于其平面布置呈带状，故称为护滩带。其结构形式包括沙垫软体排、系小沙袋软体排等。这两种排体结构形式的主要区别在于压载体及压载体与排体的连接方式不同，沙垫软体排主要是将作为压载体的沙垫和排布缝制在一起，而系小沙袋软体排则是将作为压载体的小沙袋与排布通过系结条连在一起。1998 年以后，由于小沙袋软体排在工程使用过程中存在的一些问题，主要包括劳动力强度过大、压载重量不够、沙袋破损后影响排体稳定等不利因素，因此研究出了用预制混凝土块体代替小沙袋作为压载体，此方法基本解决了以上存在的问题。

国内的航道整治中护滩建筑物应用较为广泛，现有的护滩结构大致可以分为四大类：一是散抛块体护滩工程。散抛块体护滩主要是指抛石护滩，即在滩面上散抛 50 ~ 80cm 的块石进行护滩，它主要用于水深较小（一般小于 3m)、流速不大（一般小于 1.5m/s、河床变形较缓慢、地质条件较好的河段，如卵石滩或沙卵石滩，这种结构形式多应用于闽江水口电站下的护滩工程，如鲫鱼滩、盐蛇滩等护滩工程，汉江襄利河段航道整治工程中也采用过这种散抛块体护滩工程。二是现体护滩工程。通过建设现体（现体群）达到护滩的效果，现体形式有丁现、顺坝、鱼骨坝等，主要应用在黄河、闽江、西江等河流治理中，长江上也有一定应用。根据资料表明，近年来坝体的水毁现象非常严重，其中丁坝、顺坝主要用于守护边滩，鱼骨坝主要用于守护心滩。三是软体排护滩带工程。软体排护滩（护滩带）是一种新型的航道整治建筑物，其主要作用是保护较为高大完整的边滩、心滩在水流作用下免遭破坏，进而达到稳定枯水航槽的目的。四是四面六边透水框架工程。这种整治建筑物也是在近年来长江航道整治中发展起来的，为了解决护滩带边缘冲刷变陡、局部破坏问题，在东流航道整治、周天航道整治控导、牯牛沙航道整治等工程中均采用了四面六边透水框架来保护护滩带边缘，取得了较好的效果。

各种护滩（底）结构一般均能满足此水域河床稳定防护的要求。但是它们的效果有较大差异。其中，抛石整体性较差，同时对局部水流的扰动较大，容易流失沉陷。抛枕易被来往的船舶划破损坏，在阳光照射下易老化。因此，在长江中下游河床覆盖层较厚且颗粒很细的情况下，床沙流失量较大，一般均需辅以沉系接混凝土块压载软体排方式护底。铰链排应用较少，目前仅进行了少量试验性使用。系沙袋软体排由于压载较轻，且沙袋易刺破失稳，现较少使用，长江中下游应用较广泛的为 X 形系混凝土块软体排。

20 世纪 80 ~ 90 年代，软体排护滩结构主要应用于汉江中游襄利河段的航道整治工程中，采用的是单层聚丙烯编织布软体排、上面覆盖块石的结构形式，虽然当时起到了一定的作用，但是由于这种排体的排垫与压载体是分离的，压载块石易滚落，排体多有毁坏，所以总体效果不是很理想，现已不再采用。20 世纪 90 年代以来，长江航道整治进入快速发展期，软体排护滩结构在长江中下游航道整治工程中得到广泛采用。主要以周天河段清淤应急工程、碾子湾河段航道整治工程、张南下浅区航道整治工程为典型代表，平面布置采用类似丁坝的条状间断布置，自岸向河心平铺一定宽度的软体排，当其外端（接整治线一端）的河床受冲时，该端起类似丁坝坝头的作用。经过十多年的实践，目前应用最广泛的是系结压载软体排，通过对正处于河势条件较好演变周期中较为高大完整的洲滩加以稳定，以达到维持有利滩槽形态的目的。从应用效果看，总体上是成功的，但也出现一些问题。主要是系结压载软体排受损或破坏的问题较为突出，直接影响整治效果并增加维护难度，令人对其稳定、可靠性有所担忧。软体排形护滩带的破坏部位一般位于排体上边缘、头部以及下游一侧，出现程度不一的冲刷塌陷、排布撕裂、排布暴露在外甚至排布悬空挂起来等现象。

软体排护滩结构形式是近十几年结合长江中下游航道治理工程，在实践中逐渐探索出来的一种新型整治建筑物结构形式，由于时间较短，对其的研究也较少，仅有的研究成果还不够深入。因此，需要对软体排护滩结构形式从自身结构、平面布置、破坏机理及防冲措施等方面进行深入分析研究。

工程实践中使用的软体排护滩包括散体压载软体排（土工布护底、块石压载）、系接压载软体排（X 形系混凝土块软体排、CSB 软体排、系沙袋软体排）、连锁块压载软体排（混凝土连锁块软体排、混凝土块穿绳排、CSB 块穿绳排）。第一类压载与排垫完全分离；第二类压载排垫连接，压载体完全由排垫牵引；第三类压载体自身连接在一起，压载与排垫有所连接；第四类为混凝土块通过钢筋直接连接，下面不铺设排布。目前，软体排主要在长江航道整治工程中有所应用。

归纳软体排护滩带的破坏形式有四大类：第一，边缘塌陷形成陡坡，边缘排体变形较大或者悬挂；第二，边缘排体下部河床局部淘刷，形成空洞；第三，排体基础整体冲刷坍塌；第四，排中部塌陷或鼓包。认为护滩带破坏机理为：当水流作用较强未护滩面冲刷后，护滩带周边水流结构发生改变，形成类似于淹没丁坝的水流结构，水流更加紊乱，出现漩涡水流，底部淘刷及侧蚀加剧；排体边缘滩体变形后较陡且不均匀；当排外滩体冲刷较大时，软体排边缘蛰陷不能紧贴滩面形成防冲层，不能有效防止底部淘刷及侧蚀的进一步发展。

近年来，为了解决护滩带边缘冲刷变陡、局部破坏现象，在东流水道航道整治工程、周天河段航道整治控导工程中采用四面六边透水框架，保护护滩排边缘，取得了较好的效果。透水框架群用于护滩带边缘的防护，优点是结构整体性较好、自身稳定可靠，可以起到护滩带边缘防护作用。同时，它可以显著增加河床糙率，起到减速促淤作用，由于透水框架群减小流速，改变局部流场的流速分布，当所护滩带边缘河床变形时，能使河床与护滩带连接部分的坡度明显变得平缓。

四面六边体透水框架群治河技术，其基本原理是利用框架群多个杆件的滞流减速作用，促使含沙水流在一定的区域内减速落淤，并营造新的水流边界条件，从而达到控导河势、保滩护岸的目的。该技术最早由苏联在 20 世纪 50 年代提出，但较少使用，80 年代后期作为一种治黄新观点由韩瀛观教授级高工引进中国，开始试用，90 年代初期，在水利部科教司专项基金资助下，西北水利科学研究所进行了河工模型系列实验，并取得了初步的成果。主要成果如下：

①证明了四面六边体透水框架群淤滩刷槽治理多沙游荡性河流的可行性。

②利用透水框架群构筑多沙河流河道整治工程的平面布置形式。

③不同水流泥沙及河床边界条件下，利用框架群构筑堤岸护坡、护脚、护滩工程时，

构件群的布防形式。

④四面六边体透水框架群的水力学特性及落淤特性，提出了构件尺寸的设计原则。

⑤利用该种构件加固防护已有实体坝垛，证明了用该技术防治堤岸崩塌的可行性。

由此可见，目前的研究尚停留在实际应用方面，且成果过于笼统粗糙，主要是定性的研究，而在该构件框架群对水流结构的影响、对河流阻力的影响以及减速促淤机理和定量效果、框架群尺度、架空率、投放形式等因素的影响程度等问题的研究，不仅在理论上处于空白，而且在试验上也缺乏系统的研究成果，这必然限制了该项技术的实际运用与推广，因此进一步深入地进行试验研究具有理论上和实用上的必要性。

目前，河海大学的一些学者，以流速为主要参数，对框架群的水流特性，减速促淤机理及框架群的架空率、布置形式、边坡系数等对流速场的影响进行了探讨，取得了颇有价值的成果，在一定程度上填补了四面六边体透水框架群护岸技术研究中的空白。进一步，准备将四面六边体透水框架群护坡技术应用于长江中下游碍航浅滩的整治工程，这就涉及深水条件下四面六边体透水框架群对水流垂向结构调整作用的研究以及四面六边体透水框架护滩效果的估计，而相关方面的研究目前还未开展，因而很有必要进行深入系统的试验研究。

通过对山区冲积性河流整治建筑物水毁原因调研，认为坝体的水毁原因主要有动力因素、结构设计因素、人为活动因素、维护管理因素等 4 个方面，其中动力因素主要包括急流顶冲、横向环流的侧向侵蚀、横向流冲刷、坝后冲刷、推移质底沙作用。

散抛石丁坝水毁形式分为坝头损毁、坝身损毁、坝根损毁及整体损毁 4 类，山区河流散抛石坝直接损毁的主要原因是块石粒径小，稳定质量不足引起，并通过研究认为起动流速与块石稳定质量的 1/9 ～ 1/6 次方成正比，大幅增加块石质量并不能显著提高其抵抗水流冲击的能力，散抛石坝护面块石的稳定质量与起动流速的 6 ～ 9 次方成正比，流速的较小变化将导致稳定质量的成倍增加。文献认为散抛石坝坝体结构破坏模式有坝面石被水流掀盖破坏、基底河床冲刷引起的垮塌破坏和坝体自身不能抵御水流滑动倾覆 3 种，并认为散抛石坝水毁原因是石料不符合设计要求，设计方案不完善，山区河流的中洪水水文资料缺乏，施工质量控制不足以及缺乏工程维护等。

1.3.1.4　平顺护岸工程

长江中游护岸工程始于 15 世纪中叶，历史悠久。随着护岸工程技术进步与社会经济发展，护岸工程类型目前多采用平顺护岸工程形式，结构形式则根据工程的技术和经济等条件选定。

20 世纪 60 年代以前，受技术水平和工资投资等方面的限制，护岸工程仅被视为防止局部河岸崩塌的工程措施，没有从全河段和控制河势的角度进行护岸工程规划和设计。长江水利委员会原主任林一山 1964 年首先提出长江中下游河势规划问题。经过 50 多年来的工程实践，对河势规划问题的认识逐步加深，积累了丰富的河势控制工程经验。

50 多年来，长江中下游建成的护岸工程总长度达 1 200km 以上，占总长度的 78%，1998 年以前总抛石量达 6 700 万 m^3，沉排 410 万 m^3，建丁坝 685 座，顺坝 19km。1998 年大洪水后对重点堤防护岸险工段进行了加固和扩建。

1.3.2 荆江河段现有航道整治措施适应性

荆江河段已建航道整治工程的治理措施主要采用护滩、护底、坝体（丁坝／鱼骨）、护岸等，具体整治效果及适应性如下所述。

1.3.2.1 护滩（底）

目前，在长江中下游航道整治工程中边滩守护多用护滩带形式，工程实施以后的整治效果基本能达到设计要求。已建护滩平面布置主要有条状间断守护型、整体守护型(图 1–3)，其功能大多是对低滩实施守护，抑制滩体冲刷，稳定航道。对于条状间断守护型护滩而言，横向护滩带方向设计成大致与中水位流向正交或略向上挑是比较合适的，能较好地保持滩面整体形态且各护滩带根部滩面冲刷较弱；对于整体守护型护滩而言，由于滩缘水流流态较为平稳，即使在滩缘发生冲刷变形后，护滩带边缘水流的紊乱程度也远小于条状护滩，即滩缘河床局部冲刷变形较小，因而，其护滩效果优于仅横向布置的条状间断型护滩。

a)条状间断守护型护滩实景

b)集中守护型护滩实景

图 1–3 已建护滩带平面布置形式

1.3.2.2 丁（潜）坝

丁坝平面布置形式均为条状间断形，根据丁坝轴线与水流方向的交角，可分为上挑丁坝、下挑丁坝和正挑丁坝。功能既起到束窄枯水河宽、增大航深的作用，也起到防止滩面冲刷、加速边滩淤积的作用。正挑流丁坝可用于抬高滩上水位、调整比降、减缓流速；下挑丁坝多用于来沙量小、流速大的河流，可以调整流态平顺水流；上挑丁坝可用于加快坝的淤积，但角度不宜太大。丁坝还可以在过渡段浅滩被用来固定边滩，加高上、下边滩高程，延长浅滩冲刷时间。丁坝的数量根据浅区的长度和边滩的大小而定，通常采用正挑或下挑丁坝，丁坝群的应用，为避免坝头水流过于紊乱，最上游一道应做成下挑丁坝。

对于非淹没丁坝，水流流向丁坝时受丁坝壅阻，比降逐渐减小，流速降低，在丁坝上游附近形成一个闭合的回流区（也称滞流区）；接近丁坝时出现反比降，迫使水流流向河心，绕过坝头下泄；水流绕过丁坝后在惯性力的作用下，发生流线分离和水流进一步收缩现象，水流在丁坝后部就形成了一个闭合的回流区，形成向槽壁运动的近底螺旋流。丁坝被淹没后，其附近水流流态和水流结构与非淹没状态下明显不同。淹没丁坝坝头和坝顶同时存在着水流分离现象，其水流分离的强弱程度随淹没程度的不同而变化，随着淹没深度的增加，坝头的挑流作用减弱，坝顶溢流作用逐渐增强。对于淹没丁坝，水流明显地被坝体分成面流和底流两部分，坝顶以上的面流基本上保持原水流方向不变，坝顶以下的底流，从上游绕过坝顶，在坝下形成一个很强的水平轴旋涡体系，将坝下游回流区底沙卷向上游，使丁坝背水面边坡淤积；同时，底流还因坝头平面绕流，像非淹没丁坝一样存在一个竖轴绕流旋涡，形成底流的下游竖轴回流区，但因受面流牵制较非淹没丁坝的下游回流大为削弱。

1.3.2.3 鱼骨坝

鱼骨坝一般是由顺水流方向的脊坝和垂直于脊坝轴线的多条刺坝组成，脊坝主要用于分流、分沙和归顺水流方向，刺坝可调节环流的运动，并增强坝体的稳定。鱼骨坝是具有整体护滩的形式、一定高度的坝体。在分汊河段航道整治工程中，往往设置洲头工程，来稳定或改变两汊的分水分沙条件，称为"鱼嘴"工程。该工程一般采用和江心洲纵向一致的单顺坝。这样的坝体在冲积性河流中其稳定性往往存在问题，为此，工程师们将单顺坝的"鱼嘴"工程改造为"脊坝"（纵向上的顺坝）和"刺坝"（横向上的短丁坝）结合的"鱼骨坝"结构形式。

"鱼嘴"形工程平面布局革新为"鱼骨坝"形，不仅可以增加工程的稳定性而且洲头可能的冲刷后退受到抑止并可以稳定或改变两汊的分水分沙条件。洲头"鱼骨坝"结构物的技术创新成果为分汊河段航道整治工程设计提供了一个新的选择。而洲头"鱼骨坝"结构物在具体滩段航道整治工程中的应用还有很多技术问题需要深入探讨。比如"鱼骨坝"的功能还有很大的扩展空间，即根据具体情况赋予它缩窄河宽的能力。分汊河段的上游往往河宽较大水深小，易出现各种形式的滩体，若利用"鱼骨坝"向上游延伸江心洲洲体，形成"人工岛"式航道整治建筑物，则可以起到抑制其他滩体形成的作用，从而可以达到稳定水流动力、改善洲头以上河段航道水深的目的。

鉴于洲头顺坝形式的鱼嘴，随着迎流方向和长度的不同均直接影响到坝体两侧的分流、分沙比以及航道的水流条件，"鱼骨坝"工程中脊坝的方向、长度也必然会影响到工程后的整治效果，加之考虑到各刺坝对水流作用不一，其布置间距不仅影响到工程后水流条件，同时也直接影响到工程造价；其次，刺坝长度太长时，将对船舶航行安全造成威胁，而且也增加了工程造价，但刺坝长度过小时，却又对水流作用较小，难以达到理想的整治效果。因此刺坝位置、结构的确定同样受到诸多因素的制约，显然，"鱼骨坝"工程中脊坝的方向、长度以及各刺坝的布置间距、长度均有待深入研究。

另外，鱼骨坝往往处于主流顶冲点，脊坝常常经受水流的正向冲刷，各刺坝也受到水流的横向冲刷作用，稳定性更加难以保证。鱼骨坝的刺坝坝头容易遭受破坏，主要原因是一方面坝头流速梯度和垂向流速较大，坝面块石直接受到水流对其的剥蚀；另一方面坝头流速较大，且在沿坝头面向下的下沉水流作用下，容易形成坝头冲刷坑，坝头冲刷坑的发展将使得坝体基础失稳，从而加剧坝体的破坏。特别是最后一条刺坝坝头受到的水流作用最明显，更容易遭受到水流的剥蚀。

为此，确定鱼骨坝的易毁部位，从而采用有效的防护措施，也值得进一步探讨。

1.3.2.4 护岸

护岸结构按断面形状，可分为直立式、斜坡式、斜坡式与直立式组合的混合式结构形式3种。护岸工程常常设于迎流顶冲或弯道凹岸部位，近岸侧纵向水流较强，纵向水流决定着河道的纵向输沙和河道整体变形的强度。弯道凹岸或受水流作用较强的顺直岸段，水流挟沙能力均较大，处于非饱和状态，使近岸河床床面受到冲刷而造成相应的岸坡冲刷或崩岸，而且，弯道凹岸的水流对岸线的顶冲角较大，水流的环流也相对较强，与纵向水流一起形成螺旋流，使得迎流顶冲或弯道凹岸部位发生冲刷。

通过对上述工程措施的整治效果及适应性进行分析与总结，明确了各类工程基本正常发挥了其功能作用，且整治建筑物未出现较剧烈冲刷破坏，即工程措施与水沙是基本适应的。但由于局部水流及河床变化的随机性，各整治建筑物局部设计的关键问题如下：

(1) 软体排护滩整体稳定性较好，仅在局部边缘可能由于冲刷引起塌陷或悬挂，造成混凝土排体和系结条外露，边缘老化，系结条松开，混凝土块移动或滑落，排体易撕裂。因此，护滩（底）结构稳定设计的关键是软体排结构局部处理。

(2) 丁坝周围产生局部水流的水力学问题异常复杂，根据工程效果分析丁坝护底结构的安全有效与否是丁坝设计能否发挥预期效果的关键。

(3) 已建鱼骨坝工程在分流与分沙、固滩、调整不利流态等方面作用显著，但从水沙适应性及建筑物稳定性考虑加强鱼骨坝坝面的防护力度及建筑物头部守护范围，减弱水流的剥蚀破坏，可最大限度地发挥其功能。

(4) 从护岸工程稳定性出发，应重点考虑的主要因素为排体末端冲刷坑的深度和水下稳定边坡，确定排体有可能遭到损坏的横向范围，以此来确定余排的长度。

1.3.3 现有航道整治工程整治原则及方法评价

1.3.3.1 现有航道整治工程整治原则

近十多年来，根据河段碍航特性、河床演变特点与趋势，结合航道治理目标、河势控制规划及外部环境，围绕航道整治工程的实施，开展了大量关于荆江河段整治原则的科学研究工作，取得了较为丰富的研究成果。概括而言，荆江河段航道整治主要体现了以下4个原则。

(1) 统筹兼顾。由于长江中游沿线多数河段处于经济较为发达的地区，且面临防洪、环境等多方面的问题，外部环境较为复杂，在航道整治工程设计中必须给予综合考虑，才能够顺利实施及发挥工程效应。因此已实施的航道整治工程都包含了统筹兼顾这条整治原则。

(2) 因势利导。航道整治工程的开展需充分考虑水道的自然形态及演变规律，利用其自身的一些有利条件，抓住有利时机，才能使航道整治建筑物经济有效地发挥最大作用，因此，在大部分整治工程的整治原则中也包含了因势利导。

(3) 分期实施。对于荆江河段大多数水道来说，由于其自身演变复杂，外部环境影响因素众多，而且三峡工程的蓄水运用的影响也是持续的，有一定的不确定性，因此，航道整治工程方案不宜一步到位，已建航道整治工程中都考虑了分期实施这条整治原则。

(4) 稳定洲滩。荆江河段历史上河势不稳，滩槽易变，且三峡工程蓄水以来，清水下泄，加剧了洲滩的冲刷，洲滩不稳定有所增强。考虑到洲滩稳定是航道条件稳定的前提，因此稳定洲滩在已建航道整治工程中是相当重要的。

另外，根据各个水道碍航特征及综合情况的差别，制订的整治原则也有一定的针对性，已建航道工程整治原则统计见表1-3。

如枝江江口河段的航道整治工程，存在对上游和其自身水位下降的综合影响，因此，整治原则中包含“上下兼顾，系统治理”、“稳定洲滩，控制水位降幅”；航道条件影响因素多样的河段需要多种手段相结合，如瓦马河段航道整治工程，三峡工程蓄水以来，清水下泄，瓦马河段支汊持续发展，关键洲滩岸线出现不利变化趋势，因此，需要“守护与控制相结合”；窑监河段由于存在乌龟夹进口浅滩及出口太和岭附近江中存在乱石堆碍航两类问题，因此需要“整治与清障相结合”；本身有已建工程的，如腊林洲守护工程、瓦马河段航道整治工程，整治原则中则包含“以已实施工程为基础”、“协调统一”。

已建航道整治工程整治原则统计表 表1-3

序号	航道整治工程	整 治 原 则
1	枝江江口河段航道整治工程	上下兼顾，系统治理；稳定洲滩，控制水位降幅；远近结合，分期实施
2	沙市河段腊林洲守护工程	统筹兼顾，以守护为主；协调统一，远近结合
3	瓦马河段航道整治工程	以已实施工程为基础，完善控制有利河势条件；守护与控制相结合，抑制不利趋势的发展；统筹兼顾，综合治理
4	周天河段航道整治控导工程	因势利导；固定洲滩，稳定过渡段；分步实施
5	藕池口水道航道整治工程	因势利导；巩固洲滩；远近结合，分期实施
6	碾子湾水道航道整治工程	因势利导；低水整治，稳定枯水期过渡航槽；统筹兼顾，总体协调
7	窑监河段航道整治一期工程	稳定洲滩，巩固以乌龟夹为主汊的分汊格局；整治和清障相结合，改善乌龟夹进出口航道条件；统筹兼顾，综合治理；远近结合，分期实施

1.3.3.2 荆江河段现有航道整治工程整治方法总结

已建工程为航道整治方法积累了大量经验，经统计，基本整治方法主要包括以下4类：

(1) 通过护滩（岸）工程，守护关键洲滩岸线，稳定航槽边界。如腊林洲守护工程，为实现并保持太平口水道“南槽—北汊”的主航道，腊林洲高滩起着稳定航道右边界及过渡段航槽的导流作用，从演变分析来看腊林洲高滩岸线正在持续崩退，因此整治重点在腊林洲高滩岸线的守护；对于藕池口水道，近年来其航道条件与江中滩体的变化密切相关，三峡工程蓄水以来，藕池口心滩左缘、倒口窑心滩滩头及陀阳树边滩均发生了冲蚀、下移等不利变化，水流摆动幅度较大，没有稳定的洲滩及航道边界就没有稳定的航槽，因此，藕池口水道航道整治方法为通过对藕池口心滩滩体左缘中段、陀阳树边滩实施守护工程以及相关岸线的守护工程，以形成和稳定良好的滩槽格局。

(2) 通过潜丁坝或护滩带工程，抑制支汊发展，稳定主流流路。如瓦马河段航道整治工程，瓦口子和马家嘴水道均为分汊型河道，主支易位频繁，航道易出浅，三峡水库蓄水运用后，边滩、江心洲头的冲刷，支汊（槽）的冲刷发展，致使放宽段主泓摆动隐患加大，航槽很不稳定。鉴于此，整治工程主要通过在瓦口子水道右槽、马家嘴右汊内建设潜丁坝及护滩带工程，对支汊发展进行抑制，进而稳定放宽段航道条件。

(3) 通过稳定关键滩缘岸线，束水攻沙，改善水流流态。如周天河段，总体河势较稳定，但由于该河段的河床、河岸组成均为沙质，洲滩的抗冲性能较差，在局部放宽河段内深泓摆动频繁，洪中枯水期流路不一致，导致本河段滩槽不稳，浅滩演变剧烈。清淤应急工程基本上封堵了周公堤心滩与蛟子渊边滩之间的窜沟，目前河道形势较好，需进一步稳定主流及上过渡形式，进一步巩固目前较为完整的边滩，稳定枯水期主流长期贴岸的局部岸线。基于此，周天河段航道整治主要采用护滩（岸）工程，对九华寺边滩、新厂边滩进行守护，进一步改善水流流态；对于枝江江口河段，三峡水库蓄水以来，水陆洲洲头低滩、洲体右缘以及洲尾成型堆积体都有所冲刷萎缩，航道出现展宽，对上浅区冲刷不利，因此，整治方法主要是对水陆洲受冲部位采用护滩带工程进行守护，维持目前较为高大完整的滩形，束窄过水断面，使水陆洲右汊水流平顺，改善水流流态。

(4) 通过江心洲头的守护工程，稳定主支汊格局。窑监河段属弯曲分汊河型，历史上以汊道周期性兴衰交替和主流摆动为主要特点，水沙运动较为复杂。1995年汛后乌龟夹成为主航道后，乌龟夹已成为占绝对主导地位的主汊。从近期演变来看，由于乌龟洲洲头及右缘的冲刷崩退以及洲头心滩的冲刷降低，加之新河口边滩头部的冲刷后退，致使乌龟夹口门不断扩宽，水流过于分散，航道出现多槽争流的局面，航道维护困难。因此，窑监河段航道整治一期工程充分利用该河段目前乌龟洲及洲头心滩相对高大完整的有利时机，在乌龟洲洲头实施鱼骨型护滩带工程，抑制乌龟洲洲体的持续崩退，保持洲体稳定，进而巩固以乌龟夹为主汊的分汊格局。

1.3.3.3 荆江河段已建航道整治总体评价

荆江河段由于天然控制节点较少，河床可动性强，滩槽不稳，是长江干线碍航最为严重的航段。尤其三峡工程蓄水以后，来水来沙的变化引起了该河段滩槽的剧烈调整，主要表现为洲滩受冲、河槽宽浅化、主流摆动及支汊发展等。在该河段的33个水道中，出现过碍航险情的水道（河段）有16个。该河段自2000年以来特别是在三峡工程蓄水后，陆续进行了重点水道关键部位的整治工程，包括有枝江—江口、沙市、瓦口子、马家嘴、周天、藕池口、碾子湾和窑监8个水道（河段），共计14个整治工程。

已实施航道整治工程在上述整治原则和整治方法的指导下，不仅取得了较好的整治效果，对于三峡蓄水后初期出现的一些不利变化也进行了必要的控制，有利的滩槽形态得到一定程度的保护，同时也积累了丰富的经验，为后续更大规模的系统治理奠定了基础。

从整治效果来看，多处重点碍航险滩在实施守护工程后，航道条件均得到明显改善，如沙市河段、瓦口子—马家嘴河段、周天河段、窑监河段等浅滩段，这些浅滩段的治理有效控制了部分关键部位，为后续工程创造了条件，其中瓦口子—马家嘴河段通过两个阶段的治理，已提前实现了规划目标。沙市河段在蓄水初期由于三八滩分汊段滩槽格局的大幅调整，于2005—2007年均派驻多艘挖泥船进行疏浚才能保证航道畅通。沙市航道整治一期工程实施后，三八滩头得到控制，且滩头位置与南槽出流形成较好的衔接，枯水期航槽逐渐往预设的“南槽—北汊”走向转化，随着腊林洲守护工程的实施，对这一个格局的控制得到了进一步加强，航道条件逐渐好转，为进一步彻底解决沙市河段航道问题，奠定了较好的基础。瓦口子—马家嘴河段包括瓦口子、马家嘴两个分汊型水道，这两个水道在三峡蓄水初期就出现了支汊发展，江心洲滩冲刷萎缩等不利变化，对航道条件也产生了不利影响。2006年和2007年通过马家嘴水道航道整治一期工程、瓦口子水道航道整治控导工程，对这些不利变化进行了初步守护控制，航道条件得到了初步稳定，2010年按规划目标对瓦口子、马家嘴两水道进行整体治理，系统解决了规划目标下仍存在的航道问题。目前该河段的滩槽格局较为稳定，不利变化趋势得到了较好的控制，水深条件良好，可见两个阶段的治理较好地实现了治理目标。周天河段在蓄水以前深泓主流摆动频繁，洲滩冲淤剧烈，航道条件极不稳定，在主流多次过渡的不利滩槽格局时期，航道条件极为恶劣。蓄水初期周天河段滩槽格局处于较为良好的阶段，但受三峡工程清水下泄的影响，洲滩冲刷萎缩，主流摆动幅度加大等不利变化开始显现。2001年和2006年先后实施周天河段清淤应急及航道整治控导工程后，周天河段滩槽格局的稳定性得到明显增强，航道条件亦有明显改善。窑监河段乌龟洲洲头心滩是控制乌龟夹口门水流集中程度的关键滩体，在蓄水初期该滩体逐渐趋于散乱，航道条件也渐趋恶劣，在2008年造成了极为严重的堵航时间。2009年实施窑监河段航道整治一期工程，主要是通过鱼骨坝对心滩进行了适当恢复，工程实施后，航道条件迅速得到改善。2010年进一步实施了乌龟洲守护工程，对该河段的河势稳定性进行了巩固。

工程实施后，一方面多处重点碍航滩险航道条件明显改善，荆江全河段航道维护水深已从2.9m逐步提升至3.2m，有效地缓解了枯水期中游航道的紧张局面；另一方面，对于三峡蓄水后初期出现的一些不利变化已通过实施的工程进行了必要的控制，一定程度上保护了有利的滩槽形态，也为后续更大规模的系统治理奠定了基础。

清水下泄的影响随着三峡工程的持续运行进一步深化，一方面先期治理的一些水道由于控制力度有限，有些只是实施了这些水道总体工程的一部分，不仅航道边界不稳定而且关键洲滩存在不利的发展趋势，主流摆动空间依然较大，进一步发展可能影响到已有工程的稳定和整治效果，如太平口水道腊林洲低滩头部的控制工程一直未能实施，过渡段不稳定，三八滩中下段持续萎缩，放宽段趋向宽浅化；周公堤水道已建工程对河道左侧滩体控制不够，上下深槽交错发展，过渡段浅滩航道条件有所恶化；藕池口水道初步控制陀阳树边滩后，倒口窑心滩的冲退仍将威胁航道条件的稳定，而且陀阳树边滩自身也没有得到有效控制；存在类似问题的还有碾子湾、窑监等水道，都需要采取进一步的工程措施。另一方面，仍然有多处放宽段处于天然演变状态，这些水道需要尽早实施航道整治工程，进行必要的控制，以防止航道条件向不稳定方向发展，如斗湖堤水道、莱家铺水道、铁铺水道等。

已实施的航道整治工程是按既定整治原则进行的具体实践，工程得以实施并取得预期效果说明整治原则和整治方法是合理的。"统筹兼顾"是中下游航道整治所普遍遵循的处理航道整治工程与外部建设条件关系的原则，主要的兼顾对象是工程对防洪和生态环境的影响，是确保方案可行性的前提；"因势利导"这一控制整治方法的原则在中下游沙质河段的治理中也有普遍的应用，是在整治方法上对"统筹兼顾"的响应，主要体现了顺应河道自身的演变规律，以控导措施作为主要工程手段，强调趋利避害的利用大型河流自身的塑造能力达到治理目标；"分期实施"这一原则主要应用在复杂浅滩段的治理中，复杂浅滩河段往往洲滩密集，在某一特定时间点，各部位滩槽格局均呈现良好局面的可能性是比较小的；"因势利导"这一原则就需要逐步调控引导来落实；"稳定洲滩"体现了对河流水沙运动规律的理解，在沙质河段，洲滩既是沙源，同时也是控制河槽内泥沙输移能力的堆积体，在来沙大幅减少的条件下，保持洲滩的稳定还能达到冲刷河槽的效果。

通过这一系列的航道整治实践，航道部门初步形成了关于如何开展长江干线航道整治的治理理念，认为在三峡工程正常运行以及上游梯级开发的条件下进行长江航道治理，在目前的航道尺度规划目标小，守护控制有利的洲滩形态更为重要，也更为有效，河流自身塑造的洲滩更能顺应水流的运动特点，洲滩得到稳定后，“清水下泄”就能较好的发挥其冲槽作用，从而改善航道条件。一旦有利的滩槽格局被破坏，航道条件已经恶化，或者守护型控导工程强度无法满足规划的航道尺度标准，进攻型的整治措施虽然投入的人力物力将成倍增加，但也是必要的。

1.4 荆江河段航道系统治理需求和内涵

1.4.1 航道系统治理需求

在水流条件复杂或航行困难的河段，为使船舶能顺利安全通行所采取的改善航道工程措施称为航道整治。从治理对象方面看，主要包括两个方面：一是对尚未通航的天然河流、湖泊采取各种工程技术措施，使之满足航行的技术要求；二是对已通航河、渠改善通航条件，提高通航标准，满足水运发展的需要。

总结多年来长江中游整治取得的成就和现状，主要体现在整治规划工作和重点河段的整治。在 1994 年水利部、原交通部批复实施以护岸和航道整治为内容的界牌河段综合治理工程以前，长江中下游的航道没有进行过稍成规模的整治，几乎呈自然状态。“十一五”期间，为进一步发挥长江黄金水道作用，适应沿江地区经济发展的需求，按照“延上游、畅中游、深下游”建设思路，国家对中游航道展开了大规模整治工程，长江中下游的通航条件得到改善。“十二五”期间，我国加快推进长江中游航道建设，通过实施一系列航道整治工程，将对长江中游航道进行系统整治，提高长江中游航道通过能力，消除长期困扰长江水运发展的中游“肠梗阻”现象。根据水利部《长江流域综合规划》，确定长江中下游以防洪、航运为主的河道整治规划目标和总规划，其中长江中下游干流通过疏浚整治，稳定河势，改造支汊，固定岸线以及开凿新运河等，使整个长江水系干支互通，逐步形成四通八达的水系航道网。目前还远远没有达到航道等级的要求，需要进一步推进新的工程，最终真正实现长江中游航运畅通。

随着长江中游航道整治目前全面展开，也将面对着复杂的天然不利条件因素以及新的水沙条件影响，长河段的复杂性和特殊性，很多技术问题亟待解决等难题。

目前，世界各发达国家无不重视水运建设。美国、苏联及西欧国家分别建设了以密西西比河、伏尔加河、莱茵河为主干的干支直达、河海相连的统一航道标准的现代化的内河航道网。新中国成立以来，我国的内河航道建设也取得了巨大成就，重点整治了长江干线及其主要支流，西江干线及其主要支流，京杭运河、黑龙江和松花江等航道。国外河道整治一般都经过了初级阶段、工程阶段和环境阶段的发展过程，其治理理念、技术方法等方面将给我国航道治理提供重要的经验。

目前在航道的整治方面则有两种不同的考虑。一种是从综合整治出发，即全面考虑国民经济各部门的需要，通过裁弯取直、疏浚和护岸等多种措施，稳定河势，以期满足防洪、用水、航运等要求。另一方面，各部门由于需求不同，也存在一定的矛盾。因此必须统筹考虑、合理安排，在符合整体利益的基础上，采取综合治理，以达到整治航道的目的。在平原河流中，水流促使泥沙运动，使河床发生冲淤变化，对河床演变起着主导作用。中洪水期水流量大，容易造成河床坍塌或漫决河堤成灾。一旦河岸冲塌，则将引起水流动力轴线随之摆动，招致浅滩恶化和河道变迁，促使枯水河床抬高。因此，治理碍航浅滩与治河相结合，采取稳定河势、固定岸线、裁弯取直、扩宽河道卡口、束水工程、护岸等工程措施，控制住中、洪水位时的河势变化，不使其崩退、游荡，保持洪、中、枯水的主流线相对一致，才能更好地稳定航道，为保证枯水河槽的稳定创造条件。所以，综合治理，统筹兼顾国民经济各部门利益，以中、洪水治理为主，兼顾航道通航条件方面的要求，工程投资较大，建设时间较长。

另一种是只从航运需求出发，以改善航行条件为整治目的。在投资较少的情况下，仅进行航道整治设计。一般都是考虑在中、枯水位下，对碍航浅段进行整治，达到通航的目的。最低通航水位时，拆迁碍航的河段是整治的对象。在采用丁、顺坝束水整治措施时，坝顶高程一般在中水位与最低通航水位之间，因而实质是中低水位式的整治，要求在洪水降落的最后阶段，通过丁坝等整治工程，适当提高冲刷能力，达到最低通航水位时保证设计航深。所以这种方法针对性强，投资较小，见效快，可在资金有限的条件下，达到立竿见影的效果。我国在许多河流采用这种办法进行整治后，均取得了良好的成效。

由理论结合实际整治情况得到已建河势控制工程与航道整治工程为后续治理奠定了基础，但在稳定河势、维持有利滩槽形态方面仍存在不足。

由于荆江河段内弯曲河道或分汊河道的凹岸以及主流线贴岸或顶冲段均已得到护岸守护，荆江河段总体河势趋向稳定，目前上荆江为较为稳定的微弯分汊河道，下荆江已成为限制性蜿蜒河道，为航道整治工程建设奠定了基础。而且，已建航道整治工程进一步对一些重要浅险碍航浅滩的关键滩槽部位实施了控导性工程，对三峡蓄水后初期出现的一些不利变化进行了初步控制，对维持滩槽稳定、改善航道条件起到了积极的促进作用，也为后续治理奠定了良好基础。

但是由于三峡工程蓄水影响的长期性、持续性，必须针对新形势、新问题，进一步完善河势控制工程、抓住时机进行航道整治，消除三峡工程蓄水后河床长时期冲刷对河势稳定、防洪安全、江湖关系、航道条件等的不利影响。一方面，由于已有护岸工程绝大部分实施于三峡工程蓄水前，难以完全适应新形势下的河床变形，荆江河段已多次出现崩岸险情和新的险工段（图 1–4）。如上荆江公安县南五洲 2010 年 6 月发生严重崩岸险情，崩塌长 150m；下荆江监利铺子湾段 2010 年 4 月发生剧烈崩岸，崩岸不仅对现有垸堤安全产生严重威胁，而且影响到下游河势的稳定。另一方面，由于已建航道整治工程控制力度有限或只是总体工程的一部分，以及三峡工程蓄水持续影响可能进一步引起局部放宽河段航道边界不稳定，一些水道关键洲滩仍存在不利的发展趋势，主流摆动空间仍然较大，进一步发展可能影响到已有工程的稳定和整治效果，甚至出现新的航道问题，这就需要对荆江河段航道进行系统整治。

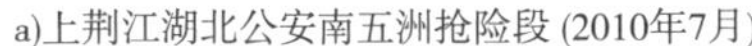
a)上荆江湖北公安南五洲抢险段 (2010年7月)

b)下荆江湖北监利铺子湾 (2010年4月)

图 1–4 三峡工程蓄水运用后近年部分河段崩岸及新护工程照片

1.4.2 航道系统整治内涵

长江中游航道据统计共有 25 处严重碍航水道，除个别河段得到治理外，尚未经过系统整治，目前还基本处于天然状况。由于自然条件的约束，这些浅滩航道演变剧烈，碍航问题复杂。2003 年 6 月三峡工程蓄水运用后，水库拦截大量泥沙造成“清水”下泄，水库下游河床发生长距离、长时段的冲刷与河势调整，并伴随着水位的下降，部分浅滩的航道条件可能会进一步恶化，碍航问题将进一步加剧。目前，对于葛洲坝下游近坝段和芦家河沙卵石河段的碍航问题和治理措施的研究认识较为成熟，也已经取得了阶段性成果，但对中游沙质河床段尚未开展全面的研究以至对其认识还较为肤浅，演变趋势及碍航问题的揭示和治理措施的研究都不能满足航道治理工程前期工作的需要。为对长江中游河段的治理达到理想效果，不仅需要对河道及浅滩特性、演变机理、成滩原因进行大量的研究和总结，特别是三峡蓄水后浅滩航道的演变趋势，以便抓住有利时机及时实施航道治理，而且需要提出适应不同河道水沙、边界条件的整治建筑物结构形式和施工工艺。

研究解决长江中游重点浅滩河段的演变规律与治理技术，不可能以全部单个浅滩为研究对象，宜采取分类研究、重点突破的方法来对有代表性的、碍航问题较复杂的浅滩进行研究，这便是系统整治的理念。系统整治是指在长河段航道整治中，将每个工程区的工程看作是长河段的一部分，从技术、环境、河势规划等方面进行系统研究，尤其在工程布局中充分考虑工程对上下游相邻河段的影响，即联动效应，寻求最合理治理措施的整治理念。

系统整治效果发挥还与来水来沙条件密切相关，同时整治时机尤显重要，因此，应根据河道来水来沙条件的改变及已实施工程引起的河道变化情况，及时抓住各种有利时机，实施动态管理，以达到最佳整治效果。航道系统整治涉及多方面的沟通、协调，工程是否可行在很大程度上取决于建设条件是否具备。

综上所述，为实现航道系统整治，基于对三峡工程蓄水后荆江河段新水沙特性的全面总结、分析，通过踏勘调研、原型观测、数值模拟、水槽试验和理论分析相结合的技术手段，深入研究蓄水后该河段不同河型的河床演变特点，提出新水沙条件下荆江河段航道系统整治原则、整治参数确定方法、整治措施和建筑物新型结构及其可靠度评估技术，明确荆江河段航道尺度提高的可能性，开发荆江全河段枯水碍航预测预报系统，为长江中游荆江河段航道治理提供科学依据，并对其他内河高等级航道系统整治起到借鉴、指导作用。

2 荆江河段航道系统演变特征

2.1 三峡工程蓄水后水沙特性

三峡水库蓄水运用前，长江流域悬移质泥沙大多来自上游地区。上游控制站宜昌站多年平均径流量为4 369亿m^3，仅占大通站的48.3%；年均输沙量为4.92亿t，进入中下游平原后，因河谷发展，河床比降变缓，长江中下游河道、通江湖泊的沉积，输沙量沿程变小，至大通站年均输沙量则减小为4.27亿t。从含沙量沿程变化来看，由于荆江分流分沙，以及其他含沙量较小的支流如洞庭湖水系、汉江、鄱阳湖水系的进一步稀释，含沙量沿呈降低幅度更大，由宜昌站的1.13kg/m^3沿程减小至汉口站的0.560kg/m^3，大通站仅为0.472kg/m^3。

20世纪90年代后，受上游来沙量减小影响，长江中下游干流输沙量也呈减小态势，如宜昌站1991—2002年年均输沙量为3.91亿t，较1950—1990年均值减小了1.30亿t，减幅为25%；其下游干流汉口、大通站沙量也分别减少了1.14亿t、1.31亿t，减幅分别为27%、29%，无论是沙量减少值还是减幅都与宜昌站基本相当。三峡水库蓄水运用后，长江中下游水沙发生了明显变化。主要表现在以下5个方面。

(1) 三峡水库蓄水运用后，由于长江上游来水偏枯，长江中下游干流径流量偏少，年内分配规律发生变化。

(2) 由于长江上游来沙大幅偏少，加之三峡水库蓄水运用后，水库的拦沙作用，长江中下游干流输沙量大幅减小，泥沙来源和地区组成发生新变化。

(3) 三峡水库蓄水运用促进了长江中游江、湖泥沙冲淤格局的进一步调整。

(4) 三峡水库拦截了长江上游悬移质泥沙中绝大部分粗颗粒泥沙，出库悬移质泥沙粒径明显变细，但由于坝下游河床冲刷，导致悬移质泥沙粗颗粒含量沿程增多，粒径变粗。

(5) 长江上游的推移质泥沙基本被三峡大坝拦截在库内，出库推移质泥沙继续大幅度减小，但由于河床冲刷，宜昌以下沙质推移质泥沙有所增多。

2.1.1 荆江河段干流水沙变化特性

荆江河段水沙主要来自宜昌以上的长江干流、清江与沮漳河等支流，其中，支流的来水、来沙量较小，分别仅占干流的3.5%、2.11%。长江中游分布有很多水文站，宜昌站是三峡水库出库水文站，位于荆江河段上游；枝城、沙市、监利三站位于荆江河段内，分别位于荆江河段进口、上荆江、下荆江；螺山、汉口水文站位于荆江下游。通过对上述水文站的实测水沙资料进行分析，并采用 Mann-Kendall 非参数秩次检验法研究荆江河段上游控制站宜昌站、下游控制站汉口站的流量、沙量变化趋势及突变情况，三峡工程蓄水运用后荆江河段的水沙特性如下：

（1）荆江河段年径流量没有明显变化，但各站年输沙量大幅度减少。

三峡工程蓄水前后长江中游主要水文站多年实测水沙特征值见表 2-1，可以看出，三峡工程蓄水运用对荆江河段年径流量没有明显影响，三峡水库蓄水后荆江河段的枝城、沙市、监利水文站年径流变化较小，但水库拦水引起荆江年输沙量大幅度减少。三峡水库蓄水后，枝城、沙市和监利水文站的来沙量分别减少了 88.3%、84.0% 和 76.7%。

长江中游主要水文站多年实测水沙特征值统计 表 2-1

测站	平均年径流量（亿 m^3）	平均年输沙量（亿 t）	统计年限	测站	平均年径流量（亿 m^3）	平均年输沙量（亿 t）	统计年限
宜昌	4 369	4.91	1950—2002	宜昌	3 978	0.482	2001—4012
枝城	4 450	5.00	—	枝城	4 092	0.584	2001—4012
沙市	3 942	4.34	1956—2002	沙市	3 758	0.693	2001—4012
监利	3 576	3.58	—	监利	3 631	0.836	2001—4012
螺山	6 460	4.09	1954—2002	螺山	5 880	0.965	2001—4012
汉口	7 111	3.98	1954—2002	汉口	6 690	1.14	2001—4012

注：统计年份不同时，以多年平均年输沙量的统计年份为准。

从图 2-1 宜昌站年径流量、输沙量变化分析来看，20 世纪 60 年代以来，年径流量的 UF_k 曲线在 95% 置信区间内，UF_k 和 UB_k 两条曲线交点较少且不在临界直线之间，故年径流量变化趋势不明显且没有发生突变；2001 年以来输沙量减少显著，2001 年 UF_k 达到 95% 置信水平，2003 年 UF_k 达到 99% 置信水平，特别是 2003 年之后 UF_k 曲线几乎呈一斜线没有波动，输沙量剧烈减少。

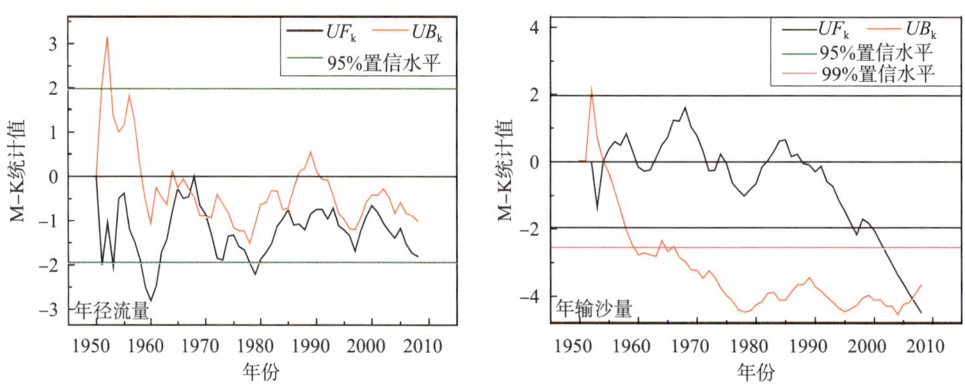

图 2-1 1950—2008 年宜昌站月均径流量趋势及突变分析（Mann-Kendall 方法）

从图 2-2 汉口站年径流量、输沙量变化分析来看，年径流量突变始于 1975 年和 1998 年，1975 年开始长江中游地区径流量突然增加，1998 年径流量突然进入减少趋势；年输沙量在 1995 年达到 95% 置信水平，1997 年达到 99% 置信水平，在 2003 年三峡水库运行

后 UF_k 曲线几乎呈一斜线没有波动，输沙量剧烈减少。另外，汉口站三峡水库运行后年输沙量减少的幅度及趋势比宜昌站小，说明出库“清水”从上游河床获取泥沙后不饱和度降低，沿程输沙量逐渐得到恢复。

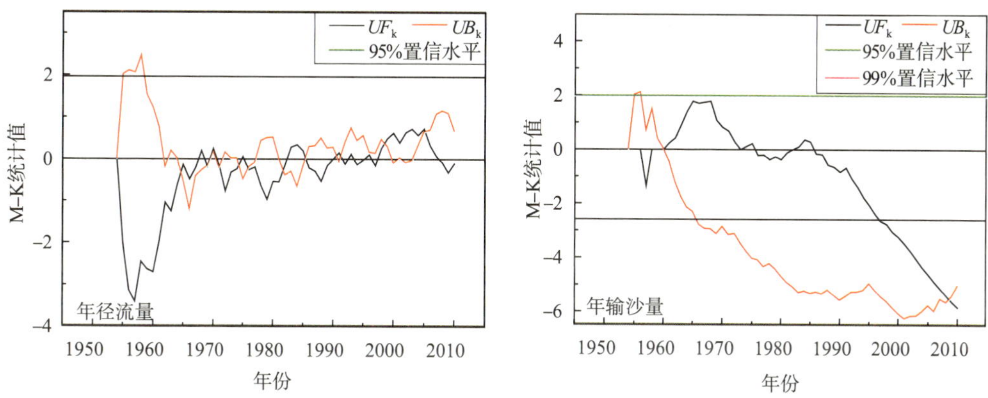

图 2-2　1954—2010 年汉口站径流量、输沙量趋势及突变分析（Mann-Kendall 方法）

（2）三峡水库的运行调平了流量过程，使得枯水期缩短，中水期延长，最小流量增加。

三峡工程蓄水前后沙市站大、中、小水年流量过程对比如图 2-3 所示，流量过程变化主要表现为大洪峰流量被削减，枯水期流量增大，汛末退水时间加快。

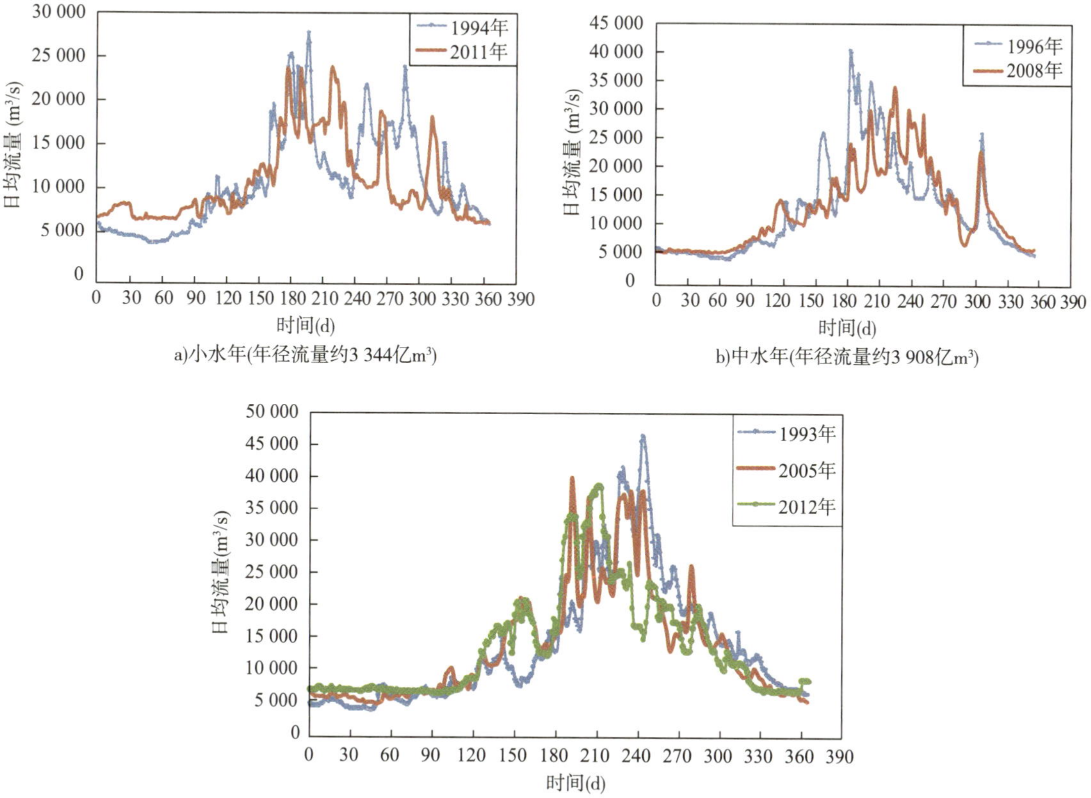

a)小水年(年径流量约3 344亿m³)

b)中水年(年径流量约3 908亿m³)

c)大水年(年径流量4 210亿~4 262亿m³)

图 2-3　三峡工程蓄水前后沙市水文站大、中、小水年流量过程对比

从图2–4宜昌站年内各月径流量变化趋势来看，2003年以后，宜昌站1～4月份径流量趋势曲线$UF_k>0$，径流量呈现逐年增加趋势，并且UF_k曲线仍有上升趋势，建库前1950—2002年和建库后2003—2008年1～4月的径流量平均值分别为$114.456\times10^8\ m^3$、$93.593\times10^8\ m^3$、$115.535\times10^8\ m^3$、$171.253\times10^8\ m^3$和$122.414\times10^8\ m^3$、$106.134\times10^8\ m^3$、$137.815\times10^8\ m^3$、$181.876\times10^8\ m^3$，建库后1～4月径流量的增加主要是水库调节的结果，使得枯水期时间缩短，中水期延长，最小流量增加，7～11月份径流量趋势曲线$UF_k<0$，径流量呈现逐年降低趋势。并且7月的UF_k曲线仍有明显的下降趋势。建库前、后5～10月的径流量平均值分别为$804.166\times10^8\ m^3$、$733.989\times10^8\ m^3$、$656.826\times10^8\ m^3$、$483.343\times10^8\ m^3$和$705.643\times10^8\ m^3$、$625.885\times10^8\ m^3$、$617.857\times10^8\ m^3$、$363.905\times10^8\ m^3$，对于降雨量最多的7～9月，三峡工程蓄水后径流量分别减少了12.25%、14.73%和6.39%，且径流量在7月和9月存在突变点，突变点分别为2000年和1996年。

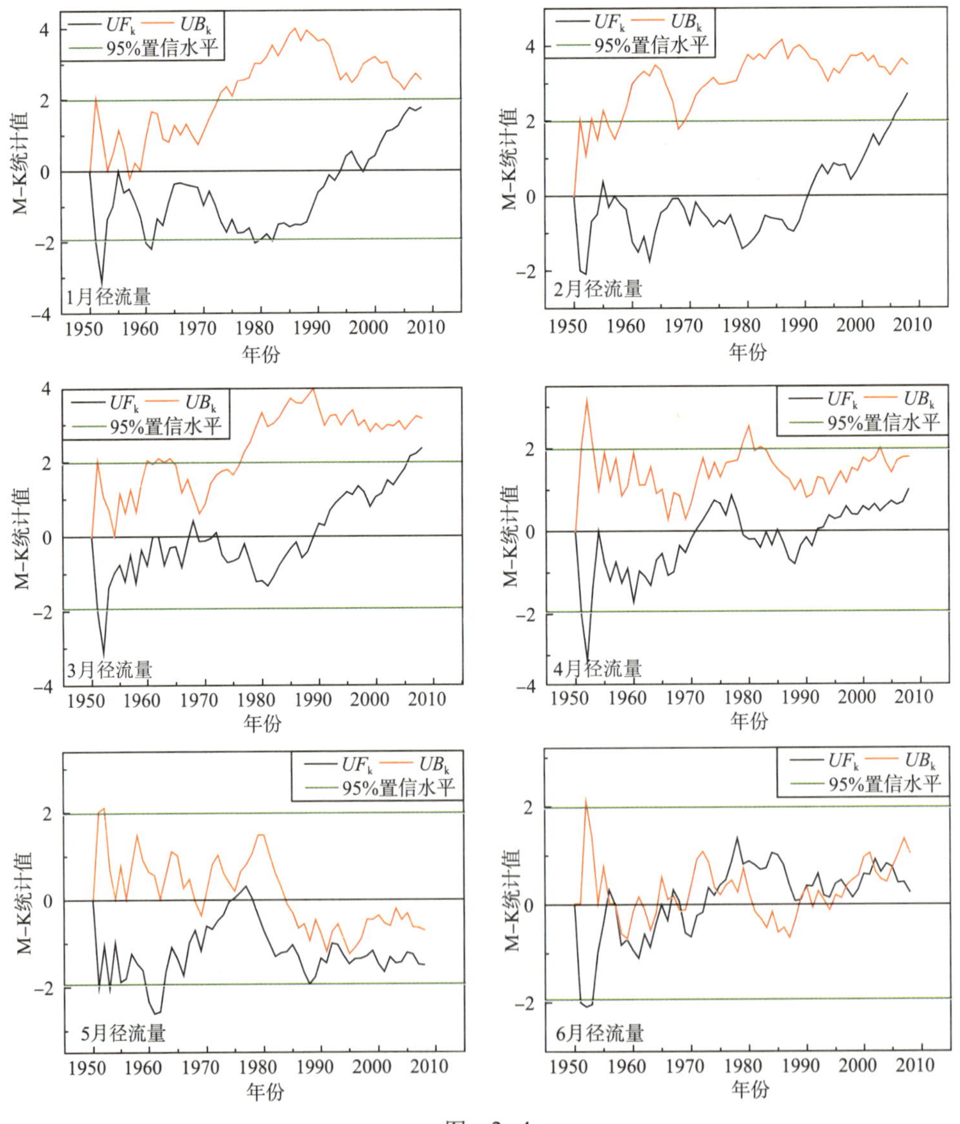

图 2–4

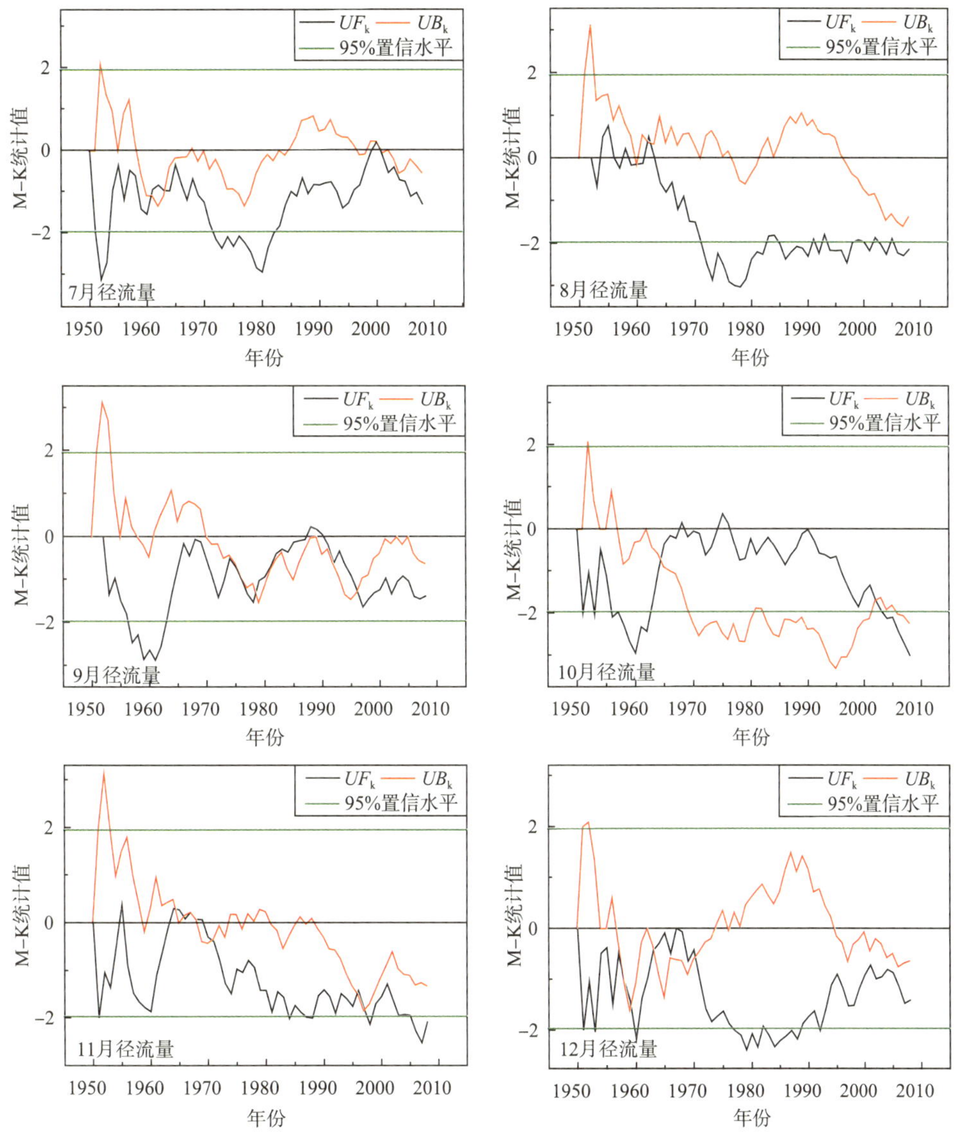

图 2-4　1950—2008 年宜昌站月均径流量趋势及突变分析

从图 2-5 汉口站年内各月径流量变化趋势来看，三峡工程蓄水后（2003—2010 年）年内各月份的分布有所改变。一方面，1 ~ 3 月份径流量趋势曲线超出 95% 临界线，径流量呈现显著增加趋势，建库后 2003—2010 年 1 ~ 3 月的径流量与建库前 1954—2002 年比较，分别增长了 15.32%、23.07%、25.78%，而且，4 月和 12 月径流量稍有增长，可见，三峡水库的运行调节了径流过程，使得枯水期缩短，中水期延长，最小流量增加。另一方面，5 ~ 11 月在三峡水库运行后径流量减少，10 月份径流量在 2008—2010 年下降显著，这是因为三峡水库汛末蓄水，水库拦蓄上游来流，下泄流量减少较多所致。其他月份的径流量表现为微弱减少。

UFk
UBk
95%置信水平
M-K统计值
年份
1月径流量
2月径流量
3月径流量
4月径流量
5月径流量
6月径流量
7月径流量
8月径流量

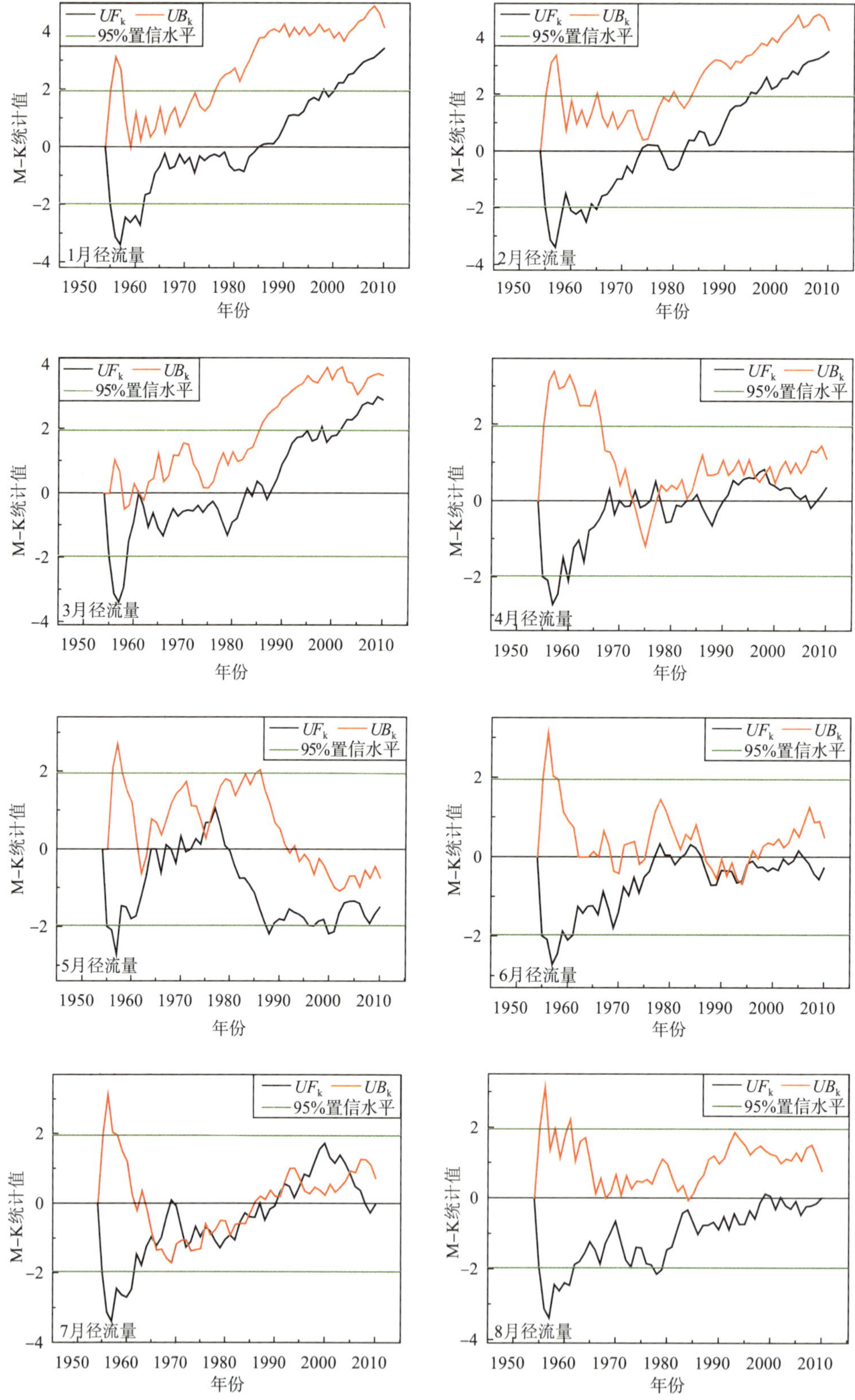

图 2-5

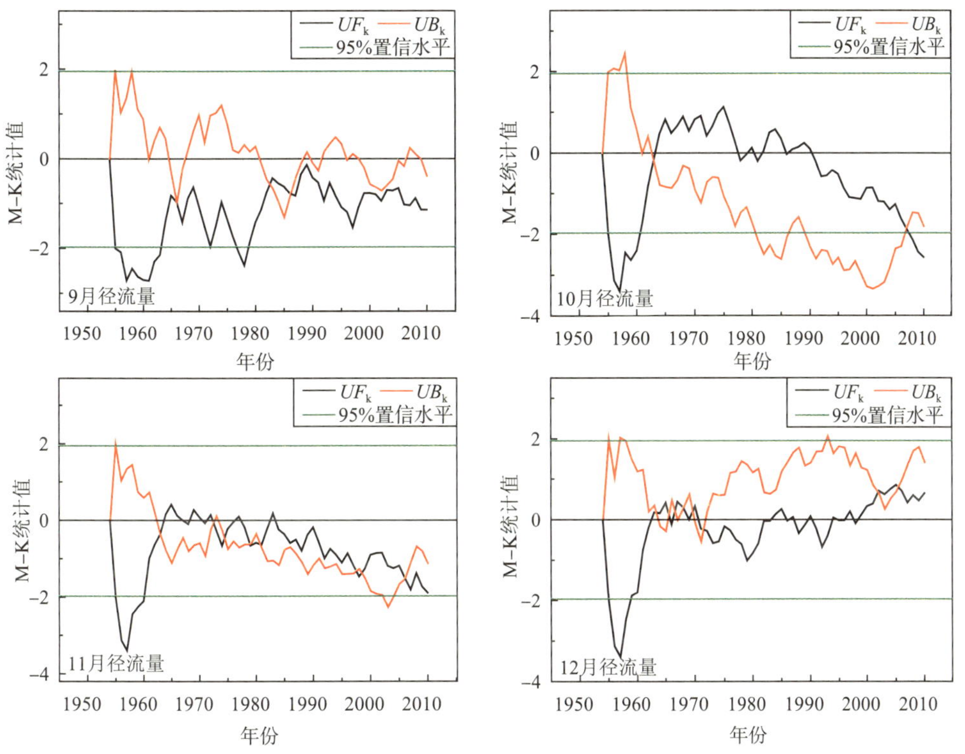

图 2–5 1954—2010 年汉口站月均径流量趋势及突变分析

（3）悬沙颗粒变粗，床沙逐年粗化。

从悬移质级配变化来看（表 2–2），由于三峡水库拦蓄了大部分粗颗粒泥沙，宜昌、枝城两站的中值粒径减小；但受上游河段粗颗粒泥沙补给影响，沙市、监利站的中值粒径增大。其中，对于中值粒径大于 0.125mm 的悬移质泥沙而言，2003—2009 年沿程输移量以监利为峰值点，在该点基本恢复至蓄水以前的水平，其上沿程增加，其下沿程减少；2010—2012 年，随着河床冲刷的不断下移，大于 0.125mm 的悬移质泥沙沿程输移量变化规律未变，但监利站输移量明显小于蓄水前。

三峡水库蓄水前后荆江河段主要水文站悬移质级配变化及输沙量 表 2–2

项 目	年 份	宜昌	枝城	沙市	监利	螺山
中值粒径（mm）	蓄水前平均	0.009	0.009	0.012	0.009	0.012
	2003—2012 年	0.005	0.008	0.024	0.059	0.015
D>0.125mm 输沙量（万 t）	蓄水前平均	4 428	3 450	4 253	3 437	5 522
	2001—2009	397	1 250	2 363	3 353	2 532
	2009 年	53	393	1 493	3 078	1 737
	2010 年	46	235	902	1 595	1 247
	2011 年	7	71	485	1 868	927
	2012 年	51	126	808	1 622	1 628

注：宜昌、监利站多年平均统计年份为 1986—2002 年；枝城站多年平均统计年份为 1992—2002 年；沙市站多年平均统计年份为 1991—2002 年；螺山、汉口、大通站多年平均统计年份为 1987—2002 年。

从河床质级配变化来看（表 2-3），河床逐年粗化。

三峡水库蓄水运用前后荆江河段床沙中值粒径变化统计表（单位：mm）　　表 2-3

年份 河段	2000 年	2001 年	2003 年	2004 年	2005 年	2006 年	2007 年	2008 年	2009 年	2010 年
枝江河段	0.240	0.212	0.211	0.218	0.246	0.262	0.264	0.272	0.311	0.261
太平口水道	0.215	0.190	0.209	0.204	0.226	0.233	0.233	0.246	0.251	0.251
公安河段	0.206	0.202	0.220	0.204	0.223	0.225	0.231	0.214	0.237	0.245
石首河段	0.173	0.177	0.182	0.182	0.183	0.196	0.204	0.207	0.203	0.212
监利河段	0.166	0.159	0.165	0.174	0.181	0.181	0.194	0.209	0.202	0.201
荆江河段	0.200	0.188	0.197	0.196	0.212	0.219	0.225	0.230	0.241	0.227

2.1.2 荆江三口水沙变化

荆江包括松滋口、太平口、藕池口及调舷口（1959 年封堵）等 4 口，分泄长江水沙进入洞庭湖。

2.1.2.1　三口分流、分沙比变化

根据 1953—2011 年实测资料统计，荆江三口总的分流、分沙比变化规律为：三峡水库蓄水以前，1953—1989 年期间呈递减趋势，1990—2002 年期间变化不大；三峡水库蓄水运用以来，除 2006 年和 2011 年特枯水年三口分流比减小幅度较大外，其他年份三口分流比无明显单向变化趋势，而分沙比呈递增趋势。

1955—2011 年荆江三口总的分流、分沙比变化过程如图 2-6 所示。2003—2011 年，荆江三口平均分流、分沙比分别为 11.5% 和 18.6%。

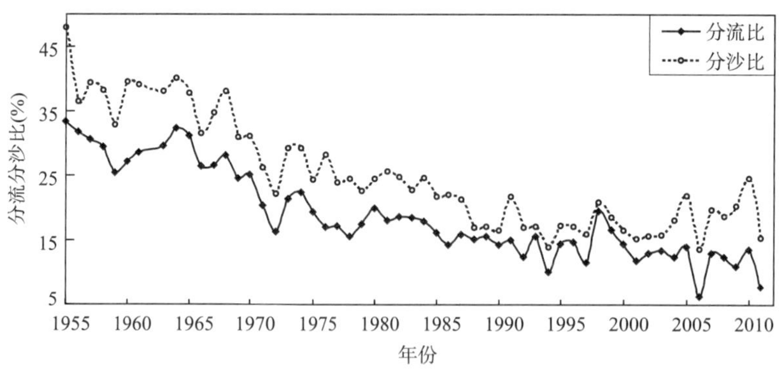

图 2-6　荆江三口分流、分沙比的变化（1953—2011 年）

2.1.2.2　三口分流、分沙量变化

1955—2011 年荆江三口总的分流、分沙量变化过程如图 2-7 所示。1990 年以前，主要受下荆江三次裁弯和葛洲坝水利枢纽蓄水的影响，荆江三口分流分沙量同样呈递减趋势；1990 年以来，荆江三口分流量无明显变化趋势，但受长江上游水土保持等工程影响，进入荆江河段的沙量呈递减趋势，因而三口分沙量在 1990—2002 年期间也呈递减趋势，三峡工程蓄水运用后三口分沙量进一步大幅度地减少，从荆江三口分泄至洞庭湖区基本接近于清水。

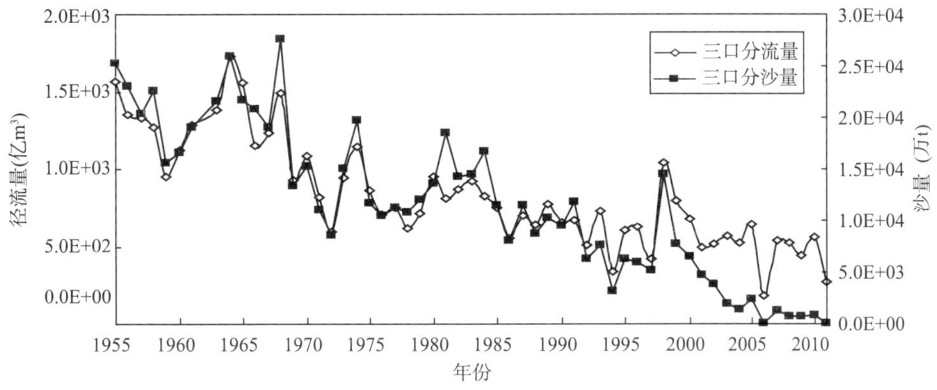

图 2-7 荆江三口分流、分沙量的变化（1953—2011 年）

2.1.2.3 分流、分沙的对应关系

荆江三口的分沙与分流密切相关，分流越大，分沙也就越多。根据已有的实测数据建立各口门分沙比与分流比的关系曲线,二者之间呈线性相关关系,如图 2-8 所示。由图 2-8 可见：三峡工程蓄水前（1953—2002 年）荆江三口分沙比与分流比线性相关性较好，而三峡工程蓄水后（2001—2011 年）荆江三口分沙比与分流比线性相关性相对较差；而且，三峡工程蓄水后的散点明显位于蓄水前散点上方，说明在荆江三口同一分流比下三峡工程蓄水后三口分沙比增加。这与三峡水库蓄水运用以来三口分流比总体上变化不大而分沙比增大的变化规律一致。

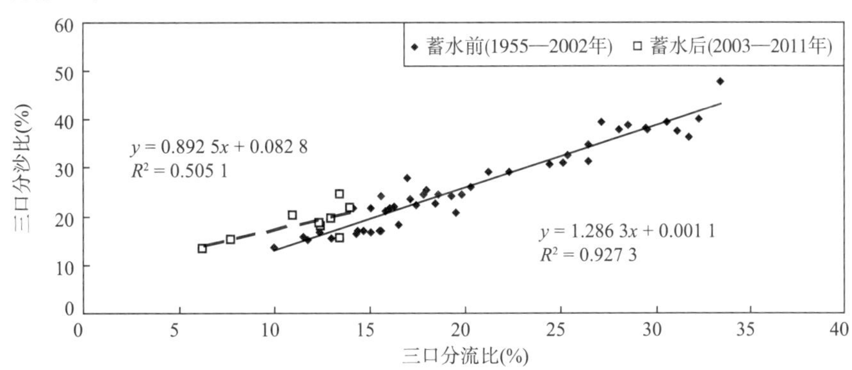

图 2-8 荆江三口分沙与分流之间相关关系（1953—2011 年）

2.1.2.4 荆江三口分流分沙变化影响因素

在自然状态下，荆江三口分流分沙已不断减少，其影响因素主要包括附近干流河道河势变化、分流道的淤积以及洞庭湖的演变等。受 20 世纪 60 年代后期至 70 年代初下荆江系统裁弯、1981 年年初葛洲坝截流等因素影响，荆江干流河床一致处于冲刷状态，加之三口洪道泥沙淤积，三口分流分沙能力不断减弱。

(1) 三口洪道淤积

①三峡水库蓄水运用前。三口洪道的淤积衰退是三口分流分沙量减少的重要原因之

一。根据 1952 年、1995 年和 2003 年三口洪道 1∶5 000 水道地形资料量算，1952—2003 年三口洪道共淤积泥沙 6.515 亿 m^3（年均淤积泥沙 0.125 亿 m^3），约合 8.47 亿 t（泥沙干密度取 1.3t/m^3，下同），约占三口控制站同期总输沙量的 13.1%（1952—1955 年采用枝城站输沙量资料和 1956—1966 年三口平均分沙比推算）。其中，松滋河淤积量为 1.71 亿 m^3，占淤积总量的 26.2%，约占新江口、沙道观站同期总输沙量的 9.3%；虎渡河淤积量为 0.858 亿 m^3，占淤积总量的 13.2%，约占弥陀寺站同期总输沙量的 11.4%；松虎洪道淤积量为 0.433 亿 m^3，占淤积总量的 6.6%；藕池河淤积量为 3.51 亿 m^3，约占康家岗、管家铺站同期总输沙量的 14.3%，占淤积总量的 53.9%。

另外，三口洪道尾闾段断面突然展宽，水流扩散，流速锐减，挟沙能力降低，泥沙大量落淤，具有河口三角洲的淤积特点，河口迅速外延，如藕池河东支的松滋口河口 1954—1959 年延伸了 3.5km，自 20 世纪 70 年代以来，高程为 27 ～ 28m 的洲滩已外延 20km 以上，枯水期洲滩已接近君山。

受分流道淤积及分流道洲滩的围垦等因素的影响，各站水位流量关系发生变化，其中松滋河西支新江口水文站当流量小于 4 000 亿 m^3/s 时，同流量的水位有所降低或变化不大，流量大于 4 000 亿 m^3/s 时，同流量的水位 1980 年以后变化不大，但较 1955 年略有抬高；其他各站同流量的水位均逐渐抬高，其中，中、高水期水位抬高速率以 1966—1980 年最大，枯水期则一般以 1955—1956 年最大，藕池口各站水位抬高值较其他口门的大。

②三峡水库蓄水运行后（2003—2009 年），进入三口的沙量和水流含沙量大幅度减小，如 2003—2009 年三口年均含沙量仅为 0.026 1kg/m^3，与 1981—2002 年的 1.26kg/m^3 相比减少了 79%，导致三口洪道河床出现了一定冲刷，2003—2009 年三口洪道总冲刷量为 0.641 7 亿 m^3。

三口洪道在三峡水库蓄水后发生普遍冲刷，冲刷沿程分布主要表现为以下几个方面：松溪河水系冲刷主要集中在松西河及松东河，其支汊冲淤变化较小；虎渡河冲刷主要集中在口门至南闸河段，下游河段则表现为淤积；松虎洪道表现为较强的冲刷；藕池河则发生普遍冲刷。三口洪道出现了一定的河床冲刷，高水期间荆江三口分流能力略有增强。

（2）荆江河床冲刷导致干流水位下降、流量扩大

由于下荆江裁弯、葛洲坝和三峡水利枢纽工程的兴建等，导致荆江河段河床持续冲刷，1966—2008 年荆江累计冲刷 8.57 亿 m^3，其中上荆江 5.71 亿 m^3，约合平均冲深 2.3m，下荆江 2.87 亿 m^3，约合平均冲深 0.8m。

荆江干流水位下降增大了三口通流时干流的流量，造成了三口断流时间提前、通流时间推后，三口年分流分沙量大幅减小和荆江干流流量增大。如三口多年平均分流量由 1956—1966 年（下荆江裁弯以前）的 1 332 亿 m^3 分别减小至 1967—1972 年（裁弯期）的 1 022 亿 m^3、1973—1980 年的 834.4 亿 m^3、1981—2002 年的 685.3 亿 m^3、2003—2008 年的 498.5 亿 m^3，而同期下荆江监利站年均径流量则由 3 183 亿 m^3 增大至 3 280 亿 m^3、3 607 亿 m^3、3 756 亿 m^3、3 653 亿 m^3 和 3 803 亿 m^3，相比 1956—1966 年平均分别增大了 97.7 亿 m^3、423.7 亿 m^3、572.9 亿 m^3、470.1 亿 m^3 和 620.7 亿 m^3，折合年平均流量分别增大 310 亿 m^3、1 340 亿 m^3、1 820 亿 m^3、1 490 亿 m^3 和 1 968m^3。

而三口洪道分流量的减小，又促使了三口洪道的继续淤积。与此用时，三口洪道作为荆江分流支汊，其年内分流比是变化的，中枯水分流量很小，甚至断流，从而使小含少量的中枯水期本应发生的冲刷，却因流量很小出现滞流或断流情况而转为淤积。

因此，荆江河床冲刷、干流流量增大、三口分流分沙的减小三者之间关系密切且相互影响。

（3）三口门河势变化

分流口门附近干流河道的河势变化直接影响分流。近几十年来松滋口口门附近干流河势变化不大，对分流影响相对较小；太平口口门位于浣市河湾与沙市河湾间的顺直长过渡段内，干流主流自 20 世纪 60 年代以来逐渐左移，对分流有所影响。进入 90 年代，口门附近干流河床出现江心洲，分水流为左右两汊，对分流应有利；藕池口口门位于郝穴与石首两弯道间的顺直长过渡段内，60 年代以来，干流河势变化较大，主流多变，口门附近淤长出众多洲滩，并逐渐淤长合并上延，致使主流在口门以上即向左岸过渡或贴左岸，从而影响分流分沙。

①松滋口口门。松滋口位于枝江河段芦家河浅滩段上游长江右岸，多年来枝城至姚家港河段形态稳定。由于本河段受山体及阶地组成影响，两岸岸线长期稳定，河道演变主要受上游来水来沙变化影响，局部河段冲淤频繁。

枝城至松滋口段受边界条件控制，河势基本稳定，主流线贴右岸深泓而下，总体变化不大。松滋口口门以下芦家河浅滩段深泓演变表现为年内主泓在沙泓和石泓之间转换，枯水期走沙泓，高水期走石泓，近年来则基本稳定在沙泓。与口门段干流河势变化特点相一致，高水期，干流主泓沿关洲以下长江右岸深泓出陈二口顺流直下，加上芦家河浅滩的束水作用，有利于松滋口的分流；中低水期，由于主流出陈二口之后摆向左岸沙泓，因此，松滋口口门一侧如流减少，其分流能力随长江水位降低迅速减小，直至断流。

从河床冲淤变化来看，枝城至松滋口断面横向变化小，相对稳定。1998 年大洪水后，松滋口以上河段河床深槽有所冲刷，关洲左汊虽有较大的冲淤变化，但关洲河道双汊河型基本稳定，河势整体格局基本不变。口门上游主槽位于河道右岸，1980 年至今河床逐渐刷深，最低点高程下降近 3m，其中 1998 年大水后，最低点高程下降近 4m，到 2002 年则淤近 3m，三峡水库蓄水后深槽刷深，最低点高程下降约 3m。松滋口口门以下断面冲淤变化频繁：年际间，葛洲坝兴建前，全河段基本为冲淤平衡的状态；葛洲坝运用后，受上游河道大量开采建筑骨料和推移质来量减少的影响，河床冲刷，同流量下水位略有降低，20 世纪 90 年代后冲刷放缓。2003 年三峡水库蓄水运行以来，受长江上游来沙量大幅度减少和水库拦蓄的共同作用，水库下泄水流含沙量大幅度减少，致使近坝下游河道河床发生冲刷，芦家河浅滩深泓的汛期淤积量大幅减少，沙泓成为主泓道，总体呈冲刷态势。

从松滋口口门附近 35m 等高线变化看，1980—1998 年，上百里洲头 35m 等高线与口门右岸线贯通，松滋口口门开始封堵；1998 年大水后，35m 等高线虽有所冲刷后退，但至 2002 年仍然贯通。2003 年三峡水库蓄水运行以来，松溪口口门附近河床冲刷下切，35m 等高线被冲开，口门左岸的百里洲边滩也逐渐切削；2006 年特枯水年，口门处 35m 等高线淤长贯通，但 2008 年又被冲开。

受口门段干流河道演变影响，口门内河道左侧河床冲刷，断面形态也由1980年的偏U形演变成不对称的W形，左岸大幅冲刷；1998年大洪水后左槽大幅淤积，此后逐年冲刷，口门横向扩大，有利于分流。主要表现为口门左岸边滩崩退，1996—2000年累计崩退约100m；右深槽局部有所冲深，变幅在2m以内；2001—2002年口门略有回淤且比较稳定。三峡水库蓄水运用后，2002年至2004年10月，左槽曾冲刷形成两道小深槽，中部滩面大幅冲蚀；右岸深槽多年来浅窄，冲淤幅度为1～2m。断面变化主要表现在左岸边滩受到冲刷后退，相对1980年滩面最大冲淤幅度可达6m，40m等高线后退近200m。

②太平口口门。太平口位于长江干流沙市河湾上游浣市与沙市河湾之间顺直过渡段右岸，虎渡河进口段与长江干流几乎垂直。

口门附近长江干流内太平口心滩，高水时为洲，中低水时露出水面，分水流为左右两泓，自1993年沮漳河出口改道至马羊洲尾以来，便持续出现右（南）冲左（北）淤的现象，发展到1997年时，右泓成为浣市与沙市河湾过渡段的主泓，改变了近30多年来左泓为主泓的格局。三峡水库蓄水以来，心滩面积有所增大，且滩顶有所淤高，右槽累积呈冲刷的趋势，腊林洲处20m深槽不断刷深刷长，且呈现逐步靠岸的态势，致使腊林洲前沿近岸河床有所冲刷崩退。1975—2002年，太平口口门35m等高线形成的河槽逐渐束窄，口门右岸等高线移动幅度较大，说明右边滩逐渐淤积，2002年以后，口门有所扩张。

1998年、1999年大洪水后至三峡水库蓄水前，太平口心滩左槽处于主导地位，其分流比为55%～68%，分沙比高达67%～95%，左槽是泥沙输移的主要通道。三峡水库蓄水后，同流量下左槽分流比有所减少，右槽相应增加，相比而言，中洪水左槽分流比减少较少，枯水期分流比减少较多。目前中洪水期主流仍在左槽，流量约为20 000m^3/s，左槽的分流比约为56%；枯水期分流比自2004年起，主流由左槽移至右槽，且右槽枯水期分流比呈现逐年增加的趋势。分流比的这一规律与左右槽的地形变化相适应。太平口心滩左右槽分流比的变化规律与分流比类似，三峡水库蓄水运用以来，左槽的分流比呈现减少的趋势，相应的右槽的分流比则有所增大，至2007年3月，右槽分沙比增大为55%。

自20世纪50年代以来，太平口边滩（30m等高线），就一直存在并依附于沙市河段右岸的太平口至腊林洲一带。20世纪70年代，太平口边滩被水流切割，在腊林洲附近分为上下两段：上段以边滩形式存在，下段即三八滩，以江心洲的形式存在。该边滩受太平口过渡段主流摆动及太平口心滩冲淤变化影响较大。据统计，20世纪90年代以前，太平口边滩滩首曾上延至陈家湾附近，此后受上游来流冲刷影响逐年下移后退，90年代过后，滩首基本稳定在太平口口门以下约2 380m。1999年至2006年6月，滩尾摆动范围大为减少；2006年6月至2008年10月，随着三八滩右汊30m高程淤积体的冲刷消失，太平口边滩上段冲刷后退，滩尾则有所淤积下延。

由于太平口口门外长江干流河道主泓由太平口心滩左泓转道心滩右泓，加大了干流河道太平口一侧的流量，对于维持太平口分流能力的稳定具有一定的意义，因此，近年来太平口进口段河道发生同步变化。

长期以来，太平口分流能力受口水外长江干流河势变化以及进口段河道冲淤变化影响。自20世纪50年代到三峡水库蓄水运行前，受虎渡河河道淤积影响，太平口分流能力处于缓慢衰退过程中;1997 年后口门外干流主泓走太平口心滩右汊，有利于维持太平口的分流，三峡水库蓄水运行以后，由于口门内边坡的淤积抬高，太平口高水分流能力衰减。

③藕池口口门。藕池口口门位于长江干流上、荆江分界处，位于郝穴河湾与石首河湾之间的过渡段。藕池口口门上游的蚊子渊至口门干流为一顺直河段，口门至下游的茅林口段河道较为顺直，余下由向家洲进入石首弯道。受倒口窑心滩的主支汊交替变化和沙滩子自然裁弯的影响，1965—1998 年藕池口局部河段深泓线发生了剧烈的变化，1998—2002 年新厂至茅林口段主流贴左岸下行，陀阳树至古长堤段主流呈两次过渡，首先在陀阳树深泓从左岸过渡到右岸天星洲滩体左侧，下行一定距离后又在古长堤附近过渡到左岸一侧，且过渡段的丁冲点上堤、下移不定。2002—2009 年丁冲点下移，古长堤至向家洲主流位于左侧下行，但因左汊较宽与冲淤变化较大，主流在左汊也存在一定的摆幅。

藕池口门附近有天星洲。多年来茅林口至陀阳树一带历年主流均较稳定贴左岸，对岸藕池口口门处附近的滩体则相应逐渐淤涨，并有不断发展上演的趋势。20 世纪 80 年代以后，藕池口边滩逐年上延并入天星洲，从而右汊被淤死，左汊发展为主河槽。90 年代以后天星洲心滩不断下移，最后并入天星洲，成为一个大的淤积体，洲体位置基本稳定。但洲头还是逐年后退，洲左缘有崩退的趋势，至今仍在不断发展变化中。

综上所述，多年来，藕池口口门外长江干流河道主泓常年贴左岸下行，心滩有冲有淤，边滩位置稳定，高程有所淤积，对扩充藕池口门不利，藕池口门右岸边滩位置较稳定，近年来呈持续与张趋势。

（4）洞庭湖淤积萎缩

洞庭湖萎缩是三口洪道分流能力减小的主要原因之一。洞庭湖原为我国第一大淡水湖，1852 年洞庭湖天然湖面近 6 000km^2，至 1949 年，湖面面积减小到 4 350km^2。而 1949—1995 年的 46 年间，洞庭湖湖泊面积则锐减至 2 623km^2，容积由 293 亿 m^3 缩小到 167 亿 m^3，由此退居我国第二大淡水湖。

1956—2011 年洞庭湖湖区淤积泥沙 44.97 亿 t，年均淤积量为 0.833 亿 t，合 6 406 万 m^3，按现有湖泊面积 2 623km^2 平摊，湖区平均淤厚 1.32m，年均淤积厚度约为 2.44cm。洞庭湖湖床淤积造成四水尾闾高洪水位抬高，一方面，三角洲上的河道具有淤积向下游推进、竖向抬升和向上溯源延伸的变化，淤积向这三个方向的发展速度决定于淤积向前推进的速度。洞庭湖北缘的三角洲，由于淤积宽度不是很大，湖水较浅，故向下游推进速度快，竖向抬升和向上溯源延伸也较快，从而加速了三口洪道的淤积。另一方面，洞庭湖淤积，造成三口洪道出口水位抬升，减小了出口段河道比较，减缓了出口流速，也同时加剧了三口洪道的淤积。

2.1.3 荆江干流枯水水位变化规律

三峡水库蓄水以后，随着水库 175m 正常蓄水运行，5 000m^3/s 左右将是下游的最枯流量，因而重点以 5 000m^3/s 流量为标准分析了水位降幅的沿程分布和年际变化特点（表 2-4）。

5 000m³/s 流量下宜昌至城陵矶河段沿程水位变化（单位：m）　　表 2-4

距宜昌距离(km)	宜昌	白洋	枝城	陈二口	毛家花屋	姚港	昌门溪	李家渡	枝江	下曹家河
	0	43	58	71	76	80	83	87	98	103
2003	37.29	35.93	35.59	35.03	34.69	33.86	33.73	32.85	32.59	31.90
2004	37.27	36.02	35.66	35.12	34.81	33.91	33.72	32.80	32.52	31.79
2005	37.24	36.10	35.77	35.12	34.86	33.93	33.69	32.90	32.54	31.81
2006	37.21	36.07	35.66	35.19	34.72	33.74	33.60	32.67	32.21	31.41
2007	37.21	35.99	35.52	34.99	34.67	33.67	33.60	32.71	32.16	31.31
2008	37.22	35.98	35.51	35.02	34.65	33.78	33.56	32.59	32.15	31.30
2009	37.22	35.96	35.5	35.03	34.64	33.79	33.5	32.58	32.14	31.29
2010	37.02	35.68	35.48	35.03	34.54	33.7	33.54	32.53	32.03	31.28
2011	37.05	35.70	35.43	34.96	34.54	33.63	33.55	32.48	32.02	31.15
距宜昌距离(km)	七星台	罗家台	大埠街	沙市	郝穴	石首	监利	铁铺	反嘴	
	106	109	112	151	205	245	307	340	351	
2003	31.56	31.43	31.27	29.34	27.21	25.19	22.462	—	—	
2004	31.47	31.37	31.33	29.10	27.14	24.97	—	—	—	
2005	31.45	31.31	31.24	28.94	27.13	25.44	22.44	21.04	20.45	
2006	31.05	31.00	30.90	28.79	27.17	25.10	22.54	21.03	20.44	
2007	30.96	30.81	30.76	28.71	26.65	24.92	22.34	20.85	20.20	
2008	30.95	30.79	30.73	28.70	—	—	22.30	—	—	
2009	30.94	30.78	30.7	28.68	26.68	24.9	22.25	20.94	20.22	
2010	30.86	30.64	30.56	28.58	26.35	24.6	22.24	21.02	20.21	
2011	30.73	—	30.57	28.60	26.44	24.74	—	—	—	

近坝段水位降幅存在时间与空间上的突变现象，空间突变体现在陈二口上游水位降幅相对下游较小，时间上的突变体现在宜昌、白洋河段水位在 2010 年前几乎无下降，而 2010 年水位突然下降，超过 0.2m。下曹家河、大埠街、郝穴水位降幅已与沙市相当，甚至大于沙市，而监利及以下河段水位下降幅度较小。总的来讲，水位降幅在整体分布上呈现以枝江—监利河段为中心的“中间大，两头小”的状态。

由年际之间的变化过程来看，沙市水位蓄水初期即有大幅下降，近几年则均匀缓慢下降，而大埠街、枝江、昌门溪等位置则于 2006 年突然大幅下降，郝穴、石首在 2007 年突然大幅下降，这说明在下降历程上，沙市水位最先下降，而其上下游河段水位的下降均具有滞后性。

总体来看，三峡水库蓄水运用至今，受河床冲淤、水库下泄产生的水面纵向波动以及一些浅滩和卡口河段控制等因素的影响，陈二口以上河段受节点控制，水位下降不明显，水位变化的后续发展趋势取决于控制节点的稳定性；陈二口以下河段，河床冲刷下切明显，水位下降与河床下切同步发展，随着河床冲刷继续发展及下游沙质河床受冲后水位下降向上传递，水位下降可能进一步增加，随着上游补给沙量的减少，沙市—监利河段河床继续受到冲刷，水位进一步下降，下降幅度最大站点可能逐渐下移，监利及以下河段悬移质粗沙量恢复程度较高，河段内没有发生大规模冲刷，水位下降缓慢。

2.2 河床演变规律

2.2.1 荆江河段河道特性

2.2.1.1 荆江河段历史变迁

荆江河段形成历史悠久，发育于第三纪以来长期下沉的云梦沉降区，演变频繁，历史变迁非常复杂，经历过三角洲分汊河床阶段、分汊河床衰亡与荆江河曲形成以及河曲发展阶段。

荆江河道历史变迁可分为以下 3 个阶段：

（1）江汉三角洲分汊河床阶段（公元 450 年以前）。此阶段是荆江河段演变的最初阶段，当时，以荆江、汉水（沔水）为主干的江汉平原水系非常发育（表 2–5），江汉江湖之间的穴口达 20 余处，荆江河床中沙洲非常发育，沙洲数量和密度都较现在大。

下荆江自然（人工）裁弯情况 表 2–5

裁弯地段	裁弯年代	裁弯地段	裁弯年代
东港湖	明末	古丈堤	1887 年
老河	明末	尺八口	1909 年
西湖	1821—1850 年	碾子湾	1949 年
月亮湖	1886 年	中洲子	1967 年（人工裁弯）
街河	1886 年	上车湾	1969 年（人工裁弯）
大公湖	1887 年	沙滩子	1972 年夏

（2）分汊河床衰亡与荆江河曲形成阶段（公元 450—1500 年）。由于人类经济活动（筑堤围垸）与河滩的淤高，穴口逐渐淤塞，分流也随之归并或消亡。至公元 1300 年前后，荆北围堤已基本形成，分流穴口多被淤塞。穴口淤塞和分流归并改变了荆江汉水的水文过程，加之荆江河床发育在江汉平原上，河床横向摆动没有坚硬岩石边界的控制，荆江逐渐形成河曲。

（3）河曲发展阶段（公元 1500 年以后）。宋朝以后，荆江水系在新的边界条件下开始形成河曲。到明嘉靖年间（1522—1566 年），北穴尽塞，荆北大堤已连成一线，仅留南岸的太平口和调弦口分泄江流入湖，形成河曲的条件进一步成熟，下荆江已开始发育典型的弯道。近五百年来，下荆江属于典型的蜿蜒河道，变化频繁剧烈，河曲非常发育，自然裁弯频繁发生。

与下荆江不同的是，上荆江河曲发展一直较为缓慢，没有发生自然裁弯，河床虽有明显的摆动，但河道外形基本上保持原来的形式，没有出现明显的河曲，属于较为稳定的微弯河道。

荆江河段历经漫长岁月的累积建设，到中华人民共和国成立前已基本形成了完整的以堤防防洪工程为主体的河控工程体系。新中国成立后，进行了一系列的人工裁弯、建闸、堤防及护岸工程的建设，20 世纪 60 年代末至 70 年代初，下荆江经历了中洲子、上车湾两处人工裁弯以及沙滩子自然裁弯，使其河长缩短了约 78km。裁弯工程实施后，因下荆江不断实施的河势控制工程及护岸工程，河道摆动幅度明显减小，岸线稳定性也得到显著增强，目前下荆江已成为限制性弯曲河道。

总的来说，荆江河段历史上很不稳定，变化剧烈，经历长时间的人类活动后，至三峡工程蓄水运用前，在护岸、堤防工程及河道内高大洲滩的共同作用下，荆江河道总体河势格局已基本稳定。

2.2.1.2　河床形态现状

（1）平面形态

上荆江为微弯河段，且一般多存在分汊。上荆江河段自上而下由洋溪、江口、涴市、沙市、公安、郝穴 6 个平顺河湾组成，河湾曲折率平均为 1.72，最小河湾半径为 3 040m，最大为 10 300m。河道最宽处约为 3 000m，最窄处仅为 740m。河湾处多有江心洲，如洋溪河湾的关洲，江口河湾的水陆洲、柳条洲，涴市河湾的马羊洲，沙市河湾的三八滩、金城洲，公安河湾的南星洲等。汊道均为双分汊河道。弯道之间的顺直过渡段长度为平滩河宽的 1.2 ～ 9.4 倍，较长的顺直段如涴市河湾与沙市河湾之间的太平口顺直段长达 10km，而公安河湾与郝穴河湾之间的顺直段仅长 1.9km。

下荆江自然条件下蜿蜒曲折，为典型的蜿蜒河道。20 世纪 60 年代末至 70 年代初，下荆江经历了中洲子（1967 年）、上车湾（1969 年）两处人工裁弯以及沙滩子（1972 年）自然裁弯，使其河长缩短了约 78km。裁弯工程实施后，因下荆江不断实施河势控制工程与护岸工程，河道摆动幅度明显减小，岸线稳定性也明显得到了增强。目前下荆江已成为限制性弯曲河道，由石首、沙滩子、调关、中洲子、监利、上车湾、荆江门、熊家洲、七弓岭、观音洲共 10 个弯曲段组成，河湾曲折率平均为 1.85。这些弯道中除石首河段有藕池口心滩、监利河段有乌龟洲为汊道段外，其余均为单一河道。在下荆江的河湾附近凸岸存在着发育的边滩，如石首河湾的向家滩、石首以下的碾子湾边滩、沙滩子河湾的三合垸边滩、调关河湾的季家嘴边滩，中洲子河湾的莱家铺边滩、监利河湾的新河口边滩、上车湾附近的大马洲边滩、荆江门河湾的反嘴边滩、七弓岭河湾的八仙洲边滩、观音洲河湾的七姓洲边滩等，下荆江边滩的形态系数（长／宽）约为 8.08。

（2）横断面

荆江河段的典型横断面形态与其平面形态及变形是紧密相关的。上荆江平面形态的特点是比较平顺，且弯道处多有江心洲，故弯道处的横断面多呈“W”形，变化较小，虽然有冲有淤，但基本上为周期性变化。下荆江蜿蜒曲折，河湾横断面多为不对称的偏“V”形。虽然下荆江平面变形的基本方式是凹岸崩塌、凸岸淤积，且河湾不断向下游蠕动，但河湾横断面变形方式一般为形状基本不变，主要发生横向位移。上下荆江顺直过渡段的横断面一般近似于“U”形。

三峡建库后，改变了原有的水沙条件，下泄沙量减少且细化，对下游荆江河段断面形态的影响表现为下切、展宽和两者同时发生3种情况。顺直单一段以下切为主，宽深比减小；弯道段和放宽段则以侧向侵蚀滩岸为主，宽深比增大，尤其是在急弯段，凸岸边滩的侧蚀非常明显，从而加大了主流的摆动空间，这对枯水期航槽的稳定十分不利。

河道枯水断面宽深比是反映枯水航道条件是否优越的一个重要指标。目前，荆江河段断面宽深比，枯水流量下上荆江明显大于下荆江，如上、下荆江断面宽深比分别为6.16、4.71；平滩流量下上荆江明显小于下荆江，如上、下荆江断面宽深比分别为3.42、5.53。

（3）纵剖面

从整个荆江河段的深泓纵剖面来看，下荆江的起伏大于上荆江，上荆江的深泓趋势沿程变化线较下荆江陡，下荆江的深泓高程平均值明显小于上荆江。上荆江的深泓平均高程约为17.1m，比下荆江深达近11m。

荆江深泓高点主要出现在分流口以下段、顺直微弯段以及分汊段，如芦家河水道内深泓凸起，最大到29m高程，为整个荆江河段深泓的最高点；上荆江的太平口水道、马家嘴水道、周公堤水道、藕池口水道，下荆江的监利河段、大马洲水道、铁铺水道以及熊家洲以下连续急弯的过渡段，深泓均发生明显突出。荆江深泓低点则主要出现在河湾或矶头附近。

2.2.2 荆江河段近期演变

2.2.2.1 河床冲淤变化

（1）总体冲淤变化

三峡工程蓄水运用前，受人类活动、来沙减少、江湖关系变化等因素的影响，荆江河段河床总体上呈冲刷状态，据统计，1957—2002年上荆江枯水河槽累计冲刷量为43 099万m^3，平滩河槽累计冲刷量为43 823万m^3；下荆江枯水河槽累计冲刷量为9 825万m^3，平滩河槽累计冲刷量为17 397万m^3。上荆江冲刷幅度大于下荆江，其中上荆江冲刷主要集中在枯水河槽，而下荆江则表现为滩槽均冲的格局。

三峡工程蓄水运用后，上游来沙大幅减少，荆江河段冲刷幅度较建库前明显加大，据统计（表2–6），2002年10月至2010年10月8年间，上荆江枯水河槽冲刷量为20 532万m^3，平滩河槽累计冲刷量为21 045万m^3，下荆江枯水河槽冲刷量为21 235万m^3，平滩河槽累计冲刷量为23 431万m^3。

由此可见，三峡建库后荆江河道河床冲刷量明显增大，呈现滩槽均冲的状态，从总体看冲刷主要集中在枯水河槽，但是上荆江枯水河槽以上的滩地部分冲刷占总冲刷量的比例从蓄水前1.6%提高至蓄水后8.9%，下荆江枯水河槽以上的滩地部分冲刷也占了整个平滩河槽冲刷量的21.6%，因此，三峡工程蓄水后，荆江河段总体表现为冲刷强度增大，且与航道条件密切相关的枯水河槽以上滩地部分冲刷量也较大。

三峡水库蓄水以来荆江河段河道泥沙冲淤统计表　　表 2-6

起止地点	长度（km）	时　段	冲淤量（万 m^3）		
			枯水河槽	基本河槽	平滩河槽
枝城至藕池口（上荆江）	171.7	2002—2003 年	−2 300	−2 100	−2 396
		2003—2004 年	−3 900	−4 600	−4 982
		2004—2005 年	−4 103	−3 800	−4 980
		2005—2006 年	895	807	676
		2006—2007 年	−4 240	−4 347	−3 996
		2007—2008 年	−623	−574	−250
		2008—2009 年	−2 612	−2 652	−2 725
		2009—2010 年	−3 649	−3 779	−3 856
		2002—2010 年	−20 532	−21 045	−22 509
藕池口至城陵矶（下荆江）	175.5	2002—2003 年	−4 100	−5 200	−7 424
		2003—2004 年	−5 100	−6 100	−7 997
		2004—2005 年	−2 277	−2 800	−2 389
		2005—2006 年	−2 761	−2 708	−3 338
		2006—2007 年	−659	−341	641
		2007—2008 年	−62	−177	76
		2008—2009 年	−4 996	−5 065	−5 526
		2009—2010 年	−1 280	−1 040	−1 127
		2002—2010 年	−21 235	−23 431	−27 084

注：枯水河槽、基本河槽、平滩河槽分别对应宜昌流量为 5 000m^3/s、10 000m^3/s、30 000m^3/s。

需要指出的是，三峡水库下游河床在达到新平衡状态之前的非平衡调整过程中，由于来沙减少，总体表现为长距离长时段的河床冲刷，这固然能够增加受冲河段的过流面积，但航道水深与过流面积并没有简单的线性对应关系，而是取决于河槽的冲刷部位与航槽位置是否一致。

对于枯水河槽中航槽部位的冲刷，无疑对于航道条件的改善十分有利，如宜都浅区和枝江下浅区的改善。但是对于航槽以外区域的枯水河槽、平滩河槽或洪水河槽的冲刷，并不一定有利于航道条件改善，相反，一些有利岸滩边界条件的冲刷会恶化通航条件，如整治前，太平口水道三八滩及腊林洲滩体的冲刷给北汊进口杨林矶边滩提供了更大的淤展空间，其通航条件更加恶化；又如窑监河段乌龟洲洲体及头部低滩的冲刷，致使汊道进口呈现多槽分流的格局，整治前航道条件极差。此外，河床冲刷造成水位下降问题对沙卵石河段航道条件影响较大，如芦家河、枝江—江口段，在近年来枯水流量增加的情况下，水位仍然处于下降状态，由于浅区河床难以冲刷下切，航深处于恶化之势。

因此，水库下游清水冲刷对航道条件的影响是有利有弊的，类似情况在其他建库河流也有发生，如汉江襄樊—利河口段在丹江口水库建成后，虽然枯水流量增加，但航道的通航标准并没有较大提高，航深和通航保证率仍维持建库前的水平。

(2) 沿程水位变化

由于河床冲刷下切，三峡工程蓄水运用前后，同流量下沿程水位均有发生不同程度的下降。受洞庭湖出流顶托作用及河床地质不同的影响，沿程水位下降幅度有所差别，总体上位于荆江河段上端的沙卵石河床段、临近城陵矶的荆江河段尾端，水位下降幅度较小，而紧邻沙卵石河床段的沙市附近水位下降幅度较大。

①枝城水位变化。

枝城站水位在枯水流量为 5 000m^3/s 下，自 1975—1980 年期间开始有所降低，1987—1991 年期间较 1980—1987 年期间降低约 0.7m，此后水位下降趋缓，1991 年至三峡工程运用前水位基本稳定。

根据三峡工程蓄水前后（2002—2010 年期间）枝城站同流量下水位的变化（表 2-7）可知，2010 年与 2002 年相比，荆江河道进口枝城站在流量为 20 000m^3/s 时下降幅度较大，下降的数值约为 0.70m，枯水在流量为 5 000m^3/s 时累计下降 0.26m。而流量在 40 000m^3/s 以上时该站水位略有抬高。

三峡工程蓄水后枝城站同流量下水位的变化（单位：m） 表 2-7

时段 流量 (m^3/s)	2002—2003 年	2003—2005 年	2005—2007 年	2007—2010 年	2002—2010 年
5 000	−0.01	−0.03	−0.14	−0.08	−0.26
10 000	−0.03	−0.15	−0.2	−0.26	−0.64
20 000	−0.04	−0.04	−0.34	−0.28	−0.70
30 000	−0.02	0.16	−0.20	−0.17	−0.23
40 000	0	0.08	0.04	0.20	0.32

②沙市水位变化。

沙市站水位变化，在枯水流量为 5 000m^3/s 下，1975—1980 年期间（裁弯后）较 1957—1966 年期间（裁弯前）约下降 1.3m，1980 年以后受葛洲坝水库运用后下游河道冲刷的影响水位又呈下降的趋势，至 1993 年水位下降约 1.2m；沙市站水位在平滩流量下，1975—1987 年间（裁弯后）较 1957—1966 年间（裁弯前）约下降 1.0m，此后 1987—1998 年间水位保持基本稳定。

根据三峡工程蓄水前后(2002—2010 年期间)沙市站同流量下水位的变化(表 2-8)可知，2010 年与 2002 年相比，沙市站流量在 5 000m^3/s 时水位下降幅度较大，约为 1.06m。

三峡工程蓄水后沙市站同流量下水位的变化（单位：m） 表 2-8

时段 流量 (m^3/s)	2002—2003 年	2003—2005 年	2005—2007 年	2007—2010 年	2002—2010 年
5 000	−0.25	−0.3	−0.15	−0.36	−1.06
10 000	−0.12	−0.1	−0.12	−0.46	−0.80
20 000	−0.03	−0.08	0.14	−0.10	−0.07
30 000	−0.01	−0.04	0.05	0.20	0.20

③监利水位变化。

近几十年来受螺山同流量下城陵矶水位不断抬高的影响，监利站水位未呈现单一变化的趋势。在枯水流量为 5 000m³/s 下，1966—1975 年水位较 1957—1966 年期间降低约 0.7m，1975—1980 年水位略有回升，约为 0.2m。此后至 1998 年水位基本稳定，1998 年后受河段冲刷量加大影响，水位有所下降。

选择湖区出流流量为 5 000m³/s 一定时，分析 2003 年、2005 年、2008 年以及 2009 年监利站水位流量，根据 2003—2009 年城陵矶流量一定时监利站水位流量关系可知：流量在 6 000m³/s 时，该站水位下降约 0.37m；流量在 10 000m³/s 时，该站水位下降约 0.22m；流量在 20 000m³/s 以上时，该站水位略有下降。

（3）枯水补偿效应分析

三峡工程通过汛末蓄水以后，在随后的枯水期不间断的对不稳定的上游来水进行补偿调节，这对坝下游枯水水位流量过程的影响是直接而且明显的。

从每一届枯水期总的径流量变化情况来看，较蓄水以前，三峡工程蓄水以后坝下游枯水径流增加明显。在蓄水初期，175m 试验性蓄水之前的运行阶段，虽然 2003—2007 年较蓄水前 1950—2002 年年平均径流量减少约 10%，但是枯期径流量却有所增加，各月径流量较蓄水前增加 8% ～ 19%。而在首个完整经历 175m 试验性蓄水的 2009 年，枯水期宜昌站径流量则增加十分明显，该年 1 ～ 5 月的月均流量高于蓄水前多年平均值 20% 以上，与蓄水后的多年平均值相比，也增加了 10% 以上，其中，自然条件下最枯的 2 月流量增加最为明显，与蓄水前多年平均、蓄水后多年平均相比，分别增加了 55%、38%（表 2–9）。

三峡库区出库控制站宜昌站径流量特征统计表（单位：亿 m³）　　表 2–9

月份	1月	2月	3月	4月	5月	6月	7月	8月	9月	10月	11月	12月	全年	统计年份
蓄水前多年平均	114	94	116	171	310	466	804	734	657	483	260	157	4 370	1950—2002
蓄水后多年平均	123	104	138	170	291	441	726	602	607	374	214	148	3 940	2003—2007
变率 *A*（%）	8	11	19	−1	−6	−5	−10	−18	−8	−23	−18	−6	−10	
2008 年	122	114	139	243	299	400	610	743	671	313	372	158	4 190	
2009 年	140	146	152	206	394	366	628	813	438	222	172	140	3 820	
变率 *B*（%）	23	55	31	20	27	−21	−22	11	−33	−54	−34	−11	−13	
变率 *C*（%）	14	40	10	21	35	−17	−13	35	−28	−41	−20	−5	−3	

注：变率 *A* 为蓄水后多年平均与蓄水前多年平均相对变化；变率 *B*、*C* 分别为 2009 年相对蓄水前、后多年平均变化。

根据对 1973—2002 年共 30 年的流量统计来看，宜昌站保证率 98% 的枯水流量为 3 270m³/s。在三峡蓄水以后，随着坝前蓄水水位的抬升，补偿能力增加，最枯流量逐渐增加，见表 2–10，宜昌站从 2004 年枯水期的 3 670m³/s 增加至 2011 年枯水期的 5 150m³/s，这较蓄水前增加约 1 900m³/s；沙市站从 2004 年枯水期的 4 150m³/s 增加至 2011 年枯水期的 5 530m³/s，较蓄水前增加约 1 800m³/s。

虽然荆江河段流量增加十分明显，但从水位的变化来看（表 2-10），由于近些年来枯水水位流量关系的逐渐调整，同流量下水位呈下降之势，因此枯水补偿效应对水位的影响则相对弱一些，如首次完成 175m 试验性蓄水后的 2011 年枯水期，宜昌站较蓄水前水位抬升约 0.5m，沙市站较蓄水前水位抬升则仅为 0.15m。

宜昌、沙市两站枯水补偿效应分析 表 2-10

枯水期	宜昌站		沙市站	
	最枯流量（m^3/s）	最枯水位（m）	最枯流量（m^3/s）	最枯水位（m）
蓄水前	3 270	36.64	3 783	28.95
2003—2004 年	3 670	36.44	4 150	28.28
2004—2005 年	3 730	36.37	4 400	28.47
2005—2006 年	3 890	36.52	4 500	28.4
2006—2007 年	4 030	36.66	4 550	28.44
2007—2008 年	4 370	36.76	4 730	28.77
2008—2009 年	4 710	37.15	5 280	29.14
2009—2010 年	5 080	37.06	5 660	28.86
2010—2011 年	5 150	37.14	5 530	29.1

注：蓄水前的流量水位为采用综合历时曲线法取保证率为 98% 对应值；沙市站蓄水以前的流量年限为 1991—2002 年，水位统计年限为 1973—2002 年。

（4）沿程宽深比变化

河道枯水断面宽深比是反映枯水航道条件是否优越的一个重要参考指标。三峡工程蓄水前后荆江河段宽深比变化表现为：蓄水后较蓄水前整体上有所减小，但部分区域断面宽深比有一定程度的增加。其中，上荆江总体有所减小，下荆江总体略有增加，见表 2-11。从空间和时间上可以看出：上荆江段，2002 年 10 月与 2008 年 10 相比，其宽深比总体减小，航深总体有一定程度的增加，但局部河段宽深比仍有一定幅度的增加，如公安—郝穴段，且在局部时间段上宽深比仍存在增加现象，如 2004—2006 年该河段处于整体增加态势。下荆江段，2002 年 10 月与 2008 年 10 月相比，其宽深比总体略有增加，其局部河段增加明显，如石首以下河段均有所增加。结合三峡工程蓄水后具体河段的冲淤变化看，宽深比增加部位主要位于有边滩存在的顺直过渡段、分汊河道进口段及凸岸遭冲刷的弯道段，这些河段共同的特点是：三峡工程蓄水运用以来，边滩均遭到不同程度的冲刷。

对于顺直型航道以大马洲水道丙寅洲边滩段为例，三峡水库蓄水以来，受清水下泄及上游出流变化的影响，丙寅洲边滩呈现持续冲刷态势，该段河宽也随之有一定程度增加，断面逐渐向宽浅发展，枯水流量下宽深比较建库前有所增大，且年际间变化幅度较大，随着宽深比的增加，不同流量下主流摆动将更加频繁，对航道条件的稳定构成一定影响。

对于分汊型航道以乌龟洲汊道进口段为例，在乌龟洲汊道进口段右岸有新河口凸岸边滩，受三峡水库蓄水以来清水下泄影响，凸岸边滩有一定的冲刷后退，且局部区域有倒套发展，使断面宽深比近年来不断增加，据统计 2004 年 6 月枯水流量宽深比为 10.6，到 2010 年 9 月枯水流量宽深比显著增大到 13.24，航道条件有向不利方向发展的可能性。

荆江各河段沿程断面宽深比变化表（枯水流量）　　表 2-11

荆江河段	2002 年 10 月	2004 年 6 月	2006 年 7 月	2008 年 10 月
枝城—枝江	8.12	7.73	7.89	7.45
枝江—沙市	6.50	6.27	6.48	6.31
沙市—公安	7.78	4.50	4.85	4.47
公安—郝穴	3.75	3.66	3.85	4.05
郝穴—新厂	7.27	6.05	6.15	6.43
新厂—石首	6.12	6.10	6.38	5.58
石首—调关	3.79	3.80	3.69	3.82
调关—监利	5.03	4.89	4.84	5.19
监利—荆江门	4.69	4.92	4.86	5.17
荆江门—城陵矶	4.61	5.02	4.94	4.76
上荆江	6.68	5.64	5.84	5.74
下荆江	4.85	4.95	4.94	4.90

对于弯道型航道以调关弯道和七弓岭弯道为例，对于调关弯道，在 2002—2004 年间枯水流量宽深比由 6.03 逐渐减小至 4.85，2004—2006 年又迅速增大至 6.71，此后虽稍有减小但幅度不大，总体来讲三峡蓄水后枯水流量宽深比大于蓄水前。对于七弓岭弯道，蓄水后枯水流量宽深比（4.88）大于蓄水前（4.22），且近年来枯水流量宽深比有逐渐增大的趋势。

2.2.2.2　岸线变化

荆江地处冲积平原，河床及河岸可动性强。因此，岸线对荆江控制河道走向、维持总体河势的稳定起到至关重要的作用，同时，岸线也是滩槽格局的重要依托。

上荆江江口以上河流地貌的主要特点是洲滩较多，河岸主要由丘陵或阶地基座的基岩组成，抗冲能力很强，因此河岸较稳定。江口至藕池口，河岸为现代河流的沉积物组成，两岸无阶地，河流流经广阔的冲积平原，河流沉积的卵石已埋入沙层以下，河漫滩的沉积物为粉质黏土、粉质壤土和沙壤土等，河岸下部为卵石层，中部为沙层，上部为黏性土壤，河岸不如江口以上稳定。

下荆江为河曲带区，河床沉积物为中细沙，卵石层已深埋床面以下，河床大部分为现代河流的沉积物所组成的二元结构：下部以河床相中细沙为主，上部为河漫滩相的黏土层。此种河岸结构容易被水流冲刷，崩岸异常活跃且强度很大。由上可知，下荆江崩岸多于上荆江。

荆江河段护岸工程历史悠久。早在公元 1465 年就在沙市盐卡附近的黄滩堤做了少量护岸石工。历经漫长岁月的累积性建设，至新中国成立前荆江河段已基本形成了完整的以堤防防洪工程为主体的河控工程体系，但工程标准较低，荆江河段局部河势调整仍较剧烈。新中国成立后，国家每年都投入了巨大的人力、物力、财力进行沿江水利工程建设，至 2002 年，起限制河道平面蠕动、控制河道走向作用的关键岸线均得到有效守护，荆江河段已经建成了比较完备的以堤防和护岸为主体的河控工程体系。在堤防及护岸工程、河道内高河漫滩的共同作用下，荆江河道总体河势格局逐步趋于稳定。目前藕池口以上的上荆江为较稳定的微弯分汊河道，藕池口以下的下荆江由过去的蜿蜒河型逐步形成限制性微弯河段。

河道主流贴岸段岸线的变化，直接影响到下游河势的变化，而主流贴岸段，大都位于弯道的凹岸或两弯道间的过渡段。三峡工程蓄水运用前荆江河段凹岸处于顶冲的部位均已得到守护，因此顶冲段岸线变化受到限制，近几年虽有局部崩岸险情，但均得到及时控制，未影响到大的河势。

三峡工程蓄水运用后岸线变化部位多在两弯道顶冲段间的过渡段边滩，其中有的位于凹岸顶冲段上、下游，如雷家洲高滩，位于马家嘴水道凹岸上游，北门口下段（张成垸）位于石首河湾下游，七弓岭下段（七弓岭边滩）位于七弓岭凹岸下游、观音洲下段（荆河脑边滩）位于观音洲弯道下游；有的则位于凸岸边滩，如沙市河湾的太平口边滩、公安河湾的文村夹和熊家洲河湾的张家墩等，这些地段岸线变化多是由于近期左右汊分流比有较大变化引起的。这些边滩大多未实施守护或零星少量守护，岸线的崩退在三峡工程蓄水前均已显现。而两弯道间的二（多）次过渡段，如南五洲、茅林口、古长堤、盐船套岸线也是未有守护或零星有少量守护，近几年均有不同程度的崩退。荆江沙市至城陵矶段近期主要崩岸统计表见表 2–12。

荆江沙市至城陵矶段近期主要崩岸统计表 表 2–12

河段	时段	崩岸要素		
		出现的主要地点	崩岸长度（km）	崩岸处数（处）
沙市河段	1998 年	学堂洲、西流堤	1 630	2
	1999 年	西流堤	25	1
	2000 年	陈家台	750	1
	2002 年	学堂洲、龙洲垸	1 800	2
	2003 年	陈家湾矶头、学堂洲、龙洲垸	1 660	3
	2004 年	学堂洲、龙洲垸、西流堤	1 380	3
	2005 年	学堂洲、沙市五码头、陈家湾	1 000	3
	2006 年	沙市五码头、学堂洲、龙洲垸、北闸安全区围堤、西流堤、陈家湾	6 210	6
	2007 年	学堂洲、陈家湾、西流堤	895	3
公安河段	1996 年	郑家河头、双石牌	715	2
	1998 年	朱家湾、双石牌	208	2
	1999 年	幸福安全台、新开铺、无量庵—黄水套	490	3
	2000 年	二圣寺、斗湖堤	2 200	2
	2002 年	文村夹、公安码头、何家湾、新开铺等	1 365	6
	2003 年	吴鲁湾、幸福安全台、红胜	400	3
	2004 年	朱家湾、南五洲、边江	2 165	3
	2005 年	观音寺、木沉渊、祁家渊、文村夹、何家湾、幸福安全台、黄水套、吴鲁湾、冲和观、灵黄、铁牛、郝穴、颜家台	14 610	13
	2006 年	何家湾、吴鲁湾、南五洲、文村夹	4 080	5
	2007 年	吴鲁湾、南五洲	1 450	2

续上表

河段	时段	崩岸要素		
		出现的主要地点	崩岸长度(km)	崩岸处数(处)
石首河段	1996 年	古长堤、向家洲、北门口、鱼尾洲、范家台	6 454	5
	1997 年	八十丈、向家洲、北门口、鱼尾洲	4 643	4
	1998 年	调关矶头、向家洲、焦家铺、北门口、鱼尾洲	4 320	5
	1999 年	调关矶头、向家洲、北门口、鱼尾洲、管家铺	3 570	4
	2000 年	章华港、八十丈、梅王张、鱼尾洲、北碾垸	1 463	5
	2001 年	梅王张、北门口、北碾垸、连心垸	5 696	4
	2002 年	调关矶头、茅林口、向家洲、北门口、鱼尾洲、小河口镇汽渡码头、管家铺	935	7
	2003 年	调关矶头、五码口、茅林口、寡妇夹、血防闸、小河口镇汽渡码头、老山嘴、水管所、刘为帮	4 947	9
	2004 年	向家洲、北门口、血防闸、北碾垸、金鱼沟、中洲子、调关矶头、茅林口、鹅公凸	6 169	9
	2005 年	小河汽渡码头、老血防闸、中洲子、郝家湾、金鱼沟、天星堡	800	6
	2006 年	调关矶头、郝家湾、春风垸、茅林口、小河汽渡码头、金鱼沟	1 880	6
	2007 年	合作垸	1 250	1
监利河段	2000 年	盐船套	1 000	1
	2001 年	铺子湾	410	1
	2003 年	团结闸	1 265	1
	2004 年	洪水港、七弓岭	350	2
	2005 年	团结闸、荆江门	1 305	2
	2006 年	后洲下口、天星阁、团结闸、铺子湾、天字一号、七弓岭	5 982	6
	2007 年	观音洲、八姓洲	280	2

其他河流也有类似水库下游沙质河岸崩退加剧的问题，如尼罗河阿斯旺大坝下游发生河道摆动和河岸侵蚀，河道更为弯曲，局部侧向河岸侵蚀十分严重。又如汉江下游襄樊—钟祥河段岸壁崩塌长度由 1968 年的 85.47km 增至 1984 年的 109.29km，平均每年崩塌 100 ~ 200m；平均中水河宽由 1960 年的 730m 增至 1984 年的 1 395m，平均每年展宽 28m；深泓摆幅增大。郭海营和白露岭滩群在 1968—1984 年主泓平均摆幅向左为 840m，向右为 938m，最大摆幅向左为 2 465m，向右为 2 450m，河势变化明显，造成撇弯切滩。

2.2.2.3 不同河型近期演变

(1) 弯曲河型

历史上在天然状态下，荆江的弯曲河段蜿蜒型发展规律十分明显，表现为凹岸冲刷后退，河道展宽引起凸岸主流的摆动，凸岸随之淤长，即凹冲凸淤，当弯道发展到一定程度，裁弯随之发生。

经过几十年堤防建设，三峡工程蓄水以前，弯道凹岸处于顶冲的部位基本已得到守护，弯道段的河势已基本稳定，这其中的水沙运动机理是：凸岸边滩总在洪水顶冲点上游，在顶冲点壅水作用的辅助下，汛期水流虽然漫滩，但含沙量较高的水流不易对边滩造成过度冲刷，而且在逐渐退水的过程中，滩面流速减缓，滩面还会有所淤还。由于在汛期凸岸边滩能够保持稳定，在退水后就能有效促使水流坐弯冲刷凹岸深槽，从而维持整个滩槽格局的稳定，只有当大水年，水量大，洪水持续时间长，弯道才会表现出切滩撇弯的逆向变化，如莱家铺弯道 1998 年汛后即有明显凸冲凹淤的现象。

三峡工程蓄水运用后，受水沙条件变化的影响，近几年来，弯道段基本上表现为凸岸边滩冲刷，凹岸深槽淤积，如碾子湾水道、莱家铺水道等，有些水道如调关水道、反嘴水道，凹岸侧甚至已淤出心滩。而在河宽较大的急弯段，如尺八口水道，由于凸岸边滩根部原本存在窜沟，蓄水以后窜沟发展十分迅速，切割凸岸边滩成为心滩，滩槽格局则更加趋于恶化。

这一现象之所以出现是因为来沙减少后，弯道段维持稳定的条件已不复存在，中洪水期主流漫滩后，由于水流挟沙不饱和，滩面必然受到冲刷，而且退水过程中难以淤还，受此影响，中枯水流路也逐渐向凸岸侧摆动，凹岸逐渐淤积，从而形成或快或慢的切滩撇弯趋势。

这些弯道段的变化一方面对自身航道条件产生不利影响，如急弯段出现多槽争流态势；另一方面对上、下游航道条件也产生不利影响，如莱家铺弯道凸岸的冲刷变化将加剧下游放宽段的淤积，碾子湾凸岸的冲刷将造成主流下挫、威胁已有整治建筑物的稳定，尺八口弯道的变化一定程度上将加剧上游河段过渡段浅区交错的态势。

另外，个别弯道如窑监河段，由于凹岸未得到有效控制，仍表现为凹冲凸淤的规律。

(2) 顺直河型

荆江顺直河段一般为两弯道之间的过渡段。大多数顺直段为两反向弯道的过渡段，少数顺直段为两同向弯道的过渡段，如铁铺水道。因此顺直河段在遵循自身演变规律的同时，也往往受上游弯道的影响。如：铁铺水道在 1967—1991 年间，尤其 1969 年上车湾人工裁弯后，受上游河势调整的影响，洪水港段水流顶冲点大幅度下移，引起盐船套段左岸线崩退，主流左移；1991—1998 年，受上游乌龟洲左右汊移位的影响，主流顶冲点在龙家门附近移动，龙家门至盐船套中段主流逐渐离岸，右移最大距离为 500m。

三峡工程蓄水运用后，顺直河段总体较稳定，但崩岸使局部河道展宽，一方面使得部分过渡段主流摆动空间加大，加剧了河道滩槽的不稳定性；另一方面引起断面流速减小，加之三峡蓄水以后退水加快、河床粗化，退水过程中河道输沙能力明显减弱，部分顺直河段河心形成潜洲，滩槽格局趋于散乱。如上荆江的斗湖堤水道，过去一直是顺直单一、河道窄深的优良河段，三峡工程蓄水运用后，由于河道左岸南星洲尾高滩岸线崩退、河道展宽，引起主流摆动，导致河心形成潜洲，航道条件恶化；又如大马洲水道，受三峡及上游河势变化的双重影响，水道左岸下段岸线崩退、右侧丙寅洲冲刷，其出口河心目前也开始发育潜洲。此外，莱家铺水道也有这种趋势，其放宽段无明显主流，根据三峡 175m 调度过程，经计算十月平均流量由 18 500m^3/s 降至 10 800m^3/s，造成退水过程中十月主流平均流速由 1.5m/s 减少至 1.1m/s，流速降幅约 30%，挟沙能力减少约 50%。且 2003—2009 年间荆江河段床沙平均中值粒径由 0.197mm 变粗为 0.241mm，增粗幅度为 22.3%，床沙粗化将进一步减弱浅区的挟沙能力。因此，在此基础上，这些顺直段一旦发生崩岸，河道展宽将进一步削弱水流的挟沙能力，断面形态将趋向宽浅。

（3）分汊河型

荆江河段沙市以上的分汊河道一般较为稳定，沙市及其以下的分汊河道都生成于弯道段，主支汊的发育演变与主流的年内年际摆动关系密切，因此稳定性较差，主支汊易位频繁、演变剧烈。

三峡工程蓄水运用后，清水下泄，并且三峡水库调蓄作用导致枯水流量增大，中水流量历时增长，这种水沙变化对陈家湾以下的分汊河型产生了较大影响，加剧了分汊河段的不稳定，主要表现在以下两个方面。

一是加剧了江心洲的冲刷与崩退。陈家湾以下的分汊河道主要有5处，除马家嘴水道的南星洲，形成时间较早（1830—1869年）、抗冲性相对较强外，其余分汊河道的江心洲均是在20世纪60～70年代以后形成的，且均未进行守护，抗冲性很弱。三峡工程蓄水运用后，江心洲头部冲刷后退，滩体缩小。对于未经守护且滩顶低矮的江心洲，其冲刷过程是：初期是头部冲刷、尾部淤积；接着尾部再冲刷，如三八滩。对于未经守护且滩顶较高、一般洪水不淹没的江心洲，其冲刷表现为：头部低滩冲刷，滩体两侧或一侧发生崩岸，滩体缩窄，如马家嘴水道的南星洲、窑监河段的乌龟洲等。针对三峡工程蓄水运用后的不利变化，航道局先后实施了控导工程，对不稳定的江心洲进行守护，目前这些江心洲均得到有效控制。

二是加速了微弯分汊河段处于凸岸支汊的发展。如瓦口子、马家嘴水道，三峡工程蓄水运用前，支汊处于凸岸一侧，三峡工程蓄水运用后，两水道的支汊均处于发展态势。其变化和三峡蓄水运用后弯道凸岸边滩冲刷是一致的。这种现象产生的原因主要与弯道“大水趋直、小水坐弯”的水沙特性以及三峡蓄水后水沙变化有关。目前经航道整治工程实施后，支汊发展态势已得到有效遏制。

2.2.2.4 荆江河段的演变

三峡蓄水前的近30年（1975—2002年），长江中游河道演变受自然因素和人为因素的双重影响，而且人为因素的影响日益增强。主要表现在：总体河势基本稳定，局部河势变化较大；河道河床冲淤变化较为频繁，但总体冲淤相对平衡，部分河段冲淤幅度较大；荆江和洞庭湖关系的调整幅度加大；人为因素增多，但未改变河道演变基本规律等。

以新水沙条件下的冲刷发展特点为主要标准，同时结合考虑河段组成特性及平面形态特点，依次将上荆江（大埠街以下）、下荆江河段作为典型长河段分别进行系统研究。大埠街以下上荆江段从平面形态看属于典型的微弯分汊河段，距三峡大坝较近，水库下泄的水流各不同粒径泥沙颗粒的含量均远低于建库前水平，将从河床得到补给，上荆江河段冲刷剧烈；下荆江段从平面形态看属于典型的弯曲段，距坝较远，出库“清水”经过上荆江河段的沿程补给调整，进入下荆江河段的床沙质输移量已达到相当高的水平，下荆江冲刷相对强度较弱。

（1）上荆江河段

①洲滩变化。

A.江心洲洲头低滩冲刷，洲尾上提。

对于中洪水也能出露的高大江心洲，如南星洲、天星洲、乌龟洲等，三峡水库蓄水以来没有出现特别明显的变化，但年际之间洲头迎流部位退缩，处于凹岸的洲缘逐渐崩退。

如南星洲洲体三峡蓄水前经护岸实施工程后相对稳定，洲头滩体则随水沙条件的变化呈淤长—冲刷—淤长的往复性变化。一般而言，大水年南星洲头滩体冲刷切割、滩型低矮散乱，小水年洲头滩体淤长、高大完整。三峡蓄水后，南星洲头滩体先冲后淤，2003—2005 年南星洲头滩体大幅冲刷后退，此后主要受已实施的一期工程影响，滩体向左侧淤长。而且，南星洲中段左侧滩体（−3m）冲退幅度较大（图 2−9）。

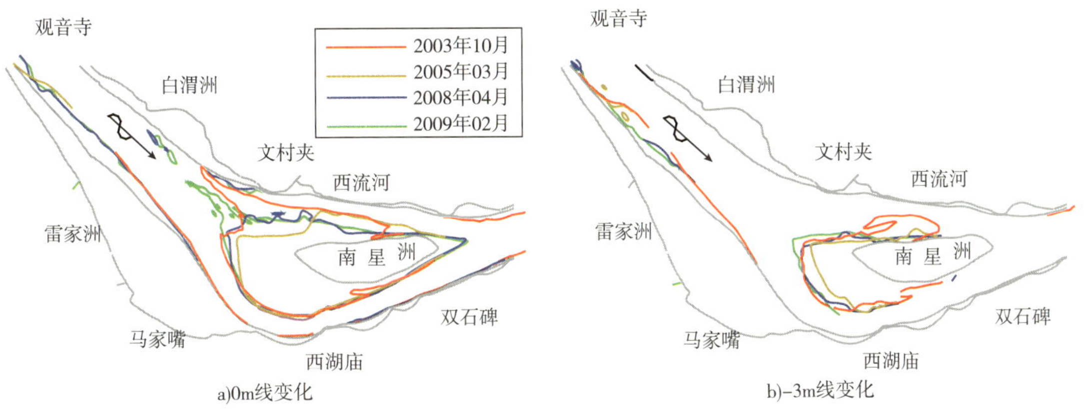

图 2−9 南星洲演变图

B. 心滩滩体冲刷缩小，滩面高程降低。

三峡工程蓄水后，受“清水”冲刷影响，2000 年汛后重新生成的新三八滩再度处于冲刷后退之势，滩头冲刷后退、滩体变窄，滩面刷低。针对这种不利局面，分别于 2004 年汛前、2005 年汛前两次实施了新三八滩应急守护工程，工程后新三八滩仍继续冲刷缩小。2008 年开始实施的沙市河段航道整治一期工程，对受损的滩体守护工程进行了加固，目前新三八滩在荆州长江大桥以上的滩体基本稳定。2008 年以后，大桥以下滩体逐年萎缩，洲滩宽度与面积都有大幅萎缩，滩体高程也有所降低，三八滩滩形变化见图 2−10。

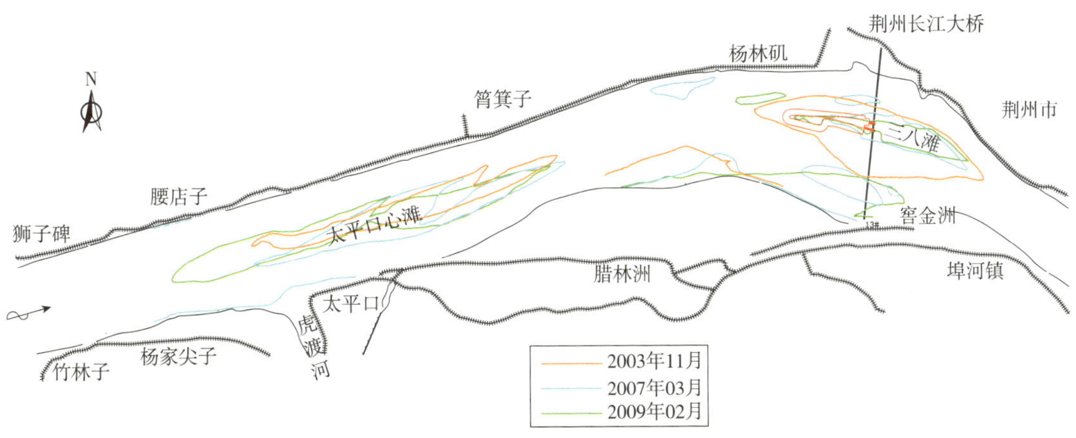

图 2−10 太平口水道滩形变化图（0m 线变化）

金城洲属于弯道凸岸边滩，受上游太平口水道左岸节点挑流及大水取直水流的影响，滩体下段一般存在倒套。三峡工程蓄水以前，大多数年份金城洲以凸岸边滩形态存在。

但在汛后中水持续时间较长的年份，呈现水下潜洲、不稳定心滩等形态特征，1998 年、1999 年大洪水后，金城洲归并凸岸且呈淤长趋势。三峡蓄水运用后，金城洲洲头受到冲刷、滩面淤高、右侧窜沟冲刷发展；从金城洲洲体变化对比来看（图 2–11），三峡蓄水运用后，金城洲持续冲刷后退，中部淤高，2004 年 7 月右岸边滩被水流切割，形成江心洲，随后洲体右缘持续冲刷崩退，右汊发展分流比明显增加。

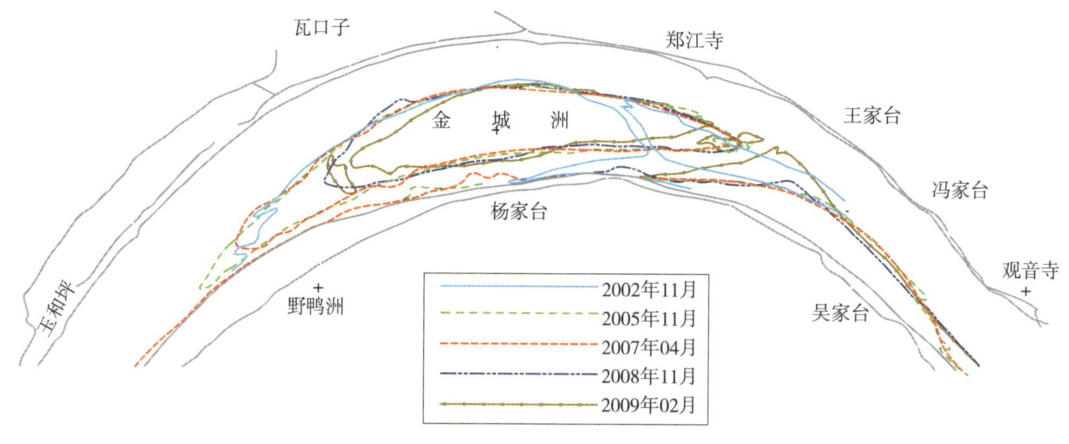

图 2–11　金城洲滩形变化图（0m 线变化）

处于弯曲放宽段的心滩面积有所减小，如太平口水道三八滩、瓦口子水道金城洲之所以出现以上变化，是由于这些心滩处于弯道之中，天然情况下即存在凹冲凸淤的现象，蓄水后来沙大减使得凹岸更易崩退而凸岸难以淤积，因此年际之间心滩在不断向弯道凹岸一侧移动的同时，面积逐渐萎缩。

C. 边滩头部冲刷后退，尾部下移。

腊林洲边滩：三峡水库蓄水运用以来，腊林洲边滩滩体头部冲刷后退；中部冲淤变化减缓；而滩体尾部变化较大，原有窜沟进一步淤浅，滩体尾部下延。到 2009 年，腊林洲边滩滩头及中上段继续保持冲刷（图 2–12），腊林洲尾部低滩淤积明显，滩体长度及宽度都有所增加（表 2–13）。但与 2007 年比较，滩体宽度还是有所减小。

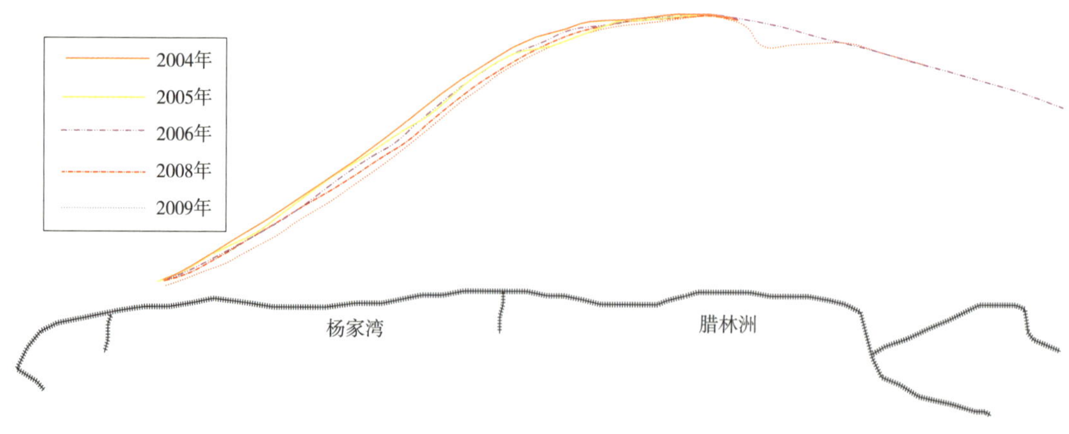

图 2–12　太平口水道腊林洲边滩滩形变化（0m 线）

腊林洲边滩（0m）特征值及所在位置统计　　表 2-13

日 期	滩长（m）	最大滩宽（m）	最大滩面高程（m）	滩头位置	滩尾位置
2005 年 3 月	6 850	1 770	11.5	荆江分洪闸	荆 35 下 4 670m
2007 年 2 月	7 024	1 562	未测	荆江分洪闸	荆 35 下 4 971m
2008 年 4 月	7 387	1 455	未测	荆江分洪闸	荆 35 下 5 353m
2009 年 2 月	7 654	1 498	11.7	荆江分洪闸	荆 35 下 5 612m

蛟子渊边滩：周天控导工程实施后，周公堤心滩与蛟子渊边滩连为一体，原心滩头部受到一定幅度的冲刷，但在整治建筑物的作用下，滩头基本稳定在潜丁坝坝头附近，但相对 2005 年有较大幅度的后退，原心滩滩体滩尾右缘冲刷后退，同时向左淤积下延，逐渐与蛟子渊边滩相连（图 2-13）。

天星洲洲头低滩：三峡蓄水后，天星洲左缘在水流作用下呈明显的冲刷后退状态。由图 2-13 可知，天星洲洲头近年来持续冲刷后退，尤其在茅林口—陀阳树对开处滩体冲刷后退明显。

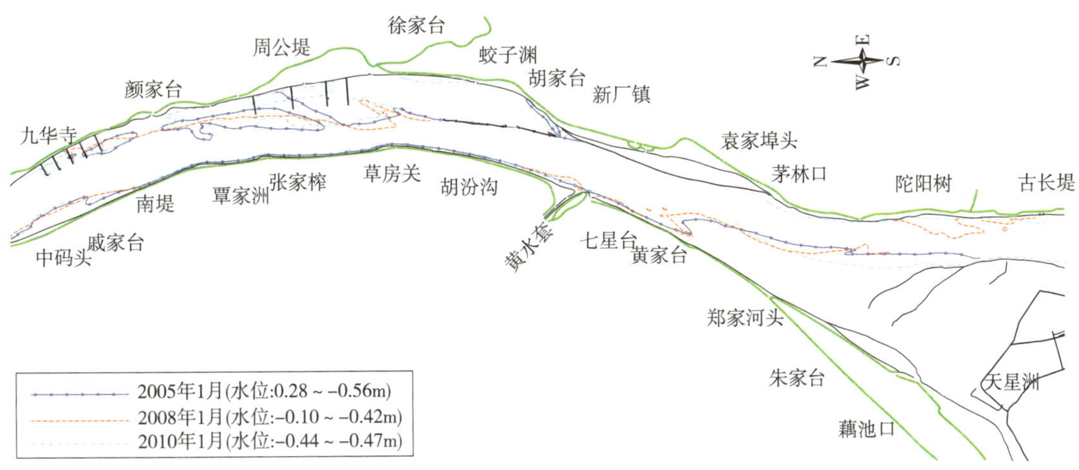

图 2-13　周天河段 1m 线变化图

陀阳树边滩：三峡工程蓄水后，陀阳树边滩近期明显处于冲刷下移的状态，2008 年枯季较 2007 年汛期，陀阳树边滩头部受冲刷向下移约 1.5km，尾部下延至原边滩头部位置，至 2009 年枯季，陀阳树边滩进一步冲刷，滩体范围大大减小，0m 等深线近岸而下，随着陀阳树边滩的逐步冲失下移，在古长堤至沙埠矶近岸区域逐渐淤积成一滩体。

②主支汊变化。

三峡蓄水后，微弯分汊河段处于凸岸支汊的多有所发展。如瓦口子水道三峡工程蓄水运用前支汊处于凸岸一侧，三峡工程蓄水运用后，支汊（右槽）处于发展态势，见图 2-11；马家嘴水道左右汊分流比变化见表 2-14，2006 年以前左汊分流比增加，2006 年后受航道整治一期工程影响，分流比减小趋势才得到逆转。综合来看，处于凸岸侧支汊发展和三峡蓄水运用后弯道凸岸边滩冲刷是一致的。这种现象产生的原因主要与弯道“大水趋直、小水坐弯”的水沙特性以及三峡蓄水后水沙变化有关。

马家嘴水道左汊分流比统计表　　表 2-14

日期	流量（m^3/s）	左汊（%）	日期	流量（m^3/s）	左汊（%）
2003 年 10 月	14 904	33.0	2005 年 11 月	10 256	42
2004 年 2 月	4 510	15.1	2007 年 8 月	30 682	46
2004 年 6 月	16 192	34.4	2007 年 11 月	8 530	27
2004 年 11 月	10 157	38	2009 年 2 月	6 522	11

③断面形态变化。

三峡蓄水后，冲淤观测计算资料表明，上荆江河段表现为“滩槽皆冲”，其中枯水河槽冲刷占 89%，枯水以上河槽（即洲滩）冲刷占 11%，蓄水后上荆江河段宽深比较蓄水前整体上有所减小（表 2-15）。

荆江各河段沿程断面宽深比变化表（枯水流量）　　表 2-15

河　段	2002 年 10 月	2004 年 6 月	2006 年 7 月	2008 年 10 月
枝城—枝江	8.12	7.73	7.89	7.45
枝江—沙市	6.50	6.27	6.48	6.31
沙市—公安	7.78	4.50	4.85	4.47
公安—郝穴	3.75	3.66	3.85	4.05
郝穴—新厂	7.27	6.05	6.15	6.43
新厂—石首	6.12	6.10	6.38	5.58
上荆江	6.68	5.64	5.84	5.74

对于河道形态较为单一的河段，河槽冲刷以下切为主。对于分汊河段，随着洲头（滩头）冲刷后退，滩尾上提，由于局部滩槽形态的变化，部分区域断面宽深比有一定程度的增加，河槽趋于宽浅化。如瓦口子水道随着金成洲洲头冲刷，洲尾上提，相对应的河段横断面形态向宽浅发展（图 2-14），这对处于分汊河段进出口的浅滩航道条件是不利的，可能导致航道条件恶化，甚至出浅碍航。

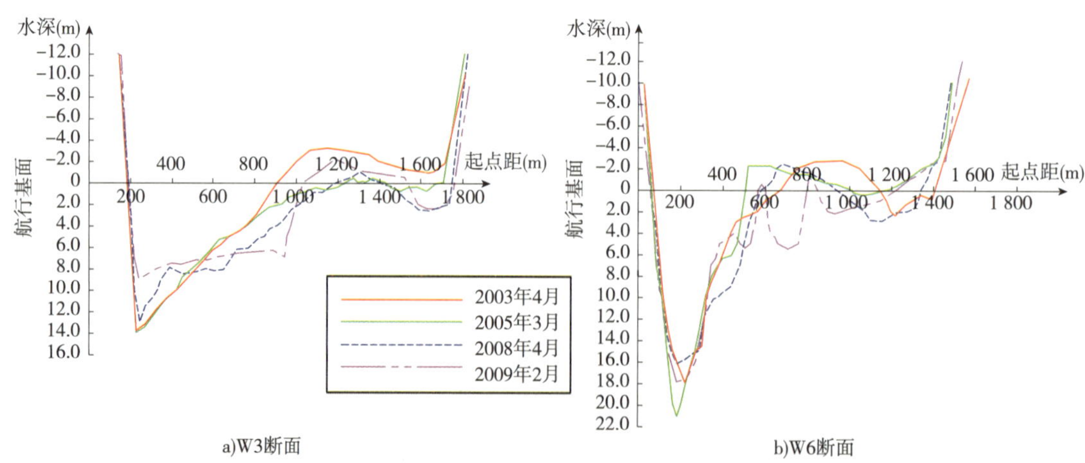

图 2-14　瓦口子水道进出口横断面变化图

(2) 下荆江河段

①洲滩演变。

A. 弯道过渡段边滩滩头冲刷后退，滩尾淤积下延，主流摆动空间加大。

碾子弯水道上边滩：三峡蓄水以来，弯道仍处于发展过程中，凹岸岸线崩退、凸岸淤长，主流顶冲点下移，但变幅较小。碾子湾水道上边滩的上端遭切割，下边滩头部冲刷后退（图 2–15），虽然河势稳定，洲滩、航槽位置相对不变，但局部地形发生了一些不利于航道条件维持的变化。

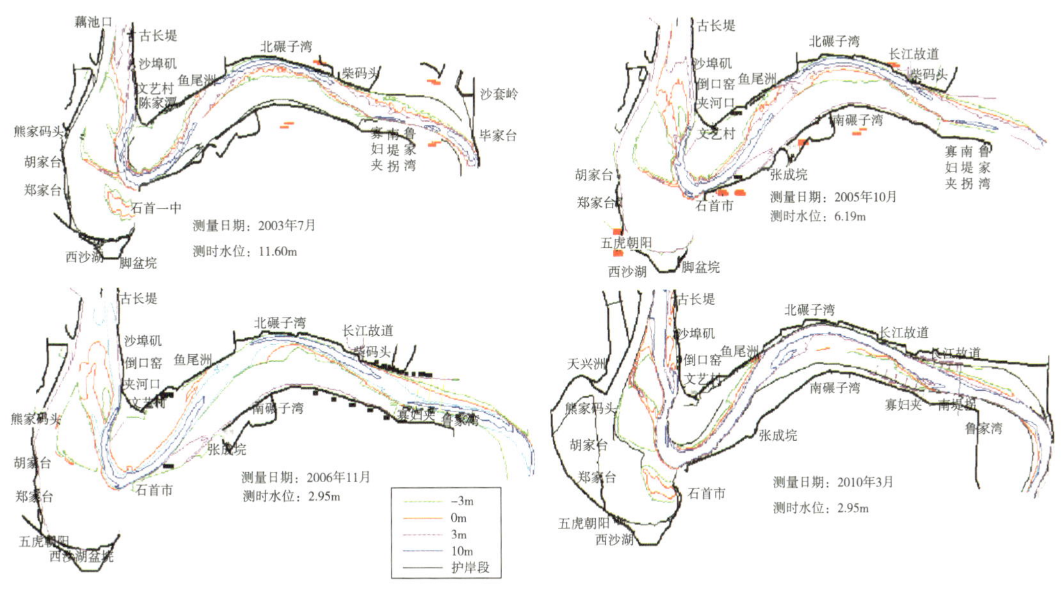

图 2–15 碾子湾水道河势比较

丙寅洲边滩：三峡蓄水来，由于监利主汊稳定在乌龟夹，丙寅洲洲体演变仍在继续，但变化幅度总体减小，演变趋势有所变化。主要表现为：与太和岭正对的上边滩淤积，挤压入口航槽且加大其弯曲度；中部低滩由于受到太和岭矶头挑流冲刷而逐渐后退；上游来沙在放宽段沉积，从而下边滩淤长淤宽，并受水流切割作用，在陈家码头到天子一号一带形成心滩（图 2–16）。

大马洲边滩：三峡蓄水以来，随着右岸丙寅洲边滩的逐渐下移，被丙寅洲边滩挑向左岸下泄的主流在左岸的顶冲点也相应下移，造成大马洲下边滩头部冲刷后退，导致出口弯道及出口段河[illegible]展宽，过水断面增大，引起槽中水流分散，流速减缓，泥沙落淤，形成浅点或心滩（图 2–17）。

广兴洲边滩：三峡蓄水以来，铁铺水道广兴洲边滩冲刷明显，近几年局部航槽淤积逐渐明显，河槽向宽浅方向发展，致使枯水航槽位置更不稳定，浅滩冲刷难度加大，近年河势变化见图 2–18。一方面，广兴洲边滩不稳定，2003 年以来，边滩上冲下淤且冲刷部位不断下移，特别是 2006 年以来小沙年边滩冲刷迅速，至 2010 年 12 月，边滩主体位置较下，滩头滩体基本冲散，而且，伴随着边滩的大幅冲刷，局部深槽自 2006 年起发生不同程度及范围的淤积，河床的不利调整逐渐明显。另一方面，何家铺边滩为洪水港弯道凸岸边滩的下段，近期边滩滩尾总体上有所上提，经统计，2010 年何家铺边滩尾部、广兴洲边滩头部之间的距离约为3.2km，较2003年增加1.1km，这一变化对过渡段水流集中冲槽不利。

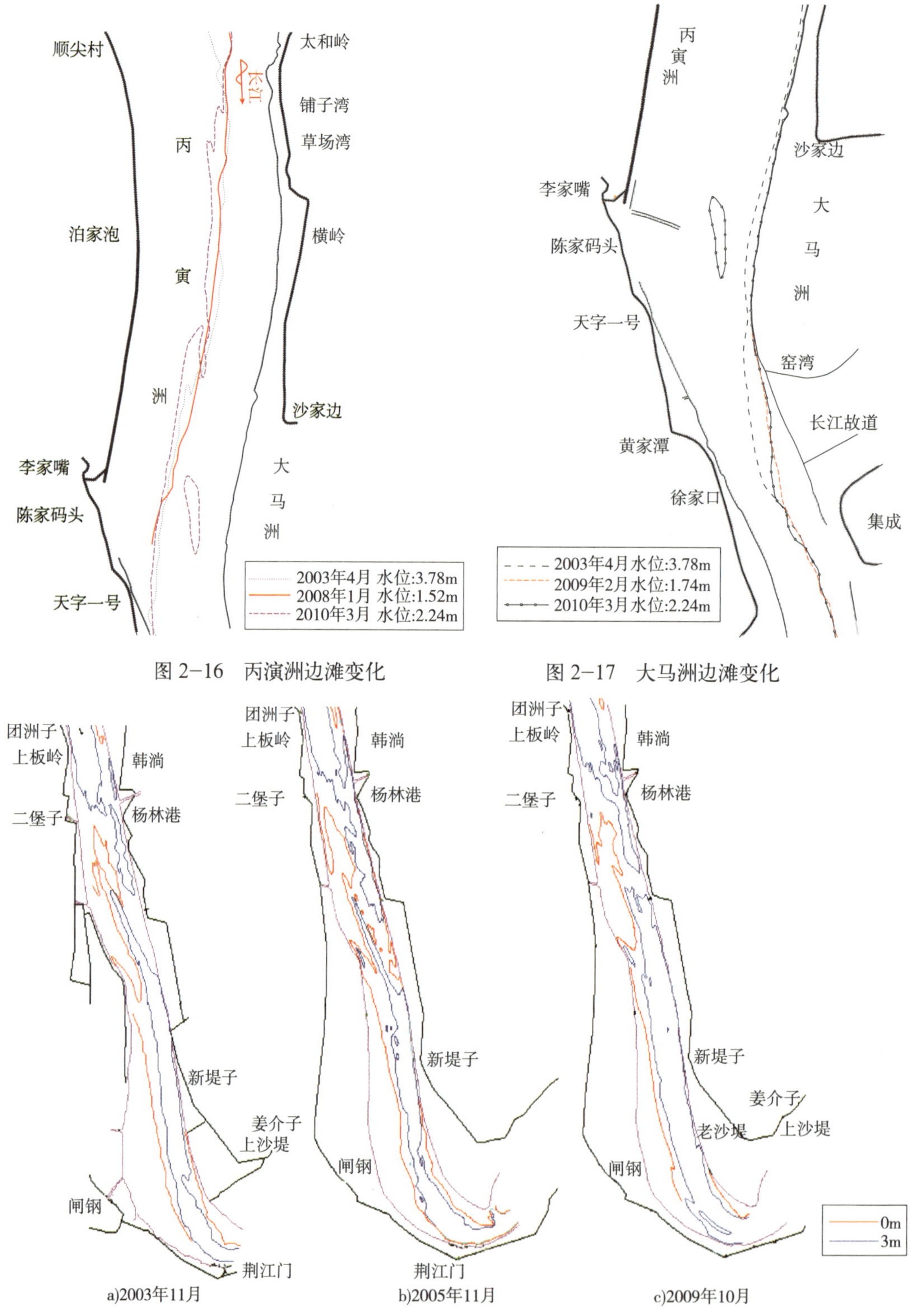

图2-16　丙演洲边滩变化

图2-17　大马洲边滩变化

图2-18　铁铺水道近期河势变化

B. 弯顶段凸岸边滩受冲刷切割，串沟发展。

桃花洲边滩：三峡蓄水以来，弯道段尤其是弯道进口段呈现明显的凸冲凹淤现象（图 2–19），即弯道凸岸侧上段冲刷，凹岸侧边心滩淤积下移。莱家铺弯道段南河口一带边滩近期以边心滩的形式向江心淤展，而其对凸岸侧进口段相应的向后退缩，但江心侧出现小心滩。2008 年，边滩仍有冲刷后退，心滩继续淤长。

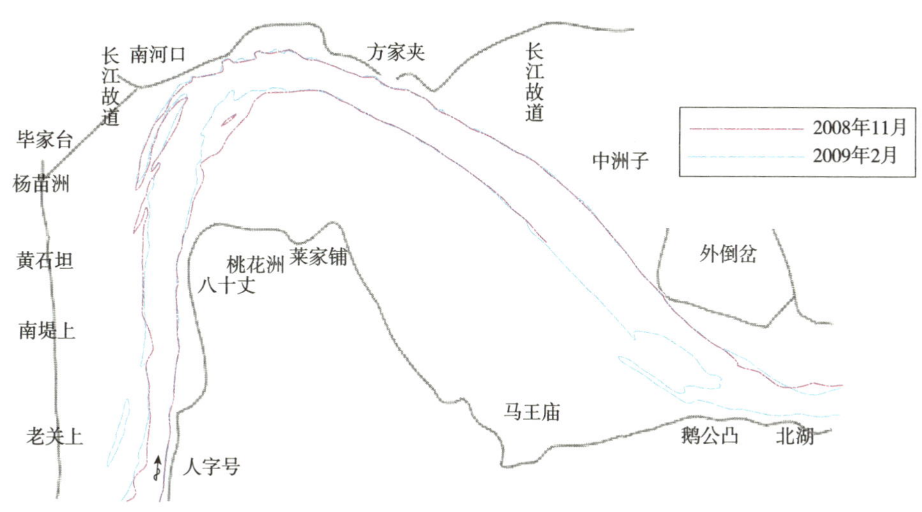

图 2–19 莱家铺水道近期河势变化图（3m）

新河口边滩：新河口边滩一般从乌龟夹进口延至乌龟夹的尾部，位于窑监河段的凸岸，年内遵循“涨淤落冲”的演变规律。年际间边滩滩头变化受主流变化影响较大，主流北摆则滩头淤长，主流南移则滩头冲刷。近两年来，由于南槽的存在，新河口边滩被分割成上下两块滩体（图 2–20）。2009 年度，上段沙体淤高、长大，原有散乱的沙体连成一体，面积大幅增加，沙体尾部下延；下段沙体头冲下淤，挤压乌龟夹出口航槽。

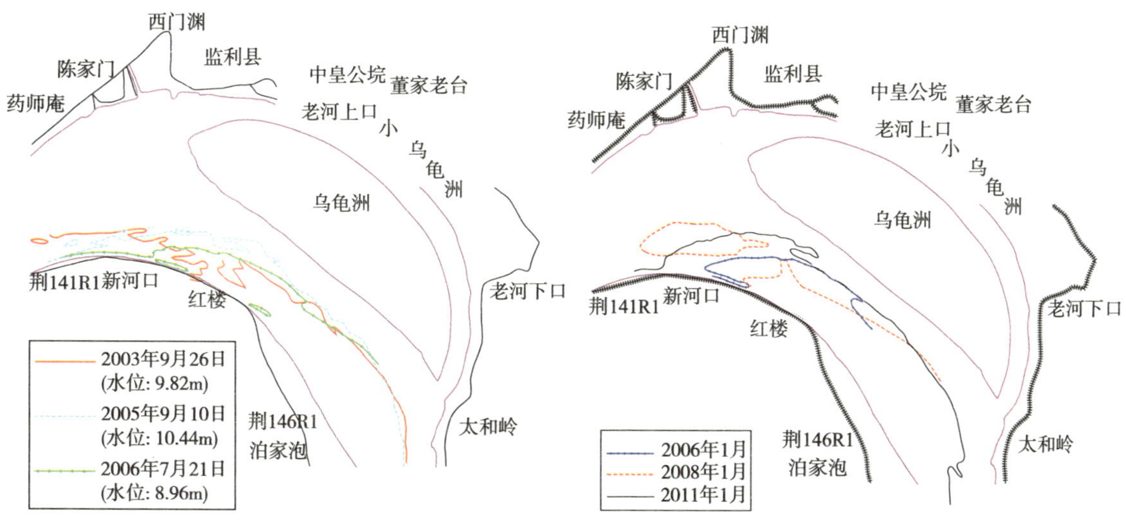

图 2–20 三峡水库蓄水后监利水道新河口边滩变化图

反嘴弯道段凸岸边滩：三峡蓄水以来，弯道段岸线变化较小，但河道内边滩、深泓变幅较大，特别是弯道上段。一方面，弯道上段深泓很不稳定，呈左摆之势，2008年以前深泓呈不断左摆，最大摆幅在500m以上，2009年深泓有所右摆（图2–11）。另一方面，凸岸上段边滩大幅冲退，凹岸侧边滩略有冲刷，弯道上段中枯水河槽展宽。其中，凸岸上段边滩的冲刷以滩头后退、滩宽减小的方式进行。2003—2006年凸岸边滩冲刷幅度较大，滩头下移1.5km至荆172附近，−1m等深线冲退宽度在230m以上；2006—2009年虽然边滩向河心侧有所回淤，但滩头继续下移，至2009年12月，凸岸东风窝子以上边滩基本冲失。

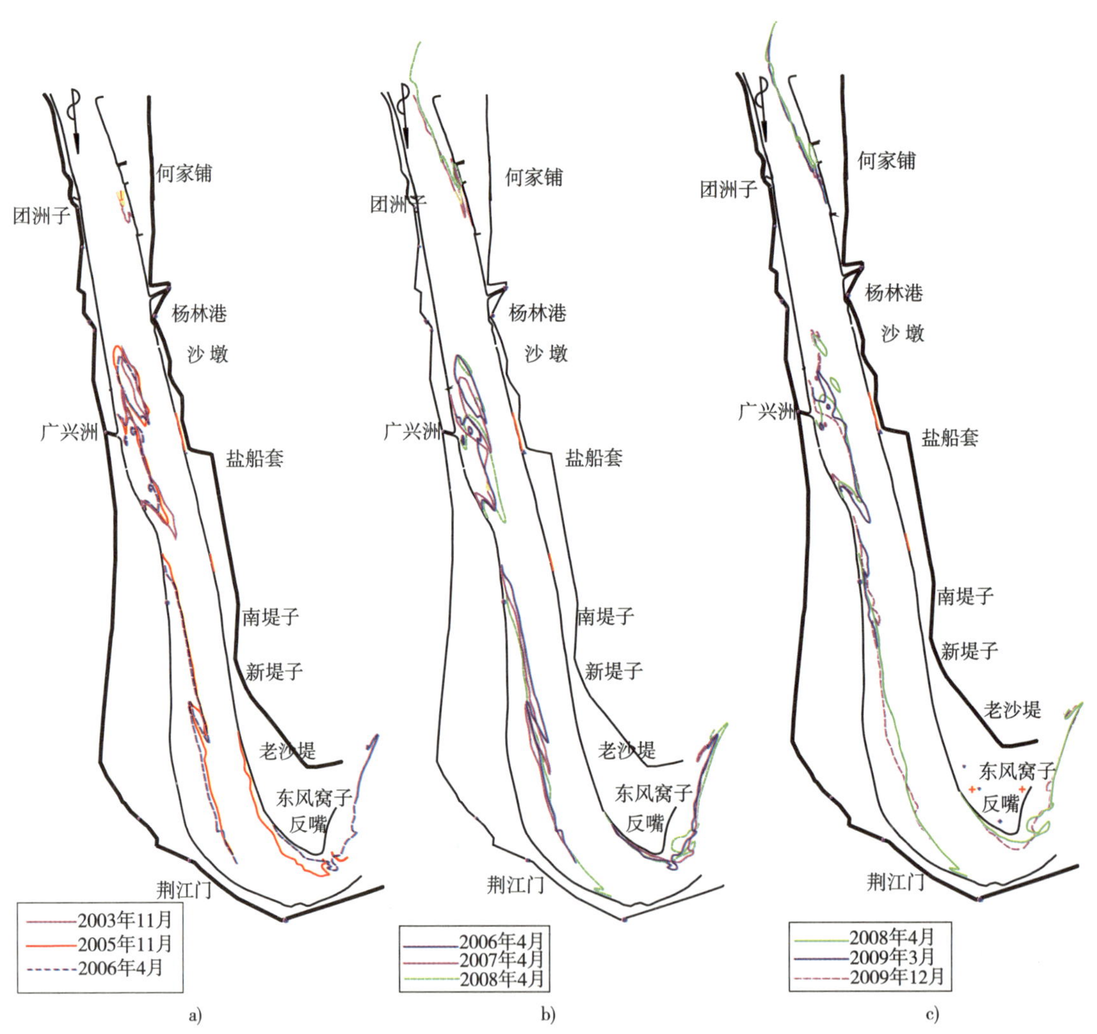

图2–21　反嘴弯道近期河势变化图

尺八口弯道段边滩：三峡蓄水以来尺八口水道上边滩淤积下延，而下边滩（弯道凸岸边滩）退缩，弯道段心滩头部大幅后退，中下段变宽增高（图2–22）。2004年4月至2007年4月，河道下段左岸侧边滩（即下边滩）发育比较完整，仅在弯顶区域存在一居于江心的倒套，主流自左岸黄家门向沟边一带过渡，且相对稳定。此后，下边滩不断退缩，弯道段心滩变宽增高，至2009年位于过渡段的边滩基本冲失，仅弯顶段存在小范围边滩。

过渡段深泓明显左摆，深泓居于江心，水流向左、右两岸侧分散，向右过渡至二洲子一带，下移幅度约为 1.3km，右槽内深泓平面比较稳定，基本上贴右岸侧，而左岸侧倒套冲刷并左摆，同时向上延伸，二洲子一带变得宽浅。

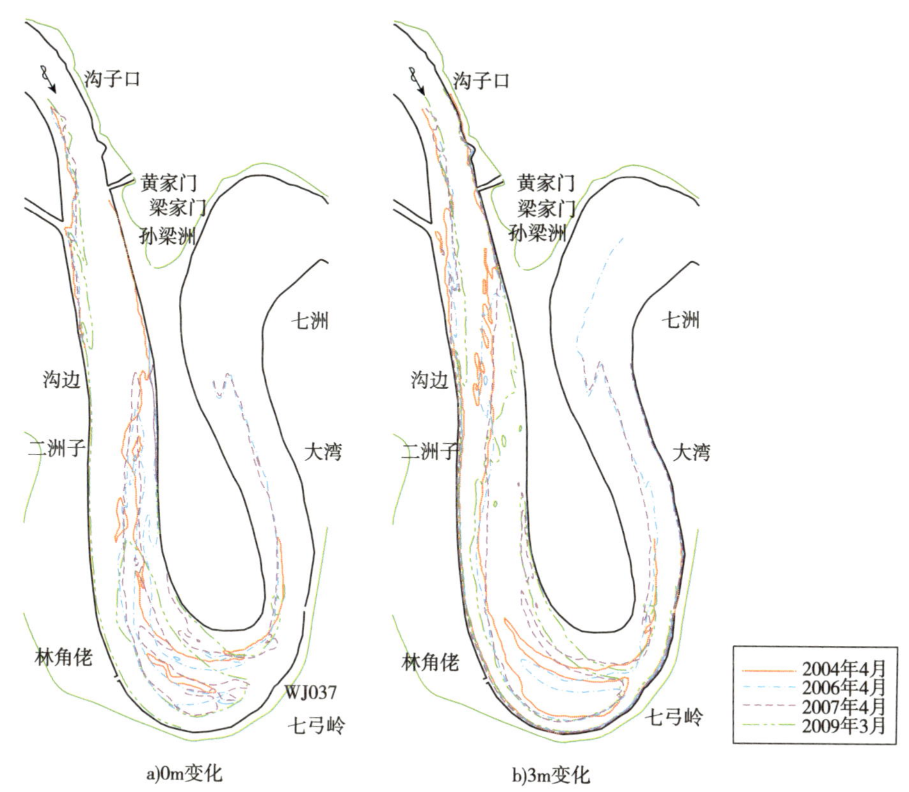

图 2-22　尺八口弯道近期河势变化图

②深泓变化。

随着洲滩形态的冲淤调整，过渡段及弯道段内深泓摆动幅度增大，航槽不稳定性加剧。三峡蓄水以来，反嘴弯道、尺八口弯道段的深泓变化见图 2-23，反嘴弯道凸岸边滩上段继续冲刷后退，下段略有淤积，深泓进一步向凸岸偏移，滩嘴不稳定性增加。在尺八口过渡段深泓左摆、下挫，深泓平面变化较明显，2003—2009 年过渡段深泓左摆 470m 左右，由左向右的过渡段深泓下移幅度约为 1.3km。而且，七公岭弯道凸岸侧深槽已冲深至航行基面以下 10.9m，致使过渡段以下水流向左、右岸侧分散。

③断面形态变化。

三峡蓄水后，冲淤观测计算资料表明，下荆江河段总体表现为“滩槽皆冲”，局部河段“冲滩淤槽”，其中枯水河槽冲刷占 85%，枯水以上河槽（即洲滩）冲刷占 15%，蓄水后上荆江河段宽深比较蓄水前整体上略有增加（表 2-16）。

结合三峡水库蓄水后具体河段的冲淤变化看，宽深比增加部位主要位于有边滩存在的顺直过渡段、分汊河道进口段及凸岸遭冲刷的弯道段，这些河段共同的特点是：三峡水库蓄水运用以来，边滩均遭到不同程度的冲刷。

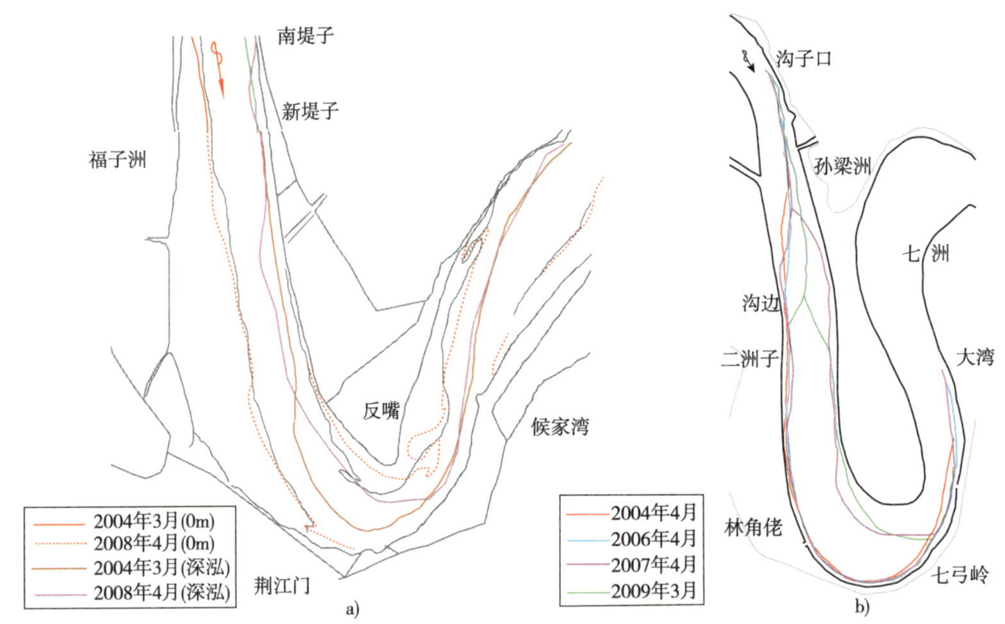

图 2–23　反嘴弯道、尺八口弯道近期深泓变化图

荆江各河段沿程断面宽深比变化表（枯水流量）　　表 2–16

河　段	2002 年 10 月	2004 年 6 月	2006 年 7 月	2008 年 10 月
石首—调关	3.79	3.80	3.69	3.82
调关—监利	5.03	4.89	4.84	5.19
监利—荆江门	4.69	4.92	4.86	5.17
荆江门—城陵矶	4.61	5.02	4.94	4.76
下荆江	4.85	4.95	4.94	4.90

对于分汊型以乌龟洲汊道进口段为例，见图 2–24，在乌龟洲汊道进口段右岸有新河口凸岸边滩，受三峡水库蓄水以来清水下泄影响，凸岸边滩有一定的冲刷后退，且局部区域有倒套发展，使断面宽深比近年来不断增加，据统计 2004 年 6 月枯水流量宽深比为 10.6，到 2010 年 9 月枯水流量宽深比显著增大到 13.24，航道条件有向不利方向发展的可能性。

对于顺直型以大马洲水道丙寅洲边滩段为例，见图 2–25，三峡水库蓄水以来，受清水下泄及上游出流变化的影响，丙寅洲边滩呈现持续冲刷态势，该段河宽也随之有一定程度增加，断面逐渐向宽浅发展，枯水流量下宽深比较建库前有所增大，且年际间变化幅度较大，随着宽深比的增加，不同流量下主流摆动将更加频繁，对航道条件的稳定构成一定影响。

尺八口水道弯道段凸岸侧河床冲深成槽，并进一步左摆、上延，有形成左槽之势，2010 年 4 月上深槽与凸岸深槽 3m 等深线贯通。随着近左岸河床的刷深，二洲子一带过渡段枯水河床变得宽浅，无明显主槽，断面形态由深槽贴右岸的偏“V”形向深槽不明显的“U”形发展。尺八口水道弯顶横断面变化图如图 2–26 所示。

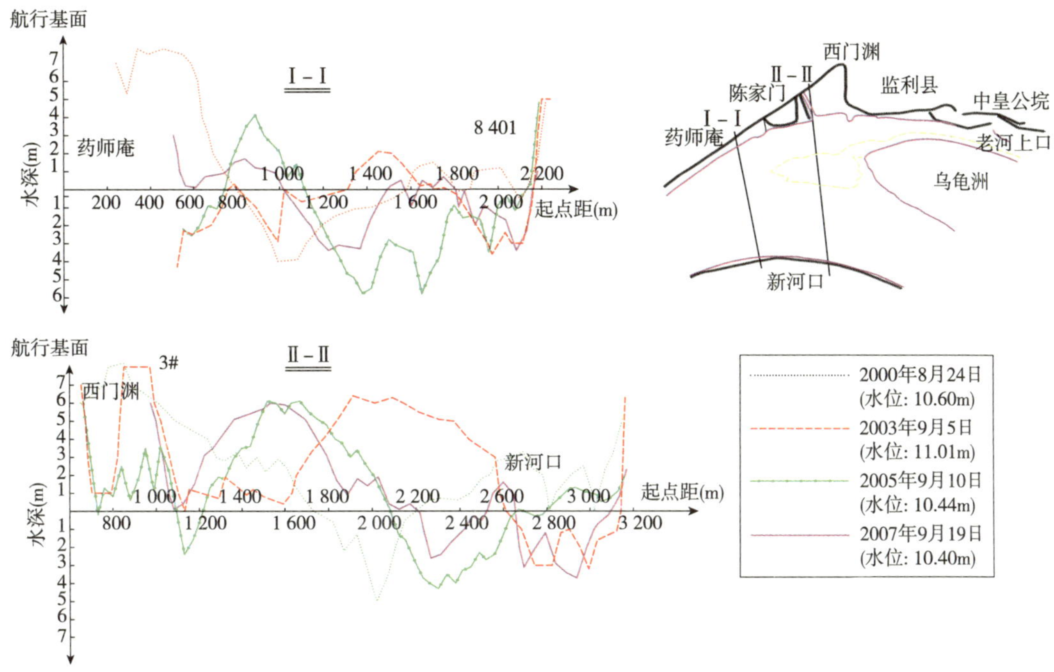

图 2-24 窑监河段进出口浅区横断面变化图

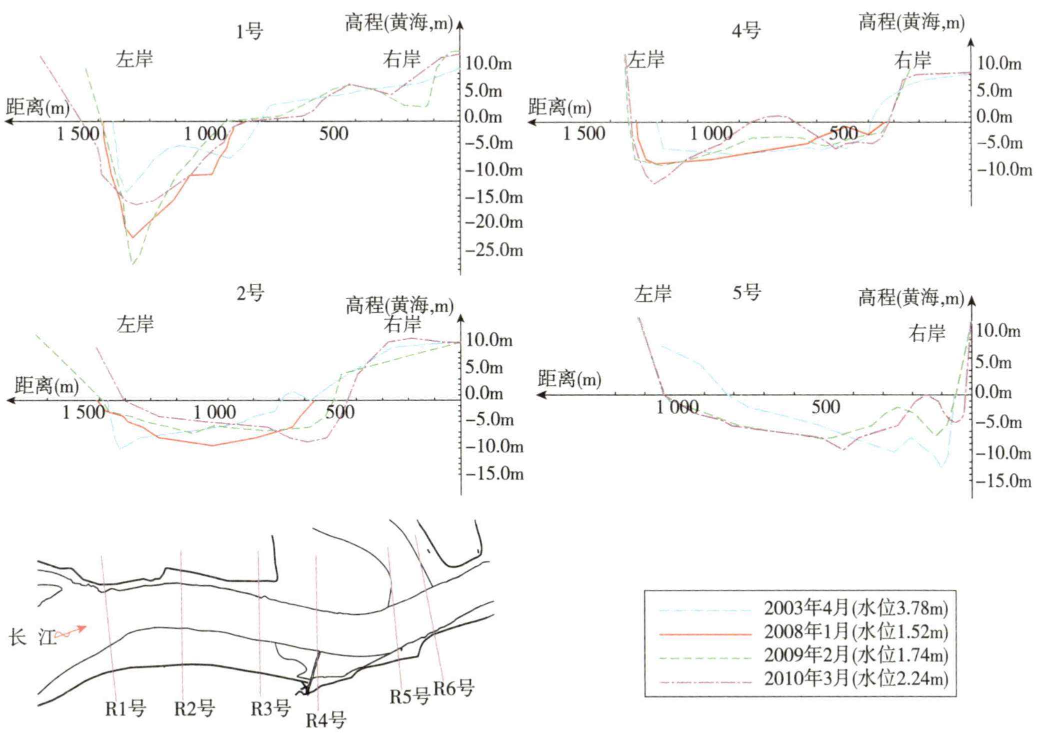

图 2-25 大马洲水道进出口横断面变化图

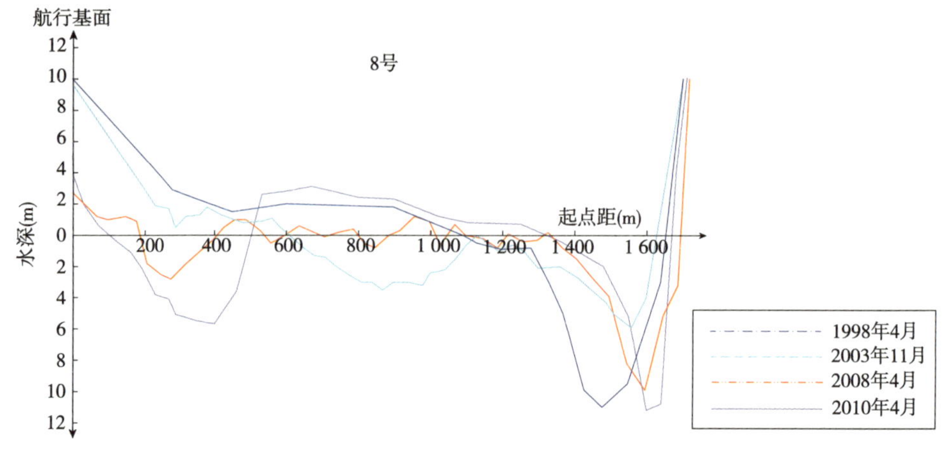

图 2-26　尺八口水道弯顶横断面变化图

2.2.3　荆江河段的演变特点分析

2.2.3.1　不同河型河床演变特性

三峡工程蓄水运用前，由于江湖关系以及下荆江裁弯工程的影响，荆江河段尤其是下荆江河段河势调整较为剧烈，但随着近几十年在荆江河段内实施的河道和航道整治工程对部分河段的河势调整起到了一定的促进或抑制的作用。三峡工程蓄水后，坝下游的径流过程没有发生大的改变，荆江三口分流量变化幅度也较小，荆江造床流量将不会发生明显改变，而且河道两岸堤防较好控制了岸线的崩退，因此从荆江整体看河型将不会发生大的调整，但由于清水下泄，局部河段河势仍将发生较大变化。本小节将荆江河段划分为不同河型，对三峡工程蓄水前后的河势变化特点及影响因素进行了分析。

(1) 分汊河段演变特征

分汊河道主流摆动频繁、河势变化剧烈、碍航现象突出。三峡工程蓄水前，经过几十年的堤防建设（或为天然节点），荆江河段分汊河道岸线基本稳定，分汊河型主要表现为主、支汊周期性易位交替，但演变周期差异较大，且伴随着局部河床的冲淤。

①边心滩演变。

长江中下游绝大多数分汊河道均分布有凹岸边滩、凸岸边滩及洲头低滩等边心滩。如沙市河段凸岸有腊林洲边滩，凹岸有杨林矶边滩，洲头有低滩。

A. 滩体淤积。

分汊河段凸岸边滩年内遵循“洪淤枯冲”的演变规律，而洲头低滩、凹岸边滩则表现为“洪冲枯淤”。三峡水库蓄水前，边心滩年际演变表现为随汊道兴衰而此冲彼淤，但总体保持冲淤平衡。具体表现为：当凹岸汊冲刷发展时，洲头低滩及凹岸边滩冲刷萎缩，凸岸边滩淤长；当凸岸汊冲刷发展时，凹岸边滩及洲头低滩淤长，凸岸边滩冲刷萎缩，无论凹岸汊发展还是凸岸汊发展，边心滩总面积变化不大。下面以沙市河段为例来阐述这种演变规律。

沙市河段的三八滩将河道分为左右两汊，凸岸有腊林洲边滩，凹岸有杨林矶边滩。由于杨林矶边滩很小，从实测地形图来看 0m 线面积不足 1km^2，因此腊林洲和三八滩面积变化可代表本河段边心滩面积变化。1971—1985 年北汊枯水期分流比呈增大趋势，与此对应，腊林洲边滩逐渐淤长，而三八滩则冲刷萎缩，总面积变化不大；1998 年和 1999 年大洪水过后，北汊枯水期分流比由 70% 减小至 28%，榆次对应腊林洲边滩有所冲刷，三八滩则有所淤积，总面积仍然变化不大。20 世纪 80 年代中期至 90 年代中期边心滩面积呈减小趋势，主要是由于上游来沙减小所致。2003 年以来，分汊河道年际间凸岸边滩淤长，凹岸边滩及洲头低滩萎缩，边心滩总体呈冲刷趋势。

三峡水库蓄水后，上述边心滩年际演变规律在其他地段也有所体现。监利水道乌龟洲心滩（−3m 线）2003 年 9 月面积尚有 1.18km^2，之后滩体左移同时冲刷萎缩，至 2007 年 9 月面积已不足 1km^2。进一步分析可知，三峡水库前边心滩总体保持冲淤平衡，三峡水库蓄水后则总体呈萎缩趋势，这是两者的主要不同之处。然而，三峡水库蓄水后，凸岸边滩淤长、凹岸边滩及洲头低滩萎缩的这种演变趋势，与蓄水前凹岸汊发展时所表现的规律一致，从这个角度讲，三峡水库蓄水后凹岸汊有发展趋势。

B. 滩体切割。

切滩是分汊河段边心滩的另一个主要演变特征。分汊河段的凸岸边滩和洲头低滩均存在切割现象。边滩切割方向与水流方向大致平行，洲头低滩切割方向则与水流方向大致垂直，两者切割过程中均伴随着倒套的溯源发展。

②深槽演变特征。

分汊河段凹岸汊深槽年内遵循“洪冲枯淤”的演变规律，凸岸汊年内则遵循“洪淤枯冲”的演变规律。三峡水库蓄水前，长江中下游分汊河道各汊深槽随汊道兴衰而此冲彼淤，但总体保持冲淤平衡。

③崩岸情况。

A. 崩塌位置。

分汊河道苯酐包括河岸崩塌及江心洲崩塌，崩岸情况与两汊兴衰有关，具体表现为：当凹岸汊发展时，若凹岸抗冲性较弱，则凹岸剧烈崩退，江心洲左缘大幅度淤积，若凹岸抗冲性较强，凹岸基本保持稳定，江心洲左缘略有崩退；当凸岸汊发展时，汊道进口凸岸及江心洲右缘崩退。下面以监利水道为例来阐述这种规律。

监利水道位于长江中游下荆江河段，属于微弯分汊河道，1971—1975 年以凸岸汊为主汊，1975—1989 年以凹岸为主汊，1989 年以后凸岸汊再次成为主汊。1975—1989 年监利水道以凹岸汊为主汊时，凹岸大幅度崩退，老河上口—太和岭一带尤为明显，与此同时，凸岸略有淤积；1990—2002 年监利水道以凸岸汊为主汊时，凸岸崩退，汊道进口青泥湾一带表现较为明显，同时凹岸略有淤积。

1975—1989 年凹岸汊发展期间，乌龟洲右缘明显淤积，而受左岸大幅度崩退影响，左缘也呈淤积趋势；1989 年之后，凸岸汊发展，乌龟洲右缘大幅度崩退，左缘淤积。

B. 崩岸规模。

崩岸规模至崩塌体纵向（沿水流方向）和横向（垂直于水流方向）的尺寸，前者称为崩塌长度，后者称为崩塌宽度，崩塌宽度的年均值成为年均崩塌宽度，又称崩塌速度。显然，分汊河道凹岸崩退长度及速度，凹岸汊发展时期较凸岸汊发展时期大。河道演变更为关注的是，三峡水库蓄水前后不同部位的崩退规模。

从监利水道乌龟洲体变化可以看出，1996—2002年监利水道乌龟洲右缘均发生过崩塌，而2003—2009年乌龟洲右缘上部基本保持稳定，崩塌位置主要位于中下部，即江心洲崩退长度减小。此外，1998—2003年荆江河段年均发生崩岸险情15处，年均崩岸长度约为6.6km。2002—2005年，荆江河段年均发生崩岸险情26处，年均崩岸长度约为14.7km。2003—2005年与1998—2003年相比，年均崩岸险情数量为后者的1.7倍，年均崩岸长度为后者2.6倍。需要说明的是，上述统计的崩岸长度包括河道两岸及江心洲左右缘。总而言之，三峡水库蓄水后，江心洲左右缘崩退长度有所减小，但河道两岸崩退长度增加，总体仍呈增加趋势。

④河势变化的影响。

上游河势变化与汊道主支汊兴衰关系密切，而如上所述，深槽冲淤、河岸崩退与汊道兴衰有关，换而言之，三峡水库蓄水前，分汊河道滩槽、河岸等趋势性冲淤变化，与上游河势变化息息相关。

沙市河段的左汊一般为主汊，但1932—1936年、1973—1975年、1978年、1995年间右汊短暂发展为主汊。进入20世纪90年代后，三八滩汊道段主槽易位趋于频繁，且枯季主槽走右汊的历时加长，受1998年、1999年大水等因素的影响，三八滩分汊段变化剧烈，至2000年4月，老三八滩基本冲失，新三八滩形成，在原右汊左移约800m处形成新右汊。窑监水道乌龟洲汊道近几十年来也曾发生过多次主支汊转换：1943—1971年期间，主流进入左汊后贴左岸下行，左汊稳定发展，右汊淤积衰退，乌龟洲与右岸相连形成完整的凸岸边滩，但随着乌龟洲左边滩不断淤长，左汊坐弯缩窄，阻力增加。1971年汛后上边滩下移，与乌龟洲头低滩连成一体，将左汊口门堵塞，造成其衰退，加之此时下游上车湾裁弯新河经疏浚拓宽后，水流趋直，更有利于右汊的溯源冲刷，并于1972年夏季辟为主航道，而左汊则进一步萎缩。1975年汛后，由于退水过程持续时间较长，新槽迅速冲刷发展、北移，主流摆回左汊，右汊口门淤积，左汊主汊地位得到巩固，主汊摆回到左汊后，左岸下段不断崩退，河道坐弯，阻力逐渐加大，至1989年再次形成两汊争流局面。1994年汛后左汊衰退，右汊分流比超过70%，已稳居主汊地位。

三峡工程蓄水运用后，下泄水流含沙量大幅度减少，同时枯水流量增大，中水流量历时增长，荆江分汊河段普遍出现凸岸支汊发展现象，汊道格局也由建库前稳定的主支汊分流态势向主（凹岸主汊）消支（凸岸支汊）长的分流格局转化。例如：上荆江金城洲汊道，三峡工程蓄水后凸岸支汊河床逐年刷深、宽深比显著减小、过水面积逐年增加，凹岸主汊附近深槽高程变化不明显，但洲体左缘表现为逐年冲刷后退（向右岸），使主汊宽深比有一定程度的增加（图2-27、表2-17）；公安河湾突起洲的左汊近期随文村夹的崩退分流比也大幅度增加；下荆江熊家洲汊道段右汊（凸岸支汊）近期深槽扩大，分流比增加，多年稳定的右汊岸线也发生崩退，而左汊（凹岸主汊）内深槽逐年淤高抬升，滩地及岸坡却有所冲刷（图2-28）。

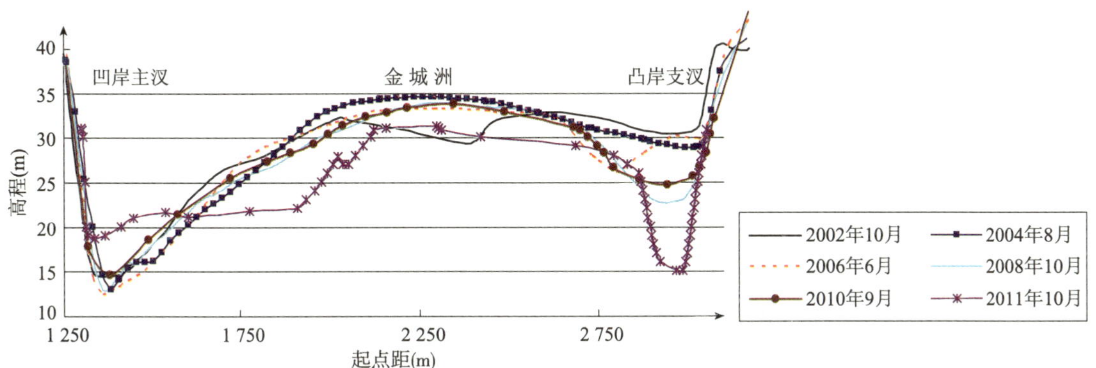

图 2-27 上荆江金城洲汊道中部断面变化

金城洲分汊段主支汊典型断面要素统计表（黄海高程 30m 以下） 表 2-17

时间	凹岸主汊				凸岸支汊			
	过水面积(m^2)	水面宽(m)	宽深比	最深点高程(m)	过水面积(m^2)	水面宽(m)	宽深比	最深点高程(m)
2002 年 10 月	4 825	636	3.3	14.5	—	—	—	29.4
2004 年 8 月	5 373	603	2.8	12.9	153	197	18.1	28.8
2006 年 6 月	5 443	604	2.7	12.5	554	274	8.2	26.1
2008 年 10 月	5 325	683	3.4	13	1 501	317	3.8	22.6
2010 年 9 月	5 226	675	3.5	14.6	1 157	301	5.1	24.7
2011 年 10 月	6 163	811	3.7	18.6	2 497	629	6.4	14.5

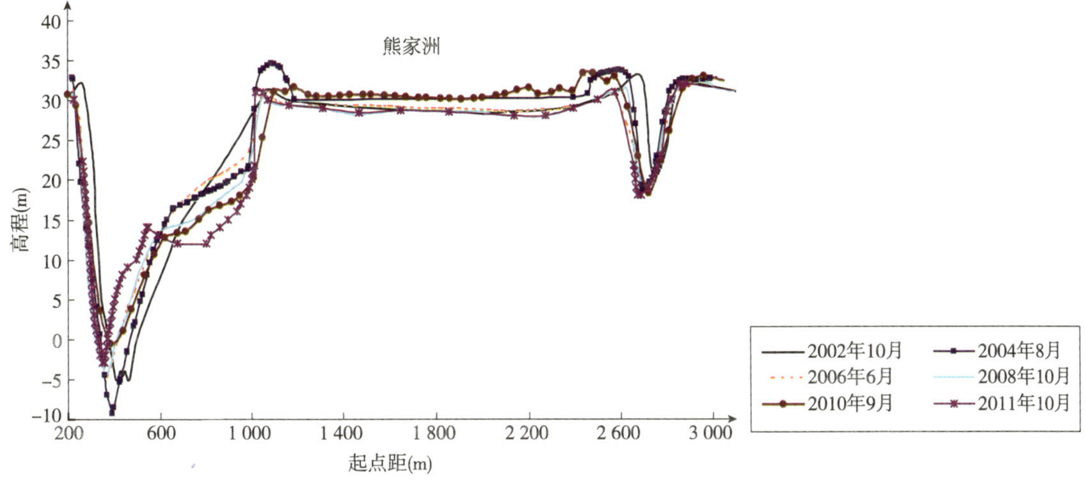

图 2-28 下荆江熊家洲汊道中部横断面变化

（2）单一弯道段演变规律

弯曲河型水流动力轴线沿程有“低水傍岸、高水趋中”的规律。一般在弯道进口段或弯顶稍上部分，主流偏靠凸岸一侧，进入弯道后逐渐向凹岸偏移，至弯顶或弯顶稍上部分，主流靠凹岸，其后一般在相当距离内，主流一般都紧贴凹岸下行。对于少数进口人工矶头较为突出的弯道，受矶头挑流的影响，其动力轴线不同流量下的分布也会发生一定程度的变化。如瓦口子弯道，当流量在 15 000m^3/s 左右，上游二郎矶挑流作用明显时，水流动力轴线明显向凸岸一侧偏移。

弯曲河型的演变特点是：凹岸冲蚀、凸岸淤长，河身在有约束条件下平面形态基本保持不变，演变主要表现为凸岸边滩与凹岸河槽的冲淤消长，如调关弯道；在无约束条件下河道向下游蜿蜒蛇行，当河湾发展到某种程度时，则在一定的水文水力和河床边界条件下发生自然裁弯或撇弯，如熊家洲以下连续急弯段。

荆江撇弯切滩可归纳为两种形式：一种多发生在曲率很大的锐弯，河湾上半部撇弯切滩，弯顶下移，崩岸向下游发展，如沙滩子自然裁弯；另一种则更普遍，主要是凸岸边滩被切割成一条或数条串沟，一般年份仅在高、中水位时过流，分流量不大，但当河湾半径进一步减小，串沟发展为主流时，则发生撇弯，如监利弯道乌龟夹的形成。

单一弯道主要分布于下荆江段，其演变特点表现为凹岸的不断崩退和凸岸的相应淤长，河湾在平面上不断发生位移并且随弯顶向下游蠕动而不断改变其平面形状，使得蜿蜒曲折度不断加剧、河长增加，曲折系数也随之增大。当河湾发展成曲率半径很小的急弯后，遇到较大洪水，水流漫滩，便可发生裁弯、切滩或者撇弯的突变，从而引起上下游河势的剧烈调整。

①边滩演变。

弯曲段的凸岸边滩遵循“洪冲枯淤”的演变规律。且已有研究表明，弯曲段主流有“大水趋直，小水坐弯”的规律，这与凸岸边滩演变规律一致，即大水时主流偏向凸岸边滩，凸岸边滩冲刷，而小水时主流摆离凸岸边滩，凸岸边滩淤积，表明了年内主流平面位置与凸岸边滩的冲淤对应关系。

凸岸边滩年际演变特征与凹岸抗冲性有关：若凹岸抗冲性较弱，伴随着凹岸不断崩退，凸岸边滩年际间持续淤长；若凹岸抗冲性较强，三峡水库蓄水前，凸岸边滩年际间冲淤消长，但总体变化不大，而三峡水库蓄水后，凸岸边滩普遍大幅度萎缩，部分弯道凸岸边滩被切割。20 世纪 80 年代以前，下荆江调关、莱家铺、反嘴、尺八口等水道的凹岸基本处于自然状态，即使部分弯道凹岸被守护，但护岸力量较小，凹岸抗冲性很弱，年际间凹岸持续崩退，受其影响，凸岸边滩持续淤积。下荆江自 20 世纪 80 年代实施了规模宏大的河势控制工程，据不完全统计，1952—2002 年下荆江完成护岸工程总长度为 146km，石方量为 1 616 万 m^3，平均护岸石方量超过 110m^3/m，而部分凹岸剧烈崩退的弯道，如调关、七弓岭等，其护岸方量超过 160m^3/m。这些工程巨大的管工程实施后，下荆江河势基本被控制，弯道凹岸基本没有出现持续大幅度崩退现象。

②深槽演变。

弯道段深槽年内遵循“洪淤枯冲”的演变规律。深槽年际之间演变特征也与凹岸抗冲性强弱有关：凹岸抗冲性较弱的弯道，随着凹岸逐渐崩退，深槽平面位置也随之摆动，但纵向没有明显的刷深或淤浅趋势；凹岸抗冲性较强的弯道，年际间深槽与边滩此冲彼淤，反嘴水道凸岸边滩受 1998 年大水作用大幅冲刷，深槽淤积，而 1998 年之后随着凸岸边滩恢复性淤积，凹岸深槽也恢复性冲刷。

③崩岸情况。

凹岸抗冲性较弱的弯道，凹岸崩退幅度大、持续时间长。若凹岸天然抗冲性较强，则凹岸无崩塌现象，若凹岸抗冲性因护岸工程而增强，尽管总体岸线相对稳定，但局部岸段也会崩塌。三峡水库蓄水以来，下荆江调关、反嘴、尺八口等弯道的凹岸均发生了崩塌。此外，值得指出的是，弯道曲段崩岸以窝崩为主，崩窝平面呈“香蕉形”或“鸭梨形”。

④河势变化的影响。

A．河势调整对深槽演变的作用。

弯曲段对上游河势变化有两种不同的响应方式。第一种响应方式与分叉段一致，即上游河势变化后，河道内发生趋势性的冲淤；第二种响应方式是上游河势变化后，弯曲段深槽（包括河岸）不会呈明显的趋势性变化。

B．阻隔性河段特征。

纵观长江中下游河势变化对下游河道的影响，可以发现河势调整会向下游传递，而某些弯曲段则阻隔了河势变化向下游传递，这种具有阻隔性的河段，对于长江中下游河道演变及整治具有十分重要的意义。通过阻隔性统计分析，从平面形态来看，其阻隔性作用的水道具有以下特征：

a．河道微弯，且无较宽的河漫滩。

b．河段进口、中间无节点，或虽有节点，但整个河岸由抗冲性较强物质组成，河道窄深。

可用河段随水位变化率来区分单一河段是否具有阻隔性。河宽随水位变化率较小时，河道相对窄深，对水流骑着较强的归顺作用，阻隔作用也较强；河宽随水位变化率较大时，对水流的作用十分有限，阻隔作用也就十分微弱。结合中下游各单一河道河宽随水位变化率与各河段河宽与水位关系，可以得出以下结论：

a．只有河宽与水位大致呈线性关系的河道才有可能具有阻隔性，否则不具有阻隔性。

b．河宽与水位大致呈线性关系的单一河道，当水位随河宽变化率小于60时，该河段具有较明显的阻隔作用，当水位随河宽变化率大于60时，阻隔作用较小。这是因为较宽的河道，主流仍有相当的摆动空间，其归顺水流的作用相对较小，较窄的河道，主流摆动空间小，河道归顺水流作用较大。

需要提出的是，河段的阻隔作用大小是可以变化的，原本较窄、具有阻隔性的河道，由于河岸崩塌，使得河宽随水位变化率超过60，或者人为在河道进口或中间修筑具有较强挑流作用的护岸矶头时，这种阻隔性将逐渐消失。

历史上下荆江在300多年（1490—1644年）以前河道比较顺直，仅在监利以下有少数较大河湾。近200年来随着江湖关系的变化，下荆江流量、沙量逐渐增加，再加上河道护岸工程较为薄弱，下荆江河道变化较为剧烈，河势调整较大，迂回曲折的形态逐渐形成，并不断发生自然裁弯，其中1821—1972年，下荆江就曾先后发生8次自然裁弯。其中石首河段近百年内（1888—1972年），仅在茅林口至金鱼沟河段范围内，就曾先后发生过4次自然裁弯，即1887年古长堤、1910年河口、1949年碾子湾和1972年沙滩子自然裁弯。

近期荆江河湾河势调整范围较大的是石首河段。1994年主流切割向家洲边滩形成新生滩，此后主流摆脱东岳山的节点控制，石首河段由此形成一锐角急弯段，北门口成为急弯的顶冲段，该处大幅度崩退，鱼尾洲顶冲点下移，致使该段河势相应发生调整。2000 年北碾子湾护岸工程实施后，北碾子湾已经形成微弯型河道，主流贴岸而行至柴码头向寡妇夹过渡，而柴码头至寡妇夹过渡段流路变短，由于北碾子湾弯道的形成，柴码头向寡妇夹过渡点下移。

三峡工程蓄水运用后，在护岸工程的控制下，弯道岸线无明显变化，但普遍出现河道内凸岸边滩冲刷，凹岸河床淤积，且主流有向凸岸侧摆动之势。例如：2002—2010 年调关弯道凸岸边滩明显冲刷后退，过流面积增加（表 2-18），弯道中上部断面由偏“V”形逐渐向双槽的“W”形转化，其中凹岸深槽最深点逐年淤积抬高，凸岸深槽最深点整体表现为降低，断面最深点向凸岸偏移（图 2-29）；下荆江荆江门、熊家洲以下连续弯道段近期也表现为凹岸深槽淤积抬高，凸岸边滩冲刷后退，河道由偏“V”形向双槽的“W”形断面形态转化，特别是七弓岭、观音洲弯道已出现明显的撇弯现象（图 2-30）；随着七弓岭弯道顶冲点下移、下段岸线后退，下游观音洲弯道段进流深泓大幅向右摆动，遇特殊水文年也存在切滩撇弯可能。

调关弯道典型断面水力要素历年变化表（黄海 30m 以下）　　表 2-18

日　期	过水面积 (m^2)	水面宽 (m)	平均水深 (m)	宽深比	凸岸最深点 (m)	凹岸最深点 (m)
2002 年 10 月	13 085	1 502	8.71	4.45	15.0	11.1
2004 年 8 月	15 837	1 578	10.03	3.96	11.8	11.9
2006 年 6 月	14 749	1 615	9.13	4.40	16.2	10.7
2008 年 10 月	16 567	1 607	10.31	3.89	8.1	12.3
2009 年 9 月	19 086	1 628	11.72	3.44	9.4	17.5
2010 年 9 月	18 630	1 626	11.46	3.52	11.5	16.0
2011 年 10 月	17 773	1 609	11.04	3.63	9.5	11.5

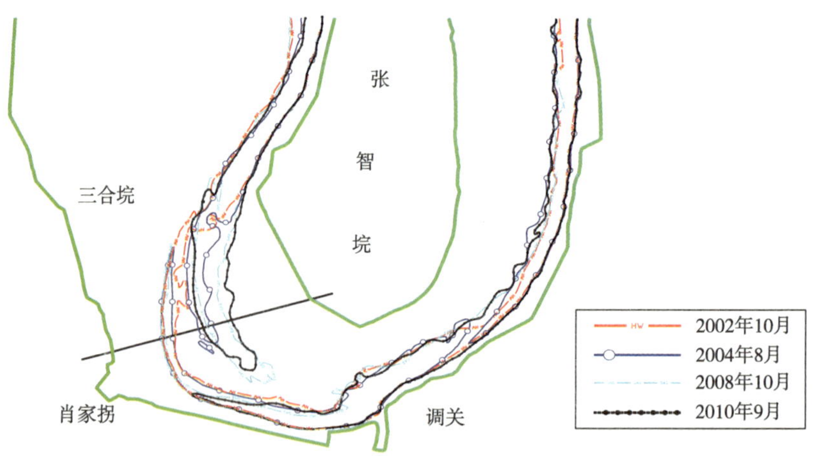

a)调关弯道等高线变化(黄海15m高程)

图　2-29

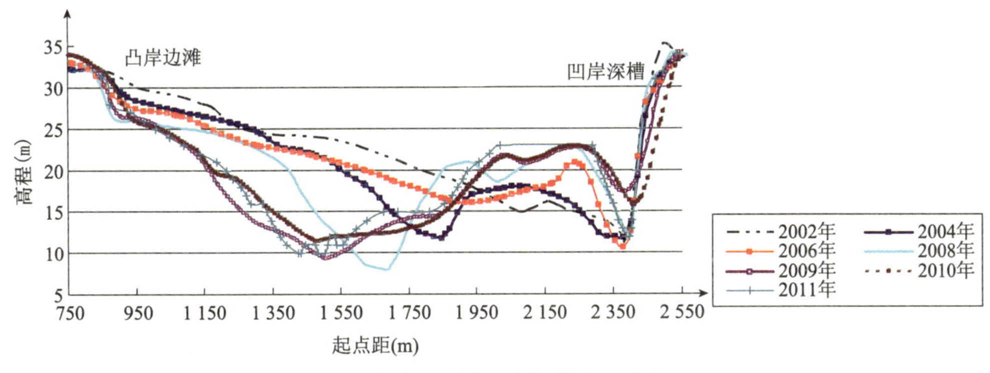

b)调关弯道进口横断面变化(黄海30m高程)

图 2-29 调关弯道等高线和进口横断面变化

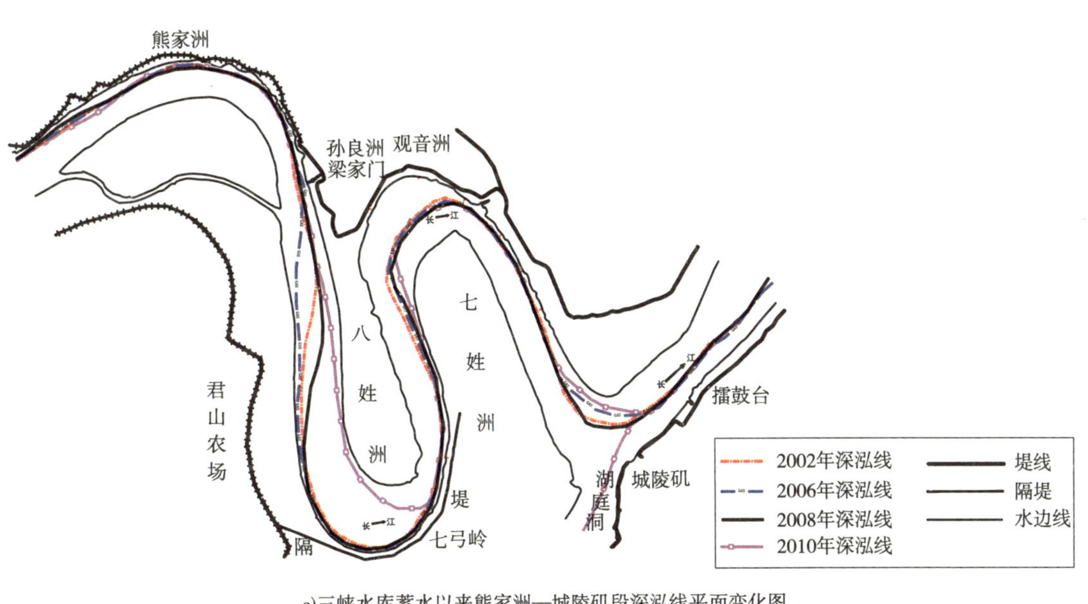

a)三峡水库蓄水以来熊家洲—城陵矶段深泓线平面变化图

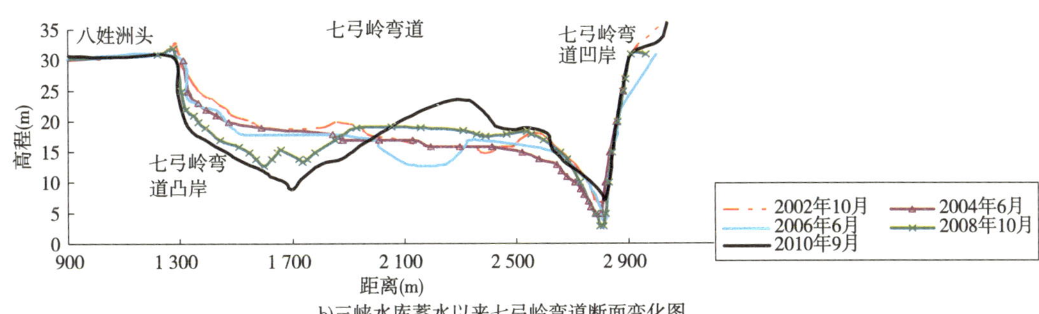

b)三峡水库蓄水以来七弓岭弯道断面变化图

图 2-30 三峡水库蓄水以来熊家洲—城陵矶段深泓线平面和七弓岭弯道断面变化图

(3) 顺直河段演变特征

①边滩演变。顺直段左岸边滩年内遵循“洪淤枯冲”的演变规律，右岸边滩则表现为“洪冲枯淤”。

②深槽演变。顺直型河段右岸深槽年内呈“洪冲枯淤”的演变规律，左岸深槽则表现为“洪淤枯冲”。深槽年际间与边滩呈此冲彼淤的演变规律，过渡段深槽随边滩上下移动而上提下挫。由此可看出，顺直型河段的边滩和深槽冲淤规律相反但摆动方向相同，具体表现为边滩冲刷时深槽淤积，边滩淤积时深槽冲刷，边滩左移时深槽左摆，边滩右移时深槽右摆。

③崩岸情况。顺直型河道崩塌岸段主要位于上下深槽贴岸处，而受边滩掩护作用，两岸边滩依附的岸线则较为稳定。此外，顺直段崩岸以条崩为主，崩塌体呈长条形，崩塌宽度较窄，宏观上表现为深泓贴岸段大致平行后退，整个河道外形基本不变。

④河势变化的影响。单一顺直段随上游河势变化而呈趋势性冲淤。

顺直型河段多分布于弯道间较长的过渡段。新中国成立以来至三峡工程蓄水前经过几十年堤防建设，洲滩岸线崩退较为严重的顺直河段已经守护，守护的岸线基本稳定，但局部河势调整较为剧烈，主要表现为受上游河势调整的影响，主流线摆动，引起一侧近岸河床冲刷、滩地崩退，另一侧滩地则淤涨，且具有周而复始的演变特点。如太平口长顺直段深泓线最大摆幅达600m，1996年、2001年主泓走南槽，主流向右摆动，引起右岸腊林洲地段近岸河床冲刷、滩岸崩退，江心洲被冲刷，大滩被切割成小滩；1998年、2000年主泓走北槽，主流向左摆动，引起左岸学堂洲近岸河床冲刷、滩岸崩退，江心洲淤积长大，小滩相并成大滩。又如铁铺水道在1965—1991年期间，尤其1969年上车湾人工裁弯后，受上游河势调整的影响，洪水港段水流顶冲点大幅度下移，引起盐船套段左岸线崩退，主流左移；1991—1998年，受上游乌龟洲左右汊移位的影响，主流顶冲点在龙家门附近移动，龙家门至盐船套中段主流逐渐离岸，最大右移距离为500m，主流至团结闸重新回到左岸，此阶段正是团结闸岸线崩退最为严重的阶段，1998年大洪水以后，开始对洪水港、团结闸段岸线进行了系统的治理守护，至2001年基本稳定控制了该段岸线。

三峡工程蓄水运用后，顺直段边滩冲刷、深槽淤积，河道断面向宽平方向发展，主流不稳定。例如，下荆江大马洲水道2002—2010年典型断面变化见图2-31，断面要素统计见表2-19，断面深槽逐年淤积抬升，断面形态也由偏“V”形逐渐向“U”形转化，宽深比增加，过水面积增大，2002年10月断面宽深比为2.73、过水面积为13 737m^2，到2010年断面宽深比为3.44、过水面积为14 592m^2；下荆江铁铺水道内，随着广兴洲边滩上冲下淤、局部深槽淤积，河床断面形态也逐渐向宽平方向发展。

2.2.3.2　上下游河段的演变关联性

荆江河段各水道在来水来沙条件差异较小的情况下，加上天然节点较少、两岸抗冲性弱，上下游河道间的演变关联性较强，历史上具有“一弯变，弯弯变”的特点。近期其关联性突出表现在以下两个方面：

一方面，上游河道滩槽冲淤及主流摆动，导致下游河道入流、来沙条件的改变，从而引起下游河道主流、洲滩、岸线发生变化，而且影响范围往往较大。例如，沙市河湾内太平口水道与瓦口子水道的主流走向存在一定的对应关系，主流走太平口水道北汊有利于瓦

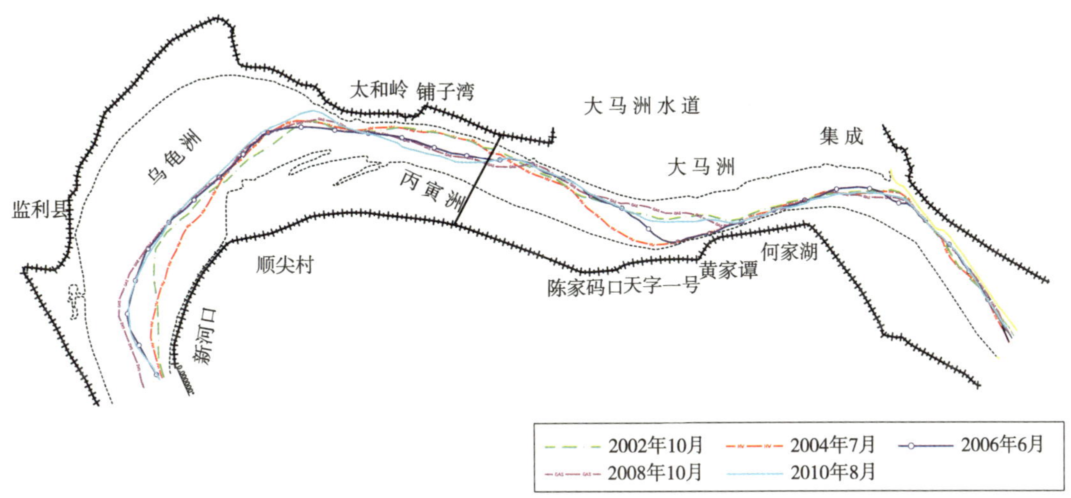

a)大马洲水道深泓平面历年变化图

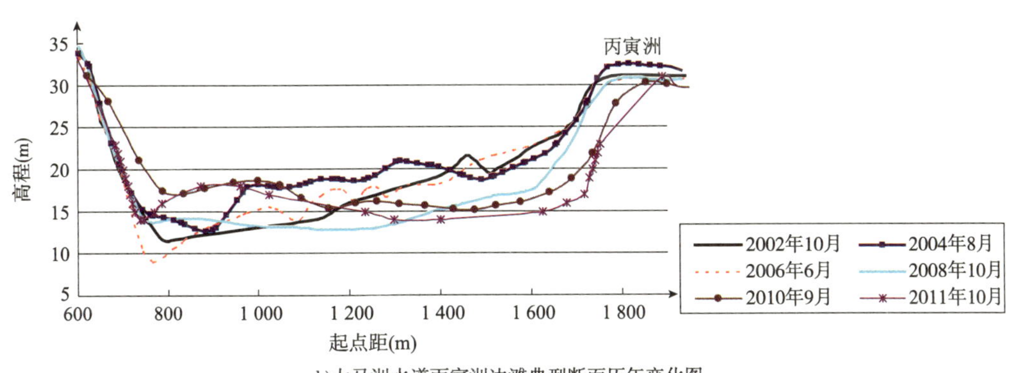

b)大马洲水道丙寅洲边滩典型断面历年变化图

图 2-31 大马洲水道深泓平面和丙寅洲边滩典型断面历年变化图

丙寅洲边滩典型断面水力要素历年变化表（黄海 30m 以下） 表 2-19

日 期	过水面积 (m^2)	水面宽 (m)	水深 (m)	宽深比	最深点 (m)
2002 年 10 月	13 737	1 119	12.27	2.73	11.5
2004 年 7 月	12 011	1 102	10.9	3.04	12.7
2006 年 6 月	13 509	1 234	10.95	3.21	9.0
2008 年 10 月	15 491	1 224	12.66	2.76	12.9
2010 年 9 月	14 592	1 360	10.73	3.44	15.2
2011 年 10 月	15 677	1 247	12.58	2.81	13.8

口子水道右槽的发展，而主流走太平口水道南汊则有利于瓦口子水道左槽的稳定；周公堤、天星洲、藕池口、石首、碾子湾五水道的关联性较强，周公堤水道的上、中、下过渡形式，直接引起下游天星洲水道主流位置及滩槽形势变化，进而对藕池口水道演变产生影响，而藕池口水道的切滩撇弯造成下游碾子湾水道发生较大幅度调整，直接导致了 1994 年严重的“碾子湾阻碍事件”发生；监利水道深泓摆动、主支汊易位引起大马洲滩槽格局调整，该影响可延伸至反嘴急弯段；熊家洲以下的连续急弯段“一弯变，弯弯变”河床调整特性较明显。

另一方面，侵蚀准面发生变化引起上游河床的调整。如沙质河段水位下降在沙卵石河段的溯源传递，现有研究表明，模型预测终极状态下大埠街水位在目前的基础上将继续下降约 1m，昌门溪水位受此影响下降约 0.6m，一旦芦家河水道水位出现下降，其上游一直到宜昌的枯水位都将受到影响，已有研究显示芦家河水道进口陈二口的水位每下降 1m，将导致宜昌水位下降 0.33m。又如下荆江裁弯引起上荆江河床调整，1967—1972 年下荆江先后三处河道裁弯后，上荆江比降增大，平均比降由裁弯前的 0.004 09% 增加至 0.004 65%，流速及挟沙能力增大，河床冲刷下切，部分弯道的曲率半径、水流动力轴线曲率半径相应加大。

然而，受沿线护岸工程、人工矶头、河道平面形态等的影响，上下游河道演变关联性的强弱沿程有所差异。特别是部分窄深的单一水道对河段的控制作用较强，削弱了上游河势变化效应向下游的传递，如大埠街水道、杨家厂附近的郝穴水道、塔市驿水道。这三个水道皆为优良水道，近百年来河势变化很小，主流较为稳定，为下游河道提供了稳定的入流条件。

相邻河段演变的关联性包括两个方面，其一是水流特性相关联，其二是洲滩演变相关联。在荆江河段大埠街以上的沙卵石河段，这种关联性表现为前者，主要是枯水水位变化的沿程传递；而在大埠街以下的沙质河段，关联性则主要表现为后者，即上下游河段洲滩演变的相互影响，初步分析认为，虽然大埠街以下节点甚少，但杨家厂、塔市驿两处长窄深河段仍起到了限制上下游影响的作用。

因此，荆江河段内按相邻河道演变的关联性基本可分为四段，分别是：枝城至大埠街段、大埠街至杨家厂段、杨家厂至塔市驿段、塔市驿至城陵矶段。段与段之间主流、滩槽变化的关联性相对较弱，但各段内水道间有不同程度的相互关联。

(1) 枝城至大埠街河段

枝城至大埠街河段又称芦家河河段，上起枝城大桥，下至大埠街镇，河段长约 52km，位于上荆江的上段，属沙卵石河段，为弯曲分汊河型。河段内各水道之间的相互影响表现为河床质的逐渐下移与水位下降的自下而上的逐渐传递。

①三峡蓄水以后，芦家河河段总体上逐渐进入持续冲刷的阶段，河床卵石层面逐渐出露，各水道洲滩的演变已无明显联系，不过，在河段进口来沙大幅减少之后，江口过渡段上游洲滩的萎缩对该位置的浅滩演变有较大影响，是其淤积的重要沙源。

②下游沙质河段枯水水位下降在本河段的溯源传递过程也有比较明显的特点。现有的研究表明，河段出口大埠街水位的下降幅度在枝江—江口河段会在一定程度上被坦化，模

型预测终极状态下大埠街水位在目前的基础上将继续下降约1m，昌门溪水位受此影响下降约0.6m，在芦家河水道保持稳定的前提下，昌门溪水位的下降则将难以继续向上游传递。但是，一旦芦家河水道水位出现下降，其上游一直到宜昌的枯水位都将受到影响，目前的研究认为芦家河水道进口陈二口的水位每下降1m，将导致宜昌水位下降0.33m。

（2）大埠街至杨家厂河段

大埠街至杨家厂河段全长约76km，是紧邻沙卵石河段的沙质河段，由涴市、沙市、公安三个河湾组成，平面上呈典型的弯曲分汊形态。这三个河湾的衔接处均为较稳定的窄深段，彼此演变的相互联系较弱，只是在沙市河湾内部，早期太平口水道与瓦口子水道的主流走向存在一定的对应关系，当主流走太平口水道北汊时，有利于瓦口子水道右槽的发展，而当主流走太平口水道南汊时，则有利于瓦口子水道左槽的稳定。目前瓦口子水道已实施了整治控导一期工程，在建的还有瓦口子至马家嘴河段航道整治工程，该项工程完成后，将对瓦口子水道右槽形成系统控制，以巩固左槽的主槽地位，届时太平口水道与瓦口子水道之间的相互关系也将随之削弱。

（3）杨家厂至塔市驿河段

杨家厂至塔市驿段，上起朱家湾，下迄西山，全长约119.5km，位于荆江河段中段，全河段自上而下主要由郝穴、石首、沙滩子、调关、中洲子等5个弯曲段和弯道间的顺直段组成，其间有藕池口分流，该段具有蜿蜒曲折的基本特征。河道内除藕池口水道为弯曲分汊河型外，其余各水道为单一微弯或弯曲河型。该段航道问题较为突出，目前已对周天河段、藕池口水道和碾子湾水道进行了先期治理，但本河段中仍存在碍航或潜在碍航的水道，分别是周公堤、天星洲、藕池口、碾子湾、莱家铺五个水道。

历史上本河段河床演变剧烈，河势调整幅度较大。20世纪60年代末至70年代初，本河段经历了中洲子（1967年）人工裁弯以及沙滩子（1972年）自然裁弯，90年代又经历了石首撇弯的剧烈调整。近期随着河势控制工程和航道整治工程的陆续实施，近年来河道总体格局基本稳定。三峡水库蓄水运用后，放宽段仍是本河段冲刷较弱甚至淤积的部位，局部滩槽仍在剧烈调整，一些关键部位的洲滩岸线仍在产生剧烈冲刷，航道边界不断恶化，主流摆动空间加大引起浅滩水深的恶化，航道条件很不稳定，且在向不利方向发展。

本河段内各水道间的关系十分密切，由于调关节点的控制作用，调关节点上、下段之间的关联性相对较弱。河段中以周公堤、天星洲、藕池口、石首、碾子湾五水道的关联性表现较强。蓄水前，周公堤水道的上、中、下过渡形式，直接造成下游天星洲水道左、右槽的多次过渡，进而影响藕池口水道的剧烈变化，而藕池口水道切滩撇弯现象不仅影响到下游碾子湾水道的剧烈变化，也影响到上游河床的调整，上下河势的不稳造成该段航道条件很不稳定。蓄水后，随着整治工程的实施，总体河势逐步稳定，石首节点的控制作用加强，石首以上段的联系仍较为密切，周公堤水道呈现上过渡的形式，由于郝穴矶头挑流作用，主流自左岸郝穴矶头逐渐过渡至右岸张家榨一带，而后过渡至左岸新厂一带，天星洲水道呈现左侧沿岸槽过渡形势，由于近年来新厂一带岸线的不断崩退造成茅林口导流作用更为显著，主流又逐渐过渡至右岸天星洲左缘，茅林口以下左岸侧形成边（潜）滩，该滩体由于下段河道顺直，遵循平行下移的规律，造成藕池口分汊口门河床的剧烈变化，进而造成对航道条件的不利影响。

（4）塔市驿至城陵矶河段

塔市驿至城陵矶段位于荆江河段尾部，全长约96km。河段首端为窑监大弯曲分汊河段，由窑集脑、监利、大马洲水道组成，是长江中游重点碍航河段之一；往下砖桥弯道、铁铺长顺直过渡段、反嘴弯道、熊家洲微弯段依次相连，过渡段边滩冲淤消长、航道水深条件不稳定；熊家洲以下为连续急弯段，河势尚不稳定。

河段内上下游水道河床演变的关联性较强，由于1998年开始对洪水港一带岸线进行了系统的治理守护，砖桥弯道下段河势相对稳定，削弱了上游水道演变对下游的影响。历史上监利水道深泓摆动、主支汊易位引起大马洲滩槽格局调整，该影响可延伸至反嘴急弯段，同时，熊家洲以下的连续急弯段“一弯变，弯弯变”河床调整特性较明显。近期，即使监利水道主泓稳居右汊（乌龟夹），但由于太和岭矶头挑流作用增强，其出口深泓的局部摆动也引起了大马洲水道主流的大幅调整，并且其影响延伸至砖桥水道。

2.2.3.3 不同河型演变对下游航道影响

（1）分汊河段演变对下游航道影响

对于分汊河段，主支汊水动力的兴衰，必然导致进入其下游河道的主流动力轴线发生或多或少的变化，进而影响着下游河道的演变发展方向。如太平口水道出流情况直接影响瓦口子水道的进流条件。由于三八滩南汊与瓦口子弯道左槽之间衔接较为平顺，上游三八滩南汊发展对瓦口子水道左槽的稳定有利，如三八滩南汊为主汊的1973年、1998年大水后，瓦口子水道主流一直位于左槽，且航道条件较好；而上游三八滩北汊发展则有利于瓦口子水道右槽的冲刷，如北汊分流比绝对占优的1961年、1985—1988年、1993—1997年，右槽成为瓦口子水道枯季主航道。三峡蓄水后，北汊分流比逐步增大，由2003年的34%增至2011年的59%。对比历史规律，目前北汊较优的水动力条件也是促进金城洲洲头冲刷和瓦口子水道右汊发展的重要条件。

南星洲洲尾高滩与深泓的相互关系直接影响了斗湖堤水道中段的滩槽变化，导致该河段左侧河床逐渐冲深，而河道右侧则成了枯水缓流区，泥沙落淤形成浅包，浅包在蓄水以来年纪变化表现为逐年淤高淤宽，挤压河道左侧航槽。

（2）顺直微弯段演变对下游航道影响

对于顺直放宽段，随着边滩位置及范围的变化，同样也会导致进入下游河道的主流发生摆动。如周公堤水道与天星洲水道之间的演变关系主要表现为边滩和主流之间的关系，当周公堤水道滩槽较稳定，主流摆动不大时，天星洲水道滩槽也较稳定，主流摆动也不大；当周公堤水道滩槽不稳定，主流摆动大时，天星洲水道滩槽也不稳定，主流摆动大，出现右槽一次性过渡且二次性过渡机会相应增加。在20世纪60年代下荆江系列裁弯工程实施以前，周公堤水道的主流过渡段基本稳定在水道上、中段，天星洲水道主流基本在左槽一次性过渡和右槽一次性过渡间摆动；60年代末至80年代初，受下荆江系列裁弯和葛洲坝水利枢纽运用影响，周公堤水道主流过渡段位置上提下移摆动十分频繁，而且摆动幅度较大，天星洲水道深泓平面摆动剧烈，左右摆动频繁；90年代以来，周公堤水道深泓摆幅较上一阶段大幅度减小，基本稳定在上过渡段，天星洲水道此阶段过渡段深泓摆幅较小，基本呈左槽一次性过渡。

天星洲水道主流的变化对藕池口水道演变产生影响。天星洲水道的出口，即藕池口水道进口，是以左侧的陀阳树边滩及右侧的天星洲为河道两侧的控制边界。由周天河段的近期深泓线变化及藕池口水道近期演变可以看出，在 20 世纪 70 年代前期，由于天星洲水道的主流沿左岸而下，藕池口水道的左汊发展，主流位于藕池口水道的左岸；在 70 年代末期，由于天星洲水道的主流位于该水道的右岸，使得藕池口水道的右汊得以发展，并迅速发展成主汊；在 80 年代初期，由于天星洲水道为二次过渡形式，出口主流顶冲陀阳树边滩，使得左汊受冲刷，成为主汊；在进入 80 年代中后期至 90 年代后期，由于天星洲水道的主流基本维持在左岸，使得藕池口水道的入口主流基本保持在左岸；在 90 年代末期至三峡蓄水运用前，天星洲水道的主流稳定，且紧贴左岸，同时藕池口水道的主流稳定在入口的左岸，藕池口心滩高大完整并依附于右岸；三峡蓄水运用以来，天星洲水道出口左岸的陀阳树边滩逐年淤积，而天星洲洲体左缘不断冲刷后退，使得主流右摆，这将影响藕池口水道进口主流的稳定。

(3) 节点河段的存在削弱了上下游河道演变的关联性

在河床演变过程中，往往存在具有某种固定边界（如矶头）或平面形态较为稳定的窄深河段，其存在对河道变化起控制作用，相邻的两个河段由于中间节点的调节作用，使得上游河段的演变不可能立即对下游河段产生影响，从而决定了节点（或节点河段）上下游长河段之间的演变具有相对的独立性。考察长江中游上荆江河段各水道的稳定性，认为大埠街—宛市水道、马家寨—郝穴水道等河道形态较为窄深，且长期保持稳定，对上下游河段演变的相互影响具有抑制或缓冲作用。

2.2.4 演变影响因素浅析

2.2.4.1 上荆江演变影响因素

(1)“清水下泄”导致滩槽格局调整

优良的滩槽格局是航道条件良好和航槽稳定的基本保证，沙质河段浅滩航道条件与洲滩的稳定密切相关。三峡蓄水后，上荆江河段冲刷剧烈，洲滩冲刷、岸线崩退、支汊冲刷，局部河道向宽浅方向发展，主流摆动空间增大，在分汊口门、弯道段及两弯道之间的长直或放宽过渡段的航槽不稳定性加大，易造成浅滩水深不足。如沙市河段、藕池口水道，江心洲（滩）头呈冲刷后退之势，造成分流处河道展宽、水流摆动空间增大，影响航槽位置及水深的稳定，而且，一些口门处存在边滩的汊道，边滩也很不稳定，进一步加剧了航道条件的恶化。

(2) 上下游河势调整影响

对于分汊河段，主支汊水动力的兴衰，必然导致进入其下游河道的主流动力轴线发生或多或少的变化，进而影响着下游河道的演变发展方向。如太平口水道出流直接影响瓦口子水道的进流条件，三峡蓄水后，北汊分流比逐步增大，由 2003 年的 34% 增至 2011 年的 59%。对比历史规律，目前北汊较优的水动力条件也是促进金成洲洲头冲刷和瓦口子水道右汊发展的重要条件。南星洲洲尾高滩与深泓的相互关系直接影响了斗湖堤水道中段的滩槽变化，导致该河段左侧河床逐渐冲深，而河道右侧则成了枯水缓流区，泥沙落淤形成浅包，浅包在蓄水以来年纪变化表现为逐年淤高淤宽，挤压河道左侧航槽。

对于顺直放宽段，随着边滩位置及范围的变化，同样也会导致进入下游河道的主流发生摆动。如周公堤水道与天星洲水道之间的演变关系主要表现为边滩和主流之间的关系，当周公堤水道滩槽较稳定，主流摆动不大时，天星洲水道滩槽也较稳定，主流摆动也不大；当周公堤水道滩槽不稳定，主流摆动大时，天星洲水道滩槽也不稳定，主流摆动大，出现右槽一次性过渡和二次性过渡机会相应增加。天星洲水道主流的变化对藕池口水道演变产生影响。天星洲水道的出口，即藕池口水道进口，是以左侧的陀阳树边滩及右侧的天星洲为河道两侧的控制边界。三峡蓄水运用以来，天星洲水道出口左岸的陀阳树边滩逐年淤积，而天星洲洲体左缘不断冲刷后退，使得主流右摆，这将影响藕池口水道进口主流的稳定。

（3）节点河段的存在削弱了上下游河道演变的关联性

在河床演变过程中，往往存在具有某种固定边界（如矶头）或平面形态较为稳定的窄深河段，其存在对河道变化起控制作用，相邻的两个河段由于中间节点的调节作用，使得上游河段的演变不可能立即对下游河段产生影响，从而决定了节点（或节点河段）上下游长河段之间的演变具有相对的独立性。

2.2.4.2　下荆江演变影响因素

（1）冲刷导致滩槽调整

优良的滩槽格局是航道条件良好和航槽稳定的基本保证，沙质河段浅滩航道条件与洲滩的稳定密切相关。三峡蓄水后，下荆江冲刷强度相对较弱，且洲滩冲刷所占比例较大，主要体现为顺直段边滩上缘冲刷、滩体缩小，弯曲段凸岸边滩遭切割，弯顶甚至有沙包淤长，主流摆动幅度增大，横断面变的宽浅。如大马洲水道、铁铺水道，边滩冲刷、局部岸线崩退，致使河道展宽、水流分散，浅滩冲刷难度加大，水深条件存在恶化趋势，一些水道河槽已经出现宽浅发展迹象；莱家铺水道、尺八口水道，凸岸边滩冲刷，主流位置不稳定，有向凸岸侧摆动的趋势，滩槽形势很不稳定，一些水道的河道形态已经呈现散乱的演变趋势，航道条件恶化。凸岸边滩遭水流切割后，航道条件急剧恶化；凸岸边滩冲刷，深泓和主流向凸岸侧摆动，存在切滩隐患。

（2）流量过程调整影响

三峡蓄水后冲刷强度自上而下逐步减弱，上荆江河段洲滩冲刷剧烈导致滩槽形态发生较大幅度的调整，其对航道条件的影响远较流量过程的影响显著，而下荆江河段冲刷强度相对较小，从三峡蓄水后的几年观测来看，窑监河段、尺八口水道等河段航道条件持续恶化，流量过程变化对浅区的影响较为突出。

受三峡蓄水影响，汛后退水期流量减小，使得乌龟夹进口浅区汛后冲刷幅度相对减小，对航道条件不利。窑监河段乌龟夹进口浅区 2 号横断面年内变化规律均为“洪淤枯冲”。通过对浅滩段横断面年内变化及各年汛后退水过程中水位变化与航道水深变化对应关系的分析，初步确定了退水过程中最佳的冲刷流量区间为 10 000 ～ 15 000m^3/s，结合三峡蓄水期间对流量的改变，认为三峡蓄水导致退水过程中对浅滩冲刷效果较好的流量持续大幅减少，这种变化不利于水流归槽，将导致汛后浅区冲刷不足，导致枯季碍航。

三峡蓄水后，尺八口水道汛后退水相对较快以及汛期来沙较多的水文年，汛后3m航槽水深条件均较差。如2003年和2007年中水年，汛后退水相对较快，尺八口水道2003年汛后3m航槽断开，2007年汛后3m航槽内存在浅梗；2005年来流量交大，汛期来沙量也较大，过渡段淤积幅度较大，退水冲刷强度不够，出现汛后3m航槽断开的局面；由于汛后退水相对较快，浅滩冲刷不及时，出现多槽掙流、无明显主槽的局面，需靠疏浚措施维持航道通畅。

(3) 上下游河势变化

下荆江为典型的弯曲河段，上段为窑监大弯曲分汊河段，往下砖桥弯道、铁铺长顺直过渡段、反嘴弯道、熊家洲微弯段依次相连，各弯道之间演变关联性密切，素有“一弯变，弯弯变”之说，在20世纪60～70年代裁弯期间表现最为显著。

历史上窑监河段深泓摆动、主支汊易位引起大马洲滩槽格局调整，三峡蓄水后由于上游窑监河段出口主流的左摆，使得太和岭矶头挑流作用增强，引导水流顶冲丙寅洲边滩中部，造成滩槽出现不利变化，航道趋于弯曲、变差，其出口深泓的局部摆动也引起了大马洲水道主流的大幅调整，并且其影响延伸至砖桥水道。

砖桥水道以下为多个连续弯道，三峡蓄水以来演变主要表现在弯顶主流和深泓的摆动，由于弯道间的过渡连接段较短，上下弯道演变的关联性已有初步体现。如三峡蓄水以来，熊家洲弯道凸岸边滩冲刷和凸岸侧河槽有所冲深，导致出熊家洲弯道后，尺八口过渡段深泓左摆、下挫，冲刷尺八口弯顶凸岸边滩。同理，藕池口弯道与碾子湾河段、调关—莱家铺河段也有类似演变的关联性。

2.2.4.3 综合因素分析

(1) 河道边界条件

虽然河道边界是来水来沙条件长期作用的产物，但其一经塑造，对河型形成的影响不容忽视。

枝城—大埠街河段，两岸多为低山丘陵控制，河床覆盖层主要由沙、砾、卵石组成，洲滩也多为砾、卵石覆盖，河床稳定性较强。多年来，河道平面形态、洲滩格局和河势长期以来稳定少变，河床以纵向冲淤为主。

大埠街—城陵矶河段，在土—沙二元结构的河岸边界条件下，河岸抗冲稳定性不强，河道有迂回曲折摆动的余地，河道易趋向弯曲甚至蜿蜒。而且，本段床沙主要由中细砂组成，河道内洲滩稳定性较差。因此，历史上本河段河床演变剧烈。虽然近期护岸工程的不断实施促进了本河段总体河势的稳定，但洲滩消长、主流摆动、局部崩岸仍在不断发生。

(2) 水沙变化对河床演变的影响

来水是河床调整的动力因子，来沙是物质基础，河型则是河流输沙趋向平衡的调整过程中一种稳定形态发展的表现。由于水沙条件具有一定规律性的同时，还存在一定的波动性，虽然河流本身一般会有相对稳定的河型，但是河道演变总会伴随着水沙条件的变化持续进行。

三峡水库运行以前，葛洲坝水利枢纽的建成和90年代来沙量减少均引起荆江河段冲刷。特殊的水文事件往往还引起河道河势的剧烈调整，如1998年特大洪水后，藕池口水道的河势进行了较大的河势调整，主流撇弯后走左汊，且一直稳定至今。

三峡水库运行以来，由于来沙大幅度减少，荆江河段冲刷明显，2002年10月至2010年10月荆江河段平滩河槽冲刷量为4.96亿m^3，总体表现为“滩槽均冲”，洲滩普遍冲刷缩小。而且，三峡水库虽然并不改变荆江河段的年径流量大小，但水库的调蓄作用使10～11月份下泄流量大幅度减少，12月至次年6月下泄流量增加，流量过程的改变也对河床演变产生影响。一方面，汛末退水速度加快，这对沙质河段退水期水流归槽较为不利，窑监河段2007年底至2008年初冲槽困难与此有关；另一方面，枯水流量增加有利于航道条件改善，但从三峡蓄水以来荆江河段的最小流量变化以及水位下降过程来看，随着蓄水水位的不断提高，2010年汛后三峡工程首次蓄水至175m，开始了正常蓄水运用阶段，沙市站最小流量为5 530m^3/s，最枯水位为29.10m，较蓄水前1973—2002年保证率98%的水位28.95m仅高出了0.15m，但河床冲刷引起的水位下降仍在持续，可见，枯水流量增加对航道条件的正面影响难以抵消水位下降的反面效应。

荆江河段护岸工程控制了凹岸及主流贴岸段河床的基本稳定，三峡工程蓄水后不同河型的局部河势变化呈现出同流量下河道中水流的弯曲度有所减小的共性，其原因主要与来沙量大幅度减少、河床粗化以及中水流量持续时间增长有关。

①含沙量锐减及床沙变粗影响。

宁磊[31]基于最小能耗原理，计算了同流量下来沙变化对河段平衡比降的影响，认为建库后水库下游河床有增大平衡比降的需要。由于$J=\Delta H/\Delta S$，三峡工程运用后，坝下游河道沿程冲刷，水位降低，ΔH相应减小。因此，欲使比降增大，只有缩短水流流程，而弯道撇弯切滩以及分汊河道凸岸汊道冲刷正是缩短流程的一种有效方式。

②中水流量持续时间增长的影响。

弯道主流线的弯曲半径一方面受流量影响，另一方面还受河湾形态影响。张植堂[32]根据二维弯道水流运动方程式，导出如下公式：

$$R_{\mathrm{f}}=\sqrt[3]{\frac{1}{\phi J_{\mathrm{f}} g}\left(\frac{RQ}{A}\right)^{2}} \tag{2-1}$$

式中：R_{f}——弯道主流线弯曲半径；

R、ϕ——河湾半径和中心角；

J_{f}——主流处水面比降；

g——重力加速度；

Q、A——某一流量及相应的过流面积。

即在护岸工程控制河道外形基本稳定的情况下，$R_{\mathrm{f}}\propto Q^{2/3}$。沙市站多年平均流量为12 500$m^3/s$、第二造床流量约为20 000$m^3/s$、第一造床流量约为30 000$m^3/s$，统计三峡工程蓄水前后大、中、小水年不同流量级持续时间见表2-20。可见，出现频率较高的5 500～20 000m^3/s流量级历时增长，平均出现频率由蓄水前的61%增加为蓄水后的77%，也即经常出现的流量级的流量增大了。因此，主流线的弯曲半径会相应增大，即主流较蓄水前有所趋直，这样就可能导致弯道撇弯切滩、分汊河道凸岸汊道冲刷以及顺直段边滩冲刷。

沙市站大、中、小水年流量特征值统计 表 2–20

类别	年份（年）	流量（m^3/s）		不同流量级持续时间（d）				
		最小	最大	<5 500m^3/s	5 500 ~ 12 500m^3/s	12 500 ~ 20 000m^3/s	20 000 ~ 30 000m^3/s	>30 000m^3/s
小水年	1994	3 610	27 760	85	165	88	27	0
	2011	5 980	23 800	0	276	70	19	0
中水年	1996	3 610	40 400	100	109	94	45	17
	2008	4 730	33 800	84	128	96	54	4
大水年	1993	3 330	46 063	75	148	66	43	33
	2005	4 400	39 400	43	156	90	49	27
	2012	5 970	38 500	0	207	95	36	28

（3）江湖关系变化的影响

三峡水库蓄水前，长江干流含沙量偏高致使洞庭湖区不断淤积，湖区的淤积使三口分流不断减少，荆江三口分流分沙的减少进一步导致了松滋口、太平口尤其是藕池口在枯水期处于断流状态，这种变化使下荆江河道枯水期流量增加。由于下荆江河段流量逐渐变大，水能增强，导致自然裁弯现象频繁发生。而裁弯一方面导致荆江河段缩短、比降增加，挟沙能力增强，干流河段处于冲刷状态，荆江河段水位下降，三口口门高程相对抬高，进一步加速了分流比的减小；另一方面，裁弯引起的河床冲刷还使进入城陵矶—汉口河段含沙量逐渐增加，该河段长期处于淤积状态，进而导致城陵矶水位不断抬高，城陵矶水位不断抬高导致下荆江到城陵矶尤其是枯水期纵比降变缓。

三峡工程蓄水后，进入荆江河道的含沙量大幅度地减少，致使河道冲刷、水位下降、床沙不断粗化。从三峡工程蓄水后的实测资料来看，在低流量下，沙市站水位有一定程度的下降，而上游枝城站，下游监利、城陵矶站均下降较小，荆江河段中高水位下降幅度均很小，江湖关系的这种改变使得枝城—沙市河段纵比降略有增加，沙市—城陵矶河段纵比降略有减小，荆江河道水位下降的幅度比预测要小，并且荆江三口分流比略有减少，基本变化不大。

（4）引江济汉工程的影响

引江济汉工程是从长江荆江河段引水至汉江高石碑镇兴隆河段的大型输水工程，属汉江中下游治理工程之一。取水口位于太平口水道上段狮子碑附近，中洪水期为自流式引水，枯水期靠泵站提水，泵站提水能力为 200m^3/s。根据目前最新规划方案，引江济汉工程 2010 设计水平年的设计引水流量为 350m^3/s，最大引水流量为 500m^3/s；2030 水平年增加机组后设计流量为 430m^3/s。

年内引水过程变化特点主要表现为：全年旬均最大引水量不超过 500m^3/s（7 月下旬），最小流量仅为 39m^3/s（11 月中旬），枯水期引水最大流量为 178m^3/s（12 月至次年 2 月）。遵循高水时引流量大，而枯水时引流量小的特点，且汛后退水期引水量为全年最小，其目的除了考虑引水渠自身通航、生态等保证情况以外，还要尽量减小对引水河段退水期浅滩冲刷的影响。

由于引江济汉工程减小了沙市及其下游河段干流流量，将引起枯水水位下降。根据武汉大学《引江济汉工程对沙市河段航道条件影响专题研究报告》的初步成果，引水工程对取水河段航道条件的影响具体体现在以下几个方面：

①引水对河段旬平均流量、旬最小流量的影响主要体现在中枯水期，年内引水量所占最大比例均出现在 5 月份，年内枯水期引水量所占最大比例出现在 2 月份，退水期引水的影响小于涨水期，三峡水库蓄水对水流过程的调整可减弱引水工程的影响。

②引水对河段水位的影响主要体现为取水后沿程水位的下降，太平口水道年内 1 ~ 3 月份实际水位会出现低于航行基准面的情况，枯期引水造成的最大水位降幅约 0.15m，遇不利水文年，浅滩富裕水深有限时，引水在一定程度上影响沙市浅滩的航道条件，航道维护工作量将加大。

③引水对中高水期水流条件影响较小，高水是塑造河床的主要动力，因此，对洲滩演变的影响较小，对已建（在建）洲滩守护工程的影响也较为有限。

2.3 航道条件变化特点

2.3.1 浅滩演变特性

浅滩演变通常就是研究特定河段内的各种成型堆积体的变化及其伴随的河势调整。浅滩在各种河型条件下都普遍存在，其成因、演变特性千差万别。为了改善浅滩，就必须先对浅滩有正确的认识，对其进行深入细致分析，了解它的演变历史，掌握它的特殊性和普遍性，才能正确合理地对其进行整治。本小节首先归纳了影响浅滩演变的主要因素及其内在联系，据此对浅滩进行分类，然后对各类浅滩演变过程中所表现出的规律进行分析总结，提炼能够表征浅滩演变的指标，指导整治参数确定。

2.3.1.1 浅滩类型划分

由于冲积河流不同河段的水沙条件及河床周界各异，浅滩的位置、形态、演变特性之间既存在相似性，又有着明显区别，根据这些相似性和相异性河流动力学中将浅滩划分为不同的类型。以往根据浅滩自身的形态特征将其分为正常浅滩、交错浅滩、复式浅滩、散乱浅滩等，不同类型浅滩的形态、演变特性等存在较为明显的区别，为研究浅滩的水流特性、冲淤特征及碍航出浅原因提供了方便。根据河段边界特征，也即浅滩出现的部位进行分类，又可将浅滩分为弯道段浅滩，顺直段浅滩，分汊段浅滩，分流、汇流段浅滩，湖泊水网区浅滩和潮汐河口浅滩等。

浅滩常在两种或两种以上的复杂条件下形成，很多情况下不能简单地将某浅滩归为某种类型。在一定水沙条件下，各浅滩形成的根本原因、演变特性等与其所在河段边界条件密切相关，若要从更深的层次上分析研究河段内浅滩演变，就需要将河段的水沙输移特征与其边界条件相联系，分析浅滩具体形成的原因及其内在规律性。这样，才能抓住其特殊的一面，而这种特殊性也正是浅滩整治中最应关注的问题。在总结分析浅滩所在河段的边界条件时发现，从平面形态上看，各河段易出现浅滩的边界条件可归结为顺直段过长、河段放宽率过大、凹岸过于发展使曲率半径过小等，因此按照图 2-32 对浅滩作了分类，具有分、汇流等局部边界条件的浅滩，演变的制约因素往往是多种边界因素交织在一起的综合作用，故图中未将其单独列出。从河床边界条件入手对浅滩进行分类，有助于从边界条件角度讨论浅滩整治参数，了解同类河段浅滩出浅原因和整治方向。

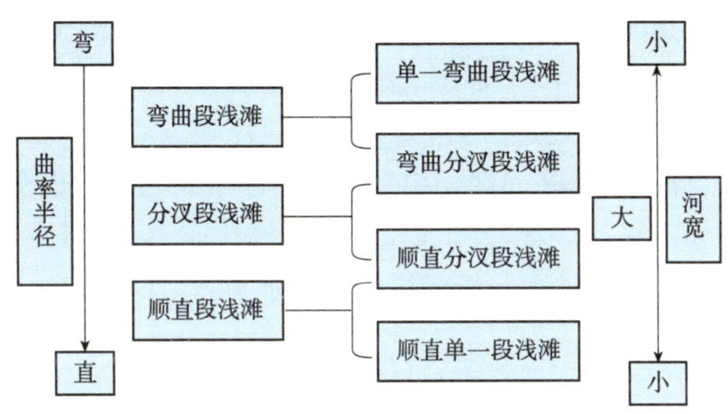

图 2-32 边界条件为依据的浅滩分类

此外，在长期航道整治工程实践过程中，研究人员发现，由于某些特殊地形条件影响浅滩并不全都是遵循洪淤枯冲的演变规律，有些河段恰恰相反。航道整治工程需要以演变规律为基础，以河道边界条件为依据，由此可见航道整治工程中较为适用的浅滩分类如图 2-33 所示。

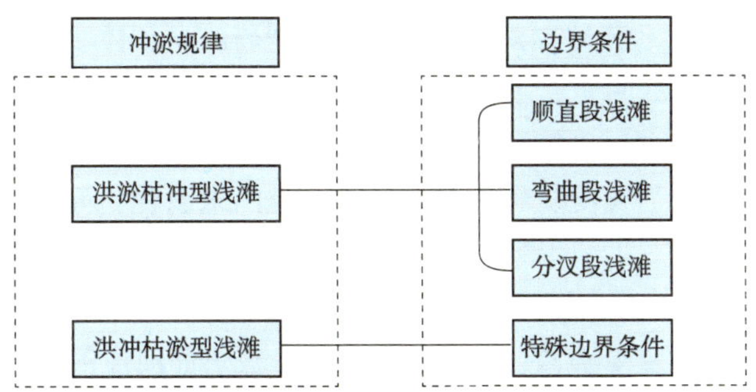

图 2-33 演变规律与边界条件结合的浅滩分类

2.3.1.2 不同类型浅滩演变规律

浅滩演变作为一种局部河床演变，其对水沙条件的变化更为敏感，即使长期看来处于冲淤平衡的稳定河段，河段内浅滩也在不停地发生着各种变化，或冲或淤，或形态变化或位置移动。看似复杂的变化中隐含了一定的规律性，抓住共性有利于探索事物发展的本质，找到解决问题的方法，研究个性有利于确定具体整治措施。

2.3.1.3 浅滩年内变化

天然河流的径流及输沙均存在洪、中、枯之分，如前文分析，汛期的水沙量占全年的大部分甚至是绝大部分。水沙条件作为直接导致河床演变的动力因素，其周期性特点必然在浅滩演变规律中得到体现。

（1）洪淤枯冲型浅滩的演变规律

出现浅滩的许多河段虽然浅滩类型、边界条件不同，但往往具有洪水淤积、枯季冲刷的规律。这同深槽部位的演变规律正好相反。

①顺直放宽段浅滩。

由于河道放宽，汛枯两季深槽、浅滩的过水断面发生相反的变化。汛期流量增大，水位上涨，含沙量增加，水流淹没所有边滩、心滩，充满整个河槽。随着河道逐渐展宽，河段自上而下过水断面面积沿程增大，流速递减，挟沙能力逐渐减弱，泥沙自然会在宽阔的过渡段上落淤，与上下沙嘴乃至上下边滩连成一体。汛期过后，水位逐渐退落，上游来沙明显减少，上深槽到浅滩的过水断面面积由于边滩的逐渐展宽和河底逐渐抬升而沿程减小，此时浅滩的沙埂部位水深减小，比降和流速加大，挟沙能力大于上游来流所携带的沙量，河床逐渐出现冲刷。这一冲刷过程一般要持续到枯水中、后期，河床与水流达到动态平衡时才基本停止。

②分汊河段浅滩。

在分汊河段，通航汊道一般位于主汊，非通航汊道枯期分流比较通航汊道小，甚至基本断流。而到了汛期，一方面非通航支汊或分汇流口门分汇流比增加，另一方面，通航汊道边滩被淹没，对水流约束作用减弱，必然会使通航主汊进口段或者中部开阔段发生淤积。这种汛期或者水位上涨期泥沙落淤在汊道浅滩上的情况是屡见不鲜的。同汛期相反，在水位退落过程中，由于水流逐渐集中通航主汊，汊道内浅区比降流速增大，冲刷开始发展并延续到枯水中后期。

在支流汇干流的河段，有时会在支流或干流出现碍航淤积体，特别是当支流入汇角较大、干支流汛期含沙量较大时更是如此。这种汇流口的淤积主要出现在汛期，尤以汛后最后一次含沙量较大的洪水过程对航运影响最大，而退水冲刷是否能够恢复正常情况，则需视后续来水的大小而定。当支流受干流顶托影响发生汛末淤积，而汛后支流来水量锐减时汇流口的淤积最为严重。

③弯道河段浅滩。

弯道在汛期一般不会发生淤积，在平原河道上，多数弯曲河段的深槽还具有“洪冲枯淤”的规律。但是在过分发育的弯道上，其弯顶附近由于受弯道环流的影响，凸岸边滩的滩嘴则有可能在汛期增淤，枯季冲刷不及，也可能出现碍航局面。除此之外，在含沙量较大的山区河流，如川江上，本来除卵砾石外，细粒泥沙不参与造床，但在过分弯曲的河段内（包括分汊河段枯季通航的弯汊内），由于汛期水流取直，凹岸一侧处于环流乃至回流范围内，细颗粒泥沙将在该处大量落淤，淤塞枯水航槽。临近枯水期因处于凸岸一侧的河床明显高于凹岸一侧，且为石质或卵石河床，水流无法顺利通过，只能重新归入凹岸一侧，这样汛期的“淤沙航槽”开始大量“走沙”并在一个不太长的时间内冲去汛期形成的淤积体。

上述各类河段内出现的浅滩虽然存在“洪淤枯冲”现象，但其冲淤规模和时间的早晚都是各不相同的。而规模与时间这两种因素更决定了枯水航道整治参数的大小。因此，仅仅认识共性规律是不够的，只有对具体浅滩进行具体分析，将其规模与时间因子提取出来反映到整治参数中去，实现个性与共性统一，才有望达到治理浅滩的目的。

（2）洪冲枯淤型浅滩的演变规律

早年许多研究者对于某些浅滩洪水冲刷、退水淤积的现象很少注意，甚至没有提及。20世纪50年代末及60年代初，长江航道部门通过观测分析，揭示了这一现象。随着资料的积累，认识进一步深化，对浅滩所具有的洪水冲刷、退水淤积现象影响因素及演变规律有了更深入的认识。

①洪、中、枯水主流流路摆动。

研究表明，两类特定的河道轮廓会造成河段洪、中、枯水主流流路摆动，形成浅滩“洪冲枯淤”的特殊演变规律。一类是两弯道间过长的直段，如果直段长度达到乃至超过河宽的6倍，其洪水河宽则比上下游弯道段的洪水河宽略小。由于水流有洪水取直的规律，水流流经过渡段进入直段后，沿主导河岸下行，有能力刷深沿岸航槽，故汛后测图反映该直段深槽畅通，不存在任何碍航淤积体。但是到了水位退落接近枯水时，如果上游还有一定的来沙，再加上枯季水流坐弯变横的趋势，在直段中部就会出现主流偏离沿岸深槽的状况，导致泥沙在槽内落淤。有些年份深槽完全淤塞，航道出现紧张局面，只有当转折后的主流在对面边滩边缘冲出一条新槽时，紧张局面才会缓解。20世纪50年代后半期至60年代前半期长江中游大马洲水道也有类似的冲淤变化。另一类是河段内凹岸有矶头、突嘴或岸线局部凸出的弯道。在通常的情况下，弯道凹岸是一系列的弧线连续组成，当这些弧线构成一道凹进的平滑曲线时，水流始终是贴着凹岸流动的，汛期含沙量较少的回流指向凹岸，而含沙量较多的底流指向凸岸，形成一种典型的螺旋流，到了枯水期，这种螺旋流虽相对减弱，主流却仍贴着凸岸流动。但是，当凹岸因护岸需要建有人工矶头或者凹岸有一个抗冲性较强的局部凸嘴，凹岸岸线不再是一条完整的平滑曲线时则有所不同。汛期因水流惯性作用强，局部突出不会影响到水流贴岸的总趋势，凹岸一侧能够保持一道畅通的深槽，可是到了汛后，随着水位退落，凹岸突嘴或人工矶头就会产生挑流作用，主流将被挑离凹岸。如果此时上游还有较多沙量进入，在凸嘴处稍下游即会有泥沙落淤，严重时将淤塞沿岸深槽，如果此时在原有深槽的外缘尚有新冲开或新挖开的航槽可利用，则情况相对较好，否则将面临出浅危险。

②上游相邻浅滩退水冲刷导致下游浅滩退水淤积。

这一现象在不少河流和河段都可能出现。长江中下游、汉江襄樊至利河口河段以及广东北江山塘至石角河段，这类事例已经屡见不鲜。长江特大洪水造成九江附近的张家洲南港上浅区大量淤积，在退水过程中上浅区冲刷，而位于湖口附近下浅区的左边滩由于洪水冲刷和汛后采沙的双重影响，被明显切割降低，约束水流的作用大大减弱，上游下移的泥沙无法顺利通过，因而造成下浅区长时间的大量淤积，1999年年初航道严重阻塞即因此种特殊的自然变化引起。在水库的变动回水区，当库水位逐步消落时，这种相邻浅滩上冲下淤的现象也是在所难免的。长江中游武汉河段荒五里边滩和汉阳边滩相邻，年内变化遵循不同的规律，前者为“汛淤枯冲”，后者为“汛冲枯淤”，地形数据表明汉阳边滩的淤沙来自于荒五里边滩。而荒五里边滩上游的东风闸至老关庙一带，年内变化规律又与荒五里边滩相反，即“枯水淤积”，随水位上涨泥沙下移至荒五里一带。由此可见，荒五里边滩似为汉阳边滩泥沙的中转站。

③受支流水位顶托影响的浅滩。

在支流入汇河段，由于主流和支流汛期不完全一致，主流汛期支流为枯水期时，支流含沙量较低，奎水作用较弱，河床发生冲刷；主流处于枯水期而支流处于汛期时，水流含沙量较高，与主流枯水期交汇时，水位顶托，产生淤积。长江下游张家洲南港下浅区受鄱阳湖春秋两汛出流顶托影响，春汛常发生在 3 ~ 6 月，秋汛常发生在 9 ~ 11 月，其余为枯水期，因而呈现汛期冲刷，汛后淤积的状态。至枯水期，浅段河床呈喇叭状扩大的浅脊，以沙波形式向湖口缓慢蠕动，因而枯期浅情重且浅期长。

无论由于何种原因引起，上述洪水冲刷，退水淤积的浅滩，比起洪淤枯冲的浅滩，维护难度相对大些，因为很多情况下不只需要治理单个浅滩。以往对于这类浅滩演变特性的认识比较有限，整治参数确定方法也与洪淤枯冲浅滩混为一谈，明显不符合实际情况，进行整治时应当因地制宜，妥善处理。

（3）浅滩变化与退水过程的关系

浅滩年内变化与汛期来水来沙有重要关系，因为汛期输沙量较为集中，悬移质中所含造床泥沙百分数一般变化不大，而总量却很巨大，汛期河床变化自然非常剧烈。但是，对于浅滩在当年是否出浅而言，还要看另一个重要方面，就是汛后的退水过程，是急剧退落还是缓慢退落，是涨涨落落还是持续稳退。实践表明，不同的退水过程，对浅滩滩槽地形的再次塑造关系极大。抓住浅滩退水过程中的冲刷特性，有助于选择合理整治参数，使得整治效果事半功倍。

对于多数浅滩而言，从中水到枯水，浅滩会得到冲刷，不同浅滩有不同的最佳冲刷时段或水位区间，这个水位区间与浅滩的边滩形状、高低等有一定关系。适当的退水过程可以造成较强烈的冲刷，但不一定能形成充分的冲刷，因为除了强度大小之外，还有一个时段长短的因素。只有当较强的冲刷能够维持较长的时间才能使汛期淤积在浅滩上的泥沙冲刷殆尽，从而保持枯季航道畅通，也可以使得枯期输沙量增加，减少枯水淤积的可能。因为对于浅滩冲刷而言，不论汛期淤积型还是枯期淤积型，稳退或缓慢退落的退水过程总是优于急剧退落或涨涨退退的退水过程。冲刷时间、冲刷强度是整治浅滩时必须把握的两个方面，冲刷量是保证浅滩不碍航的目标，将三者紧密联系是解决浅滩碍航问题的关键。

2.3.1.4　浅滩年际演变规律

在冲积河流上，浅滩的年内变化总是客观存在的，但年际变化不同河流则有所不同。多数山区河流和一些少沙的平原河流，年内河床冲淤往往是平衡的，年际间浅滩河床地形表现不出明显变化，甚至没有什么变化，几年、几十年的滩槽形式都是如此。究其原因，主要有两点：一是河岸抗冲性能强，长期以来河道轮廓一直保持稳定不变，水流动力轴线位置较为固定；二是悬移质基本上不参与造床，只是推移质的输移会引起洲滩的周期性变化，但规模不大，影响不到浅滩年际间的好坏转化。

对于输沙量较多的冲积平原河流，浅滩的年际变化则是始终不能忽视的。

（1）浅滩年际变化的表现形式

①河床较为稳定，深乱线上下摆动。

这种演变规律在易变的顺直放宽段浅滩上表现较为明显。在顺直放宽段上，上、下深槽往往是交错的，深槽之间一般有浅埂斜卧，分别连接上、下边滩。汛期水流较平顺地越过整个沙埂，汛后随着水位退落，水流受下深槽吸引，常以扇形水流的方式越过沙埂，形成若干串沟，有的串沟发展成为航道，有的则自生自灭，或作为一个分流缺口继续存在。当浅滩上有多个缺口同时存在时，航道条件往往会较为恶劣。如长江中下游马家嘴河段、监利、汉口、代家洲等水道，河岸多年基本保持稳定，但其深乱线大幅度摆动，甚至航行的汊道、缺口位置有重大变动，但其变化仍然呈现一定规律性。

由于上、下深槽交错，沙埂上可能存在多个缺口，这就给上边滩逐步下移，深乱线向下游摆动，下边滩受冲创造了条件。当这种下移和摆动发展到接近下边滩根部时，航道必然会向横向发展，水流流程延长，阻力加大，不能适应全部水流顺畅通过需要，这时上边滩经过逐年下移，已出现某些薄弱环节，恰好给水流另找出路创造了方便条件。这种情况如果得到进一步发展，深乱线便会大幅度上提到在上边滩能冲开缺口的部位。之后，上边滩再一次发育增大，深乱线则将开始新一轮的下摆。这种上、下边滩此长彼消，深乱下移、上提的变化规律，20 世纪 50 ～ 60 年代在上荆江尾间的天星洲水道及 1962—1994 年在洪湖附近的界牌水道都表现得极为典型。1994—1999 年界牌水道通过成功治理，上、下边滩趋于稳定，这种不利的反复变化才得到了遏制。

②岸线不断变化，过渡河段时而延长时而缩短。

该演变情况在蜿蜒河段的某些部位有所表现，当过渡段过分延长时航道将恶化。对于蜿蜒河段，如太平口水道、周公堤、天星洲水道，不论年内还是年际，其河床形态变化均较大，由此深乱线大幅摆动，有的浅滩甚至在一届枯水期改乱达 10 ～ 20 次之多。近年来人们比较重视弯道的发展变化及预测其是否会发生自然裁弯或切滩撇弯，但是两弯道间的直段是水流过渡位置，也是出现碍航浅滩的部位。

③汊道此兴彼衰，通航汊道间或出现易位。

研究分汊段浅滩的年际变化离不开分析汊道的兴衰发展。凡是河道轮廓稳定少变，各汊洪枯水期分流比没有变化趋势的分汊河段，汊道浅滩的年际变化一般比较小。汊道浅滩呈现明显的年际变化，大都与汊道的兴衰变化有关。当原有通航汊道的分流比出现持续减少的单向变化趋势时，航道会逐步恶化，直至处于发展状态的汊道能够完全取代原有通航汊道，成为新的通航主汊，实现主支汊易位时，航道才有可能逐步好转。

对于顺直分汊或微弯分汊的河段而言，这种主支汊易位的现象并不是经常发生的，其发展变化一般较为缓慢，出现周期性变化颇为罕见。然而，对于鹅头形汊道则是另一种情况。纵观一些鹅头形汊道的发展变化历史，不少表现出一定的周期性变化规律，有的周期并不长。这种汊道往往有直汊道冲开、发育，江心洲崩塌后退，航道向弯曲方向发展，在原直汊道位置附近形成新的心滩，通航汊道进一步变弯，新的心滩逐步扩大增高，老江心洲加速崩退，航道愈益弯曲，直至并入老的鹅头形弯道的变化规律。此时，原有支汊又在冲刷发展，开始第二轮的变化，如此周而复始，30 年或 40 年一个周期不等。这种情况在长江中游的陆溪口水道和下游的罗湖洲水道都一再出现过，陆溪口水道变化急剧时十年或八年就是一个周期。当然这种汊道浅滩的年际周期变化不可能是简单的重复，同一浅滩周期有长有短，在演变过程中形成的滩槽也各有差异。

（2）影响浅滩年际变化的主要因素

有些浅滩之所以出现年际的变化，其内在原因主要是本身河势具有不稳定因素，如河岸、洲滩属二元结构或由沙性土组成，抗冲性能差，每年经历洪水、枯水，始终都处于一个不断变化的过程中，河岸、洲滩一经发生变形，浅滩段的滩槽变化在所难免。一些浅滩在年际间由渐变到突发，诸如顺直放宽段浅滩深乱线大幅度上提，鹅头形汊道直汊冲开，以致两弯区间的直过渡段特别延长等，都有可能因此造成。也有一些突然变化或特异变化来源于以下因素。

①特殊水文年的造床作用。

所谓特殊水文年主要是指特殊的大水年、大沙年。过渡段位置相对稳定的浅滩一般在丰水少沙年会变好，在少水多沙年会恶化；过渡段位置变动幅度较大，边滩、心滩活动性大的浅滩一般在丰水少沙年恶化；在少水多沙年变好。藕池口、监利、罗湖洲等水道属于前者，界牌水道属于后者。大水年可以造成顺直分汊或者微弯分汊的侧汊道冲开，由非通航汊道转化为通航汊道。大沙年有可能使原有航道或通航汊道严重淤塞，形成滩槽易位，导致汊道转换。

②上游河势大幅度调整影响。

上游河势如果因自然裁弯、切滩撇弯或河岸崩退等原因而发生大幅度调整，与其相邻的浅滩自然会发生显著变化。1966—1972 年荆江中洲子、上车湾、沙滩子三处裁弯缩短河长 78km，裁弯后上荆江因比降变化发生溯源冲刷；下荆江则不仅比降发生调整，而且因流量增大发生冲刷，其中后者对引起断面扩大的冲刷起着主要作用。泄流量增大后，河流顶冲点下移，顶冲动能普遍增强，但新的顶冲点绝大多数未进行护岸，抗冲能力弱，崩退迅速，因而引起河道变化，如大马洲等河道。

浅滩下游的河势变化也会对浅滩的发展变化产生一定影响。例如下荆江裁弯取直后曾使处于裁弯段上游的监利弯道切滩撇槽加速发展，也曾使藕池口分流减少，处于口门稍上游的天星洲相对好转。

③人类活动带来的结果。

兴建拦河坝、大型调引水等水利工程以及建桥、建港等跨河、临河工程可能给浅滩演变带来影响。如水库下游河段冲刷带来河势调整，浅滩表现出不同于建库前的演变规律；桥梁通航孔位置限制了浅滩自由演变。不适当的弃渣和采挖沙石也会对浅滩的年际变化带来负面影响，成功的河势控制工程、裁弯取直工程、航道整治工程和渠化工程等对浅滩都是有利的。

综合以上分析可以看出，除人类活动影响外，影响浅滩年际变化的最主要因素为水沙过程的年际差别。有些水沙条件下浅滩碍航程度较轻，而有些水沙组合过程会导致大量泥沙淤积。每一水沙过程均对应一定河床形态，整治工程应对于某种条件以上的情况能够达到效果，因此水沙过程对浅滩的影响可以以保证率的形式体现。

2.3.1.5 荆江河段浅滩演变特点

荆江河段存在顺直、弯曲及分汊三种河型，对应各类河型浅滩的类型及碍航特性也各异。三峡水库蓄水以来，沙卵石河段两岸边界控制作用强，平面形态较为稳定，蓄水后主要表现为深槽冲刷、河床粗化；虽然荆江沙质河段河岸抗冲性相对较弱，但无论是弯曲河段、弯曲分汊河段还是弯道间的过渡段，均体现出总体河势变化不大，局部有所调整的特点。对于不同河段的浅滩，其变化特征归纳总结如下。

（1）顺直段浅滩演变特征

在天然河流中没有严格意义上的较长顺直河段，这里的顺直段通常是指两弯道间的过渡段、顺直（微弯）放宽河段，如荆江河段的铁铺水道、太平口水道等。

早期研究发现顺直河型仅是限制性边界条件下的产物，具有不确定性，洪水期水流满槽，流路受两岸控制而表现出顺直的特性，随着宽度增加及边滩稳定性变化，枯期河床形态可能呈现出弯曲、分汊甚至散乱的特征。顺直河段的形态特征主要表现在两个方面：深浅相间的纵剖面和两岸交错分布的边滩。顺直河流尽管在外形上保持顺直，但沿流向两岸有规律地出现交错分布的边滩，这些边滩使得主流流路在中枯水期依然弯曲；在纵剖面上，主流的湾顶出线深槽，两个深槽之间的过渡段则出现浅滩。顺直河段的浅滩段，河宽相对较大，主流摆动频繁，河床形态难以稳定。

顺直浅滩段平面形态主要有两种：一种是河道较长，但放宽率较小，如长江中下游的周公提水道、铁铺水道，河道两岸往往分布有长直边滩，长宽比较大，且边滩低矮，对水沙条件敏感；另一种是河道较短，但放宽率较大，河道内场分布有短而宽的边滩，边滩高程相对较大。

三峡水库蓄水后，荆江河段的长直过渡段或者顺直微弯放宽的浅滩演变特征主要表现为：边滩呈冲刷态势，河宽随之有一定程度增加，断面逐渐向宽浅发展，枯水流量下宽深比建库前有所增大，不同流量下主流摆动将更加频繁，对航道条件的稳定构成一定不利影响。

铁铺水道属于较为典型的长顺直过渡段，其航道问题主要在于过渡段航槽位置经常调整和一些年份浅滩冲刷不及而出浅碍航。三峡水库蓄水以来，由于右岸广兴洲边滩上段刷低、滩头后退，以及左岸部分岸段的崩退，河道有放宽趋势，退水期水流更趋分散，近几年南堤子以上深槽均发生不同程度的淤积，枯水航槽位置更易摆动，河床调整向对航道条件不利的方向发展，三峡水库 175m 的持续运行，滩槽持续不利变化，不利年份将可能造成长顺直段过渡段出浅碍航（图 2–34）。

太平口水道腊林洲边滩在保持太平口水道“双槽、双汊”河道格局中占有主导作用。三峡水库蓄水以来，腊林洲边滩中上段滩体呈加速崩退的态势：2003 年 5 月至 2007 年 9 月的 4 年间共崩退约 70m，2007 年 9 月至 2009 年 2 月的一年半时间又崩退约 60m。洲滩的崩退，将引起太平口心滩淤积下延和过渡段的进一步展宽，将恶化北汊进口的航道条件（图 2–35）。

荆江河段内还有部分水道有顺直的外形，但长度较短，并不具有典型的顺直河段的演变规律。这些水道由于河道窄深，历年来航道条件均较好，但随着三峡水蓄水后水沙条件的变化，也有以前优良的水道出现航道条件恶化的情况。斗湖堤水道随着蓄水后左岸江陵一带岸坡崩退，张家台边滩冲刷萎缩明显，南星洲右缘崩退，枯水期中段深泓坐弯左摆，右岸黄家湾一带右侧潜滩不断淤积下延，河槽右侧形成较大型浅包，枯水期淤积尤其明显，导致航槽弯窄，航道有向不利方向发展的趋势（图 2–36）。

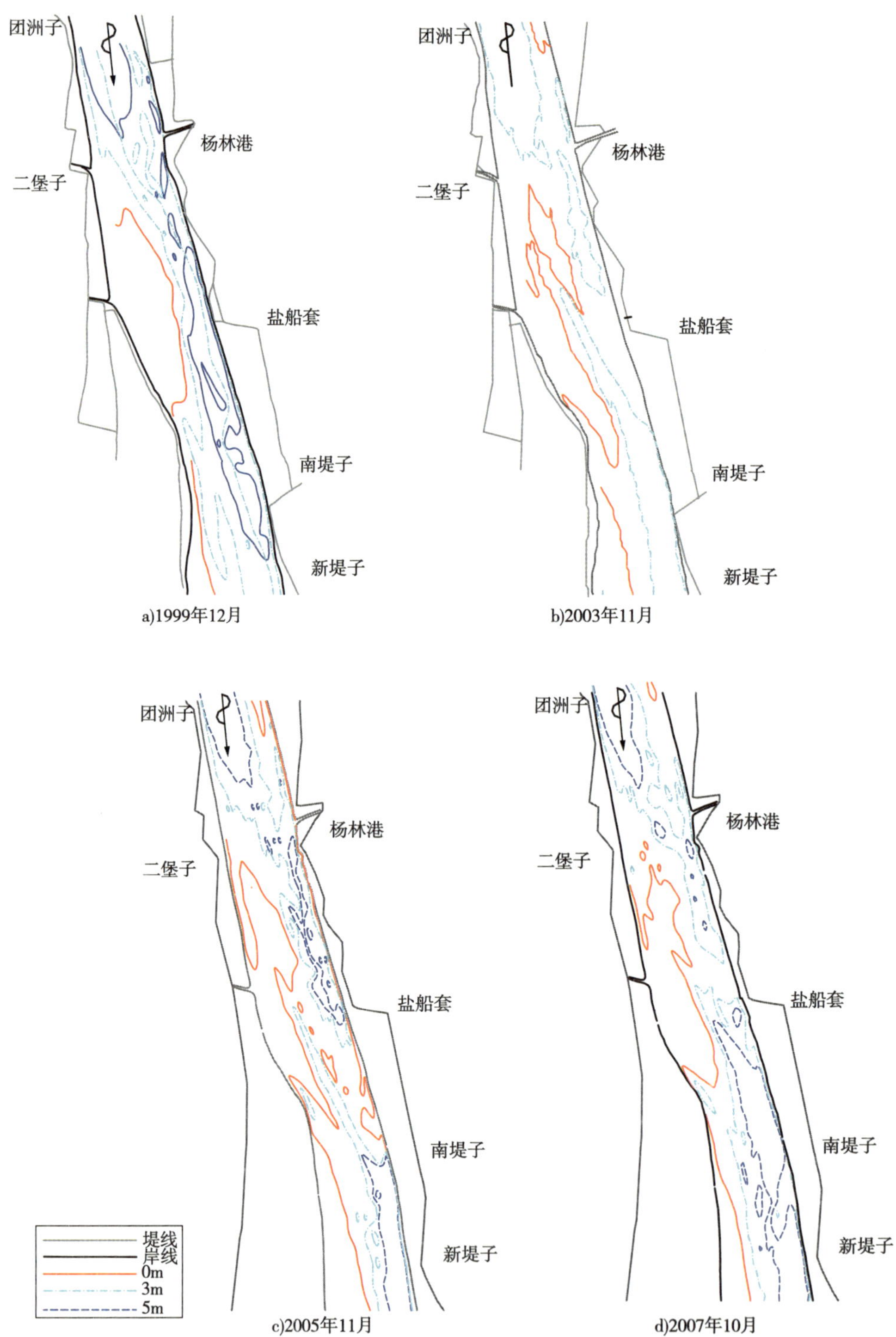

图 2-34　铁铺水道长顺直段浅滩变化

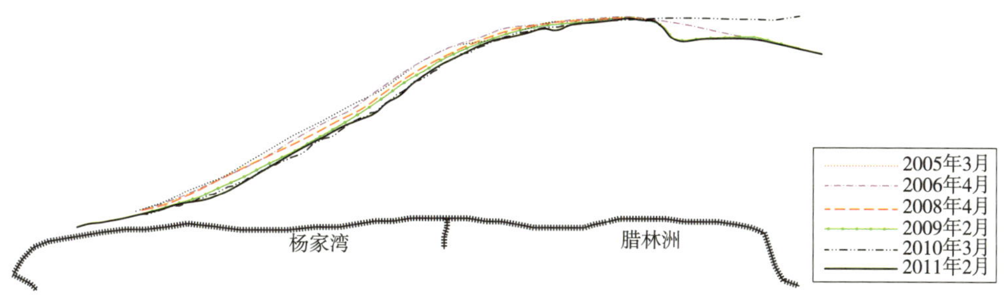

图 2–35 太平口水道腊林洲边滩滩形变化

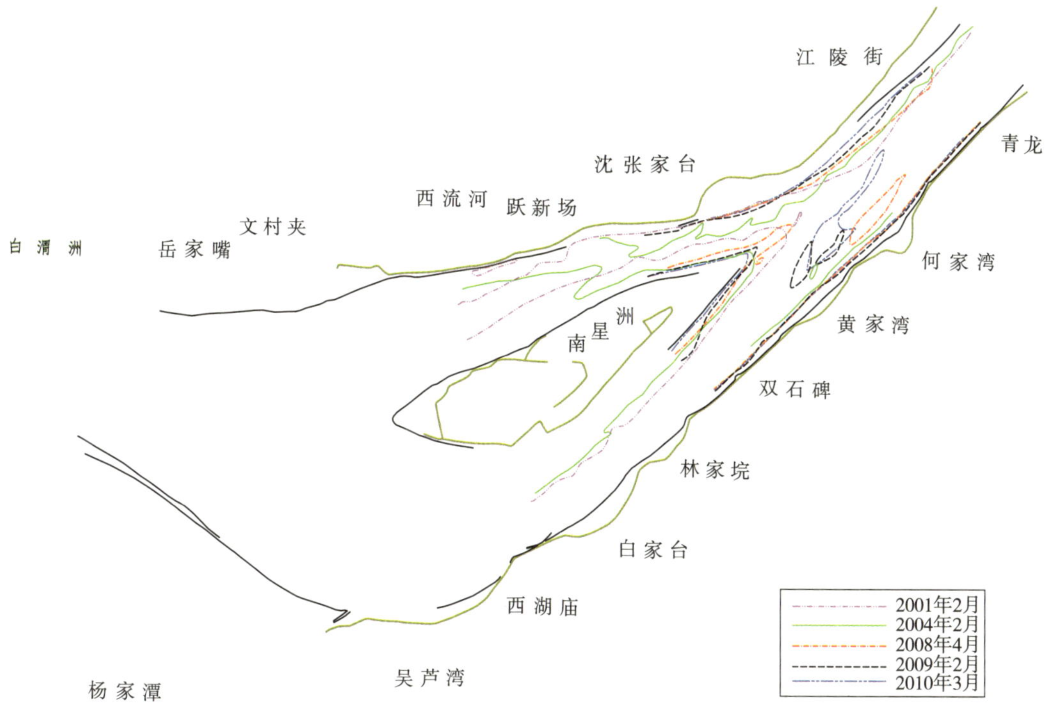

图 2–36 斗湖堤水道 4m 线变化

（2）弯曲段浅滩演变特征

河湾水流包括水流动力轴线、横向环流和水面状态互相制约三个方面，其中水流动力轴线起主导作用，弯道换流造成泥沙的横向输移，长期的凹冲凸淤使得弯道段宽度远大于其进出口过渡段，河宽的增加导致水流散乱以及主流位置更不稳定。河湾内主流线的变化对河床演变起决定性作用：当主流线弯曲贴岸时，凹岸近岸流速加大，冲刷力增强，而凸岸流速减缓，泥沙易于落淤，且加强了横向环流和泥沙的横向输移，加速凹岸崩塌和凸岸淤积，浅滩淤积往往与凹岸大幅崩退相关；反之，当河湾内主流线取直居中时，凹岸崩塌和凸岸淤积速度减缓，甚至会出现切滩、撇湾等现象，切滩后，滩性散乱、水流分散导致浅滩淤积。

弯道放宽率不同，浅滩位置、碍航程度也有所不同。若弯道放宽率小，浅谈一般出现在进出口过渡段，弯道内环流强，不易出浅。但若弯道曲率较大，由于弯道水流动力轴线具有“低水傍岸、高水取直”的特点，遇大水年，凹岸因长期处于回流区而淤积，导致撇弯，而且若凸岸边滩较宽，还可能因边滩切割而形成汛期过流的支汊，致使水流分散而出浅。

若弯道放宽率较大，且弯曲率较小，弯道特性不强，难以淤积形成高大边滩，这种微弯放宽段演变与顺直放宽河段相似，浅滩与边滩对水沙条件敏感，同时边滩的冲刷又会促进边滩的淤积；若放宽率大，弯曲率也较大，则凸岸边滩切割的可能性较大，受水温周期性的影响，边滩周期性切割。长江中下游监利水道曾于 1931 年大水切滩，之后不久心滩并靠凸岸侧，此后的 1972 年凸岸边滩再次被切割，形成新河槽，期间和段内浅滩演变极为复杂。

在三峡水库蓄水以前，荆江河段的弯曲段的演变规律基本上表现为“凹冲凸淤”，即凹岸持续冲刷后退，而凸岸边滩也随之逐渐淤长。三峡水库蓄水以后，凹岸被控制的弯曲河段开始呈现截然相反的演变特点，表现为“凸冲凹淤”，即凸岸边滩冲刷萎缩，凹岸深槽淤积变浅。

三峡水库蓄水后，由于下泄沙量的幅度减少，弯道段凸岸边滩由于泥沙补给不足多呈现冲刷状态。位于荆江中段的调关莱家铺河段表现得较为明显，调关弯道、莱家铺弯道都有明显的凸岸边滩冲刷萎缩，深泓向凸岸横向移动，凹岸大幅淤积等现象（图 2−37）。

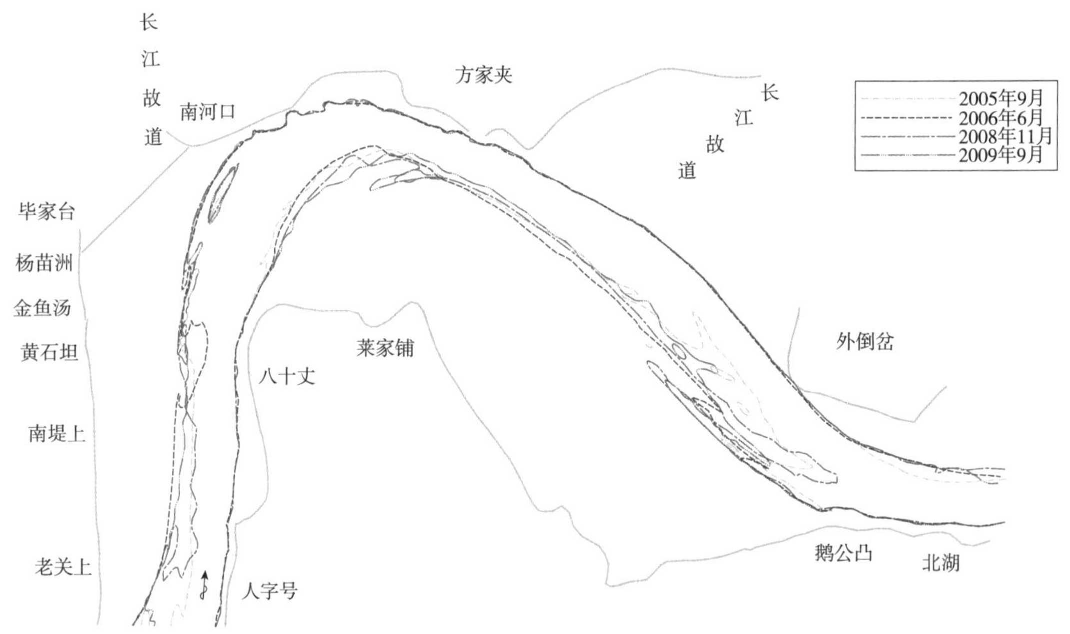

图 2−37　调莱河段 0m 线变化

受这种变化的影响，荆江河段部分弯曲型河段的航道条件随之急剧恶化。如荆江末端的熊家洲至城陵矶河段，七弓岭弯道段以及八仙洲弯道段“凸冲凹淤”的现象十分明显，其中，七弓岭弯道段的凸岸边滩根部受水流切割，形成双槽格局，导致弯道进口的尺八口水道水流分散，形成大范围的散乱型浅区，近几届枯水期航道条件都较差，需要疏浚才能维持现行的航道尺度（图 2−38）。

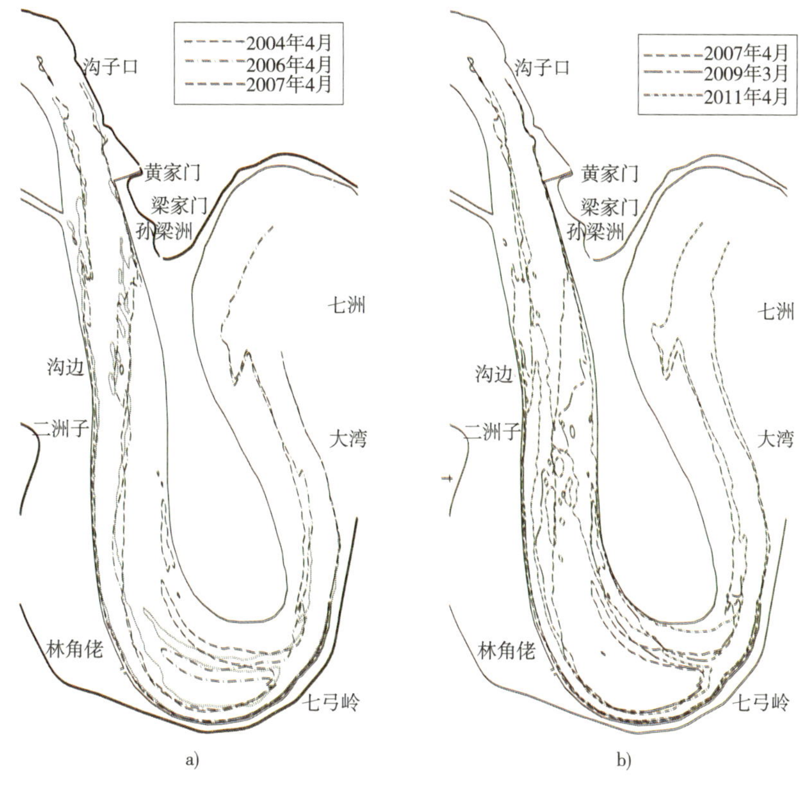

图 2-38　尺八口水道 3m 线变化

（3）分汊段浅滩演变特征

分汊放宽段普遍存在浅滩，长江中下游已实施的 20 多个航道整治工程中，绝大部分位于分汊河道。放宽的河道外形使得分汊段主流频繁摆动。长江中下游浅滩往往位于枯水汊，洪水流量时，浅滩位于环流区而淤积，枯水流量时，浅滩位于主流区而冲刷，洪水流量持续时间较长，枯水流量持续时间较短，浅滩水深较小，这是 1998 年大水过后长江中下游航道条件普遍较差的主要原因。分汊放宽河道按其平面外形可分为顺直分汊、微弯分汊和鹅头分汊，三种不同类型的浅滩分布特点大同小异。

顺直分汊河段两岸往往分布有对称控制性节点，节点的存在有效控制了河段上下游的河宽，间接增加了节点间河段的河宽，而宽段易形成边滩，同时节点一般具有挑流作用，可导致河段内主流周期性摆动。在综合作用下，分汊段进口河宽较大，滩体易于冲淤变形，并且分流区流态较为复杂，因此浅滩应运而生。

微弯分汊段往往存在单侧控制节点，并且河道一般分为两汊，演变特点主要表现为主支汊交替发展，并伴随边心滩冲淤变形。这种汊道的进口、中部、尾部均可能出现浅滩。汊道进口浅滩的出现，主要是由于洲头大幅度崩退，形成大范围的低滩，若洲头低滩明显萎缩，浅滩将逐渐淤高，甚至导致碍航。

鹅头形分汊河道一般也存在单侧控制节点，凹岸侧较为弯曲，平均放宽率、分叉系数显著大于微弯分汊河段。河道演变基本遵循新汊产生、扩大、平移、衰亡的完整演变周期，由此引起滩地大面积塌失、主流线大幅度摆动，各汊道水沙重新分配及纵横剖面的调整。

在演变周期初期阶段，新汊初生，开始分泄主汊流量，此时口门浅滩冲刷力下降；伴随着“凹岸冲刷、凸岸淤积”的不断发展，新汊扩大，同时水流趋于弯曲，此时主支汊分流比相差不大，基本处于争流的状态，两汊口门都会形成浅滩，航道条件面临选槽和浅滩碍航的双难局面；最后，主支汊完成交替至下一个周期的开始。鹅头形分汊河道仍然是主汊口门附近出现浅滩，浅滩冲淤仍主要受水沙及低矮边心滩变形影响。

荆江河段的分汊河型主要以双分汊为主，演变较复杂，主要表现为洲头洲尾冲淤、汊道内的纵向冲淤等，最为显著的是主支汊易位。受两岸及河床组成、人工护岸等影响，陈家湾以上的分汊河段总体上较为稳定，陈家湾以下分汊河段的主支汊移位主要有两种方式。一种方式是江心洲总体上保持稳定，主支汊的转换通过原主支汊道内发生单向淤积、冲刷而实现，如马家嘴水道 1998 年特大洪水后主支汊的移位；另一种方式，则是通过主泓的平面位移、江心洲的崩退与生成而实现的，如沙市河湾的三八滩、监利河湾的乌龟洲等。

三峡水库蓄水以来，荆江沙质河段各分汊段浅滩的演变特征表现出了江心洲滩萎缩冲散、支汊发展等不利演变趋势。如太平口水道的三八滩在蓄水以后持续萎缩，瓦口子、马家嘴两水道的支汊均在蓄水以后逐渐发展（图 2–39），这些不利变化曾经对航道条件造成了较为不利的影响，其中太平口水道的航道条件一度十分恶劣，不过通过随后的航道整治工程，这些不利的变化基本得到了控制，航道条件也有所好转。

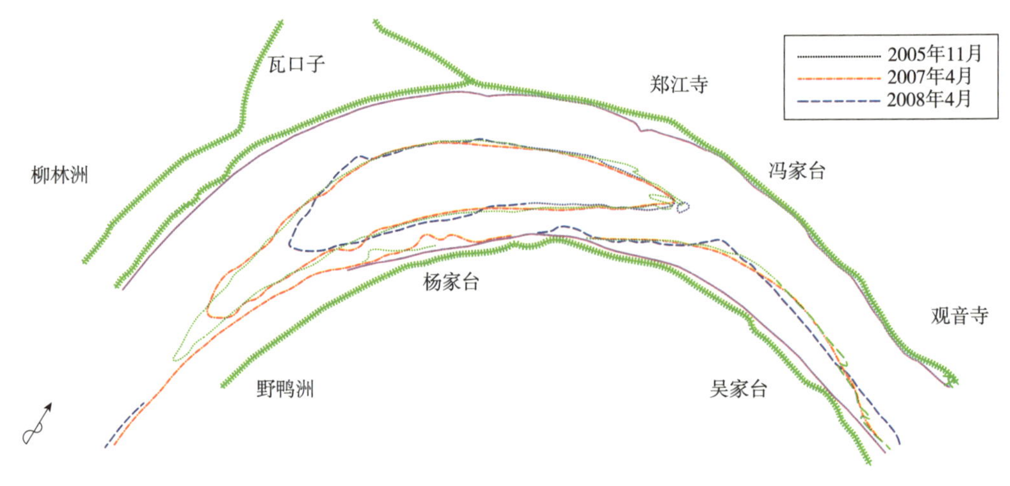

图 2–39　瓦口子水道 0m 线变化

藕池口水道蓄水初期基本延续蓄水前的演变特点，倒口窑心滩滩头及左缘持续受冲后退，与此同时，对岸陀阳树边滩则逐渐淤积下延，洲滩格局变化大，变化速度快，若无目前已建工程的控制，该边滩可能已被切割成为新的倒口窑心滩（图 2–40）。

窑监在蓄水初期由于难以形成稳定完整的洲头心滩，进口处航槽束水作用较弱，汛后自然退水冲刷航槽的能力有限，航道条件始终较差，窑监河段航道整治一期工程基本完工后，进口航道条件随即有所好转，乌龟洲右缘中下段持续崩退现象目前也已得到控制，但凸岸边滩的稳定仍值得继续关注（图 2–41）。

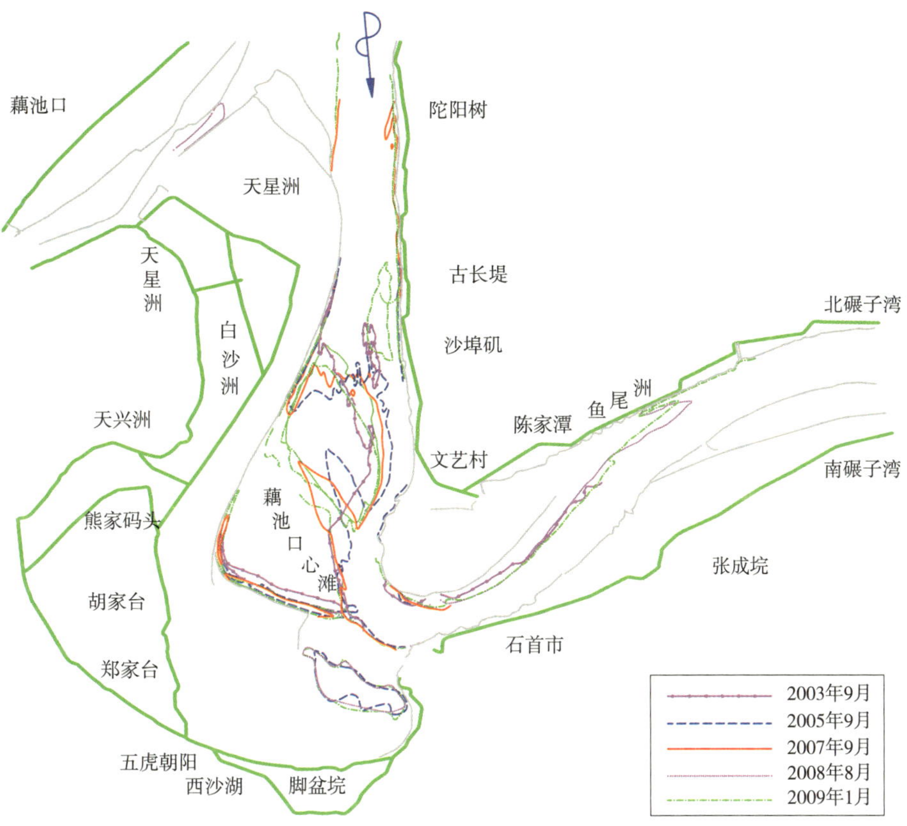

图 2-40 藕池口水道 0m 线变化

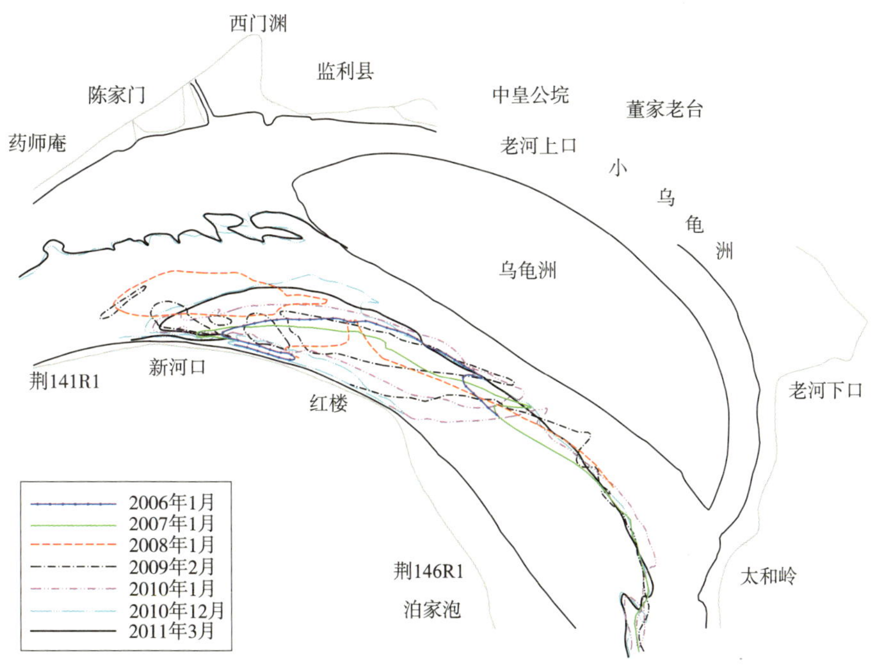

图 2-41 窑监水道新河口边滩 0m 线变化

2.3.1.6　浅滩演变主要影响因素

在冲积河流中，挟沙水流冲淤河床，塑造形态；河床约束水流，形态反映动力。浅滩及其他各种类型的泥沙淤积体演变规律从微观层面上反映了河床形态与水流输沙状况之间的关系。一般河段来水来沙条件差别不大，而深槽与浅滩两者形态却相去甚远，由此可见，作为一种局部河床形态，浅滩出现的原因及其演变特性应更多地归因于所在河段的河道边界条件影响。

浅滩碍航的主要原因是泥沙淤积形成浅区，局部水深过小，隔断上下深槽。影响浅滩演变的因素很多，就其共同因素而言，主要是流速的减小，环流的变化，洪、枯水流流向不一致和输沙不平等。

（1）流速的减小。无论对悬移质还是推移质，都将导致水流输沙能力降低，泥沙淤积形成浅滩。流速减小的原因很多，诸如河槽过水断面的显著增大，比降的减小，流量的减小以及局部壅水作用等。这与河段是否属于放宽段，是否存在分汇流口门，下游是否存在造成壅水的局部卡口等边界条件密切相关。

（2）环流是冲积河流形成各种泥沙堆积体的重要原因。环流的分布状态及强度的大小决定着浅滩局部冲淤变化和横向输沙。环流的强度及旋度与河道形态密切相关，弯道段环流单一且强度大，易塑造完整的边滩和深槽；顺直过渡段则转化为比较复杂且强度很弱的多层多个环流，有时甚至消失，使得横向输沙基本停止，这就削弱了水流塑造深槽的能力，造成泥沙淤积而出浅；有时虽然不是弯曲河段，但由于存在边滩、江心滩和江心洲等堆积体，水流动力轴线弯曲，同样也会产生一系列类似于弯曲河段的环流结构，这时因边界条件复杂，环流结构变化频繁，削弱了水流挟沙能力，容易造成泥沙淤积。

（3）洪、枯季水流惯性的差异以及河道约束作用随水位高低的变化，必然造成流向的不同。弯曲窄深型河槽对水流约束作用大，洪枯流向差别不大，但弯曲放宽段水流具有高水取直，低水走弯的特性，洪枯水流路常常不一致；顺直宽浅段易使得主流摆动，甚至游荡。主流的摆动必然引起边滩的消长和切割，进一步加剧主流的摆动幅度。洪水期淤积在枯水航道上的泥沙若不能全部冲走，即会形成浅滩。

以上浅滩的主要影响因素与特殊的河床边界条件关系密切，甚至特殊的河床边界可能使得几种因素同时出现。除此之外，浅滩演变也深受水沙条件的影响。上游来沙过多，河段水流输沙能力不足，容易形成浅滩。这类来沙过多常常是局部因素造成的，如河岸崩塌、河床强烈冲刷、水库集中泄水等。来水来沙条件不匹配，小水大沙浅滩淤积往往较为严重，反之浅滩可能不淤或少淤。

浅滩总是在一定的河段出现，不会自行消失。国内外长期观测资料表明，过去存在浅滩的河段，在相当长的时期内仍然存在浅滩，很少发现浅滩自行消失的情形。长江自有资料记载以来的几十年还没有发现过浅滩自行消失。例如张家洲浅滩，五六十年前就是严重碍航的浅滩，现在仍严重碍航，只是浅滩位置和碍航程度各年有所不同而已。可见，浅滩的存在决定于浅滩河段的河床形态，主要河床形态没有根本性的变化，浅滩则不会自动消失，并具有一定的稳定性。一方面浅滩出现的位置比较稳定，另一方面比较类似的河床边界或河道形态常使河段内的浅滩演变也存在相似特点。以长江为例，陆溪口、罗湖洲等鹅头形分汊河段的形成与上游存在单侧耐冲节点密切相关，而其演变特性均表现为周期性遵循新汊的产生、扩大、平移、衰亡等过程，周公堤、姚集老等长直河段以交错浅滩为主。

由此可见，浅滩演变的影响因素可归结为来水来沙条件和边界条件两个方面，其中河段的边界条件是浅滩存在及演变的主导因素，来水来沙条件是催化剂，起到加速或减缓浅滩演变速度的作用。不同水沙年或大洪水年等各种随机事件虽能暂时性地改变或影响浅滩演变趋势，但长期来看，在一定的来水来沙条件下，只要上游河势稳定，河道形态便决定了比降、流速、环流特点、含沙量分布、主流流向等水流泥沙要素及其随径流、来沙量等水文过程的周期性变化。而河道形态与水沙过程一旦不相适应，便通过剧烈地调整河床形态，包括改变各种泥沙堆积体（心滩、边滩）的形态和分布来改变河势条件。实际上，浅滩整治也正是通过改变枯水河床的边界条件来调整河道自身的水文特点以达到优化枯水期河床形态的目的。

2.3.2 航道条件变化

2.3.2.1 航道条件现状

荆江河段航槽极不稳定，碍航情况频发，天然条件下枝江—江口河段、太平口水道、瓦口子水道、马家嘴水道、周天河段、藕池口水道、碾子湾水道、窑监大河段、铁铺水道等大多数河段均出现过出浅碍航现象，特别是太平口水道、藕池口水道、窑监大河段，不利年份均需要通过疏浚来进行枯季航道维护。近期，随着一些重要浅险碍航滩段实施了航道整治控导工程，以及三峡工程蓄水后枯水期下泄流量补偿作用，荆江河段部分水道的航道条件有所改善。但随着三峡水库的持续蓄水运用，洲滩岸线边界冲刷、支汊发展、水位下降，部分河段航道条件难以稳定，不能长期维持规划水深条件。为了研究航道尺度提高的可能性，有必要首先形成对现状下各段航道条件的准确认识。

根据航道测图对枯水期的航道条件进行核查是分析航道条件变化的重要手段，但由于受测图次数和时间的限制而受到一定制约，而航道维护资料作为航道维护的第一手资料，能够真实反映实际航道条件的变化情况，二者的结合无疑是一种较好的枯期航道条件核查手段，能够相互进行补充验证。本研究基于上述两种方法，对荆江河段枯水航道条件进行了核查，鉴于“十二五”期间本河段航道尺度将达到 3.5m × 150m × 1 000m 的规划目标，本次航道核查以此规划尺度作为最小尺度标准。其中，航道测图的核查主要依据荆江河段各水道的测图（1∶10 000）资料（表 2–21），核查内容主要包括等深线贯通的最小宽度、等深线断开距离以及最浅点水深。

核查资料明细表 表 2–21

序号	水道名称	核查测次（1∶10 000 测图）
1	芦家河水道	2003 年 3 月，2004 年 2 月，2005 年 2 月，2006 年 10 月，2008 年 3 月，2009 年 3 月，2010 年 4 月，2010 年 12 月，2012 年 2 月
2	枝江水道	2001 年 11 月，2003 年 3 月，2003 年 4 月，2004 年 2 月，2005 年 2 月，2006 年 10 月，2007 年 3 月，2008 年 3 月，2009 年 3 月，2010 年 4 月，2010 年 12 月，2012 年 2 月
3	江口水道	2003 年 3 月，2003 年 4 月，2004 年 2 月，2005 年 3 月，2006 年 10 月，2007 年 3 月，2008 年 3 月，2009 年 3 月，2010 年 4 月
4	太平口水道	2003 年 3 月，2003 年 12 月，2004 年 1 月，2004 年 2 月，2004 年 11 月，2005 年 1 月，2006 年 2 月，2006 年 11 月，2007 年 2 月，2008 年 4 月，2009 年 2 月，2010 年 3 月，2010 年 12 月，2012 年 2 月

续上表

序号	水道名称	核查测次（1：10 000 测图）
5	瓦口子水道	2003 年 4 月，2004 年 1 月，2005 年 3 月，2007 年 3 月，2010 年 2 月，2010 年 12 月，2012 年 2 月
6	马家嘴水道	2000 年 7 月，2005 年 2 月，2006 年 8 月，2010 年 2 月，2010 年 12 月，2012 年 2 月
7	周公堤水道	2001 年 10 月，2004 年 2 月，2005 年 1 月，2007 年 10 月，2010 年 1 月，2010 年 12 月，2012 年 2 月
8	天星洲水道	1999 年 11 月，2001 年 10 月，2004 年 2 月，2005 年 1 月，2007 年 10 月，2008 年 10 月，2009 年 1 月，2010 年 12 月，2012 年 2 月
9	藕池口水道	1997 年 3 月，2004 年 10 月，2007 年 11 月，2008 年 10 月，2009 年 1 月，2010 年 3 月，2010 年 12 月，2012 年 2 月
10	碾子湾水道	1997 月，2005 月，2008 年 4 月，2009 年 1 月，2010 年 3 月，2010 年 12 月，2012 年 2 月
11	莱家铺水道	2009 年 3 月，2010 年 1 月
12	窑监河段	1998 年 11 月，1998 年 12 月，2001 年 12 月，2002 年 2 月，2005 年 11 月，2006 年 1 月，2008 年 1 月，2008 年 10 月，2009 年 5 月，2010 年 1 月，2010 年 12 月，2012 年 2 月
13	铁铺水道	2001 年 4 月，2003 年 2 月，2004 年 3 月，2005 年 4 月，2006 年 4 月，2008 年 4 月，2009 年 3 月，2010 年 1 月，2010 年 12 月，2012 年 2 月
14	尺八口水道	1997 年 4 月，2001 年 4 月，2003 年 4 月，2004 年 4 月，2005 年 3 月，2006 年 4 月，2007 年 4 月，2008 年 10 月，2009 年 4 月，2009 年 11 月，2010 年 12 月，2012 年 2 月

将核查成果与荆江河段枯水水位变化特点相结合，形成对航道条件的全面认识，各水道可维持航道尺度情况见表 2–22。

荆江河段主航道可维持航道尺度情况表 表 2–22

序号	水道名称	核查水深、航宽			
		3.5m×150m	4.0m×150m	4.5m×200m	5.0m×200m
1	枝城	○	○	○	○
2	关洲	◎	◎	●	●
3	芦家河	●	●	●	●
4	枝江	●	●	●	●
5	刘巷	○	○	○	◎
6	江口	●	●	●	●
7	大埠街	○	○	○	○
8	涴市	○	○	○	○
9	太平口	●	●	●	●
10	瓦口子	○	○	○	◎
11	马家嘴	○	○	○	◎
12	陡湖堤	◎	◎	◎	◎
13	马家寨	○	○	○	○
14	郝穴	○	○	○	○
15	周公堤	◎	●	●	●
16	天星洲	◎	◎	◎	◎
17	藕池口	◎	◎	●	●
18	石首	○	○	○	◎
19	碾子湾	◎	◎	◎	◎
20	河口	○	○	○	○

续上表

序号	水道名称	核查水深、航宽			
		3.5m×150m	4.0m×150m	4.5m×200m	5.0m×200m
21	调关	○	○	◎	◎
22	莱家铺	◎	◎	◎	●
23	塔市驿	○	○	○	○
24、25	窑集佬、监利（窑监河段）	●	●	●	●
26	大马洲	◎	●	●	●
27	砖桥	○	○	○	○
28	铁铺	◎	◎	◎	●
29	反嘴	○	◎	●	●
30	熊家洲	◎	◎	◎	◎
31	尺八口	●	●	●	●
32	八仙洲	◎	◎	◎	●
33	观音洲	◎	◎	●	●

注：1．“○”表示当前可以维持此航道尺度。
2．“◎”表示一般年份能够畅通，但存在不稳定性，难以长期维持的航道尺度。
3．“●”表示不能维持的航道尺度。

核查结果显示：对于3.5m×150m（水深 × 航宽，下同）航道尺度而言，有芦家河、枝江、江口、太平口、窑监、尺八口6个水道航道条件难以满足，而且，还有一部分水道由于存在洲滩岸线边界冲刷、支汊发展、水位下降等变化，航道条件仍不稳定，如关洲水道、陡湖堤水道、周公堤水道、天星洲水道、藕池口水道、碾子湾水道、莱家铺水道、大马洲水道、铁铺水道、熊家洲水道、八仙洲水道、观音洲水道；对于4.0m×150m航道尺度而言，碍航水道增加了周公堤、大马洲水道，而且，航道尺度不稳定的潜在碍航水道增加了调关水道；对于4.5m×200m航道尺度而言，碍航水道进一步增加了关洲、藕池口、反嘴三个水道，其他碍航水道的碍航程度大幅度增加且浅滩碍航水道的不稳定性更强；对于5.0m×200m航道尺度而言，碍航水道增加了莱家铺、铁铺、观音洲、八仙洲四个水道，碍航程度大幅度增加。

2.3.2.2 新水沙条件下上荆江航道条件变化特点

（1）部分淤沙浅滩航道条件有所改善

三峡水库蓄水前，沙卵石河段内的碍航问题主要是由于分汊放宽段汛期淤积大量泥沙，汛后冲刷不及而造成出浅。例如宜都、芦家河水道汛期主流均位于右汊石泓，左汊沙泓处于淤积区，当汛后主流逐渐退回左汊时，沙泓发生冲刷，若汛期淤沙过多或汛后退水过快，则航槽水深不足。水库蓄水后，沙量急剧减少，导致汛期淤积沙量有限，河床高程年内变幅减小，泥沙淤积所导致的水深不足问题逐渐消失。

（2）局部河段向宽浅方向发展，航道水深减小

从沙卵石河段内淤沙碍航浅滩变化情况来看，蓄水后水深条件总体得到好转，但局部河段洲体及边滩受冲刷，导致这部分河段向宽浅方向发展，航道条件恶化。如江口水道碍航部位位于吴家渡至七星台过渡段，在新的水沙条件下，河流从坝下区间河段获得粗沙补

给后，由于柳条洲洲尾冲刷崩退造成主流摆动，流态散乱，加上在吴家渡边滩处受中夹出流顶托，致使吴家渡边滩淤展，挤压航槽造成过渡段航宽严重不足而出浅碍航。

（3）局部河段“坡陡流急”现象仍然突出

由于河床抗冲性较强，芦家河河段局部深泓突起的地貌并未随着三峡蓄水后水沙条件的变化而发生改变，同时，沿程河床抗冲性差异将导致局部河段“坡陡流急”现象加剧，范围延长。目前，芦家河河段“坡陡流急”现象较为显著，最大流速接近3m/s，给船舶上行带来了极大的困难。三峡蓄水以来，芦家河河段“坡陡流急”现象还未发生明显恶化，但芦家河以下河段内水位下降幅度的沿程逐步增大，而芦家河进口的陈二口水位保持稳定，一旦芦家河出口的昌门溪水位下降，将使芦家河河段局部比降增大或陡比降区间增长。枝江—江口河段内局部比降已有增大的趋势。

2.3.2.3　新水沙条件下下荆江航道条件变化特点

（1）分汊段放宽段浅滩演变特点

微弯分汊段及河湾发展过程中形成的分汊段，如太平口水道、瓦口子水道、马家嘴水道，洲滩不稳定，在放宽段洪枯水流路不一致，受不同来水来沙条件影响，滩槽形态多变，浅滩水深不足、航槽不稳定。三峡蓄水后，冲刷逐步向下游发展，处于上荆江河段内的分汊河道江心洲（或心滩）头部和左右缘冲刷尾部淤积下延，边滩普遍冲刷显著；分流区的放宽段是冲刷较弱甚至淤积的河段，即使在近几年来径流量不大的情况下，部分河段仍然出现了滩槽皆淤的现象，这说明放宽段汛期淤积的规律在蓄水后仍然未得到改变。

（2）顺直过渡段浅滩演变特点

对于长顺直河段，浅滩的冲刷与边滩位置及规模、来水来沙条件密切相关。从三峡水库蓄水后各河段边滩的冲淤变化来看，顺直过渡段边滩受冲缩小、很不稳定，随着边滩的萎缩，河道展宽，局部航槽淤积逐渐明显，河槽向宽浅方向发展，航道条件趋于恶化。

2.3.3　航道条件与河道形态的关系

从河床演变分析来看，河道形态对航道条件起着至关重要的作用，在航道整治工程中，首先需要针对拟整治水道的河型确定预期的河道形态。下面针对荆江河段出现的三种河型，分别说明不同河型的河道形态与航道条件之间的关系。

2.3.3.1　顺直河型

以铁铺水道为例，铁铺水道上起四十丈、下迄新堤子，全长12km，是衔接洪水港弯道、反嘴弯道的长顺直过渡段。

三峡水库蓄水以前广兴洲边滩相对高大完整，过渡段航道条件较好，三峡蓄水以来过渡段河槽趋于宽浅，浅滩冲刷难度增加，但滩面刷低的同时深槽右侧河床不断淤积，至2007年10月上下深槽交错，3.5m水深对应宽度仅为100m左右，航道条件已出现恶化（图2–42）。

2.3.3.2　弯曲河型

以瓦口子水道为例，瓦口子水道平面形态为两头窄中间放宽的弯曲河型，该水道很不稳定，以深泓频繁摆动、洲滩往复性淤长与切割为主要演变特征，枯水期航槽频繁改道。当右槽发展时，易在瓦口子水道的进口、出口或放宽段存在浅滩，遇退水来不及冲刷时易出浅碍航（例如 1995 年）。若主泓位于左槽，野鸭洲边滩发育与金城洲连为一体时，航道及港区条件均较好，河道形态有利于航道条件（例如 1980 年，参见图 2-43）。

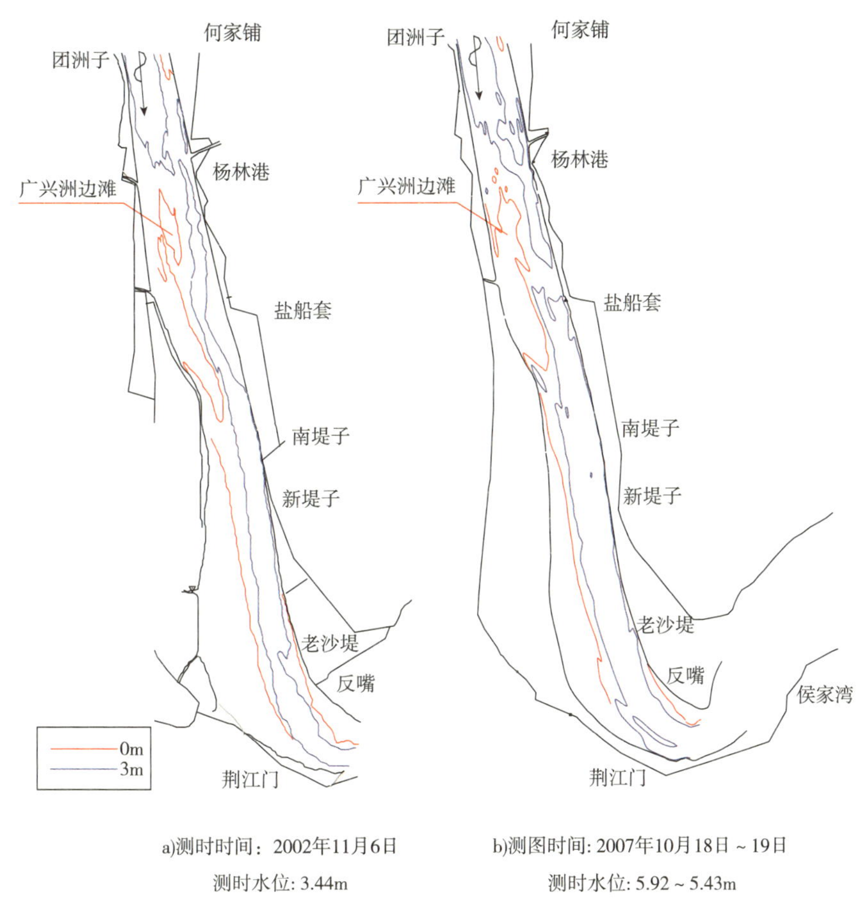

a)测时时间：2002年11月6日
测时水位: 3.44m

b)测图时间: 2007年10月18日 ~ 19日
测时水位: 5.92 ~ 5.43m

图 2-42 铁铺水道河势变化比较图

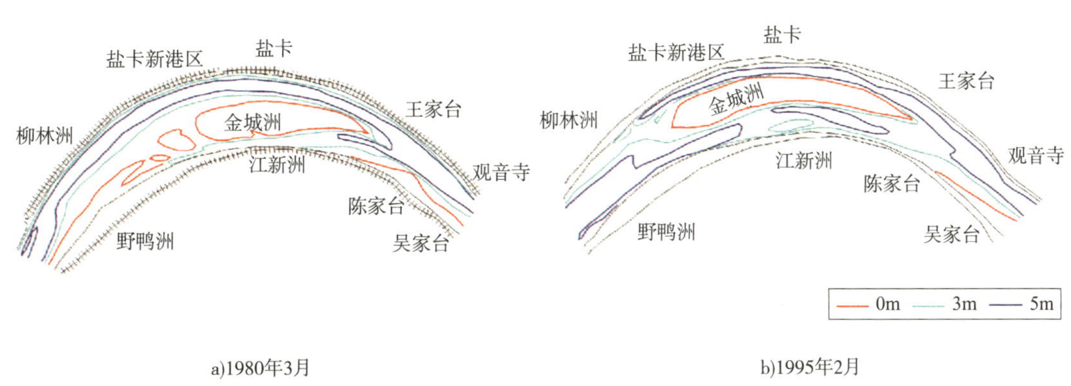

a)1980年3月

b)1995年2月

图 2-43 瓦口子水道河势变化比较图

2.3.3.3　分汊河型

以窑监河段为例，窑监河段位于长江中游的下荆江河段，属弯曲分汊河型，20 世纪 60 年代右汊乌龟夹开始形成，乌龟洲右侧在水流的作用下，逐年大幅度崩退和剥蚀。1974 年，乌龟洲头切割形成新槽。此后，乌龟夹迅速发展，并于 1972 年夏季辟为主航道，而左汊则进一步萎缩。到 1973 年乌龟洲已淤积与左岸相连，左汊枯水期基本断流，乌龟夹成为主汊。

1975 年汛后退水过程持续时间较长，新槽迅速冲刷发展、北移，同时乌龟洲继续崩退。到 1975 年枯水期，主流摆回左汊，但乌龟夹仍保持着一定的分流比，形成了两汊争流、相持的局面，参见图 2–44。

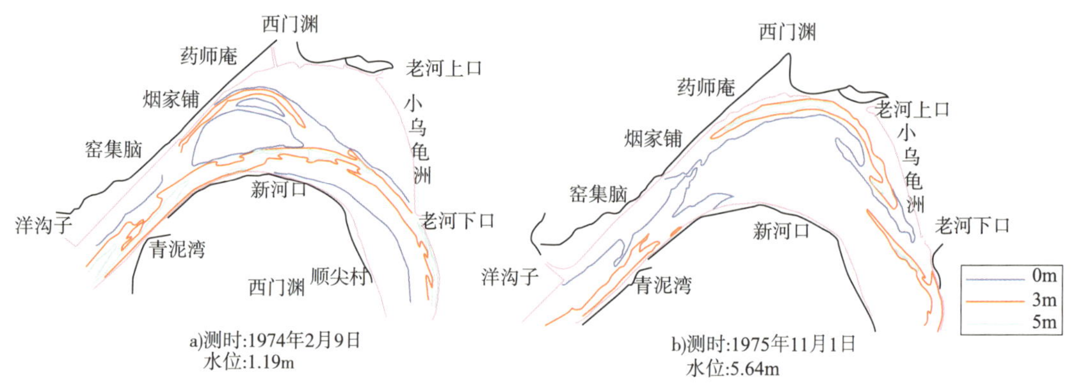

图 2–44　窑监河段河势变化比较图

2.3.4　碍航特性

根据荆江河段航道条件变化特点，结合河流动力学和河床演变基本原理，荆江河段以大埠街为界，上、下段碍航特性存在较大差异。

2.3.4.1　枝城至大埠街沙卵石河段

枝城至大埠街沙卵石河段存在卵石和淤沙两种类型的碍航浅滩。对于卵石浅滩而言，如芦家河沙泓、枝江上浅区，其碍航特性主要表现为：卵石河床高凸、难于冲刷下切，致使局部水深有限，出现“坡陡流急”的恶劣流态，且随着下游沙质河床水位下降的上溯传递，这些碍航问题还将随之加剧。对于淤沙浅滩而言，如枝江下浅区、江口水道，三峡蓄水后来沙减少，汛期淤积数量有所减少，其航道问题将得到较大缓解，但随着边滩、心滩的冲退或萎缩，以及航道尺度提高，水浅的问题依旧存在。

而且，枝城至大埠街河段是沙卵石河段枯水水位控制的关键节点，这一控制作用不仅关系到上游河段直到宜昌枯水水位的稳定，进而威胁葛洲坝三江下引航道的正常运行，也直接关系到卵石浅滩的航道条件。

2.3.4.2　大埠街至城陵矶沙质河段

大埠街至城陵矶段航道条件与洲滩的稳定密切相关。三峡水库蓄水后，洲滩冲刷、岸线崩退、支汊冲刷，局部河道向宽浅方向发展，主流摆动空间增大，在分汊口门、弯道段及两弯道之间的长直或放宽过渡段的航槽不稳定性加大，易造成浅滩水深不足。对于不同类型的河段，其碍航特性存在着较大差别。

对于分汊河段，如沙市河段、藕池口水道、窑监水道，由于航道的主要控制边界如江心洲洲头的冲刷后退及边滩的萎缩，造成分流处河道展宽、水流摆动空间增大，影响航槽位置及水深的稳定，使航道条件呈恶化之势。

对于弯曲河段，由于三峡水库蓄水后中枯水流量增加及凹岸冲刷受限，造成主流位置右偏，凸岸边滩存在着冲刷甚至切割的隐患，滩槽形势很不稳定，一些水道的河道形态已经呈现散乱的演变趋势，航道条件恶化，如莱家铺水道、尺八口水道等。

对于两弯道之间的长直或放宽过渡段，边滩冲刷、局部岸线崩退等现象的加剧，致使河道展宽、水流分散，浅滩冲刷难度加大，水深条件存在恶化趋势，一些水道河槽已经出现宽浅发展迹象，如斗湖堤水道、铁铺水道。

因此，荆江沙质河段一旦洲滩不稳，出现了崩岸或切滩现象，进而造成断面宽度明显增加，以及河床粗化，水流挟沙能力降低，浅滩段的航道条件有所恶化时，不但目前3.5m的航道水深难以保持，而且若不及早预防并加以治理，随着冲刷的延续，一旦洲滩形态破坏，治理难度将大大增加。

2.4 航道演变趋势分析

本节运用TK-2DC软件建立了枝江—江口河段、瓦口子河段、藕池口河段、窑监河段等典型河段的平面二维水沙数学模型，计算研究了荆江河段内不同河床组成、不同河型的河段的河床演变趋势，并结合对水沙条件变化特点、河床演变规律的认识，分析总结了荆江河段河床演变趋势。

2.4.1 枝江—江口河段演变趋势

2.4.1.1 河道概况

枝江—江口河段处于宜昌至大埠街沙卵石河段的末端，包括枝江、刘巷、江口、大埠街四个水道，其中，刘巷、大埠街水道较窄深，航道条件优良。

枝江水道属顺直分汊水道，中部有水陆洲将水道分为左右两汊，左汊为董市夹，由于其上口一带淤积严重，已多年未开放，右汊为沿岸主航道，存在上下两个浅区。上浅区位于陈家渡至肖家堤拐一带，河床主要为砾卵石夹硬质黏土胶结而成，一直较为稳定，难以冲刷，年际、年内冲淤幅度很小，一般在2m以内，绝大部分区域在1m以内。目前该处3.5m水深对应航宽不足150m。另外，由于上浅区自身难以冲刷，在下游沙质河床大量冲刷时有向坡陡流急方向发展的可能。下浅区位于肖家堤拐向左岸枝江市城下跨河过渡段中部，年内冲淤变化遵循“涨冲落淤”的规律，三峡水库蓄水运用以来，上游冲刷搬运至枝江水道的泥沙大幅减少，加上一期工程效果的发挥，枝江下浅区普遍冲刷，航道右摆，出口变得顺畅。

江口水道属微弯分汊水道，中部有柳条洲将水道分为左右两汊，左汊为支汊，习称江口夹，右汊为主汊。八十年代以前，江口水道航道条件较好，八十年代中期以后，江口水道的河势及平面形态发生了较大变化，吴家渡至七星台的过渡段形成沙埂，年内“涨冲落淤”变化，退水冲刷不及时会出现水深不足，出浅月份一般为12月至次年2月。三峡水库蓄水后，由于吴家渡边滩逐渐趋于狭长，并不断向河道内淤长，挤压航槽，造成了航宽极窄从而影响通航。一期工程实施后，江口过渡航槽有所拓宽，但遇大水年仍存在因为淤积而出现3.5m水深对应航宽不足的现象。

2.4.1.2　河床演变趋势

枝江—江口河段河床演变模型以2010年3月河段实测地形为起始地形，预测2010—2020年共10年的河床冲刷过程，计算时上游流量边界采用实测2009—2012年、2007—2012年水沙系列，下游水位边界以大埠街水位为控制，模型考虑了一期工程。

从图2–45及图2–46枝江—江口水道典型断面来看，冲刷幅度最大的2010—2012年期间，断面及重点浅区最大流速均有所减小，这与实际发生情况相符合。其后，流速逐渐增大，至2020年，设计流量下最大流速达1.64m/s，有可能对通航造成不利影响。

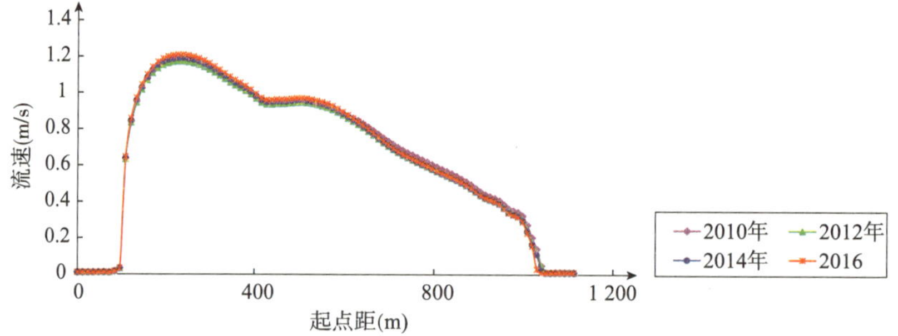

图2–45　不同时期枝江断面流速变化图（Q=5 300m³/s）

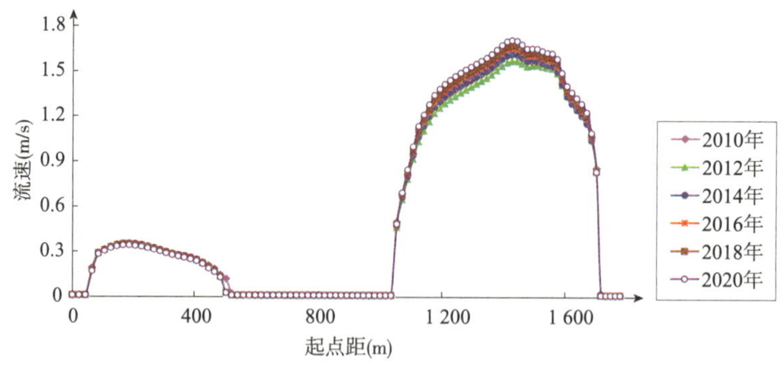

图2–46　不同时期下曹家河断面流速变化图（Q=5 300m³/s）

图2–47及图2–48给出了不同时期河段内冲淤平面分布图。由图可见，对于枝江河段，2010—2014年是枝江河段冲刷强度最大的时期，但受一期守护工程的作用，水陆洲中上段，尾部洲体31m等深线基本保持稳定，张家桃园边滩头部受一期工程的作用，变形幅度较小，中下段滩体冲刷后退，局部形成倒套，存在切割的可能。

对于江口河段，2012—2014年，柳条洲左汊、柳条洲尾部及吴家渡边滩附近大面积冲刷，冲刷厚度局部达到1.6m；2014年后，冲刷在柳条洲尾部及江口老洲等缓流区域继续发展，冲刷深度随时间不断增大。

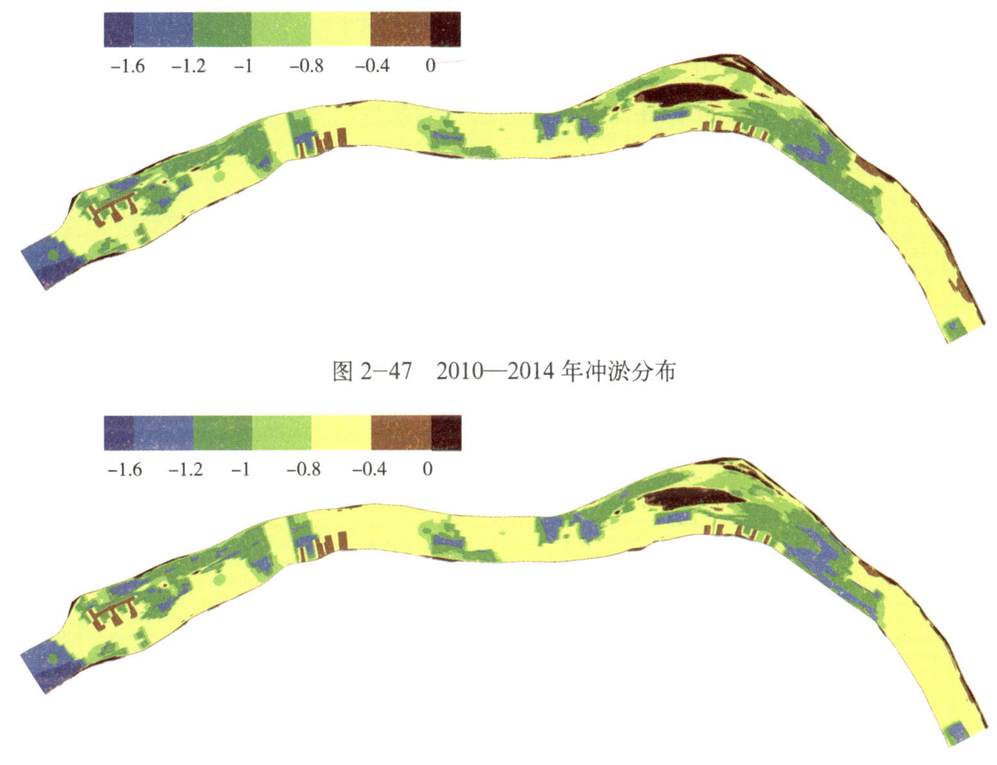

图 2-47　2010—2014 年冲淤分布

图 2-48　2010—2016 年冲淤分布图

2.4.2　瓦口子河段演变趋势

2.4.2.1　河道概况

瓦口子水道位于长江中游沙市河湾的弯顶一带，上起柳林洲、下至观音寺，长约11km，属微弯河型。本水道进口右岸有野鸭洲边滩，放宽段江中存在成型淤积体——金城洲，一般年份金城洲枯水出露，洪水淹没，当金城洲与右岸分离时将河道分为左右两槽。当主泓位于左槽，并且野鸭洲边滩发育与金城洲连为一体时航道及盐卡港区条件均较好，而右槽发展时在瓦口子水道的进口、出口或放宽段易形成浅滩，遇退水冲刷不及时则出浅碍航；当主泓走右槽时，右槽进、出口均存在浅区，且左槽淤塞，枯水期沿左岸各码头前沿水域与上下游进出港的航道尺度不足，船舶不能进、出港区作业，航道维护困难。目前金城洲左槽为主槽，右槽中上段已实施护滩工程。

2.4.2.2　河床演变趋势

瓦口子河段河床演变模型是在2010年10月份实测地形基础上，计算10年后该河段河势，上游流量边界采用实测2009—2012年、2007—2012年水沙系列，下游水位边界则根据监利站水位按照比降进行线性插值给定。

图 2-49 给出了瓦口子河段冲淤分布变化趋势。由图可见，水库运行 10 年间，“清水下泄”使河床持续冲刷，瓦口子河段大部分区域冲淤幅度基本在 5m 以内；金城洲头部和左右缘冲刷，尾部淤积下延（受冲幅度持续保持在 0.5m 左右），导致枯水河床展宽，并且金城洲的冲刷后退将使得分流点下移，过渡段也相应下移，航槽难以稳定。此外，瓦口子两汊皆冲，不利于水流集中冲刷左汊主航槽，加上金城洲头部进一步冲刷后，导致分汊放宽段更趋宽浅，滩槽形态恶化导致退水期流路摆动幅度增大，极可能出现汛后出浅现象，不利于航道条件的稳定。

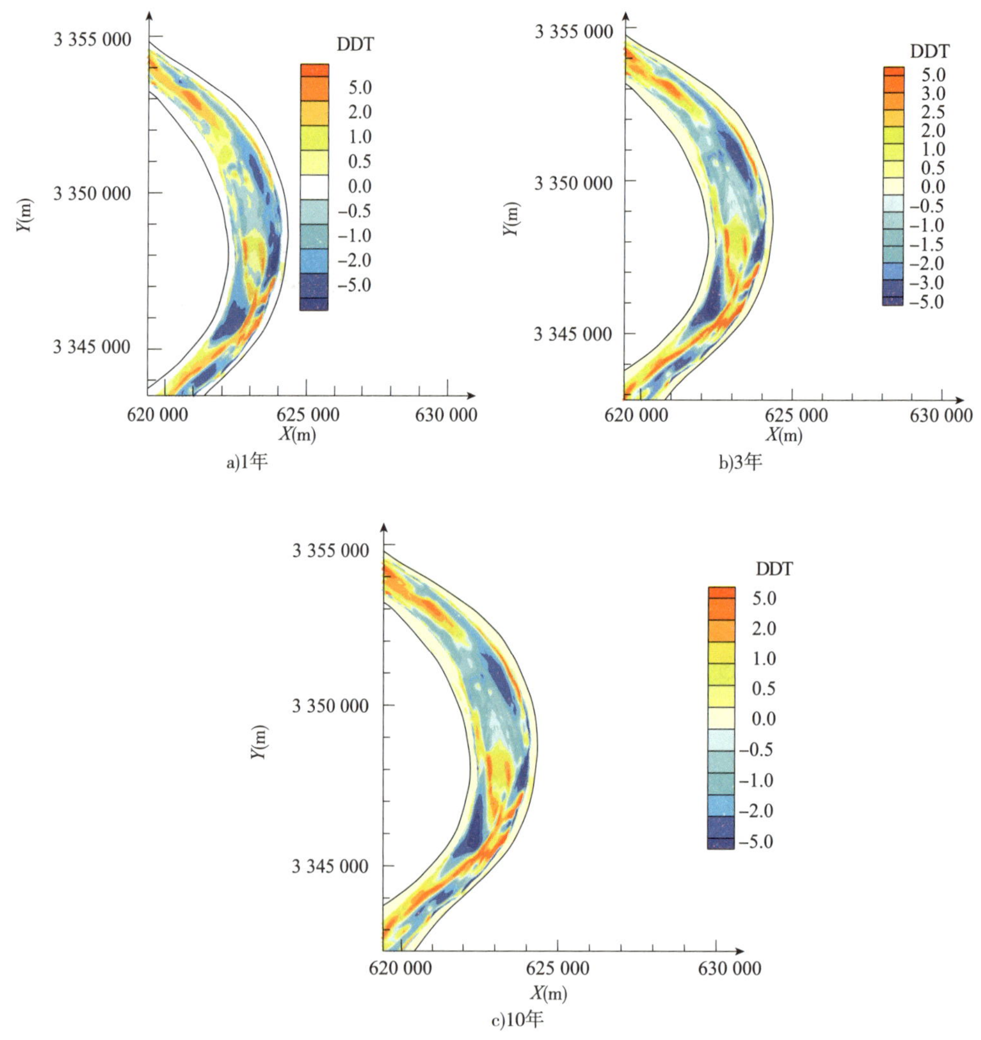

图 2-49 水库运行 10 年间瓦口子河段冲淤分布图

2.4.3 藕池口河段演变趋势

2.4.3.1 河道概况

藕池口水道位于石首河湾的上段，为放宽分汊河型。该水道进口左岸侧有陀阳树边滩，右岸为天星洲，河道自古长堤以下逐渐放宽，放宽段由藕池口心滩分为两汊，左汊又由倒口窑心滩分为两槽。藕池口水道尤其是中上段近期河床变化剧烈，演变主要表现为左右汊的周期性兴衰交替，伴随着藕池口心滩往复式生成、右移、右岸消失以及左岸的持续崩退、河道沿程展宽。目前主流稳定在左汊内，而右汊深泓挫弯右摆下移，趋于淤积衰亡。

近年来，天星洲洲体较为稳定，但洲体左缘受水流作用冲刷后退明显，为主流右摆提供了空间；加之对岸陀阳树边滩近年来不断冲刷下移，进一步挤压左槽主流不断右摆，致使进口段航槽难以稳定，特别是陀阳树边滩下移后会逐渐偏离左岸，形成新的倒口窑心滩雏形，新的左右槽形成后将使进口段主流难以集中，在其周期性演变规律的影响下，航道条件难以稳定。虽然一期工程初步稳定了左汊进口的滩槽格局和航道边界，但由于对右侧边界天星洲左缘的控制范围有限，未守护部分仍在崩退，深槽右摆明显，加之倒口窑心滩尚未控制，其左缘的冲刷后退，更加剧了深槽的摆动，进口河道向宽浅方向发展，水流趋向分散，可能再次出现多槽争流、各槽均不通畅的不利局面。

2.4.3.2 河床演变趋势

藕池口河段河床演变模型以 2010 年 10 月实测地形为起始地形，计算 10 年后该河段河势，上游流量边界采用实测 2009—2012 年、2007—2012 年水沙系列，下游水位边界则根据监利站水位按照比降进行线性插值给定。水库运行 10 年间藕池口河段冲淤分布图如图 2-50 所示。

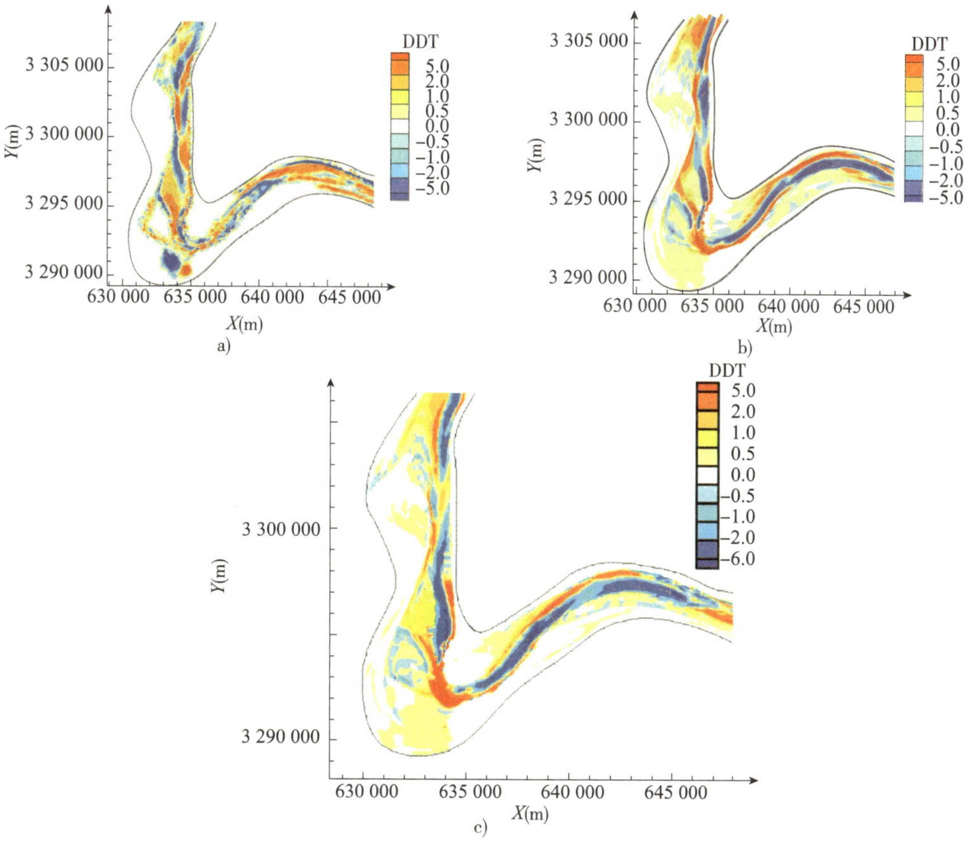

图 2-50 水库运行 10 年间藕池口河段冲淤分布图

藕池口河段内的主要变化一方面来自由三峡水库蓄水引起的冲刷，主要表现为河床冲深下切，另一方面由于汛期流量过程调平，中低水持续时间增长，不利于右汊的冲刷发展，对左汊的稳定有利，但是汛后退水期流量减小，不利于航槽冲刷，可能出现多槽。

三峡水库蓄水运用至2020年末，受河道边界条件的限制，藕池口河段的分汊格局不会改变，将继续维持两汊并存、左汊为主的局面。但同时，由于三峡水库蓄水，来水来沙条件改变，“清水下泄”仍将导致藕池口河段的冲刷，河床演变过程变得更加复杂，藕池口航道存在不稳定性，变坏的可能性增加。陀阳树边滩受到冲刷，滩体持续下移；陀阳树至古长堤段河道左冲右淤，主流带有一定程度的左移；左槽进口过渡段不断下挫右摆，不仅造成了倒口窑心滩头部及左缘的冲刷后退，还导致了滩面的刷低，头部及左缘就处于逐渐冲退的状态，河床向宽浅化发展，过渡段水流进一步趋向扇形发散，航道条件出现不利变化；藕池口心滩左缘迎流条件较为不利，2014年开始左缘冲退，左上部分的滩面刷低，整个滩槽格局非常散乱，放宽段出现多槽争流，各槽均不畅通的局面。

2.4.4 窑监大河段演变趋势

2.4.4.1 河道概况

窑监大河段包括窑集脑、监利、大马洲3个水道。监利水道内存在乌龟洲将河道分为左右两汊，目前右汊乌龟夹分流比稳定在90%左右，但分汊口门及乌龟夹内滩槽形势很不稳定，并引起下游大马洲水道深泓摆动、滩槽形态调整。

三峡工程蓄水以来，乌龟洲洲头心滩受冲左移，乌龟夹进口河床展宽，出现多槽争流的碍航局面；乌龟洲洲体“南崩北扩”，主流随之坐弯左摆，顶冲太和岭矶头，既造成下深槽宽浅变化，也改变了下游大马洲水道入流条件。鉴于此，航道部门先后实施了窑监河段航道整治一期工程和乌龟洲右缘中下段守护工程，稳定了乌龟夹左边界，改善了航道条件，使航道尺度初步实现3.5m×150m×1 000m的设计标准。

一期工程实施后，新河口边滩的变化直接决定着乌龟夹进口过渡段航道条件的好坏，当边滩较为低矮、散乱且位置靠下时，过渡段放宽，易形成多槽，此时航道条件较差。但是由于新河口边滩极不稳定，且头部极易受到冲刷，乌龟夹进口主流仍然不能集中冲槽，已有工程的效果难以保证，航道条件仍将变差。而且，受太和岭矶头挑流影响，大马洲水道进口深泓逐年右移，右岸侧丙寅洲高滩崩塌、上深槽右摆，主流过渡段相应下移，引起左岸大马洲高滩崩塌、下边滩头部冲刷后退，致使该处河道展宽的同时下深槽左摆，形成上、下深槽交错的局面，加上上游冲刷泥沙在此落淤，航道条件急剧恶化。目前，大马洲水道3.5m等深线最小宽度仅为180m，4m等深线断开。如果任其发展，航道尺度将难以满足3.5m×150m的规划要求。

2.4.4.2 河床演变趋势

窑监大河段河床变形趋势预测计算以2010年10月份地形作为起始地形，上游流量边界采用实测2009—2012年、2007—2012年水沙系列，下游水位边界则根据监利站水位按照比降进行线性插值给定。水库运行10年间窑监河段冲淤分布图如图2–51所示。

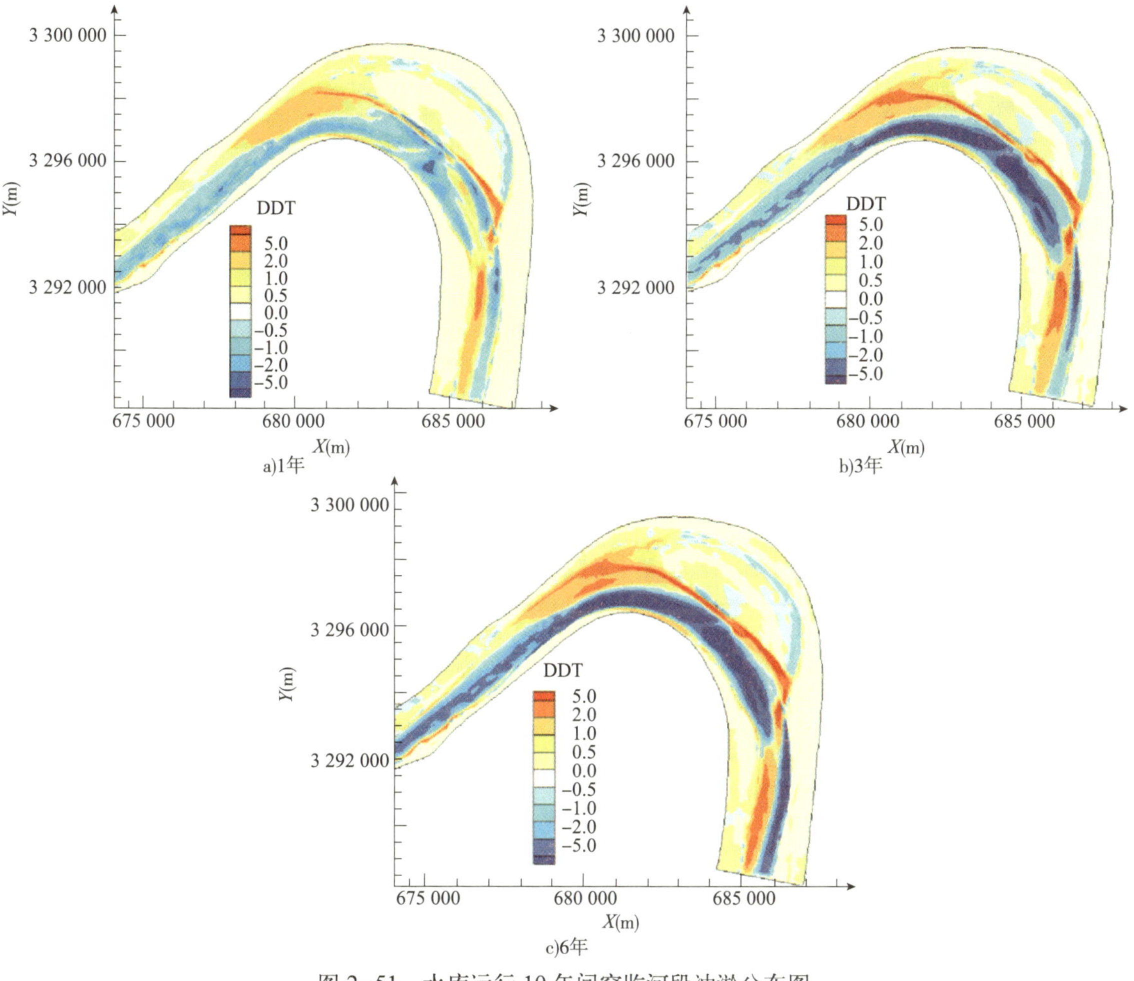

图 2–51 水库运行 10 年间窑监河段冲淤分布图

三峡水库蓄水运用至 2020 年末，主流仍保持在乌龟夹，主支汊的格局没有发生根本变化，碍航河段仍主要存在于乌龟夹进口段，碍航问题主要是由于分汊放宽段淤积大量泥沙以及乌龟夹进口汛后冲刷不及时造成的。随着水库运用年限的增加，洋沟子边滩淤积，右侧深槽冲刷，新河口上游深槽有逐渐下移的趋势，但乌龟夹进口段交错浅滩碍航的态势仍然存在；乌龟洲洲头有所淤积，洲头心滩前缘冲刷，滩体下移向洲头靠近；至 2020 年末，洋沟子边滩进一步淤积，与乌龟洲头的心滩连接，这有助于限制乌龟洲左汊发展；在乌龟夹进口处，新河口右侧边滩冲深 4 ~ 5m，头冲尾淤，进口河槽放宽，航道条件向不利方向发展，进口段交错浅滩进一步发展，而乌龟夹出口段，随着新河口边滩尾部淤长，航深增加，但航槽变窄。

2.4.5 荆江河段河床演变趋势总体分析

根据荆江河段水沙变化特点以及河床演变特点，结合典型河段河床演变趋势计算分析，预计今后荆江河段总体河势变化不大，仍将继续发生适应性调整，总体仍以冲刷为主，沿程水位仍有不同程度的下降。

（1）荆江河段将继续发生适应性调整，总体仍以冲刷为主，沿程水位有不同程度的下降，河床粗化。

三峡水库拦蓄了全部的推移质泥沙和悬移质中的大部分粗颗粒泥沙，已有研究预测水库运用10年，平均排沙比约为30%，出库泥沙粒径小于0.01mm的占54%以上，大于0.1mm的仅占0.23%；水库运行至70～80年，水库淤积才接近平衡，粒径大于>0.1mm的粗沙也只达到建库前水平的37.6%。而荆江河段河床主要由中细砂组成，且沙层较厚，因此，在来沙较小的情况下，本河段仍将以冲刷为主。

根据三峡蓄水后长河段一维数学模型计算成果，水库下游河床冲刷自上而下发展，河床冲刷将经历长期调整过程。其中，太平口以上的沙卵石河段河床冲刷粗化较快，蓄水后20年，该河段冲刷已经基本完成（表2-23）；沙市以下沙质河床主要通过断面变化、增加水深、减缓比降等方式抑制冲刷，蓄水后20年仍未完成，而根据已有长系列计算成果，需要30～40年的时间该河段方能达到最大冲刷。

三峡建库后20年宜昌—城陵矶分段冲淤量表（单位：亿t）　　表2-23

运用年限（年）		10	20
河段	宜昌—松滋口	−0.74	−0.91
	松滋口—太平口	−0.885	−1.135
	太平口—藕池口	−1.629	−2.445
	藕池口—城陵矶	−2.36	−3.807
	宜昌—城陵矶	−5.614	−8.296

随着水库年淤积量减少，水库逐渐趋于冲淤平衡，下泄沙量增加，坝下游河床又会向相反的方向转化，发生回淤，一般回淤现象在水库淤积达到基本平稳之前就可发生。三峡建库后，下游河道将经历“冲刷—平衡—回淤”的发展过程，目前的研究成果认为荆江河段回淤基本发生在建库60年左右。

从已有的长河段一维数学模型计算成果来看，三峡蓄水初期，近坝段冲刷较剧烈，河床下切，水位下降较快。随着水库运用时间的增加，冲刷下移，下荆江河段发生强烈的冲刷，而且上游水位受其影响也有进一步降落，但降落幅度较小。从表2-24可以看出，宜昌段床沙为卵石夹沙，表层泥沙粒径较粗，河床粗化迅速，冲刷很快停止，水位下降幅度有限；沙市段河床组成为中细沙，卵石含量不大，因此本河段水位下降相对上游段较大；由于受下游城陵矶水位顶托的影响，监利段水位下降和下荆江上段相比略小。

不同时段各站水位变化值（Q=5 000m^3/s）（单位：m）　　表2-24

时段＼水位站	宜昌	沙市	监利
10年末	−0.23	−0.87	−0.40
20年末	−0.33	−1.10	−0.79
30年末	−0.39	−1.30	−1.06

随着冲刷的自上而下发展，荆江河段各断面的床沙中值粒径不断变粗，20 年末，太平口以上河段河床粗化基本完成，河床中值粒径由 0.18mm 增至 0.65mm，太平口以下河段为中细沙河床，中值粒径由 0.17mm 增至 0.56mm。床沙粗化，水流挟沙能力降低，客观上将增加浅滩退水过程中的冲刷难度。

（2）总体河势变化不大，局部仍将有所调整。

大埠街以上的荆江河段，河床由沙卵石组成，由于两岸护岸工程控制，两岸抗冲性较强，总体河势较为稳定，目前护岸建筑物的抛石护脚已达到深泓高程，预计只要进一步加强防护，侧蚀不可能大规模发展，主要以深蚀为主。因此，上荆江以上河段平面形态不会发生大的变化。

在天然条件下，上荆江河势除局部调整外，一般是较稳定的。三峡蓄水后，对汊道变化作用大的大洪水经水库蓄洪后会被削减，河床粗化，三峡水库下游冲刷将使上荆江河势在基本格局上进一步稳定。

大埠街以下，河床、江心洲及两岸大多由沙及黏土组成，抗冲性较弱，但长期以来的人工护岸、堤防工程建设、民垸守护等人类活动，对控制河道总体走向、限制河道平面摆动的关键岸线，如弯道的凹岸岸线等大部分主流顶冲及贴流段进行了守护，河道的总体河势格局得到基本稳定。在此基础上，航道部门近期对一些滩槽很不稳定的水道实施了航道整治工程，对部分抗冲能力弱的高滩岸线、江心洲、中低滩及不稳定的汊道进行了守护，进一步促进了总体河势格局的稳定。

长江下荆江河段是典型的蜿蜒河段，三峡水库蓄水后，将同时发生深蚀与侧蚀，但由于护岸工程的作用，主要以深蚀为主，河型不会发生大的变化。

从水沙条件变化来看，在冲刷过程中，由于粒径小于<0.01mm 的细颗粒基本能全部排出库外，凸岸高滩能够淤还，该段不致发展成为宽浅分汊型。其次，特大流量由于水库调洪而减少且洪峰涨落平缓使淤滩不易被冲失，而一定的流量变幅则使滩面有出露密实的机会，这些均有利于弯曲河段的发育和保持。三峡水库蓄水后，侧蚀也将发生，但由于护岸工程的影响，侧蚀的部位将仅在宽阔段的河漫滩段发生，其他河段将主要以深蚀为主。

从河势的变化趋势来看，三峡水库蓄水后，下荆江的冲刷量和冲刷深度均较大。由于河流槽宽的绝对值也会有所加大，将来下荆江弯道处可能出现小的心滩和边滩，也可能会发生一些撇弯和切滩。

目前上荆江微弯分汊、下荆江限制性弯道的总体河势格局基本稳定，但三峡蓄水运用以来，部分未守护的顺直段两岸岸线、弯道的凸岸边滩及所依托的岸线、弯道凹岸的岸线、分汊河段的江心滩仍处于冲刷崩退状态，荆江河段局部主流仍有较大幅度的摆动空间，局部河势有所调整，部分单一顺直河段、弯道段河槽将进一步展宽，河心逐步形成心滩的趋势明显。

（3）对于沙卵石河段，表层泥沙粒径较粗，河床粗化迅速，冲刷较快停止，水位下降幅较沙质河段小。另外，沙卵石河段局部坡陡流急、水浅问题将更加突出，航道条件向不利方向发展。

目前沙卵石河段主要存在局部坡陡流急与水浅问题，这两方面的问题都与河段内水位的变化趋势密切相关。根据相关研究成果，随着三峡水库 175m 蓄水后，未来河床仍将持续冲刷发展，其中枝江以上由于可冲泥沙有限，而枝江以下由于可冲层较厚，尤其是下曹家河至七星台一带，未来几年仍存在较大幅度的冲刷，河床冲刷下切将引起下游沙质河段水位下降幅度的向上传递，以芦家河水道出口昌门溪处为例，枯水水位在目前的基础上还将有 0.6 ~ 0.7m 的下降幅度。

由于芦家河水道节点的存在，水位下降向上传递虽然很难影响到芦家河以上的河段，但是会直接恶化芦家河水道及其以下河段的坡陡流急与水浅问题，一方面，芦家河沙泓与枝江上浅区河床底高床硬，难于冲刷下切，水位的下降值等同于水深的减少值，本已十分有限的水深条件将进一步恶化；另一方面，随着水位的下降，局部浅点如芦家河沙泓的水位控制作用将趋强，其上游的水位下降幅度小于下游，从而或者表现为比降加大、水流变急，又或者表现为大比降、大流速区域的扩大，总之坡陡流急现象随着水位下降而更加突出。

（4）沙质河床局部岸线崩退、切滩等现象仍将继续，部分河段滩槽稳定性较差、航道条件趋于不稳定。

①对于沙质顺直分汊河段，演变趋势主要表现为边滩冲刷后退、主流摆动加大、河床宽浅化、航槽冲刷移位。如藕池口河段内心滩（倒口窑心滩）和低矮边滩（陀阳树边滩）发生冲刷，河床向宽浅方向发展，过渡段水流进一步趋向扇形发散，航道条件出现不利变化；江中滩体冲蚀（如藕池口心滩左缘冲刷后退），放宽段出现多槽争流、各槽均不畅通的不利变化。

②对于沙质微弯分汊河段，该类型河道态势不稳定，深泓摆动频繁、心滩头部和左右缘冲刷，尾部淤积下延；由于含沙量减少，主支汊均处于冲刷发展的态势，分流比的变化取决于主支汊冲刷发展幅度和滩型变化特点。如瓦口子河段，两汊皆冲，不利于水流集中冲刷左汊主航槽，金城洲洲头受冲下移，导致枯水河床展宽，并且金城洲的冲刷后退将使得分流点下移，过渡段相应下移，航槽难以稳定。滩槽形态恶化导致退水期流路摆动幅度增大，极可能出现汛后出浅现象，不利于航道条件的稳定。

③对于沙质弯曲分汊河段，由于受护岸工程的影响，该类河段河势一般较为稳定，只要不出现大幅度的凸岸边滩切割现象，航道条件一般较其他河型要好。如窑监河段主支汊的格局没有发生根本变化，主流仍保持在乌龟夹；乌龟夹进口处，新河口右侧边滩冲刷，进口河槽放宽，航道条件向不利方向发展，碍航河段仍主要存在于乌龟夹进口段；而乌龟夹出口段，随着新河口边滩尾部淤长，航深增加，但航槽宽度变窄。

三峡工程已实现蓄至 175m 的目标，其枯水期流量补偿效益已充分的体现，而补偿能力进一步提升的空间也已十分有限。然而，由于库区远未达到淤积平衡状态，“清水下泄”还将长期维持。对于荆江河段来说，其上游至大坝的区间河段泥沙补给量将逐渐衰减，所以上游来沙还将进一步减少，荆江河段河床的适应性调整也将随之深化发展，演变的速率也将加快。

由于荆江河段的河岸与洲滩的组成较河槽更细，抗冲性更弱，在未来上游来沙进一步减少的条件下，河道侧蚀的不利变化趋势还将深入发展，低滩加速萎缩，高滩加速崩退，如三八滩滩体迅速萎缩，面积由蓄水前的 2.24km^2 缩小为 0.33km^2，又如中洲子高滩岸线蓄水后平均每年崩退近 20m。并且洲滩迅速冲刷导致主流也相应摆动，一些河段的侧蚀速度还将大大加快。比如河段内凸岸边滩冲刷（碾子湾、莱家铺、窑监等）引起水流相应偏向凸岸，导致刷萎缩速度将进一步加快；高滩崩退也会导致滩体前缘过流加强，高滩的稳定性也将进一步变差。

随着河道侧蚀展宽，主流摆动空间加大，水流难于集中稳定冲槽，航道条件将日趋恶化，尺八口水道近几年的演变就印证了这一点，该水道的不利变化始于凸岸边滩根部的逐渐冲刷，航道条件的突然恶化则是由于边滩根部漫滩水流强度增加到一定程度后，滩体被切割，两槽争流导致水流分散难于冲槽而出浅碍航。又如斗湖堤水道一直为传统优良水道，左岸崩退造成枯水河槽展宽，已经引起了该水道航槽大幅淤窄。类似的现象在太平口、周天、碾子湾、莱家铺、大马洲、铁铺等水道（河段）也在逐渐显现。

3　荆江河段航道系统治理基本原则和方法

3.1　新水沙条件下荆江河段航道整治原则和方向

3.1.1　航道整治时机研究

荆江河段的河流受上游来水来沙的变化，河道中的洲滩也不断变化，对于航道整治工程来说，有利时机稍纵即逝。由于不同的洲滩布局将对航道通航条件产生不同的影响，因此，对于航道整治工程而言，利用河道演变过程中对航道的通航条件有利的洲滩布局（即有利时机）进行航道整治，是实现整治目标的有效手段。

自三峡水库蓄水运用以来，整个坝下游河床处于调整期，经相关单位数学建模计算结果得到，该调整期将会为相当长一段时间，在该阶段不适合进行一步的航道整治工程，但是目前许多重点水道的航道条件已向不利趋势变化，碍航问题又十分突出，急需采取控制措施，随着三峡蓄水运用时间推移，来沙减少，洲滩进一步冲蚀萎缩并且难以恢复，因此，为了遏制三峡工程蓄水运用后各重点水道的航道条件向不利方向发展，需要对现有对航道条件有利的洲滩进行守护，同时，也为今后河床达到平衡后实施后续整治工程奠定重要基础。

航道整治的实施应该存在一个有利的时机，下面针对顺直、弯曲、分汊三种河型进行有利整治时机的分析。

（1）顺直河道的整治时机

以铁铺水道为例，该河段自 2003 年以来，广兴洲边滩上冲下淤且冲刷部位不断下移，至 2010 年 12 月，边滩主体位置较下，滩头滩体基本冲散，伴随着边滩的大幅冲刷，主流摆动增强，局部深槽发生不同程度及范围的淤积，河床的不利调整逐渐明显。同时，何家铺边滩为洪水港弯道凸岸边滩的下段，近期边滩滩尾总体上有所上提，其中，2003—2010 年，何家铺边滩尾部与广兴洲边滩头部之间的距离增加 1.1km，这一变化对过渡段水流集中冲槽不利，至 2010 年 12 月上下深槽交错，航道条件出现恶化。通过河床演变分析，对于铁铺水道而言，河道两岸的上下边滩的高大完整是枯水航槽位置稳定、浅滩冲刷的有力保证，同时也是保障良好航道条件的重要因素。

由此分析，一般对于顺直河道而言，当两岸的上下边滩均高大完整时，航道条件良好，当任一边滩冲刷下移时，航道条件逐渐趋于不利。对该类河道而言，当两岸边滩高大完整时，只对边滩进行守护即可以保证良好的航道条件，当任一边滩下移后再进行航道整治，则需要较强的工程措施，促使其在已经下移的边滩在原位置形成高大完整的边滩，这样将花费大量的时间和费用，同时其整治效果也不一定能得到保证。因此，为保证航道条件较好，对该类河道有两种最为有利的整治时机：一是河道两岸的边滩均高大完整，这时是该河段最有利的整治时机；二是两岸的边滩有一个高大完整，对该边滩而言，此时即为有利的整治时机，而对另一边滩而言则不是有利的整治时机，当另一边滩逐渐演变至高大完整时，为另一边滩的有利整治时机。

（2）弯曲河道的整治时机

以瓦口子水道为例，由于金城洲滩体年际间变化较大，主要以凸岸边滩、斜跨江心的洲滩、不完整江心滩、完整江心滩等四种形态交替出现，河床很不稳定，深泓在河道内频繁摆动，随着河床形态的不同，瓦口子水道浅滩形态各异，航道条件变化明显。

当金城洲洲头与右岸野鸭洲边滩相连时，以凸岸边滩形态出现，此种滩型右槽为倒套河槽，枯季汊道不发育，主流的深泓位于左槽，此时航槽单一，水流集中，一般不会出现浅滩；当金城洲为斜跨江心的洲滩形态时，洲尾与右岸新四弓边滩相连，此种滩型右槽有所发育，并以窜沟形式存在，但主流的深泓位于左槽，此时浅滩开始发育，但未成形，因此不会出现碍航现象；当金城洲枯季呈不完整江心滩形态时，洲中或有窜沟，此种情况瓦口子水道呈微弯分汊形态，左右槽道相互争流，但右槽发育不及左槽，左槽仍为主航道，此时，易在左槽进、出口处形成浅滩，形成较严重的碍航状况；当金城洲为独立完整的江心洲形态且偏靠左岸时，金城洲汊道河段呈枯水分汊河床形态，此时左汊（槽）淤积，航宽水深不足，右汊（槽）枯季充分发育，浅滩一般位于进口和中段，碍航情况严重。因此，金城洲滩体的位置对该河段的航道条件的影响很大，随着金城洲滩体由凹岸向凸岸不断的变动，航道条件逐渐变好。

由上述分析可知，一般来说，在弯曲河道凹岸边界条件比较稳定的情况下，当弯道中滩体依附于凸岸时，航道条件较好。因此，此时为弯曲航道有利的整治时机，应控制已依附于凸岸的滩体再次向凹岸方向的转变。

（3）分汊河道的整治时机

以窑监河段为例，从主支汊转换过程来看，伴随着左岸的崩退、乌龟洲的发展、切割以及河段主流的摆动，窑监河段主支汊转换遵循周期性的规律：右汊新生→断面扩大→深泓线左移→流路弯曲增长→右汊衰亡→新的右汊再生，如此周而复始，但分汊河段的形式始终保持不变。

在主支汊相互转换过程中，往往在各汊道的进口附近产生浅滩，而该浅滩的存在及形态对航道条件产生不同程度的影响。该水道自 1995 年汛后乌龟夹发展为主航道以来，主流由上深槽而下直接进入乌龟夹，汛后退水初期在乌龟夹进口形成正常浅滩，随着水位的下降，一般靠自然冲刷均能满足通航要求。但从 2000 年以来，汛期高水位持续时间较长，乌龟洲头和右缘受高水位的顶冲不断崩塌后退，乌龟洲头出现心滩，使乌龟夹不断扩展，泥沙大量淤积在口门，形成散乱型浅滩，自然水深严重不足，碍航十分严重。通过河床演变可以看出，窑监河段的碍航情况主要是由于乌龟洲洲头及右缘的冲刷后退，汊道进口形成散乱、交错及复式浅滩而引起的。因此，如何防止该河段乌龟洲洲头及右缘的冲刷后退问题是解决该河段碍航问题的重要所在。

对于一般分汊河道而言，当江心洲的洲体一般较为高大完整（特别是洲头心滩较为高大且位置较为稳定），束水作用较强，水流集中冲槽，航道形势较好时，汛后基本不会出现碍航现象；当江心洲的洲体高程较低（特别是洲头的冲刷崩退以及洲头心滩的冲刷降低、滩体位置的不稳定），束水作用较弱，水流分散，容易出现多槽争流的局面时，航道形势较差，汛后将会出浅碍航。因此，对于分汊河道而言，在江心洲的洲体较为高大完整时，及时对江心洲进行守护是该河段最有利的整治时机，而在洲体高程相对较低时进行航道整治，往往事倍功半。

综上所述，在河床演变趋势预测分析的基础上，选择对航道条件有利的滩槽格局进行整治将会达到事半功倍的效果。

3.1.2 新水沙条件下荆江河段航道整治原则

3.1.2.1 新水沙条件下长江中游典型河段航道整治面临的新问题

（1）宜昌及沙卵石河段水位下降

三峡蓄水以来，受到沙卵石河段河床粗化糙率增加以及局部节点河段壅水等多种因素的作用，宜昌枯水位在 2009 年以前基本保持稳定，但随着下游沙质河床的进一步冲刷及水位下降，局部具有控制作用的卡口河段而稳定性减弱，宜昌枯水位在 2009—2010 年度又有较大幅度的下降，河床沿程冲刷引起的水位下降问题已日趋严峻。

（2）河道边界的不稳定性加剧

近年来岸线变化部位多在两弯道顶冲段间的过渡段边滩，其中有的位于凹岸顶冲段上、下游，有的则位于凸岸边滩，这些地段岸线变化多是由于近期左右汊分流比有较大变化引起的。这些边滩大多未实施守护或零星少量守护，岸线的崩退在三峡工程蓄水前均已显现。而两弯道间的二（多）次过渡段，如南五洲、茅林口、古长堤、盐船套岸线也是由于没有守护或零星有少量守护，近几年均有不同程度的崩退。三峡工程蓄水运用后，河道边界的不稳定性有所加剧，崩岸不仅发生在未护岸段，已护岸段同样发生了崩岸，如石首河湾向家洲护岸段、窑监河段的团结闸护岸段均发生了较大规模的崩岸。

（3）洲滩退蚀，滩槽格局变化

在未来上游来沙进一步减少的条件下，河道侧蚀的不利变化趋势还将深入发展，低滩加速萎缩，高滩加速崩退，洲滩迅速冲刷导致主流也相应摆动，一些河段的侧蚀速度还将大大加快。随着河道侧蚀展宽，主流摆动空间加大，水流难于集中稳定冲槽，航道条件将日趋恶化。随着三峡水库 175m 蓄水，清水下泄造成水位下降、滩槽格局的破坏等不利变化还将深入发展。在目前的水沙条件下，河段内各水道的不利变化逐渐积累，随时可能引发滩槽格局与航道条件的突然恶化，滩槽格局一旦破坏，自然恢复的可能性极低，治理难度和成本将成倍增加。所以，对荆江河段中不满足规划要求的水道及时实施整治十分必要，同时对于目前航道条件尚好但洲滩出现不利变化的水道实施整治也是十分紧迫的。

（4）上下游河势相互影响

三峡蓄水后，下游河道冲淤演变剧烈程度沿程减弱，而不同河型河段对三峡蓄水影响的反映也存在差异，由于上下游河段之间演变具有关联性，相邻河段平顺衔接的河势可能发生相应的调整。相邻河段演变的关联性包括两个方面，其一是水流特性相关联，其二是洲滩演变相关联。在荆江河段大埠街以上的沙卵石河段，这种关联性表现为前者，主要是枯水水位变化的沿程传递；而在大埠街以下的沙质河段，关联性则主要表现为后者，即上下游河段洲滩演变的相互影响，初步分析认为，虽然大埠街以下节点甚少，但杨家厂、塔市驿两处长窄深河段仍起到了限制上下游影响的作用。

3.1.2.2 新水沙条件下荆江河段航道整治原则

由于三峡水库要相当长的时间才能实现进出库输沙平衡，从某种程度上讲，蓄水以后荆江河段出现的不利变化具有不可逆的特点。因此，为确保航道畅通，响应国家发展内河水运的大战略，对荆江河段进行全面治理是十分必要的。考虑将来航道尺度的发展、单滩局部与整个河段的综合治理、防洪及环境影响等，总结多年的整治经验与教训，根据荆江河段碍航特性、河床演变特点与趋势，并结合外部建设条件，提出了适合新水沙条件下荆江河段系统航道的整治原则。

（1）新水沙条件下荆江河段系统航道整治原则

①统筹考虑工程治理效果与工程对荆江防洪、生态环境及其他水事权益的影响，主体工程配备必要的专项辅助工程，实现综合治理。由于长江水量极大，航道治理必须顺应河流自身的塑造力量；同时，荆江河段既是防洪重点，也有数处环境保护区，其他取水等水事权益也十分复杂，必须兼顾，这是确保治理方案可行性的前提。因此紧密结合水利部门河道治理规划，依托已实施的长江河势控制工程和已建的航道整治工程，充分考虑对防洪、水利、港口码头、生态环境等各方面的影响及两岸经济发展的需要，合理布置工程。

②系统格局保护与浅滩治理两方面的工程措施，注重上下游平顺衔接，稳定有利河势，引导冲刷发展方向，趋利避害的发掘三峡工程下泄清水在荆江河段的航槽塑造能力。荆江河段是整体性较强的河段，不仅河段内各浅滩的演变与上下游具有较强关联性，同时同种河型浅滩的演变还具有一定的相似性，这就要求对荆江河段的治理必须开展系统研究、系统认识。在此基础上，确定治理方案的过程中也应系统考虑工程对上下游的影响，以及工程与上下游河段内工程的相互关系等，做到系统布局，系统解决荆江河段所存在的航道问题。

③遵循河道自身的调整规律，循序渐进地实施航道治理，逐步实现上、下游航段航道水深的对接。循序渐进荆江河段治理步骤上的推进策略，一方面沿线经济发展对水运需求有一个逐渐提高的过程，航道治理必须远近结合，跟随适应；另一方面，荆江河段整治与演变互馈机制复杂，一步到位的整治在技术上存在突出难度，因此需逐步推进。要充分利用河道有利条件和稳定的河势格局，遵循水流泥沙的运动规律和荆江河段的演变特点，对航道条件影响不利的因素进行必要控制或调治，引导河道向有利的方面变化。工程措施以稳定滩槽为主，局部适当调整，在实现 3.5m 规划目标的同时，为航道尺度的进一步提高奠定基础。对于目前航道条件尚可但浅滩恶化趋势明显的水道，治理措施以守护为主，采

用护滩、护岸工程，稳定主流流路，遏制河岸、洲滩的冲刷发展，稳定河道的滩槽格局，保持浅滩形态的稳定和水流的相对集中；对于演变剧烈和浅滩碍航严重的水道，治理措施则是在对关键部位守护的基础上，采用低水整治建筑物，引导河道向有利的方向发展，适当调整水流，加大浅区的冲刷能力。采用的整治建筑物主要为潜丁坝、护滩、护岸以及岸线加固等形式。

④注重研究积累，强化时机判断，及时通过工程措施守护控制河道自然演变过程中出现的有利格局。针对荆江河段多变的特点和密切的上下游关联性，在系统布局的前提下，通过密切的跟踪观测分析，及时通过工程措施守护控制河道自然演变过程中出现的有利格局，抓住有利时机。

（2）荆江河段具体整治原则

①上荆江河段整治原则。

上荆江微弯分汊河段，水沙条件变化后，河段内洲滩冲淤最为剧烈，尤以沙市河段变化最为剧烈，河段内洲滩普遍冲刷，岸线高滩崩塌严重，滩槽格局演变剧烈。洲滩冲刷将导致局部河段向宽浅发展，同时引发上下游河段主流摆动空间加大，对航道稳定极为不利。针对上荆江河段的演变特点，提出了以下几条有针对性的整治原则：

A. 抓住有利时机，控制滩槽形态，塑造有利河道形态。即分析河势格局，找出对河道有利的洲滩及河槽，充分利用这种有利的滩槽形态，并加以控制，让河势在控制当中变化，为塑造完美的河道形态奠定基础。具体要分两种情况：对目前航道条件好，但有向不利方向变化趋势的水道，应抓住有利时机，及时采取控制性工程措施，引导水沙向有利于航道条件改善的方向发展，避免丧失建设条件；对目前碍航严重的卡口河段，除疏浚外，采取部分引导性工程措施，缓解航道维护困难的紧张局面，并为下一步总体整治奠定基础。

B. 合理选择汊道，塑造平顺衔接的航槽走势。对于主汊分流比相差明显的汊道河道，应维持目前主汊地位及现有航路，遏制支汊发展的整治目标；对与近期主支汊分流比接近的汊道（主要有太平口心滩南北槽和三八滩南北汊），应根据近期汊道的演变特点及趋势，选择处于发展中、便于维护的汊道作为主航槽。同时，工程方案研究过程中，要充分考虑上下游河段之间相互联系与制约的关系，通过洲滩守护与汊道控制措施，塑造上下游平顺衔接的航槽走势。

C. 合理利用“清水”冲刷的有利条件，归顺水流冲刷航槽。上荆江河段枯水河槽滩槽均表现为冲刷，断面宽深比总体趋于减小，深泓纵剖面整体呈下切，航槽存在进一步冲刷的动力，通过对关键洲滩的守护控制后，归顺水流集中冲刷航槽，有利于航道尺度的进一步增加。

②下荆江河段整治原则。

下荆江蜿蜒河段，水沙条件变化后，由于粗沙输沙量已经恢复到相当水平，枯水河槽冲刷较弱，顺直过渡段边滩冲淤仍较为明显，主流随着边滩的下移而摆动，顶冲点的下挫则造成弯道段出口崩岸展宽，使河道向宽浅方向发展；而弯道段凸岸边滩受冲切割，形成串沟，若冲刷持续发展，则有裁弯取直的发展趋势，对航槽及河势的稳定极为不利。针对下荆江河段的演变特点，提出了以下几条有针对性的整治原则：

A. 保护岸线稳定，控制河势变化。该段主要以弯曲型河道为主，且弯曲半径较小，弯道顶冲点的下挫造成弯道段出口崩岸展宽，主流摆动范围加大，河势较不稳定，相应航道条件难以稳定，针对这种情况，需要采取工程措施守护部分重点岸线，控制河势变化。

B. 稳定过渡段边滩，限制主流摆动。蓄水后，处于两弯道间的长顺直过渡段内边滩逐渐冲刷明显，河槽向宽浅方向发展。针对这种变化特点，需要根据顺直段内滩槽格局及断面形态特点，适时守护边滩，塑造有利的滩槽格局。

C. 遏制凸岸边滩冲刷、切割，稳定弯道主流。蓄水以来，弯道段凸岸边滩以冲刷为主，主流摆动幅度加大且向凸岸侧摆动，而河心淤积，一些年份出现枯水双槽局面。针对这种变化特点，需要通过工程措施，守护凸岸边滩，稳定主流流路，防止凸岸切滩而发生“一弯变，弯弯变”的不利局面。

3.1.3 新水沙条件下荆江河段航道整治方向

三峡水利枢纽建成运用后，长江中下游河道的河床形态和河道演变规律总体上不会有重大改变，即基本河型不变，但各河段的河势有不同程度的调整。长江中下游河道整治的方向和工程措施也应作相应调整。

（1）加强河道演变观测，进一步掌握三峡建坝后长江中下游河道演变规律。

20 世纪 50 年代以来，长江水利委员会、交通运输部门和地方水利部门在长江中游河道开展了长期的、系统的水文和河道演变观测分析工作，基本掌握了河道演变的基本规律，为长江中下游防洪、航运和河道整治提供了基本依据。从 1993 年起，为配合三峡工程建设和初期蓄水运用，有关部门开展了坝下游宜昌至湖口河段河道演变观测工作，系统的收集了三峡建坝前后河道变化的基本资料。由于三峡建坝后长江中下游来水来沙状况有较大改变，河道将经历长时段、长距离的冲刷过程，与此同时，受河道整治工程和砂石料开采等因素的影响，河道演变更为复杂。因此，应加强长江中下游河道演变观测，观测范围应延伸至长江口，观测内容也须加以调整，以便根据河道变化及时采取工程措施，进一步稳定长江中下游河势，确保防洪、航运安全，促进沿江经济的可持续发展。

（2）根据三峡建坝后河道变化规律，制定长江中下游河势控制规划，分期实施。

长江中下游河道整治经验表明：河道整治工程应在河道治理规划的指导下实施，并在实施过程中不断加以完善。河势控制是长江中下游河道整治工程最重要的组成部分，因此，河势控制规划是河道治理规划的主要内容。当务之急是：根据三峡建坝后长江中下游河道变化以及河势变化趋势预测研究成果，制定三峡建坝后长江中下游各河段的河势控制规划，分期实施。

（3）根据三峡建坝后长江中下游河道演变趋势确定各类河型河段的河道整治方向。

三峡水利枢纽建成后，长江中下游宜昌至藕池口弯曲型河段的基本河型不变，局部河势有不同程度的调整。因此，该河段的整治方向主要是调整和稳定弯曲型河段的河势，根据防洪、航运、取排水和生态与环境等方面的要求，实施进一步的综合整治。藕池口至城陵矶河段即下荆江属蜿蜒型河段，宜继续实施河势控制工程，逐步将其改造为限制性蜿蜒型河道，在此基础上实施进一步的综合整治。城陵矶至徐六泾河段属分汊型河段，宜采取护岸工程等措施稳定汊道及其上下游的顺直段，适度减少多分汊的汊道中分流比较小的支汊，逐步将分汊型河道改造为稳定的双分汊或三分汊的分汊型河道，对防洪、航运、取水和维持良好生态与环境均较为有利。长江口三级分汊、四口入海的基本格局是在长期的演变过程中逐步形成的，预计三峡水利枢纽建成后，河势基本格局仍维持基本不变；通过实施长江口河势控制工程，包括加强徐六泾、七丫口节点的控制作用，分流口及分流通道的整治，以及结合滩涂资源合理利用的洲滩整治，可确保长江主流走南支，并应保持各级分汊分流稳定的河势基本格局，为长江口综合治理打下基础。

（4）在稳定河势的基础上实施河道综合整治。

三峡建坝后长江中下游河道将经历长时间、自上游向下游发展的长距离冲刷过程，河势相应有不同程度的调整。实施河势控制工程以稳定河势是较长时期内长江中下游河道整治的主要任务。在此基础上，根据各河段社会和经济发展，实施满足防洪、航运、取水、生态与环境保护等方面要求的综合整治工程。重点河段的综合整治可结合河势控制工程同步实施。

（5）长江中下游河势控制的工程措施主要是修建平顺护岸工程，调整和稳定岸线。

平顺护岸工程对河床边界条件改变较小，对近岸水流结构的影响也较小，护岸工程附近河床的局部冲刷也较弱。矶头群护岸工程能以较少的工程量控制较长岸线的崩势；矶头附近河床形成的冲刷坑位置比较固定，利于防守；但矶头之间的空当易发生崩塌，形成崩窝，威胁矶头的稳定；矶头附近流态紊乱，不利于船舶航行，丁坝群护岸工程的作用与矶头群类似，在水深流急的河段，由于丁坝附近水流紊乱和坝头附近河床冲刷剧烈，不利于坝体的稳定。因此，调整和控制河势的主要工程措施是修建具有良好导流作用的平顺护岸工程，矶头和丁坝等挑流建筑物一般不宜采用。

（6）护岸工程的加固和新建相结合，以加固为主。

近50多年来，长江中下游实施了大量护岸工程，沿江干堤崩岸段的护岸工程已基本建成，长江中下游的河势已得到基本控制。三峡水利枢纽建成运用后，坝下游河道冲刷过程中，局部河段的河势有不同程度的调整，已建护岸工程也因近岸河床冲深而影响其稳定，必须相应加固已建护岸工程和新建部分护岸工程。三峡水利枢纽建成后，加固大量已建护岸工程将成为长江中下游河势控制的重点。基于长江中下游河道演变的特性可做出如下预计：三峡建坝后河势调整过程将是渐变的过程，较长河段河势出现突变的可能性较小，可以根据河势变化趋势预测和河道演变观测资料分析，制定各河段的河势控制规划，在加固已建护岸工程的同时，及时新建必要的护岸工程，调整和稳定河势。

（7）加强已建护岸工程加固技术的研究。

三峡建坝后，坝下游已护岸河段的河道冲刷主要集中在护岸工程护脚范围外的砂质河床，可能导致水下坡脚变陡而发生滑挫。因此，护岸工程水下坡脚的加固应作为护岸工程加固的重点。由于长江中下游已建的护岸工程大部分为抛石护岸工程，必须加强抛石护岸工程坡脚加固技术研究，包括水下块石分布探测技术和加固结构形式、材料与施工方法等。抛石护岸工程属散抛型护岸工程，一般宜采用散抛型材料进行加固，可探索采用不同散抛型材料相结合的加固结构，尽量减少天然石料的用量。

(8) 加强新建护岸工程技术研究。

护岸工程是河势控制和河道整治的主要工程形式，提高护岸工程规划、设计、施工和监测技术，仍为今后河道整治研究的重点内容之一。护岸工程结构形式和材料方面，重点是探索散抛型和平铺型护岸工程或两者相结合的新结构形式，更多采用新材料和新技术，尽量减少天然石料的用量；护岸工程施工和监测技术方面，重点是提高护岸工程施工质量和水下工程状况包括块石等建筑物的水下分布监测技术。

3.2 设计水位确定方法

三峡工程建成运行以来，由于水库的蓄水拦沙作用，下泄水流含沙量大幅减少，水沙特性改变明显，导致下游荆江河段的水沙条件及河床冲淤发生了显著的变化。三峡工程采取分期蓄水方案，水库自蓄水以来经历了135m、156m以及175m三个蓄水阶段，在水库蓄水运用的各个阶段，对坝下游河势与航道产生了不同的影响。目前，三峡水库刚进入175m蓄水阶段，下游荆江河段河床尚未达到平衡，枯水位以及水位流量关系仍在变化，难以稳定。如果采用三峡蓄水后的水文资料来推算通航水位，难以满足《内河通航标准》（GB 50139—2014）中6.1.2条规定的要求，计算结果将存在较大的误差。

规定河流中可以正常通航的最低水位，即航道标准尺度的起算水位，即要求通航河流在通航期内允许符合该航道等级的标准船舶航行的最低起算水位，称为设计最低通航水位，常简称设计水位，有的河流又称为航行基准面或航行零水位。该水位高低和船舶航运效益、航道建设和维护的投入紧密相关，是航道工程规划、设计和施工的依据，关系到通航标准的保证程度、整治工程规模及维护措施等多个方面。河床受到外界条件影响，不断地下切或抬高，因此每隔一定年限，设计最低通航水位就需要加以修正。设计最低通航水位制定的正确与否直接关系着航道的航行安全和通航效益，因此对设计最低通航水位计算方法的研究显得极为重要。

3.2.1 蓄水前设计水位确定方法

水库蓄水前，河道基本处于天然状态，此时河床处于冲淤平衡或冲淤变化不大的状态，也就是在统计时段内水位流量关系基本保持不变，通航水深受来水流量影响，而基本不受河床冲淤变化影响。在上述前提下，以具有代表性的长系列水文资料概括各种来水情况及其洪、枯水年出现的周期性规律，取某一保证率或频率的水位即可作为该时段的设计水位。当河床冲淤变化积累到一定程度，水位流量关系明显变化时，可以通过另外划定相对稳定时段，选择相对稳定河床条件下的典型长系列水位（流量）资料校核设计水位的方法来修正，也可以直接根据变化的水位流量关系对设计水位进行修正。一般这种河床冲淤变化比较缓慢，每次修正相隔的时间较长，间隔年份的水位系列即可作为统计样本，在统计样本年限内认为河床不变。

国内外航道整治工程中设计水位的确定方法主要有算术平均法、综合历时曲线法和保证率频率法三种。其中综合历时曲线法和保证率频率法为目前规范推荐的设计水位确定方法。

3.2.1.1 算术平均法

算术平均法是将历年最低水位的算术平均值作为设计水位。它可以概括该水文系列各种水文年的情况，机遇均等。为了避免因丰水年过多导致设计水位偏高，可在水文系列中选出枯水年，然后取各枯水年的最低水位，求其算术平均值作为设计水位。算术平均法的缺点是：要求的水文系列较长，否则误差较大，同时受特别枯水年的影响大，虽然概念简单，但局限性大，应用越来越少。

3.2.1.2 综合历时曲线法

综合历时曲线法的标准如表 3–1 所示。表中所列保证率是指统计年限内高于和等于某一水位的天数占总天数的百分比。

天然河流设计最低通航水位综合历史曲线法保证率 表 3–1

航道等级	保证率（%）	航道等级	保证率（%）
Ⅰ～Ⅱ	≥98	Ⅴ～Ⅵ	90～95
Ⅲ～Ⅳ	95～98		

历史曲线又称保证率曲线，累计频率曲线，取每年的逐日平均水位或流量资料，分析统计各级天数累计的曲线，根据保证率要求，求出相应水位即为保证率水位值；综合历史曲线则以多年的日平均水位或流量分级统计各级天数累计曲线，根据保证率要求，求出相应水位即为保证率水位值。该方法便于掌握，计算方便，但其保证率只反映在统计年份内的平均保证情况，通过此方法确定的设计水位偏高。

由于本河段受人类活动影响明显，河床演变剧烈，枯水位变化较大。目前荆江河段所使用的航行基面为 1982 年颁布（以下简称 82 基面），使用 20 世纪 50 ～ 70 年代的数据计算确定。

1967 年以来下荆江系统裁弯工程后的溯源冲刷和葛洲坝水利枢纽蓄水运用（1981 年 6 月）后的河床沿程冲刷。到 80 年代以后，河道受多种变化的综合效应减小，逐步恢复稳定。根据《内河通航标准》（GB 50139—2004）6.1.2 与 6.2.1 条规定，选取 1982—2002 年实测水位，采用综合历时曲线法计算得到的设计水位，反映了河道经历了复杂变化后建立的新平衡。表 3–2 比较了 82 基面与设计水位计算值。受河床冲刷下切的影响，枝城站与沙市站水位均有所下降，二站的设计水位计算值均小于 82 基面，而监利站受荆江裁弯和葛洲坝蓄水的影响较小，加之荆江三口分流持续减少下荆江流量增加，监利站设计水位计算值大于 82 基面。

各水文站设计最低通航水位计算值（单位：m） 表 3–2

水文站	82 基面	设计水位计算值	差 值	计算系列
枝城站	35.30	35.12	−0.18	1982—2002 年
沙市站	29.35	28.40	−0.95	1982—2002 年
监利站	20.92	21.14	0.22	1980—2002 年

3.2.1.3 保证率频率法

天然河流设计最低通航水位，采用保证率法的标准如表 3-3 所示。表中所列保证率系各年内高于和等于某一水位的天数占全年天数的百分数。

天然河流设计最低通航水位保证率频率表　　表 3-3

航道等级	保证率（%）	重现期（年）
Ⅰ～Ⅱ	≥ 98	5 ～ 10
Ⅲ～Ⅳ	95 ～ 98	4 ～ 5
Ⅴ～Ⅵ	90 ～ 95	2 ～ 4

保证率频率法由历时曲线及频率分析两部分构成。首先按历时曲线法绘制每年的日平均水位或流量历时曲线，由保证率确定与之相应的水位或流量，并以此为基础进行频率分析，绘制频率曲线，根据航道等级标准要求的重现期，得到相应的设计水位（流量）。综合历时曲线法规定了多年断航总天数，保证率频率法规定了每年最多断航总天数。我国最新颁布的《内河通航标准》（GB 50139—2014）（简称 14 标准、《内河航运工程水文规范》（JTS 145-1—2011）及《航道整治工程技术规范》（JTJ 312—2003）等规范中均规定天然河流设计最低通航水位可用综合历时曲线法或保证率频率法予以确定。

虽然通航标准中规定综合历时曲线法和保证率频率法都可使用，且对不同等级航道的保证率和频率均给出了具体规定，但是在运用过程中，两种方法存在一定的差别。考虑到综合历时曲线法是目前国际上通用的方法，在我国应用较广，且该方法计算简单，使用方便；保证率频率法虽然概念清晰，能够从保证率和频率角度综合反映年内、年际的水文波动，但该方法需要二次计算，不便于使用。长江航道部门对于长江干流航道航行基准面的确定两种方法均有采用，但是一致认为综合历时曲线法更便于使用。

3.2.2 蓄水后设计水位计算方法

水库蓄水后河床处于不断的冲淤变化过程中，而且不同时期下泄流量也可能有所变化。设计水位确定的主要困难在于以下几个方面：

（1）水库蓄水前河床冲淤变化不大条件下的水文资料不能采用。

（2）水库蓄水后已有的一维数模计算成果中的水位流量成果也不能采用，其原因是设计水位计算需要长系列河床冲淤变化不大条件下的水文资料，而一维计算结果虽然也可能有较长系列的水位流量过程，但这种水位流量过程是在河床处于不断的冲淤变化过程中获得的，而且水库不同蓄水时期不同流量下泄过程对设计水位的影响无法予以充分考虑，计算成果与确定设计水位所需的水文资料之间存在较大差异。

（3）目前缺乏河床冲淤变化幅度较大条件下的设计水位定义，即没有明确的概念，因此无法确定设计水位。

已有计算方法大多针对冲淤变化不大的天然河流，由于其水位流量关系长期处于较为稳定的状态，因此采用频率统计方法直接统计河段长系列水位资料推求其设计最低通航水位即可满足实际需求。然而水库的修建蓄水改变了坝下游各河段的水沙条件，因此已有天然河流设计水位的计算方法不再适用。

为保证水库蓄水前后设计水位的连续性，设计水位概念需延伸至水库蓄水后河床调整期内。可采用设计水位修正的方式，当河床冲淤幅度达到一定程度时对设计水位进行一次修正，作为冲淤变化过程中的设计水位。水库蓄水后，下游河床是不断变化的，可以将变化的地形条件分时段固定，即将河床调整期划分为若干时段。计算上游来流经水库调节后下泄的长系列流量过程，由此获得固定河床条件下的长系列流量资料，并利用该资料进行统计分析获得设计流量修正值，最后根据每个时段末河床地形条件下水位流量关系计算对应的设计水位。每个时间段都可获得一个设计水位值，最终得到设计水位随时间变化的系列。

针对三峡水库蓄水后非平衡条件下的荆江河段设计水位确定，本项研究提出如下两类方法。

3.2.2.1　基于系列长度修正的实测资料推求方法

众所周知，实测资料能够反映三峡水库下游河道设计水位变化的真实情况，在实测资料基础上计算得到的设计水位更加可靠，也更具有说服力。但由于三峡水库蓄水时间尚短，流量过程及河床冲淤均在不断变化，使得按照现有方法计算设计水位可能会带来一定误差，如何解决这一问题确定出合理的设计水位将是本小节讨论的重点。

(1) 研究思路

考虑实测资料最能真实反映蓄水后的实际情况，仍沿用 14 规范中的常规方法，通过蓄水后的水位资料，采用综合历时曲线法推求设计水位。但考虑到蓄水后系列较短，对上述实测资料确定的设计水位进行系列长度不同影响的修正。具体思路如下（图 3−1）：

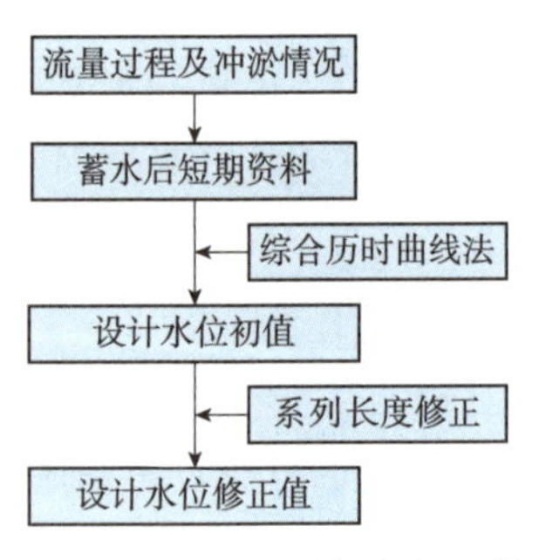

图 3−1　基于系列长度修正的实测资料推求法框图

①考虑到三峡水库蓄水后下游河道处于冲刷发展过程中，在相对较短的时段内，可认为河床冲淤幅度相对不大，满足常规方法的使用条件。如自 2008 年进入 175m 试验性蓄水阶段以来，2006—2011 年下游河床冲淤幅度相对较小，可基本认为其满足河床冲淤变化不大的要求。

②针对沿程各站的实测水位系列，直接采用规范规定的综合历时曲线法，进行长江中游沿程设计水位的计算。

③考虑到选用 2006—2011 年这一时段来确定设计水位，存在系列长度较短的问题，不符合 14 中对时段年限的规定。对各站系列长度不同带来的设计水位计算误差进行分析，根据不同水文年的影响以及不同系列长度的影响以及分析所用系列长度不同对设计水位的影响程度，确定修正值。

④采用修正值对上述各站设计水位进行合理修正。

值得指出的是，上述方法确定的设计水位仅能供短期使用，当河床冲刷继续发展后，应根据后期资料重复上述过程，对设计水位进行不断修正。

(2) 系列长度修正

①相同长度的连续水文年系列对设计水位的影响。

选取荆江河段沙市站进行研究。将沙市站 1981—2002 年按照连续年份划分成相同的长度五年，分别计算各不同系列的设计水位值，并与 1981—2002 年资料计算的设计水位（简称为 03 基面）对比，计算其差值及相对误差，如表 3-4 所示。选取长度相同系列的前提下，不同水文年对设计水位计算存在一定影响。

沙市站同长度的连续水文年的保证率 98% 设计水位（单位：m，黄海高程） 表 3-4

站名	划分时段	时段长度	时段设计水位	差 值	相对误差（%）
沙市	1986—1992	5	29.26	-0.39	-1.34
	1993—1997	5	28.65	0.22	0.77
	1996—2002	5	28.50	0.37	1.27
	1981—2002（03 基面）		28.87		

②不同水文年对设计水位的影响。

考虑不同水文年份对设计水位计算的影响。根据沙市站 1981—2002 年资料，1994 年和 1997 年为小水年，1982 年、1989 年和 1998 年是大水年，其他各年份均为中水年。这里首先分析单独的大、中、小水年系列对设计水位的影响，其次分析大、中、小水年相互组合的系列对设计水位的影响，上述结果均与 03 基面进行对比，结果如表 3-5 所示。由表可知，对于设计水位计算，影响最大的是中小水年。只要系列中包括了相对较枯的中小水年，则系列长短对设计水位计算的影响较小，误差在可控范围之内。

沙市站不同水文年系列的保证率 98% 设计水位（单位：m） 表 3-5

站名	水文年类型	时段设计水位	差 值	相对误差（%）
沙市站	只含大水年	28.62	0.25	0.86
	只含中水年	28.93	-0.06	-0.21
	只含小水年	28.83	0.04	0.14
	无大水年	28.90	-0.03	-0.10
	无中水年	28.75	0.12	0.42
	无小水年	28.97	0.10	-0.34
	03 基面	28.87		

③不同长度的中小水系列对设计水位的影响。

进一步讨论系列中包含中小水年时，不同系列长度对设计水位影响的范围。在 1981—2002 年系列中，去除大水年，获得一个只包含有中、小水年的系列，选择不同的系列长度，研究系列长短对设计水位的影响。表 3-6 给出了沙市站不同系列长度对设计水位计算结果的影响。结果表明：中、小水系列年在时段长度不同时与 03 基面的差值各有不同，其中最小差值为 0.1m，最大差值为 0.35m，整体范围相对较小，且相对误差最大不超过 0.15%，说明中、小水系列年的时段长短对设计水位值的影响在可控范围之内。

④修正值的确定。

中、小水系列年的时段长短对设计水位值的影响不大，类似沙市站情况，可用同样的方法计算出宜昌、监利、城陵矶站在中、小水系列年不同时段长度下的时段设计水位变化范围，如表 3–7 所示。从结果偏于安全的角度考虑，可以选取最大的影响作为系列长短引发的设计水位误差的修正值，如表 3–8 所示。

沙市站不同长度中、小水系列年的保证率 98% 设计水位（单位：m） 表 3–6

站名	年 份	时段长度	时段设计水位	差 值	相对误差（%）
沙市站	1983—1985	3	28.70	0.17	0.60
	1999—2002	4	28.52	0.35	1.20
	1991—1995	5	28.77	0.10	0.36
	1992—1996	5	28.65	0.22	0.77
	1990—1997	8	28.77	0.10	0.36
	03 基面		28.87		

荆江各站不同长度中、小水系列年的保证率 98% 设计水位（单位：m） 表 3–7

站名	年 份	时段长度	时段设计水位	差 值	相对误差（%）
宜昌站	1986—1990	5	36.59	0.04	0.11
	1991—1997	7	36.57	0.06	0.18
	1981—1987	7	36.68	−0.05	−0.14
	1988—1997	7	36.62	0.01	0.03
	1981—1990	10	36.71	−0.08	−0.22
	03 基面		36.63		
监利站	1981—1982	2	21.84	−0.18	−0.85
	1994—1997	4	21.57	0.09	0.40
	1999—2002	4	21.23	0.42	196
	03 基面		21.66		
城陵矶站	1999—2001	3	17.05	0.26	1.50
	1993—1997	5	17.24	0.08	0.46
	1984—1990	7	17.53	−0.22	−1.27
	1991—1997	7	17.40	−0.09	−0.53
	1986—1995	10	17.47	−0.15	−0.88
	1984—1997	14	17.46	−0.14	−0.83
	03 基面		17.31		

荆江河段各站修正值（单位：m） 表 3–8

站名	宜昌	沙市	监利	城陵矶
修正值	−0.08	0.10	−0.18	−0.22

⑤三峡水库蓄水后荆江河段设计水位确定。

三峡水库蓄水后长江中游各主要水文站在蓄水后 2001—2011 年中没有大水的年份，

都是中、小水年。而由上文分析可知，2006—2011 年，三峡水库水位为 175m 时运用下泄流量过程较为稳定，且时段较短，河床冲淤可认为变化不大，采用其资料计算长江中游各站设计水位是合理的，能反映蓄水后的长江中游设计水位的实际变化。表 3-9 中数据为所修订后的各站的设计水位值。

蓄水后长江中游各站保证率为 98% 时设计水位（单位：m） 表 3-9

站　名	宜昌	枝城	沙市	监利	城陵矶
2008—2011 年值	36.94	35.65	28.96	22.35	18.47
修正值	−0.08	0	0.10	−0.18	−0.22
蓄水后修订值	36.86	35.65	29.06	22.17	18.25

3.2.2.2 基于设计流量反求设计水位的方法

（1）研究思路

对于枢纽下游河段的设计水位确定方法，14 中曾提出由设计流量推求设计水位的思路，但对于具体的方法步骤没有明确的阐述。依据上述思想，本项研究完善了由设计流量推求设计水位的方法。主要思路如下：

①以蓄水前长系列（例如 1981—2002 年）代表未来的来水情况，并将下游各站的流量过程分解为宜昌来流和区间来流两部分，其中区间来流为各站逐日流量与宜昌站逐日流量之差（考虑传播时间）。

②三峡水库蓄水后，宜昌流量过程的调整可根据三峡水库的调度规则进行水库调度计算得到，宜昌以下的区间流量可考虑江湖关系变化等方面因素而得到，宜昌流量和区间流量逐日合成之后可得到三峡水库蓄水后的流量系列。

③根据三峡蓄水影响的新流量系列开展频率统计分析可得到各站设计流量，具体方法采用综合历时曲线法。

④确定三峡水库蓄水后不同时段的各站水位流量关系，具体方法包括经验关系以及长河段一维水沙数值模拟计算结果等。分时段选取水位流量关系代表不同时期的河床冲刷状况。

⑤根据设计流量以及不同时期各站的水位流量关系，得到各站不同时期的设计水位。

以上计算方法，既保持了设计水位的频率概念，同时也兼顾了水库对枯期流量的补偿，以及不同时期的河床冲刷变形，其框图如图 3-2 所示。该方法的关键难点在于蓄水后水位流量关系的确定。

（2）基于经验水位流量关系的设计水位确定方法

从河段水位变化诱因出发，由于水库下游河段水位变化主要与河床冲淤相关，且受下游水位变化影响，因此可以点绘水库蓄水后坝下游沿程各河段枯期同流量水位累积降幅与河床累积冲淤量的相互关系，通过分析河段的冲淤发展，由未来某时期该河段冲淤量预测其同流量水位变化。以荆江河段沙市—监利河段为例进行说明。

沙市—监利河段全长约为 200km，右岸有藕池口分流，河段以沙质河床为主。2003—2010 年沙市—监利河段实际累积冲淤量为 1.23 亿 t，河段年冲刷强度为 7.68 万 t/km。河段累积冲淤量与蓄水时长关系如图 3-3 所示，由拟合关系得出 2017 年沙市—监利河段累积冲淤量约为 −2.4 亿 t。

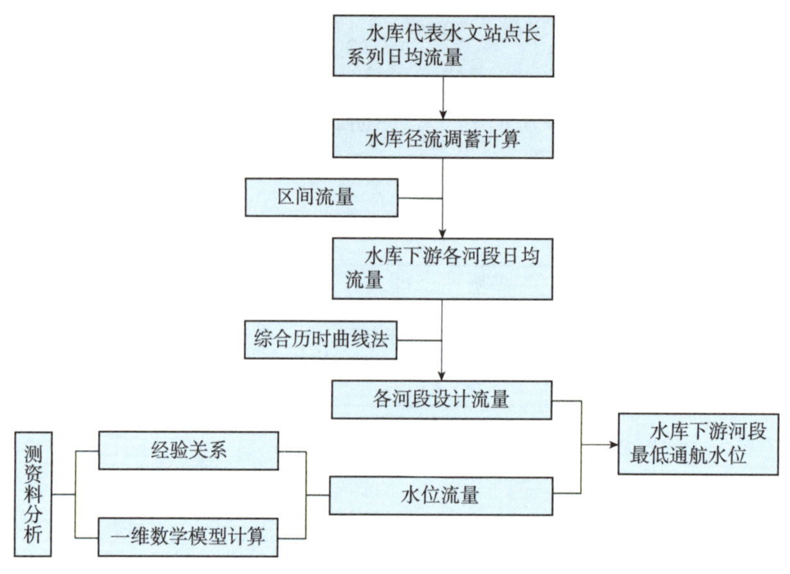

图 3–2　设计流量推求设计水位确定方法

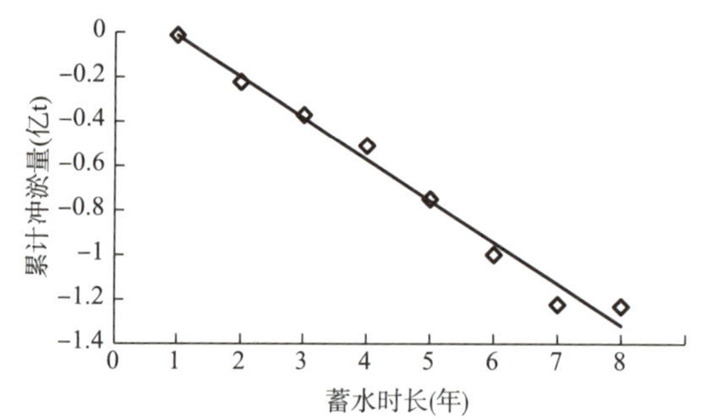

图 3–3　沙市—监利河段累积冲淤量与三峡水库蓄水时长关系

沙市枯期同流量水位变化与河道冲淤及下游水位变动两个因素有关，若直接用三峡水库蓄水以来沙市站枯期同流量水位累积变幅与河段累积冲淤量相关，则相关性较差，因此分析沙市站同流量水位变幅与河段冲淤量关系时，应消除下游监利站水位变动的影响。监利站与沙市站各保证率通航流量均在 5 000m^3/s 左右，因此分析同年份同时段内，监利与沙市从 6 000m^3/s 变化至 5 000m^3/s 时，两站水位变幅相关关系，如图 3–4 所示，由图可得，监利与沙市水位变幅比例为 1∶1.07。通过上述比例，用监利站水位修正沙市站同流量水位逐年变幅，并与河段冲淤量相关，如图 3–5 所示，消除下游水位影响后，沙市站累积水位变幅与河段累积冲淤量相关关系较好。

考虑到未来河床冲刷发展的过程，设计水位的预测时段不固定，而应随三峡水库运用时段不断调整。这里采用上述方法预测了 2017 年沙市—监利河段设计水位变化。通过对三峡水库蓄水后沙市—监利河段的实测水文资料分析，基于前文所述方法推求河段未来 2017 年水位流量关系的调整，沙市站、监利站同流量下水位降幅相比蓄水前分别为 0.975m、0.331m，由河段通航水位根据调整后的水位流量关系推求设计最低通航水位，如表 3–10 所示。

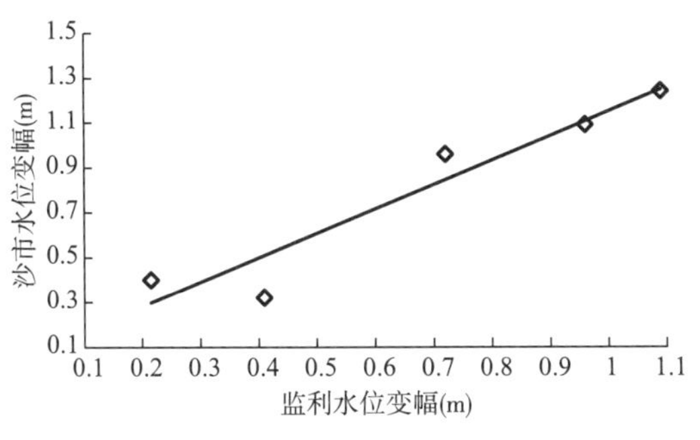

图 3-4 相同年份相同时段内监利与沙市水位变幅相关关系

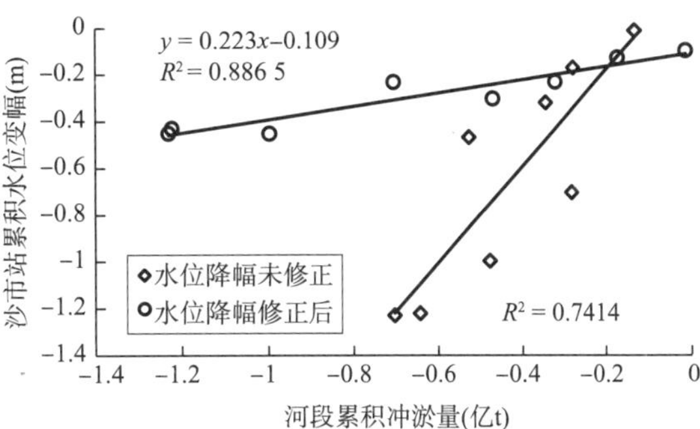

图 3-5 沙市站同流量水位累积变幅修正前后与河段累积冲淤量相关关系

沙市—监利河段设计水位实测值与 2017 年计算值对比 表 3-10

保证率 站名	2006—2011 年实测值			2017 年计算值		
	98%	99%	99.5%	98%	99%	99.5%
沙市	31.110	31.050	31.020	30.835	29.906	29.642
监利	24.530	24.440	24.390	24.455	24.005	23.795

(3) 基于一维数模成果的设计水位确定方法

武汉大学在 2000 年开始，也开展了长江中下游长河段的一维水沙数学模拟研究。充分考虑到长江中下游水系众多，支流分汇频繁的特点，建立了一维非恒定流河网水沙数学模型。陆续利用上述模型，进行了宜昌至大通河段的水沙数值模拟。表 3-11 ～表 3-13 分别给出了宜昌、沙市、监利各站蓄水后不同时段的同流量水位变化（90 系列）。

90 系列不同时段宜昌水位变化值（单位：m） 表 3-11

时段 \ 流量（m^3/s）	5 000	10 000	30 000	50 000
10 年末	−0.23	−0.3	−0.05	0.00
20 年末	−0.33	−0.39	−0.07	−0.02
30 年末	−0.39	−0.47	−0.11	−0.04
40 年末	−0.42	−0.49	−0.15	−0.05
50 年末	−0.46	−0.52	−0.16	−0.05

90 系列不同时段沙市水位变化值（单位：m） 表 3-12

时段 \ 流量（m^3/s）	5 000	10 000	30 000	50 000
10 年末	−0.85	−0.68	−0.27	−0.08
20 年末	−1.08	−0.91	−0.35	−0.12
30 年末	−1.29	−1.07	−0.46	−0.14
40 年末	−1.44	−1.21	−0.54	−0.18
50 年末	−1.61	−1.34	−0.63	−0.21

90 系列不同时段监利水位变化值（单位：m） 表 3–13

时段 \ 流量（m^3/s）	5 000	10 000	30 000	50 000
10 年末	−0.39	−0.25	−0.12	−0.04
20 年末	−0.79	−0.48	−0.19	−0.09
30 年末	−1.06	−0.66	−0.30	−0.13
40 年末	−1.36	−0.80	−0.40	−0.15
50 年末	−1.58	−0.93	−0.53	−0.19

采用 1981—2002 年逐日流量过程作为典型系列，将各站的流量系列分解为宜昌来流和区间来流。三峡蓄水后，宜昌来流的变化可将蓄水前的宜昌来流经过水库调度计算而得到。区间入流中，假设蓄水前后沿岸的工农业及人民生活取用水条件不变，即引起区间入流变化的主要原因仅是江湖关系调整而引起。蓄水后的各站流量系列由宜昌来流和区间来流两部分合成。依据合成后的流量系列，计算了长江中游三峡水库蓄水前后 98% 保证率的设计流量，如表 3–14 所示。根据上文一维数模的水位流量关系计算成果，由设计流量可推求设计水位。

三峡水库蓄水前后 98% 保证率设计流量比较（单位：m^3/s） 表 3–14

站点 \ 时段	蓄水前	135m	156m	175m 初	175m 运用 20 年	175m 运用 40 年
宜昌	3 384	3 384	3 959	5 565	5 592	5 592
枝城	3 501	3 510	4 072	5 671	5 693	5 693
沙市	3 643	3 648	4 190	5 786	5 808	5 808
监利	3 636	3 637	4 176	5 772	5 798	5 798
螺山	5 457	5 465	5 964	7 486	7 499	7 499
汉口	6 700	6 700	7 158	8 612	8 621	8 621
黄石	7 100	7 100	7 529	8 762	8 768	8 768
九江	8 870	8 870	9 246	10 354	10 357	10 357

图 3–6 给出了 98% 保证率设计水位随时间变化情况，其中不仅包括了三峡蓄水后各时期的计算结果，也包括了蓄水前的 71 基面、82 基面以及 03 基面（1981—2002 系列）结果。图 3–7 给出了三峡蓄水后长江中下游设计水位与蓄水前设计水位（03 基面）的差值随时间变化情况。由图 3–7 可知：

①三峡蓄水前，82 基面与 71 基面相比，宜昌、枝城、汉口及下游各站相差不大，监利—螺山段有明显升高，其中螺山站升高近 1.0m，沙市站降低 1.0m 左右；03 基面与 82 基面相比，宜昌—沙市站有明显降低，监利—九江站有不同程度的升高，螺山站升高近 2m。从 03 基面与 71 基面比较来看，沙市以上河段有所降低，沙市以下站点普遍升高，城陵矶、螺山站升高近 3m。下文对蓄水后各阶段的设计水位的比较，均以 03 基面为基准。

②135m 蓄水阶段，长江中下游各站设计水位普遍低于蓄水前，其中沙市站和监利站降低较多；135m 蓄水末期较之于初期，监利及其以上设计水位降低，这是由于 135m 蓄水期冲刷主要集中在监利及其以上河段所导致的，其中沙市附近下降最为明显。

③156m 蓄水期水库对流量调节作用仍较小，设计水位主要受河床变形的影响，近坝段宜昌、枝城站设计水位略有降低，处于沙质河床的沙市、监利等站设计水位降低明显，其中沙市站至 156m 末设计水位下降 0.53m，监利站下降 0.25m；与蓄水前相比，除汉口站高于蓄水前外，其他各站仍较蓄水前偏低。

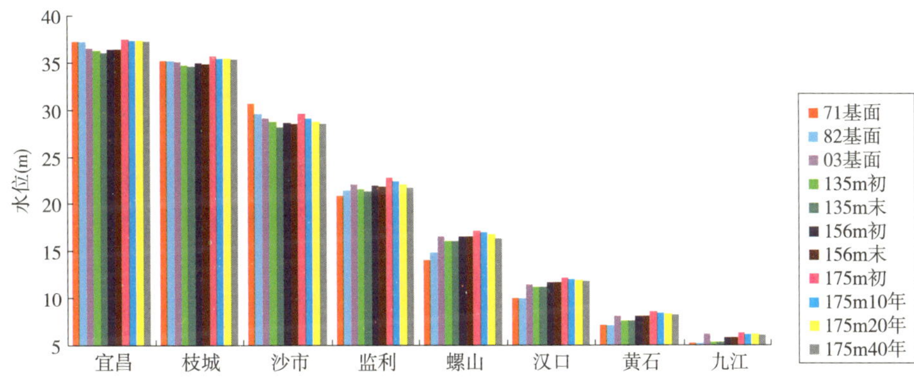

图 3-6 三峡蓄水前后长江中下游沿程设计水位变化（98% 保证率）

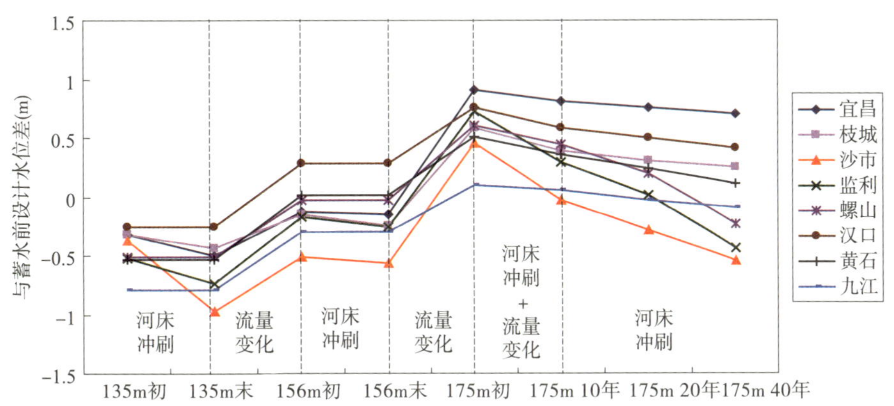

图 3-7 三峡蓄水后长江中下游设计水位与蓄水前的差值随时间变化（98% 保证率）

④175m 蓄水后，三峡水库对下泄流量的调节明显增强。175m 蓄水初期，各站设计水位均有抬升，除沙市、九江站抬升幅度较小外，其他站均升高 0.5m 以上，其中宜昌抬升近 1m。从 175m 蓄水初期到 175m 蓄水运用 10 年，由于上游建库后下游各站设计流量变化不大，同时河床继续冲刷下切，二者综合作用下，设计水位明显回落，但绝大多数测站设计水位仍高于蓄水前水平。随着 175m 蓄水的继续运行，河床的持续冲刷使各站设计水位不断降低，但各站点降低的幅度不同，其中宜昌站 175m 运用 40 年后，设计水位较 175m 初期降低了 0.21m；监利站降低最大，为 1.16m；九江站降低最小，为 0.2m。但与蓄水前相比，宜昌、枝城、汉口、黄石四站设计水位仍高于蓄水前，宜昌较蓄水前仍抬

高 0.699m，而其余各站，设计水位已经低于蓄水前水平，沙市下降最大，较蓄水前下降 0.348m。分析其原因，应是宜昌、枝城河段处于沙卵石河段，冲刷幅度有限，且枯水受卡口河段影响，水位下降幅度较小，而汉口及以下河段河床在 175m 蓄水 40 年仍未达到最大冲刷，冲刷量较荆江沙质河床段小所致。可以预见，随着河床冲刷的继续发展和下移，汉口以下河段的设计水位仍将进一步下降。

3.2.3 设计水位的调整及特殊河段的水位设计

3.2.3.1 设计水位的调整

设计水位是根据水文资料系列进行频率设计求得的，故对选取的水文资料的取舍整边工作必须十分慎重，尤其在水利工程建成前后，水温特性突变的影响必须分别考虑。现对一些特殊情况下设计水位的确定问题分述如下。

(1) 因裁弯和大型水利工程建筑，破坏了河流原有的平衡状态，使河床不断淤高或下切，使同样流量下的水位抬高或下降，这时用设计水位来控制航深就不合适了，应用流量资料来推求设计流量，再用水位—流量关系先求出设计水位。

建枢纽后，下游来水流量受发电的装机容量限制，不能按天然水文条件来推求设计流量，首先要求建水库后的最小下泄流量应大于建库前的最小库水流量，越靠近枢纽的河段，受水电站日调节的影响越大，有时需利用峰值通航。

(2) 不论按什么方法确定设计水位，要求全河各浅滩的设计水位必须同步，如有出入必须进行适当调整。

设计水位需每隔一定时期调整一次，这是由于：河床自然演变，冲淤摆动；整治工程、闸坝建设及河流渠化对河流的影响；人工挖沙等。由于人类对河流的干预越来越大，许多河流水位流量关系的变化已经十分巨大，近年水文资料的积累，才能反映河流的水文情势的变化和经济建设对航运要求的标准改变等，这一切都需要不断调整设计水位值。

3.2.3.2 特殊河段的水位设计

在一些特殊的河段，由于受工程及自然条件的影响，确定其设计水位时应给予特别的注意。对有通航要求的引水渠道而言，设计最低通航水位的确定，一般根据渠道的具体条件及综合利用的安排来考虑。对射闸控制的运河或河网航道，可根据射闸的控制条件，拟定一个满足同行要求的水位。同时，河网和运河的设计通航水位的确定，应考虑与所衔接的其他航道标准一致，按天数河流标准执行。

对受潮汐影响的河流河口段，设计低潮位应采用每日低潮累计频率为 90% 的潮位。对考虑船舶乘潮进出港的设计低潮位，应根据乘潮所需时间和累计频率，在乘潮累计频率曲线上按相应频率取定。

对有调节能力的水利枢纽，上游设计最低通航水位一般采用水库死水位。枢纽下游设计最低通航水位应采用枢纽瞬时最小下泄流量时的水位，且最小下泄流量不得小于天然河流时设计最低通航水位时的流量。当下游有梯级衔接时，应该采用下一梯级的上游最低设计通航水位。

3.2.4 荆江河段设计水位的确定

3.2.4.1 设计最低通航水位

枝城站位于卵石河段边缘，存在较多不确定因素，同时枝城站还受水电站日调节的影响，因而对枝城站设计水位留有一定的富余值。

沙市站受三峡蓄水后河床冲刷下切的影响，枯水位下降。由于南水北调中线工程实施后，沙市站流量将会减小，未来河床还将持续冲刷，枯水位还会下降。

目前监利站枯水位较高，随着蓄水时间的推进，上荆江冲刷下移，监利河段将发生显著冲刷，受南水北调中线工程的影响，监利站流量还会减小，监利站枯水位将会降低。

采用三峡蓄水以来荆江河段沿程最枯水位对设计水位计算值、预测值（175m 蓄水 20 年末）进行复核。从沿程最枯水位与计算值、预测值的比较结果来看（参见表 3–15），设计水位计算值总体上低于近几年来的最枯水位，预测值在石首以上河段基本与近几年的最枯水位相当，在石首以下河段低于实测的最枯水位，说明随着冲刷下移，该河段将会冲刷下切，枯水位下降。

根据之前对枝城站、沙市站及监利站的分析可知，枝城站枯水位将趋于稳定，下游枝江—江口河段受水库调节的影响较弱，为此枝城站取现行基面，通过水位相关关系得到枝江—江口河段设计水位；2010 年三峡水库进入正常蓄水阶段，水库下泄流量趋于稳定，而沙市—黄水套河段河床还会进一步冲刷下切，枯水位将会下降，因而该河段设计水位取计算值；未来小河口—反嘴将发生明显冲刷，而设计水位预测值尽管低于近几年来的最枯水位，但相差不大，出于安全考虑，该段设计水位取计算值较为合理。

设计水位复核（单位：m）　　　　表 3–15

站名	三峡蓄水以来历年最枯水位				综合历时曲线法计算值	流量法预测值（175m 蓄水 20 年末）
	2006 年	2008 年	2009 年	2011 年		
枝江	31.80	32.08	32.52	32.47	31.43	31.71
下曹家河	30.91	31.43	31.85	31.64	30.43	30.75
沙市	28.39	28.79	29.25	29.16	28.40	29.22
公安	27.13	27.13	27.74	27.71	27.60	27.72
郝穴	26.60	26.63	27.09	26.97	26.19	27.00
黄水套		25.94	26.34	26.27	24.93	26.34
石首	24.56	24.80	25.25	25.16	24.70	25.24
小河口		23.84	24.30	24.44	24.09	24.21
调关	23.50	23.72	24.20	24.19	22.51	23.34
监利	21.98	22.25	22.56	23.00	21.14	22.38
铁铺	20.65	20.82	21.19	21.55	19.09	21.02
反嘴	20.04	20.29	20.45	20.76	18.56	20.40

3.2.4.2 设计最高通航水位

由于三峡工程的防洪作用，降低了荆江河段洪水位，最高通航水位选取蓄水前的水文资料即可满足工程需要。本河段航道规划为Ⅰ级航道，根据《内河通航标准》(GB 50139—2004)，天然河流不受潮汐影响或受潮汐影响不明显的河段，Ⅰ～Ⅲ级航道设计最高通航水位按20年一遇（频率为5%）的洪水重现期计算。本书采用频率计算法，对应的洪水重现期为20年（频率为5%）。最高通航设计水位计算结果见表3-16。

各水文站最高通航水位一览表　　表3-16

水文站	枝城站	沙市站	监利站
最高通航设计水位（m）	47.69	42.49	34.80

3.2.4.3　荆江河段各水道设计最高通航水位与设计最低通航水位

根据枝城、沙市、监利三个基本水文站的设计最高通航水位与设计最低通航水位，分别通过各个水道与相应水文站的水位相关关系，推算得到各整治工程河段的设计最高通航水位和最低通航水位，参见表3-17、图3-8。

荆江河段各水道通航设计水位一览表　　表3-17

水道名称	现航行基面(m)	设计最高通航水位(m)	设计最低通航水位(m)	依据
枝江水道	32.30	45.42	32.30	枝城
江口水道	31.88	43.68	31.88	
太平口水道	29.35	42.49	28.40	沙市
斗湖堤水道	28.13	40.39	27.60	
周公堤水道	27.38	39.62	26.19	
天星洲水道	26.28	39.01	24.93	
藕池口水道	24.52	37.97	24.70	监利
碾子湾水道	23.76	37.34	24.09	
莱家铺水道	22.23	35.94	22.51	
窑监河段	20.92	34.80	21.14	
大马洲水道	20.44	34.49	20.60	
铁铺水道	18.96	33.56	19.09	
熊家洲水道	18.30	32.63	18.56	

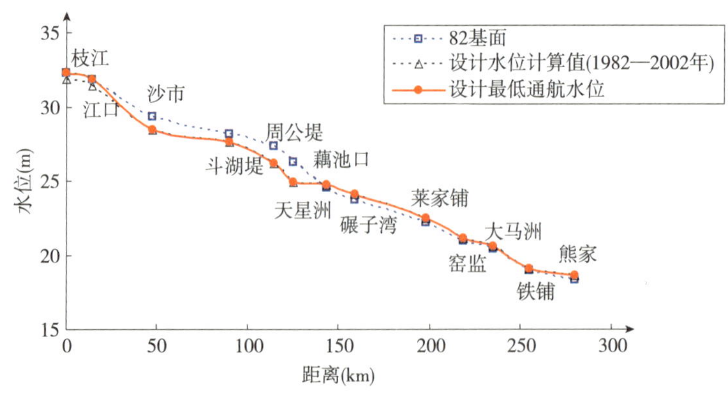

图3-8　设计最低通航水位

3.3 整治参数确定方法

3.3.1 航道整治参数设计

3.3.1.1 整治参数之间的关系

整治参数即指碍航浅滩航道整治中为达到通航标准要求，需要整治建筑物开始发挥作用时的河道尺度，主要包括整治水位、整治线宽度和整治线线形三方面内容。

与整治建筑物头部高程齐平时的水位称为整治水位。当水位降落到整治水位附近时，整治建筑物开始起到疏导水流冲刷河床的作用，以保证水位降落到设计水位过程中及设计水位时航道尺度始终能够满足通航要求。从以往整治工程效果看，整治水位是整治工程对浅滩航行条件能产生显著改善作用时的水位；从河床造床机理看，整治水位是与中枯水期造床作用较强的流量相应的水位，因此，要求整治建筑物的高程以该水位为标准。

整治水位时要求河面束窄的宽度为整治线宽度。整治水位（整治流量）与整治线宽度是统一的整体，两者是有机联系，一一对应，成对出现的，前者定得较高时，后者可相对取得较大，反之则后者相对较小。也就是说整治线宽度的计算应在整治水位时进行，不能任选一水位进行计算。

整治线形主要包括整治线的位置、走向和形态，是在航道规划设计中需要研究和解决的难题之一，对工程效果和工程量有较大影响。不同的整治水位对应不同的整治线宽度，而整治线宽度又与其走向关系密切，尤其对于需要调整水流结构的整治河段，整治线的布置对整治线宽度的确定具有更为重要的影响。

在提到航道整治参数时，往往首先想到的是整治水位、整治线宽度，然后才是整治线平面布置，编写航道整治工程报告时也都是先确定整治水位和整治线宽度，再分析整治线布置。实际上整治线平面布置应该先于整治水位及整治线宽度进行分析确定，根据整治线走向、航槽位置选择统计航槽内冲淤条件，然后计算整治水位及整治线宽度。整治线的平面布置包括航槽位置的选择、整治线形及其布置原则。不同的整治线对应不同的碍航淤积位置及淤积量大小，整治水位及整治线宽度必然也会随之变化，三者是相互联系，统一变化的。

现有研究中整治水位和整治线宽度是成对出现，相互关联的。人们一般认为：整治水位定得高，整治线宽度就可以大些；整治水位低，整治线宽度就要小些。这句话往往给人一种假象，即认为整治水位与整治线宽度之间满足关系式：

$$B_x H_y = C \quad （C\text{ 为一常数}） \tag{3-1}$$

实际式（3-1）中的常数 C 并不是固定不变的，它随整治水位的高低发生变化，整治水位定得较高时，整治前水深 H_1 和河宽 B_1 均较大，与之对应的整治后水深 H_2 和河宽 B_2 也就较大；整治水位定得较低时，整治前后的水深和河宽都较小。每一个整治水位都对应一个常数 C，不同整治水位下的整治线宽度之间并不具备可比性，其大小也不确定。所谓整治水位定得高，整治线宽度大，整治水位低，整治线宽度小是与整治前河宽相比的结果，即整治前后河宽比值的大小关系是具有相对性的，而不是绝对的数值大小关系。这说明不能用整治水位越高，整治宽度越小的观点直接判断整治参数关系。枯水航道整治工程中，整治水位和整治线宽度是两个未知数，需要两个独立的定解条件确定，整治前后的水流（输沙）关系是其中之一，另外一个条件则是冲刷水位的确定。

两种定解条件的确定途径不同使得整治参数存在多种确定方法。

显然要达到设计水位时的航道尺度，整治水位和整治线宽度可以有多种不同的组合，目前确定整治水位和整治宽度的方法是力图将二者综合考虑，并与整治线线形相配合，以求取最优组合。

航道整治参数的确定，直接决定了航道水深标准的控制基面、冲刷强度和冲刷历时及整治效果，是解决浅滩整治工程中关键技术难题的核心。目前长江中游正在实施的浅滩整治工程采用的整治参数都是基于经验得到的，或是基于河流相对平衡状态、航道形态规则下的经验公式计算，但随着三峡枢纽工程蓄水运用，处于坝下的长江中游河道将发生长时间长距离的冲刷，浅滩演变特性将出现较大变化，原定整治参数已不能适用三峡枢纽工程蓄水运用后中游河床的强烈冲刷情况，如何确定整治参数是关系到长江中游诸多浅滩治理工程能否顺利开展的前提，因而开展长江中游航道整治参数关键技术研究是十分必要和紧迫的。

在冲积平原河流上，航道整治主要针对存在浅滩的河段。河流航道等级不一样，浅滩河段碍航情况将完全不同。同样水深的河道，在高等级航道要求下是碍航浅滩，对低等级航道则相反。而随着水运事业的发展，对航深的要求正在逐渐提高，原来的不碍航浅滩，有可能成为碍航浅滩。此外，某些浅滩河段在良好的水沙组合与河床形态相互作用下航道条件可能较好，但在不利的水沙组合下又可能淤积碍航，所以浅滩碍航与否具有相对意义。

传统的航道整治工程主要是针对碍航浅滩河段，整治思路为规划主流位置，并通过工程措施将水流集中于主航道，增加航槽内流量及河床冲刷。随着航道整治工程的发展，长江中下游浅滩河段整治经验表明，针对第二种情况，在河道滩槽形态对通航有利或在向不利方向转化前，通过守护良好洲滩或规模较小的控导工程稳定滩体保持有利的通航条件或促进航道向优良状态发展，可起到事半功倍的效果。针对这两种浅滩河段，整治思路及整治参数的确定方法不同。以整治工程对河势、流场干扰程度为原则，可将航道整治工程分为调整型工程和守护型工程，针对第一类情况的整治工程为调整型，针对第二类情况的整治工程为守护型。

守护型工程以守护高大完整洲滩为主要手段，整治参数的选取主要以航道演变为基础，只要影响航道条件的主要洲滩高程、宽度大于形成不碍航浅滩的边滩条件临界值，洲滩是怎样，整治参数就可以相应取为多少，同时适当配合一定建筑物即可达到整治目的。

调整型整治河段没有良好洲滩高程可供依赖，只能完全依靠整治建筑物的作用来实现整治参数要求下的河床形态，由于涉及水流结构的调整，整治参数影响因素更为复杂，一般通过多种方法综合确定。

3.3.1.2 整治水位确定方法

对于守护型工程，以守护高大完整洲滩为主要手段，只要洲滩高程、宽度大于形成不碍航浅滩的边滩条件临界值即可，无确定的整治水位。

对于调整型工程，整治水位确定的原则是寻找合适的浅滩冲刷水位，根据《航道整治工程技术规范》(JTJ 312—2003) 主要有经验取值法、造床流量法、优良河段平滩水位法等方法。此外，部分水道应在此基础上结合模型试验确定。

(1) 经验方法

在浅谈资料不足时，宜采用经验方法求得整治水位。

①超高设计水位法。

根据各河流整治比较成功的经验，一般河流的整治水位均比设计水位要高出一些，我国大型河流多采用设计水位以上 1.5 ~ 2.5m,中等河流多采用设计水位以上 1.2 ~ 1.8m，小型河流多采用设计水位以上 0.8 ~ 1.5m。

②平滩水位法。

选择优良河段的边滩高程作为浅滩的整治水位，实践证明是比较合理的。因为水位与边滩高程齐平时，水流束窄，造床作用增大，退水期冲刷作用强，能维持枯水河槽达到一定水深要求。既然这种边滩高程能塑造出优良河段的河床形态，用整治建筑物将浅滩河段造成优良河段的边滩，人为造成优良河段断面，也就可将浅滩河段改造成稳定的优良河形，此种方法也可称为优良河段模拟法。

采用本河段各水道的航道条件良好年份的边滩平均高程作为整治水位确定的依据之一。根据分析各河段的汛后退水时的冲淤变化特点，当水位逐步退至与边滩、心滩高程齐平时，水流归槽，造床作用逐步增大，是航槽有利的冲刷时期，此时水道的航道条件较好。统计各水道近年来航道条件良好年份的边滩、心滩高程，从而确定整治水位。

③采用多年平均水位。

采用多年平均水位或多年平均流量所对应时的水位为整治水位，也是一种可供选择的方法，因为该水位一般接近于平边滩水位。

(2) 造床流量法

天然河流的流量是不断变化的，每级流量都可能参与河床的造床作用，在一个水文年内对河流造床作用最大时的那几级流量，称之为造床流量。所以，造床作用的因素主要包括流量的大小和相应的比降及持续时间的长短，它们的乘积最大时，该级流量即可认为造床流量。造床流量法根据流量比降频率法来推求。根据推求各水道的设计水位时选取的水文站的实测流量以及各水道近几十年来的实测水位、流量和比降资料，建立各水道的 $Q—Q^2JP$ 关系曲线。根据各 $Q—Q^2JP$ 关系曲线推求各水道的第二造床流量，并由水位流量关系曲线，确定整治水位。

确定造床流量的方法较多，下面介绍两种常用计算方法。

①按流量比降频率乘积方法推求。

将历年实测某河段的断面流量分级(实际均采用基本站断面)，计算出每级流量的 Q^mJP 乘积值。其中 m 为指数，平原河流 m 值一般为 2.0；J 为各级流量时相应的比降；P 为各级流量出现的频率，于是可得 $Q—Q^mJP$ 关系曲线，对于平原河流常出现两个 Q^mJP 的较大峰值，相应于最大一个峰值的流量为第一造床流量，约与多年平均最大洪水流量相当，保证率为 1% ~ 6%，其水位约与河漫滩平并。相应于第二个大峰值的流量为第二造床流量，约大于多年平均流量，保证率为 24% ~ 45% ，其水位约与边滩水位相当。目前多以第二造床流量作为整治流量，其相应的水位即为整治水位。

具体的做法是：

A. 将流量分成相等的流量级。

B. 确定多年各级流量的频率，即对应流量出现的天数占统计总天数的百分数。

C. 绘制流量—比降关系曲线，确定各级流量时的平均比降。

D. 计算 Q^2JP 的乘积，绘制 Q— Q^2JP 关系曲线。

E. 从曲线中找出第二造床流量，即为所求的整治流量，如图 3–9 所示。再由浅滩上的 Z—Q 关系曲线找出浅滩整治水位。

②按输沙能力公式推求。

按输沙能力公式推求时认为某级流量造床作用的大小与输沙能力大小有关，同时也与该级流量所经过的历时长短有关。若取用不同的输沙率公式，也可求得相应的造床流量。

如断面悬移质输沙率：

$$P_s = QS_{cp} \tag{3-2}$$

式中：Q——流量，m^3/s；

S_{cp}——悬沙挟沙能力，kg/m^3。

断面推移质输沙：

$$G = Bg_b \tag{3-3}$$

式中：g_b——底沙单宽输沙率，$kg/(s \cdot m)$；

B——河宽，m。

分别将挟沙能力公式和单宽输沙率公式代入上述公式，可知悬移质和推移质的断面输沙率大小主要与平均流速的高次方成正比，一般为 4 次方。因此，利用洪水降落开始至枯水期时段的水文资料，绘制水位 Z—频率 P、水位 Z—流速 U 及水位 Z—U^4P 的关系曲线，如图 3–10 所示。

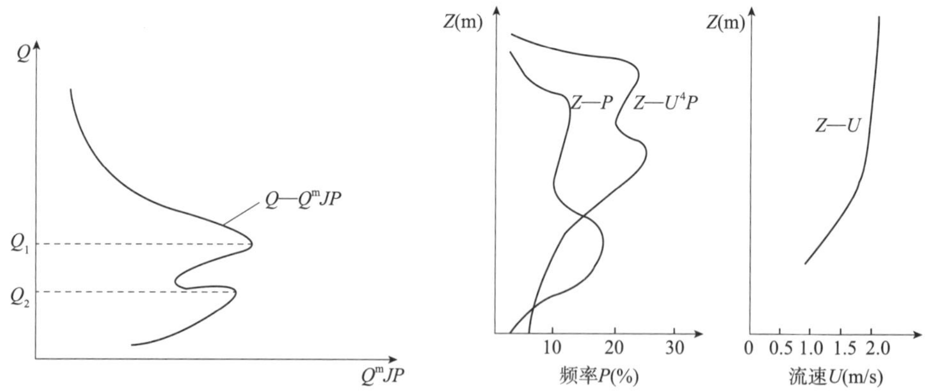

图 3–9　Q—Q^mJP 曲线示意图　　图 3–10　Z—P、Z—U、Z—U^4P 关系曲线图

由 Z—U^4P 曲线上查出相应第二个 U^4P 最大值的水位即位整治水位。这个方法在没有比降资料的基本站上仍可使用，所以实用上较为方便。

采用造床流量法求得的整治水位，有些河流上应用是合适的，如北江、岷江等，但国内许多河流选用第二造床流量相应的水位作为整治水位则太高，例加湖南沅水各基本站计算的造床流量相应的水位比设计水位高 4.64 ～ 4.66m，湘江湘潭站高 3.0m，长江高出航行基准面 4.4 ～ 5.8m，淮河上高出 4.75m，实际上这些河流整治时采用超高值仅 1 ～ 2m 就足够了，为什么按造床流量法求出的整治水位偏高呢？初步分析有以下原因：

A. 优良河段的选取时不能选择深槽段（水文站多为深槽河段，年内冲淤变化与优良河段不同），因为深槽的水位流量关系、输沙能力与浅滩不同，选择通航条件好的浅滩，这种浅滩也不是唯一的，不同浅滩的水位流量关系、输沙能力也有所不同，所确定的造床流量也应有所区别。

B. 造床流量所确定的通航流量只有一级，这级流量所起的造床作用最大，相当于可以塑造最高通航等级航道对应的整治水位，无法根据通航等级的不同进行调整，也无法根据浅滩的碍航程度进行调整，导致求得的造床流量必然偏高。

C. 造床流量与各级流量的历时有关。若中水历时长，求得的造床流量曲线峰值在中水位。若洪峰多、历时长，则曲线峰值在洪水位。在枯水位时虽然历时较长，但当枯水流量太小时，就不易在枯水时段出现曲线峰值。所以这个方法与来水过程有关，有的河流上适用，有的河流不一定适用。实际工程中，有的选取第三个峰值流量所对应的水位作为整治水位，但这种做法缺乏理论支撑。

D. 根据一些试验研究表明，当输沙率最大时，丁坝需淹没一定深度使坝下产生最强的螺旋流，从而能将泥沙导入坝田。所以坝顶高程不一定要设在输沙率最大的水位，即造床流量时的水位，而应使丁坝低些，淹没一定深度，以便导沙，如图 3-11 所示。

$$h=\left(\frac{1}{4}\sim\frac{1}{2}\right)H \tag{3-4}$$

式中：h——丁坝高度（自然河床面算起），m；

H——最大输沙率时的水位下，在丁坝坝位处的自然水深，m。

③浅滩转冲临界水位法。

浅滩转冲临界水位法有以下两种具体做法可以采用。

A. 绘制深槽、浅滩的水位—流速关系曲线。取拟整治浅滩及上下游相邻深槽各级水位下的实测资料，绘制水位—流速关系曲线，深槽与浅滩的两条曲线交于 M 点的水位称临界水位，如图 3-12 所示，该水位以下浅滩流速大于深槽流速，因此，可将整治水位定在临界水位 M 附近。

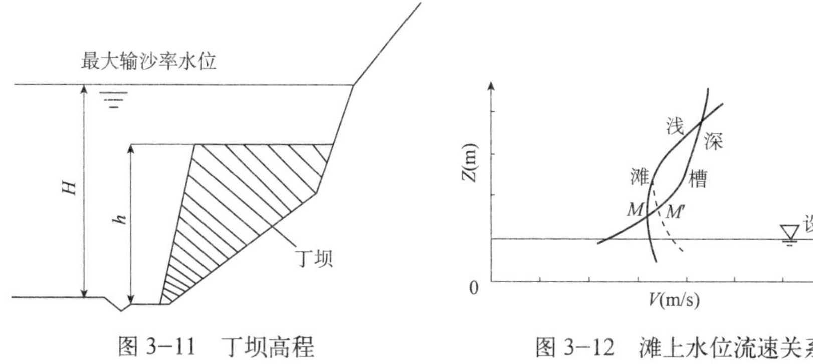

图 3-11　丁坝高程　　　　图 3-12　滩上水位流速关系

事实上在整治工程作用下，M 点将提高到 M'，表明整治后增加了浅滩的冲刷作用，在水位高于 M 点就显现出来。

B. 绘制水位一滩脊水深关系曲线。取拟整治浅滩及各级水位下的实测资料，将滩脊处设计水位下的水深值与测时水位值点绘于坐标纸上，分析该滩的冲淤规律，取由淤转冲的临界水位作为确定整治水位的依据或参考值。

④整治水位的调整。

确定整治水位的目的是要求在整治流量时，水流在整治建筑物束窄的范围内流动，起到束水冲刷调整泥沙运动的作用。但经实践发现，由于缩窄了断面，原整治流量相应的天然水位将壅高，整治河段上段丁坝断面淹没溢流，达不到束水归槽的效果，尤其在比降比较大的河流中更为明显。为此，确定的整治建筑物高程，应满足在被控制的河段内河床的过水断面能容纳整治流量的最小高度，以流量作标准，各处的水面高于设计水位的超高值就不一定是常数，它随河床断面形态和所在位置不同等因素而异，一般是上游河段超高值大于下游河段。因此，应根据常规方法求得整治水位和整治宽度，用整治流量进行水面线计算，调整坝位处的高程与水面线齐平。

3.3.1.3 整治线宽度的确定

整治线是指为改善和稳定航道，在整治水位时由主导河岸和整治建筑物控制的新河道平面轮廓线。整治线宽度则是指整治水位时设计的新河槽的河面宽度，即河道两侧整治线之间的宽度。通常整治线是用整治建筑物控制构成的，因而整治线宽度与整治工程的成效关系影响极大。整治线过宽，集中的水流不足以冲刷浅滩，达不到预期的整治效果，整治线过窄，水流收缩过甚，流速过大，造成河床强烈冲刷，可能导致下游航道淤积，引起河槽不稳定。因此，正确确定整治线宽度是设计中的一个重要问题。

对于守护型工程，整治线宽度根据航道条件较好时期的滩槽形态并参考上下游调整型浅滩段整治线宽度确定。

对于调整型工程，整治线宽度是与整治水位相对应的，二者综合作用的结果是航道满足通航条件要求，一般是在确定出整治水位后，根据规范通过理论计算法、优良河段模拟法确定整治线宽度，部分水道在此基础上结合模型试验确定。

整治线宽度的确定，主要有经验方法和理论计算方法。

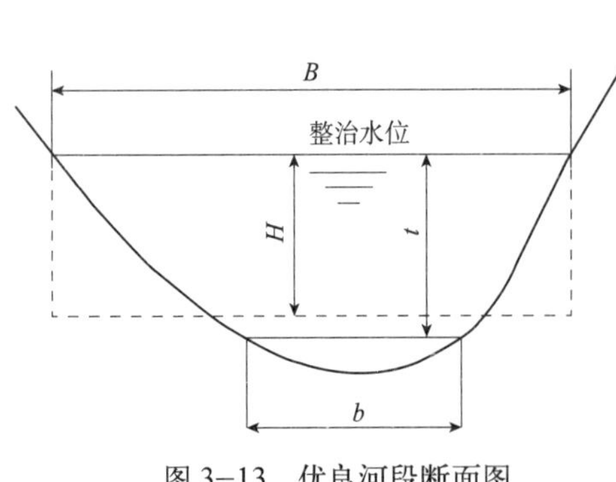

图 3-13 优良河段断面图

(1) 经验方法

根据调查和河道地形图，在浅滩河段上下游寻找与被整治浅滩具有相似水文、泥沙及地质条件的优良河段，绘制其河床横断面图，见图 3-13。然后求得各优良河段整治水位时的水面宽度 B 及平均水深 H，绘制 B—H 的关系曲线，见图 3-14。并由所取断面的 H 与 t 的比值求出 η，t 为整治水位下至航道宽度范围内的航道边缘水深 η，即 $\eta = H/t$，为水深改正系数。最后由整治浅滩所要求的整治水位下的水深 $H=\eta\cdot t$，按 B—H 的关系曲线求得相应的河宽 B，即为整治线宽度 B_2。

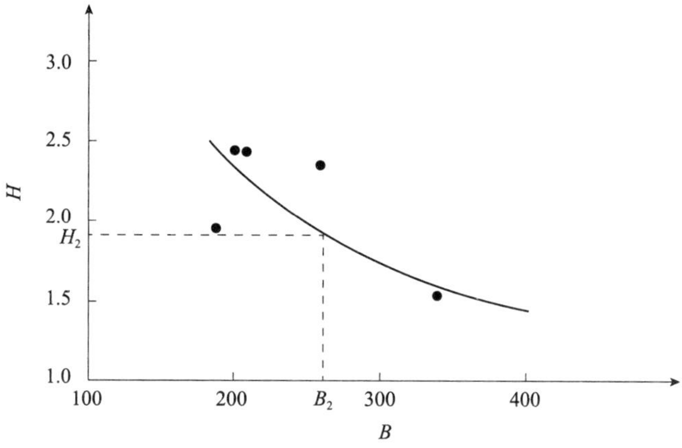

图 3-14 广东某优良河段 H—B 关系曲线

另外，在取得各优良河段的平均水深及河宽资料后，还可在双对数纸上点绘$\frac{\sqrt{B}}{H}$—H的关系，得到河相关系经验公式：

$$\frac{\sqrt{B}}{H}=AH^m \tag{3-5}$$

相关关系曲线截距即为系数 A，斜率即为指数 m。如淮河中游正阳关至蚌埠闸，根据优良河段绘出的相关线见图 3-15，求得公式为：

$$\frac{\sqrt{B}}{H}=18.0H^{-1.01} \tag{3-6}$$

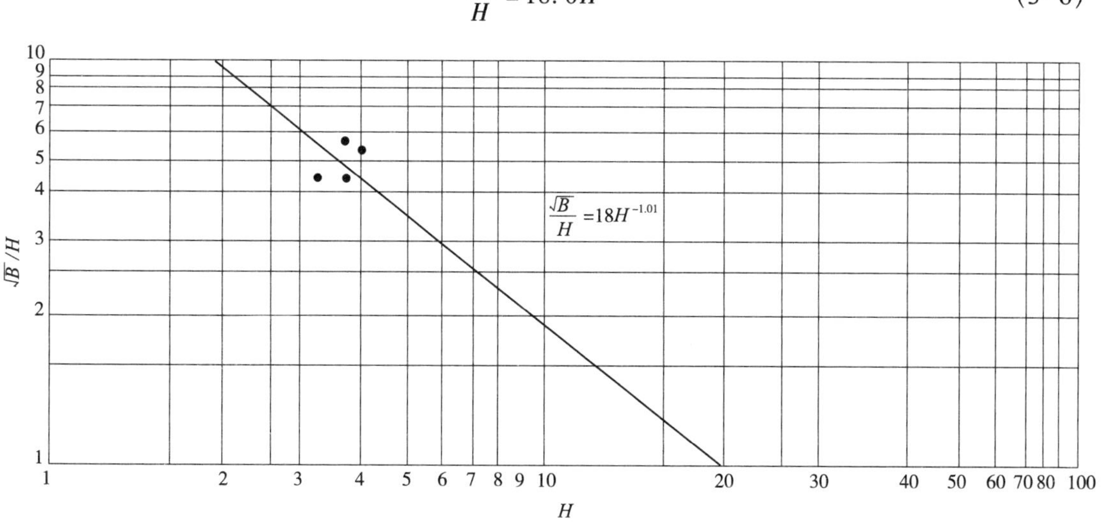

图 3-15 河相关系曲线

常用经验方法的整治线宽度公式见表 3-18。

经验公式计算整治线宽度 表 3–18

序号	经 验 方 法	经 验 公 式
1	优良河段法	$\frac{B^m}{H}=K$
2	广东东江、北江、韩江公式	$B_2=0.8B_1\left(\frac{H_1}{H_2}\right)^{1.25}$
3	Phamotharam，Werrad 模型试验求得	$\frac{H_2}{H_1}=\left(\frac{Q_2}{Q_2}\right)^{\lambda}\left(\frac{B_1}{B_2}\right)^{\theta}$
4	汉江金哇滩整治经验公式	$B_2=0.92B_1\left(\frac{H_1}{H_2}\right)^{1.148}$

①在水沙条件相似情况下，长江中游荆江河段优良河段平滩水位时过渡段的平均河宽为 600 ~ 1 000m。

②根据本河段各水道航道条件较好时期，整治水位为设计水位上 3m 时的河宽作为参考值，来研究该河段的整治线宽度。

③根据长江中游其他浅滩整治的研究成果及整治经验确定该河段各水道的整治线宽度。

综上所述，结合各水道（河段）的河道宽度及滩槽情况，对计算的整治线宽度进行适当调整，确定本段要实施整治工程的水道（河段）的整治宽度线宽度在 500 ~ 1 000m 之间，见表 3–19。由表可见，本河段从上到下，整治线宽度呈现先增大后减小的趋势，这主要是因为上段比降较大，而下段受到洞庭湖顶托的影响，比降较小，使得整治线宽度相对较窄。

荆江河段整治线宽度表 表 3–19

水道名称	整治线宽度（m）	水道名称	整治线宽度（m）
枝江水道	分汊段 600 单一段 850	碾子湾水道	1 000
江口水道		莱家铺水道	800
太平口水道	分汊段 500，单一段 900	窑监河段	800
斗湖堤水道	900	大马洲水道	800
周公堤水道	1 000	铁铺水道	800
天星洲水道	1 000	熊家洲水道	800
藕池口水道	800 ~ 1 000		

（2）理论计算方法

①水力学计算方法。

应用水流连续方程和运动方程式：

$$Q=BHU \tag{3-7}$$

$$U=\frac{1}{n}H^{\frac{2}{3}}J^{\frac{1}{2}} \tag{3-8}$$

联解得：

$$B = \frac{nQ}{H^{\frac{5}{3}}} J^{\frac{1}{2}} \tag{3-9}$$

认为在整治水位时，整治前后通过的流量 Q 相等，航槽内的糙率及比降 J 不变，则有

$$B_2 = B_1 \left(\frac{H_1}{H_2} \right)^{\frac{5}{3}} \tag{3-10}$$

式中：B_1——整治前整治水位时的水面宽度，m；

B_2——整治线宽度，m；

H_1——整治前整治水位时的断面平均水深，m；

H_2——整治后整治水位时的平均水深，m。

整治设计时，因为事先并不知道整治后在整治水位时的平均水深 H_2 是多少，所以需根据航道设计要求的 t 乘以水深改正系数 η 得到。根据国内一些河流的断面形态资料，点绘水深改正系数 $\eta=H/t—f(B/b)$ 的关系曲线，其中 b 为航道水深，一般在 0.7 ~ 0.9 之间选取，设计中按 0.9 取值，如图 3-16 所示。可见当 $B/b>4$ 以后，η 值变化不大，平原河流的 η 值一般取 0.85，在山区河流 η 有时小到 0.5 左右。为应用方便起见，将上式改写成：

$$B_2 = B_1 \left(\frac{H_1}{\eta t} \right)^{1.67} \tag{3-11}$$

式（3-11）仅考虑引起河床变形的水流因素，没有考虑到泥沙的输移问题，有一定的局限性。在山区河流及一些来沙量少、不易冲刷变形河流的航道整治工程规划设计中，有一定的使用价值。

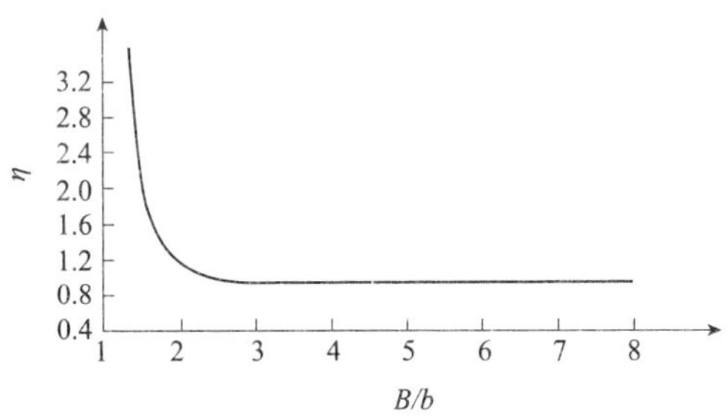

图 3-16 η—B/b 相关曲线

②输沙平衡的方法。

输沙平衡的方法认为河床在低水期是处于相对平衡的，整治建筑物束窄河床后，必然使浅滩流速加大，水流输沙能力加强，冲刷浅区，当冲刷到设计要求的水深时，达到新的输沙平衡，输沙能力与整治前相同。根据整治前后断面输沙率相等的条件，提出如下计算方法。

$$G_1 = G_2 \tag{3-12}$$

式中：G_1、G_2——整治前后断面输沙率。

A．底沙造床情况。在以底沙运动为主的河流中，如采用沙莫夫公式（kg · m · s制）：

$$G = Kd\left(\frac{U}{U_{\mathrm{H}}}\right)^{3} U_{\mathrm{H}}\left(\frac{U}{U_{\mathrm{H}}}-1\right)\left(\frac{d}{H}\right)^{Z} B \tag{3-13}$$

式中：K——系数；

d——泥沙平均粒径，m；

U——断面平均流速，m/s；

H——断面平均水深，m；

B——河宽，m；

Z——指数，一般为 1/6 ~ 1/4，采用 1/4；

U_{H}——止动流速，用沙莫夫公式计算：

$$U_{\mathrm{H}} = 3.83 d^{\frac{1}{3}} H^{\frac{1}{6}} \tag{3-14}$$

为计算方便，将式（3–13）中 $U/U_{\mathrm{H}}-1$ 改写为：

$$\frac{U}{U_{\mathrm{H}}}-1 = \alpha\left(\frac{U}{U_{\mathrm{H}}}\right)^{m} \tag{3-15}$$

式中的α和m值可以由对数纸上的$U/U_{\mathrm{H}}-1$—U/U_{H}关系曲线确定。将曲线分成若干段，每段近似地视为直线关系，从而定出各段的 m 数值，列于表 3–20 中。并将 α 系数并入公式中的 K 中，以 K' 表示，则公式（3–13）改写为：

$$G = K'd\left(\frac{U}{U_{\mathrm{H}}}\right)^{3+m} U_{\mathrm{H}}\left(\frac{d}{H}\right)^{\frac{1}{4}} B \tag{3-16}$$

m 值与$\frac{U}{U_{\mathrm{H}}}$的关系 表 3–20

$\frac{U}{U_{\mathrm{H}}}$	$1.1<\frac{U}{U_{\mathrm{H}}}<1.5$	$1.5<\frac{U}{U_{\mathrm{H}}}<2.5$	$2.5\frac{U}{U_{\mathrm{H}}}<10$
m	5.36	2.22	1.26

又因

$$U=\frac{Q}{BH} \tag{3-17}$$

考虑 K' 为常系数，同时认为整治前后 d 变化不大均可消去，则：

$$B_2 = B_1\left(\frac{Q_2}{Q_1}\right)^{\frac{3+m}{2+m}}\left(\frac{H_1}{H_2}\right)^{\frac{43+14m}{12(2+m)}} \tag{3-18}$$

令

$$y_1 = \frac{3+m}{2+m},\quad y_2 = \frac{43+14m}{12(2+m)} \tag{3-19}$$

上式可写成：

$$B_2 = B_1\left(\frac{Q_2}{Q_1}\right)^{y_1}\left(\frac{H_1}{H_2}\right)^{y_2} \tag{3-20}$$

或

$$B_2 = B_1\left(\frac{Q_2}{Q_1}\right)^{y_1}\left(\frac{H_1}{\eta t}\right)^{y_2} \tag{3-21}$$

B. 悬沙造床情况。在以悬沙运动为主的河流中，可考虑用悬沙输沙平衡的条件推求整治线宽度，不过该情况应用较少。采用断面输沙率公式为：

$$G_s = QS_{cp} = K\left(\frac{U^3}{gH\omega}\right)Q \tag{3-22}$$

式中：G_s——断面输沙率，kg/s；

S_{cp}——断面平均含沙量，kg/m^3；

K——系数；

U——断面平均流速，m/s；

H——断面平均水深，m；

ω——泥沙的沉降速度，m/s；

Q——流量，m^3/s。

将 $U=Q/HB$，并认为整治前后 $K_1=K_2$，$\omega_1=\omega_2$ 代入式（3-12），经化简后得：

$$B_2 = B_1\left(\frac{Q_2 H_1}{Q_1 H_2}\right)^{\frac{4}{3}} = B_1\left(\frac{Q_2 H_1}{Q_1 \eta t}\right)^{\frac{4}{3}} \tag{3-23}$$

应用式(3-22)、式(3-23)时，应注意整治前后流量是否发生变化，有以下几种情况需要考虑：

a. 非通航汊道中建锁坝或在非通航汊道上口建挑流坝后，使两汊流量发生变化。

b. 在汊道内建丁坝、顺坝工程时，整治线宽度内的流量也会发生变化。

c. 疏浚后两汊分流比发生变化。

d. 山区少沙河流上，坝体渗流较大，一部分流量从坝田中分流走。

有以上情况时，上式中的 $Q_2 \neq Q_1$。若不属于这些情况，整治前后的流量一样，则式中 Q_2/Q_1 项可消去。具体计算步骤如下：

a. 择浅滩上计算断面，求得 B_1、H_1。

b. 计算汊道分流量或丁坝渗流量，确定整治前后的 Q_1、Q_2。

c. 计算 U 及 U_H，因 U/U_H 的比值在一定范围内 y_1 和 y_2 近似为定值，用整治前的水力要素 B_1、H_1 和泥沙平均粒径 d_{1cp}，计算出 $(U/U_H)_1$ 值及 y_1 和 y_2。

d. 用式(3-21)乘式(3-23)，求出 B_2。

e. 由求得的 B_2 及 H_2，并认为整治后泥沙平均粒径 d_{2cp} 与整治前的 d_{1cp} 相差不大，取 $d_{2cp}=d_{1cp}$，即可算出 $(U/U_H)_2$ 值。若此值与 $(U/U_H)_1$ 之值在同一个 y_1、y_2 范围内，可认为求得的 B_2 是正确的。若不在同一个范围内，需要重新进行计算，一般情况下校核一次即可。

C．整治后设计水位降落对航道边缘水深 t 的修正。公式（3−21）及式（3−23）中的 t 值，在浅滩冲深变化较大时，应将设计水位因冲深降落对 t 的影响考虑进去，如图 3−17 所示。

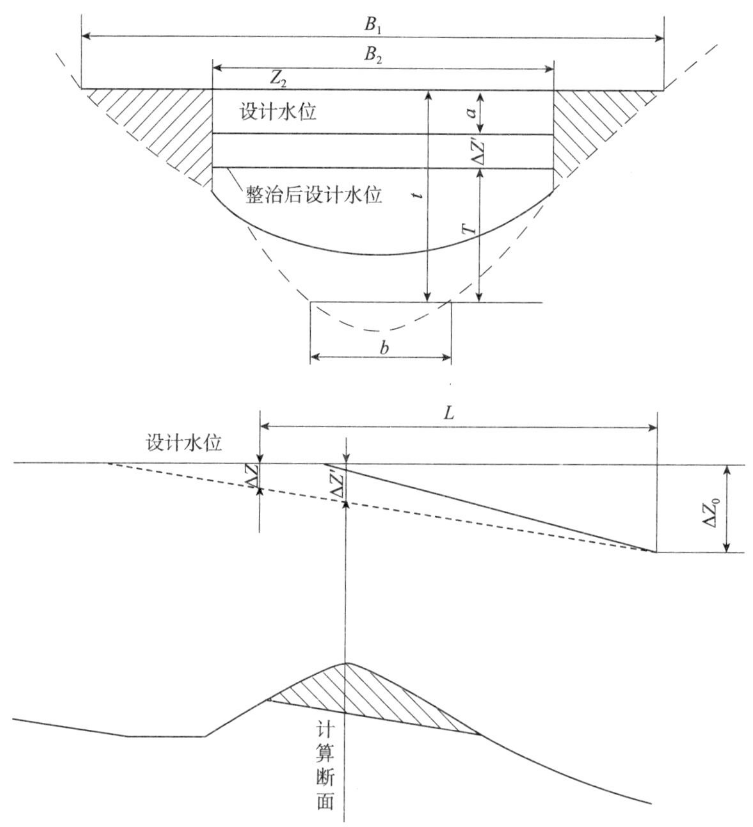

图 3−17　整治后水面降落示意图

$$t = T + \Delta Z' + a \tag{3-24}$$

式中：t——整治后整治水位至航道边缘的水深；

T——设计水位下要求的航道边缘水深；

$\Delta Z'$——冲深后设计水位降落值；

a——整治水位超高设计值。

首先需求出 $\Delta Z'$ 值，可由下列公式推求出浅滩最大降落值 ΔZ，再插比到浅滩计算断面求得 $\Delta Z'$。

设整治前在设计水位下通过的流量为：

$$Q_0 = \frac{1}{n} B_0 H_0^{\frac{5}{3}} \left(\frac{\Delta Z_0}{L} \right)^{\frac{1}{2}} \tag{3-25}$$

整治后设计水位通过的流量为：

$$Q_0' = \frac{1}{n} B_0 H_0'^{\frac{5}{3}} \left(\frac{\Delta Z_0 - \Delta Z}{L} \right)^{\frac{1}{2}} \tag{3-26}$$

认为 $Q_0=Q_0'$，所以有：

$$\left(\frac{B_0'}{B}\right)^2=\left(\frac{H_0'}{H}\right)^{\frac{10}{3}}\left(1-\frac{\Delta Z}{\Delta Z_0}\right)=1 \tag{3-27}$$

上述式中：H_0、B_0、Q_0——整治前设计水位时的平均水深、河宽、流量；

H_0'、B_0'、Q_0'——整治后设计水位时的平均水深、河宽、流量；

ΔZ_0——整治前浅滩段水位落差；

ΔZ——整治后河床冲深后水位降落值；

其余符号意义同前。

其中，$H_0'=\eta T$，T 为整治后设计水位时航道边缘水深。由公式(3–27)可求得ΔZ，再按距离插比到计算断面求得$\Delta Z'$。式中B_0'也需先按断面估计一值代入，当求得$\Delta Z'$后要验证选取的B_0'是否恰当，否则修正B_0'再重算ΔZ，直至符合为止。求出正确的$\Delta Z'$代入公式(3–24)得 t，然后代入公式(3–24)或式(3–23)求得 B_2。

（3）流速控制法

水流流速是决定泥沙运动的关键因素，在设计时应掌握各级水位的流速，尤其在整治水位时，在主流范围内垂线平均流速应大于床沙的起动流速，并小于船舶的航行允许流速，在设计水位，满足要求的冲刷深度时，垂线平均流速要小于床沙的起动流速，且大于止动流速，一般可通过试算法确定。

计算步骤如下：

①根据经验或计算，首先确定整治水位 Z_2 值，同时 Z_2 等于 Z_3（设计水位）加 a（超高值)。整治段河床断面图如图 3–18 所示。

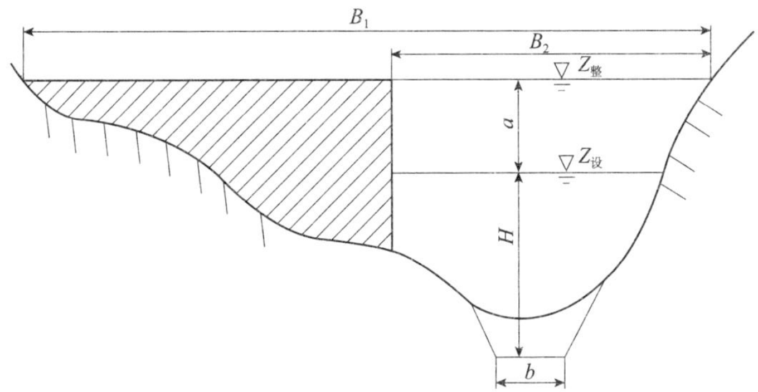

图 3–18 整治段河床断面图

②由水位流量关系曲线求出整治流量 Q_2 及设计流量 Q_3。

③将整治流量与设计流量结合考虑，先假设一个整治线宽度 B_2。

④划分流带，进行水流平面图计算。

⑤求得整治水位时各流带垂线平均流速 v_{2cp}。

⑥求出设计水位时的垂线平均流速 v_{3cp}。

⑦根据当地情况求床沙的起动流速 v_c 和止动流速 v_H。

⑧将整治水位的主流范围的垂线平均流速与起动流速比较，若 $v_{2cp}<v_c$，则需重新假定整治水位，重复①～⑥步骤，直到 $v_{2cp}>v_c$，即为正确的整治水位。

(4) 关于整治线宽度公式的评述

①整治线宽度公式的统一形式。

目前提出的整治线宽度理论计算公式较多，但主要是系数和指数存在差异，在设计中应结合整治河段的实际情况并参考类似工程经验选择其中的系数和指数。《航道整治工程技术规范》(JTJ 312—2003) 中整治线宽度计算公式统一表达为：

$$B_2 = KB_1\left(\frac{H_1}{\eta t}\right)^y \tag{3-28}$$

式中：B_2——整治线宽度，m；

B_1——整治前整治水位时的水面宽度，m；

H_1——整治前整治水位下的断面平均水深，m；

t——整治水位下的航道设计水深，m；

K——系数，可取1，复杂情况下取 0.8 ~ 0.9；

y——指数，在稳定河床上取1.67；在以悬沙造床为主的河流上取1.33；在以底沙造床为主的河流上取1.2 ~ 1.4；

η——水深改正系数，可取0.7 ~ 0.9。

②存在的几个问题。

目前航道整治中按上述理论计算推求整治线宽度，有时在实践中达不到设计要求，第二年必须调整这些设计参数，有的浅滩上往往多次修改后才能达到冲深的标准。一方面是由于来水、来沙、河床形态之间的关系十分复杂，另一方面说明采用的公式还有不足之处。

A. 公式所描述的断面是整治水位时，在 B_2 条件下达到设计要求的断面，即水位降落过程中，仅要求在整治水位时刻完成冲刷到设计断面，至于丁坝淹没一定深度以内及整治水位降到设计水位过程对浅滩的作用未予以考虑，因此当水位降落到整治水位时能满足设计要求，再降至设计水位时反而有可能出浅，说明枯水过程仍可能有淤积现象，故应进行枯水校核。

B. 最优的整治水位与整治线宽度的组合不清楚，整治水位定得高些，可以算出一个满足冲深要求的整治线宽度，若整治水位定得低些，也可以算出一个整治线宽度，到底哪种组合最为合理还缺乏论证。

C. 假定整治前后糙率、比降不变，与实际情况有差别，且有的公式中所取指数与流速比值 (U/U_H) 反应不敏感。

如果要更好地求得整治线宽度与整治水位，还需通过实践进一步总结完善。

3.3.1.4　整治线的平面布置及航道线路规划

根据天然河流实测资料的有关研究成果，比较稳定的冲积平原河流，其平面形态总是曲直相间，曲率半径适当，中心角适度，两弯道之间直线过渡段长度适中。整治线布置原则是充分利用上下游稳定河岸的导流作用，以岸线、矶头和江心洲作为整治线的控制点，并利用本河段形成的稳定航槽，集中水流冲刷过渡段浅区。

由于河流及被整治滩险的千变万化，滩险通航条件的改善与整治线的布置密切相关，因此必须根据被整治河段的具体情况，对整治线的位置、走向和形态进行规划，使整治线既符合河势，又满足航行安全和航道稳定的要求。此处仅阐述平原航道整治线规划布置的基本准则，浅滩整治线的具体布置尚需结合该滩整治方案的比选一并确定。

（1）整治线的布置原则

①整治线应依托主导河岸布置。

整治线的方向和位置必须依托主导河岸，整治线的起点和终点应以稳定深槽的主导河岸为依托。所谓稳定深槽是指符合航行要求和历年来变化不大的深槽，一般靠近凹岸。

A. 整治线的起点与终点应以稳定深槽的主导河岸为依据，充分利用比较坚固难冲的河岸、江心洲和发育稳定的边滩等。在微弯和顺直河段内整治线的方向与主导河岸的方向一致，以利用主导河岸在各种水位下的导流作用，维持航道的稳定。同时根据整治河段地貌特点，尽量利用比较坚固难冲的河岸、硬土角、江心洲和发育稳定的边滩等作为整治线的控制点，并配合整治建筑物，构筑稳定的整治线。

B. 在规划上深槽处的整治线时，首先定出枯水期水流开始离开这一河岸的地点，即水流动力轴线开始偏向河道中心的地点，在此地点附近，整治线自一河岸转向另一河岸。对于下深槽处，过渡段与主导河岸平顺连接，并控制距离以免过渡段太长。

②整治线与水流方向交角要小。

整治线应与中枯水河槽相适应，特别注意洪水流向对枯水河槽的影响。为此常见有以下几种情况。

A. 洪水流向大致与枯水河槽的方向相吻合。这种情况下整治线的位置比较容易确定，满足洪枯水流流向相适应的要求，浅滩也容易整治。

B. 洪水流向与枯水河槽方向交角较大时，洪水自滩地漫入枯水河槽后，遇到对面较高的岸壁，且其下游河槽转向，致使洪枯水流向趋向一致。从河形上看，左边凹岸为主导河岸，整治线应依托该河岸布置。但实际上由于洪水的注入，凹岸易发生泥沙淤积，并在下游形成沱口，航道偏向凸岸。因此整治线布置应偏向凸岸，在凹岸处布置建筑物，以消除下游深槽沱口的影响。

C. 洪枯水流向交角相当大，这种情况下的浅滩比较恶劣，整治线布置应从上游凹岸深槽转向凸岸后再与下游深槽凹岸连接，将整治线设计成反弯，增加环流。

D. 当河道有分汊时，如果洪水方向与基本河槽的方向大体一致，应选择正在发展的汊道作为通航河槽；如果洪水流向与其基本河槽方向成较大角度，则应选择与洪水流向相近的汊道作为通航河槽，布置整治线。

③弯段曲率半径。

整治线的弯段可以由一个或几个圆弧段组成，当有几个圆弧时连接处应相切。整治线的最小曲率半径 R 可参考表 3-21 所提供方法选取。

④直段长度。

两弯段之间的直线段长度一般不宜超过 3 倍整治线宽度，也不宜小于 1 倍整治线宽度。如遇长的顺直河段无法控制在 3 倍以内，最多不得超过 5 倍。

⑤过渡段的长度。

河湾是冲积平原河流的天然特征，一般较为稳定，不存在严重的妨碍航行、排洪不畅现象，规划整治线时应予以保持。只有当其妨碍航行、排洪不畅或可能造成流冰奎塞现象时，才加以裁直。

整治线最小曲率半径 R 的计算公式 表 3-21

情况	算式	备注
来沙较多，枯水比降较大； 来沙较少，枯水比降较缓； 需切凸角，改善航行条件	$R=4B_2$； $R=6B_2$； $R=(2\sim3)B_2$	B_2 为整治线宽（m）
经验公式	$R=40\sqrt{\omega}$	ω 为过水断面面积（m^2）
当天然河湾 $R'>40\sqrt{\omega}$	$R=\dfrac{100\sqrt{Q}}{\varphi}$	Q 为造床流量（m^3/s），φ 为河湾中心角（rad）
马卡维耶夫稳定河湾曲率半径	$R=K\dfrac{Q^m}{J^n}$	Q 为整治流量，J 为水面比降；在非黏性土河床 $K=0.0014$，$n=0.5$，$m=1$

整治线离开上深槽的主导河岸起点过渡到下深槽终点位置时，应以枯水动力轴线开始偏向河心的位置为过渡起点，至下深槽沱口稍下一点，与下深槽平顺连接的位置为过渡终点。过渡段的整治线应与起、终点平顺相接。河道中的天然过渡段一般应予保留。整治线的弯曲段不应过于弯曲，曲率半径应当均匀变化，相邻两河湾的长度力求相等。

为了发挥整治建筑物的最大作用，使浅滩沙脊在水位较高时能得到冲刷，必须将整治线通过浅滩沙脊上的最大流速区。当浅滩宽而浅或深槽交错时，要详细了解沙脊上的流速分布情况。这一问题并不容易解决，因为当水位发生变化时，沙脊上最大流速区的位置也会发生变化。因此，设计时必须根据实测的水文资料或采用计算方法，确定浅滩沙脊最大流速区在各级水位时的变化情况，使整治线通过最大流速区。如果最大流速区变动较大，则应以中、洪水或造床流量时的最大流速区为依据。

⑥整治线与航槽间的距离。

整治线是今后布置整治建筑物头部的位置，航槽则位于两侧整治线范围内满足航行要求的深水河糟部分。航槽边缘与整治线间应有一定距离，该距离可用下式计算确定：

$$L=(3\sim5)h+c \tag{3-29}$$

式中：L——航槽边缘与整治线的距离，m；

h——整治建筑物头部高度，m；

c——安全距离、大中型河流可取 10m。

（2）其他应当考虑的因素。

布置整治线时还应考虑其他相关因素：

①支流入汇口门不宜布置整治线，因相互顶托，口门易形成拦门沙，整治线应当布置到河中或对岸。

②在两岸有取排水口、港口等建筑物时，整治线布置应保证它们不会因建整治建筑物形成新的边滩淤塞，影响正常运转。

③考虑对防洪大堤的影响，弯顶主导河岸如果太靠近大堤，整治线应尽可能移向凸岸。

（3）航道线路规划

设计航道线路主要参考现行航道线路、历史习惯航道线路，并兼顾沿江城镇对岸线的使用要求，对于历史上交替作为主航道使用过的汊道段，根据各汊道的航道条件及发展趋势、水利部门控制规划方案及沿江经济发展需求综合确定，并通过模型试验中工程后的航槽变化情况适当调整。

3.3.1.5 整治参数影响因素

航道整治参数是浅滩河段航道整治中为达到设计水位要求需要整治建筑物开始发挥作用时的河道尺度及其走向，包括整治水位、整治线宽度和整治线布置。已有研究对于整治参数影响因素分析比较欠缺，因而导致概念混乱，认识不清。整治参数确定方法也缺乏衡量标准，不便于实际运用。整治参数主要影响因素可归纳为河床演变特性、浅滩冲淤规律、整治工程类型及航道等级要求，并可将这四条主要因素作为衡量整治参数确定方法是否适用的标准。

河段演变特性包括河段来水来沙条件、主流摆动情况、水动力学因素变化、河势特点、边界条件变化等，其描述的是浅滩所在大环境的特点，是整治参数确定的基础。整治参数必须适应演变规律，才能取得良好的效果。浅滩整治是通过一定程度的改变枯水河床形态、调整水流结构达到改善通航条件的目的。河床形态的调整程度是有限的，浅滩整治也是有限的，其极限状态就是彻底消除浅滩存在的边界条件，使其与上下游深槽河段边界条件接近，达到上下游深槽河段所能够达到的最高航道等级。然而在天然河流中，试图大规模改变河床形态、彻底消除浅滩存在条件的做法是不现实，也是不可取的，只能在原有基础上适当修建整治工程，顺势调整。只要浅滩存在的条件没有消除，浅滩必将始终存在，因此整治参数也必然有一定限度，那种认为整治水位想要多高就能定多高，浅滩想整到哪种程度都可以的思想是不符合自然规律的。整治参数必须在充分认识演变特性、遵守演变规律的基础上在合理范围内予以拟定。

浅滩冲淤规律的认识是整治参数确定的依据。洪淤枯冲的浅滩河段和洪冲枯淤的浅滩河段整治参数必然有所差别，浅滩淤积时段、碍航程度、碍航时段、主要冲刷时段不同，整治参数也会存在差异，因此整治参数的确定方法应能够体现出这些特点。

整治工程采用守护型还是调整型，决定着浅滩整治思路。整治思路不同，整治参数也就不会相同。要整治一个浅滩河段，必须根据已有条件选择守护型工程措施还是调整型工程措施。守护型工程以守护高大完整边滩为主要手段，只要边滩高程、宽度大于形成不碍航浅滩的边滩条件临界值，边滩是怎样，整治参数就可以相应取为多少，并适当配合一定建筑物即可达到整治目的。调整型整治河段没有良好边滩高程可供依赖，只能完全依靠整治建筑物的作用来实现整治参数要求下的河床形态，由于涉及水流结构的调整，整治参数影响因素更为复杂。

航道等级由河段航运条件和经济发展需求决定，即在河段航运条件允许范围内满足地区经济发展要求。整治工程一般可分为两个层次：一是模拟本河段航道等级要求下不碍航浅滩河段，即根据优良浅滩河段或浅滩优良时期边界条件确定整治参数；二是模拟高通航等级河段，对于有条件的河段，甚至可以直接以深槽河段为标准，确定整治参数。因为不碍航浅滩河段只是在一般情况下枯期航道条件良好，但是在特殊水沙条件下仍存在碍航可能，而且当航道等级提高时，原来的不碍航河段有可能成为碍航河段；深槽河段则不存在浅滩碍航问题，即使航道等级提高，航道条件仍会比较好。这就要求在确定整治参数时必须根据河段特点、航道发展前景等条件综合确定。对于航道等级较低，仍有提高空间的河流应尽量模拟高等级河段或深槽河段，以防止因航道等级变化造成的二次整治；对于航道等级较高的河流，通航等级基本不会变化，只要维持要求运输能力下船舶正常通航即可，整治参数可以适当降低要求。

由以上分析可知，整治参数的最低值是本等级航道浅滩碍航与否的临界值，最高值是深槽河段与浅滩河段的临界值。不碍航浅滩河段与碍航浅滩河段不是绝对的，优良浅滩河段与浅滩河段优良时期也不是绝对的，某些浅滩的整治参数可以定得较高，而对于某些河段航道整治而言，由于各方面条件限制，仅能达到本航道等级运输能力要求下不碍航浅滩标准。因此整治参数取值可能是优良河段断面尺度，也可能是优良时期河段断面尺度，甚至是深槽河段断面尺度，一般没有明确界限，要视河段条件和河流通航能力而定。以往整治参数确定方法的研究及应用往往忽略了整治参数与河段演变特性、浅滩冲淤规律、工程类型及航道等级之间的关系，简单地将各种方法直接套用，此种做法结果是方法不适用或结果需要根据经验调整。

3.3.2 不同河段类型的整治线布置

3.3.2.1 顺直河段整治线布置

由顺直河段浅滩特点可知，顺直河段常出现正常浅滩、交错浅滩、复式浅滩、散乱浅滩四类。其中正常浅滩多用守护型工程，以束窄河宽，抬高上下边滩高程为主要目的；其他浅滩多少都要涉及对内部水流结构的调整、归顺，多采用调整型工程。

（1）正常浅滩

正常浅滩多出现在曲率平缓的弯曲过渡段和河身较窄的顺直河段上。一般情况下这类浅滩不碍航，只有在洪水期到来，沙量特别多的年份才会出现水深不足，稍加整治即可通航。在布置整治线时充分利用上下边滩，固定边滩，适当提高边滩高程，沿边滩布置整治线，深入上下深槽，以平顺弧线连接。整治线内的碍航淤积量基本为整个浅滩大小。

（2）交错浅滩

交错浅滩常出现在河宽较大、边滩比较发育的河段或曲率过大、过渡段较短的弯曲形浅河段下部。这种浅滩的特点是：上下深槽在平面上相互交错，下深槽的上端窄而深，成倒套，边滩较低，横向漫滩水流比较强烈，浅滩脊宽浅，鞍凹斜窄或无明显鞍凹，滩冲淤变化较大，航道极不稳定流的不利影响，使得上深槽水流育。在布置整治线时关键是采用工程措施，消除倒套对水流的不利影响，使得上深槽水流与下深槽平顺衔接，集中水流冲刷浅滩脊。

由于深槽交错，垂直于河岸的断面可能包含一个甚至两个深槽，其平均水深比较大，若用此值代入现有整治线宽度计算公式，所得整治线宽度很可能无须缩窄反而要加宽，这个结果显然不合理。产生此现象的原因主要在于过滩断面及通过浅滩的流量选择不恰当，使得断面平均水深较大，而整治前后通过浅滩的流量差异又无法反映。因此需要选择更为合理的浅滩断面进行计算。消除倒套后通过浅滩的流量、沙量必然发生变化，这些变化均将影响整治线宽度的计算结果。由此可见交错浅滩整治线布置对于计算整治线宽度具有重要的指导意义，整治线布置不同，对于水流的影响程度不同，其他整治参数自然有所差别。

（3）复式浅滩

复式浅滩由两个或两个以上的浅滩组成，它冲淤变化大，航槽不稳定且存在横流，严重碍航。这类浅滩整治线布置时应将上下浅滩作为一个整体考虑，防止只改善下浅滩水深，引起上游水位过分降低，以致上游浅滩水深更浅。若只加强上浅滩的水流输沙力，则冲刷下来的泥沙就可能淤在下浅滩，使下浅滩水深变小。整治线布置将上下两个浅滩连接起来，主流穿过两个浅滩所在位置。针对这一整治线布置形式，整治水位要高于中间边滩高程，以便于及时集中水流归槽，碍航淤积量包括上下两部分，下浅滩整治线宽度计算时应考虑上浅滩下泄沙量。若两浅滩距离较近，上下浅滩连通成为连续微弯河段，则计算整治线宽度时将作为一个整体考虑，通过浅滩部位的沙量、水量不同于前一种布置形式。不同整治线布置形式影响其他整治参数的确定，选择方案时应考虑施工难度、工程量等择优布置。而后根据整治线布置形式截取计算断面，计算其他参数。

（4）散乱浅滩

顺直河段放宽率过大，可能形成散乱浅滩。散乱浅滩整治线布置较为复杂，难度往往大于其他浅滩，选择不同的流路对于整治水位、整治线宽度影响也较大，需要根据河段特点、自然条件及河道整治规划联合确定航道整治线。一般是利用中枯水位河势，布置一系列工程，把散乱的沙嘴、边滩和沙洲连成一个或几个宽阔的整体，以构成具有一定弯曲形式的整治线。整治线布置时要把凌乱的沙丘连接成较高大的边滩，构成一定弯曲的流路，这样可加强中、枯水期弯道环流作用，将泥沙导入坝田，并促使过渡段水流的挟沙力增大，以利于航道稳定。

3.3.2.2 弯曲河段整治线布置

弯曲河段被公认为较为稳定的河床形态，河床窄深，航道条件较好，容易发生碍航的情况主要是弯顶上游枯季淤积碍航；弯曲半径太小，需要切滩调整航槽位置或弯道放宽率较大，导致汛期水流取直切滩分散水流；弯道凹岸线形不顺，洪、中、枯季主流流路不一，汛期航道通畅，汛后退水淤浅碍航。弯曲河段整治线布置应注意留出凹岸平顺护岸带，并根据航道等级对弯曲半径的要求和中枯水流路规划主槽位置。整治线从稳定一侧河岸上深槽起，以均匀变化的曲线通过过渡段转向另一侧河岸，再顺应河势，沿凹岸以微弯曲线与稳定的下深槽相接。当弯道演变成很长的河环，不但航道曲率半径太小，出现浅滩，同时延长了航道里程时整治线需按照裁弯取直设计要求布置。

如果弯道凹岸岸线是连续的平滑曲线，在弯道环流的作用下，无论是洪水、中水还是枯水，凹岸一侧始终能够保持一条畅通的深槽，不会出浅碍航。但在有些弯道上，由于凹岸岸线有一部分向外突出，或者是人工矶头或者是天然的硬土角，或者因沿岸土质抗冲性能的差异，形成的一段岸线以反向曲线的形式与上下右岸线衔接，在紧邻这类突出部位的下方将出现泥沙淤积，形成碍航区。这种弯道浅滩，在长江中下游曾多处出现过，如荆江河段的沙市、监利、熊家洲、尺八口等水道以及长江下游张家洲北港的程家营等。

3.3.2.3 分汊河段整治线布置

（1）通航汊道的选择

分汊河段因受上游河势变化、来水来沙条件的不同以及自身输水输沙能力等因素的影响，各汊道间常发生兴衰变化，浅滩的部位也随之改变。因此整治汊道浅滩时，准确选择通航汊道十分重要。选择是否恰当对于整治工程的成败具有决定性意义。汊道选择不同，航槽位置不相同，碍航淤积量大小自然存在差别，断面输沙能力提高程度不同，其他整治参数大小也就不一样。许多研究成果就这一问题进行了深入探讨，综合来看，通航汊道的选择需要考虑以下几个方面。

①汊道的稳定与发展趋势。

为了保证汊道的稳定和畅通，应把航道选择在稳定或处于发展阶段的汊道上。这就需要根据3～5年内的河床地形图、水文资料以及现场调查资料，进行全面、深入的分析、比较。一般认为发生淤积的一汊为衰退的汊道，发生冲刷或较稳定的一汊和新生的汊道为发展阶段的汊道。汊道来沙量小于输沙能力的汊道为发展的汊道；汊道口门处，底沙进入较少的汊道为发展的汊道；河床质粒径较粗的汊道，其流速大、输沙能力强，是稳定或处于发展的汊道；汊道进口处分流比大于分沙比的汊道为稳定或处于发展阶段的汊道。进口处横比降所指向的汊道即水面高程低的汊道往往处于衰退状态，因为横比降的指向与底层含沙量大的水流运动方向是一致的。

在研究这些资料时，应着重比较上游河段的边滩、深乱线及河势的变化情况，若有较大的变化，将引起分汊河段水流动力轴线的摆动；查明汊道平面形态特别是进口段河床形态的变化情况，若有较大的变化，会影响汊道进口处的水流条件，从而改变汊道之间分流、分沙比。了解上述因素变化情况后，再结合相应年份的来水来沙等资料，进一步分析产生变化的原因及其发展趋势，从而判明汊道处于发展状态还是衰退状态。

②分流比及分沙比。

平原河流分汊河段的形成及发育过程中，重要的影响因素包括来水来沙在各汊的分配比例及河床质粒径大小。所以研究汊道的稳定性，首先应测定各汊的分流量与分沙量，根据分流比、分沙比大小的相互比较来判断汊道的兴衰、稳定性。一般认为分流比大于分沙比，汊道并非弯曲，且流程较短、比降大，则其输沙能力往往较大，是比较优良的汊道。

③汊道进口水流条件。

一般不要选择进口段水流不畅的汊道作为通航汊道。汊道进口处水流不畅的原因，主要是汊道进口附近的河岸有山嘴、硬凸角、礁石群、边滩，或江心洲洲首的沙嘴伸入汊道等。由于它们在不同水位时，起着挑流或导流作用，促使汊道进口段分沙多而分流少。这样的汊道往往不仅容易淤积，而且航行也不方便。选择通航汊道时，应注意考虑这一重要条件。在研究汊道进口处的水流条件时，比较可靠的方法是着重分析水流动力轴线在不同特征水位时的趋向。在分汊河段中，洪、中、枯水期的水流动力轴线往往不是趋向同一汊道的，而是分别在各汊中往复摆动，其所趋向的汊道常有可能冲刷而获得发展。因此，应掌握不同特征水位时水流动力轴线的变化规律，并加以利用，优先选取中、洪水主流通过的汊道作为通航汊道。

④水资源综合利用。

选择汊道时，要兼顾其他部门的利益，充分考虑所在地区的工业发展，城镇规划、交通布局等各方面因素，以利于当地经济发展，优先考虑开发利用价值高的汊道。此外，需要特别重视选汊与防洪之间的关系，尽可能避免加重防洪能力相对较弱一汊的负担。

⑤施工条件。

施工条件及工程投资包括靠近采石场、施工区水深条件，汊道内地质条件，礁石露头等都将影响施工的难易程度及工程投资。

以长江下游张家洲水道航道整治工程中选择南港作为通航汊道为例，说明汊道选择所考虑的内容不但需要结合自然条件，还要考虑到经济发展条件。

（2）分汊河段浅滩整治线

对于分汊河段通航汊道内的浅滩，支汊分流量较小，不影响通航汊道时，无须改变汊道分流分沙比，维持分汊现状。只要上游河势不发生变化，进口条件保持稳定，可以按照顺直河段浅滩整治线布置原则，在通航汊道内选择主槽位置。

浅滩位于分汊河段进口处时，可能需要改变汊道进口分流比、分沙比，使通航汊道增加分流量，将泥沙较多地引入非通航汊道，甚至需要堵塞非通航汊道。

典型的调整型整治工程，整治线如何布置关系到汊道稳定、整治线宽度的合理计算、整治工程难度及工程量等众多问题。选择调整分流分沙比，则整治线在江心洲洲头进口处以何种角度进入通航汊道、整治工程能起到的分流分沙调整程度等均将成为整治水位、整治线宽度确定的依据。必须顺应主流流态，尤其在进口段上游存在挑流矶点时，要充分考虑其挑流作用，并注意以下几点：

①道选择需服从河势的要求。

②制中、枯水的分流比。

③治建筑物布置要上下衔接。

无论调整分流分沙比还是封堵汊道，都需要充分分析汊道发展规律，适时布置，只有当支汊衰退到一定程度时才能采取封堵布置形式，对于稳定的汊道河段，要保持其分汊局面。

3.3.3 航道整治工程分类

航道整治工程是在总体河势控制的前提下，通过人为干预，适当改变河床边界条件，从而改善水沙条件与河床边界的作用关系，达到有利于通航的目的。

3.3.3.1 航道整治工程的主要特点

（1）遵循河床演变规律

航道整治工程是通过人为干预，适当改变河床边界条件，从而改善水沙条件与河床边界的作用关系，达到有利于通航的目的。航道整治工程修建后，形成不可冲动的硬边界，必然加强边界对水流的控制作用。如果工程的布置符合挟沙水流的运动规律，则河道将向稳定的方向发展，最终达到显著改善天然河流中碍航浅滩的效果，拓宽、调直、加深原有河流和水网地区的航道。根据国内外实践经验，通过整治，一般可将一条天然河流或一个长河段的航道水深在原有基础上增加 50% ~ 100%，在有条件的地方，如果措施得力，还可望有更多的增加。

但是不适当的工程措施不但不能起到稳定航槽、增加航深的作用，还有可能导致建筑物碍航或河床演变更加复杂、恶化。因此顺应河型、河势、河床演变的基本规律是航道整治的前提。有人认为可以通过护岸，强行控制河势及河型，航道自然不会发生变化。这种看法很不全面，只有顺应河型变化的大格局，整治工程量才会小，维持才容易。如果将来河型是继续蜿蜒，就必须在河势规划中留有河长增加的余地，否则只有如密西西比河格林维尔段那样，依靠强固的护岸工程，才能维持连续裁去三个弯道后的外形，但河底深槽浅滩数目仍然未变，以消耗多余的能量（河长缩短 59%）。反之，如果将来河型是拓宽而成顺直分汊，则不急于护岸，甚至要留有一定堤距让其拓宽，再进行治理。航道整治应在河势基本稳定，演变规律清楚的条件下进行。

（2）保持原有冲淤规律

弯曲型河道的河势控制需要根据河段的演变趋势决定。弯曲河道演变特点是弯道凹岸崩塌、凸岸淤积，弯道曲率变小，中心角增大，河身加长。当上下河湾发展不一致时，相邻弯道间距离缩短，形成很大的河环，河环起始点之间的狭颈水位高差较大，一遇漫滩水流将狭颈冲开发生自然裁弯。当河湾发展受到限制，形成曲率较大的锐弯时，往往在凹岸出现撇弯现象，主流改趋凸岸，切割凸岸边滩。弯曲河段相邻弯道之间相互影响，存在“一弯变，弯弯变”的特征，必须综合考虑河段变化情况，采取总体规划方案。弯曲型河道河势控制要根据河段演变趋势，采用不同的河控方案。对于曲率适当的平顺弯道，通常采用护岸工程控制凹岸发展，稳定航槽位置；当进出口曲率大，水流不畅时，有可能发生撇弯切滩的弯道，可采用削嘴和凹岸护岸工程调整河湾曲率，使之成为曲率适中的平顺弯道；对于过分弯曲并形成较短狭颈的河道，用上述方法难以达到稳定河势的目的，只能顺应河势发展趋势，在河环狭颈处实施裁弯工程，待新河发展到设计预期尺度时，采用护岸工程稳定新河。水库下游河段由于洪峰削减，中水历时延长，弯曲河段水流曲率半径改变或进口河势变化，容易出现切滩撇弯，顶冲点下移，凸岸边滩甚至河岸迅速崩退，此时应提前采取预防措施，按照流量变化程度，规划出主槽位置，对新的顶冲部位加以守护，预留河道展宽范围。

航道整治工程主要是中枯水整治。冲积平原河流经历长期自动调整作用之后河床已经处于相对平衡状态，为改善浅滩段水流条件和水深状况，采取局部整治措施，使浅段变深，经过一定的水文年，自动调整作用使之又变为相对平衡，保持稳定滩形和良好的水深状态，没有改变整个河道的冲淤特性。根据浅滩的相对稳定性，只要浅滩存在的边界条件没有彻底改变，浅滩就不会消失。航道整治工程针对中枯水，以守护有利洲滩或增加浅滩水深为主，而对于决定浅滩淤积的洪水期作用则比较小。因此对整个河段而言，来水来沙及整体河势不变，浅滩段的洪淤枯冲规律就不会改变。

（3）维持或调整局部河床形态

航道整治工程仅起到调整局部河槽形态的作用，进而对水流结构产生影响。采用丁坝群整治或结合疏浚措施的整治工程，使规划整治线内河槽束窄，水流冲刷作用加强，航槽冲深，而坝田区域则产生淤积，部分河滩淤高，河槽断面形态变化，滩槽高差加大，宽深比变小。

航道整治一方面可以通过工程措施维持现有良好洲滩形态及河势条件，另一方面也可以通过工程措施调整现有碍航浅滩段的局部滩槽关系，改善水浅碍航的不利局面，这是一个问题的两个方面。对于前者而言，是在目前航道条件尚为优良的条件下，维持现有格局，避免不利影响的出现；对于后者而言，是在目前航道条件已经恶化的条件下，调整目前格局，使得航道条件改善。

3.3.3.2 航道整治工程分类

根据常用航道整治工程的分类方法，整治工程包括疏浚、炸礁、裁弯、切嘴、筑坝、导流、护岸、护滩等多种工程措施。现有研究对沙质浅滩整治工程的目的并未加以明确地加以区分，而笼统地将沙质浅滩整治工程作用归纳为束窄河宽，集中水流，冲刷河床。纵观长期以来的浅滩航道整治经验，整治工程中很多都需要选择有利时机，以修建护滩带、护滩建筑物为主，保持已有河床形态，利用优良边滩、控制节点等方式稳定主流，达到整治浅滩的目的。如长江中下游嘉鱼水道、燕子窝水道航道整治工程设计思路为：在现有较为良好的洲滩及汊道形式的基础上，通过工程措施稳定边滩和洲滩；燕子窝河段通过工程措施固定洲滩。最近进行的长江中游荆江河段航道系统整治工程研究中，遵循大江大河“顺应河势、边治理、边调整、边优化，逐步推进”的基本规律，确立了“固滩稳槽、局部调整”的总体治理思路，体现因势利导、循序渐进和系统治理的原则，主要的整治手段是通过工程措施守护滩体的完整、稳定，保持较好的滩槽形态，防止清水下泄条件下滩体的冲刷、破坏，避免水流分散、航道条件恶化。

传统航道整治中，一般哪里出浅哪里治，暂时不出浅河段不予治理。重点是针对碍航浅滩河段，规划主流位置，并通过工程措施将水流集中于主航道，增加航槽内流量及河床冲刷。该种做法容易造成治理的滞后性，即在浅滩碍航局面已经形成后再进行治理，这就很可能会丧失时机，增加工程难度，而且往往事倍功半。长江中下游浅滩河段整治经验表明，本河段既存在碍航浅滩河段，也存在目前航道条件较好但存在不利变化的浅滩河段。三峡水库蓄水以来，虽然存在洲滩变形的不利发展趋势，但荆江的整体航道条件有一定程度的改善。针对上述第二种情况，在河道滩槽形态对通航有利或在向不利方向转化前，通过守护良好洲滩或规模较小的控导工程稳定滩体保持有利的通航条件或促进航道向优良状态发展，可起到事半功倍的效果。

沿袭这一思想，这里将航道整治工程分为守护型工程和调整型工程两种类型。顾名思义，守护型工程是在航道条件较好或向较好方向发展时，通过守护已有良好边滩或在河道边界修建规模较小的控导工程，达到利用水流自身条件冲刷河道、塑造航槽的目的。守护型工程以顺应已有较为良好的河床形态为前提，以河段自身相对有利的滩槽条件为基础，最大限度地减小对河势、流场的影响，属于防守型措施，且对河床演变认识要求相对较低，是航道整治中应大力发展的工程类型。因此，守护型建筑物的主要作用是固守边滩、束窄河床冲刷浅滩，主要修建于过渡段浅滩和崩岸河段。守护型工程主要建筑物形式有沿河道边坡布置的丁坝、平顺护岸及矶头护岸。

调整型工程是依靠整治建筑物不可冲动的固边界调整河道内水沙分配，改变水流结构，进而改善浅滩碍航状态，其对枯水河床原有形态影响较大，属于进攻性措施。不同类型浅滩河段，调整型工程所起的作用不同，分汊河段发展航槽所在汊道而调整进口断面水沙分配，散乱浅滩河段修建调整型工程可强制形成稳定航槽。由于调整型工程对水流结构影响较大，必须进行深入的河床演变分析，清楚浅滩发展历史及演变趋势才能使得工程影响较小且工程量不大。针对不满足通航要求的河段，采取调整形建筑物可增大浅滩流速，不同工程布置形式对下游河段影响差别不大，但受上游河势影响较大，应严格按照整治线要求布置。根据以上原则，调整型主要建筑物有长丁坝、顺坝及浅锁坝。上述两种类型工程的特点如图 3−19 所示。

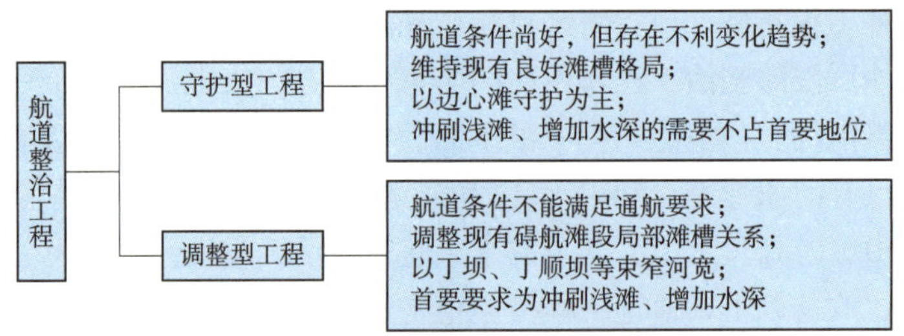

图 3−19　航道整治工程分类及特点

守护型与调整型两类工程最主要的区别表现在整治建筑物的作用是守护外部边界、保持良好状态还是调整河道内部水沙分配及水流结构重塑航槽形态。引起这种差别的原因在于浅滩演变特性的差异、整治思想的转变和整治时机的选择。但是无论守护型还是调整型都必须以河段长期历史发展规律为依托。

发展守护型整治建筑物具有以下几方面的优点 ：

（1）守护型整治建筑物避免了航道整治滞后性带来的损失。

（2）可借助航道条件较好的河床边界条件，抓住有利时机，节约成本，提高工程效率，用较少的工程量获得事半功倍的工程效果。

（3）河段处于较为有利条件时其演变规律比散乱时简单，易于掌握，依据已有河势条件进行守护可减小防洪与航运之间的矛盾。

（4）通过充分的河床演变分析即可以判断浅滩河段所处状态，及时实施守护工程，而不必进行复杂的物理模型、数学模型研究，大大缩短工期。

（5）守护型建筑物对河流自然条件干扰小，且工程难度大为降低。

采用守护型整治建筑物进行航道治理是一种值得提倡的整治思路，可充分的利用自然条件，达到人与自然的和谐统一。但是由于河道长期以来的治理延续及自然条件，很多河段无法仅仅通过边界条件的改善达到浅滩整治的目的，还必须从水流内部进行调整，因此守护型浅滩整治工程和调整型浅滩整治工程互相补充，任何一项均是不可或缺的。

传统的整治水位、整治线宽度确定方法起源于中小河流的航道整治实践，通过束窄河宽来增大浅滩段水深，以实现通航目标，因此大多属于调整型的工程。但对长江这种大型冲积性河流，三峡水库蓄水后，其演变特点是下切与展宽同时发生。径流过程的调节使得枯水流量增加，含沙量减少也使得沿程枯水河槽冲刷下切，荆江河段的整体航道条件较蓄水前有所好转，通航潜力增大。在这种背景下，守护型工程是近年来出现的一种新的整治思路。该思路的基本出发点是维持现有良好的滩槽格局，保持有利的航道条件，而且同时，针对三峡水库蓄水后来沙大幅减少的实际情况，通过守护工程稳定洲滩，也使得河道的横向展宽受到控制，进而一方面减少洲滩补给泥沙，另一方面增强河道纵向下切，通过枯水河槽冲刷促使浅滩航道条件向更好的方向发展。但由此带来的问题是，已有的调整型工程的整治参数确定方法是否能适应于守护型工程，以及如何确定两种类型工程的整治参数。

3.3.4 守护型工程整治参数确定方法

本节在对已有整治水位及整治线宽度确定方法分析的基础上，提出了荆江河段守护型工程整治参数的确定方法。

（1）整治水位

已有整治水位确定方法采用较多的是造床流量法、平滩水位法、临界水位法以及经验取值法，上述整治水位确定方法在西江、湘江和松花江河道整治工程实践中发挥了重要作用，并且也运用于长江河道整治中，但其本质是适用于调整型工程，寻求冲刷能力最大的整治建筑物头部水位。从长江中下游河段的实际使用经验来看，造床流量法的第二造床流量大于多年平均流量，其对应水位与深槽河段边滩高程接近。已有大量工程实践证明第二造床流量确定的整治水位往往比较高，长江中下游甚至高出设计水位 5m 多。这主要是由于深槽河段第二造床流量与其边滩水位接近，浅滩河段滩槽高差小于深槽河段，第二造床流量法确定整治水位多属于前者，而难以适用到浅滩河段。原有平滩水位法、临界水位法的本质也是寻找浅滩冲刷能力最大的水位。平滩水位法认为水流平滩时冲刷能力最大，往往根据与整治河段来水条件一致的优良河段实测地形资料，选取代表断面，绘制水位与平均流速关系曲线，平均流速最大的水位，即取为平滩水位。临界水位法也是通过点绘水位与航深关系、深槽浅滩水位流速曲线，获得浅滩开始冲刷的水位。经验关系法是在上述的基础上，直接凭以往的经验来确定冲刷能力最大时的水位。考虑到守护型航道整治工程的性质，即在航道尚优良的有利时期，通过一定工程措施（多为护滩工程，如边滩守护工程、心滩守护工程等），维持现有较好的滩槽格局，避免洲滩冲散造成浅滩段的不利变化，该种条件下，对于浅滩冲刷、增加水深的要求并不是首要的，因此上述方法难以适用守护型工程。

虽然荆江河段沿程河床组成、河型变化等均存在差异，不同浅滩的碍航部位及出浅情况也不尽一致，但总体来看，出浅总是发生在放宽段，即河道比较宽浅的位置，如顺直放宽的过渡段、弯道进出口段、分汊河道的进口段等，而窄段由于水面束窄，河道窄深，一般是航道部门的优良河段。在放宽段，由于河道较宽，往往存在边滩、心滩、潜洲等成型堆积体，这些堆积体既是水沙条件变化的产物，也因自身的存在而发挥着新的河道边界作用，对于本河段的航道条件具有重要的影响。从荆江河段的航道条件变化来看，洲滩变形、散乱是造成航道条件恶化的诱发因素。洲滩的不利变形，尤其是洲滩的崩退、切割、萎缩等，使得河宽明显增加，水流分散，航深不足；而当洲滩高大完整，处于优良演变时期时，航道条件则往往较好。

针对荆江河段演变及守护型工程的实际情况，本项研究提出了针对该种类型工程的整治水位确定方法——浅滩河段边心滩高程控制法。该方法的主要思路是：针对现状较为良好的洲滩格局，以及出现的不利演变趋势或可能，确定主体守护洲滩，比如边滩、心滩或洲头低滩等。在此基础上，将所需守护洲滩的滩面高程或岸坡高度作为整治水位。其中，对于中低滩守护工程按目前边心滩高程，控制在中枯水位；高滩守护工程按目前的岸坡高度，守护至洪水位。因边心滩高程随来水来沙变化，边心滩面高程的选择建议选取近年来航道条件较好的滩面多年平均值，该值随三峡蓄水运用进程以及河床冲刷发展阶段而有所调整。该种方法不同于已有的平滩水位法，平滩水位法是针对优良河段所选取的造床作用最强、平均流速最大的水位，对于荆江河段而言，一般为设计水位以上 2 ～ 3m。而本项研究提出的边心滩高程控制法，其目的是控制主体守护洲滩不冲蚀，维持滩槽格局，进而间接实现增强河床下切，促使航道条件维持或进一步向有利条件转化。

（2）整治线宽度

目前常用的整治线宽度确定方法主要有经验分析方法、水力学方法和河流动力学方法，但上述各种整治线宽度公式都没有考虑整治工程类型的差别，而将整治工程的作用完全地归结为束窄河段，进而集中水流冲刷浅滩，增加浅滩水深，并通过整治前后流量或输沙量不变，确定出对应的河宽，仅适用于修建调整型整治工程的浅滩河段。而守护型工程主要是在无须调整断面形态及水流结构的条件下，利用现有岸线或滩体，维持良好滩槽格局，实现治理目标。因此，对于守护型工程整治线宽度的确定，已有方法不再适用。

根据守护型工程的整治思想以及其本质内涵，这里提出了针对守护型工程的整治线宽度确定方法——浅滩优良时期河宽法。其主要思路是：通过选取近几年中浅滩优良时期的该河段洲滩资料，统计浅滩断面岸线与洲滩边线的间距（定义为优良时期河宽）；点绘优良时期河宽—最小航深的关系曲线，确定下包线；在此基础上，确定不同航深尺度下的优良时期河宽值，将其作为守护型工程的整治线宽度。值得指出的是，该宽度和三峡水库蓄水后的不同阶段、航道尺度要求等均有关系。根据三峡水库蓄水以来的实测资料，点绘了沙市—藕池口、藕池口—城陵矶河段的典型浅滩段的优良时期河宽与最小航深的关系，如图 3-20 所示。由图 3-20 可知，为保证 3.5m 航深要求，沙市—藕池口河段的整治线宽度宜取为 950 ～ 1 100m，藕池口—城陵矶河段的整治线宽度宜取为 800 ～ 900m。

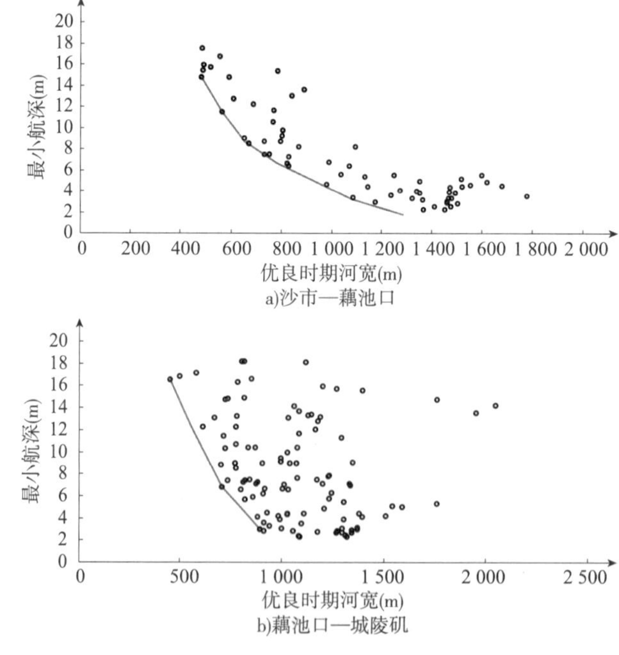

图 3-20　荆江河段优良时期河宽与最小航深的关系

3.3.5　调整型工程整治参数确定方法

（1）整治水位

对于调整型的航道整治工程，其目的是通过工程措施束窄浅滩段河宽，进而增加浅滩水深，缓解浅滩碍航情况。针对该种工程类别，已有的整治水位确定方法均可使用，考虑到长江上的实际情况及其他方法的缺点，本项研究认为临界水位法较为适宜。临界水位法包括水位与流速关系确定临界水位和水位航深关系确定临界水位等不同的具体做法。但两种做法的本质是一致的，即寻找浅滩冲刷水位，区别在于一个是寻找浅滩开始冲刷的水位，一个是寻找浅滩停止冲刷的水位。二者均是利用浅滩落水冲刷特点，适用于荆江河段洪淤枯冲的浅滩。但该方法要求有较多的蓄水后实测资料，而且确定临界水位时资料的选用应该选择航道条件较好时期的资料。

对于水库修建后到拥有较为丰富的河床演变资料之前，调整型工程整治水位的确定，可以采用从整治流量推求整治水位的方法。整治水位是汛后碍航发生之前浅滩冲刷效率较高的水位，这一水位对应的整治流量即为有效冲刷流量。在确定水库运用初期调整型工程整治水位的时候可以充分利用流量过程趋平的特点，选择汛后出现频率较高、浅滩冲刷较为迅速的流量作为整治流量，整治流量在相应地形条件下对应的水位为整治水位。

丹江口水库蓄水后中水 1 000 ~ 2 000m^3/s 是出现频率最高、下泄沙量较少，水流冲刷能力较强的流量级，可以作为整治流量，充分利用该流量级持续时间长、冲刷能力强的特点，集中冲刷浅滩河段。已有研究和实际效果的分析，也证明了上述方法的合理性。三峡水库蓄水后，各级流量频率发生了较大变化。图 3–21 给出了三峡水库 175m 蓄水后不同流量级频率的变化。由图 3–21 可知，三峡水库蓄水后，宜昌站 5 000m^3/s 以下流量基本消失，而 5 000 ~ 10 000m^3/s 的流量出现频率大幅增加，10 000m^3/s 以上流量出现频率则基本不变，即水库调度仅调整了 10 000m^3/s 以下枯水各级流量出现天数的分布，而 10 000m^3/s 以上的中洪水各级流量出现天数基本不变。根据径流变化特点，可将荆江河段三峡水库蓄水运用初期的整治流量取 10 000m^3/s 左右。上述流量也与已有研究成果认为该流量的荆江河段浅滩段归槽流量 11 000 ~ 12 000m^3/s 较为吻合，该流量能够增加落水冲刷，以保证浅滩通航水深要求。

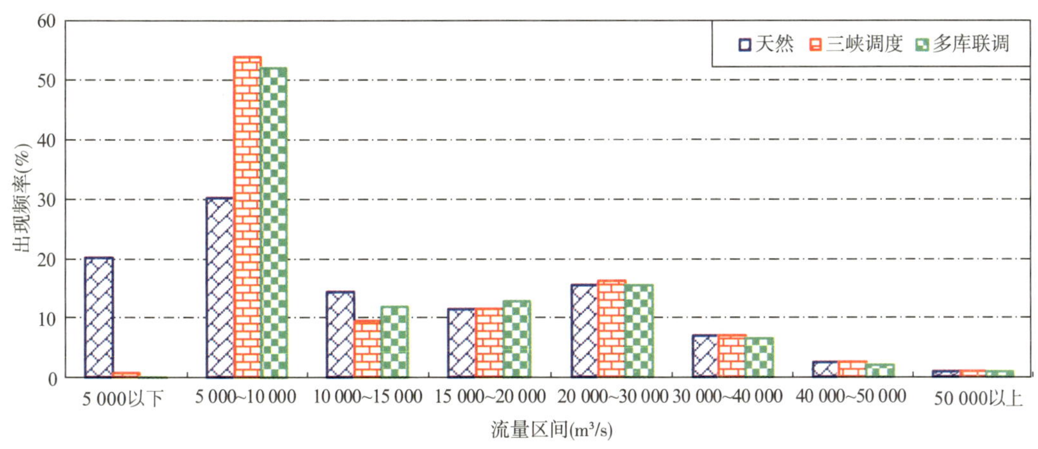

图 3–21　宜昌站各流量级出现频率

(2) 整治线宽度

整治线宽度研究已有半个多世纪的历史，其途径大致为经验分析方法、水力学方法和河流动力学方法三大类。河流动力学方法无疑是理论上最为完整的，不仅考虑了浅滩整治前后通过的水流变化，而且也考虑了泥沙运动及其引起的河床变化。其原理是从河道水沙运动特征出发，建立浅滩整治前后输沙平衡的概念。即认为整治前后多年平均年内输沙量保持不变，写成公式形式为$\sum G_{S1}=\sum G_{S2}$，由此也衍生出一批计算公式。但上述推导注重了宏观的变化，对于年内浅滩的冲刷过程缺乏深入的认识。

浅滩整治后出现新的平衡状态，年均输沙总量虽与整治前相同，但年内冲淤变化过程发生了明显的变化。整治建筑物为低水建筑物，在洪水期的束水作用甚小，浅滩淤积的规律与整治前基本相同。从洪峰未退水开始，随着水位下降，水流逐步归入由整治建筑物控制的枯水河槽，流速不断增大，输沙能力加强，使洪水期落淤的泥沙得以冲刷。当退水期水位降至整治水位时，即与整治建筑物头部高程齐平时，这种冲刷作用达到极限。水位继续下降时，输沙能力又逐步减小，直至设计水位时，河床无须冲刷，只需维持治理输沙平衡，保证航道设计航深即可。基于上述认识，本项研究从局部输沙不平衡关系出发，推导了调整型工程的整治线宽度确定公式。

①局部输沙不平衡关系。

输沙平衡是指河段总输沙量在多年平均条件下保持平衡，浅滩部位经过整个水文年后基本保持不变，但针对长江中下游浅滩河段特点，结合整治工程后的物理图案，要将浅滩断面冲刷集中在碍航前整治水位到设计水位过程中的有效冲刷时段内，这就要缩短冲刷时间增强浅滩断面输沙能力，输沙量自然也会增加，即保证总量不变，改变冲刷时段和冲刷部位分布。对于单一和分汊河型，可分别建立局部输沙不平衡关系。

单一河道：

$$\sum G_{S2}-\sum G_{S1}=\Delta G \tag{3-30}$$

分汊河道：

$$\sum G_{S2}-\sum G_{S1}=\Delta G+F_S \tag{3-31}$$

上述式中：$\sum G_{S1}$、$\sum G_{S2}$——整治前后从整治水位到设计水位的输沙量；

F_S——分汊河道整治前后由于分流比变化造成的泥沙变化量；

ΔG——碍航淤积量。

该淤积量的产生是由于长江中游“洪淤枯冲”浅滩汛期淤积的泥沙难以在枯期冲走而造成的，因此整治前的输沙量较小，浅滩碍航；整治后由于输沙能力增加，除把上游来沙运走外，碍航的这部分淤积量也被运走，浅滩段年内实现冲淤平衡。

因此，浅滩断面冲刷时段的平衡方程可写成：

$$K_0\sum G_{S1}=\sum G_{S2} \tag{3-32}$$

式中的求和表示整治水位到设计水位过程中对主要冲刷时段内的浅滩断面输沙量求和。

所谓有效冲刷时段是指浅滩碍航之前冲刷能力较强的时段，这里主要是指从整治水位到设计水位的时段。虽然一般意义上，该时段应该扩展到洪水过后一直到降落至设计水位，但由于洪水过后流量依然较大，虽然退水，但当水流漫滩时其冲刷能力有限。冲刷能力较强的时段仍是水流平滩归槽，然后一直降落到设计水位的过程。

输沙平衡关系式是从不同角度考虑整治前后断面输沙量的变化，是从局部时段局部位置内增加浅滩断面冲刷角度，更加细致具体的考虑问题。

②不平衡输沙关系的简化求解。

冲刷时段输沙平衡关系方程$K_0\sum G_{S1}=\sum G_{S2}$可根据不同河型的浅滩冲刷物理图案关系进行化简，整治水位到设计水位过程中有效冲刷时段内输沙总量条件可转化为整治水位时的输沙条件。以分汊段为例，当碍航浅滩位于通航汊道进口段时，浅滩的整治将引起汊道分流分沙比的改变。

浅滩河段整治后河床达到冲淤平衡时断面冲淤关系式：

$$\int_{TZ_1}^{TZ_2}(S_2Q_2-S_1Q_1)\mathrm{d}t=\Delta G+\int_{TZ_1}^{TZ_2}\left(\frac{\lambda_2-\lambda_1}{\lambda_1}S_1Q_1\right)\mathrm{d}t \tag{3-33}$$

式中：λ_1、λ_2——通航汊道整治前后的分沙比；

Q_1、Q_2——整治前后通航汊道断面平均流量；

S_1、S_2——整治前后通航汊道断面平均含沙量。

式（3–33）可转化为修建整治建筑物后整治水位至设计水位过程中有效冲刷时段内需要增加的航槽年内输沙量公式：

$$\Delta G+\frac{\lambda_2-\lambda_1}{\lambda_1}\sum G_{S1}=\sum G_{S2}-\sum G_{S1} \tag{3-34}$$

由于整治水位至设计水位过程中的有效冲刷历时不长，水位随时间基本上呈线性变化关系，可假设$\mathrm{d}z=-\frac{1}{k}\mathrm{d}t$，$k$即为水位随时间的变化率，推导化简式（3–34）可得：

$$\Delta G=\frac{k}{2}\Delta Z\left[G_{S2}-\left(1+\frac{\lambda_2-\lambda_1}{\lambda_1}\right)G_{S1}\right] \tag{3-35}$$

将局部输沙关系$K_0\sum G_{S1}=\sum G_{S2}$带入式（3–35），得浅滩河段整治线宽度平衡系数：

$$K_0=\frac{2\Delta G}{k\Delta ZG_{S1}}+\frac{\lambda_2-\lambda_1}{\lambda_1}+1=\frac{2\Delta G}{k\Delta ZG_{S1}}+\frac{\lambda_2}{\lambda_1} \tag{3-36}$$

平衡系数K与碍航淤积量、分沙比变化等有关。

③整治线宽度公式的基本形式。

根据倪晋仁的浓度分布及流速分布的一般表达式探讨悬移质输沙率的计算模式，得出悬移质单宽输沙率简化计算公式为：

$$g_S=\beta\frac{U^4}{gU_b} \tag{3-37}$$

$$\beta=i_b\frac{A_1\gamma_S\gamma}{\gamma_S-\gamma}\cdot\frac{1+m}{1+m-\sqrt{2\pi}\frac{\omega_0}{U_*}\cdot A}\cdot\frac{1}{C_0^3}\left[\left(\frac{2D}{H}\right)^{\sqrt{2\pi}\frac{\omega_0}{U_*}\cdot A-1}-\left(\frac{2D}{H}\right)^m\right]$$

利用上述悬移质单宽输沙率公式，根据整治工程修建前后输沙率关系$K_0g_{S1}\cdot B_1=g_{S2}\cdot B_2$，化简后得到悬移质为主的浅滩整治线宽度计算式：

$$B_2=\frac{1}{K'}\left(\frac{\beta_2}{\beta_1}\right)^{\frac{1}{3}}\left(\frac{Q_2}{Q_1}\right)^{\frac{4}{3}}\left(\frac{U_{b1}}{U_{b2}}\right)^{\frac{1}{3}}\cdot B_1\left(\frac{H_1}{H_2}\right)^{\frac{4}{3}} \tag{3-38}$$

式中，B 的下角标 1、2 分别代表整治前后；$K'=K_0^{\frac{1}{3}}$；断面平均水深 H_2 为整治后的水深，是未知量，其与整治水位时航槽边缘水深 t 是不相同的，$H_2=\eta t$。

采用类似思路，考虑枢纽下游水流具有非恒定流动、河床普遍下切这两个主要特点，考虑推移质造床为主的情况，选用沙莫夫底沙输沙公式，也可导得枢纽下游的河段的整治线宽度计算公式：

$$\frac{B_2}{B_1}=\eta^{\frac{3+c}{2+c}}\left(\frac{1}{K}\right)^{\frac{1}{2+c}}\left(\frac{K_2'}{K_1'}\right)^{\frac{1}{2+c}}\left(\frac{k_{12}}{k_{11}}\right)^{\frac{1}{2+c}}\left(\frac{d_1}{d_2}\right)^{\frac{4c-1}{12(2+c)}}\left(\frac{H_1}{H_2}\right)^{\frac{43+14c}{12(2+c)}}\left(\frac{Q_2}{Q_1}\right)^{\frac{3+c}{2+c}} \tag{3-39}$$

式中：$\frac{1}{K}$——考虑枢纽下游河床下切过程中浅滩段与其他不同步的系数；

K_1'——考虑整治前非恒定流过程与同时段相同径流量的恒定流过程的输沙率比值系数；

K_2'——考虑整治后非恒定流过程与同时段相同径流量的恒定流过程的输沙率比值系数；

k_{11}、k_{12}——分别为将沙莫夫公式转化为指数形式时的分段系数；

c——将沙莫夫公式转化为指数形式时的指数；

d_1、d_2——分别为浅滩整治前后的河床泥沙颗粒粒径；

Q_1、Q_2、H_1、H_2——意义同前。

从本项研究的两个调整型工程整治线宽度公式形式，以及已有研究中经验分析法、水力学法及河流动力学法的公式形式可以发现，尽管整治线宽度推导的方法有所不同，但整治线宽度的表达式最后采用的模式都是一样的，都可统一表达为：

$$\frac{B_2}{B_1}=A\left(\frac{H_1}{H_2}\right)^{y} \tag{3-40}$$

式中：A——系数；

B_2、B_1——分别为整治前后河宽；

H_1、H_2——分别为整治前后平均水深；

y——指数。

公式（3-38）中的系数 A 和指数 y 各家公式有所不同，张幸农根据模型试验实测资料，得出 $B_2/B_1=0.929(H_1/H_2)^{1.413}$，乐培久、李旺生对荆江合河段断面形态特征进行了统计，得出了$B_2/B_1=(H_1/H_2)^{1.2}$的关系式，应强等推导得出整治线宽度计算公式$B_2/B_1=(H_1/H_2)^{P}$，其中 $P=4/3+2P_1/15+7P_2/30$，并认为 $P=1.875$ 时效果较好。本项研究中，计算公式 $B_2/B_1=A(H_1/H_2)^{1.33}$的系数 A 与工程河段碍航淤积量有关。

④碍航淤积量的确定方法。

上述调整型工程整治线宽度计算公式中，碍航淤积量的确定至关重要。由于每年来水来沙条件千差万别，年碍航淤积量有大有小。中水大沙年淤积量一般要大一些，大水少沙年河床冲刷及时，碍航淤积量则要小一些。针对每一个碍航淤积量均存在一个与其相适应的河床断面尺寸。考虑到整治线宽度一旦确定，整治工程按照这一尺度修建后就无法改变，因此，根据实际需要按照一定重现期选取碍航淤积量具有现实意义。

碍航淤积量是浅滩部位航槽内要使中枯水期航道水深满足设计船舶满载（或基本满载）通航的要求水深必须清除的淤积泥沙总量。对于多数“洪淤枯冲”类型的浅滩，汛末随着流量的退落，上游来沙逐渐减少，而挟沙力减少得较慢，当含沙量减少到接近挟沙力时，汛期淤积停止，此时流量为淤积临界流量；随着来沙继续减少，水流归槽而过水面积急剧减少，浅区流速增加，挟沙能力增强，挟沙力超过含沙量，浅区开始冲刷，对应流量为冲刷临界流量。汛末流量降落至淤积临界流量时，浅滩部位淤积量最大，但此时水位也比较高，并不碍航。随着水位慢慢降落，流量减小至冲刷临界流量时，浅滩开始冲刷。由于水位的退落速度快于浅滩脊的冲刷速度，水深越来越小，达不到船舶维护航深时，碍航现象发生。在整个枯水期，水位每天都会有一定程度变化，而浅滩脊每天也都会有一定幅度的冲刷，浅滩脊水深每天都会变化。显然，若浅滩脊最小水深满足通航要求水深，则整个枯水期水深均会满足要求。可以定义碍航淤积厚度为：枯水期浅滩脊水深最小时，为满足设计船舶满载通航的要求水深必须清除的淤积泥沙厚度，它等于通航要求水深与最小水深的差值。由该厚度可方便推求一定长度浅滩的碍航淤积量。

根据碍航淤积厚度的定义可知，碍航淤积厚度计算最关键在于寻找浅滩脊最小水深。从以上对浅滩冲淤特点及碍航特性分析来看，长江中游浅滩一般遵循“洪淤枯冲”的演变规律，并且每个水道一般均有一个浅滩开始冲刷的临界流量，碍航淤积厚度计算方法分以下步骤进行：

A. 寻找浅滩汛后冲刷的临界流量。

B. 根据实测资料，建立浅滩冲刷深度与该时段内流量之间经验关系。

C. 根据长河段地形资料，计算汛后浅滩脊高程，结合步骤 B 中经验关系和相应于地形实测日期之后的流量过程，计算浅滩累计冲刷深度和浅滩脊高程变化过程，再根据该浅滩实际水位过程计算浅滩脊水深。

D. 寻找浅滩脊最小水深，结合该水道通航水深，计算碍航淤积厚度。

E. 对某一浅滩而言，计算一系列年的每年碍航淤积厚度，再进行频率计算，便可得一定保证率的碍航淤积厚度。

表 3-22 给出了上、下荆江重点浅滩段保证率为 98% 的碍航淤积厚度。

典型浅滩保证率为 98% 的碍航淤积厚度 表 3-22

上荆江	浅 滩 名 称	太平口	瓦口子	马家嘴	周公堤	天星洲
	冲淤临界流量天数差（d）	93.4	93.4	93.4	93.4	93.4
	碍航淤积厚度（m）	1.75	1.53	2.46	1.05	1.71
下荆江	浅滩名称	藕池口	碾子湾	窑集佬	监利	大马洲
	冲淤临界流量天数差（d）	92.5	92.5	92.5	92.5	92.5
	碍航淤积厚度（m）	1.24	0.99	2.35	2.22	1.02

为分析设计碍航淤积厚度在整治线宽度公式计算中的应用，这里以碾子湾水道整治线宽度确定为例进行说明：碾子湾水道碍航淤积量取为1993—1996年枯水期实际挖泥量53.74万m^3，淤积泥沙密度取为2 650kg/m^3，整治水位至设计水位有效冲刷时段取为2个月，整治水位时输沙率为1 855kg/s，化简后的整治线宽度计算式为：

$$B_2=\left(\frac{1}{K}\right)^{0.51}B_1\left(\frac{Q_2}{Q_1}\right)^{1.216}\left(\frac{H_1}{\eta t}\right)^{1.33}=0.876\ 1\times B_1\left(\frac{Q_2}{Q_1}\right)^{1.216}\left(\frac{H_1}{\eta t}\right)^{1.33} \tag{3-41}$$

在此基础上，做如下改进：将ΔG_x替换为98%的碍航淤积厚度ΔH_x，将$\sum G_{S1}$替换为整治前浅滩部位该时段内的总冲刷深度$H_1=\sum G_{S1}/B_1L_{MAX}$，其中$B_1$表示整治前浅滩部位河宽，$L_{MAX}$表示3m（维护航深）水深线最大断航长度。

根据表3-22，$\Delta H_x=0.99$m，根据已有实测资料，碾子湾水道3m水深线最大断航长度为800m。

$$H_1=\frac{\sum G_{S1}}{B_1L_{MAX}\rho}=\frac{1\ 855\times3\ 600\times24\times60}{1\ 300\times800\times2\ 650}=3.48(\mathrm{m})$$

$$K=\frac{2\Delta H_x}{H_1}+1=1.57$$

$$B_2=0.794\ 4\times B_1\left(\frac{Q_2}{Q_1}\right)^{1.216}\left(\frac{H_1}{\eta t}\right)^{1.33}$$

以往碾子湾水道的整治线宽度定为1 000m，改进后的整治线宽度为907m。

4　荆江河段航道系统整治措施

4.1　荆江河段航道系统整治措施

4.1.1　洲滩分类

根据滩体与河岸的相互关系，可将长江中游荆江河段滩体归纳为 5 种类型：边滩、心滩（潜洲）、洲头低滩、高滩以及浅滩。其基本特征叙述如下：

（1）边滩

边滩为依附一岸、与水流基本同向或交角不大的滩体，在荆江河段顺直（或微弯）放宽段或者弯曲段均存在。边滩的基本特征为：滩体通常位于缓流区，分布在顺直放宽段河道一侧或弯道凸岸。滩体与河岸连接有的紧密，有的半分离（有串沟发育），如长江中游太平口水道的腊林边滩、马家嘴水道的白渭洲边滩、周公堤水道的蛟子渊边滩（图 4–1）、碾子湾边滩、柴码头边滩、洋沟子边滩等。

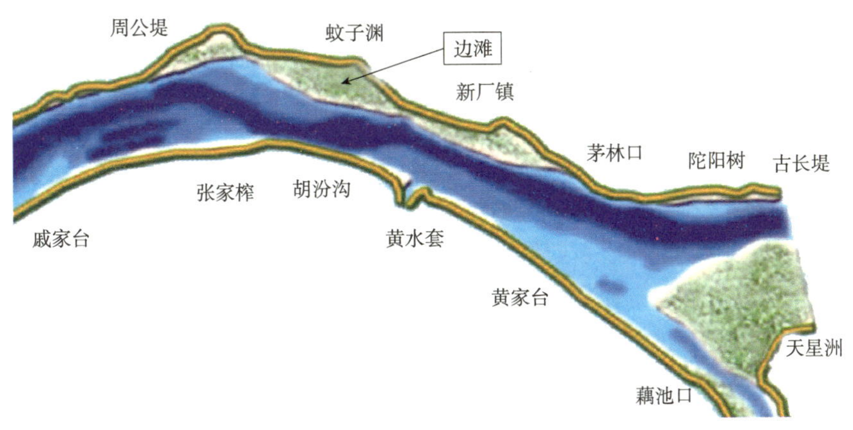

图 4–1　周公堤水道的蛟子渊边滩

（2）心滩

心滩为相对独立的水下淤积体，多出现在分汊型河道中。其基本特征为：一般位于放宽河道内，有的比较稳定，有的不稳定。稳定心滩一般位于非主流区，低矮平缓，较完整。

位于洪枯水流路变化较大的主流线变动区的心滩较不稳定，如藕池口心滩。藕池口心滩附近航道问题主要表现为：受上游主流摆动和心滩消长变化影响，心滩两侧左、右槽不稳定，在航槽摆动或易位过程中易出浅。

（3）洲头低滩

洲头低滩为江心洲头的水下延伸部分，其基本特征为：位于分流扩散区，头部坡度较缓，尾部较陡，呈前低后高状。洲体与滩体连接有的紧密，有的半分离，如长江窑监水道乌龟洲洲头低滩。洲头低滩形态与两汊的演变有关，一般来讲，洲头低滩头部偏向哪一汊，则该汊趋于衰退。近年来，长江荆江河段重点水道的洲头低滩在不同的水沙条件下，均有不同程度的变化。

（4）高滩

高滩形成历史较久，稳定高大，通常不易上水。高滩的稳定性通常取决于其地质组成以及坡脚河床的稳定性。三峡水库蓄水运用后，“清水”下泄引起坝下河床发生长距离、长时段的冲刷与调整，近坝河段河床的冲刷引起岸坡崩塌严重。部分高滩因本身稳定性较差，也容易被清水冲刷崩退。因此在荆江河段的航道治理工程中，为了控制河势格局，保证河岸（洲滩）的稳定，护岸工程占有相当大的比重。

（5）浅滩

浅滩形成的主要原因是由于河床断面放宽或其他因素造成流速的减小、环流的减弱或消失、洪枯水流向摆动、局部地区来沙量加大、特定的河床条件以及支流入汇的相互顶托等。综上所述，浅滩形成主要是由于上游来沙量大于本河段输沙能力，导致泥沙淤积而成。在具体分析浅滩的成因时，不同的浅滩可能是由一种原因或多种原因综合所造成，所以不同的浅滩其淤积特点不同。

浅滩的发展往往成为航行的障碍。弯曲型河道的弯顶上下端为深槽，两弯之间的过渡段易出现浅滩。顺直型河道的深槽出现于主流弯曲的弯顶处，两个深槽之间的过渡段也易出现浅滩。深槽和浅滩的存在，使河底纵剖面表现出一系列的起伏。

周天河段浅滩属于顺直段过度浅滩，荆江碾子湾浅滩属两弯道间长顺直段浅滩，因江中多散滩且上下深槽交错，使跨河段水流分散，上游泥沙易在此淤积而出浅碍航。窑集老浅滩属两河湾间的长直放宽浅滩，碍航问题主要表现为：过渡段水流分散、缺口多，航槽摆动频繁，航道不易维护。监利浅滩属弯曲分汊型浅滩，在左右汊转换和汊道内航槽摆动过程中淤积出浅。大马洲浅滩属弯道间的长直段浅滩，洪、枯流向不一，受上游崩岸和大量泥沙冲刷下移影响，航槽易淤浅。

4.1.2 各类滩体治理措施

荆江河段航道整治原则为：守控为主，遏制边滩、心滩、洲头低滩冲刷、切割，控制滩槽格局，塑造有利河道形态，保护岸线稳定，控制主流与河势变化。依据上述原则，结合荆江河段河型特点，本书利用守护工程增加航道尺度的机理对不同类型滩体治理措施进行研究，提出新水沙条件下 5 种典型浅滩的宏观治理措施。

（1）纵向冲刷为主典型河段治理措施以护底建筑守护为主，护底带作为一种重要整治建筑物被大量用于限制河床单向纵向冲刷下切，防止河槽断面向窄深型发展。此措施取得了较好的效果。因此，纵向冲刷为主典型河段选择合适的部位实施护底工程，防止河床持续冲刷下切，控制水位的下降。

（2）根据调研目前长江中下游低滩守护目前主要是采用软体排护滩带的形式，软体排护滩结构的主要特点是排体自身结构相对牢固，且可随滩面的变形在一定幅度内变形。该结构种类繁多，包括软体排（土工布护底、块石压载）、系结压载软体排、连锁块压载软体排和混凝土块铰链排。软体排固滩结构由于具有对滩面变形有一定的适应性、不影响行洪、造价低廉等诸多优点，因此，在航道整治工程中被广泛采用。系结压载软体排已在长江中游碾子湾水道、长江航道清淤应急工程、长江沙市河段三八滩应急守护工程等多项大中型航道整治工程中采用。因此，新水沙条件下荆江河段典型低滩守护采用软体排护滩带的形式。

（3）不同的岸滩崩岸类型，守护的侧重点是不同的，根据天然情况下崩岸机理，为确保岸线的稳定，护岸工程的主要工程形式有平顺护岸和丁坝护岸两种。大量实践和理论证明，丁坝有一定护岸效果，但是对河道内流场流态影响较大，且易在坝头形成涡流，而平顺护岸能较平顺地引导水流，在近岸河床不形成明显的局部性冲刷，可以起到稳定岸线、因势利导的作用，工程效果较好。针对荆江河段岸滩特点，高滩岸坡通常采取平顺式护岸的形式守护。

（4）荆江很多过渡浅滩河段先期控导工程实施后，航道维护压力减轻，通航条件明显改善，整治建筑物整体保持稳定，有效地防止了清水下泄带来的不利影响，稳定了有利的滩槽格局，改善了航道条件，为后续工程的实施奠定了良好的基础。但是，随着三峡水库“清水”下泄的持续运行，由于护滩空挡有所冲刷，同时另一侧岸线崩退，上下深槽交错，过渡段浅埂淤积，如果任其发展，过渡段航道条件将恶化，需要通过修建坝体加大过渡段浅滩冲刷力度，一般采用丁坝或潜丁坝进行治理。

（5）心滩守护工程一方面由于护滩带守护对象大多为松散堆积体，抗冲性差；另一方面，护滩建筑物自身大多采用散抛块体或软体排，自身稳定性差；同时江心滩体一般处于水流顶冲作用之下，受冲强度和受冲范围较大。江心洲（滩）的洲（滩）头的整治，常采用鱼嘴型护滩带进行防御型守护，稳定洲头，防止高大的江心洲冲低、冲散；对于洲（滩）顶高程较高、临水坡度较陡且以边脚冲蚀为主的洲（滩），必要时还需要采取护岸措施，以稳定河势，或在鱼嘴形护滩带的基础上，通过在洲头采用顺坝进行进攻型守护，使得散乱江心洲（滩）连成一体，形成较为完整的洲滩形态，并起拦截横流，调整水流流向的作用；对于江心洲（滩）的汊道进口段低矮的浅滩，常采用鱼骨型护滩带或鱼骨坝的形式加高心滩、束窄河道，引导水流冲深航槽，并起稳定航道边界的作用，或将心滩视作边滩，用几座丁坝使其与对岸相连，固滩与堵汊并举。

4.1.3 分汊型河段航道整治措施

根据长期以来长江中下游航道整治工程实践总结，对于分汊型河段航道整治方面得到以下经验：

（1）加强对河道演变观测，分析掌握河道演变规律，是河道整治的基础性工作。

在新中国成立初期，由于缺乏系统的河道演变观测资料，对整治河段的河道演变规律没有全面认识，对河道演变趋势也难以做出准确预测，从而导致有的河道整治工程不能达到预期的整治效果。例如在1955年实施的南京浦口至下关崩岸抢险工程中，采用以疏浚白沙洲为主、护岸工程为辅的方案，土方量达1 132万m^3的疏浚工程最终失效。后来通过观测分析南京长江河段近20年的河道演变，较为全面地掌握了该河段的演变规律，1970年开始实施河势控制工程后，该河段的河势和岸线都能保持基本稳定。

从局部河段护岸工程来看，在护岸工程实施之前，只有掌握了护岸河段的河道冲淤规律和河岸与河床土质组成，才能做出切实可行的护岸工程设计。在护岸工程竣工后，还要加强对工程河段河床冲淤观测，对于工程后出现的情况及时进行处理，才能有效地避免护岸段发生突发性的崩岸。如果对工程河段不进行河道演变监测或观测资料分析或未能及时发现险情并应急处置，就可能发生一些灾难性的工程事故，例如1976年马鞍山河段右岸恒兴洲崩岸、1989年安庆河段左岸的六合好崩岸和1996年九江河段右岸马湖抒崩岸等。

（2）河道整治工程的规划和设计工作必须与河道演变观测、河工模型试验以及数学模型计算相结合。

长江中下游已经实施的界牌、南京、镇扬河段等整治工程实践表明，整治工程规划和设计必须与河道演变预测、河工模型试验和数学模型计算相结合，这是工程成功实施的基本保证。受来水来沙和其他因素的影响，河道冲淤变化十分复杂，因此航道整治工程是动态工程，所以整治工程所在河段的河道演变趋势、整治工程的总体布置方案都必须通过河工模型试验加以论证，长河段、长时段的河道演变趋势以及整治工程方案比选等则应辅以数学模型计算。

（3）根据长江中下游5处堵汊工程、镇扬河段和畅洲左汊潜坝工程实践以及武汉河段整治方案研究成果可知：长江中下游汊道的治理方向应为稳定分汊河势、适度减少支汊和合理利用洲滩。

从防洪方面来说，相比于单一河段，分汊河道的泄洪方式有所不同。虽然两者都是借助汛期水流冲刷来扩大河床和抬高水位两种方式来增大过流能力，但两者的差别在于：一方面分汊河道的总河宽大于其上下游单一段的河宽，洲滩洪水期也能过流，故抬高水位以增加断面泄流的作用较单一河段相对较强，而借助水流冲刷河床的作用则相对较弱；另一方面分汊河段河槽分汊、河床底部沿程起伏变化较大等河床形态因素，使其综合糙率较单一河段大。上述因素的综合作用导致分汊河段的泄洪能力与单一河段相当。

对分汊河段某一支汊实施堵汊工程后，必然会在不同程度上抬高汊道上游洪水位，须采取开挖扩大其余支汊的过水断面或者扩大汊道段下游河床过水断面等措施降低洪水位。这些补救措施可能因工程费用大或其他因素制约而难以实施。由长江中下游20世纪70～90年代20年的堵汊工程经验知，封堵汛期分流比小于5%的支汊后，上游洪水位无明显抬高。

从生态与环境方面分析，在支流或湖泊与长江交汇处、江心洲的洲头和洲尾和弯道的缓流区均为水生动物栖息、徊游和繁衍的场所。长江中下游许多汊道段已被确定为国家级或省级自然保护区。随着众多通江湖泊与长江河道被隔断，船舶航行对水生物的直接伤害和对水体的污染，都不利于长江水生动物的生存，所以应尽可能保持分汊河道多支汊过流，为保持长江水生动物的多样性提供必要条件。

综上分析，长江中下游分汊河段的整治方向应为：稳定分汊河势，适度减少支汊，合理利用洲滩。稳定分汊河势是指分汊河段整治的重点是保持其分汊河道平面形态，根据分汊河道演变规律采取护岸工程等措施以稳定汊道及其上下游单一段的河势、主支汊的分流比及主支汊地位。适度减少支汊是指在分汊河段中经过防洪、航运、取排水和生态与环境等方面的论证后可以对汛期分流比小于 5%、处于萎缩状态的支汊采取工程措施加以封堵。合理利用洲滩是指对分汊河段的洲滩进行合理开发利用使之满足防洪和环境等方面要求。

（4）河势控制工程是长江中下游河道整治首要任务和重要的组成部分，是长江中下游河道整治的基础性工程。

长江中下游河道具有河宽、水深、流急的特点，因此河道整治工程量巨大，只能根据沿江经济发展的要求，分河段、分阶段逐步实施整治。河势控制工程的目的是稳定有利河势，防止河势向不利方向发展，为进一步实施河道整治工程创造必要条件和打下良好基础。河势控制的主要工程措施是实施护岸工程，护岸工程具有稳定河岸和控导河势双重作用。因此，加强对各河段河势变化规律研究，以指导新建护岸工程和维修加固已建的护岸工程。

（5）分汊型河段的河势控制包括三部分：一是调整和稳定汊道的平面形态，包括调整和稳定主汊和支汊与上游来流的交角以及江心洲洲头的位置和形态，以达到稳定主支汊的分流比和主支汊地位的目的；二是稳定主汊和支汊河段内的河势；三是稳定汊道之间单一段的河势。为了使三者相互作用、相互制约，必须制定统一的河势控制规划加以协调。例如，汊道主支汊的分流比变化既受到汊道上游单一段河势变化的影响，还受到汊道平面形态、主支汊分流角和江心洲洲头位置与形态的影响，同时主汊和支汊河段内因冲淤和河势变化引起的过水断面、河段长短的变化，也会直接影响主支汊分流比的变化。

（6）航道整治工程是动态工程，航道演变是连续性变化过程，只是随不同水文年和年内水文过程变化而有强弱之分。通过对河道演变进行观测并及时分析河道变化和不失时机地实施河道整治工程，才能够有效地对航道进行治理。

已往由于对整治河段的河道演变规律缺乏认识，或者受研究经费等条件的限制，界牌河段新淤洲、马鞍山河段小黄洲、南京河段八卦洲以及镇扬河段和扬洲的加合洲头部的河势均未能及时守护和保持稳定，从而增加了整治工程的难度和工程费用。整治工程竣工后，对于在河道演变过程中发生调整甚至局部损毁的部位必须及时维修加固。

（7）护岸工程平面布置形式以平顺护岸形式最佳。

长江中下游河道具有河宽、水深、流急、崩岸线长、崩岸速度快的特点，在 20 世纪 50 ～ 70 年代，因工程经验不足和资金所限，护岸工程较多采用矶头群或丁坝群形式，以期达到守点固线的目的。通过长期工程实践，认为在崩岸线长、工程经费不足的条件下，采用矶头群、丁坝群护岸形式的优点是可以集中施工力量守护重点部位，抑制岸线大幅度崩退，而且防守目标明确，易于及时维修加固；缺点是岸线不能充分利用，丁坝和矶头附近流态紊乱，影响航行安全，维护工程费用较大，一处守点崩退会影响其上下游较长岸线的安全。因此，自 20 世纪 80 年代以来，除长江口地区外，均采用平顺护岸形式的护岸工程，将已建的矶头群和丁坝群护岸工程也逐步改造为平顺护岸工程。

由于护岸工程具有稳定河岸和控导河势的双重作用，平顺护岸工程的长度应满足如下条件：一是护岸工程平面布置应是全线连续，中间不留空白段，以防出现崩窝；二是护岸工程长度包括主流线的可能变动范围，以防护岸段的上下游发生崩岸而危及已建护岸工程的安全；三是护岸工程的长度应符合其发挥导流作用的要求，足以引导主流向对岸过渡。

（8）护岸工程的结构形式。

枯水位以下的护脚工程具有散抛型和平铺型两类结构形式。随着技术水平的提高和长期工程实践经验的积累，护岸工程的材料及结构形式也不断改进。散抛型护岸工程方面，20 世纪 50 年代以来多采用抛石、柴枕，80 年代开始采用土工织物砂枕，90 年代开始采用钢丝网石笼及四面六边透水框架。平铺型护岸工程方面，20 世纪 50 年代多采用柴排；1974 年首次在长江下游采用软体排，排体采用聚乙烯塑料布、聚氯乙烯塑料绳和混凝土块结扎而成；1983 年开始采用土工织物砂枕及织物枕垫，以织物枕垫作软体排，替代传统的柴排，以织物砂枕代替块石压排；90 年代以来，混凝土块压载的土工织物软体排得到较广泛的应用。平铺型护岸工程的另一种类型为铰链混凝土排，开始试用于 20 世纪 30 年代的美国密西西比河，并有技术规范；1984 年首次在长江中游采用，其特点：一是采用混凝土排工织物铺排具有反滤和防止混凝土板之间空档处泥沙冲失的作用；二是混凝土之间以螺栓连接环相互连接，施工简便。现阶段散抛型多采用块石、钢丝网石笼、土工织物砂枕、四面六边透水框架等；土工织物压载软体排和铰链混凝土排多用于平铺型。各类型护岸工程各有优缺点，新建护岸工程可因地制宜选用。

对于护岸工程的加固，采用散抛型护岸工程加固已建的散抛型和平铺型护岸工程效果均较好，但采用平铺型护岸工程加固已建的散抛型护岸工程，由于坡面不平整，因而效果欠佳。对于枯水位以上护坡工程，现阶段多采用块石护坡和混凝土板护坡，其下设置土工织物或砂石反滤层的结构形式。

（9）长江中下游岸线崩退和护岸工程崩毁的主要形式是坐崩，根据历年来各地坐崩抢险经验，抢险分三步进行。第一步是锁口，即在崩窝口门上下突嘴一定范围抛石裹头，防止口门继续扩大，导致崩窝内回流冲刷岸坡，抛石施工必须从岸边向江中抛护，抛护至岸坡缓于 1∶3 处；第二步是崩窝内促淤，在崩窝内沉树以达到促进窝内泥沙落淤和稳定崩窝内的岸坡，或者在崩窝口门处建沉梢坝或抛石坝并抛石护脚，以促进崩窝内泥沙落淤和稳定岸坡；第三步是回复崩窝口门的岸线，并修建护坡工程。以上三步的具体抢护方案可根据险情确定，其中第一步锁口是坐崩抢险能否成功的关键。

4.1.4 荆江河段典型浅滩治理措施

浅滩一般可按浅滩的平面形态、河床质、成滩水位与卵石输移特点进行分类。按平面形态可分为过渡段浅滩、弯道浅滩、汊道浅滩、散乱浅滩、支流河口浅滩、峡口浅滩等。按河床质可分为卵石浅滩、沙质浅滩、石质浅滩等。

在浅滩航道整治工程中由于各浅滩的特性和碍航原因不同，因而其整治方法也各有所区别，通常采用的整治方法有疏浚（挖槽）、修建整治建筑物（丁坝、顺坝等）和整治建筑物与疏浚相结合的整治方法。现针对不同类型浅滩的整治方法分述如下。

4.1.4.1 按平面形态分类的浅滩航道整治措施

对于正常过渡段浅滩，即上下深槽不发生交错，过渡段不太长，当河床质粒径较大，冲淤变化不显著，中、枯水位主流接近一致，仅仅由于过渡段上环流减弱或消失，使过渡段河面宽阔，水流分散，水深不足而引起碍航时，有时采用单纯疏浚浅槽或固定和加高边滩以集中水流冲刷航槽的方法，就可达到增加航道水深的效果；当河床卵石粒径较细，水流流速相对较大，卵石容易起动时，滩尾扩宽段容易出浅碍航，单纯疏浚航槽易回淤，此时宜采用疏浚和导治相结合的方法，束窄河宽、增加水流冲刷力、维持航槽稳定。对于交错浅滩，也必须采取疏浚与整治建筑物相结合的方法，即采用疏浚挖槽增加航深，同时筑坝堵塞倒套，消除横向水流，使水流集中航槽，增加水深，整治建筑物可用丁坝、顺坝封闭倒套，归顺水流。

对于弯道浅滩，主要是通过布置整治建筑物来调整弯道环流，有时要配合疏浚，以增大弯曲半径，保持航槽稳定，便利船舶的安全航行。采用的整治方法如下：

（1）护岸防塌，稳定岸坡。通常采用平顺护岸或丁坝护岸等方法来防止河湾崩塌后退、稳定航槽和对河湾凹岸进行保护。

（2）调整岸线，改善环流。当河道弯曲半径较小，达不到要求的航道尺度或凹岸有凸出的石梁、崖嘴，形成不良流态，减小了有效的航道尺度时，可通过布置整治建筑物，平顺岸线，必要时配合疏浚、炸礁，使航道稳定在通航要求的尺度范围内，同时也可使过于弯曲的弯道环流得到相应的调整。在满足上行船舶流速、比降的要求下，可在弯道的一岸或两岸采用丁坝、顺坝或丁顺坝平顺岸线，同时挖除部分凸岸过于突出的边滩浅碛，以达到改善流态，加大弯曲半径的作用。

（3）开辟新槽，避开弯槽。对于整治较为困难的有些弯道浅滩，而有条件通过整治取得其他更为便利的航槽时，可考虑开辟新槽通航，避开弯槽对航行的不利影响。

对汊道浅滩不同出浅部位的整治方法，应根据其出浅部位与浅滩形态，采取不同的整治措施。

（1）汊道进口段浅滩整治。在汊道进口，由于河面宽阔，水流分散，泥沙易产生淤积而形成过渡段浅滩或弯道浅滩等滩型。进口出现过渡段浅滩，可采用修建导流顺坝和丁坝等措施，堵塞支汊，增大主槽流量，同时为稳固河岸，束窄河槽，主槽可修建短丁坝等措施；进口为弯道型浅滩，可建洲头坝调整分流量和改善进口流态，必要时配合疏浚措施。

（2）汊道出口段浅滩，多为过渡段浅滩。建造洲尾坝是整治汊道出口浅滩的基本方法之一。洲尾坝可改善两汊水流的交汇角，也可消除碛尾横流对船舶航行与泥沙淤积的不利影响。如果碛尾处河面较为宽阔，需配合建丁坝、缩窄河床，束水攻沙。若碛尾处河床弯曲或突嘴挑流，产生不良流态，影响航行时，可以采用顺坝或丁坝群，平顺岸线，改善流态。

对于散乱浅滩的整治，要从长河段着手，根据上、下游河段的河势，沿主导河岸拟订出一条顺应河势的整治线，然后通过布置丁坝、顺坝等整治建筑物，堵汊并洲，将散乱的沙体联结，促进淤积形成边滩，控制河势，导引水流集中冲刷航槽，并采取工程措施，保护洲头和受冲刷的局部河岸。

支流河口浅滩常见的整治方法有以下几种：

（1）修建导流坝，调整交汇角。

（2）加大干、支流河口的输沙能力。

（3）改变支流入汇口位置。

（4）开辟新航槽，调整交汇角。

4.1.4.2　按河床质分类的浅滩航道整治措施

（1）沙质浅滩航道整治方法

不同类型浅滩对航道条件起着至关重要的作用，对荆江河段进行总结归类，提出了3类典型浅滩河段，即顺直分汊型、微弯分汊型和弯曲分汊型。这3类浅滩河床演变趋势及航道条件变化方向各有特点：对于顺直分汊河段，主要表现为边滩冲刷后退、主流摆动加大、河床宽浅化、航槽冲刷移位；对于微弯分汊河段，该类型河道态势不稳定，深泓摆动频繁、心滩头部和左右缘冲刷、尾部淤积下延；由于含沙量减少，主支汊均处于冲刷发展的态势，分流比的变化取决于主支汊冲刷发展幅度和滩型变化特点；对于弯曲分汊河段，分汊格局一般较为稳定，受河道弯曲放宽限制，其浅滩演变的主要特点是受弯道水流特性制约，凹冲凸淤；弯道水流顶冲处边滩冲刷下移，顶冲点下挫，造成弯道出口段展宽。针对这3类典型浅滩的航道整治，选取特定河段，总结了各典型浅滩河段的航道整治方法。

①顺直分汊型浅滩河段。

顺直分汊河段通常冲淤变化复杂，以主流摆动、航槽多变为主要演变特征，航道往往随主流的变化在汊道或深槽间摆动，在交替过渡期间，枯水期航道条件恶劣，维护困难，易发水上交通事故，如荆江河段的藕池口水道。主要整治方法如下：

A. 掌握洲滩变化规律，合理规划航槽。

顺直分汊的水道滩槽多变，航槽位置摆动频繁，因此要在河床演变规律的基础上合理规划航槽。

以藕池口为例，历史上主汊在左、右汊道间曾频繁发生转换，但总体看来，左汊作为主汊的时间较右汊作为主汊的时间要长得多。20世纪90年代中期左汊发展成为主汊以来，其主汊地位保持至今，而右汊在三峡水库蓄水运用后衰退明显，故从目前河势及航道维护的角度来看，左汊作为通航主汊道也比右汊要好。另外，左汊的航线距离要远比右汊近，因此，从航槽布置合理性和经济角度考虑，通航主汊道也应确定为左汊。从目前的两槽分流情况来看，左槽的分流远远高于右槽；从航道条件及航道维护的角度来看，目前左槽的航道条件要远远优于右槽；而从近5年来航道维护情况来看，航道布置也一直位于左槽。综合考虑这些因素，选取左航槽为主航槽。

B. 依靠整治建筑物相互配合控制航道边界。

确定航道边界后，通过两侧天然节点和固定洲滩的整治建筑物群来共同确保航道边界的稳定。当前引起藕池口水道航道条件存在不稳定性的主要原因是江中滩体尤其是藕池口心滩、倒口窑心滩的冲刷降低、滩头后退造成主流摆动频繁、多槽争流等不利局面。要想从根本上解决藕池口水道的碍航问题，进一步提高航道尺度，必须通过工程措施，稳定基本的河道格局，形成有利的滩槽形态。藕池口水道航道整治的总体目标为：在已建工程的基础上，通过实施一定的工程措施，形成并稳定良好的滩槽格局；控制倒口窑心滩两侧的分流比，促进主航道的稳定和发展；进一步改善船舶航行条件，确保 3.5m × 150m × 1 000m（水深 × 航宽 × 弯曲半径）的航道畅通。为实现该目标，在一期工程的基础上，藕池口河段规划了总体工程方案，对藕池口心滩头部和倒口窑心滩进行守护，保持倒口窑心滩的完整，有利于缩窄河宽和左汊的分流，增加左槽进口浅区流速。此外，对右岸岸线、左岸沙埠矶至夹河口岸线进行守护，稳定该段河床边界条件。

②微弯分汊型浅滩河段。

微弯分汊河段是冲积平原河道中的常见河型，在长江中下游比较多见，如瓦口子水道等。

这类河段两汊的分流比较接近，均具有一定的发展潜能，最常见的变化主要是主支汊易位，但周期比较长，有的长达数十年。主要整治方法如下：

A. 稳定汊道现状，合理选择通航主汊。

由于此类河段两汊均具有发展成为主汊的可能，整治中要首先考虑稳定两汊现状，理论上的堵汊措施往往不符合实际。因此需要一定的建筑物来稳定汊道现状（如水利方面的护岸等），避免任何一汊向不利方向转化。在稳定了汊道现状后，需要通过分析来确定通航主汊，这是一个较复杂的问题，需要全面分析两汊的优劣。如瓦口子水道北汊水深条件良好，已建瓦口子控导工程中选择北汊为主航道，对弯道凸岸边滩进行局部调整，塑造一个相对稳定的枯水期单一弯道，以防止因主流摆动、洲滩的冲刷切割、右槽的发展引起航道条件及港区条件的恶化。

B. 适当抬高分流区低滩高程，稳定两汊分流比。

稳定该类河段汊道分流比可促进整治汊道的自然演变，增强浅滩部位的冲刷力度，引导整治汊道逐步向有利方向转化，整治措施通常采用在分流区的低滩上布置整治工程，抬高并稳定滩头以达到稳定分流比的目的。如瓦口子水道整治中，在右岸野鸭洲边滩及金城洲头部低滩上建设护滩带等。

C. 缩窄河宽，整治汊内浅滩。

在稳定了两汊分流比后，对选定主汊的浅滩整治已基本转化为对单浅滩的整治，通常主要是由于枯水期河道太宽，水流分散引起的碍航浅滩，整治措施仅需根据浅滩位置，布置相应的束水攻沙整治建筑物，改善浅滩段的水深条件，如瓦口子水道对左岸已有护岸范围内部分水下坡脚实施抛石加固来达到整治目的。

③弯曲分汊型浅滩河段。

A. 通过工程措施稳定主支汊格局。

弯曲分汊型浅滩河段的主支汊地位一般较明显，整治过程中要充分把握其分汊格局的特点，在重视整治主汊的同时，不能影响支汊功能的发挥，支汊尽管不适合做主航道，但作为河道仍有其存在的必要，如汛期分洪泄流，沿岸水利设施等均离不开支汊。因此，在航道整治过程中，要维持其分汊格局，在确保主汊实现通航目标的同时，不影响支汊功能的发挥。对窑监河段而言，从河床演变分析和三峡工程蓄水运用后本河段演变趋势预测结果看，在一个较长时期内，该水道的分汊格局不会改变，主流走右汊的机会还将增大，左汊淤塞的时间还会增多，主航道要重新摆回左汊的可能性较小，乌龟夹将作为主航道长期存在。为维护现有河势，稳定乌龟夹，在乌龟洲洲滩心滩上修建了鱼骨坝。

B. 重视坝面结构，确保结构稳定。

沿水流方向较长布置的建筑物，在改善水流作用的同时，也会受到水流沿堤流冲刷及局部涡流淘刷的影响，往往在坝面形成破坏。已有研究成果表明，干砌块石坝面的破坏通常表现为坝顶面和坝坡面同时被水流破坏，而浆砌块石坝面由于对坝顶面用砂浆对块石进行了黏合处理，破坏一般从坝坡面开始逐渐扩大，最后导致整个坝面破坏。模袋混凝土是向柔性的土工织物中灌注混凝土，利用其柔性的特点，使其与坝芯贴合在一起，其中灌注具有流动性的混凝土，固结后形成刚性的整体，并与坝芯成为一体，通常采用柔韧性较好的沙枕作为坝芯。模袋混凝土坝面在已建航道整治工程实施后，已显示出抗冲刷能力强、整体性能好、施工方便快捷、整体美观的优点。

（2）卵石浅滩航道整治方法

荆江河段的沙卵石河段上起枝城，下至大埠街，该河段内包括了淤沙浅滩和卵石浅滩两种类型，浅滩成因极为复杂，淤沙浅滩的成因与沙质河段的浅滩成因大致相同，浅滩河段滩槽格局较差，不利于航槽冲刷是主要原因，浅滩淤沙组成粗化、上下游河势调整等因素也有一定的影响。卵石浅滩的成因则与浅区河床高程较高、底质难冲以及水位逐渐下降密切相关。主要的整治方法如下：

①调整滩槽格局，改善浅区冲刷能力。

对于芦家河沙泓进口、江口过渡段的淤沙型浅滩，应采取类似于沙质河段浅滩治理的思路，通过实施一定高程的整治建筑物，调整局部滩槽格局。在芦家河沙泓进口，可在碛坝头部构筑鱼骨坝，约束漫滩斜向水流，促进沙泓进口的淤沙逐渐冲刷，从而达到改善航道条件的目的。在江口过渡段浅区，应针对中夹发展、吴家渡边滩萎缩等主要影响因素进行控制和调整，引导水流平顺进入下游七星台深槽，保证过渡段浅区的航道条件的稳定。

②遏制枯水水位下降。

三峡工程蓄水以后，清水下泄引起了坝下游河段的大幅冲刷，枯水水位随之下降。枯水位的下降不仅直接恶化芦家河沙泓中段浅区、枝江上浅区等卵石浅滩的水深，还对宜昌枯水位的稳定造成不利影响，威胁葛洲坝船闸的正常运行。因此，沙卵石河段的治理还应通过工程措施遏制枯水水位的下降。具体的措施可以分为三类，其一是守护河道的可冲滩体，维持河道自身对水位的控制作用，这也是枝江—江口河段航道整治一期工程治理思路中很关键的一方面。其二是适当恢复关键水位控制节点河段的水位控制作用，以适当弥补清水下泄至今对关键节点河段的不利影响，比如近期关洲河段左汊的冲刷发展对上游水位造成了极为不利的影响，有必要对目前左汊的分流进行适当的控制，部分恢复其控制水位的能力。其三是选择部分区段实施加糙措施直接壅高枯水水位。

③视枯水水位条件，实施必要的挖槽措施，并对挖槽尺度进行精细优化，确保其对水位的影响降到最低。

卵石浅滩的最大特点就是难以通过提升水流的冲刷能力来增加水深，要解决卵石浅滩处的水深问题，就必须通过挖槽等措施直接增加水深。但是，卵石浅滩的治理又必然会在一定程度上造成水位的下降，这与稳定水位是矛盾的。因此，挖槽措施的实施必须视水位条件来确定，而且必须对挖槽尺度进行精细优化，尽量降低挖槽措施对水位稳定的不利影响。从沙卵石河段总体治理的角度来看，挖槽措施还必须辅以相应的壅水措施，以适当抵消挖槽所产生的不利影响。

4.1.5 荆江河段航道系统治理措施

荆江河段内按相邻河道演变关联的强弱将荆江河段分为如下四段：

(1) 枝城至大埠街段属于沙卵石河段，这种关联性表现为水流特性相关联，该段出口有控制较强的大埠街水道控制。

(2) 大埠街至杨家厂段为沙质河床，具有明显洲滩演变相关联性，虽然大埠街以下节点甚少，但杨家厂长窄深河段仍起到了限制上下游影响的作用，河段内沙市河湾内太平口水道与瓦口子水道的主流走向影响突出。

(3) 杨家厂至塔市驿段也为沙质河床，具有洲滩演变相关联性，塔市驿长窄深河段起限制上下游河段影响的作用。

(4) 塔市驿长窄深河段将其分为上下两段，下段即为塔市驿至城陵矶段。

长河段内较强的关联性也就决定了上下游之间的航道治理措施的相互联动，这就要求项目设计时，必须整体考虑各水道的演变、整治措施之间的联系，确定治理措施的过程中应系统考虑对上下游的影响，以及工程与上下游河段内工程的相互关系等，做到系统布局，系统解决荆江河段所存在的航道问题。

根据《长江干线航道建设规划（2011—2015年)》，“十二五”期荆江河段航道水深将由3.2m提高到3.5m。本书以此为航道建设标准，对荆江河段航道系统治理措施进行分段研究。

①枝城至大埠街河段系统治理措施研究。

A. 枝城至大埠街河段内相邻水道演变关联性分析。

枝城至大埠街河段又称芦家河河段，上起枝城大桥，下至大埠街镇，河段长约52km，位于上荆江的上段，属沙卵石河段，为弯曲分汊河型。河段内各水道之间的相互影响表现为河床质的逐渐下移与水位下降的自下而上的逐渐传递。

三峡蓄水以后，芦家河河段总体上逐渐进入持续冲刷的阶段，河床卵石层面逐渐出露，各水道洲滩的演变已无明显联系，不过，在河段进口来沙大幅减少之后，江口过渡段上游洲滩的萎缩对该位置的浅滩演变有较大影响，是其淤积的重要沙源。

下游沙质河段枯水水位下降在本河段的溯源传递过程也有比较明显的特点，现有的研究表明，河段出口大埠街水位的下降幅度在枝江—江口河段会在一定程度上被坦化，模型预测终极状态下大埠街水位在目前的基础上将继续下降约1m，昌门溪水位受此影响下降约0.6m，在芦家河水道保持稳定的前提下，昌门溪水位的下降则将难以继续向上游传递。但是，一旦芦家河水道水位出现下降，其上游一直到宜昌的枯水位都将受到影响，目前的研究认为芦家河水道进口陈二口的水位每下降1m，将导致宜昌水位下降0.33m。

B. 治理措施研究。

枝城至大埠街河段以分汊河型为主，且各分汊段主支地位明显，各单一段深泓也十分稳定，因此航路走向比较明确，自上而下，合理的航道规划确定为：枝城水道右侧深槽→关洲右汊→陈二口一带右侧深槽→芦家河沙泓→水陆洲右汊→枝江一带左侧深槽→江口水道右汊→七星台一带左侧深槽。

整治措施以稳定枯水水位为核心，关系到抗冲浅区水深，“坡陡流急”程度等。从水位下降在本河段的传递特点来看，芦家河水道是明显的节点，下游水位下降基本只能影响到芦家河水道，加剧其“坡陡流急”的碍航现象，对芦家河水道上游水位的稳定影响较小，然而芦家河水道水位的稳定却关系到其上游直到宜昌的整个沙卵石河段的水位稳定。由此可见，有必要以芦家河水道出口昌门溪为界，将枝城至大埠街河段分成两段来治理。

a. 昌门溪以上芦家河、关洲、枝城三个水道的航道治理关系到其自身以及上游河段枯水水位稳定，与宜昌内至枝城河段紧密联系，不宜割裂。

b. 昌门溪以下至大埠街，也就是枝江江口河段，应在已实施的枝江—江口航道整治一期工程的基础上，通过工程措施，对枝江上浅区航槽边缘卵石堆予以整理，平顺流态，适当拓宽航槽宽度，加大江口水道枯水期浅区航槽内泥沙输移强度，以提高航槽水深；并对该段中重要部位实施工程措施，维持各天然洲滩对水位的控制作用，增强本河段坦化比降的能力，削弱下游水位下降的负面影响，同时减少洲滩萎缩对水体中泥沙的补给，减少江口过渡段浅滩的淤沙来源。

因此，该段系统整治方案如下：

A. 关洲水道，在汊道进口区域集中守护并在中上部修建潜坝相结合的方式对支汊进行控制，稳定关洲右汊进口水深、维持河道自身关键节点的水位控制作用，抑制河床变形对下游河势产生不利影响。

B. 芦家河水道，加强对碛坝头部的守护，适当上提碛坝两汊分流点，集中和归顺水流冲刷沙泓进口浅区，改善该处水深条件；同时对石泓内部关键区域进行适当守护，限制石泓进一步冲刷发展，维持河道自身关键节点的水位控制作用。

C. 枝江江口河段，对枝江上浅区航槽边缘卵石堆予以整理，平顺流态，适当拓宽航槽宽度；将吴家渡边滩护底带加高至航行基面，并在柳条洲尾布置一条护滩带，加大江口水道枯水期浅区航槽内泥沙输移强度，以提高航槽水深；在张家桃园、吴家渡边滩已建工程下游增设护滩（底）带，维持各天然洲滩对水位的控制作用，增强本河段坦化比降的能力，同时减少洲滩萎缩对水体中泥沙的补给，减少江口过渡段浅滩的淤沙来源；在七星台一带深槽实施填槽护底工程，削弱下游水位下降的负面影响。

②大埠街至杨家厂河段系统治理措施研究。

A. 大埠街至杨家厂河段内相邻水道演变的关联性分析。

大埠街至杨家厂河段全长约 76km，是紧邻沙卵石河段的沙质河段，由涴市、沙市、公安三个河湾组成，平面上呈典型的弯曲分汊形态。这三个河湾的衔接处均为较稳定的窄深段，彼此演变的相互联系较弱，只是在沙市河湾内部，早期太平口水道与瓦口子水道的主流走向存在一定的对应关系，当主流走太平口水道北汊时，有利于瓦口子水道右槽的发展，而当主流走太平口水道南汊时，则有利于瓦口子水道左槽的稳定。目前瓦口子水道已实施了整治控导一期工程，在建的还有瓦口子至马家嘴河段航道整治工程，该项工程完成后，将对瓦口子水道右槽形成系统控制，以巩固左槽的主槽地位，届时太平口水道与瓦口子水道之间的相互关系也将随之削弱。

B. 治理措施研究。

在大埠街至杨家厂段，瓦口子至马家嘴河段的航路走向已经明确，瓦口子水道走左槽，马家嘴水道走南汊，大埠街水道、涴市水道深泓稳定性好，也无须工程调整。对于沙市河段，从近年来的变化特点来看，南槽分流比逐渐增大，过渡段分汇流格局也随之改善，水流“南槽—北汊”过渡基本稳定，北汊进口 2 号槽持续冲深，航道条件逐渐好转，基本实现了恢复北汊主通航孔通航的目标。沙市河段总体治理的核心是稳定上段走南槽、下段走北汊的“南槽—北汊”航路走向，近期变化与总体治理的设想是基本吻合的，说明总体治理思路是合理可行的，应予以坚持。因此，该河段合理的规划航路确定为：⊠市河湾凹岸深槽→太平口心滩南槽→腊林洲高滩拐点→三八滩滩头 2 号槽→三八滩北汊→瓦口子水道左槽→马家嘴水道南汊。

大埠街至杨家厂段治理思路确在已建工程的基础上，进一步巩固“南槽—北汊”过渡段枯水河槽的稳定，引导水流集中冲槽，强化南槽出流进入北汊的衔接方式（分适当恢复腊林洲低滩滩体与适当恢复三八滩滩头两种思路），以维持目前较好的航道条件，防止恶化；对三八滩中下段滩体进行守护，保持三八滩分汊段下段相对较好的滩槽形态，防止沙市河段下段河道进一步向宽浅方向转化，利用“清水下泄”的有利条件，加大航槽内泥沙冲刷力度，改善桥区河段的航道条件，使之满足建设标准的要求；并通过稳定南星洲洲尾及左岸江陵一带高滩岸线，遏制斗湖堤水道进口不断展宽的不利趋势，以防止斗湖堤水道出现新的碍航问题。

因此，该段系统整治方案如下：

A. 太平口水道，通过适当恢复腊林洲低滩中段的滩体，强化“南槽—北汊”的水流衔接形式，同时对北岸已护岸线的重点部位进行护岸加固，以维持目前较好的航道条件，防止恶化；对三八滩中下段滩体进行守护，保持三八滩分汊段下段相对较好的滩槽形态，防止太平口水道下段河道进一步向宽浅方向转化，利用“清水下泄”的有利条件，加大航槽内泥沙冲刷力度，改善桥区河段的航道条件，使之满足建设标准的要求。

B. 斗湖堤水道，通过稳定南星洲洲尾及左岸江陵一带高滩岸线，遏制斗湖堤水道进口不断展宽的不利趋势，以防止斗湖堤水道出现新的碍航问题。

③杨家厂—塔市驿段系统治理措施研究。

A. 杨家厂—塔市驿河段内相邻水道演变的关联性分析。

杨家厂—塔市驿段，上起朱家湾，下迄西山，全长约 119.5km，位于荆江河段中段，全河段自上而下主要由郝穴、石首、沙滩子、调关、中洲子 5 个弯曲段和弯道间的顺直段组成，其间有藕池口分流，该段具有蜿蜒曲折的基本特征。河道内包藕池口水道为弯曲分汊河型外，其余各水道为单一微弯或弯曲河型。该段航道问题较为突出，目前已对周天河段、藕池口水道和碾子湾水道进行了先期治理，但本河段中仍存在碍航或潜在碍航的水道，即周公堤、天星洲、藕池口、碾子湾、莱家铺 5 个水道。

历史上本河段河床演变剧烈，河势调整幅度较大。20 世纪 60 年代末至 70 年代初，本河段经历了中洲子（1967 年）人工裁弯以及沙滩子（1972 年）自然裁弯，90 年代又经历了石首撇弯的剧烈调整。随着河势控制工程和航道整治工程的陆续实施，近年来河道总体格局基本稳定。三峡水库蓄水运用后，放宽段仍是本河段冲刷较弱甚至淤积的部位，局部滩槽仍在剧烈调整，一些关键部位的洲滩岸线仍在产生剧烈冲刷，航道边界不断恶化，主流摆动空间加大引起浅滩水深的恶化，航道条件很不稳定且在向不利方向发展。

本河段内各水道间的关系十分密切，由于调关节点的控制作用，调关节点上、下段之间的关联性相对较弱。河段中周公堤、天星洲、藕池口、石首、碾子湾 5 个水道的关联性表现较强。蓄水前，周公堤水道的上、中、下过渡形式，直接造成下游天星洲水道左、右槽的多次过渡，进而影响藕池口水道的剧烈变化，而藕池口水道切滩撇弯现象不仅影响到下游碾子湾水道的剧烈变化，也影响到上游河床的调整，上下河势的不稳造成该段航道条件很不稳定。蓄水后，随着整治工程的实施，总体河势逐步稳定，石首节点的控制作用加强，石首以上段的联系仍较为密切，周公堤水道呈现上过渡的形式，由于郝穴矶头挑流作用，主流自左岸郝穴矶头逐渐过渡至右岸张家榨一带，而后过渡至左岸新厂一带，天星洲水道呈现左侧沿岸槽过渡形势，由于近年来新厂一带岸线的不断崩退造成茅林口导流作用更为显著，主流又逐渐过渡至右岸天星洲左缘，茅林口以下左岸侧形成边（潜）滩，该滩体由于下段河道顺直，遵循平行下移的规律，造成藕池口分汊口门河床的剧烈变化，进而对航道条件造成不利影响。

B. 整治措施研究。

本段治理重点在于合理地规划航路，并使其稳定。该河段中新厂以上河段和石首以下河段航路相对稳定，中间新厂—石首段航路多变、很不稳定。

对于新厂以上河段，由于周天河段控导工程的实施，上过渡的格局基本形成并稳定，只存在局部浅滩的恶化，限于深泓的摆动空间，该段主流流路为自郝穴左岸而下逐渐摆至右岸张家榨一带，而后又逐渐过渡至左岸新厂一带。对于石首以下河段，由于护岸工程和航道整治工程实施，形成相对稳定的单一弯曲段，主流基本贴凹岸侧下行。对于中间新厂—石首段，由于河道放宽，两侧边界也不稳定，故而洲滩及流路也很不稳定，考虑与上、下游的衔接，可以存在多种流路的走向。

a. 自茅林口至北门口形成一次弯曲流路，但此种流路过于顺直，难以稳定。

b. 自茅林口至北门口形成二次弯曲流路（走倒口窑心滩右侧），但需要条件是上游古长堤对岸形成边滩，形成折返水流，从目前发展趋势上看，此种条件难以实现。

c. 自茅林口至北门口形成二次弯曲流路（走倒口窑心滩左侧），此种流路走向符合目前的变化趋势和上、下游的衔接。

因此，考虑上下游的衔接、洲滩变化趋势以及流路的发展走向，本河段合理的规划航路为：对于新厂以上和石首以下河段，维持当前较好的航路，对中间新厂—石首段，选择茅林口至北门口形成二次弯曲航路（走倒口窑心滩左侧），即自左岸郝穴矶头→右岸张家榨一带→左岸新厂一带→天星洲左缘→倒口窑心滩左侧→左岸向家洲→右岸石首弯顶→凹岸北碾子湾→左岸柴码头→右岸南堤拐→左岸毕家台→调关弯道凹岸→右岸八十丈→莱家铺弯道凹岸→左岸中洲子→右岸塔市驿。

该长河段基于荆江航道治理（3.5m）系统的整治方案包括：在已建工程的基础上，自上而下对关键洲滩岸线实施控制，进一步加强周公堤水道过渡段的控制作用，对右岸张家榨岸线进行新护和加固，防止航道边界的不利变化造成过渡段浅滩进一步交错恶化；对左岸新厂高滩进行守护，使得新厂边滩滩缘保持完整，防止其崩退造成下游主流的不稳定；考虑到工程对藕池口分流的影响，适当对天星洲左缘实施守护，并对新厂高滩实施守护，以稳定天星洲水道的主流，防止河槽展宽造成主流频繁摆动引起下游藕池口水道的不利影响；进一步加强藕池口水道左侧边界的控制作用，选择合理的航路布局，稳定右边界，以形成微弯稳定的二次弯曲航路；对碾子湾水道稳定其弯道进口段滩槽形态，防止凸岸边滩冲蚀切割，进而造成主流摆动，顶冲点下移的不利局面，并巩固已建工程稳定，维持下游寡妇夹及柴码头附近良好的航道条件；稳定莱家铺弯道段和下游放宽过渡段的有利滩槽形态，防止三峡蓄水持续运用后弯道凸岸冲刷、中洲子岸线崩退以及莱家铺边滩倒套发展造成过渡段航道条件的恶化。本段工程主要在周公堤、藕池口、碾子湾、莱家铺 4 个水道布置了工程方案。

a. 周公堤水道。在颜家台闸空挡处布置潜丁坝，进一步加强周公堤水道过渡段的控制作用，对右岸张家榨岸线进行新护和加固，防止航道边界的不利变化造成过渡段浅滩进一步交错恶化；对左岸新厂高滩进行守护，使得新厂边滩滩缘保持完整，防止其崩退造成下游主流的不稳定；考虑到工程对藕池口分流的影响，适当对天星洲左缘实施守护，并对新厂高滩实施守护，以稳定天星洲水道的主流，防止河槽展宽造成主流频繁摆动引起下游藕池口水道的不利影响。

b. 藕池口水道。通过加大左岸陀阳树边滩守护范围，加强航道左边界的稳定，选择合理的航路布局，同时对天星洲左缘下段进行守护，在右槽进口及倒口窑心滩上布置鱼嘴形护滩带，以稳定航道的右边界稳定右边界，从而形成微弯稳定的二次弯曲航路。

c. 碾子湾水道。在南碾子湾上段修建护坎工程，稳定其弯道进口段滩槽形态，防止凸岸边滩冲蚀切割，进而造成主流摆动、顶冲点下移的不利局面，并巩固已建工程，确保其稳定，维持下游寡妇夹及柴码头附近良好的航道条件。

d. 莱家铺水道。对桃花洲岸滩实施守护工程，对左岸南河口进行护岸加固，对莱家铺边滩尾部倒套进行封堵，对中洲子高滩进行守护，稳定弯道段和下游放宽过渡段的有利滩槽形态，防止过渡段航道条件的恶化。

④塔市驿至城陵矶河段系统治理措施研究。

A. 塔市驿至城陵矶河段内相邻水道演变的关联性分析。

塔市驿至城陵矶段位于荆江河段尾部，全长约96km。河段首端为窑监大弯曲分汊河段，由窑集脑、监利、大马洲水道组成，是长江中游重点碍航河段之一；往下砖桥弯道、铁铺长顺直过渡段、反嘴弯道、熊家洲微弯段依次相连，过渡段边滩冲淤消长、航道水深条件不稳定；熊家洲以下为连续急弯段，河势尚不稳定。

河段内上下游水道河床演变的关联性较强，由于 1998 年开始对洪水港一带岸线进行了系统的治理守护，砖桥弯道下段河势相对稳定，削弱了上游水道演变对下游的影响。历史上监利水道深泓摆动、主支汊易位引起大马洲滩槽格局调整，该影响可延伸至反嘴急弯段，同时，熊家洲以下的连续急弯段“一弯变，弯弯变”河床调整特性较明显。近期，即使监利水道主泓稳居右汊（乌龟夹），但由于太和岭矶头挑流作用增强，其出口深泓的局部摆动也引起了大马洲水道主流的大幅调整，并且其影响延伸至砖桥水道。

尤其窑监大河段是荆江碍航重点河段中的重中之重。随着水利护岸工程和航道整治工程的逐步实施，河道总体河势基本稳定。但三峡工程蓄水以来河床冲刷导致航道条件仍很不稳定，弯曲分汊河段（如窑监河段）以及弯道间的长顺直段（如大马洲、铁铺水道）较为明显。前者体现在心滩和低矮边滩受到强烈冲刷、主流摆动，致使乌龟夹（主汊）进口向宽浅方向发展，与之衔接的大马洲水道主流大幅调整，对自身及下游水道的航道条件均不利；后者体现在边滩冲刷，过渡段深槽淤积，滩槽形势恶化造成航道条件很不稳定。

对窑监大河段而言，目前已实施窑监河段航道整治一期工程，正在实施乌龟洲守护工程。工程实施后，左边界将得到控制，但右边界新河口边滩仍未得到有效控制，近期边滩很不稳定、冲淤消长频繁，随着三峡水库持续运行，边滩将呈后退之势，由此将造成乌龟夹进口的再度展宽，造成流路散乱，枯水河槽宽浅甚至双槽争流的不利局面。同时，受到窑监河段出口主流摆动和太和岭矶头挑流的影响，下游大马洲水道进口段深泓逐渐坐弯，右侧边滩冲刷，左侧深槽淤积，下段水流多次左右岸折冲过渡，主流多次过渡将造成过渡段易于淤浅碍航，出口段河面展宽。随着河道内主流的大幅摆动，整个水道内主要边滩都出现调整迹象，河道变得更加弯曲，较好的滩槽形态向不利趋势发展，并影响到下游砖桥水道的稳定。

铁铺—熊家洲河段近几年长顺直段广兴洲边滩受冲缩小的同时，局部航槽淤积逐渐明显，河槽向宽浅方向发展；弯道段凸岸边滩以冲刷为主，主流摆幅加大的同时有左摆之势，而河心淤积，一些年份出现枯水双槽局面；由于弯道主流顶冲点发生变化，熊家洲水道进口处右岸滩体冲刷崩退，过渡段浅滩处于恶化之势。

B. 治理措施研究。

该段窑监大河段航路很不稳定且航道水深条件较差，铁铺—熊家洲河段的过渡段航路随着边滩冲刷趋于不稳定，且将影响到航槽水深，其他部位航路相对稳定。随着窑监河段航道整治一期工程的实施，中窑监大河段航槽稳居乌龟夹，但在乌龟夹进口，一般存在两个主要的槽口——中槽和南槽，考虑到中槽的走向与水流归槽的方向一致，即与汛后水流动力的作用方向一致，顺应汛后及枯水期乌龟夹河势，因此，航路规划走中槽，在大马洲水道，考虑与上游窑监河段及大马洲出口弯道航路的平顺衔接，并顺应深泓走向，进口航路适当右偏居中，过太和岭左转顺近岸深槽下行至沙家边，然后平顺过渡至右岸天字一号至黄家潭一线，顺右岸下行进入砖桥水道。铁铺—熊家洲河段，目前航道条件已出现不利变化，但航道尺度尚满足规划要求，因此，主要工作是及时稳定当前的滩槽形势，航路维持目前的走势。

因此，考虑上下游的衔接、洲滩变化趋势以及流路的发展走向，本河段合理的规划航路为：窑监大河段，右岸塔市驿→新河口一带中槽→乌龟洲右缘→太和岭一带居中后转至近左岸深槽→沙家边以下平顺过渡至右岸天字一号至黄家潭一线；铁铺—熊家洲河段，顺近右岸深槽下行至团洲子→向左岸沙墩至盐船套一带过渡→盐船套以下近左岸→新堤子附近由近左岸向荆江门凹岸深槽过渡→沿反嘴弯道凹岸深槽下行至侯家湾稍下→由右岸向左岸中沙堤过渡→沿左岸深槽下行进入熊家洲弯道。

该长河段基于荆江航道治理（3.5m）系统的整治方案包括：在已建工程的基础上，自上而下对关键洲滩岸线实施控制，保持乌龟夹进口右侧新河口边滩的完整稳定，利用“清水下泄”的有利条件，加大航槽内泥沙冲刷力度，使乌龟夹进口过渡段形成稳定的单一航槽；守护大马洲—砖桥段目前较有利的滩形，限制主流摆动，引导水流归槽，抑制本河段航道条件向不利方向的发展；采取措施防止铁铺左岸广兴洲边滩及其右岸岸线、熊家洲水道右岸边滩等航道边界的冲刷后退造成本河段以及下游段航道条件恶化。本段工程主要位于窑监大河段的乌龟夹进口以及大马洲水道、铁铺—熊家洲河段的铁铺、熊家洲过渡段。

A. 窑监大河段，对新河口边滩头部进行守护，稳定乌龟夹进口航道右边界，利用“清水下泄”的有利条件，加大航槽内泥沙冲刷力度，使乌龟夹进口过渡段形成稳定的单一航槽；对横岭段护岸进行维修和加固，改善进口段入流条件，并对进口右岸丙寅洲高滩、左岸下段大马洲右缘进行守护，限制主流摆动，防止高滩崩塌引起河道展宽。

B. 铁铺—熊家洲河段，对广兴洲边滩进行护滩守护，并对左岸盐船套高滩进行守护，防止广兴洲边滩进一步冲退，维持航道边界的稳定；对熊家洲右边滩头部低滩实施护滩工程，并对对岸中沙堤一带岸线进行加固。

4.2 航道整治工程平面与竖向设计方法

本书采用资料收集、理论分析、水槽概化模型试验等手段，总结分析了边滩、心滩、支汊（串沟）、护岸工程的平面及竖向设计方法，并针对江心洲守护进行了深入的研究，提出了一种环保、施工简便的护心滩技术。

4.2.1 边滩守护的平面布置形式及适用条件

4.2.1.1 边滩守护的平面布置形式

采用护滩带和丁坝等整治建筑物守护边滩，平面布置形式主要有条状间断守护型、平顺护岸型、集中守护与间断守护结合型以及整体守护型。条状间断守护型护滩带的布置参照丁坝间距进行布置，主要适用于控制主流横向摆动，且滩体变形以侧蚀为主的河段；对于同一滩体，因不同部位所处水流条件的不同，可以考虑集中守护与间断守护相结合的方式；而对于滩体所处水流强度较弱，且以边缘的冲蚀为主，则可采取间断守护的方式；对于流态复杂、流速较大的重要河段，必要时可以对滩体进行整体守护，平面应根据相关试验研究将顶冲复杂区域整体守护，保持足够抗冲强度即可。

（1）边滩守护的设计方法

①条状间断守护型。

对于以切割和平面冲刷为主的边滩，在工程实施以后护滩带周边可能会发生冲刷下沉，而守护的范围内仍维持原有的高程，原来较为平坦的滩面就会发生局部凸起，从而使河床冲刷变形后，护滩带起到坝体的作用。因此，护滩带的布置参照丁坝间距（一般两坝间距与其上一条丁坝在过水断面上的有效投影长度有关，一般顺直河段取 1.2 ~ 2.5 倍的有效投影长度、凸岸为 1.5 ~ 3.0 倍的有效投影长度、凹岸为 1.0 ~ 2.0 倍的有效投影长度）布置成条状间断守护型，主要适用于控制主流横向摆动且滩体变形以侧蚀为主的河段，如枝江水道张家桃园边滩守护工程、周天清淤应急工程、江口水道吴家渡边滩守护工程、碾子湾水道边滩守护工程（图 4–2）等。

图 4–2　碾子湾水道边滩守护工程实景

②平顺护岸型。

对于滩面高程较高、临水坡度较陡且以边脚冲蚀为主的高滩边滩，其护滩工程平面布置形式多与平顺护岸形式相同。如：在荆江河段昌门溪至熊家洲段整治工程中，对大马洲水道的丙寅洲高滩边滩、大马洲高滩边滩均采用了平顺式斜坡护岸对高滩进行了守护。

③集中守护与间断守护结合型。

对于同一滩体，因不同部位所处水流条件的不同，可以考虑集中守护与间断守护相结合的方式。在受到水流集中冲刷，且冲刷力度较大的部位，应采取集中守护的方式；而对于滩体所处水流强度较弱，且以边缘冲蚀为主，则可采取间断守护的方式。如：在荆江河段航道昌门溪至熊家洲段整治工程河段的新河口边滩守护工程中，在新河口边滩头部布置 6 道护滩带，其中新河口边滩头部水流冲刷力度较强，因此前面 4 道为集中守护，而新河口边滩中段水流强度较弱，因此后面两道为间断式守护。护滩带主要起到控制新河口边滩滩头，稳定新河口边滩的作用，同时为下游大马洲水道创造稳定的入流条件（图 4–3）。

④整体守护型。

当较大的滩体处于强烈的漫滩水流和纵向水流的共同作用下的强冲刷状态时，单纯采用条状间断守护型，或者是间断守护与集中守护结合型都不足以起到保护滩体免遭破坏的作用，因此，对于流态复杂、流速较大的重要河段，必要时，应对滩体进行整体守护。如长江中游三八滩应急守护工程二期对三八滩进行守护（图 4–4），即是采取整体守护的方式进行的。

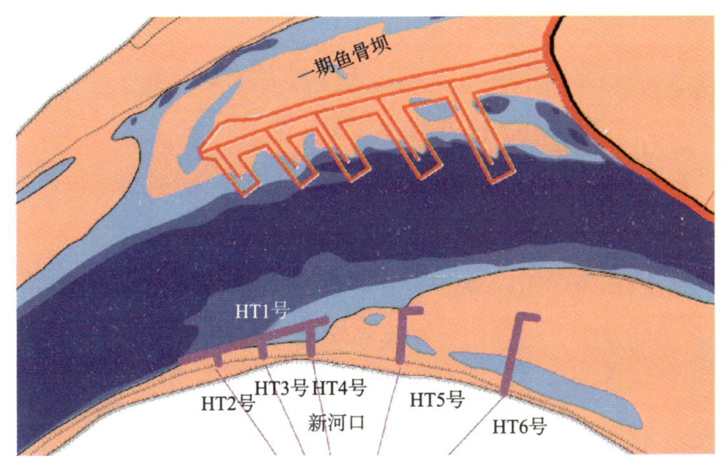

图 4-3 窑监河段新河口边滩集中守护与间断守护结合型护滩

图 4-4 长江沙市三八滩整体守护型守护实景

⑤封堵窜沟、集中守护与间断守护结合型。

以下切水流，横向水流深蚀后退为主，伴有滩面冲刷的滩形，宜采用封堵窜沟、集中守护与间断守护相结合的形式。

(2) 边滩的守护竖向设计方法

当护滩建筑物为丁坝时，坝顶没有坡度，坝顶高程则根据整治水位确定；当护滩建筑物为软体排护滩带时，根部为了防止水流切滩，需要护到岸边，头部则需要护到航槽边缘，主要是为了防止清水下泄侵蚀滩缘，造成航槽宽浅化。

4.2.1.2 边滩主要护滩（底）结构的适用条件

河道护滩工程就护滩机理而言，可分为实体抗冲结构和减速不冲结构。这些工程措施均能在不同程度上达到预期的整治效果，起到一定的积极作用，但各自有其适用条件和优缺点。

(1) 防冲促淤结构

实体结构不允许水流透过坝体，导流能力强，建筑物前冲刷坑深，多用于重型的永久性工程。防冲促淤结构大致分以下 3 类：

①散抛块体护滩。

散抛块体主要适用于流速不大的近岸护滩，主要应用在闽江水口电站下的护滩工程，西江鲫鱼滩、盐蛇滩的护滩工程，汉江襄利河段航道整治工程中也采用过这种散抛块体护滩。

②坝体护滩。

坝体护滩主要指通过建设坝体（坝体群）延长水流对浅滩的冲刷时间达到护滩的效果，坝体形式有丁坝、顺坝、鱼骨坝等，主要适用于坝身地点水深一般较浅的位置，主要在黄河、闽江、西江等河流治理中应用，长江上也有一定应用，其中丁坝、顺坝主要用于守护边滩，鱼骨坝主要用于守护心滩。

③软体排护滩。

进入 20 世纪 90 年代以来，长江航道面临着难得的发展机遇，针对历史上曾经出现过较为严重的碍航现象的水道，目前正处于演变周期中河势条件较好、洲滩较为高大完整的有利形势时，采用软体排护滩这样一种新型整治建筑物结构形式将有利的滩槽形态加以稳定，往往会产生事半功倍的效果。软体排护滩主要适用于河床岸坡较缓的地方，一般坡度应缓于 1 : 2.5，岸坡太陡的地方容易产生滑排的危险。

（2）减速不冲结构

减速不冲结构允许水流穿越坝体，导流能力较实体建筑物小，建筑物前冲刷坑浅，有缓流落淤作用。减速不冲结构主要有以下几种结构 ：

①四面六边透水框架群。

四面六边透水框架是一种减速促淤的新型整治建筑物，自身稳定性好、透水，与传统护岸固滩技术相比，四面六边透水框架能有效地避免实体护岸固滩工程基础容易被淘刷而影响自身的稳定问题，且适应河床地形变化能力强，不需要地基处理、不易下沉，适合任何地形变化。透水框架群减速率可达 30% ~ 70%。 四面六边透水框架群作为一种新型护岸固滩技术，通过落淤造滩，可达到护岸固滩的目的，减速落淤效果十分明显，便于工厂化大批量生产，施工简单，成本低，是一种值得大力推广的护岸固滩新技术。

②桩坝群结构。

桩坝是一种较常用的透水建筑物，可由单排或数排桩组成。最早在缓流浅水处使用木桩坝，有缓流落淤效果。垂直桩坝的桩，打入河底部分占桩长的 2/3，桩的上部以横梁联系。斜桩坝以三根桩为一群，上部用竹缆或铅丝绑扎在一起，排间连以纵横连木，基础可用沉排保护或在桩式坝内填石料保护。桩坝现已发展用钢筋混凝土桩坝，用水冲钻或震动打桩机打桩，桩长及桩入土深度均可增加，由于抗冲能力大，可用于河道主流区。

③植树。

在堤岸前滩地上种植护岸林带（其宽度以不影响行洪为原则），对防御风浪拍击堤岸有明显作用。在堤根洼地、河滩串沟做活柳桩（将柳树的根部种植于土中）坝，也可缓流落淤，防冲固堤。

4.2.2 支汊（串沟）守护的设计方法

支汊守护主要采用护底带、锁（潜）坝等工程措施稳定或调整分流比，改善通航汊道的通航条件。支汊（串沟）控制措施主要根据整治要求的不同采用护底带、锁（潜）坝等整治工程，而这些工程的主要区别在于高度不同、作用力度不同。因此，支汊（串沟）控制措施竖向设计主要遵循根据整治目标结合模型试验来确定建筑物高程的原则。

4.2.3 岸坡守护设计

荆江河段岸坡守护形式中常采用斜坡式、直立式、混合式护岸。直立式护岸一般应用于水深较深、地基较好、岸线纵深较小、土地资源缺乏的限制性航道岸坡以及码头水域。斜坡式护岸用于河面宽阔、土地资源相对宽松的航道岸坡。混合式护岸对于岸坡坡顶存在一定高度的浪坎，岸坡中上部为陡坎，坡脚较为平缓的岸坡，在地基承载力满足的条件下，可采用坡顶部挡土墙和下部斜坡式组成的混合式护岸，以减少开挖土方量和减少对坡顶植被破坏。

护岸工程竖向设计主要是考虑自身结构的稳定性。直立式、斜坡式、斜坡式与直立式组合的混合式 3 种结构形式的设计原则大致相同：护岸顶高程一般以原地面高程为准，或略低于原地面高程，枯水平台高程由施工水位控制。枯水平台以下为水下护底，对于深泓贴岸的护岸，水下护底一般守护至深泓，对于深泓远离岸线的护岸，水下护底一般守护至水下地形较为平缓的区域，如缓于 1∶5 的坡比。

4.2.4 江心洲的守护设计方法

软体排和透水框架群等护滩建筑物对周边水流影响较小，比较适合应用到航道处于有利时期的心滩守护；鱼骨坝护滩建筑物则对心滩周围水流影响较大，适合应用到需遏制不利变化趋势，调整两汊分流比的心滩守护工程中；软体排和透水框架群护滩相比，透水框架在守护滩体的同时，存在促淤的作用，守护效果较好。

4.2.4.1 江心洲的守护平面设计方法

（1）条状间断守护型

间距参照丁坝间距布置。如枝江水道水陆洲右缘守护工程，垂直水流布置 3 道间断守护的护滩带对水陆洲右缘边滩进行守护。工程起维持水陆洲现有较为高大完整有利的滩形，并起束窄过水断面，使水陆洲右汊水流平顺，改善水流流态，并在一定程度上控制上游水位降幅的作用（图 4–5）。

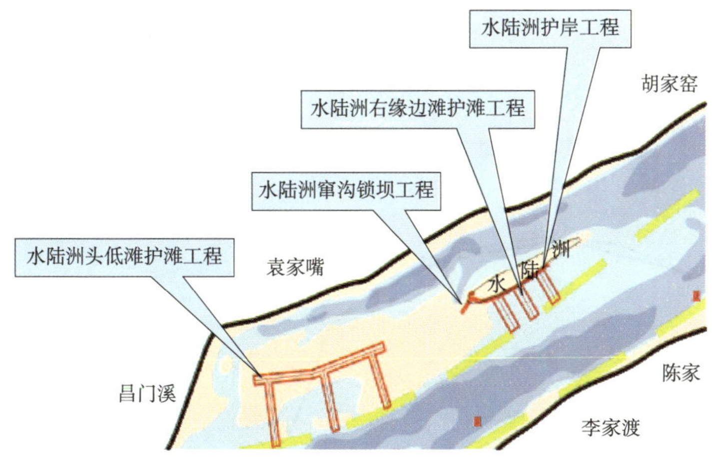

图 4–5 枝江水道水陆洲及洲头低滩江心洲（滩）守护

（2）平顺护岸型

平顺护岸型与斜坡式护岸基本一致，主要是守护最高和最低区域的确定，陆上护坡、枯水平台、水下护底和水下补坡 4 个部分。与施工水位同一高程设有一枯水平台，枯水平台以上为陆上护坡，以下为水下护底和水下补坡。

对于顶高程较高、临水坡度较陡且以边脚冲蚀为主的江心洲（滩），其护滩工程平面布置形式多与平顺护岸形式相同。荆江河段江心洲(滩)一般地处无人居住的荒滩,或远离居民，其坡顶常常覆盖大量的芦苇、耕地或树木，土质一般由粉细沙、粉质黏土和淤泥质黏土组成，其承载能力和抗冲刷能力较差，易冲蚀。因此在护岸守护形式中常采用斜坡式护岸。

如枝江水道水陆洲右缘中上段护岸工程、江口水道柳条洲右缘中下段护岸工程、窑监河段乌龟洲守护工程等均对江心洲进行了斜坡式平顺护岸，防止洲滩的冲刷崩塌，起确保洲滩的完整和平顺水流的作用。

（3）集中守护与间断守护结合型

对于同一滩体，因不同部位所处水流条件的不同，可以考虑集中守护与间断守护相结合的方式。在受到水流集中冲刷，且冲刷力度较大的部位，应采取集中守护的方式；而当滩体所处水流强度较弱，且以边缘的冲蚀为主时，则可采取间断守护的方式。

如枝江水道水陆洲洲头低滩守护工程，沿水陆洲洲头心滩滩脊布置 1 道滩脊护滩带和 3 道垂直水流方向的横向护滩带。工程对水陆洲洲头心滩进行守护，稳定并抬高心滩高程，防止水流对洲头心滩的冲刷,稳定枝江水道进口主流流路,并在一定程度上控制上游水位的降幅。

窑监河段航道整治乌龟洲洲头低滩鱼骨坝工程：沿乌龟洲洲头低滩建设 1 道横向心滩滩脊护滩带（LH1 号）、2 道横向护滩带（LH2 ~ LH3 号）和 3 道横向鱼刺坝（LB4 ~ LB6 号）组成的鱼骨坝。工程起稳定和巩固洲头心滩的高滩部分，封堵串沟，并与乌龟洲相接，使洲头心滩与乌龟洲连成一体，在右汊进口形成高大完整的凹岸岸线，适当减小主流的摆动范围，集中水流冲刷进口段浅区航槽，改善并稳定右汊进流条件（图 4-6）。

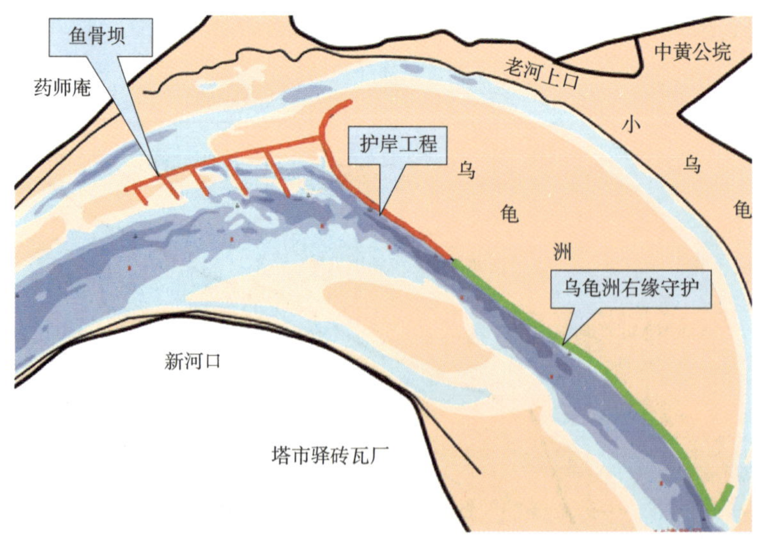

图 4-6　窑监河段乌龟洲及洲头低滩江心洲（滩）守护

（4）整体守护型

对于流态复杂、流速较大的重要河段，必要时，可以对滩体进行整体守护。

沙市河段航道整治一期工程中对三八滩中进行了整体守护，工程主要是对三八滩已实施的应急守护工程部位的上段、中段、尾部进行加固完善以及在应急守护工程的尾部设置衔接段4个部分。衔接段包括对应急守护工程的尾部进行封闭守护和在其尾部下游的滩体上设置两道守护带，防止水流在三八滩的中段（桥轴线以上）切割滩体，进而达到保持三八滩中上段滩脊稳定的目的（图4–7）。

图4–7　沙市三八滩整体守护型守护实景图

4.2.4.2　江心洲的守护竖向设计方法

当护滩建筑物为鱼骨坝时，坝头高程根据整治水位确定，脊坝高程根据实际情况确定，如脊坝位置存在较高的滩体，则沿滩脊布置；如脊坝位置不存在滩体，或滩体高程较矮，则可考虑采用坝顶为平坡，高程为整治水位。当护心滩建筑物为软体排护滩带或透水框架群时，头部需要护到航槽边缘，主要是为了防止清水下泄侵蚀滩缘，造成航槽宽浅化。中部则根据滩脊的高程决定，如高程较高，常年不过水，则可考虑采用护岸的结构形式；如高程较低则为了防止水流切滩，需要护到顶部。

4.2.4.3　江心洲的守护深化研究

为深入论证各种江心洲洲头守护工程结构形式的适用条件，采用水槽概化模型对常用的鱼骨坝、软体排、四面六边体透水框架3种心滩守护建筑物的守护效果进行了研究。从不同心滩守护建筑物对水位、流速及河床冲淤的影响对比来看，软体排和透水框架群等护滩建筑物对周边水流影响较小，比较适合应用到航道处于有利时期的守护型航道整治工程的心滩守护；鱼骨坝护滩建筑物则对心滩周围水流影响较大，适合应用到需遏制不利变化趋势，调整两汊分流比的航道整治心滩守护工程中；软体排和透水框架群护滩相比，透水框架在守护滩体的同时存在促淤的作用，守护效果较好。

目前透水框架水下施工主要采用船上抛投的方式，陆上施工主要采用人工搬运的方式，由于单个透水框架的质量约为150kg，人工搬运的效率较低，加上透水框架群会在后方形成一个淤积区域，会影响后方一定范围的生态环境。因此，提出在施工水位以上的区域（需要陆上施工）采用小尺寸的透水框架（图4–8）。通过开展局部区域放大的水槽试验，对比研究了施工水位以上采用正常尺寸和小尺寸透水框架后局部冲淤情况。试验结果表明，两种方案均能够较好的起到守护心滩的作用。相对而言，大小结合的透水框架方案在守护心滩的同时对局部的影响较小，对应实际工程即对心滩的生态环境改变较小，加上框架较小，重量轻，制作及施工方便，同时还节约了工程量，是一种值得推广的护心滩技术。

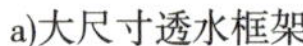

a)大尺寸透水框架

b)施工水位以上采用小尺寸透水框架

图 4-8　局部放大试验平面布置照片

5 荆江河段航道整治建筑物新型结构及施工工艺

5.1 航道整治建筑物破坏机理及修复技术

荆江河段的碍航问题十分突出，是长江干线航道维护最为困难的河段，其维护尺度与规划目标存在较大差距，需要进行系统的治理。在三峡工程蓄水运用初期，为缓解荆江河段航道维护的不利形势，针对“清水下泄”对荆江河段航道条件带来的不利影响，长江航道局在多年观测、分析、研究的基础上，对一些重要浅险碍航浅滩的关键滩槽部位先期实施了控导性工程，包括枝江—江口河段航道整治一期工程、沙市河段航道整治一期工程、瓦口子水道航道整治控导工程、马家嘴水道航道整治一期工程、周天河段航道整治控导工程、碾子湾水道航道整治工程、窑监河段航道整治一期工程等，这些工程已取得了较好的治理效果，实现了预期目标。目前正在实施沙市河段腊林洲守护工程、瓦口子—马家嘴河段航道整治工程、藕池口水道航道整治一期工程和窑监河段乌龟洲守护工程。上述工程的实施，既为本河段后续的航道治理奠定了良好基础，又为该项工程的实施积累了设计、施工等方面的经验。

荆江河段航道整治工程采用的结构形式以软体排护滩带、抛石丁坝＋护底软体排为主，随着三峡工程的持续运行，该河段受“清水”强冲刷作用进一步加强，本章主要基于强冲刷条件，对这两种典型建筑物结构形式的破坏机理及其修复技术进行分析。

5.1.1 整治建筑物结构形式选择

该工程整治建筑物主要为潜丁坝、护滩（底）、高滩守护、护岸加固和填槽。

（1）坝体结构形式选择

在航道整治工程中，广泛采用的坝体结构形式主要有堆石坝（抛石坝）、浆砌块石坝、桩板坝、大型混凝土预制件坝、沙枕填芯—块石护面混合坝（以下简称沙枕—块石坝）、沙枕填芯—模袋混凝土护面混合坝（以下简称沙枕—模袋混凝土坝）等。这些坝体形式各有特点，适用条件也有所不同，见表 5−1。

（2）护滩（底）结构形式

目前国内对于护滩（底）主要采用 4 种结构：一是排体结构，主要有系沙袋软体排、系结混凝土块软体排、铰链混凝土块软体排和混凝土连锁块软体排 4 种；二是钢丝网石兜结构；三是抛石结构；四是抛枕结构，主要有沙枕和碎石枕两种。各种护滩（底）结构的特点见表 5−2。

国内已建坝体结构形式一览表　　表 5-1

坝体形式	结构特点	优越性	存在的问题	适用条件
堆石坝	坝体全部由石块构成	对于河床变形的适应性好，且施工维修方便，在石料来源丰富地区造价较低	其缺点是坝体的整体性差；当水流力和波浪力较大时，容易局部失稳	适用于块石来源比较丰富、河床变形大的河段
抛石棱体与浆砌石墩混合坝	是一种改进的抛石坝，上部为矩形浆砌体，下部为梯形抛石体	外形美观，顶部整体性强，不易损坏，在一定坝高条件下，能节省石料、节省投资	工程须分汛前、汛后两次施工，不能一气呵成，当坝体发生沉陷时，浆砌石墩容易断裂崩毁	适用于河床变形不大、施工水位较低的河段
桩板坝	坝体由立桩与板体构成	结构整体性强	在水流和风浪的冲击下，容易发生往复振动，招致疲劳性破坏，混凝土挡水板比较单薄，受民船撞击容易遭到损坏，同时板体与桩的连接要求精度高，施工难度大	适用于河床水深和变形不大的河段。桩板坝近期已较少采用
大型混凝土预制件坝	坝体由大型混凝土预制件构成	主要靠坝的自重维持稳定，坝体整体性较强，抵御台风和海浪的冲击性能较好，适于潮汐河口的整治	这种坝体结构在内河航道整治中，混凝土件的预制、浮运和沉放均有一定困难，同时这种坝体在河床变形较大和沉陷不均匀时，受力不均，混凝土预制件容易倾倒	适用于河床变形不大但波浪力大的河段
沙枕—块石坝	是一种改进的堆石坝，以沙枕代替部分块石	工程造价相对较低，坝体既具有较好的整体性，又具有一定的柔韧性，能适应沙质河床的变形	施工过程中，坝体抛石时容易扎破外层沙枕，当破损沙枕内的充填沙流失后坝体局部出现塌陷；当河床发生局部冲刷后盖面块石容易滚落，造成沙枕外露，使沙枕容易遭受破坏	适用于深水坝
枕—模袋混凝土坝	沙枕—块石坝的改进型，以模袋混凝土代替护面块石	整体性较强，稳定性能好，建成后能抵御台风和海浪的冲击	坝芯局部变形易引起模袋混凝土护面的断裂	适用于河床变形较大、块石来源较少的河段
钢丝网石兜坝	是一种改进的堆石坝，以钢丝网石兜代替部分块石	整体性较强，稳定性能好，建成后能抵御较大流速的冲击	要求抛投的精度较高，施工难度较大	适用于流速大的部位

各种护滩（底）结构的特点比较　　表 5-2

护底类别	性能	施工难易	造价
系混凝土块软体排	整体性好、适应河床变形能力强，保沙性好；边缘变形过大时，易破坏，抗老化能力稍弱	一般	较低
钢丝网石兜	整体性较好、不易沉陷坍塌；保沙性较差	较方便	最高
抛石	散体结构、稳定性一般；易沉陷坍塌，保沙性较差	方便	一般
抛沙枕 抛碎石枕	整体性较好、不易沉陷坍塌；刺破失稳、不耐阳光	较方便	较低
铰链排	整体性较好、适应河床变形能力一般；保沙性较差	较难	较高
混凝土连锁块软体排	适应大流速的冲刷力较强，整体性强、适应河床变形能力一般；保沙性一般	对预制和施工条件要求较高	较高

（3）高滩守护结构形式

高滩守护的结构形式采取平顺护岸形式。结构主要采用斜坡式。

陆上护坡采用钢丝网格，水下护底采用D形排，局部流速较大、河床冲刷剧烈的部位采用混凝土连锁块软体排；镇脚则采用抛石。

（4）护岸加固

目前，常用于护岸加固的主要有抛石、抛枕等结构，从建筑物的耐久性上考虑，护岸水下加固采用抛石的方式。

（5）填槽

目前，常用于填槽的主要有抛石、抛枕等结构，从建筑物的耐久性上考虑，采用混凝土连锁块软体排护底，抛石压载的方式进行水下填槽。

5.1.2 整治建筑物稳定分析

5.1.2.1 排体稳定分析

排体的稳定分析按照《水运工程土工合成材料应用技术规范》(JTJ 239—2005)的有关要求，主要进行了排体掀倾和抗滑稳定计算。

（1）软体排抗倾稳定计算

$$V \leqslant V_{cr} \tag{5-1}$$

$$V_{cr} = \theta \cdot \sqrt{\gamma'_R t_m g} \tag{5-2}$$

$$\gamma'_R = \frac{\gamma_m - \gamma_w}{\gamma_w} \tag{5-3}$$

式中：V——软体排边缘流速，m/s；

V_{cr}——软体排边缘临界流速，m/s；

θ——系数。分离压载软体排取2，系结软体排取2，砂被软体排取1.4；

γ'_R——软体排相对浮重度；

g——重力加速度，取10m/s^2；

t_m——软体排等效厚度，D形排取0.1m，X形排取0.08m；

γ_m——软体排重度，取24 000kN/m^3；

γ_w——水的重度，取10 000kN/m^3。

将各数值代入式（5-2）得：

D形排：V_{cr}=2.37（m/s）。

X形排：V_{cr}=2.12（m/s）。

该河段最大的设计流速为3.5m/s，且只有洪水期流速才可能达到3.5m/s，由于排体紧贴河床，根据垂线流速分布公式计算排体的表面流速。

$$u = \left(\frac{y}{h}\right)^m u_{max} \tag{5-4}$$

式中：y/h——相对水深；

m——指数取 1/6。

最大按 3.5m/s 进行校核，计算得 u=2.05m/s，小于软体排边缘临界流速，因此排体能满足抗倾的稳定性要求。

(2) 软体排抗滑稳定计算

排体稳定性计算根据《水运工程土工合成材料应用技术规范》(JTJ 239—2005) 计算。

软体排抗滑稳定验算可按下式进行：

$$K_m = \frac{(\gamma'_a t_m \cos\alpha - \Delta h \gamma_w f_{sg})}{\gamma'_a t_m \sin\alpha} \tag{5-5}$$

式中：K_m——软体排抗滑稳定安全系数，大于 1.1；

γ'_a——排体的浮重度，kN/m^3；

t_m——软体排等效厚度，m；

α——坡脚，rad；

Δh——软体排上下水头差，m；

γ_w——水的重度，kN/m^3；

f_{sg}——软体排与坡面的摩擦系数，用水下值，由试验确定。

计算得 K_m=1.54>1.1，说明软体排满足水下抗滑稳定的要求。

5.1.2.2　压载体稳定重量

根据《航道整治工程技术规范》(JTJ 312—2003)，当流速大于 3m/s 时，水流作用下的块石粒径可按下式计算：

$$d=0.04v_f^2 \tag{5-6}$$

式中：d——块石等容粒径，m；

v_f——建筑物处的最大表面流速，m/s。

(1) 枝江江口河段

按设计流速 3.5m/s 进行校核，计算得抛石粒径 d=0.49m。

(2) 其他河段

工程区流速按设计流速 3.0m/s 进行校核，计算得抛石粒径 d=0.36m。

综合考虑块石外形的不规则性等因素，选定块石粒径为 0.2 ~ 0.6m。

5.1.2.3　岸坡整体稳定性分析

(1) 计算条件

根据岸坡地形、地质资料选择各个水道的典型断面，按不同的土质，对守护的岸线进行岸坡整体稳定验算，求得最小稳定系数。计算方法采用《港口及航道护岸工程设计与施工规范》(JTJ 300—2000) 规定的圆弧滑动法。

(2) 土坡稳定系数计算式

$$k = \frac{\sum c_i l_i + \sum \gamma_i b_i h_i \cos\alpha_i \tan\varphi_i}{\sum \gamma_i b_i h_i \sin\alpha_i} \tag{5-7}$$

式中：l_i——土条底部斜面长，m；

h_i——土条高，m；

b_i——土条宽，m；

γ_i——土条的饱和重度，kN/m^3；

α_i——土条与滑动面夹角，度（°）；

φ_i——土条内摩擦角，度（°）；

c_i——凝聚力，kPa。

5.1.2.4 护岸冲刷坑分析

（1）近岸河床冲刷深度估算

采用计算公式为：

$$h_B = h_P + \frac{V_{CP}}{V_{ôÊ} N - 1} \tag{5-8}$$

式中：h_B——局部冲刷水深，m；

h_P——冲刷处水深，取设计水位时河道最大水深 20m；

V_{CP}——平均流速，m/s，取 3m/s；

$V_{ôÊ}$——允许不冲流速，m/s，经计算为 0.89m/s；

N——系数，取 1/4。

（2）近岸冲刷深度预估

按水下沙体稳定边坡 1：5 进行校核，$L=\Delta h_p m$ 进行计算，式中 L 为余排长度，Δh_p 为原床面起算的冲刷坑最大深度，m 为沙体稳定系数，可保证水下护底的安全。

5.1.2.5 抛石体整体抗滑稳定

坝体的破坏有 3 种形式：一是在外力作用下发生倾覆；二是发生滑动推移；三是由于自重而产生坝体沉陷。其中倾覆及沉陷在护底排稳定后，可不予考虑。唯有滑动推移，是由于坝体压载重量不够与河床的阻力小而形成。根据分析可知，当坝前挡水高度与坝高相同时，坝体抗滑稳定最不利，即视坝体为锁坝进行验算。

根据《航道整治工程技术规范》（JTJ 312—2003），沙质基础和卵石基础上锁坝的抗滑稳定系数不应小于 1.2，平面滑动稳定可按下式计算：

$$K = \frac{(G_1 + G_2)\cos\alpha\tan\varphi}{T_\varphi + (G_1 + G_2)\sin\alpha} \tag{5-9}$$

$$G_1 = A_1(\gamma_s - \gamma) + A_0\gamma_s \tag{5-10}$$

$$G_2 = A_2(\gamma_2 - \gamma) \tag{5-11}$$

$$T_\varphi = A_3 \gamma J_\varphi \tag{5-12}$$

式中：K——锁坝抗滑稳定系数；

G_1——锁坝单位长度自重，kN/m；

G_2——滑动棱体基础土的单位长度质量；

α——锁坝滑动面与水平面交角，度（°）；

φ——基础土的内摩擦角，度（°），取30°；

T_{φ}——渗流压力，kN/m；

A_1——浸润线以下锁坝断面面积，m^2；

γ_s——块石的重度，取26.5，kN/m^3；

γ——水的重度，取9.81，kN/m^3；

A_0——浸润线以上锁坝断面的面积，m^2；

A_2——基础土断面的面积，m^2；

γ_2——基础土的重度，kN/m^3；

A_3——渗流面的面积，m^2；

J_{φ}——渗流水力坡度。

5.1.2.6　抛石体沉降计算

为减少地基沉降对坝体工程量计算的影响，以及便于施工过程中对坝顶高程的控制，根据《港口工程地基规范》（JTS 147-1—2010）规定对地基为粉细砂河床的工程建筑物进行沉降量计算。

采用分层 $e \sim p$ 曲线法计算地基的最终沉降量，根据规范按竖向附加应力与自重应力比为0.2时为标准（即以 $\sigma_z=0.2\sigma_s$）确定压缩层厚度 h，计算公式采用《港口工程地基规范》（JTS 147-1—2010）推荐的地基最终沉降量，计算公式如下：

$$S_d = m_s \sum \frac{e_{1i} - e_{2i}}{1 + e_i} h_i \tag{5-13}$$

式中：S_d——地基最终沉降量设计值，cm；

h_i——第 i 层土的厚度，cm；

e_{1i}、e_{2i}——分别为第 i 层土受到平均自重应力设计值和平均最终应力设计值压缩稳定时的孔隙比设计值，可取均值；

m_s——经验修正系数，查表选取。

根据土力学理论，土的压缩模量和压缩系数可按下式计算：

$$E_{si} = \frac{1 + e_{1i}}{\alpha_i} \tag{5-14}$$

$$\alpha_i = \frac{e_{1i} - e_{2i}}{\sigma_{zi}} \tag{5-15}$$

式中：E_{si}——第 i 层土的压缩模量，MPa；

α_i——第 i 层土受到平均自重应力和平均最终应力时的压缩系数；

σ_{zi}——第 i 层土顶面与底面附加应力的平均值，MPa。

因此，地基最终沉降量计算公式可转化为：

$$S_d = m_s \sum \frac{\sigma_{zi}}{E_{si}} h_i \tag{5-16}$$

由于抛石体断面设计上游边坡为1∶2，下游边坡为1∶2.5，为不对称的梯形断面，将产生微小的偏心距。抛石体完工后，坝上游有微小的壅水将抵消部分偏心矩，并且离轴线越远处重量越小，引起的偏心距越小。因此，在附加应力计算时，忽略断面不对称和壅水产生的偏心矩以及壅水造成的微小附加应力。由于水平向的动水应力引起的附加应力为0，因此仅需考虑铅向的抛石体重力引起的附加应力 σ_z，按梯形铅直荷载情况，将基底梯形分布压力沿抛石体纵轴线划分为两个直角梯，利用奥斯特伯格（Osterberg）公式分别计算见式（5−17），再进行叠加。

$$\sigma_z = (K'_{z1} + K'_{z2})p_n \tag{5-17}$$

5.1.3 强冲刷条件下软体排护滩带变形特点及破坏机理

5.1.3.1 护滩带破坏机理

护滩带破坏的形式多种多样，破坏机理非常复杂，不仅与护滩带自身的强度有较大的关系，而且与护滩带平面布置、守护区域内的水流泥沙条件、滩体地质条件有关系，同时还与施工质量也有一定关系。

（1）护滩带自身的结构强度较低是护滩带遭受破坏的内因。

护滩带自身强度较低主要表现在3个方面：一是排布及系结条强度低，在排体悬空或变形较大时，经常出现排布撕裂，系结条散开，混凝土块散落的现象；二是排体搭接时的强度较低，如果排体外侧出现一定程度的变形后，可能会引起排体搭接处遭受破坏；三是排垫在阳光下易老化，老化后强度降低，这是护滩带破坏的一个关键因素。

（2）护滩带平面布置不合理、宽度不满足要求、守护区域的水流作用较强以及施工质量不高等是护滩带遭受破坏的外因。

①护滩带平面布置包括护滩带的间距、护滩带的宽度等是否合理，直接关系到护滩带守护范围能否维持稳定。如果守护范围过大，势必造成工程量的浪费；如果守护范围过小，则起不到应有的效果，因此护滩带的间距和宽度是护滩带设计过程中的一个重要技术参数。

②水流条件是造成护滩带破坏的动力因素。第一种是护滩带边缘的紊动水流。在紊动水流作用下，护滩带边缘被淘刷而形成陡坡，甚至深坑，造成排体不均匀变形甚至排体悬空，进而排布外露老化，强度降低，导致排布撕裂，造成护滩带破坏。第二种是渗透水流。渗透水流能从护滩带底部破坏被保护的滩体，形成局部沉降或者鼓包，护滩带不能适应较大的变形时就容易被破坏。第三种是漫滩水流对滩尾的冲刷。水流流过护滩带，尚有足够的动力，回落在滩面，对护滩带下游未被保护的滩面形成冲刷，这种“抄后路”的破坏形式也不容忽视。

③施工质量，特别是接缝位置强度直接关系到护滩带的稳定。

由于护滩带边缘不均匀变形是必然的，易造成软体排排垫局部应力集中，进而使排垫撕裂，水流冲刷裸露的滩面，由外而内，逐步蚕食，破坏不断扩大。从现场调研看，排垫撕裂部位往往位于接缝处，接缝处是整个排体强度的薄弱部位，因此，接缝位置强度直接关系到护滩带的稳定。

5.1.3.2 影响滩体冲刷破坏的因素

影响滩体冲刷破坏的因素主要有以下几个方面：

(1) 河段特性

根据河段的特性，一般将河段分为5类，即平原稳定性河段、平原次稳定性河段、平原游荡性河段、山区稳定性河段及半山区山前区变迁性河段，不同河段有不同的冲刷破坏特性。

(2) 水流特性

水流特性主要包括水深、流速和水流流态等，该次试验主要考虑水深和流速两个主要水力因素。流速大小是泥沙起动与否的决定条件，也是决定滩体破坏的主要因素。在水深一定的情况下，流量的大小直接决定了流速的大小，影响泥沙的起动，进而影响滩体破坏程度。

(3) 泥沙特性

水流的流速和挟沙能力同河床地质情况、粗糙程度、河床纵坡度有关，并影响泥沙运动和冲刷发展情况。若天然河槽在洪水时有推移质泥沙运动，则在压缩断面上发生冲刷，当泥沙补给量等于断面上被冲走的泥沙量时，泥沙运动处于进出平衡状态，冲刷便会停止。此时该断面上的垂线平均流速称为冲止。只有明确了泥沙的冲止流速才能正确地建立冲刷深度计算公式。

(4) 冲刷时间的影响

冲刷具有以下特点：

①随着冲刷坑的增大，冲刷率减小。

②冲刷具有某种极限。

③冲刷达到冲刷极限是渐进的。

水流条件达到泥沙起动条件的泥沙颗粒向下游移动，而较大未达到起动条件的颗粒保持静止不动。从冲刷过程来看，在初始阶段，冲刷发展最快，通过实际观察，在前两个小时，冲刷深度可达最大冲深的70%左右，而后冲刷深度逐渐趋于平稳，冲刷深度变化缓慢，当冲刷深度达到其最大冲深时，将不再显著变化，呈稳定趋势。

(5) 有无护滩建筑物

从已实施的护滩工程来看，有护滩建筑物守护的河段基本上取得了控制和稳定中水河槽、保滩固堤的目的。

5.1.3.3 强冲刷非恒定流作用下的软体排护滩带变形过程

软体排护滩带敷设于滩面之后，河床表层由细沙组成的一元结构转变为细沙及抗冲保护层（软体排）组成的二元结构，软体排隔离水流直接作用于受护滩面，对底部泥沙进行保护。尽管压载体厚度较薄，对周边水流结构影响小，但排体守护滩面后，破坏了周边河床原有平衡，受上游水利枢纽对泥沙的拦截作用，下游含沙量严重不饱和的水流直接作用于未受保护的床面，势必引起床面泥沙的起动、输移，床面冲刷下切，以调整断面形态适应来流条件，软体排边缘局部冲刷坑逐渐形成，排体边缘下垂以覆盖冲刷坑的边坡，随着冲刷坑的进一步发展，排边下垂长度逐渐加长，河槽横向有所展宽，直至冲刷坑发展稳定，软体排边缘塌陷变形才趋于稳定。

室内模型试验复演了软体排边缘冲刷坑的形成、发展与排体变形的过程，如图5-1

和图 5–2 所示，可以看出，枯水期水流流速小，排体边缘滩面变形较小，与此对应的软体排边缘变形也较小，中洪水期滩面泥沙活动性强，排体边缘床面冲刷强度大，局部冲刷坑发展快速，冲刷坑深度、范围大，排体边缘下垂塌陷的变形速度也显著，直至冲刷坑发展稳定。可见，软体排的变形直接与排边冲刷坑的形成与发展有关，排体的变形是对冲刷坑发展过程做出的响应，软体排护滩带以排边冲刷坑发展伴随排体下垂塌陷变形为主要特点。

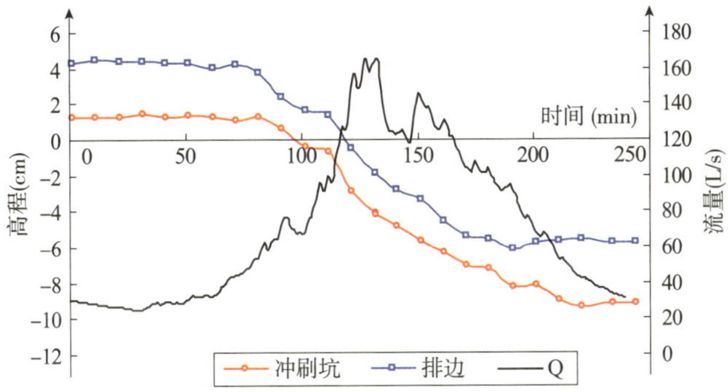

图 5–1　软体排边缘床面冲刷过程与来流过程关系

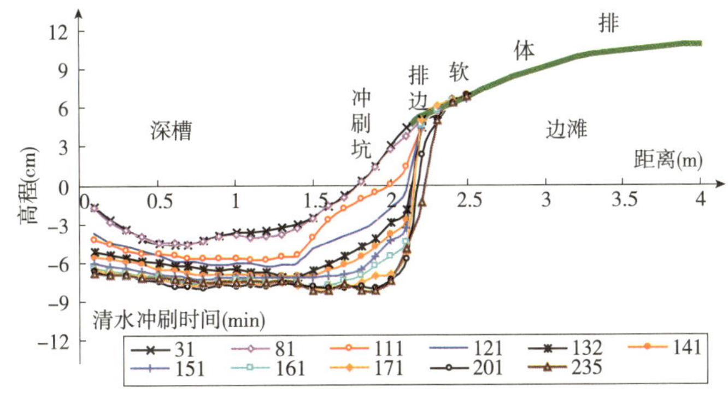

图 5–2　软体排护滩带排边局部冲刷坑发展与排体变形过程

5.1.3.4　软体排护滩带破坏类型及影响因素

软体排护滩带在工程实践中发现了不同类型的破坏，总体上分为：由施工质量引起的破坏（排垫、压载体设计强度不足、排体搭接宽度不足或铺排不到位），排布老化导致的破坏，排布压载质量不足引起侧掀失稳，排边冲刷导致的破坏。其中前两种破坏是与施工质量及建筑物自身强度有关引起的破坏，而后两种破坏属于水力破坏。

5.1.3.5　护滩建筑物损毁主要影响因素分析

影响护滩带破坏的主要因素包括水流条件、河床组成、护滩带自身结构、平面布置及施工工艺等。

水流条件包括流速大小、水流作用时段的长短、护滩带破坏部位的水深大小等。

河床组成主要与泥沙粒径有关，泥沙粒径的大小决定了河床的可动性。河床的组成与水流条件的共同作用，使得护滩带边缘局部冲刷坑形成。

护滩带自身的结构主要与护滩带上的混凝土块质量、系结方式、排体接缝的连接方式、编织布及系结条抗拉强度等有关。

施工工艺主要与护滩带施工质量、排体搭接宽度、护滩带边缘压载情况、排体的加筋方式等有关。

这些影响因素中，流速大小是护滩带破坏的动力因素，滩面泥沙粒径与较大流速共同作用后，局部冲刷坑的形成是护滩带破坏的诱发原因，编织布、系结条及接缝部位的抗拉强度不够是护滩带破坏的直接原因。

不同结构形式的护滩带，破坏形式也不尽相同。块石护面型的破坏主要表现在抛石部分的坍塌和沉陷，发生的部位主要在坝头的下游侧，一般情况下坝体部分主要是坍塌，而在坝体的下游侧由于翻坝水的作用形成一条坝轴线方向在坝体坡脚以外的冲刷坑。软体排型护滩带的破坏指一般位于排体上边缘、头部以及下游一侧出现程度不一的冲刷塌陷，出现排布撕裂、排布暴露在外等现象，较为严重的情况是守护的滩体出现深达 10m 左右的冲刷，排布悬空挂起来。软体排护滩带的破坏形式又可归纳为以下 5 大类：

①边缘塌陷型（图 5–3）。主要由于水流冲刷护滩带边缘外的未护滩面，使 X 形排边缘塌陷，这种破坏非常普遍。造成的问题有：混凝土排体和系结条外露，进而老化；系结条松开，混凝土块移动或滑落。

②排中部塌陷或鼓包（图 5–4）。主要由于接缝处理不牢，造成接缝处泥沙冲失或泥沙从接缝处挤入排底。造成的问题为：系结条松开，排体外露、老化，所护滩体被破坏。

图 5–3　武汉天兴洲边缘塌陷实景图

图 5–4　武汉天兴洲鼓包实景图

③边缘形成陡坡，边缘排体变形较大甚至悬挂（图 5–5）。与平面布置及河床组成有一定关系，周天清淤工程中存在这种变形。造成的问题有：混凝土排体和系结条外露，进而老化；系结条松开，混凝土块移动或滑落；排体撕裂。

④边缘排体下部河床局部淘刷，形成空洞（图 5–6）。特殊水流条件作用的结果，具体原因尚未完全确定，天兴洲头部守护工程中存在。造成的问题为：排体撕裂（一般从接缝处），进一步向排内淘刷，最后形成垛状。

⑤排体基础整体冲刷坍塌（图 5–7）。主要与滩体地质条件、护滩带的平面布置、护滩带宽度等有关，三八滩守护中存在。造成的问题为：排整体塌陷并破坏，所护滩体破坏。

图 5-5　武汉天兴洲边缘形成陡坡、悬挂实景图

图 5-6　东流水道护滩带破坏实景图

图 5-7　沙市三八滩护滩带破坏实景图

软体排护滩带破坏的影响因素较多，破坏的关键在于护滩带边缘局部冲刷坑的形成，其损毁的主要因素包括水流条件、河床组成、护滩带自身的结构以及护滩带施工工艺等。其中，流速大小及持续时间是护滩带破坏的动力因素，滩面泥沙粒径与较大流速共同作用后，局部冲刷坑的形成是护滩带破坏的诱发原因，编织布、系结条及接缝部位的抗拉强度不够是护滩带破坏的直接原因。

①首先护滩带的平面布置要合理，包括护滩带的间距、护滩带的宽度都要合理。其次守护范围要能维持自身的稳定，守护范围过大，势必造成工程量的浪费，守护范围过小，则起不到应有的守护效果。

②自身强度较低也是护滩带损毁的一个重要因素。自身强度较低主要表现在 3 个方面：一是指排布及系结条强度低，在排体悬空或变形较大时，经常出现排布撕裂，系结条散开，混凝土块散落等现象；二是排体搭接时的强度较低，排体外侧出现一定程度的变形后，可能会引起排体搭接处遭受破坏；三是排垫在阳光下易老化，老化后强度降低，这是护滩带

破坏的一个关键因素。

③水流条件是造成护滩带破坏的动力因素，也是根本原因。护滩带保护的滩体能有效防止滩面的水流冲刷，但护滩带边缘未护部分易被冲刷，特别是护滩带边缘形成紊动水流，这种水流输沙能力很强，极易淘刷护滩带边缘，形成陡坡，甚至深坑，造成排体不均匀变形甚至排体悬空，进而排布外露易老化，强度降低，排布撕裂，逐步导致护滩带的破坏。另外除了顶冲水流和边缘沿体流的冲刷外，渗透水流也可能造成护滩带的破坏，特别是渗透水流的渗透压力较大的时候，就不能忽视其对滩体的影响了。渗透流能从护滩带底部破坏被保护的滩体，形成局部沉降或者鼓包，护滩带不能适应较大的变形时就容易被破坏。还有漫滩水流对滩尾的冲刷，水流流过护滩带，尚有足够的动力，回落在滩面，对护滩带下游未被保护的滩面形成冲刷，这种“抄后路”的破坏形式也不容忽视。

④施工质量，特别是接缝位置强度直接关系到护滩带的稳定，这在许多地方都得以印证。护滩带的破坏不是单个因素作用的结果，而是各个因素综合作用的结果。当然，护滩带的破坏往往是由外而内，逐步蚕食，所以护滩带头部及其边缘的破坏才是真正的重点，只有解决了头部和边缘破坏的问题才能有效保障整个护滩结构的稳定。

5.1.3.6　软体排护滩受力试验

由于软体排周围的水流流态较为复杂，软体排周围的脉动压力主要受涡旋和水面的波动所影响，且脉动压力的存在可大大加强瞬时水压力而导致滩面冲刷和块体破坏，有必要进行软体排受力试验。试验在长 25m、宽 3m、高 0.6m 的矩形水槽中进行，软体排的压载混凝土块按 1∶10 缩小。滩体形态在比例尺为 1∶60 清水冲刷试验的基础上，把冲刷最严重的区域进行局部放大设计而成（图 5–8）。并布置了 16 个压力传感器（图 5–9），利用记录仪器自动跟踪记录力的大小。护滩建筑物受力试验组次见表 5–3。

软体排受力试验主要测量传感器脉动拉力随时间、流速、水深的变化。

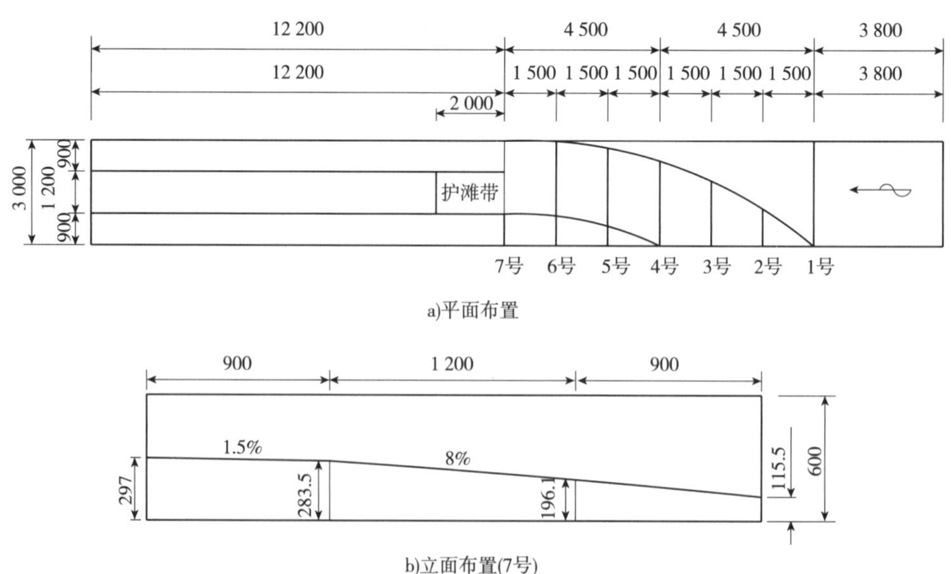

图 5–8　试验边滩及护滩带布置图（尺寸单位：mm）

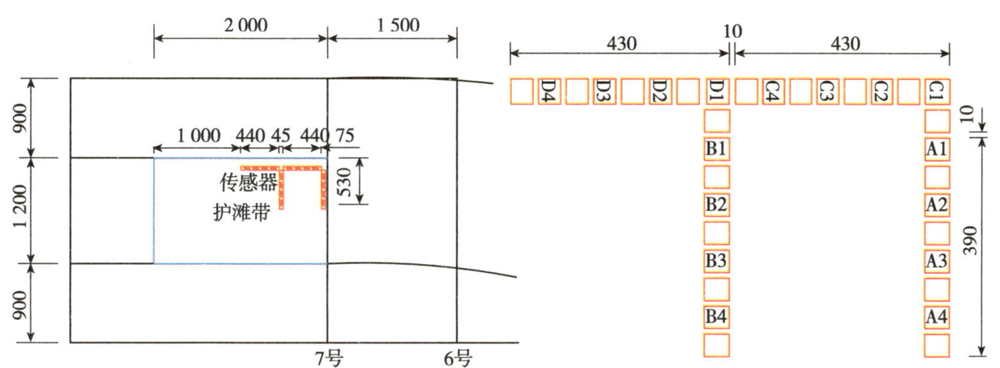

图 5-9 传感器布置图（尺寸单位：mm）

护滩建筑物受力试验组次 表 5-3

方案	流量 (L/s)	模型直段水深 (cm)	模型边滩水深 (cm)	模型直段流速 (m/s)	原型直段流速 (m/s)
1	104.0	30	0	0.47	1.5
2	104.0	34	4	0.32	1.0
3	139.0	33	3	0.45	1.4
4	139.0	34	4	0.41	1.3
5	174.0	34	4	0.52	1.6

软体排受力试验表明：冲刷初始阶段，块体间脉动拉力迅速增大，冲刷至某一阶段达到最大值，之后冲刷坑逐渐达到冲刷平衡，脉动拉力逐渐趋于稳定（图 5-10）；流速越大或者水深越小，脉动拉力就越大（图 5-11、图 5-12）。

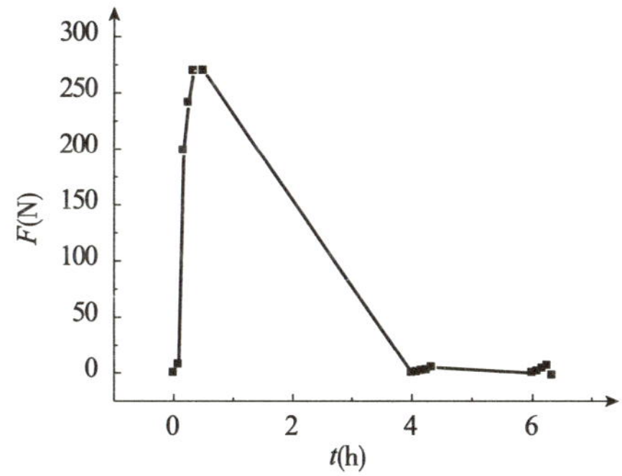

图 5-10 脉动拉力的平均值随冲刷时间的变化

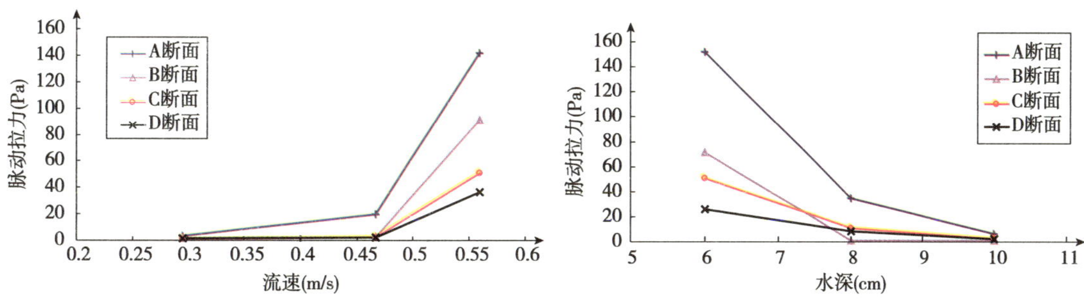

图 5-11 脉动拉力随平均流速变化关系

图 5-12 脉动拉力随水深变化关系

5.1.3.7　软体排护滩带破坏机理分析

从软体排单个压载体及软体排受力角度对破坏机理进行分析，位于冲刷坑内的软体排边缘压载体受力情况见图 5–13。压载体在冲刷坑内的受力主要有：有效重力 W'、拖曳力 F_D、上举力 F_L、动水压力 P、排垫阻碍块体运动的拉力 F_1 和 F_2、滩面对块体的摩擦力 f_1 和 f_2、滩体对压载体的支持力 F_N。

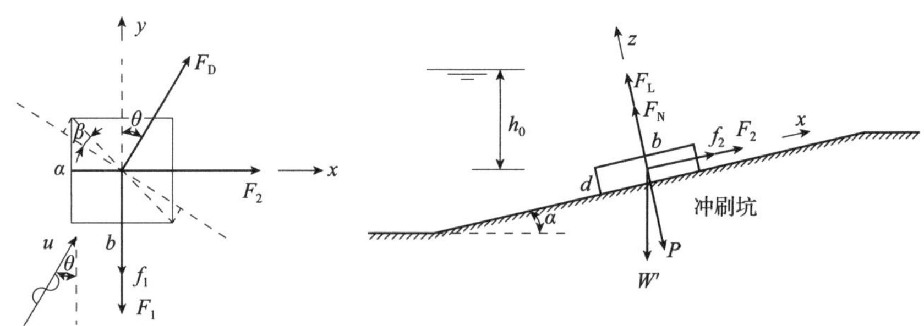

图 5–13　软体排边缘块体受力分析

软体排块体受力主要与块体材料与尺寸、水流特性、边滩形态及组成泥沙特性等有关；单个块体而言，软体排破坏与否主要与 F_N 大小是否大于块体自身强度，F_1、F_2 大小是否大于系结条、加筋条、排垫抗拉强度有关，因块体本身强度较大，一般不易受水流作用而破坏，块体附近软体排主要破坏为系结条、加筋条、排垫受力大于其抗拉强度而遭受破坏，使得系结条断裂、块体脱离排垫或排垫撕毁。

水流冲刷未护滩面后，软体排边缘冲刷坑形成，水流紊动加剧，护块与护块之间的脉动力迅速增加，因软体排具有一定延展性，排体下降贴合受冲滩面继续护滩，当坡度较陡时（a 值较大），系结条可能出现紧绷或撕断，块体出现移动或脱落，护滩效果减弱。

随着冲刷坑的发展，边缘排垫出现“悬挂、架空”等变形，原受护滩面受水流淘刷，当冲刷坑发展到一定阶段，变形的软体排受力（有效重力及动水压力之和）达到一定值或排体脉动压力瞬时增大时，软体排变形一侧或两侧的排垫受力大于其抗拉强度，排垫撕裂，系结条断裂、块体脱落，软体排破坏，使得撕裂处滩面失去保护，直接受水流冲刷，冲刷坑向软体排内部发展。

对于软体排内部出现的塌陷破坏也可按照软体排边缘“架空”的受力进行分析，破坏机理类似，不同之处是边缘“架空”时排垫受滩体的三面支撑，而软体排内部塌陷时，排垫四面均受滩体支撑。

上举力：

$$F_L = C_L a_2 d^2 \rho_w g \cdot \frac{u^2}{2g} \tag{5–18}$$

拖曳力：

$$F_D = C_D a_3 d^2 \rho_w g \cdot \frac{u^2}{2g} \tag{5–19}$$

有效重力：

$$W' = a_1 (\rho_m g - \rho_w g) d^3 \tag{5–20}$$

式中：a_1——软体排单个压载体的体积系数；

a_2、a_3——分别为垂直于水流方向以及铅直方向的沙粒面积系数；

C_L、C_D——绕流系数，可采用试验资料进行率定；

ρ_w——水的密度；

ρ_m——排体密度；

u——流速；

d——排体的厚度。

在图 5-13 中 P 为动水压力，流动水流对块体的时均压力和脉动压力之和为动水压力，脉动压力主要与水流流速、水深有关，流速越大、水深越小则脉动压力越大。F_1、F_2 分别为连接绳、加筋条、排垫阻碍块体分别沿块体长度（纵向）、宽度（横向）方向运动的拉力，与连接绳、加筋条、排垫本身抗拉强度有关，当超过其抗拉强度时，连接绳、加筋条、排垫可能出现紧绷或撕断，使得排垫或滩面暴露于水面，守护效果减弱。

沿冲刷坑坡度方向为平面方向，垂直于冲坑坡度方向为 z 方向。

x 方向：

$$F_D\sin\theta + F_2 + f_2 - W'\sin\alpha = 0 \tag{5-21}$$

y 方向：

$$F_D\cos\theta - F_1 - f_1 = 0 \tag{5-22}$$

z 方向：

$$F_N + F_L - P - W'\cos\alpha = 0 \tag{5-23}$$

将式（5-18）～式（5-20）代入式（5-21）～式（5-22）得：

$$F_2 = (\rho_m - \rho_w)ga_1d^3\sin\alpha - C_Da_3d^2\rho_w g\sin\theta \cdot \frac{u^2}{2} - f_2 \tag{5-24}$$

$$F_1 = C_Da_3d^2\rho_w g\cos\theta \cdot \frac{u^2}{2} - f_1 \tag{5-25}$$

$$F_N = P + (\rho_m g - \rho_w g)a_1d^3\cos\alpha - C_La_2d^2\rho_w g \cdot \frac{u^2}{2} \tag{5-26}$$

式中：α——软体排的倾角；

θ——拖曳力 F_D 与垂向的角度；

其他参数与式（5-18）～式（5-20）相同。

由式（5-24）～式（5-26）可知，软体排块体受力主要与块体的材料和尺寸、水流特性、冲刷坑形态及组成泥沙特性等有关。就单个块体而言，软体排破坏与否主要与 F_N 大小是否大于块体自身强度及 F_1、F_2 大小是否大于连接绳、加筋条、排垫抗拉强度有关。由于块体本身强度较大，一般不易受水流作用而破坏，块体附近软体排主要破坏形式为连接绳、加筋条、排垫受力大于其抗拉强度而遭受破坏，使得连接绳断裂、块体脱离排垫或排垫撕毁。

在软体排边缘由于水流淘刷，逐渐形成冲刷坑，坡度逐渐变陡，此时，由于软体排具有一定柔性，软体排逐渐下降贴合受冲床面，边缘块体也贴合床面，软体排仍保护受冲床面，由于 α 值较大，使得连接绳、排垫受到的拉力 F_2 也较大，此时，连接绳可能出现紧绷或撕断，块体移动或脱落，护底效果减弱。

随着软体排边缘冲刷坑的发展，到一定的冲刷坑深度时，受软体排整体柔性限制，边缘排垫出现“悬挂”等变形现象(图 5-14)。

冲刷坑内软体排边缘出现“悬挂”变形时，单宽“悬挂”排垫最大受力为 T，受力点位于排垫悬挂附近的床面接触面处(图 5-14)，T 可表示为：

$$T=C\int_{o}^{L}q(x)\mathrm{d}x \tag{5-27}$$

式中：C——与软体排柔软率有关的系数；

L——排体悬挂长度；

$q(x)$——单宽“悬挂”软体排上受力（有效重力及动水压力之和）分布。

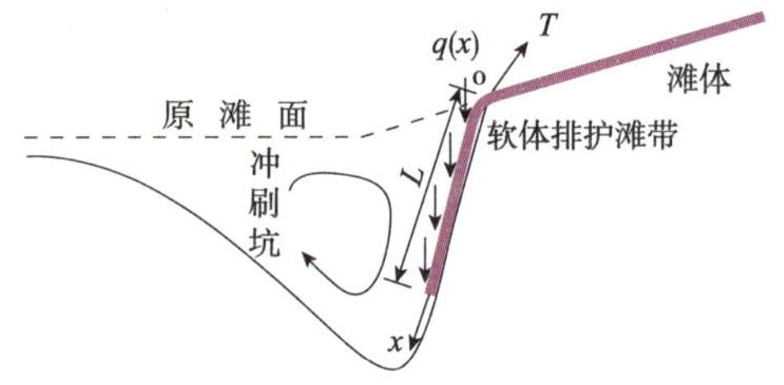

图 5-14 软体排护滩带边缘“悬挂”受力示意图

随着冲刷坑发展，冲刷坑变深，坡度变陡，“悬挂”排体长度变长，q 加大，当 q 加大至一定程度或冲刷坑紊动强烈“悬挂”护滩带上脉动压力瞬时增大时，T 大于排垫极限抗拉强度，该处排垫撕裂、系结条断裂、块体脱落，使得滩面暴露，并直接受水流冲刷，冲刷坑向护滩带内部发展。

现场调研及室内模型试验观测表明，软体排护滩带出现的变形破坏通常位于排体边缘，在排边冲刷坑形成后，排边出现塌陷变形，甚至悬挂破坏（图 5-15）。以下主要对护滩带边缘出现塌陷、悬挂变形导致排体破坏的机理进行分析。

a)

b)

图 5-15 软体排护滩带边缘悬挂破坏

从软体排破坏受力分析来看，护底软体排破坏的主要机理为：护底软体排铺设后排体附近床面冲淤平衡遭到破坏，加之建筑物附近不利流态的影响，加剧了排体边缘局部冲刷的形成与发展，冲坑内水体紊动增强，压载体之间的脉动力迅速增加，由于排体具有一定的柔性，跟随排边冲刷而下降，当冲坑坡度较陡时，连接绳可能出现紧绷或撕断，压载体移动或脱落，压载效果减弱；随着冲刷坑的继续发展，受软体排整体柔性限制，排边出现“悬挂”等变形，至冲刷坑发展到一定阶段，变形的软体排上的受力（有效重力及动水压力之和）达到一定大小或排体脉动压力瞬时增大时，软体排变形一侧的排垫受力大于其极限抗拉强度，排垫撕裂，连接绳断裂、压载体脱落，软体排破坏，撕裂处床面失去保护，直接受水流冲刷，冲刷坑向软体排内部发展。

5.1.4　强冲刷条件下抛石坝及护底软体排变形特点及破坏机理

5.1.4.1　抛石坝无护底软体排时引起的坝体变形与破坏

抛石丁坝体建成后，改变了坝体附近原有水流结构，图 5–16 为淹没丁坝近底区流速及紊动能分布，可以看出：当中洪水期坝体淹没后，上游来流受坝体阻挡，一部分水体翻越坝顶，挑向背水坡下游床面，在坝身下游侧形成强紊动涡流，淘刷坝身下游侧床面；一部分水体则顺迎水坡向下淘刷坝体迎水坡脚的床面，沿着坝身迎水侧的水体经坝头时形成的绕坝流，与流经坝头前沿受坝体挤压影响的水体叠加，在坝头前沿流速加大，冲刷坝头前沿床面；而绕过坝头前沿的水体与越过向河坡的水体在坝头下游强烈掺混，形成强紊动区，极易造成坝头下游的淘刷。上述区域在坝体引起的不利流态作用下，加之工程段本身处于强冲刷状态，极易加剧坝体附近冲刷坑的形成与发展。

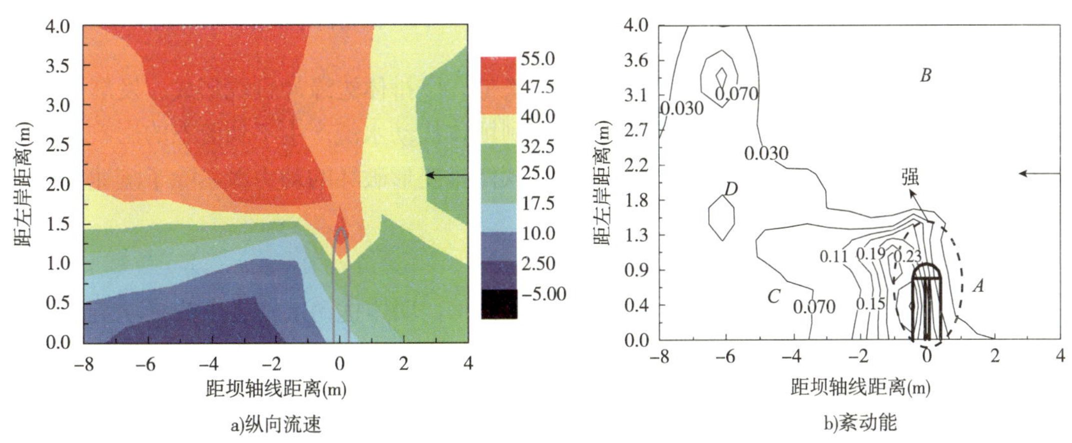

图 5–16　淹没丁坝近底区流速、紊动能分布

图 5–17 为丁坝在无软体排护底时的冲刷坑分布，可以看出，冲刷坑主要出现在坝体迎水侧、坝头前沿、坝身下游侧以及坝头下游区域，最大冲刷坑主要出现在坝头下游区域，冲刷坑的分布与丁坝周围流速、紊动能分布是一致的。

由于坝体附近局部冲刷坑的形成，且冲刷坑紧靠坝身，坝脚抛石首先失稳向下塌陷，导致坝体基础受损，紧接着坝体边坡（迎水坡、向河坡以及背水坡）面石向下滚落，由于抛石坝本身为松散体，在基础破坏及水流作用下，造成坝体逐渐坍塌破坏。可见，抛石坝体在无护底软体排守护时，坝体附近以床面冲刷伴随抛石体坍塌为主要特征。

5.1.4.2　护底软体排守护时引起的排体变形

为防止抛石坝体边缘冲刷坑发展而影响坝体的整体稳定性，在坝体边缘常铺设一定范围的护底软体排，使得排体能随着冲刷坑的发展而发生相应变形，同时使冲刷坑远离坝体或减弱冲刷坑的发展，从而保证坝体的整体稳定性。

图5−18为坝体外侧铺设护底软体排后的冲刷坑分布，由于护底软体排隔离了坝体边缘的大流速区及强紊动涡流等不利流态，受护床面未受冲刷，冲刷坑被推离坝体，冲坑主要出现在坝头前沿护底软体排边缘及坝体下游侧，冲刷坑深度和范围较无软体排守护时明显减小，从而维持了坝体稳定。从护底软体排变形区域来看，坝头前沿的软体排边缘及坝体下游侧排边是护底软体排变形破坏的主要部位，尤其是坝头前沿迎流顶冲的软体排边缘，变形范围大、水毁明显。

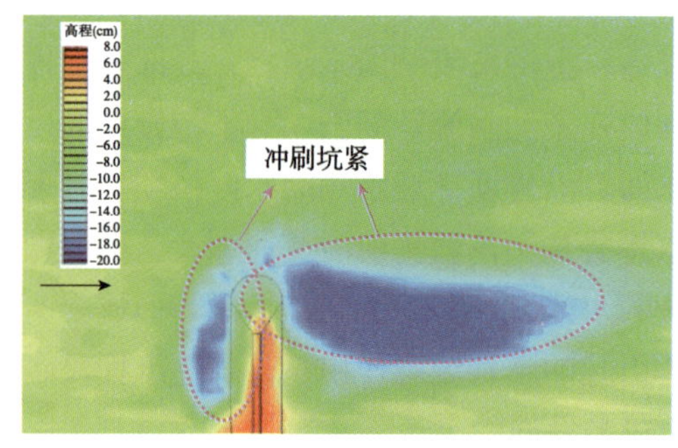

图5−17　无护底软体排时坝体附近冲刷坑分布

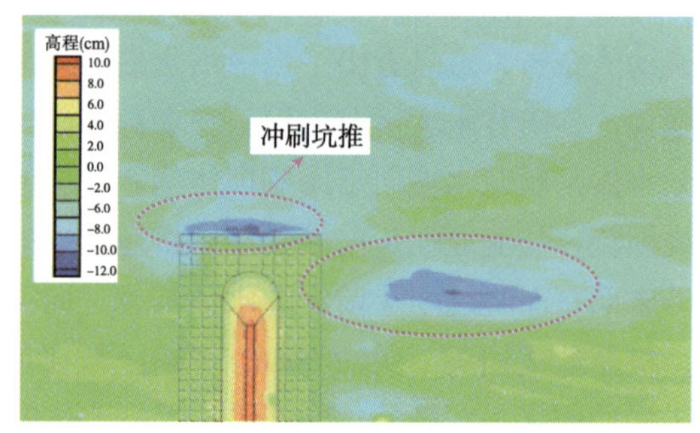

图5−18　护底软体排守护后冲刷坑分布

护底软体排变形与破坏特点与护滩软体排类似，以排体边缘冲刷坑形成、发展并诱发排边塌陷或悬挂变形为主，由于护底软体排受到坝体扰动水流产生不利流态的影响，其破坏的影响因素较软体排护滩带复杂。引起护底软体排变形破坏的动力因素除了流速大小外还与坝体附近不利流态有关。

5.1.4.3　护底软体排、抛石坝破坏机理分析

护底软体排及坝体破坏的机理可由图5−19表示，坝体扰动水体产生的绕坝流、越坝流等不利流态加剧了护底软体排边缘的局部冲刷，随着冲刷坑发展，冲刷坑变深，坡度变陡，“悬挂”排体长度变长，排垫单宽作用力 q 加大，当 q 加大至一定程度或冲刷坑紊动强烈“悬挂”护滩带上脉动压力瞬时增大时，排垫悬挂处受力 T 大于排垫极限抗拉强度，该处排垫撕裂、系结条断裂、块体脱落，使得滩面暴露，并直接受水流冲刷，冲刷坑向护底软体排内部发展，甚至侵入坝体根基，使坝体变形失稳。

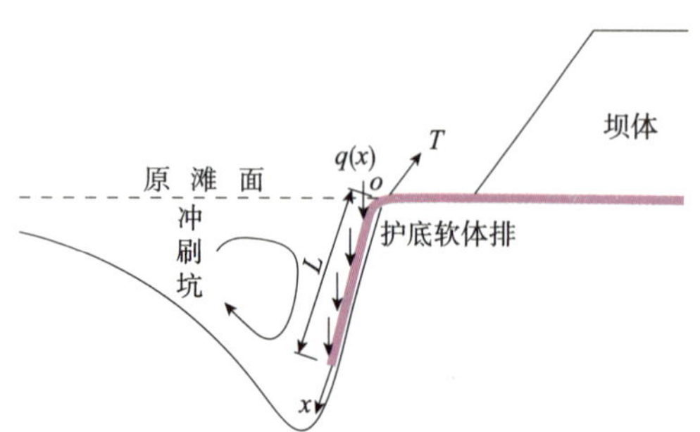

图5−19　冲刷坑内护底软体排边缘“悬挂”受力示意图

5.1.5　航道整治建筑物的修复技术

受河床演变的复杂性、建筑物自身结构以及施工质量等因素影响，加之河段本身处于强冲刷状态，航道整治建筑物交付使用后易出现不同程度的水毁，影响到建筑物功能的正常发挥，需对受损毁的建筑物进行必要的修复。

5.1.5.1　整治建筑物水毁机理

（1）直接水毁

①在相同水流条件下，测量了迎水坡拐点、坝顶中心、背水坡拐点等 3 处，如图 5-20 所示。结果显示，背水坡拐点处由于水流收缩断面，水深相对较小，使得流速相对较大，如图 5-21 所示。

图 5-20　坝顶流速测量示意图

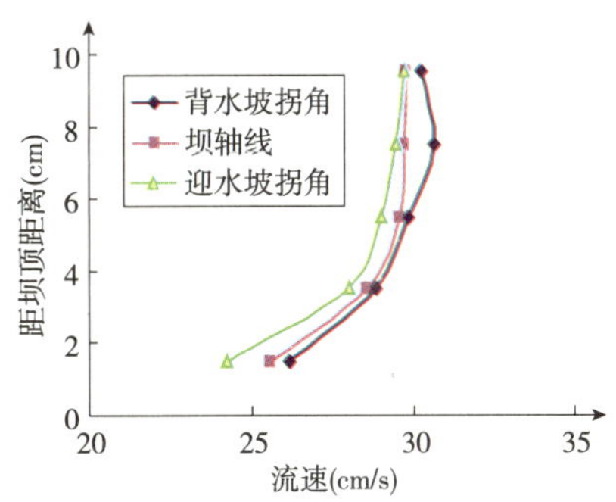

图 5-21　坝顶流速垂线分布

②起动流速与块石质量及水深。

试验测试了 4 种颗粒分别在 4 种水深下的起动流速。试验数据表明，块石起动流速与块石质量和块石所处位置水深密切相关，测试水深的 1 ～ 2 倍变化引起起动流速 20%～ 30%的变化。起动流速和块石质量的关系如图 5-22 所示。

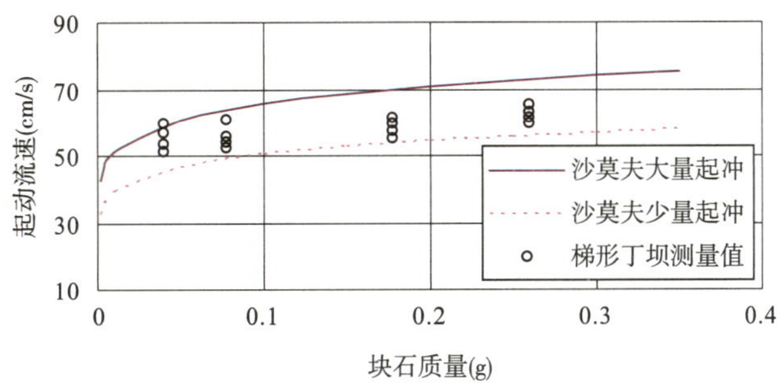

图 5-22　起动流速和块石质量的关系

③床面粗糙度对起动流速的影响。

试验发现，当散抛石丁坝模型直接堆砌在混凝土床面上时，坝体的稳定性取决于直接与床面接触的块石的稳定性。粗糙床面和光滑床面的对比试验表明，床面粗糙度对于散抛石丁坝的稳定性起着重要的作用。因此，对于直接抛投在坝基上的散抛石丁坝，预先必须对坝基进行处理，以确保丁坝的稳定性。

④起动流速与坝体断面形状。

由沙莫夫起动公式容易看出，起动流速与块石质量的1/9次方成正比，也就是说块石质量的增加对散抛石丁坝稳定性的影响微乎其微。该次试验同样也表明了这一点。因此，单纯通过增加块石质量来解决坝体稳定性问题，往往是不切实际的。作为一种尝试，试验对丁坝的断面形态进行了修正，以期达到满意效果。经过反复试验，发现在沙波形态断面的坝体面上块石的起动流速大为提高，提高幅度可达20%，见图5-23。

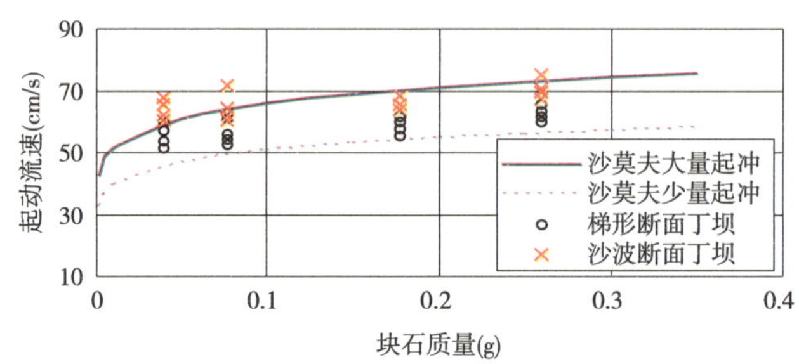

图5-23 丁坝断面形态对起动流速的影响

(2) 间接水毁

①丁坝周围时均流速分布。

非淹没状态时，水流由于受丁坝的挤压，过流断面收缩，在1号坝头存在明显的加速带，坝头垂线平均流速大于主流流速，此处流速梯度较大，可观察到明显的分离涡；受第一个丁坝的掩护，2号丁坝和3号丁坝坝头处的强流区明显减弱，丁坝间和3号丁坝下游有明显的回流。加大坝间间距，坝头流线有些弯曲，1号坝对下游丁坝掩护作用减弱，使得2号、3号坝坝头流速有所增大；增加丁坝长度后对水流的压缩更加明显，坝头流速增大明显；相对于上挑或正挑丁坝，下挑丁坝使得水流平顺，坝头水流流线曲率变小。在淹没水流状态下，丁坝对水流的压缩作用有一定的减弱，虽然坝头最大流速与主流流速比值相应减小，但仍存在主流加速带、坝头强流区和坝间（后）回流等丁坝水流特征，而且越坝水流受丁坝挤压，流速及紊动都较大，如图5-24～图5-26所示。

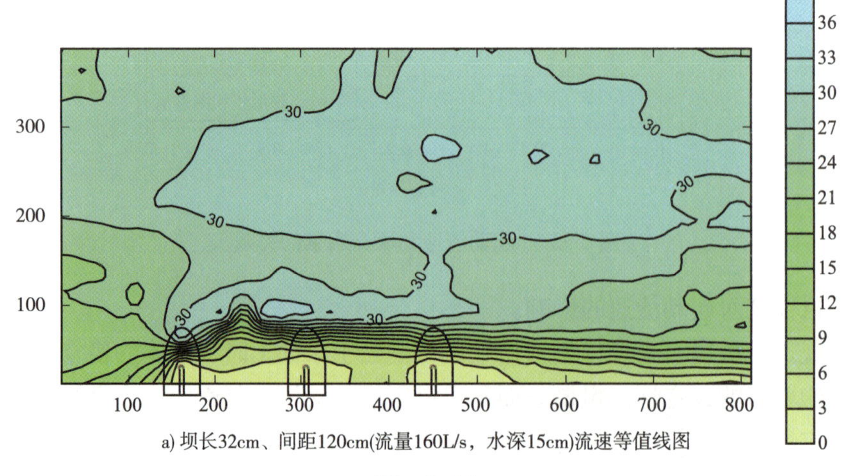

a) 坝长32cm、间距120cm(流量160L/s，水深15cm)流速等值线图

图 5-24

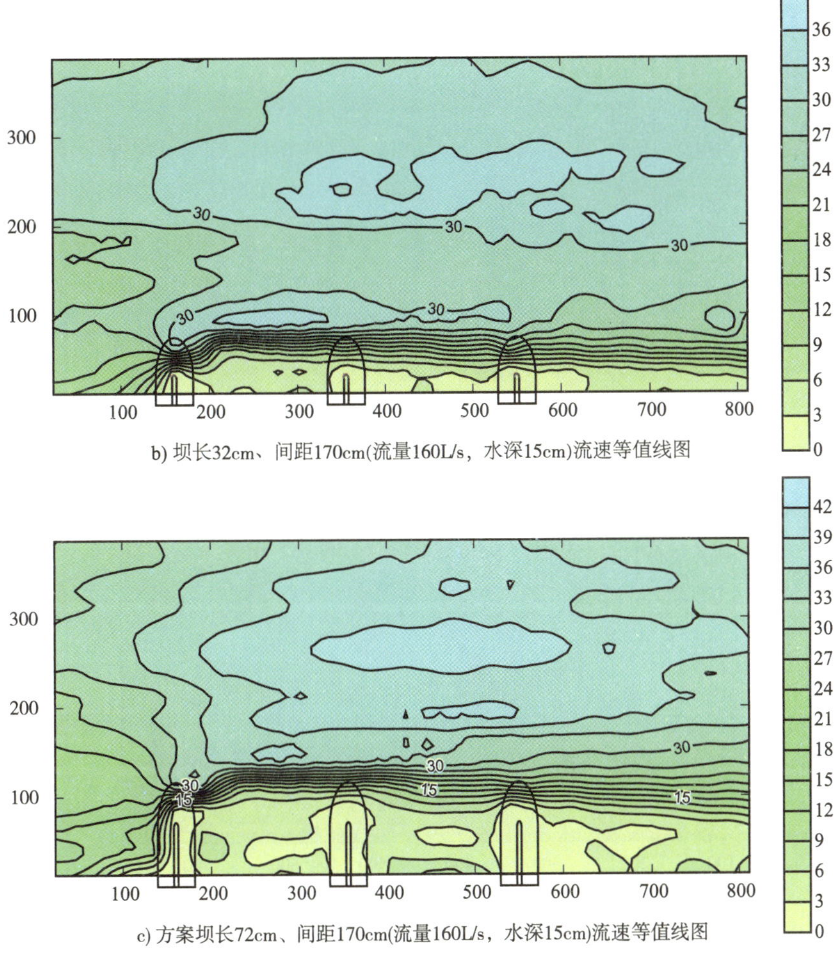

b) 坝长32cm、间距170cm(流量160L/s，水深15cm)流速等值线图

c) 方案坝长72cm、间距170cm(流量160L/s，水深15cm)流速等值线图

图 5-24 整治水位条件下流速等值线图

(图中单位：距离，cm；流速，cm/s)

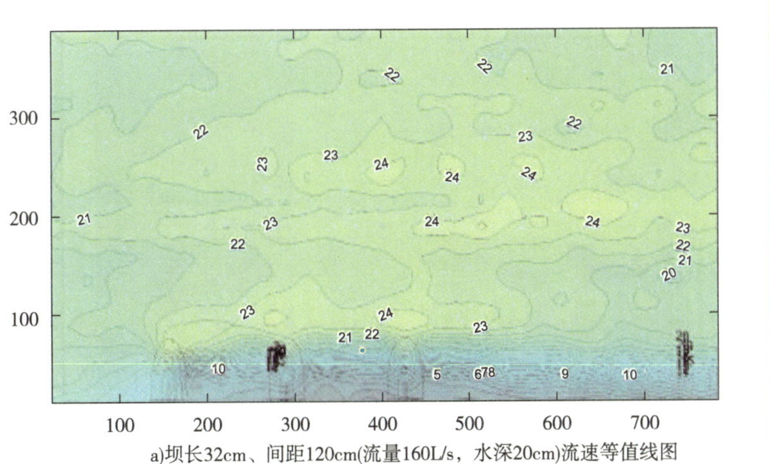

a)坝长32cm、间距120cm(流量160L/s，水深20cm)流速等值线图

图 5-25

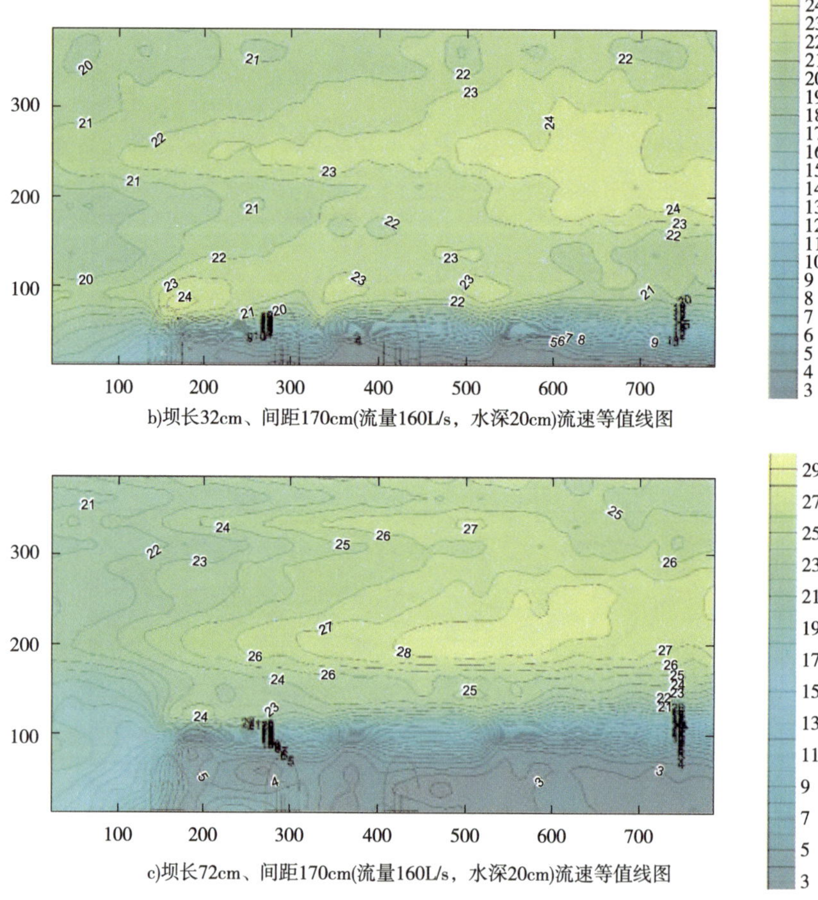

b)坝长32cm、间距170cm(流量160L/s，水深20cm)流速等值线图

c)坝长72cm、间距170cm(流量160L/s，水深20cm)流速等值线图

图 5-25 在淹没条件下流速等值线图
(图中单位：距离，cm；流速，cm/s)

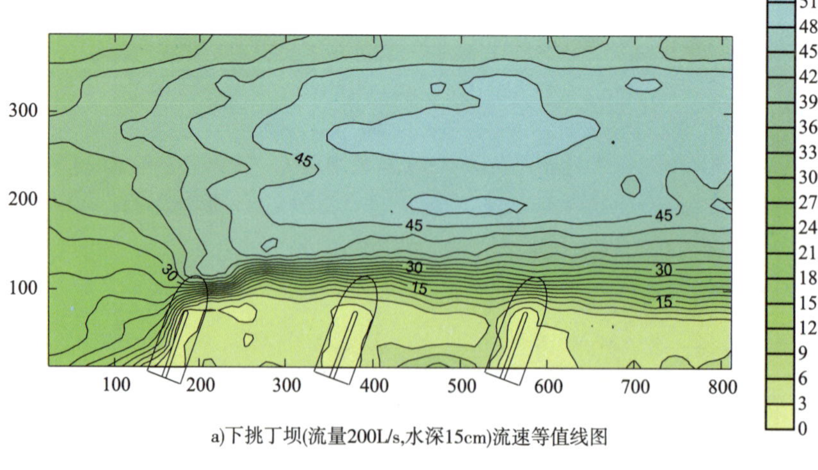

a)下挑丁坝(流量200L/s,水深15cm)流速等值线图

图 5-26

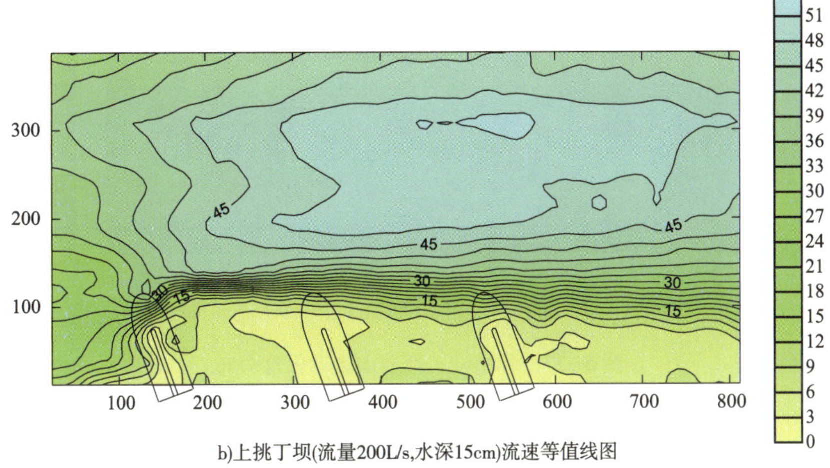

b)上挑丁坝(流量200L/s,水深15cm)流速等值线图

图 5-26 不同挑角的丁坝在整治水位下流速等值线图

（图中单位：距离，cm；流速，cm/s ）

②丁坝周围的紊动场。

水流受丁坝的挤压，坝头形成集中绕流，流速增大，并在坝头偏下游处产生边界层分离，形成分离涡，两者的综合作用，使得坝头处水流紊动加剧；淹没条件下，越过坝顶的水流也同样存在因丁坝挤压而产生流速增大及分离涡现象，坝顶处水流紊动也加剧，见图 5-27；丁坝的挑角对紊动的影响主要表现在，相比于正挑或下挑丁坝，上挑丁坝强紊动区紧挨坝头，如图 5-28 所示。

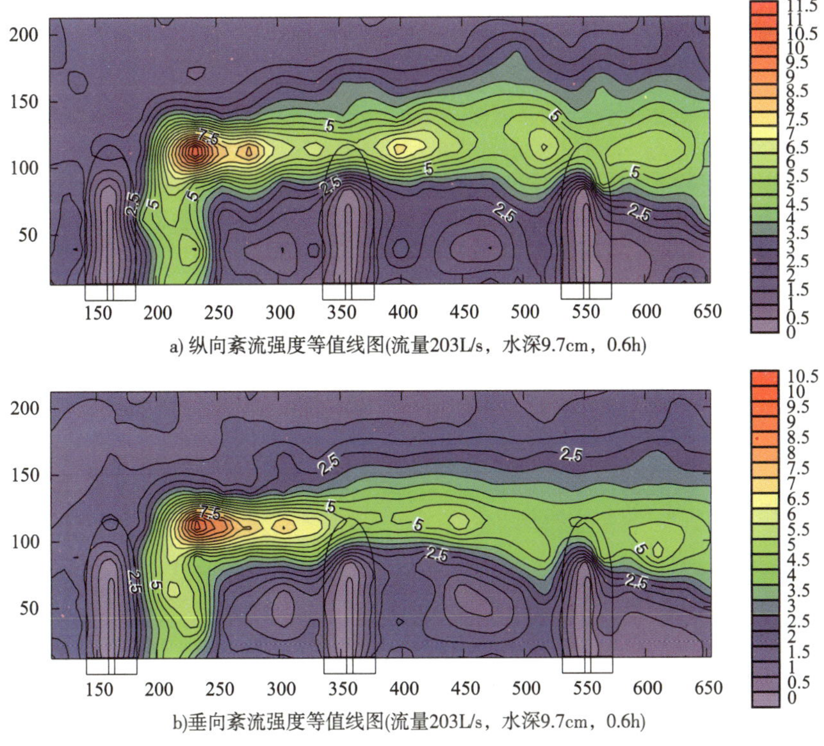

a) 纵向紊流强度等值线图(流量203L/s，水深9.7cm，0.6h)

b)垂向紊流强度等值线图(流量203L/s，水深9.7cm，0.6h)

图 5-27

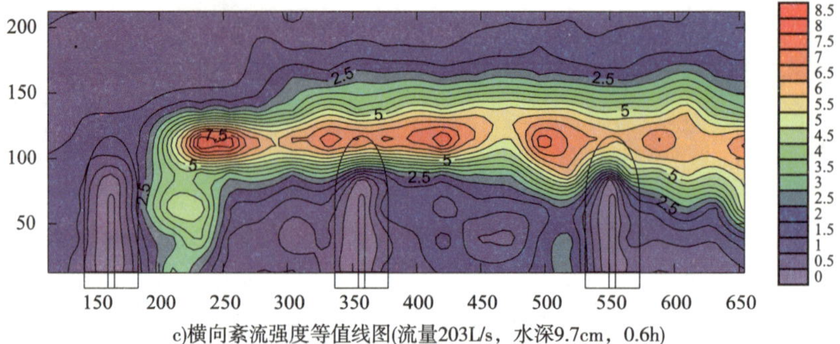

c)横向紊流强度等值线图(流量203L/s，水深9.7cm，0.6h)

图 5-27 非淹没丁坝周围紊动强度分布

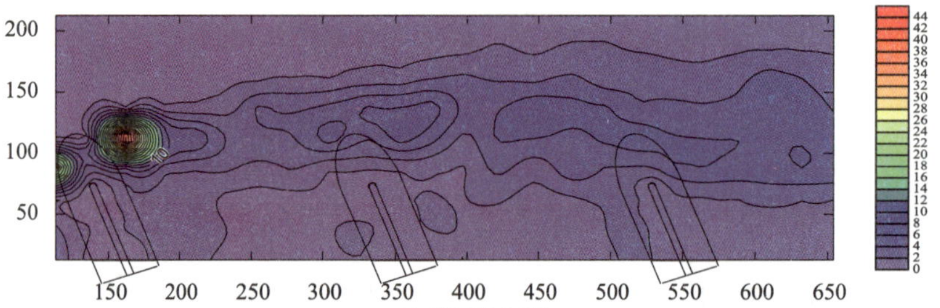

a)上挑丁坝(0.2h)

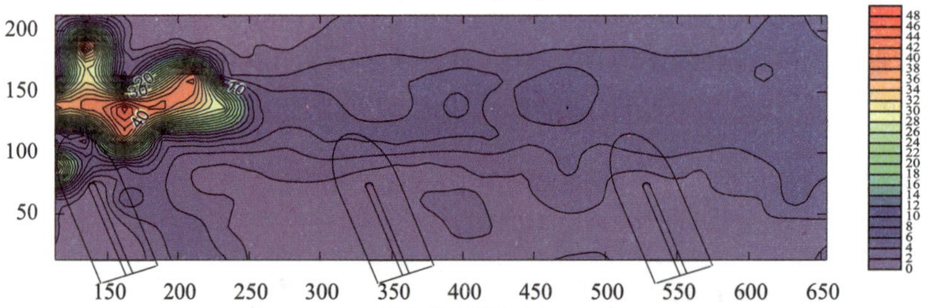

b)上挑丁坝(0.8h)

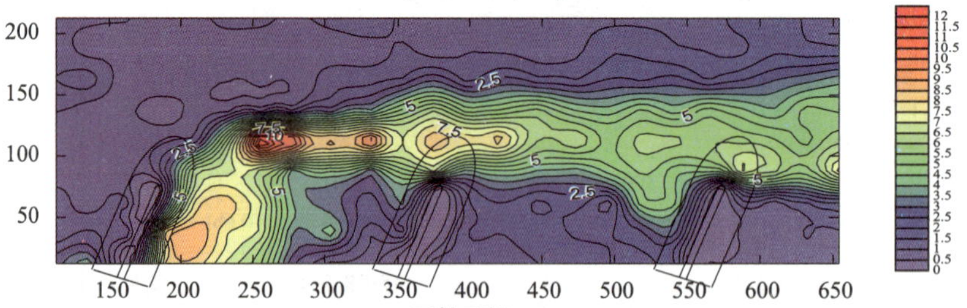

c)下挑丁坝(0.2h)

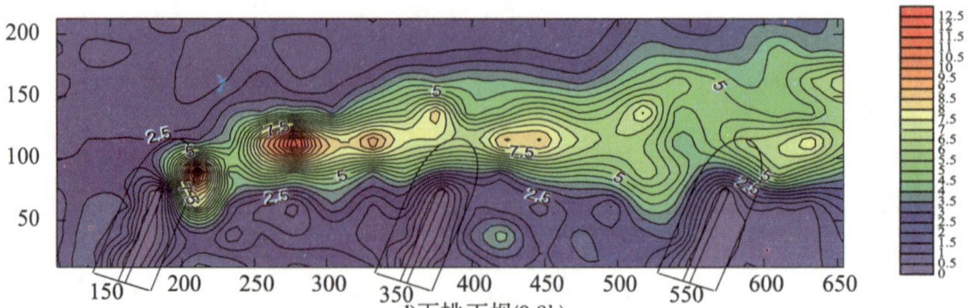

d)下挑丁坝(0.8h)

图 5-28 不同挑角丁坝周围紊动强度分布（流量 200L/s，水深 15cm）

③非淹没丁坝与淹没丁坝流场分析。

我们利用示踪剂通过玻璃槽壁观察丁坝迎水面的水流垂向变化发现，水流受坝体阻挡后回转折向底部，而后呈螺旋流流向坝头。换言之，水流的漩涡不仅在丁坝挑流作用下，因坝头压力流速的周期性脉动而产生竖轴纵向位移，而且在坝上下游亦出现近水平轴的横向运动。至坝头附近与丁坝头部受阻的水流交会后，产生一股较强的下沉水流冲击槽底。可见丁坝周围的水流流态是紊乱而复杂的，有从平面上观察到的竖轴回流与漩涡的移动及合并。立体看，水流中同时并存着横轴螺旋流。

流经坝顶部水流的水面波尺度随流速、水深等水力要素不同而异。坝根附近的坝上游水流仍有回流区，但其范围较非淹没丁坝条件下大大减小。自坝顶溢流后的水流流态紊乱，垂向波动与竖轴漩涡兼有。

基于“清水”冲刷的丁坝水毁动力试验表明：坝头处主要水流动力包括集中绕流、下潜流及强烈的涡系，坝顶处也存在流量集中及分离涡，因此，坝头及坝顶的块石常直接受强水流动力作用而冲刷脱落，导致直接水毁；而坝头处床面受到强水流动力不断冲刷而形成局部冲刷坑，当冲刷坑发展到一定程度，坝头则因失去基础的支撑而发生坍塌，导致丁坝的间接水毁。

值得注意的是，清、浑水近底水动力的研究表明，清水水流近底流速及紊动强度均明显大于浑水。三峡水库蓄水后，下泄水流挟沙量少而细，接近“清水”，“清水”不饱和挟沙及其所引起的近底水流动力的增强必然加剧整治建筑物局部淘刷，容易发生间接水毁，使得整治建筑物适应清水冲刷的能力相对较差。

5.1.5.2 建筑物修复主要部位

护滩带、抛石坝等整治建筑物修复部位主要包括建筑物头部、建筑物下游侧、建筑物主体以及建筑物根部。

建筑物头部由于受绕坝流及越坝流的双重影响，往往是破坏比较严重的区域。建筑物下游侧由于受越坝流影响遭受破坏，一般发生在排体被撕裂或排体搭接处等薄弱处。建筑物主体一般比较稳定，但有时会因下游侧强烈冲刷形成大型冲刷坑，继而溯源破坏至坝体而形成缺口；护滩带一般是排体搭接处破坏溯源向上游侧形成贯穿性破坏。建筑物根部破坏一般是根部护岸的破坏，破坏的部位通常在坝体根部护岸的下游侧坡脚区域。

5.1.5.3 建筑物修复的主要方法

从工程中建筑物出现的水毁原因来看，除建筑物自身结构及施工质量的原因以外，主要原因是建筑物附近局部冲刷坑的形成，因而，建筑物的修复主要是对建筑物变形、水毁部位及附近局部冲刷坑的处理，修复方法主要包括沉排、抛枕、抛石以及抛透水框架等。

(1) 沉排修复

沉排是通过软体排隔离水流与床面直接作用而防止修复区域床面的冲刷。对于护岸坡脚、坝头河床冲刷比较强烈的河段，且原排体破坏比较严重的区域，通常需采取重新补排的方式进行加强。

(2) 抛石（枕）修复

抛石或抛枕属于实体修复，石头或沙枕抛投填补冲坑后，可很大程度抑制冲坑的发展。

对于破坏区需要补坡的区域，为跟原岸坡结构相适应，通常采用抛石补坡，对于补坡量大的区域，可以采取沙枕镇脚的方式；对于坝下游冲刷形成较大冲刷坑的区域，由于冲刷坑一般为漏斗形，地形起伏大，且冲刷坑区域通常水深流急，沉排施工比较困难，常采用抛枕的方式进行处理。

(3) 抛透水框架修复

对于护滩带边缘、丁坝护底带边缘、护岸坡脚等冲刷强烈的区域，常采取抛投一定宽度的透水框架群，利用透水框架良好的消能减速功能，减缓或抑制不利冲刷的发展，从而维持建筑物的安全。

5.1.5.4　沉排修复施工工艺

沉排修复主要利用土工织物软体排，采用专用的施工船舶进行施工，施工工程技术包括定位与排体沉放。铺排过程中，要求船舶能平行位移，保证符合排体搭接要求，同时排布尽可能与水流方向相一致，夹角一般不超过 50°，以防止撕排现象发生，确保船舶安全，施工工艺流程如图 5-29 所示。

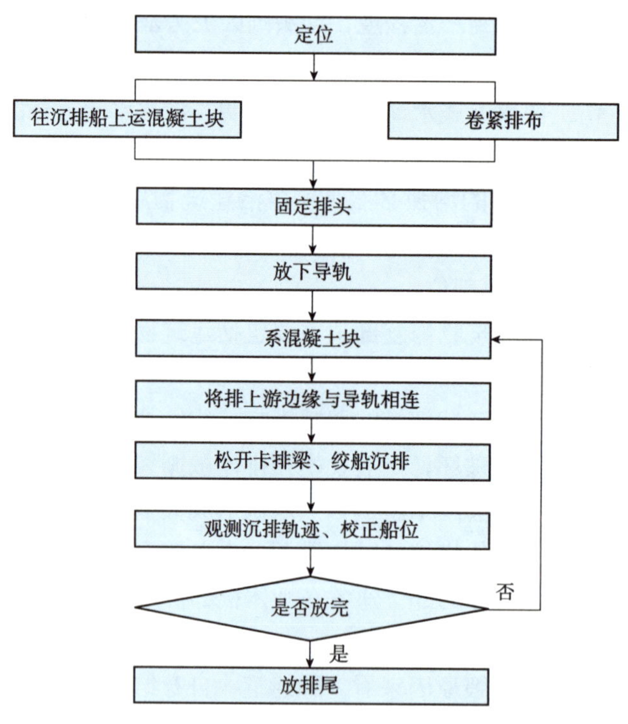

图 5-29　沉排修复施工工艺流程图

5.1.5.5　抛枕修复技术

抛枕修复施工中，主要包括充枕、定位、沉放、检测等工序。

(1) 充枕。用作充枕的河沙粒径 d_{10} 不小于土工布的等效孔径 d_{90}，选择粒径较粗、含泥量小于 10% 的河沙，袋体内充填饱满度控制在 75% ~ 85% 之间，充填压力控制在 0.1MPa 左右。

(2) 定位。将抛枕区域按纵断面 1.5m、横断面 5m 间隔绘制网格，形成 DXF 文件导入 GPS 移动台电子手簿，施工时根据漂移距控制枕袋下水位置。枕袋漂移距按公式 $L=0.8VhW^{1/6}$ 计算，结合采用浮具在施工区实枕袋测漂移距，控制抛枕船船位保证抛枕的到位率。

（3）沉放。抛投时，沙枕长度方向垂直水流，根据漂移距、抛枕船船宽确定抛枕船的移位与沙枕的入水位置，由坡脚底外缘边线向内逐层抛填均匀。

（4）检测。每抛投完一个断面后，及时安排大比例测量，检测抛枕到位率，分析抛填效果，及时修改抛枕方案，以抛出设计要求的坡比。

5.1.5.6　透水框架抛投修复技术

透水框架抛投修复施工主要包括施工准备、定位、框架吊装和连接、抛投、检测和移位。

（1）施工准备。根据修复区域、抛投量、运输船舶尺寸以及水流方向，划分抛投分区。抛投前先进行现场抛投试验，在不同的水深、流速条件下，通过试抛投，以确定框架的漂移距，提高抛投准确性。

（2）定位。定位船装有 5 个电动（或液压）绞关控制 5 根钢缆，从而控制定位船的定位和移动，其中位于船头中部的主缆，承受整个定位船下漂的拉力，同时控制船舶的上下移动，船头船尾各设两根开锚，控制船舶左右移动。移船定位时，根据漂距和 GPS 跟踪测量控制定位船的上下、左右绞移距离，以确保准确定位。

（3）框架吊装和连接。运输船抵达定位船后，先系好船舶的连接缆，确保船舶安全，然后由定位船上自带的吊车将重叠框架分开、起吊，并安放在运输船边缘，以便人工抛投。

（4）抛投。框架抛投分区进行，抛投量按设计每平方米的抛投量进行控制，其实际抛投数量按相对于设计要求的 ±5 架来控制小网格内的抛投量施工。提高框架架空率和抗冲能力，减小框架在水中的漂距。抛投时定位船垂直水流方向定位于设计抛投网格的上游，抛投船顺水流方向挂靠于定位船上进行抛投。

（5）检测和移位。抛投时严格按照每个网格的设计工程量控制抛投数量，做到定点定量抛投。同时加强用探测仪检测，提高抛投准确性。达到设计要求后，用 GPS 指挥绞移定位船，定位船横向绞移距离为 1m。

5.1.5.7　水毁丁坝的修固措施

（1）透水框架与抛石防护水毁形态对比

试验表明，采用铰接式透水四面体修固水毁丁坝的效果明显优于散抛石修固。而抛石修复时，石块周围形成集中绕流，淘刷石块底部泥沙，随着交界处冲刷坑深度的增加，抛石护底边缘失去支撑，致使石块下沉、外移、走失，使得冲刷进一步向内发展，只有持续不断地扩大抛投范围和增加抛投厚度，才能起到相应的修复效果，所需工程量巨大。抛石垫层防护时，最后破坏整个护底，紧挨着坝头，危及坝头的稳定。铰接式透水四面体垫层护底时，只需少量的铰接式透水四面体，就能取得较好的修固效果。透水四面体因铰接而具有较强的整体性，透水框架能够保持原位，不会因床面淘刷而走失，从而继续发挥作用，有效防止间接水毁的发生。冲淤云图、照片及修固如图 5-30 ~ 图 5-33 所示。

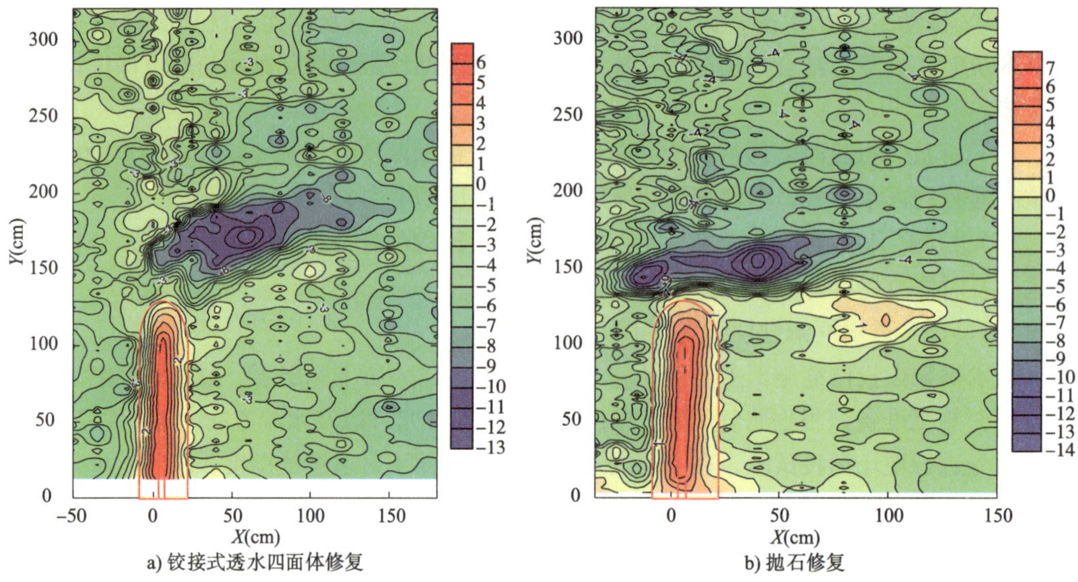

a) 铰接式透水四面体修复　　b) 抛石修复

图 5-30　冲淤云图（Q=26.81L/s，h=6cm）

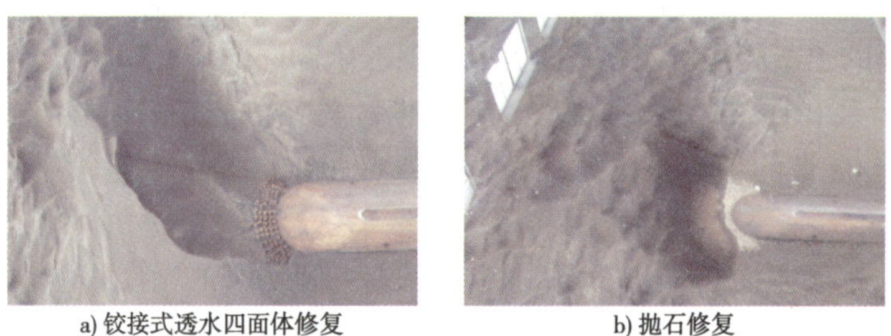

a) 铰接式透水四面体修复　　b) 抛石修复

图 5-31　冲淤照片（Q=26.81L/s，h=6cm）

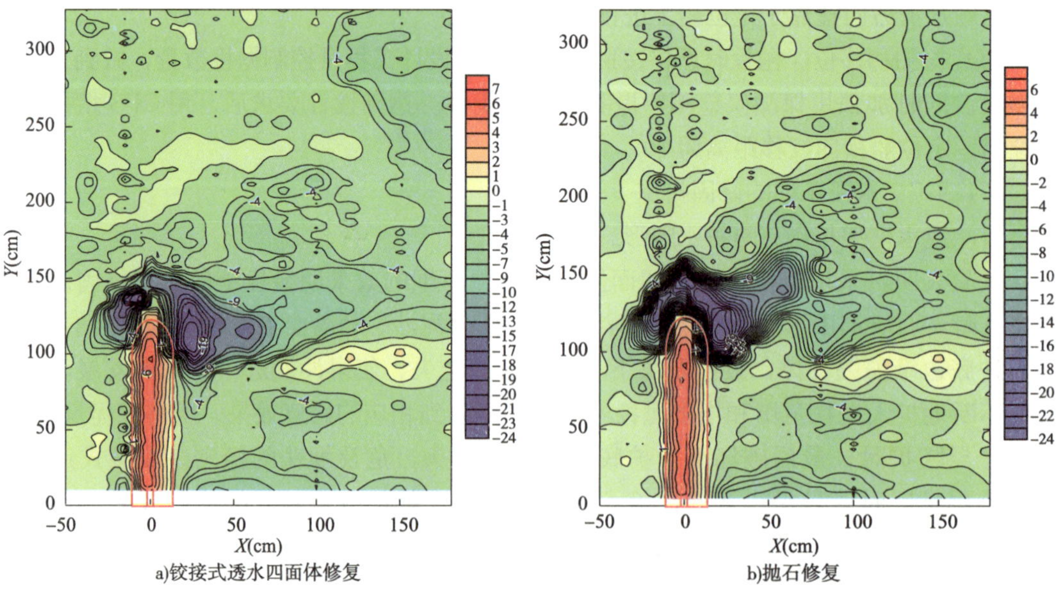

a)铰接式透水四面体修复　　b)抛石修复

图 5-32　冲淤云图（Q=81.0L/s，h=10.2cm）

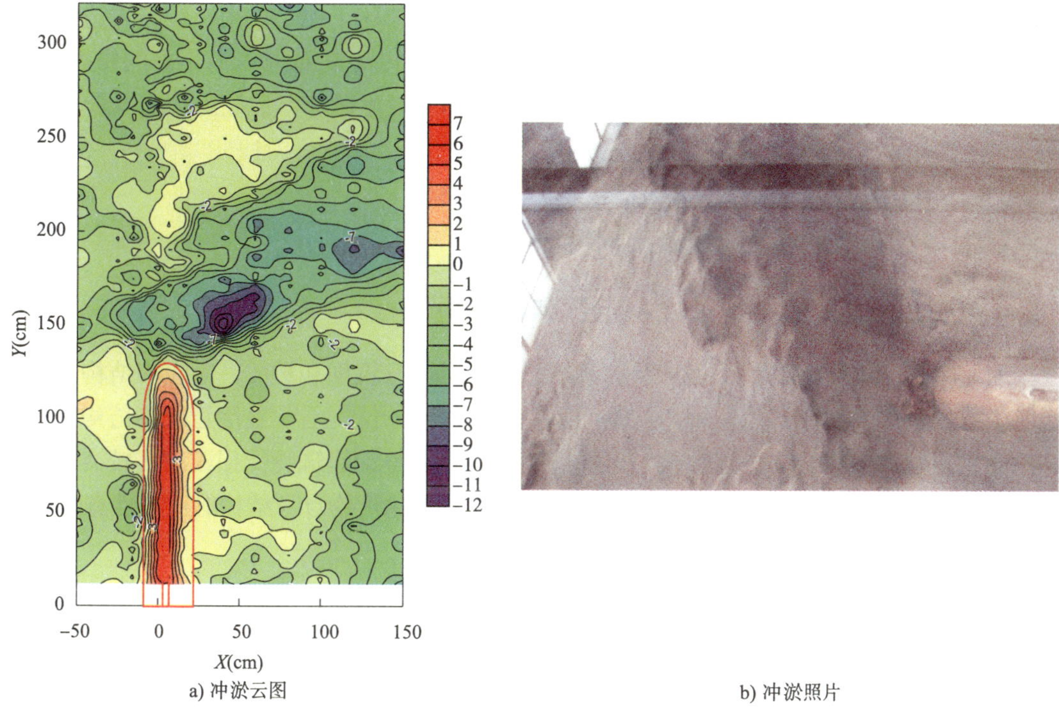

图 5-33　形成一定冲刷坑后的修固（Q=26.81 L/s，h=6cm）

（2）透水框架与抛石修固效果的对比

局部冲刷坑平衡后，分别抛投透水四面体和石块进行修固，待再次平衡后停水，取出抛投物并测量地形。

冲刷平衡后，采用铰接式透水四面体进行修固。试验结果表明，铰接式透水四面体具有明显的减速促淤效果，取出修复结构后测量地形，丁坝轴线断面最大冲刷坑回淤为 2 ~ 3cm，而冲刷坑上部由于水流的重新调整，冲刷坑平面有一定扩大。抛石不能促使泥沙落淤，完全依靠自身的体积来修固丁坝，因而所需工程量较大，并且冲刷坑上部明显扩大并刷深，所抛石块有坍塌外移的趋势。丁坝轴线断面地形曲线如图 5-34 所示。

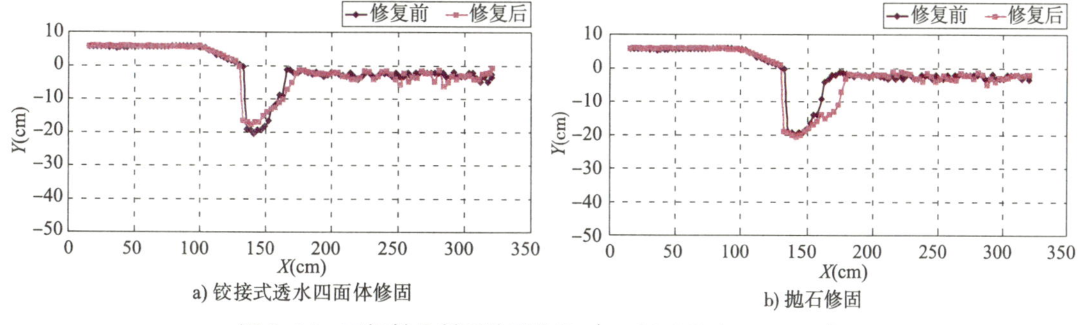

图 5-34　丁坝轴线断面地形曲线（Q=26.81L/s，h=6cm）

（3）小结

本书所提出的铰接式透水四面体既能压载散抛石块起到实体防护效果，又能削弱修固区水流动力，促使泥沙落淤。通过试验研究可以看出，相比于抛石修固，铰接式透水四面体能够以较小的工程量达到较好的修固效果，对基础淘刷引起的破坏都有很好的修固效果，并且其自身在水流的长期作用下稳定性较好，自身不易发生破坏，后期维护工程量小。

5.2 新型结构的提出及实验效果

5.2.1 荆江已建工程结构形式特点及存在问题

荆江河段已建航道整治工程涉及的整治建筑物类型有筑坝和护滩，对应的结构形式包括坝体结构和护滩（底）软体排。从整治建筑物实施后的情况看，整治建筑物结构基本上保持稳定，取得了较好的工程效果，但局部区域也存在整治建筑物受损或破坏较突出的问题，这除了与建筑物所处部位、水流特点有关外，还与建筑物自身结构的适应性有关。

5.2.1.1 坝体结构

坝体固滩主要指通过修建丁坝群达到护滩保堤作用。坝体护滩结构在我国黄河、长江、闽江、西江均有采用。

坝体护滩结构形式应用最广泛的是在我国黄河下游控导工程中，多采用坝垛形式。在黄河下游控制工程中，坝垛平面布置一般遵循“短丁坝（垛），小裆距”的原则，顶部高程一般与滩面相平或略高于滩面。坝垛结构以土石坝形式相对成熟，基础往往直接修筑于滩面之上，主要通过8～10年的养护使之稳定。其他结构如钢筋混凝土网格桩坝、透水桩坝、插板桩坝也有少量应用。

荆江已建航道整治工程中，广泛采用的坝体结构形式有堆石坝（抛石坝）和沙枕填芯—块石护面混合坝。对于沙枕填芯—块石护面混合坝。当坝面块石因抛锚等人为破坏或出现流失后，裸露的沙枕枕袋易老化或被人为破坏。

从部分坝体建成后的情况以及抛石坝水毁原因来看，坝体下游侧受翻坝强紊动涡流的影响，坝后易出现较大的冲刷变形，坝头则因绕坝流与越坝流双重影响易变形破坏。因此，当坝高高于一定高度时，宜在上下游坡脚设置一定高度和宽度的棱体，有利于坝体的稳定。坝头部位由于抛石体透水性较小，受绕坝头流影响，坝头前沿易形成冲刷坑，加之块石为散体结构，易发生变形和滚落，为保持坝头的稳定，通常坝头采用整体性较强、个体较大的结构。

但应当指出，现有的坝体结构通常为不透水或透水性较小的结构，坝体上下游水体交换能力减弱，坝上游流速减弱幅度大，易造成大量泥沙淤积，对坝上游有取水等特殊要求的设施产生不利影响。另一方面，较小透水性坝体的坝头水流能量集中，坝体下游侧水体紊动加强，易造成明显的局部冲刷，不利于坝体结构的稳定，或者需要较大范围的护底软体排以减弱坝体引起的不利流态。

5.2.1.2 护滩（底）软体排

20世纪90年代以来，长江航道整治进入快速发展期，软体排护滩结构在长江中下游航道整治工程中得到广泛采用。经过十多年的实践，目前应用最广泛的是系结压载软体排，它通过对正处于河势条件较好、演变周期中较为高大完整的洲滩加以稳定，以达到维持有利滩槽形态的目的。

系结压载软体排已在长江中游界牌水道、碾子湾水道、罗湖洲水道、长江下游东流水道以及长江航道清淤应急工程、长江沙市河段三八滩应急守护工程等多项大中型航道整治工程中采用。

从应用效果看，总体上是成功的，但也出现一些问题。其中系结压载软体排边缘水毁问题较为突出，特别是受水流直接顶冲区域的水毁较严重。软体排型护滩带的破坏部位一般位于排体边缘，尤其是头部以及下游一侧，出现程度不一的冲刷塌陷、排布撕裂、排布暴露在外甚至排布悬空挂起来等现象。软体排护滩的工程技术有待进一步研究与实践。

荆江已建护滩（底）工程主要采用系混凝土块软体排，具有较好的保沙效果和适应沙质河床多方向变形的能力。但由于软体排破坏了局部河床原有平衡，排体边缘形成局部冲刷是必然的，从而引起排边塌陷甚至悬挂等破坏变形，工程中通过增加排边抛石厚度或抛投四面六边透水框架等方式，以减小排边局部冲刷进而增强排边软体排的稳定，但当护滩（底）紧临航道时，四面六边透水框架易对船舶航行安全带来一定威胁，不宜运用在靠航道一侧的排体边缘。

对于枯水位以上滩面的护滩通常采用 X 型排或单元排，其中稳定区采用 X 型排，变形区采用单元排，压载体通常为长方体，表面光滑，阻力小，软排体表面一般不具备泥沙落淤的条件，同时枯水时排布易暴露而老化，护滩效果不能得到更好发挥。

5.2.2 空心块体筑坝新型结构的提出及实验效果

5.2.2.1 结构提出

传统筑坝结构通常为不透水或透水性较小的实体结构，坝体上下游水体交换能力减弱，坝上游水位壅高、流速减缓，泥沙淤积强度较大，同时易造成坝体头部水流能量集中，坝身下游水体紊动加强，产生较大的局部冲刷。因而提出空心块体作为筑坝结构，该结构为立方体透水结构，可维持透水段坝体上下游一定的过流能力，从而减缓透水段坝体上游的泥沙淤积，对于坝上游有取水等特殊要求设施的运行具有重要作用。当空心块体用于坝身或坝头时，可利用空心块体分散水流能量的功能，减缓淹没坝身下游或坝头的局部冲刷。此外，由于空心块体为正方体构件，在水流冲击下发生位移、滚动时也能保持高度不变，继续发挥作用。

5.2.2.2 结构设计

空心块体为扣除 3 个方向垂直正交的长方体(单个长方体尺寸为 0.3m × 0.3m × 1.0m)体积的边长为 1m 的立方空心块体,空心块体杆件断面尺寸为 0.35m × 0.35m (12 根杆件)。空心块体采用钢筋混凝土结构，混凝土强度等级为 C30，钢筋采用 I 级钢筋，每根空心块体杆件中含 1 根长 0.8m 的 $\phi 8$ 钢筋，钢筋距离空心块体外壁 8cm，公差为 ±2cm。单个空心块体透空率为 0.352，质量为 1 557kg。结构形式如图 5–35 所示。

透水坝坝体包括护底和坝体两部分。其中，护底采用 D 型排，坝身上游侧护底软体排宽度为 60m，下游侧宽度为 90m，排上抛石厚 1m，上游侧排边 15m 宽范围抛投透水框架，其中有 5m 宽范围透水框架位于护底排上，下游侧排边 30m 宽范围抛投透水框架，其中有 5m 宽范围透水框架位于护底排上。坝体顶宽为 3m，上下游侧边坡分别为 1∶2 和 1∶3。透水坝的具体结构如图 5-36 所示。

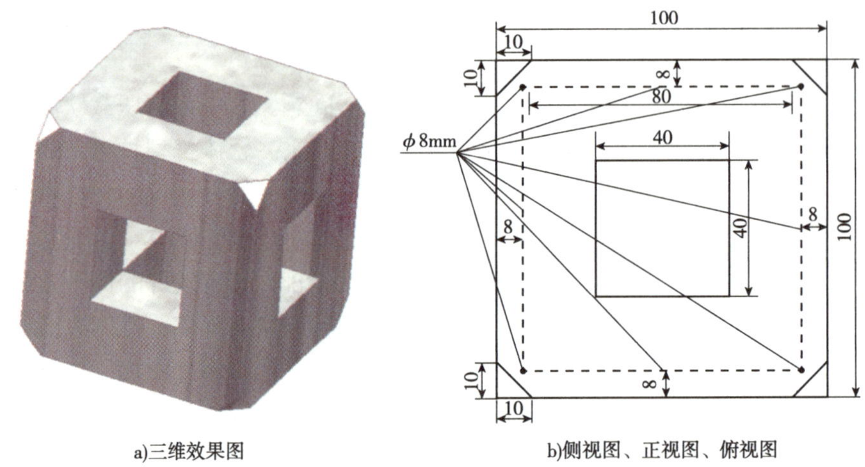

a)三维效果图　　b)侧视图、正视图、俯视图

图 5-35　空心块体构件结构示意图（尺寸单位：cm）

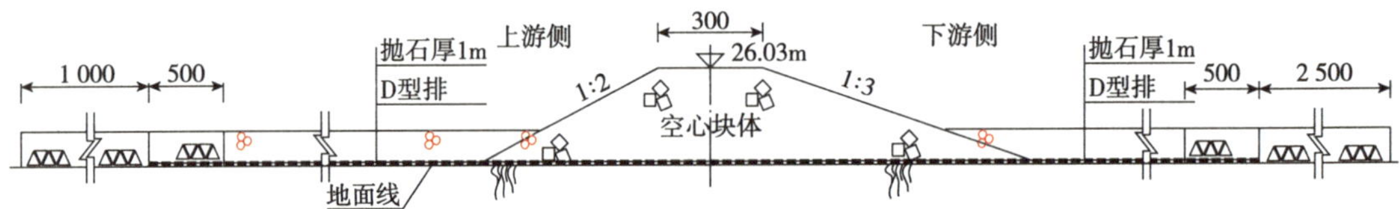

图 5-36　透水坝结构图（尺寸单位：cm）

5.2.2.3　透水框架坝头设计及其稳定性

（1）试验设计

水槽概化模型试验以藕池口—碾子湾段典型航道整治工程为依托，采用正态模型，按重力相似准则设计。模型比尺见表 5-4。

模型比尺　　表 5-4

λ_L	80	λ_Q	57 243
λ_H	80	λ_n	2.08
λ_V	8.94	λ_{t1}	8.94

丁坝模型采用木质实体丁坝，长1m，高6cm，迎水坡为1∶1.5，背水坡为1∶2，坝头坡比为1∶5；透水坝头利用铰接式透水框架体层叠而成，框架体为正六面体框架结构，框架体杆件体积率约为0.28，采用紫铜管制作，尺寸为2cm×2cm，杆件直径为3mm，相应于原型尺寸1.6m×1.6m，杆件截面为24cm×24cm，如图5-37所示。

试验主要考虑两种工况，即整治流量（Q_z=26.81L/s，H_z=6cm）和洪水流量（Q_z=81.0L/s，H_z=10.2cm）；试验拟研究透水坝头的相对长度和相对宽度对坝头水流及坝头冲刷坑的影响。

图5-37 透水坝头

（2）透水坝头对流速分布的影响

①在各流量下，实体丁坝坝头处流速增大，流线弯曲，坝头后方易形成分离涡，如图5-38和图5-39所示。当设置透水坝头后，绕坝头的集中水流能够穿过透水坝头，水流得到一定的消散，流线曲率有一定的减小，分离涡形成的条件得到限制，穿过透水坝头后的水流流速显著降低，有利于坝头的稳定，而坝头后方小块形成相对静水区，从上游或冲刷坑中冲起的泥沙将在此淤积，如图5-40和图5-41所示。

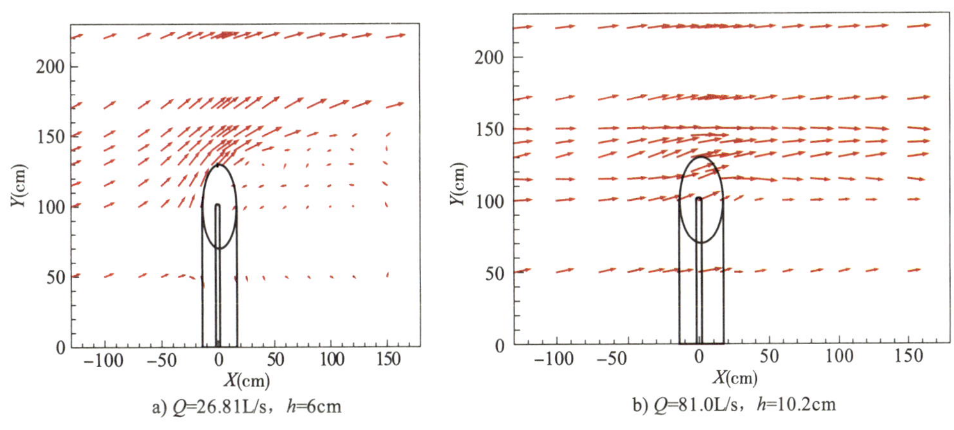

图5-38 实体坝头周围流速矢量图

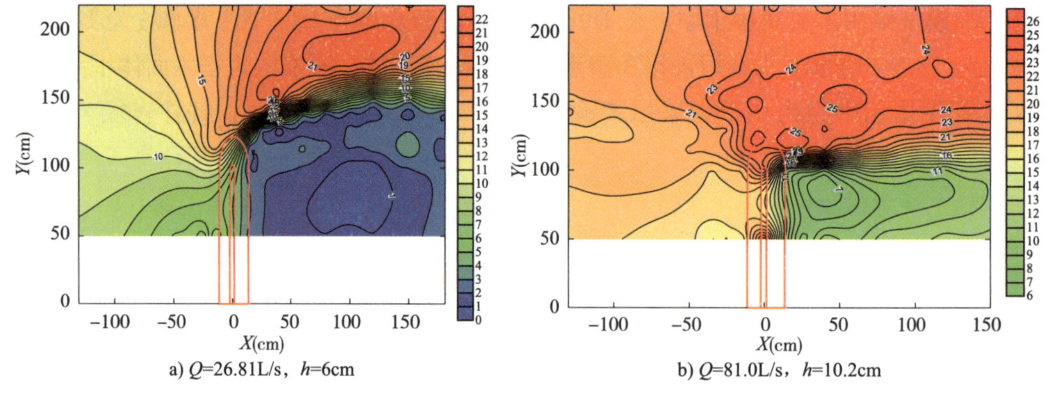

a) Q=26.81L/s，h=6cm　　b) Q=81.0L/s，h=10.2cm

图 5-39　实体坝头周围流速分布云图

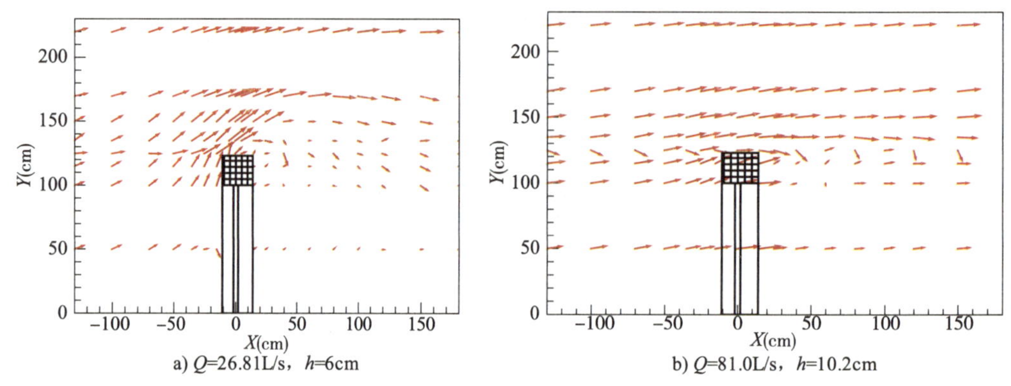

a) Q=26.81L/s，h=6cm　　b) Q=81.0L/s，h=10.2cm

图 5-40　透水坝头周围流速矢量图

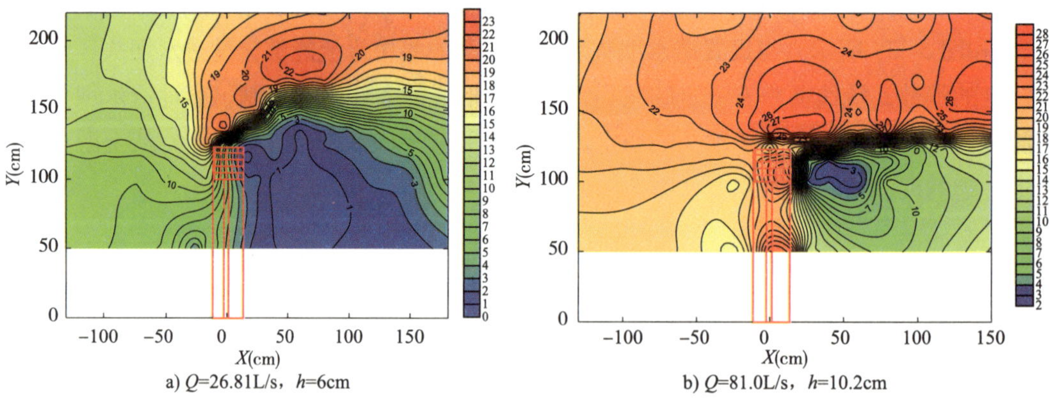

a) Q=26.81L/s，h=6cm　　b) Q=81.0L/s，h=10.2cm

图 5-41　透水坝头周围流速分布云图

②对于固定实体坝身束窄比，随着透水坝头相对长度的增加，由于透水坝头透水及阻水作用，坝头最大流速有所减小，断面流速分布趋于均匀，使得调整后水流有助于减小坝头冲刷坑，主槽刷深，保证整治效果，丁坝坝轴线断面 CS0 垂线平均流速沿断面分布，如图 5-42 所示。不同宽度的透水坝头对水流的影响，主要表现在当宽度增大时，透水坝头对水流的阻力增大，使得坝头最大流速增大，有可能形成类似于实体坝头集中

绕流，产生分离涡，主槽水流流速也有所增大，但相对而言增幅有限，如图 5-43 所示。

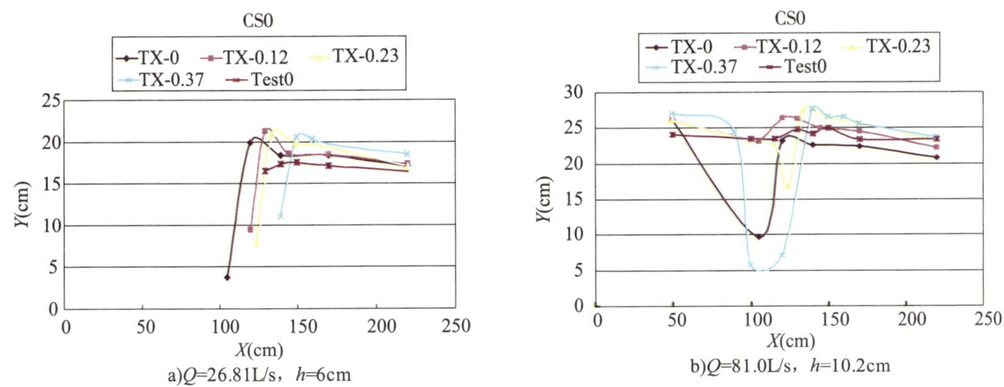

a)Q=26.81L/s，h=6cm　　b)Q=81.0L/s，h=10.2cm

图 5-42　不同长度透水坝头 CS0 断面垂线平均流速分布

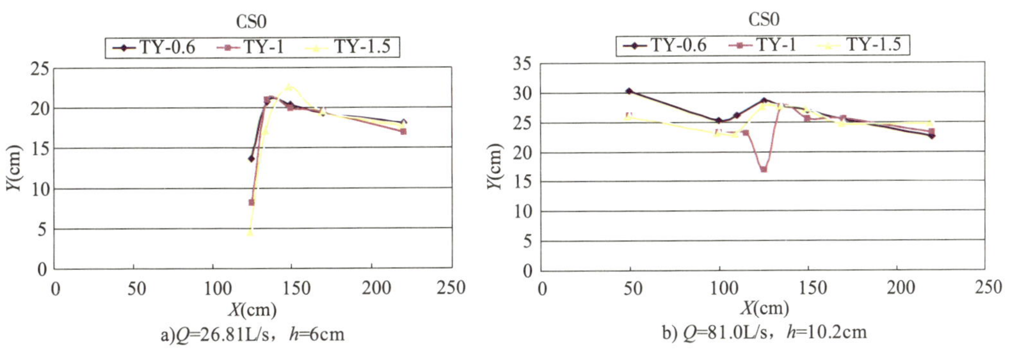

a)Q=26.81L/s，h=6cm　　b) Q=81.0L/s，h=10.2cm

图 5-43　不同宽度透水坝头 CS0 断面垂线平均流速分布

③实体坝头边界层分离产生的强烈紊动，强紊动区紧贴坝头如图 5-44 所示。设置透水坝头后，由于透水坝头的透水性，穿过透水坝头的水流也保持一定程度流速，这样就削弱了穿过透水坝头的水流与主流之间的流速梯度，消除了产生边界层分离及剪切紊动的条件，从而减弱透水坝头处的紊动强度，并且将最大紊动区挑向下游，如图 5-45 所示。

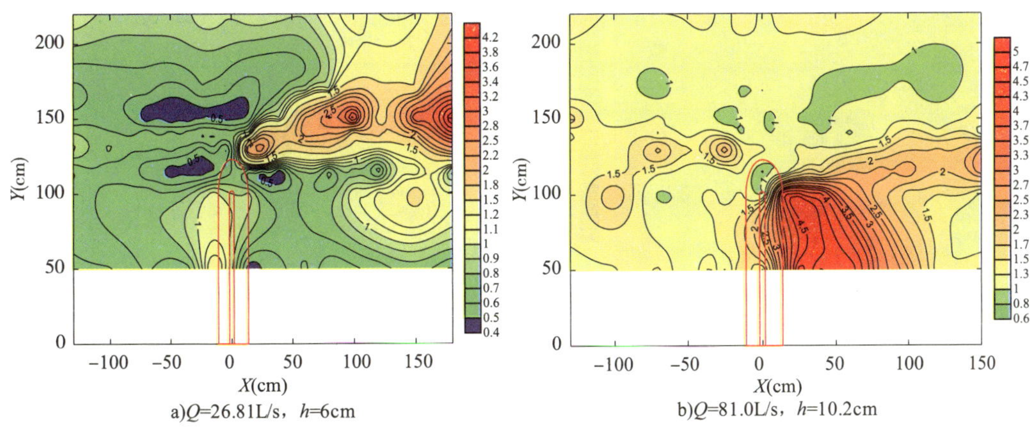

a)Q=26.81L/s，h=6cm　　b)Q=81.0L/s，h=10.2cm

图 5-44　实体坝头周围紊动强度分布

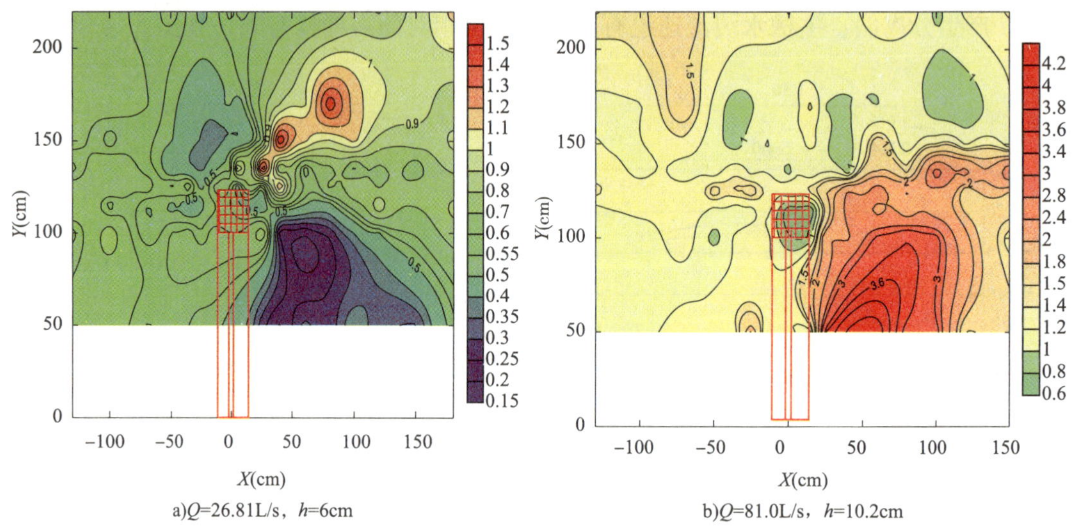

图 5-45　透水坝头周围紊动强度分布

（3）具有透水坝头丁坝的稳定性

①动床试验表明，不管是淹没或是非淹没条件下，实体丁坝坝头都形成了较大冲刷坑，最大冲深处均紧贴坝头，偏丁坝轴线下游，如图 5-46 和图 5-47 所示。设置透水坝头后，最大冲刷坑深度及范围都有很大程度的减小，并且透水坝头的挑流作用使得最大冲刷坑外移，远离坝体，有利坝体稳定，如图 5-48 和图 5-49 所示。另一个重要的现象是，在淹没条件下，从上游或冲刷坑内冲起的泥沙在透水坝头下游相对静水区淤积，而实体坝身与透水坝头连接处水流动力有所增强，形成局部冲刷。

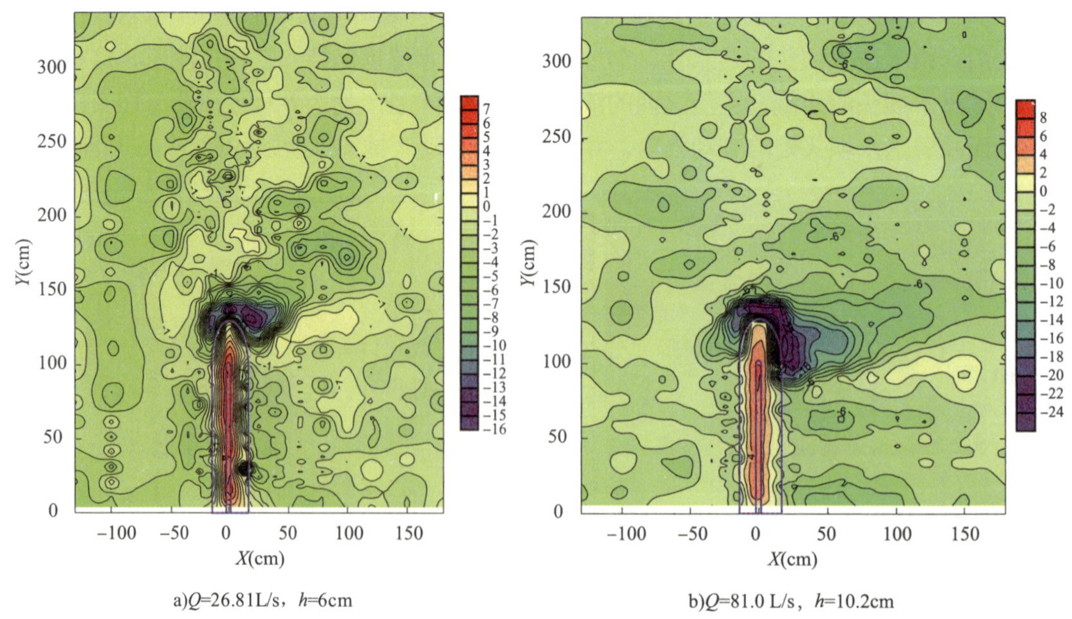

图 5-46　实体丁坝冲淤图

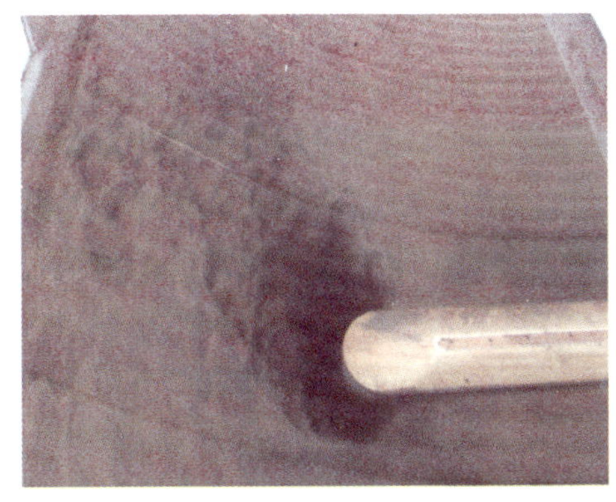

a)Q=26.81L/s，h=6cm

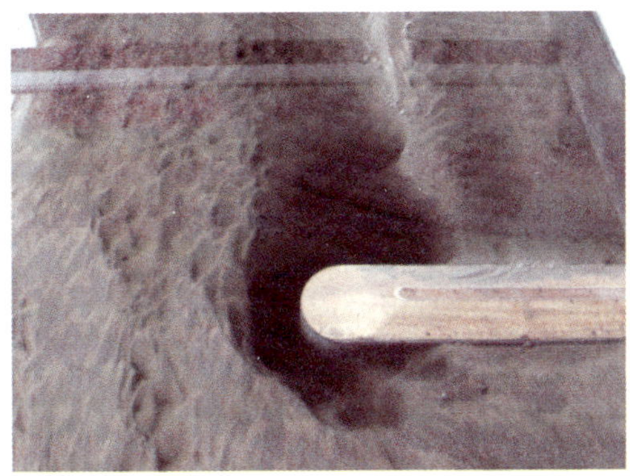

b)Q=81.0L/s，h=10.2cm

图 5-47　实体丁坝冲淤照片

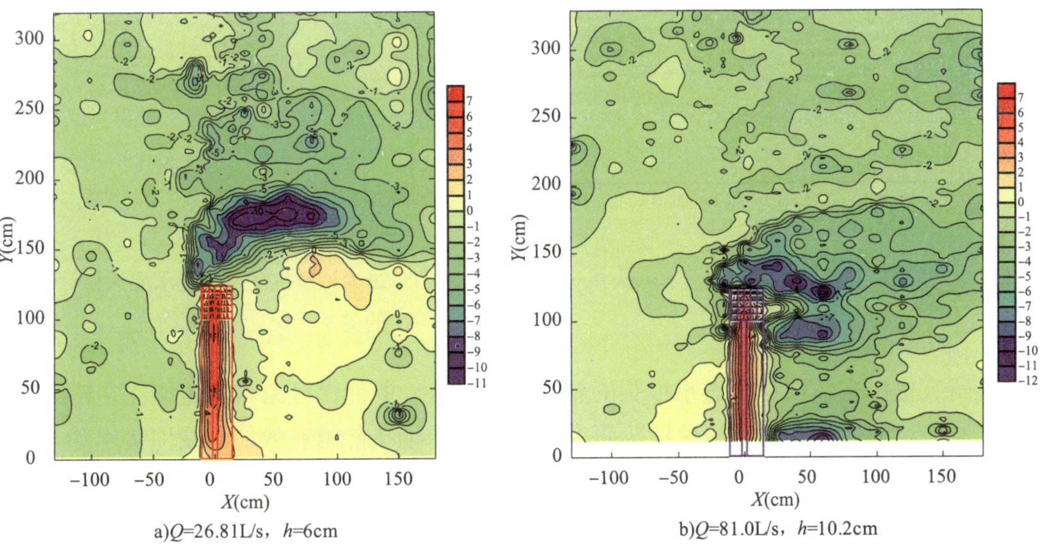

a)Q=26.81L/s，h=6cm

b)Q=81.0L/s，h=10.2cm

图 5-48　透水坝头丁坝冲淤图

a)Q=26.81L/s，h=6cm

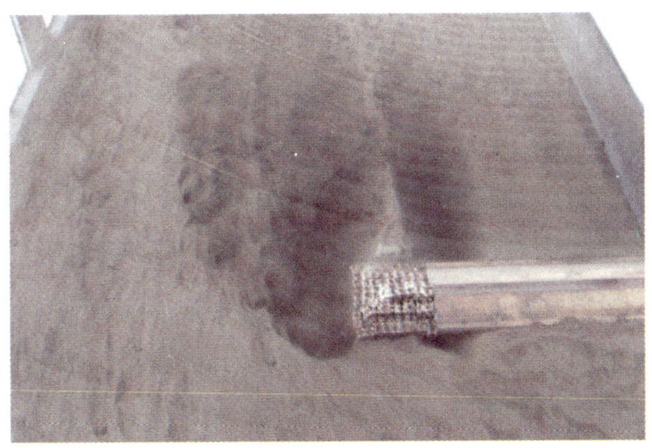

b)Q=81.0L/s，h=10.2cm

图 5-49　透水坝头丁坝冲淤照片

②不同长度透水丁坝对最大冲刷坑的影响。设置透水坝头后，最大冲刷坑深度有很明显的减小，随着坝头相对长度的增加，坝头局部最大冲刷坑深度也相应减小，如图 5–50 所示。

③不同宽度度透水丁坝对最大冲刷坑的影响。设置透水坝头后，最大冲刷坑深度有很明显的减小，曲线两头翘而中间低，如图 5–51 所示，这说明宽度过小或过高抑制对坝头局部冲刷坑深度最大深度都是不利的，宽度过小，穿过的水流流速及紊动都较大，宽度过大则对水流阻力加大，易形成集中绕流。因此存在一个最适宜的宽度使得其对冲刷坑深度的限制最大。对于本书所提出的框架体，取相对宽度 $c/a=1$ 是较合适的，即透水坝头宽度与实体丁坝宽度一致。

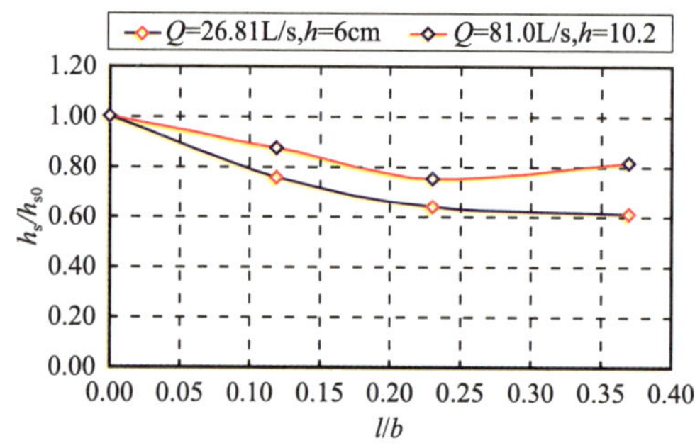

图 5–50　最大相对冲刷坑深度与透水坝头相对长度的关系

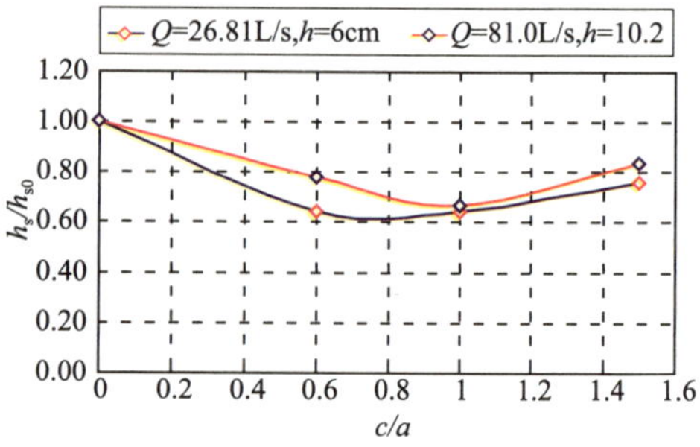

图 5–51　最大冲刷坑深度与透水坝头相对长度的关系

该研究提出实体坝身加透水坝头的新型结构形式，既能保证束窄水流刷深主槽又能限制坝头冲刷坑的发展。通过概化试验研究表明，透水坝头能够有效地消减坝头水动力，有效限制坝头冲刷深度的发展。透水坝头长度宜大于实体丁坝坝头与丁坝断面最大流速处的距离，透水坝头宽度与实体丁坝宽度一致时防护效果最好。

（4）空心块体群过流特性

为了研究空心块体的过流特性，在长 44m、宽 0.8m、深 0.8m 的变坡水槽中开展了试验，模型比尺为 1∶20，在床面上密排安放 1 层空心块体群，在空心块体群内部及上下游进行了垂线流速测量，共布置测流垂线 15 条，试验布置如图 5–52 所示。试验水流条件（原型）考虑流速 2m/s、3m/s，水深 5m。

图 5–53、图 5–54 为空心块体群内部（5 号测点）在控制流速为 2m/s、3m/s 条件下的垂线流速分布与紊动强度变化，可以看出，空心块体群安放于床面后，垂向流速、紊动强度分布发生调整，表层水流受块体群挤压流速增大，块体内则流速减小、紊动增强，最大紊动强度在块体顶附近。对于块体层，由于块体中部空心，水流可穿越其间，流速、紊动强度相对较大，随着控制流速的增大，空心块体镂空处流速也增大；空心块体群内部近底层（$z/h=0.1$）流速 u、紊动强度 σ_x 也较大，但随着块体群顺水流向长度的增加，近底流速、紊动强度沿程逐渐减小（图 5–55、图 5–56），即空心块体群具有一定的过流能力，但过流能力随块体群顺水流向长度的增加而减弱。

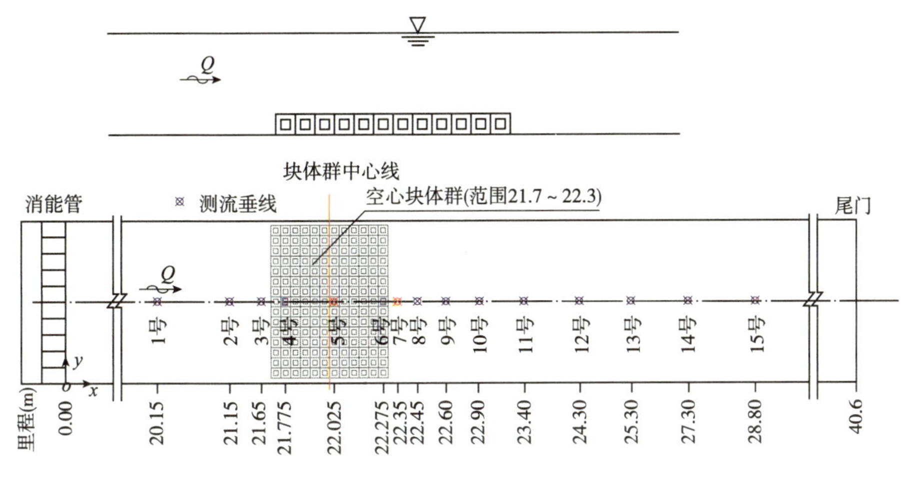

图 5-52 空心块体群过流特性试验布置

以空心块体镂空处的平均流速与无块体时该处平均流速的比值作为块体镂空处的过流能力，统计表明，控制流速为 2 ~ 3m/s 时，空心块体镂空处的过流能力为 0.29 左右。

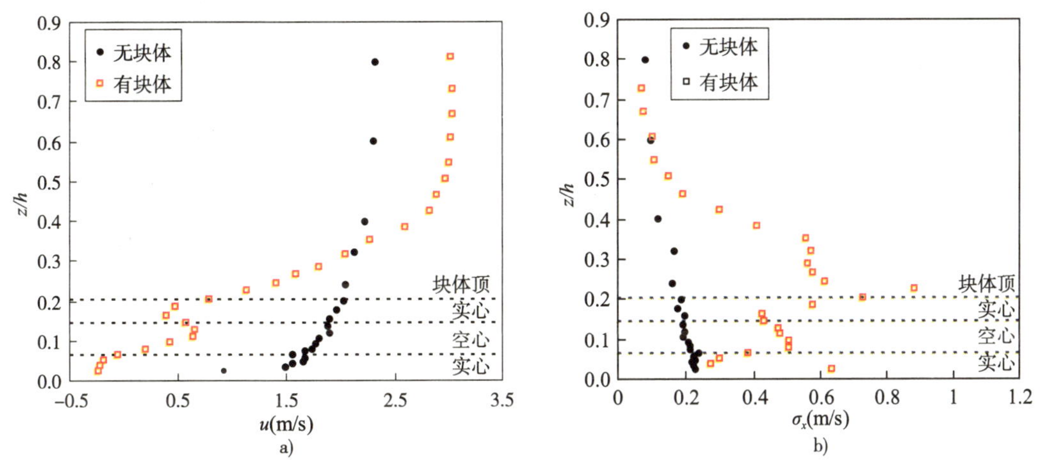

图 5-53 空心块体群内部垂线流速 u、紊动强度 σ_x 分布（原体，下同，控制流速 2m/s）

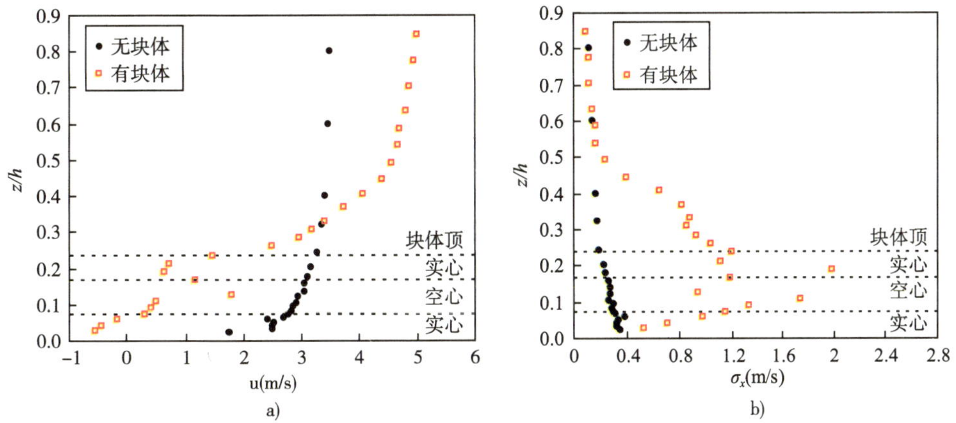

图 5-54 空心块体群内部垂线流速 u、紊动强度 σ_x 分布（控制流速 3m/s）

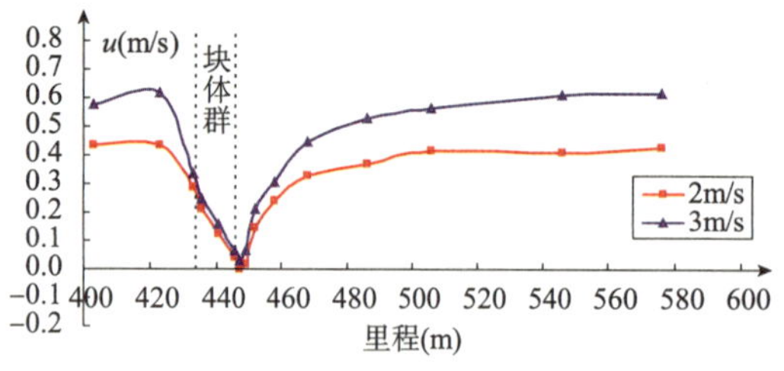

图 5–55 空心块体群附近近底层（z/h=0.1）流速 u 沿程变化

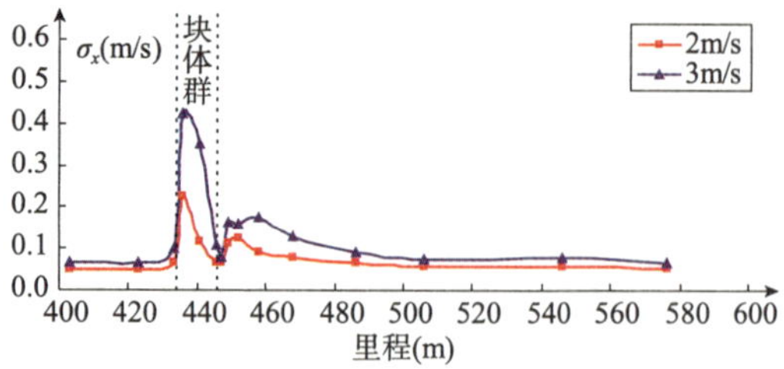

图 5–56 空心块体群附近近底层（z/h =0.1）紊动强度 σ_x 沿程变化

（5）空心块体坝体上下游水动力变化及对整治效果的影响

为了研究空心块体坝体与实心坝体水动力特性的差异，在水槽中部布置一条丁坝，坝体纵向、垂向块体均为 3 个，横向块体 9 个，相当于原型丁坝坝顶宽 3m、高 3m、长 9m，为便于空心与实心坝体的比较，未考虑坝身边坡、坝头向河坡（图 5–57），坝体附近测流点布置如图 5–58 所示。试验水流条件（原型）考虑实心坝体坝头前沿流速为 3m/s，水深 5m。

图 5–57 空心块体坝体（1 : 20）

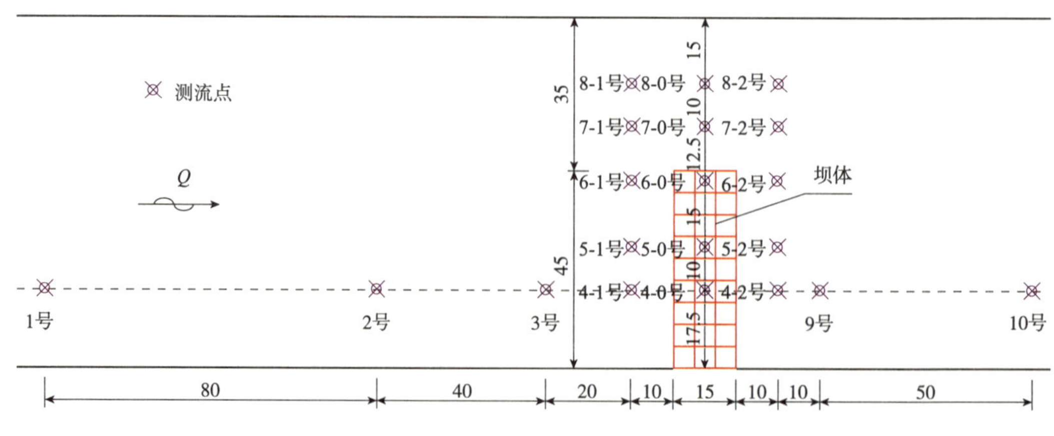

图 5–58 空心块体坝体水动力特性试验布置（尺寸单位：cm）

利用空心块体作为筑坝新结构时，由于空心块体的透水、过流的特性，将引起坝体附近水动力特性的调整。图 5–59 给出了淹没实心坝、空心坝以及无坝体时的水面线变化，可以看出，坝体上游水位受阻水作用而壅高，过坝时水位快速跌落，在坝顶附近水位达到谷底，之后水位快速上升恢复至原有水面线。空心坝体的坝身由于具有一定的过流能力，引起坝体上游水位壅高值较实心坝小，坝上游近底流速则较实心坝大（图 5–60），另一方面，越坝水流在坝体附近跌落回升的过程中，形成强紊动的涡旋水流，易淘刷坝下游床面从而形成局部冲刷，空心坝体上下游水位跌落值明显小于实心坝（图 5–61），引起坝下游的紊动强度也较实心坝小（图 5–61）。由此可见，相比透水率较小的抛石坝或不透水的实心坝，具有一定透水性能的空心坝体可增加坝上游水流流速，减弱坝下游水流紊动强度，从而可减缓坝上游淤积，减小坝体下游的局部冲刷（图 5–62）。

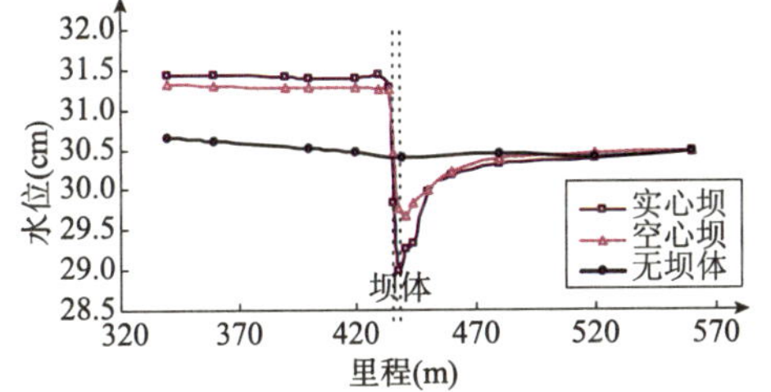

图 5–59 空心块体坝引起坝体上下游水面线变化

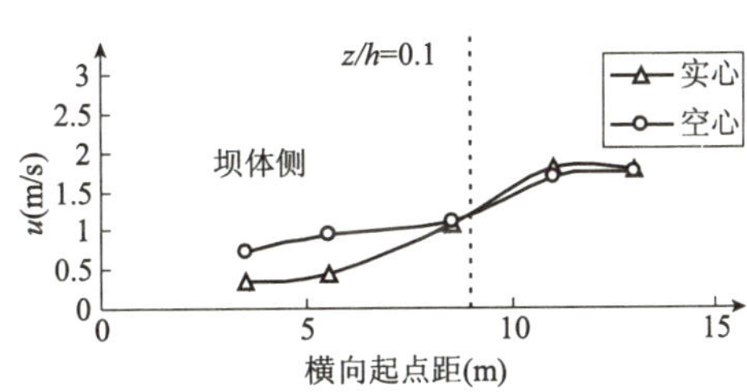

图 5–60 坝体上游 2m 断面流速分布

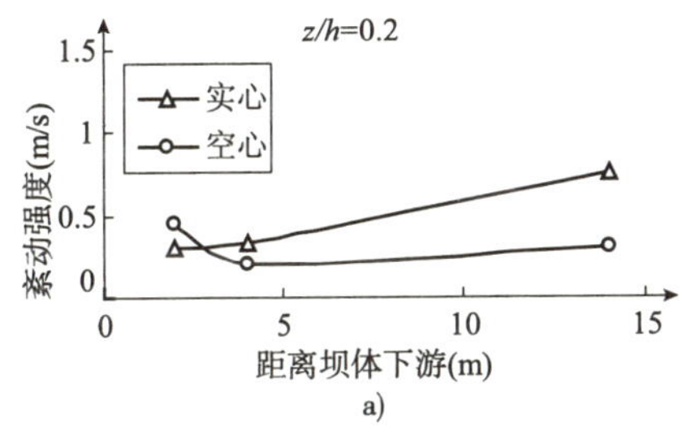

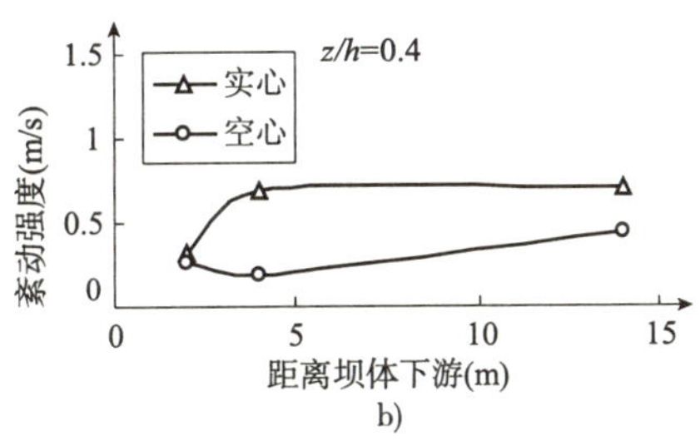

图 5–61 坝体下游近底区紊动强度沿程变化（z/h=0.2、0.4）

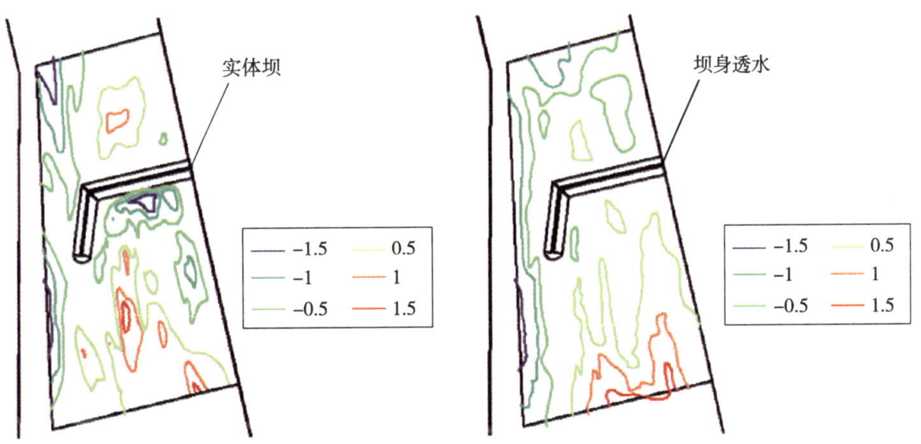

图 5–62 坝身透水与实体坝局部冲淤对比图

荆江河段航道整治工程中筑坝工程的主要目的是抑制滩体被水流冲刷，同时束水攻沙冲刷航槽，利用空心块体筑坝时，由于坝体具有一定的过流能力，可能对整治效果产生一定影响。图 5-63 ～图 5-65 给出了空心坝体与实心坝体修筑后，航槽处垂线流速的变化，可以看出，空心坝体引起航槽流速比实心坝有所减小，坝轴线断面流速减小相对大些，上下游断面则相对小些。尽管空心块体具有一定的透水性，但对上游来流仍具有较大的阻力，从而仍能保证航槽区具有较大的流速，冲刷航槽，达到航道整治效果。

可见，利用具有一定透水性能的空心块体作为筑坝新结构，能够在保证主航槽冲刷的同时，有效缓解坝体上游的淤积和坝后局部冲刷。

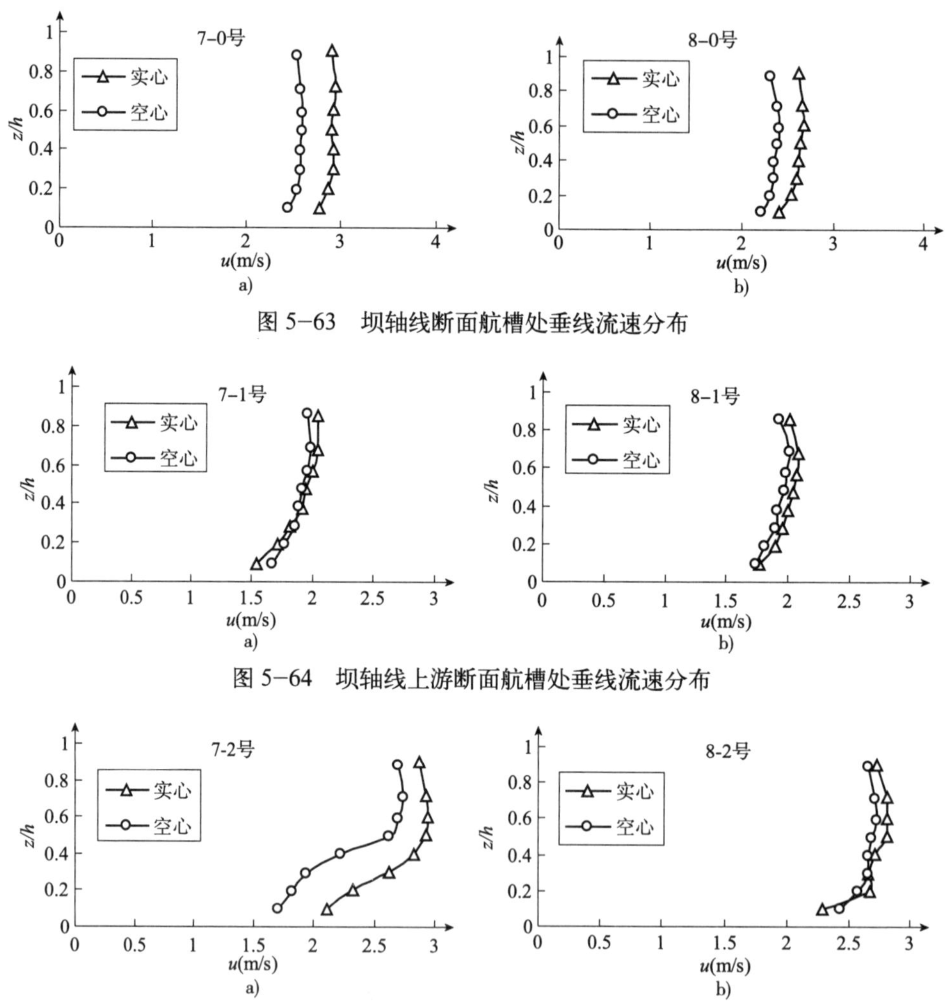

图 5-63　坝轴线断面航槽处垂线流速分布

图 5-64　坝轴线上游断面航槽处垂线流速分布

图 5-65　坝轴线下游断面航槽处垂线流速分布

（6）新结构工程应用部位

由于周天河段九华寺边滩不断向下淤长，已经影响到了拟建潜丁坝上游颜家台春灌站的取水（图 5-66），考虑到潜丁坝修建后会在一定程度上加快春灌站前沿的淤积，为减小这种影响，拟在潜丁坝靠近堤岸一侧的坝体采用透水坝（图 5-67），保持近岸侧的过流，减少上游的淤积，透水坝拟采用空心块体结构。

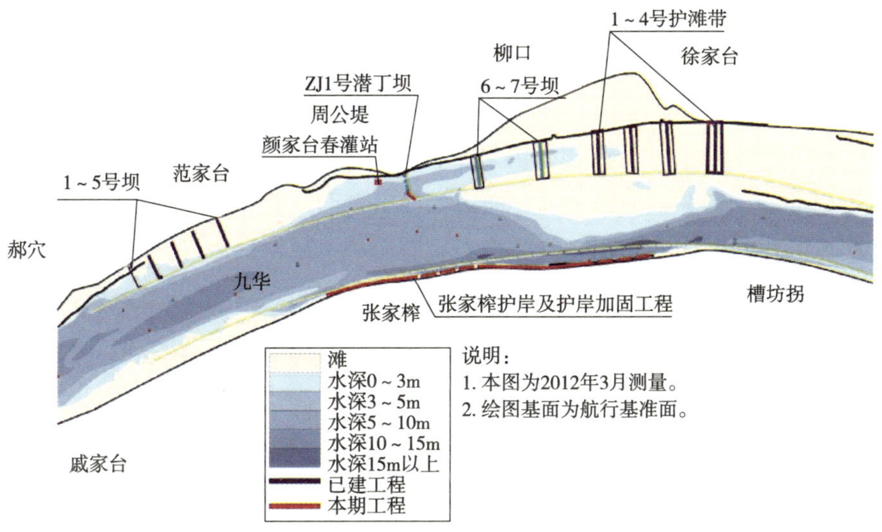

图 5-66 周天河段透水坝工程布置

图 5-67 空心块体透水坝效果图

5.2.2.4 软体排和透水框架两种护滩结构效果研究

(1) 试验条件

概化模型设计为正态模型，在满足几何条件相似的同时，还必须满足水流运动和床沙起动相似条件。试验水槽宽 3.2m，深 0.6m，长 30m，中间试验段长约 12m。模型床面铺沙厚 0.1 ～ 0.3m（原型为 3.0 ～ 9.0m），因受供水流量的限制，试验最大水深为 0.2m（原型为 6.0m）。

①几何相似。

平面比尺：λ_L=30；垂直比尺：λ_H=30。

②水流运动相似。

流速比尺：$\lambda_V=\lambda_H^{\frac{1}{2}}$=5.48。

(2) 透水材料和实体材料对河床和水流影响动床试验

由图 5-68 看出，水槽中泥沙大量运动后，等质量的卵石周边出现绕流现象，使近底流速变得更加紊乱，卵石周围河床淘刷作用加剧，很快沉入床面以下，被沙波淹没。而透水框架由于其透水性，使通过框架的水流流速有所减缓，而对流态影响较小，在试验中框架虽然略有下沉，但仍大部分露出床面，表明在松散且河床冲刷较为剧烈的床面，抛投透水框架不易走失和下沉。同时表明透水框架对床面的扰动较小，具有良好的自身稳定性和防沉陷等优点。

图片 5-69 为两层透水框架群试验情况，由于床面泥沙运动强度较大，在框架群的迎水面河床出现冲刷，框架群明显下沉，而通过框架群的水流，由于流速的降低，使河床冲幅减小，河床高程与试验初期相比变化不大，因而透水框架群形成头低尾高的形态，上游输移来的泥沙能通过透水框架群，并在透水框架群下游形成淤积区。

图 5-68　试验效果图（1）

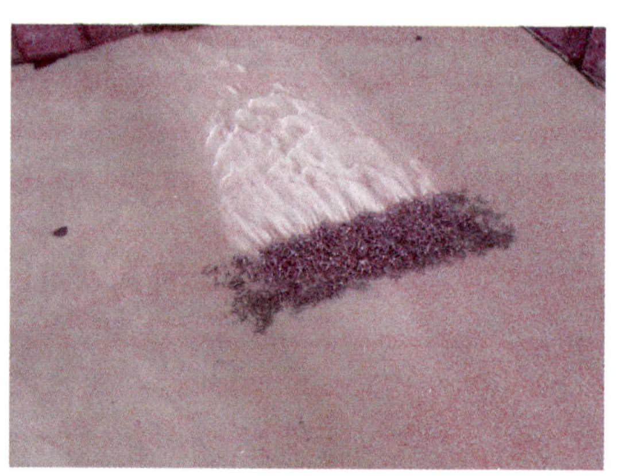

图 5-69　试验效果图（2）

四面六边透水框架与护滩带不同之处是其保沙护滩的原理不同，护滩带主要是隔离水流直接作用于滩面，使得滩面泥沙不能起动而保护滩体，而四面六边透水框架则主要是通过增大滩面阻力，减小滩面近底流速，使得滩面流速小于泥沙起动流速而保护滩体。此外，四面透水框架本身为散抛体，能适应滩面的较大变形。

（3）软体排与透水框架群护滩效果试验

分别进行了护滩带软体排防护下滩体变形试验，框架群防护下滩体变形试验，透水框架间隔防护、框架群结合软体排防护下滩体变形试验，具体如图 5-70 ~图 5-77 所示。

图 5-70　软体排护滩效果图

图 5-71　框架群护滩效果图

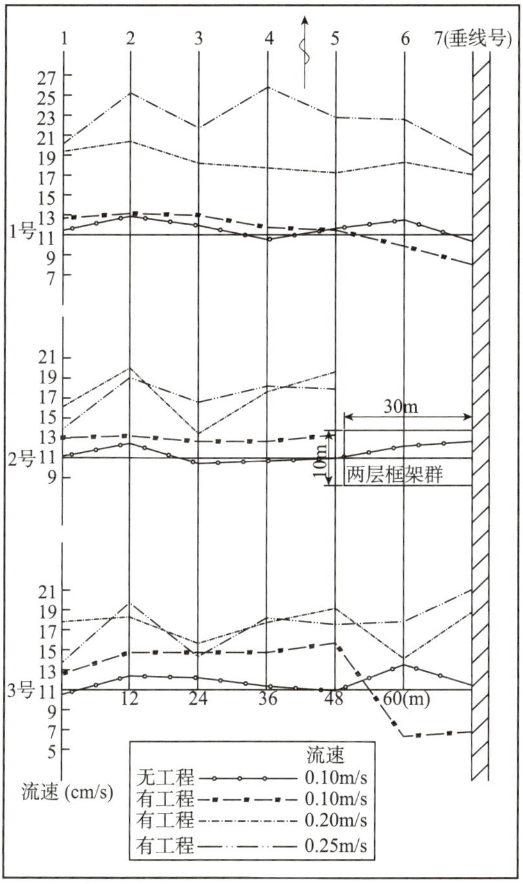

a)

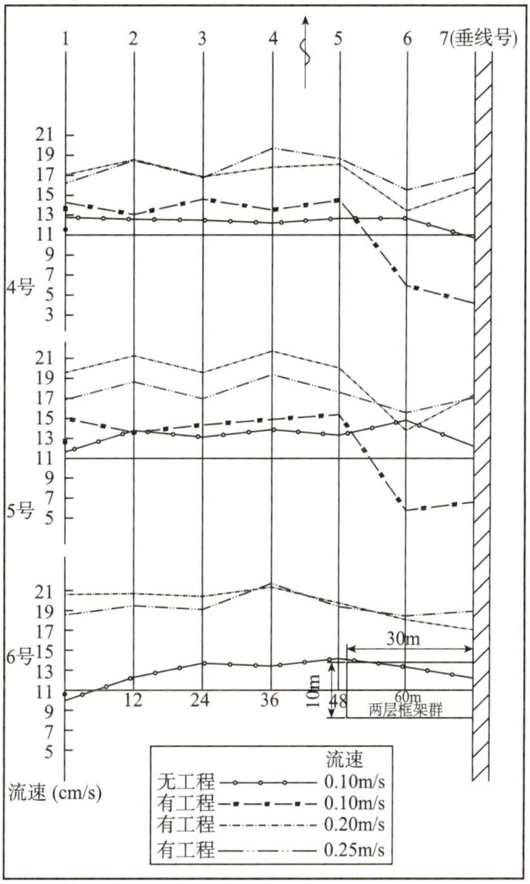

b)

图 5-72 框架群护滩流速图

图 5-73 框架群护滩效果图（间隔防护）

图 5-74 框架群护滩效果图（间隔防护）

图 5-75　软体排结合框架群护滩效果图

图 5-76　软体排结合框架群护滩效果图

图 5-77　软体排结合框架群护滩效果图

通过现场调查和以上试验研究可以看出，软体排护滩只有局部保沙效果，其周边因河床冲刷容易产生变形，在排体稳定、未受破坏的情况下，仅具有局部保沙护滩作用，滩面冲刷后受护的滩体相对凸起于床面上，形成类似丁坝结构，起到稳定边滩的作用，但护滩带的这种变形其自身很难稳定，往往因排体变形造成两块排布接缝的撕裂而导致工程的破坏。透水框架不仅结构稳定，而且有促淤保沙效果，对于流速较大、河床冲刷变形较为严重的区域，特别是主流定冲区域，透水框架群结构仍较稳定，尽管有个别框架脱离了整体，但并未走失，仍聚集在框架群附近起着减速消能的作用。实际工程中，多用 3 个或 4 个框架连为一体，抛至设计区域，更加有利于框架群整体的稳定性。由此可以看出，用于护滩工程中的透水框架群，护滩效果较软体排护滩带有明显优势。

通过对透水框架（棱长 1m，横截面 10cm × 10cm）护滩试验得到以下认识：

①透水框架促淤效果较好。对于透水框架群护滩带的高度选择问题，可根据守护工程位置的具体水流条件和河床组成条件，适当确定，一般宜布置 2 ~ 3 层。

②透水框群间距大约在 3 ~ 4 倍护滩体长时，护滩促淤效果明显，但框架群减速影响范围则更长。关于透水框架群最佳间距的选择问题，应与当地水流流速、河床组成等因素有关，今后还需要对此进行深入研究。

③透水框架群不会形成大的次生流，而软体排护滩带经冲刷变形后将形成大的复杂的水平轴环流，从而加速局部河床的冲刷变形。

透水框架群与软体排相结合的护滩效果试验结果表明：当透水框架群位于软体排上游前缘时，能较好地防止护滩带前缘河床局部冲刷变形，从而有效地避免了护滩带因变形产生破坏问题；当透水框架群位于软体排下游边缘或软体排上部时，不仅可以防止排体下缘河床局部的冲刷变形，而且在透水框架群下游还可能产生淤积，更有利于滩体的保护。另一方面，软体排和透水框架群相结合试验表明，采用透水框架群修复已经实施的软体排护滩水毁工程，不失为一种较为有效的、可行的方法。对此，在长江东流水道航道整治工程用透水框架群对软体排护滩带边缘的修复经验已得到了证明。

5.2.3 波状式压载体护滩新型结构的提出及实验效果

5.2.3.1 结构提出

传统的单元排采用现浇的形式进行枯水位以上滩面的护滩（图 5-78），一般应用于护滩的变形区，由排垫和压载体组成，压载体为 C20 混凝土块体，平面形状呈现为正方形，其尺寸为 48cm × 48cm × 10cm（长 × 宽 × 厚），每个混凝土块体质量 52.99kg，块体之间采用直径为 14mm 的丙纶绳进行连接，护滩的整体性强，抗水流的冲刷性能较强。

根据已有护滩的工程经验，一般在工程实施后，基本上不会出现泥沙落淤的现象，而工程区边缘以及以外区域会出现一定幅度的冲刷，对建筑物的稳定是不利的。其原因主要是：虽然枯水位以上滩面的护滩的排体相对来说是软性结构，但排体铺设后破坏了原有天然床面的沙波起伏的形态，压载块表面平整，减小了天然沙波减缓流速的作用。因此考虑将压载块体设计成模仿天然沙波形态，面层设计为波状形式，与传统压载体相比，能有效增加床面的糙率，中洪水期水流上滩后，有利于泥沙落淤，护滩的效果将会更好。

a)

b)

图 5-78 传统单元排（压载体表面平整）

5.2.3.2 结构设计

优化后的压载体结构如图 5-79 所示，压载体为 C20 混凝土块体，平面形状为正方形，平面尺寸为 48cm×48cm，立面形状呈现波状形，立面厚度为 7 ~ 14cm，对应面层波高为 7cm，单个混凝土块体质量为 58.06kg。每个混凝土块之间用直径 14mm 的丙纶绳纵横十字交叉连接，丙纶绳浇筑到混凝土块内，形成 4.0m×5.0m 单元（图 5-80）；用丙纶绳将每个单元与排垫的绑扎环进行绑系，各单元之间的连接，可将先浇筑单元的丙纶绳向相邻的单元模板内延伸，将每个单元全部连成一体。

a)波状式软体排(1)　　b)波状式软体排(2)

c)波状式压载体　　d)正视图　　e)俯视图

图 5-79　波状式压载体结构示意图（立面厚度为 7 ~ 14cm，面层波高为 7cm，尺寸单位：cm）

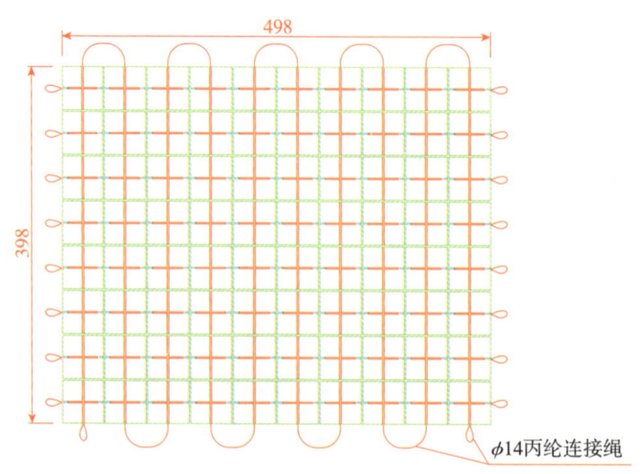

图 5-80　单元连接示意图（尺寸单位：cm）

5.2.3.3 波状式软体排水动力特性

在长 44m、宽 0.8m、深 0.8m 的变坡水槽中对波状式软体排的水动力特性进行了试验，模型比尺为 1∶10，在软体排中部的波状式压载体上布置 9 个测流点，在排体上游、下游分别布置 1 个、3 个测流点，观测波状式软体排铺设于床面后对局部水流结构的调整，试验布置如图 5–81 所示。试验考虑波状式压载体（立面厚度为 7 ~ 14cm，面层波高 7cm）与传统压载体（立面厚度为 14 ~ 14cm，面层波高 0cm）作为对比，压载体之间的间隙为 2cm；试验水流条件（原型）考虑流速 1.5m/s，水深 2m。

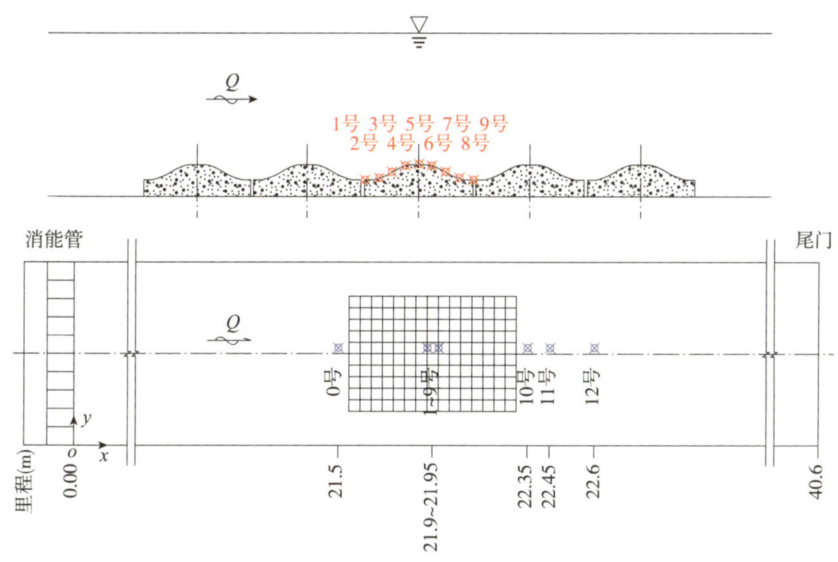

图 5–81 波状式软体排水动力特性试验布置

图 5–82 为波状式压载体附近实测水流结构（已换算至原体），可以看出，波状式压载体厚度较薄，对水流结构的调整主要集中在压载体附近，压载体面层存在涡流，流速明显减缓。

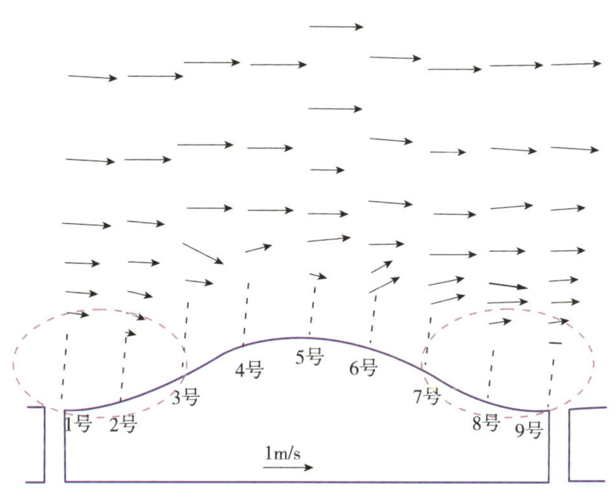

图 5–82 波状式压载体表面实测流场变化

图 5-83 为波状式压载体附近纵向流速 u、紊动强度 σ_x 垂线分布，压载体上游测点（0 号）垂线流速基本满足对数率分布，压载体面层上的垂线流速分布总体接近（1 ～ 9 号测点），面层顶部以下区域水流阻力加大，流速快速减小，面层顶部附近出现垂向最大紊动强度；压载体下游（10 ～ 12 号），受块体掩护，块体高度内流速快速减小，并向下游快速恢复，紧靠压载体的 10 号测点最大紊动强度较大，离开压载体后，最大紊动强度减小，垂向位置上偏。

对于压载体立面面层高度内（面层顶部至面层底部），流速 u 趋于零，垂向梯度亦接近零，垂向流速及其梯度明显小于压载体上下游测点（图 5-84，给压载体立面面层高度内泥沙落淤营造了环境，另一方面根据伯努利方程，压载体表面流速减小、压力增大，即压载体所受水流的下压力增大，则上举力减小，有利于压载体的稳定。

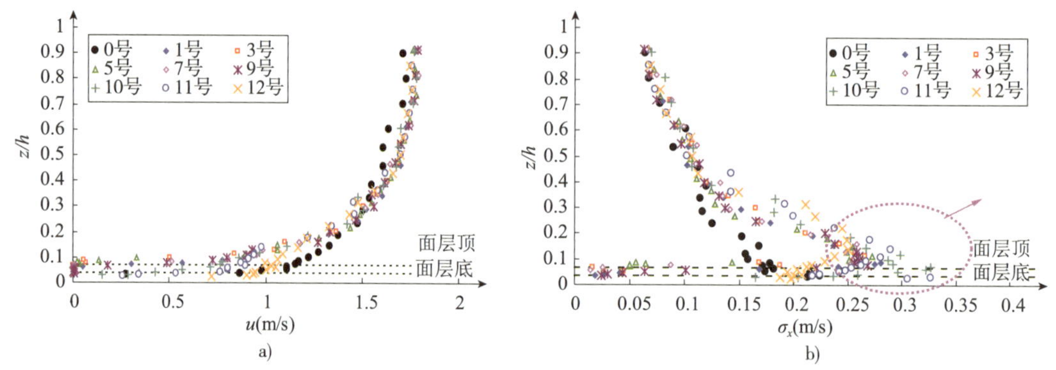

图 5-83　波状式压载体附近纵向流速 u、紊动强度 σ_x 垂线分布

注：0 号位于压载体上游，10 ～ 12 号位于压载体下游，1 ～ 9 号位于压载体。

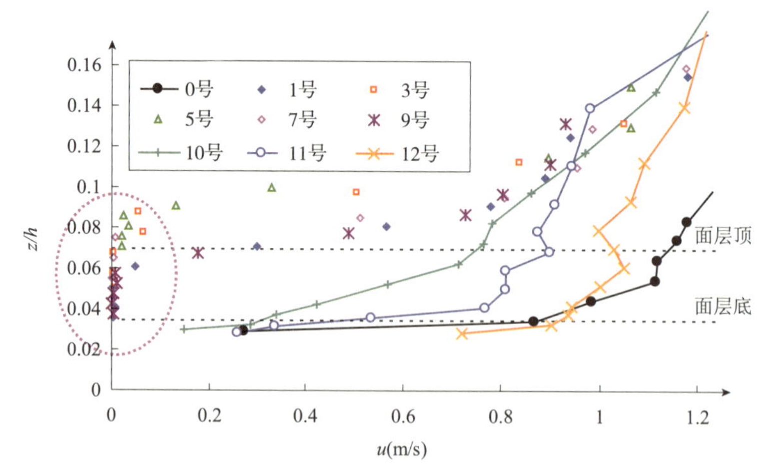

图 5-84　波状式压载体纵向流速 u、紊动强度 σ_x 局部放大

波状式压载体与传统压载体引起面层水流结构的差异如图 5-85 所示，可以看出，压载体立面面层高度内水流流速均较小，离开面层顶部后流速快速加大。对于立面面层高度内的水流，波状式压载体面层高度内缓流范围较传统压载体大，容易引起面层内泥沙的淤积。

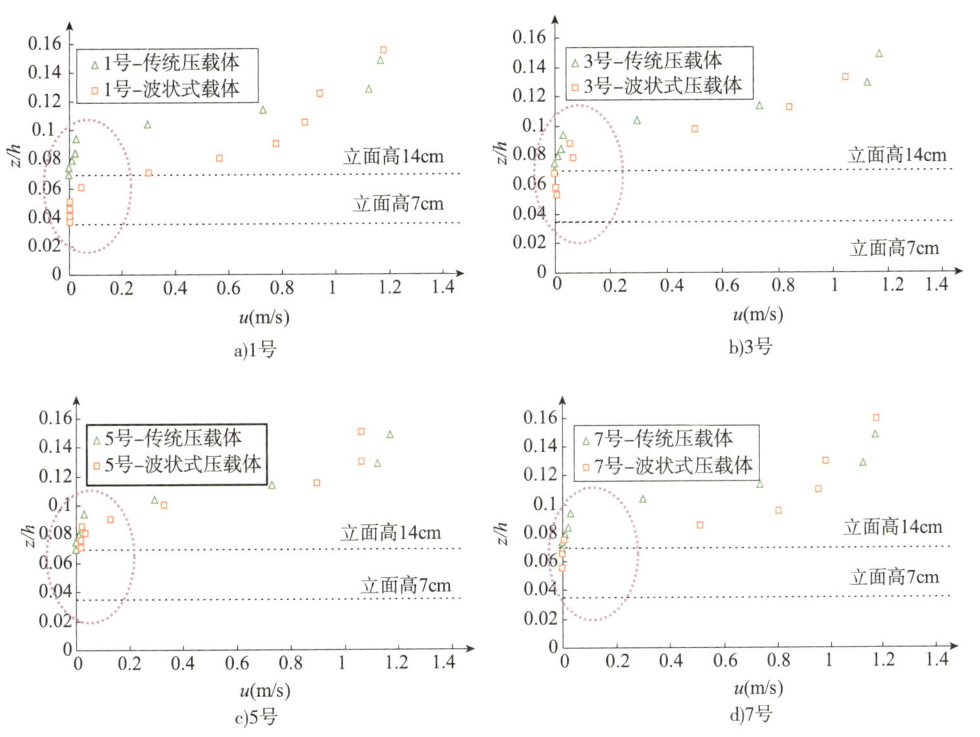

图 5-85 波状式与传统压载体面层附近纵向流速 u 垂线分布差异

5.2.3.4 波状式软体排表层促淤效果

为了验证波状式压载体表层的促淤效果，同样在变坡水槽中开展了动床试验，模型比尺为 1 : 10。荆江河段泥沙平均中径约为 0.2mm，采用中径 0.12mm、密度 1.5t/m^3 的塑料沙能基本满足起动相似。铺沙段位于水槽中部，铺沙长度为 9m、厚度为 10cm。试验同样考虑波状式压载体与传统压载体；波状式压载体布置方式考虑两种（图 5-86），即对称布置（模拟二维沙波情况）、交错布置（模拟三维沙波情况）；试验水流条件考虑 3 种（水深 2m 条件下平均流速分别为 1.0m/s、1.5m/s、2.0m/s）；试验过程中上游不加沙，即模拟清水强冲刷条件。

a)对称布置(模拟二维沙波情况)

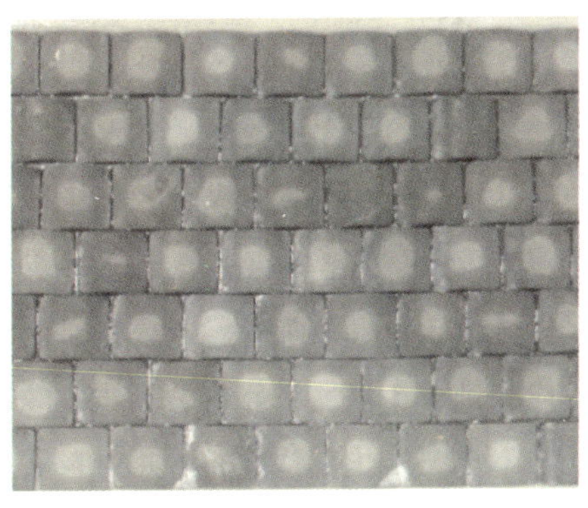

b)交错布置(模拟三维沙波情况)

图 5-86 波状式压载体布置方式

试验观察表明，波状式软体排铺设于滩面后，上游未防护的滩面泥沙受水流冲刷向下游输移，泥沙输移至波状软体排时因压载体表层水动力条件发生调整，波谷附近流速快速减小，泥沙落淤于此，迎水坡附近泥沙在涡流作用下携带至背水坡而落淤，背水坡泥沙淤积厚度较迎水坡大；而传统压载体表层平整、光滑，泥沙主要淤积在块体之间的缝隙，而表面输移泥沙未能落淤（图 5-87）。

波状压载体对称或交错布置时，压载体背水侧均呈现明显的泥沙淤积，但表层总体淤积形态不同，对称布置时泥沙淤积体平行、间隔分布，而压载体交错布置时泥沙淤积体交错、间隔分布（图 5-88）。

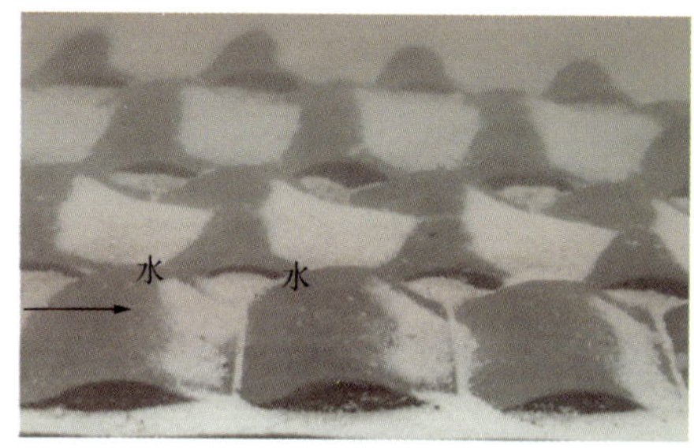

a)波状式压载体

b)传统压载体

图 5-87　波状式压载体与传统压载体表层泥沙淤积情况（流速 1m/s）

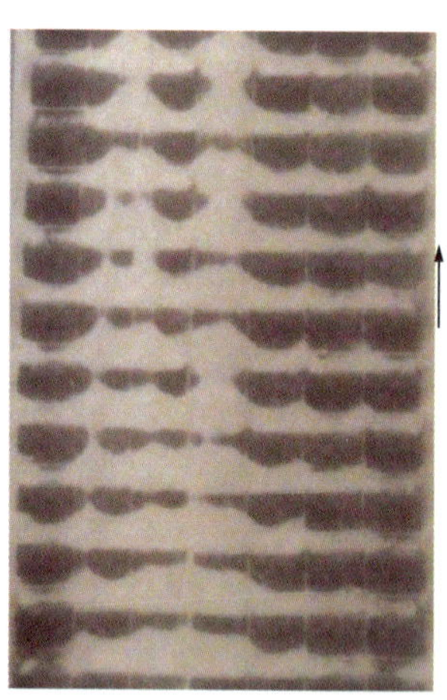
对称布置(模拟二维沙波)

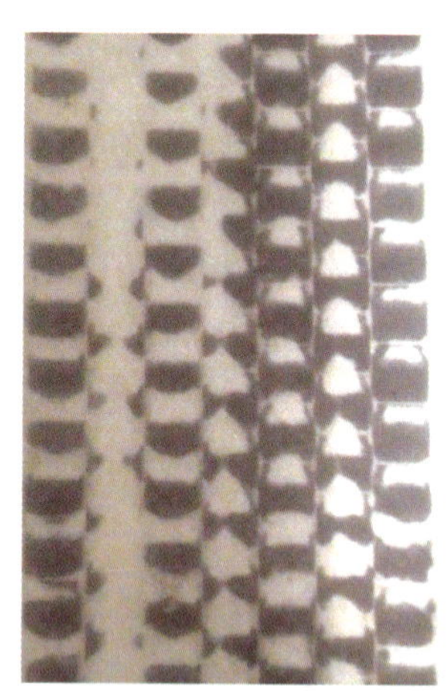
交错布置(模拟三维沙波)

图 5-88　波状式压载体不同布置方式下的表层泥沙淤积分布（流速 1m/s）

当流速由 1.0m/s 增加至 1.5m/s 时，泥沙输移强度加强，波状压载体表层水流流速加大，表层泥沙淤积量明显减小（图 5-89）。当流速进一步加大至 2.0m/s 时，波状式压载体表层已无法为上游来沙提供落淤环境。

由于波状式压载体主要用于枯水位以上滩面的护滩，护滩部位一般在中洪水期水流才上滩，滩面水流流速一般不大，因而可将波状式压载体应用到滩面垂线平均流速小于 1.5m/s 的护滩部位，由于表面泥沙淤积，将使得软体排发挥更好的护滩效果。

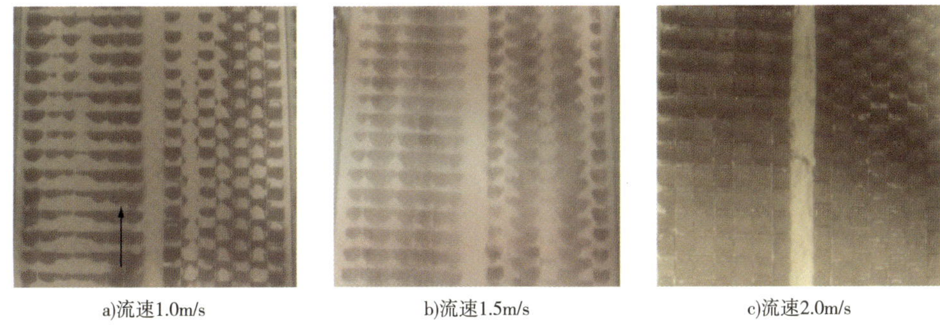

a)流速1.0m/s　　b)流速1.5m/s　　c)流速2.0m/s

图 5-89　不同流速条件下泥沙淤积情况

5.2.3.5　新结构工程应用部位

拟将波状式压载体护滩新结构应用到藕池口水道倒口窑心滩守护工程 DH2 护滩带头部预留变形区（图 5-90），验证新型压载体的促淤效果。

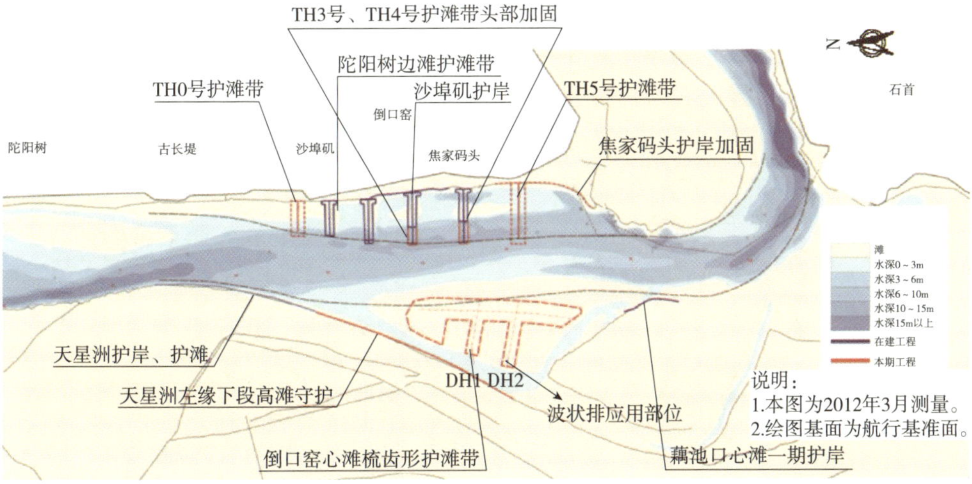

a)

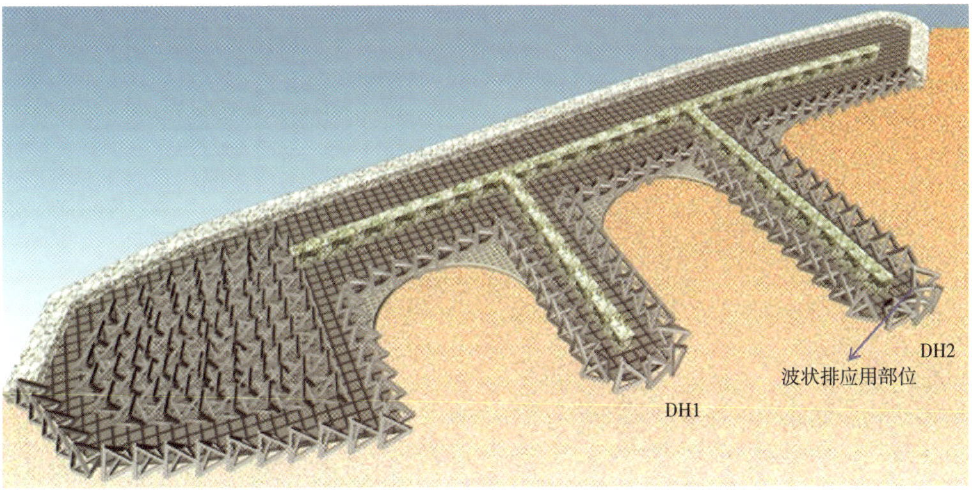

b)

图 5-90　藕池口水道倒窑口心滩波状式软体排工程布置

5.3 新型结构施工工艺

5.3.1 空心块体筑坝新型结构施工工艺

空心块体在专用预制场进行预制，空心块体的吊装采用吊机进行吊装。空心块体的施工包括以下 3 个环节：构件预制、构件运输和构件吊装。

（1）构件预制

空心块体构件在预制场集中预制和养护，预制场需配备一台专业的混凝土搅拌机、一台用于预制构件出运的汽车吊，一台用于预制构件装船的浮吊，一台 250kW 的发电机组等主要设备。预制场具有试验室、钢筋及木工机械设备，其他零星材料、装卸设备齐全，场地开阔。其工艺流程如图 5-91 所示。

（2）构件运输

构件预制完成并经养护结束后，空心块体预制构件用 100t 平板车陆上运输及 500t 平板驳船水上运输至安装施工现场。其流程如图 5-92 所示。

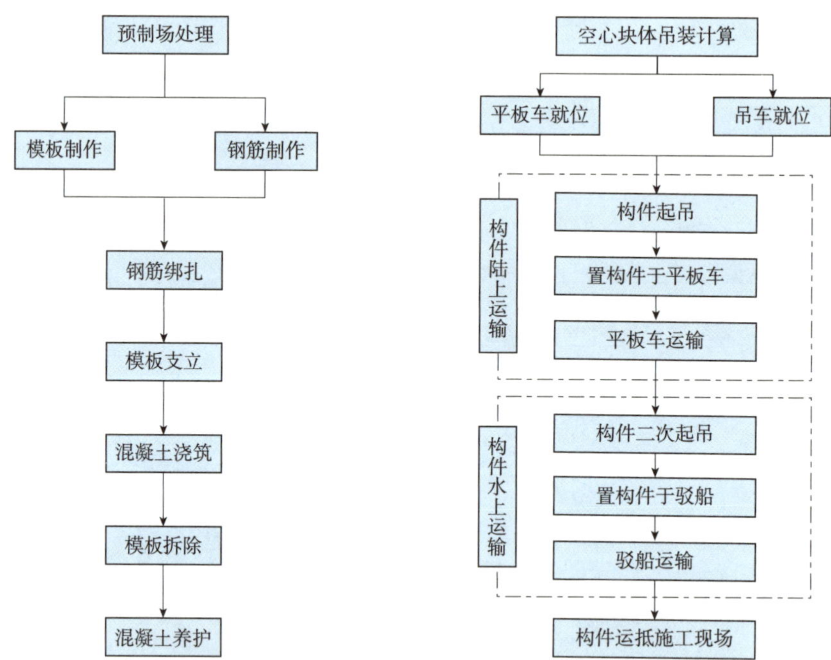

图 5-91　空心块体构件预制施工工艺流程　　图 5-92　空心块体运输施工工艺流程

（3）构件吊装

构件吊装包括定位、吊装。

①定位。布设精准的测量控制网，对基床测量控制网进行复核，保证空心块体的安装质量，将块体安装质量的主要技术指标控制在设计及规范要求范围内。陆上控制点是对块体安装前进行纵坐标控制，并在安装过程中运用前方交汇法定点位置，以综合吊索相对位

置换算箱体特征点坐标方式严格监控安装平面位置。测量定位是用两台全站仪（角度测量）控制方向，进行前方交会控制。块体前后左右移动是由起重船锚缆和船上控制块体的绞车操纵的。定位准确后即可让块体缓缓下沉。

②吊装。主要包括吊装船作业方式的选择及吊装安装。

A. 吊装船作业方式选择。吊装起重船作业时，船长度方向可平行跨在块石基床上，也可以沿坝轴线的法线方向布设。根据施工期水位和块石基床顶面高程（考虑基床沉降）计算水深较浅，本吊装方案采取起重船垂直坝轴方向布设。该施工区江面宽度很大，横向布置起重船，不影响正常通航。

B. 吊装安装。起重船起吊空心块体后，调节扒杆角度，拉紧空心块体两侧幌绳调节块体，然后将幌绳锁紧，调节起重船各缆绳。在 GPS 指导下，让船进入预定位置。此时，块体位置为指定的地点。起吊采用固定式扒杆起重船起吊，如图 5−93 所示。

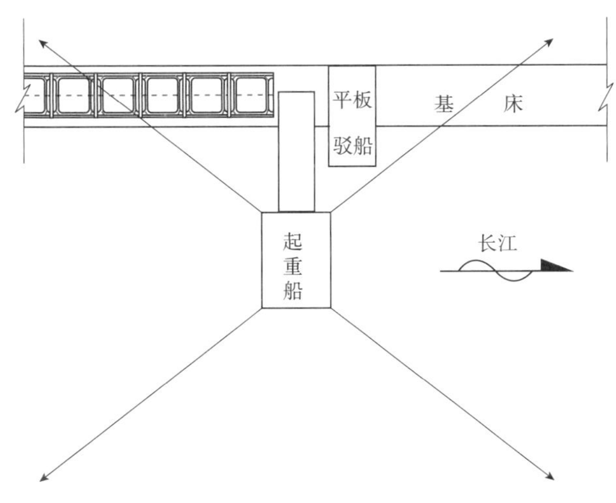

图 5−93 空心块体吊装施工工艺

5.3.2 波状式压载体陆上护滩新型结构施工工艺

波状式软体排结构的施工包括施工准备、立模、穿绳、混凝土浇筑、绑系、混凝土养护及脱模等。

（1）施工准备。铺排前需对铺排区域进行整平，然后铺设复合排布，铺设顺序应严格按设计规定要求进行。复合布接缝连接强度符合相关规范要求。

（2）立模。单元压载体模具应符合单元体尺寸，尽量采用整体钢模具，便于整体浇筑。模具按照铺设好的排布分单元、分区域进行摆放，便于施工组织。

（3）穿绳。丙纶绳为串联压载混凝土块的长绳，该绳直线穿过模板，深入到数个单元模板中，使各单元连接为整体。要求穿过模板时，绳网应绷紧，间隔应符合设计要求，可采用绳卡进行固定，前一单元现浇完成后，绳卡可重复使用。若丙纶绳不够长，需用绳卡对两根绳子进行连接，绳子搭接长度为 20cm。

（4）混凝土浇筑。先做混凝土级配试验，考虑单元压载体单个构件体积小，要求具有早期强度高、模板周转加速等特点，根据施工条件的需要选择最佳配合比，并在现场拌和，再根据现场砂、石料含水量调整水灰比，并做好坍落度试验。可采用搅拌机拌和，各种材料进入料斗前，均要过磅，每盘混凝土的搅拌时间不小于 2min，确保混凝土拌和质量。混凝土拌和好后，可向立好的模具中浇筑，并用手持振捣棒进行振捣。

（5）绑系。要求单元排垂直于加筋带方向的边缘单元每块均应与绑扎环相连接，平行于加筋带的边缘相邻片的相邻单元应相互系结。

（6）混凝土养护。混凝土块硬化成型后要及时采用覆盖物遮盖，并定时浇水湿润。

（7）脱模。在浇筑完成，混凝土达到一定强度后，脱去单元排构件外层的模板，进行下一单元现浇。

6　航道整治建筑物的可靠度评估技术

6.1　整治建筑物可靠度基本概念

6.1.1　结构可靠性

可靠性是指结构在规定时间内，在规定的条件下，完成预定功能的能力。可靠性是用可靠度来度量的，结构可靠度的定义为：在规定的时间和规定的条件下，结构完成预定功能的概率。"规定的时间"是指结构可靠性分析时结合结构使用期，考虑基本变量与时间关系所取用的基准时间；"规定的条件"是指结构在正常设计、正常施工和正常使用的各种条件，即不考虑人为过失的影响；"预定的功能"是指结构的安全性、适用性和耐久性，即工程结构应具备所期望的功能。工程结构分析与设计的基本目的，是使所设计的结构在设计基准期内，经济合理地满足下列功能要求，即：

（1）在正常施工和正常使用时，能承受可能出现的各种作用；

（2）在正常使用时，具有良好的工作性能；

（3）在正常维护下，具有足够的耐久性能；

（4）在发生设定的偶然事件下，主体结构仍然保持必需的整体稳定性。

安全性、使用性和耐久性总称为结构的可靠性。

6.1.2　结构的极限状态

所谓结构的极限状态，就是指结构可靠（安全、适用、耐久）和失效（不安全、不适用、不耐久）之间的一种临界状态。我国《建筑结构可靠度设计统一标准》(GB 50068—2001)、《工程结构可靠性设计统一标准》(GB 50153—2008) 对结构极限状态进行了定义：整个结构或结构的一部分超过某一特定状态就不能满足设计规定的某一功能要求，此特定状态为该功能的极限状态。在国内外的标准中，极限状态均被明确地划分为两类：①承载能力极限状态 (ultimate limit state)；②正常使用极限状态 (serviceability limit state)。

（1）承载能力极限状态

国际标准 IS02394：1998 规定，与倒塌或结构其他类似失效形式相关的状态称为承载能力极限状态，包括：

①结构或结构的一部分作为刚体失去平衡（如倾覆等）；

②因开裂、破碎（在某些情况下受到疲劳、腐蚀等的影响）或过度变形而导致截面、构件或连接达到最大承载能力；

③结构转变为机动体系；

④结构或结构构件丧失稳定（如压屈等）；

⑤设定的结构体系突然转变为新的体系（如折断）。

（2）正常使用极限状态

当结构或构件达到最大承载能力或不适于继续承载的变形时，认为该状态即为承载能力极限状态。当结构或构件出现下列情况时，则认为超过了承载能力极限状态：

①缩短结构使用年限，或影响结构或非结构构件功效，或外观的局部损坏（包括开裂）；

②影响结构或非结构构件的有效使用或外观，或者影响设备功能的不可接受的变形；

③引起人员不适或者影响非结构构件或设备功能的过大振动。

假定结构的抗力随机变量为 R，荷载效应随机变量为 S，那么，描述结构工作状态的结构功能函数可以表示为：

$$Z=g(R,S)=R-S$$

由于截面几何特性、抗力 R 产生影响，结构尺寸、材料性能等不同因素均会对荷载效应。所以，用 X_1，X_2，…，X_n 表示结构的基本随机变量，用 $Z=g(X_1, X_2, \cdots, X_n)$ 表示结构工作状态的函数，称为结构功能函数，则结构的工作状态可用下式表示：

$$Z=g(X_1, X_2, \cdots, X_n)\begin{cases} <0 & 失效状态 \\ =0 & 极限状态 \\ >0 & 可靠状态 \end{cases}$$

通过对结构可靠度理论的阐述，再结合航道整治工程的本质，对航道整治建筑物可靠度做出如下的定义：整治建筑物可靠度为在规定的设计使用年限内，在一定的水流、边界条件下，建筑物结构满足整治要求的概率。

其中，设计使用年限为结构或构件不需进行大修即可按其预定目的使用的时段，结构的设计使用年限需要考虑结构的形式、使用目的、使用环境及维修的难易程度、费用和重要性等。不同结构设计使用年限见表 6-1《工程结构可靠性设计统一标准》（GB 50153—2008）。

我国《工程结构可靠性设计统一标准》（GB 50153—2008）**规定的结构设计使用年限**　表 6-1

类别	设计使用年限（年）	示　例
Ⅰ	＜ 10	临时性结构
Ⅱ	10 ~ 30	易替换的结构构件
Ⅲ	50	一般的房屋结构和其他普通的工程结构
Ⅳ	100	重要的纪念性建筑的结构、大型桥梁和其他重大工程的结构

6.1.3 失效概率与可靠指标

结构功能函数 $Z<0$ 的概率称为该构件的失效概率，用 P_f 表示。按照结构可靠度的定义和概率论的基本原理，若结构的基本随机变量为 X_1，X_2，…，X_n，相应的概率密度

函数为 $f_X(X_1,X_2,\cdots,X_n)$，由这些随机变量表示的功能函数为 $Z=g(X_1,X_2,\cdots,X_n)=0$，则结构的失效概率表示为：

$$P_f = P(Z<0) = \iint\cdots\int_{z<0} f_z(x_1,x_2,\cdots,x_n)\mathrm{d}x_1\mathrm{d}x_2\cdots\mathrm{d}x_n \tag{6-1}$$

若随机变量 X_1，X_2，……，X_n 相互独立，则上式为：

$$P_f = P(Z<0) = \iint\cdots\int_{z<0} f_{X_1}(x_1)f_{X_2}(x_2)\cdots f_{X_n}(x_n)\mathrm{d}x_1\mathrm{d}x_2\cdots\mathrm{d}x_n \tag{6-2}$$

假定结构的抗力随机变量为 R（结构抵抗破坏或变形的能力，如截面强度、刚度等），荷载效应随机变量为 S（作用在结构上的各种荷载引起的各种内力、变形、位移等），其相应的概率密度函数为 $f_R(r)$ 和 $f_S(s)$，概率分布函数分别是 $F_R(r)$ 和 $F_S(s)$，且 R 和 S 相互独立，结构功能函数为：

$$Z=g(R,\ S)=R-S \tag{6-3}$$

则结构的失效概率为：

$$P_f = P(Z<0) = \iint\cdots\int_{z<0} f_R(r)f_S(s)\mathrm{d}r\mathrm{d}x = \int_0^{+\infty} F_R(r)f_S(s)\mathrm{d}s \tag{6-4}$$

在式（6-3）表示的功能函数中，假定 R 和 S 均服从正态分布且相互独立，其平均值和标准差分别为 μ_R、μ_S 和 σ_R、σ_S，则功能函数 $Z=R-S$ 也服从正态分布，且其平均值和标准差分别为 $\mu_Z=\mu_R-\mu_S$ 和 $\sigma_Z=\sqrt{\sigma_R^2+\sigma_S^2}$，$Z$ 的概率密度函数为：

$$f_Z(z)=\frac{1}{\sqrt{2\pi}\sigma_Z}\exp\left[-\frac{(Z-\mu_Z)^2}{2\sigma_Z^2}\right] \tag{6-5}$$

则结构的失效概率为：

$$P_f=\int_{-\infty}^0 f_Z(z)\mathrm{d}z=\int_{-\infty}^0\frac{1}{\sqrt{2\pi}\sigma_Z}\exp\left[-\frac{(Z-\mu_Z)^2}{2\sigma_Z^2}\right]\mathrm{d}z \tag{6-6}$$

作变换：$z=\mu_Z+\sigma_Z t$，则 $\mathrm{d}z=\sigma_Z\mathrm{d}t$，当 $Z=0$ 时，$t=-\mu_Z/\sigma_Z$；当 $Z\to-\infty$ 时，$t\to-\infty$。

所以式 (6-6) 可转化为：

$$P_f=\int_{-\infty}^{\frac{\mu_z}{\sigma_z}}\frac{1}{\sqrt{2\pi}}\exp\left(-\frac{t^2}{2}\right)\mathrm{d}t=\Phi\left(\frac{-\mu_Z}{\sigma_Z}\right)=\Phi(-\beta) \tag{6-7}$$

$$\beta=\frac{\mu_Z}{\sigma_Z}=\frac{\mu_R-\mu_S}{\sqrt{\sigma_R^2+\sigma_S^2}} \tag{6-8}$$

式中：β——结构可靠指标，它与结构的失效概率具有式表示的对应关系，求得了可靠指标，也就求得了结构的失效概率。

6.1.4　时变可靠度

在实际工程中，结构承受的一些荷载（如码头结构承受的船舶荷载、水流力荷载、车辆荷载等）以及结构的抗力都在随时间的变化而发生改变，也即结构的抗力 $R(t)$ 和荷载效应 $S(t)$ 都随时间变化，因此，结构构件的失效概率 $P_f(t)$ 也随时间变化。结构的时变可靠度可定义为：结构在设计基准期 T 内，在正常设计、使用和维护条件下，考虑环境等因素的影响，在任意时刻完成预定功能的概率 $P_s(t)$，$t\in[0,T]$，结构的时变可靠度模型可表示为：

$$Z(t)=g[R(t),\ S(t)]=R(t)-S(t) \tag{6-9}$$

结构的失效概率为：

$$P_f(t)=P[R(t)-S(t)<0] \tag{6-10}$$

结构的时变可靠指标为：

$$\beta(t)=\Phi^{-1}[1-P_f(t)] \tag{6-11}$$

式中：$R(t)$、$S(t)$ ——分别为结构抗力与荷载效应的随机过程；

$\Phi^{-1}(*)$ ——标准正态分布函数的反函数。

6.2 整治建筑物结构可靠性的评定思想

6.2.1 评定目的

既有结构的可靠性包含时间、条件以及功能三个关键要素。即判定结构在规定的时间内，在规定的条件下，是否具有完成预定功能的能力。

（1）评定对象

既有结构可靠性评定的对象原则上应是结构整体或结构中相对独立的部分，它们所包含的构件在力学上一般应具有紧密的联系。

（2）功能要求

对应于承载能力极限状态和正常使用极限状态，结构应具有安全和适用两个方面的基本功能。既有结构的可靠性也是从安全性和适用性两个角度评定的。在某些特殊情况下，可不做结构适应性鉴定。当结构环境恶劣或者破损严重时，造成结构性能劣化的主要原因可能归结于材料的损伤，此时，形式上可对结构的耐久性进行专门的评定，但内容上仍为安全性和适用性评定。

（3）条件

对结构未来时间里使用和维护方面的要求代表了整治建筑物结构可靠性评定的前提和条件。如果仅要求正常的使用和维护，一般可不予以专门的说明。如果有特殊的要求，则应明确说明，它们对于正确分析和评定整治建筑物结构的可靠性，准确理解既有结构的可靠度水平，都是必要及重要的。

6.2.2 评定内容与项目

（1）结构体系的评定内容和项目

对整治建筑物结构可靠性的评定应是对结构体系可靠性的评定。虽然目前对构件的评定往往成为可靠性评定的主要工作，但决定结构整体可靠性的是结构体系的可靠性，它并不能被构件的可靠性评定所代替。对结构体系可靠性的控制实际也是结构设计的目标。在结构设计的基础性标准中，国内外对结构承载能力极限状态和正常使用极限状态的规定，都包含了结构体系方面的内容。

（2）结构构件的评定内容和项目

对于非结构性项目，如构件总体变形等项目，可以根据构件的安全性、适用性综合评定结构体系的安全性和适用性，其主要决定于失效构件的数量和位置，一般需要设置构件层次的评定项目。对于结构保持强度、静定、稳定的能力等结构体系安全性的项目，可以直接简化为“承载能力”一个项目。而对应于适用性项目的构件层次又可以设置为：变形、损坏、振动等。为了更全面地反映结构的适用性，可对构件适用性的项目做必要的扩展。

6.2.3 评定依据与标准

（1）评定依据

整治建筑物结构可靠性评定主要是以反映结构和环境特性、状况的信息以及有关结构分析、校核的标准和规范为依据的。

整治建筑物结构的可靠性评定并不是独立的，它需要结合调查、检测工程。在实际工程中，不能完全根据环境、结构自身的情况评定结构的可靠性。由于主观或客观因素的影响，使得所得到的信息不够全面，很多情况下都需要引用或参考类似环境或结构的有效数据。而判断所引用的数据是否合理，仍需要依据环境或结构自身的信息。

整治建筑物结构多数是依据过去的标准和规范设计的，它们的基本原则、方法以及隐含或规定的可靠度水平与现行标准和规范的规定往往存在着差别。依据不同版本的标准和规范，对既有结构的可靠性评定往往会有不同的结论。

实际上，标准和规范不仅是工程实践中应共同遵守的准则和依据，也是先进理论与技术、公认可靠度控制标准的体现，现行标准和规范则代表了当前成熟、公认的成果。在既有结构的可靠性评定中，以现行标准和规范为依据，是保证整治建筑物结构技术先进性和可靠度水平的基本措施。

但是完全按照现行标准和规范评定既有结构，可能导致结构加固工程的规模过大，而且一些按近期规范设计的既有结构，可能因标准、规范的修订而不满足现行标准和规范的要求，这些常常会引起工程技术人员的疑虑。在既有结构可靠性的评定中，通过采取适当措施，以现行标准和规范为依据，而不是完全遵行现行标准和规范，是能够将既有结构加固工程的规模限定在一定范围之内的。

（2）失效准则和目标可靠指标

失效准则和目标可靠指标是结构可靠度控制的主要标准，其中，失效准则具体表现为结构极限状态的标志和限值。在整治建筑物结构的可靠性评定中，结构极限状态的标志和限值仍应符合现行标准和规范的规定。整治建筑物结构目标可靠指标的选择有两种方式：采用与结构设计类似的实用方法评定其可靠性时，取现行实用设计表达式所隐含的可靠指标；直接采用可靠度分析的方法评定时，取现行国家标准明确规定的目标可靠指标。如果考虑经济、社会、可持续发展方面的因素，也可适当降低整治建筑物结构的目标可靠指标。

6.3 护滩软体排可靠度分析

6.3.1 护滩软体排时变可靠性分析

在荷载环境和材料内部因素的作用下，软体排的性能会逐步劣化。软体排性能的劣化使得软体排的实际可靠度比预设计的可靠度低，因此，本小节着重研究考虑抗力随时间变化的软体排可靠性的分析方法。

将软体排抗滑稳定性公式通过进一步转化，可以得到排体的功能函数为：

$$Z(t)=g(R_0,\ S_{QT},\ S_G)=F_{抗拉力}+G_1\cos\alpha f-G_1\sin\alpha-G_2-S_{QT} \tag{6-12}$$

软体排在发生破坏时，往往是由于排体扭曲变形，使系结条的拉应力大于其抗拉强度。这里需要强调的是，在混凝土软体排结构中，混凝土块体中往往是加了钢筋，这使得混凝土块体的抗拉强度大大提高，而且块体与块体间的连接是靠系结条铰接，因此，我们认为在一定的水流泥沙条件下，系结条的抗拉失效是导致软体排发生变形破坏的主要原因。所以，这里我们将 $F_{抗拉力}$ 看作由未滑落排体与滑落排体间的拉应力，则：

$$F_{抗拉力}=A_s f_{y0}\varphi_y(t)$$

式中：A_s——系结条截面积；

f_{y0}——系结条及排布初始屈服强度，为 40kN/m；

$\varphi_y(t)$——其衰减系数。

现在通过前面的理论来建立排体的可靠度公式。

X 型混凝土软体排的抗力表达式为：

$$R(t)=F_{抗拉力}+G_1\cos\alpha f=A_s f_{y0}\varphi_y(t)+G_1\cos\alpha f \tag{6-13}$$

将结构使用期 $t_1=Na$ 分为 m 个时段，每个时段的长度为 $\tau=Na/m=\dfrac{N}{m}a$。这时混凝土软体排的抗力离散化为：

$$R(t_i)=A_s f_{y0}\varphi_y(t_i)+G_1\cos\alpha f\quad[t_i=(i-0.5)\tau,\ i=1,\ 2,\ \cdots,\ m] \tag{6-14}$$

由于目前还没有找出系结条随时间变化的衰减函数 $\varphi_y(t)$，如果参考钢筋的衰减系数形式 $\varphi_y(t)=1.0-a\times10^{-6}t^3$，可分别求出每一时段内系结条的衰减系数 $\varphi_y(t_1)$、$\varphi_y(t_2)$、…、$\varphi_y(t_m)$，进而求出每一时段内系结条的屈服强度，通过可靠度计算，得出在使用期内每一段的失效概率。

S_{QT} 为软体排在使用期内可能出现的最大可变荷载，但由于天然河道中水流、环境因素的复杂性让作用在软体排上的可变荷载难以确定，目前还不能确定 S_{QT} 的具体表达形式及分布特征，但通过对排体间的受力情况进行分析，可以找出作用于排体可变荷载的分布区间。

通过对软体排受力分析可知，软体排所受拉力与行近流速有很大关系，这里给出排体所受拉力与行近流速的对应关系（表 6–2，表中数据单位为 kN/m^2，已换算为原型值），可以为可靠度计算提供参考和依据。

不同行近流速下软体排所受拉力（单位：kN/m^2）　　表 6–2

限值	行近流速（m/s）		
	2.3	3.5	4.3
上限	3.51	18.27	128.16
下限	0.99	1.71	32.67

这里需要说明的是：随着水流对滩体的冲刷，岸坡坡角也是随时间变化的，因此，如果考虑坡角 α 随时间的变化，则软体排功能函数可表示为$Z(t)=g(R_0,\ S_{QT},\ S_G)=A_s f_{y0}\varphi_y(t)+G_1\cos\alpha(t)f-G_1\sin\alpha(t)-G_2-S_{QT}$；混凝土铰链排与坡面的摩擦系数要考虑土体的性质、排体布置方式及面积等；而永久荷载效应主要是以混凝土块体有效重量为主，因为混凝土压载体是批量生产的，可以认为其服从正态分布。

6.3.2 基于水毁面积的护滩软体排可靠性判别分析

由于可靠度理论在整治建筑物研究领域尚处于起步阶段，很多理论还不成熟，荷载效应的多变与抗力分布的不确定性给可靠度理论在护滩建筑物的实际应用带来相当大的困难，本文通过水槽模型试验，分别研究了在不同水深、流量下护滩建筑物的破坏及滩体的变形情况，通过因次分析法找出排体破坏程度与影响排体破坏主要因素之间的数量关系，给出护滩软体排水毁的定量表达式。

（1）混凝土软体排水毁面积公式的确定

根据量纲分析，以护滩建筑物的破坏面积与总护滩带面积的比值作为表征护滩带破坏程度的依据，则护滩带冲刷破坏面积基本关系式的无量纲形式如下：

$$\frac{S_{毁}}{S_{总}}=k_1(F_r)^{k_2}\left(\frac{L_D}{h}\right)^{k_3}\left(\frac{L_D}{B}\right)^{k_4}\left(\frac{h_s}{h}\right)^{k_5}\left(\frac{\gamma_s-\gamma}{\gamma}\right)^{k_6} \tag{6-15}$$

式中：k_1、k_2、…、k_5——待定系数；

$S_{毁}$——护滩建筑物的水毁面积；

$S_{总}$——护滩带总面积；

F_r——行近水流的弗汝德数，$F_r=v^2/gh$，v 为行进流速；

L_D——边滩的阻水长度，以垂直流向长度计；

h——行近水深；

h_s——护滩带最宽处带上水深；

B——河宽；

γ_s——泥沙的重度；

γ——水的重度。

在天然河流中采用 γ_s=2.65t/m^3，因此，式（6–15）可以化简为：

$$\frac{S_{毁}}{S_{总}}=k_1(F_r)^{k_2}\left(\frac{L_D}{h}\right)^{k_3}\left(\frac{L_D}{B}\right)^{k_4}\left(\frac{h_s}{h}\right)^{k_5} \tag{6-16}$$

根据试验资料进行多元线性回归分析，可得到护滩软体排水毁面积公式为：

$$\frac{S_{毁}}{S_{总}}=5.5(F_r)^{1.798}\left(\frac{L_D}{h}\right)^{-0.75}\left(\frac{h_s}{h}\right)^{0.034} \tag{6-17}$$

该式相关系数 R=0.940，将计算值与实测值进行比较（图 6–1），相关性较好。

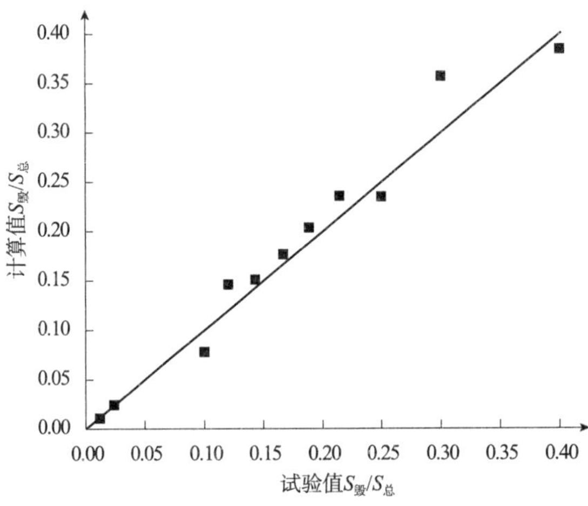

图 6–1　计算值与试验值比较图

（2）软体排可靠性评判模型

由上一小节中得到的 X 型混凝土软体排水毁面积计算公式，进一步通过转化，使其成为可以定量分析 X 型混凝土软体排稳定性的判别公式：

$$K=1-\frac{S_{毁}}{S_{总}}=1-5.5(F_r)^{1.798}\left(\frac{L_D}{h}\right)^{-0.75}\left(\frac{h_s}{h}\right)^{0.034} \tag{6-18}$$

式中：K——软体排安全系数，根据《航道工程手册》，可定义：完全破坏 K=0，严重破坏 $0<K<0.3$，中等强度破坏 $0.3<K<0.7$，轻微破坏 $0.7<K<1$，不破坏（安全）K=1。

（3）基于水毁面积比的软体排可靠性判别实例

结合瓦口子水道 3 号护滩带实测资料，对其可靠性进行分析。该工程 2008 年 7 月完工，至 2009 年 2 月期间，取行近流速 v=3.0m/s、阻水长度 L_D=500m、h=4.5m、h_s=3m、B=12 000m。

将上述影响参数代入式（6–18），计算得：K=0.83，说明该软体排处于轻微破坏，这与实际情况基本一致。

6.3.3　基于模糊数学的软体排可靠性评判模型

（1）软体排可靠性的模糊因素分析

在我国通航河流中，航道整治建筑物因受水流泥沙动力、结构、人类活动及维护管理等因素的影响，而常常出现水毁破坏现象。水流泥沙动力因素导致的耦合作用对整治建筑物的破坏尤为明显。航道整治建筑物抵御水流泥沙破坏作用的抗力是建筑物结构在水流泥沙作用下各力学性态指标的综合反应，是评价结构稳定性和安全可靠性的依据。整治建筑物在水流泥沙作用下应满足一定的稳定性的要求，是保证结构稳定安全可靠的主要目标。而反映在整治建筑物结构中的这些力学性能指标，往往受到各种主、客观错综因素的影响，并随着时间的推移，使结构内外产生变异，导致稳定性逐渐下降，从而可能导致整治建筑物的破坏。目前国内外对整治建筑物水毁问题的研究，主要侧重野外调查、水文分析和稳定性的一般计算，对水力与整治建筑物结构破坏因果关系的研究很少。

影响整治建筑物稳定性的因素是众多、复杂的，而且这些因素往往同时具有随机性与模糊性。例如材料，不仅具有随机性，也由于施工、养护条件好坏而带有强烈的模糊性；再如块石粒径，通常按照工程实践经验进行估算设计，而水流动力作用荷载超过设计值微小的范围就意味着破坏，实际上，两者并无实质的区别，因而是模糊的。原交通部《航道整治工程技术规范》(JTJ 312—98) 中，对整治建筑物材料设计，采用经验和就地取材的方法，实际上考虑了材料选用的随机性。

实际工程中，影响整治建筑物抵御水流泥沙破坏作用的主要因素通常有：

①材料因素：这是影响整治建筑物抗力的主要因素之一，如材料质地、材料级配、水泥标号、水泥用量等；

②结构形式：如顺坝、丁坝、锁坝及护岸等形式；

③人为因素：如设计水平、施工质量、养护条件等；

④环境因素：如地质条件、水文条件、流冰及漂木等。

这些因素中，有关随机性问题已被工程界所认识，并在现行规范中有所考虑，但由于因素间相互联系，相互影响，错综复杂，导致了因素的模糊性。所以，这里将对造成整治建筑物水毁的上述不确定性因素，采用模糊数学的方法 [(n,n)] 研究航道整治建筑物的水毁问题。

（2）软体排可靠性模糊数学评判模型

①评定模型。

若干年来修建的航道整治建筑物的稳定计算是按原交通部《航道整治工程技术规范》(JTJ 312—98) 中 10.6 款进行的，即在计算荷载（B_s）时，应考虑各级水位下水流力、波浪力、浮托力、土压力、渗透力、自重等作用力的不利组合，验算其稳定性。显然这些因素具有一定的模糊随机性，因而评定整治建筑物抵御水毁破坏的抗力（F_r）时，应对模糊随机性进行评定才算合理。

影响整治建筑物抗力的模糊性原理可表示为：

$$B_s \underset{\sim}{\subseteq} \underset{\sim}{F_r} \tag{6-19}$$

式中：“～”——含有模糊因素的意思。

整治建筑物在使用 T 期限后，环境因素对抗力影响很大，这些因素本身具有强烈的模糊性，因而给定量分析和计算带来了很大的困难。由于整治建筑物抵御破坏的抗力的力学性能指标不同，影响因素对各抗力力学性态指标的影响也不同，因此需对各力学性态指标分别评判，以分别获得各力学性态指标的折减系数 Φ。折减系数通过对该力学指标影响因素的模糊综合评判确定，它考虑了各因素的影响程度和地位。

因此，保持航道整治建筑物安全稳定性的抗力方程可表示为：

$$B_s \leqslant \Phi F_r \tag{6-20}$$

②折减系数 Φ 的综合评定。

A．建立因素集。

将影响整治建筑物抵御破坏的抗力的力学指标的各因素组成因素集 U，将 U 中各因素按其性质分为 m 类，即 m 个子集：

$$u = \{u_1, u_2, \cdots, u_m\} \tag{6-21}$$

式中：$u_i(i=1,2,\cdots,m)$——第 i 个因素子集。

整治建筑物抵御破坏的抗力的力学指标因素子集包括：设计施工、水文地质、养护维修等。设每个因素子集包括 n 个因素：

$$u_1 = \{u_{i1}, u_{i2}, \cdots, u_{im}\} \tag{6-22}$$

式中：$u_{ij}(i=1, 2, \cdots, m; j=1, 2, \cdots, n)$——第 i 个因素子集的第 j 个因素，不同的 i 可有不同的 n。如设计施工子集可包括设计水平、结构形式、施工水平、材料组成等四个因素，地质水文子集包括地质条件、水文条件两个因素，等等。将每个因素 u_{ij} $(i=1, 2, \cdots, m; j=1, 2, \cdots, n)$ 按其程度分为 p 个等级，如设计水平可分为高、较高、一般、较低、低等五等级，可表示为如下因素等级集：

$$u_{ij} = \{u_{ij1}, u_{ij2}, \cdots, u_{ijp}) \tag{6-23}$$

$u_{ijk}(k=1, 2, \cdots, p)$——因素 u_{ijk} 的第 k 个等级。因素等级集应视为等级论域上的模糊子集：

$$u_{ij} = \frac{\mu_{ij1}}{u_{ij1}} + \frac{\mu_{ij2}}{u_{ij2}} + \cdots + \frac{\mu_{ijp}}{u_{ijp}} \tag{6-24}$$

B．建立备择集。

由于要确定整治建筑物抵御破坏抗力的力学指标折减系数 Φ 的取值，因而 $0 \leqslant \Phi \leqslant 1$ 将区间 [0，1] 按步长 0.1 离散为 V_l（l=1，2，…，q；在这里，q=11）的集合 V={0，0，1，0，2，…，0.9，1.0} 作为备择集。

C．一级模糊综合评判。

按各个因素等级进行模糊综合评判，设按第 i 类中第 j 个因素的第 k 个等级 u_{ijk} 进行评判，评判对象备择集中第 l 个因素的隶属度为：r_{ijkl}（i=1，2，…，m；j=1，2，…，n；k=1，2，…，p；l=1，2，…，q），则因素 u_{ij} 的等级评判矩阵为：

$$\widetilde{\boldsymbol{R}}_{ij}=\begin{bmatrix} r_{ij11} & r_{ij12} & \cdots & r_{ij1q} \\ r_{ij21} & r_{ij22} & \cdots & r_{ij2q} \\ \cdots & \cdots & \cdots & \cdots \\ r_{ijp1} & r_{ijp2} & \cdots & r_{ijpq} \end{bmatrix}$$

为了使各个因素具有通用的同一评判矩阵$\boldsymbol{R}_{ij}$以简化计算，各因素等级应按影响评判对象的一致来排列。

为反映某一因素对评判对象的取值的影响，而赋予该因素各等级的权数，称为该因素等级的权重集。设因素等级 u_{ijk} 的权数为 a_{ijk}，则因素 u_{ijk} 的等级权重集为：

$$\underset{\sim}{A}_{ij}=(a_{ij1},\ a_{ij2},\ \cdots,\ a_{ijp})$$

$$a_{ijk}=\frac{\mu_{ijk}}{\sum\limits_{k=1}^{p}\mu_{ijk}}\quad(i=1,\ 2,\ \cdots,\ m;\ j=1,\ 2,\ \cdots,\ n)$$

一级模糊综合评判集为：

$$\underset{\sim}{B}_{ij}=\underset{\sim}{A}_{ij}\cdot\underset{\sim}{R}_{ij}(b_{ij1},\ b_{ij2},\ \cdots,\ b_{ijl})$$

式中：b_{ijl}——一般模糊综合评判指标，它表示按因素的所有等级进行模糊综合评判时，评判对象对备择集中第 l 个元素的隶属度$b_{ijl}=\sum\limits_{k=1}^{p}a_{ijkl}\cdot r_{ijkl}$ $(i=1,\ 2,\ \cdots,\ m;\ j=1,\ 2,\ \cdots,\ n;\ l=1,\ 2,\ \cdots,\ q)$。

D. 二级模糊综合评判。

按因素子集 u_i 的所有因素 $u_{ij}(i=1,\ 2,\cdots,\ m;\ j=1,\ 2,\cdots,\ n)$ 进行模糊综合评判。u_{ij} 的单因素评判集 B_{ij} 应是一级模糊综合评判集 B_{ij}，故 u_i 的单因素评判矩阵为：

$$\underset{\sim}{\boldsymbol{R}}_{i}=\begin{bmatrix} \underset{\sim}{B}_{i1} \\ \underset{\sim}{B}_{i2} \\ \cdots \\ \underset{\sim}{B}_{in} \end{bmatrix}$$

设 a_{ij} 为因素 u_{ij} 的权数，则子集 u_i 的权重集为：

$$\underset{\sim}{A}_{i}=(a_{i1},\ a_{i2},\ \cdots,\ a_{ip})\quad(i=1,\ 2,\ \cdots,\ n)$$

二级模糊综合评判集为：

$$\underset{\sim}{B}_{i}=\underset{\sim}{A}_{i}\cdot\underset{\sim}{R}_{i}(b_{i1},\ b_{i2},\ \cdots,\ b_{iq})$$

式中：b_{il}——二级模糊综合评判指标，它表示评判对象按因素子集 u_j 的所有子因素进行综合评判时，对备择集中第 i 个元素的隶属度，$b_{il}=\sum\limits_{j=1}^{n}a_{ij}\cdot b_{ijl}$ $(i=1,2,\ \cdots,\ m;\ l=1,\ 2,\ \cdots,\ q)$。

E. 三级模糊综合评判。

在各类之间进行模糊综合评判，第 i 类的单因素评判集 R_i 应是二级模糊综合评判集 B_i，故 V 的单因素评判矩阵为：

$$\underset{\sim}{R}=\begin{bmatrix}\underset{\sim}{B_1}\\\underset{\sim}{B_2}\\\cdots\\\underset{\sim}{B_m}\end{bmatrix}=[b_{il}]_{m\times q}$$

设 a_i 为因素 u_i 的权数，则子集 U 的权重集为：

$$\underset{\sim}{A}=(a_1,\ a_2,\ \cdots,\ a_m)$$

三级模糊综合评判集为：

$$\underset{\sim}{B}=\underset{\sim}{A}\cdot\underset{\sim}{R}(b_1,\ b_2,\ \cdots,\ b_q)$$

式中：b_q——二级模糊综合评判指标，它表示评判对象按所有子因素进行综合评判时，对备择集中第 l 个元素的隶属度，$b_l=\sum a_i\cdot b_{il}(l=1,\ 2,\ \cdots,\ q)$。

③折减系数 Φ 的具体确定。

折减系数 Φ 有两种方法确定。

A. 最大隶属度法。

取与 $\max b_l$（b_l 为总的模糊综合评判指标，它表示评判对象按所有因素进行评判时，对备择集中第 l 个元素的隶属度。）相应的备择集元素 V_l 为折减系数 Φ 的值，即：

$$\Phi=\{V_l/V_1\rightarrow\max\ b_i\}\tag{6-25}$$

B. 加权平均法。

取以 b_l 为权数，对 V_l 进行加权平均的值为折减系数 Φ 的值，即：

$$\Phi=\frac{\sum_{i=1}^{q}(b_lv_l)}{\sum_{l=1}^{q}b_l}\tag{6-26}$$

如果评判指标已归一化，则：

$$\Phi=\sum_{l=1}^{q}(b_lv_l)\tag{6-27}$$

最大隶属度法只考虑了 $\max b_l$ 一个指标的贡献，加权平均法考虑了所有指标的贡献，因此，以后者为好。

④安全度的确定。

已知航道整治建筑物最大荷载 B_{smax} 及整治建筑物抗力 ΦF_{r}，根据关系式 $B_{\text{s}}\leqslant\Phi F_{\text{r}}$，就可以确定安全可靠度 β 及超安全度 γ。

安全可靠度：

$$\beta=\frac{\Phi F_{\text{r}}-B_{\text{smax}}}{\Phi F_{\text{r}}}\times100\%$$

超安全度：

$$\gamma=\frac{B_{\text{smax}}-\Phi F_{\text{r}}}{\Phi F_{\text{r}}}\times100\%$$

（3）基于模糊数学的软体排可靠性判别实例

水流对软体排的上举力：

$$F = K\gamma \frac{v^2}{2g}A \tag{6-28}$$

式中：F——上举力，kPa；

K——动水压力系数，取 K=2.32；

γ——水的重度，9.81kN/m^3；

v——水的行进流速，m/s，取 3.0m/s；

g——重力加速度，9.81m/s^2；

A——挡水面积，m^2。

取水下 X 型排前沿 1m^2 的排座脱离体分析，按规范设计的模型试验软体排，计算的在水流作用下的上举力为：

$$F_r = 2.32\gamma \frac{v^2}{2g}A = 2.32 \times 9.81 \times \frac{3^2}{2 \times 9.81} \times 0.15 \times 1 = 1.566(\text{kN}) \tag{6-29}$$

原型软体排的压载混凝土多为 45cm×40cm×12cm（长 × 宽 × 厚），质量为 51kg，板块之间的间隙约为 1cm，换算成单位面积压重为 280kg 左右。即排体压载质量为：

$$P_r = \frac{280 \times 9.81}{1\ 000} = 2.747(\text{kN}) \tag{6-30}$$

通过模型综合评判，确定抵抗力折减系数 Φ，以确定该混凝土铰链连体排抵抗水毁破坏作用的安全度。

①因素集。

影响整治丁坝护底沉排抵抗力折减系数的因素很多，这里考虑了 8 种因素，见表 6–3。

影响整治建筑物抵抗力折减系数的因素 表 6–3

因素子集		影响因素		因素等级				
				1	2	3	4	5
u_1	设计施工	u_{11}	设计水平	高	较高	一般	较低	低
		u_{12}	结构形式	好	较好	一般	较低	差
		u_{13}	施工水平	高	较高	一般	较低	低
		u_{14}	材料组成	好	较好	一般	较差	差
u_2	水文地质	u_{21}	水文条件	好	较轻	一般	较差	差
		u_{22}	地质条件	好	较好	一般	较差	差
u_3	养护维修	u_{31}	结构损伤	轻	较轻	一般	较严重	重
		u_{32}	养护维修	好	较好	一般	较差	差

每个因素的各个等级对该因素的隶属度见表 6–4。

影响整治建筑物抵抗力折减系数的因素　　表 6-4

因素子集		影响因素		因素等级				
				1	2	3	4	5
u_1	设计施工	u_{11}	设计水平	0.8	1.0	0.7	0.5	0.3
		u_{12}	结构形式	0.8	1.0	0.7	0.5	0.3
		u_{13}	施工水平	0.7	1.0	0.8	0.6	0.4
		u_{14}	材料组成	0.7	1.0	0.8	0.6	0.4
u_2	水文地质	u_{21}	水文条件	0.7	1.0	0.8	0.6	0.4
		u_{22}	地质条件	0.3	0.5	0.7	1.0	0.8
u_3	养护维修	u_{31}	结构损伤	0.3	0.7	1.0	0.8	0.4
		u_{32}	养护维修	0.8	1.0	0.7	0.5	0.3

②备择集。

将 $\Phi\in[0,1]$ 按步长 0.1 离散为 11 个值，得备择集：$\Phi=\{0,0,1,0,2,\cdots,0.9,1.0\}$。

③等级评判矩阵。

各因素的等级均按影响抗力折减系数取值的趋势一致来排列，等级评判矩阵为：

$$\underset{\sim}{\boldsymbol{R}}_i=\begin{bmatrix}0.8 & 1.0 & 0.8 & 0.6 & 0.4 & 0.2 & 0.1 & 0 & 0 & 0 & 0\\ 0.4 & 0.6 & 0.8 & 1.0 & 0.8 & 0.6 & 0.4 & 0.2 & 0.1 & 0 & 0\\ 0.1 & 0.2 & 0.4 & 0.6 & 0.8 & 1.0 & 0.8 & 0.6 & 0.4 & 0.2 & 0.1\\ 0 & 0 & 0.1 & 0.2 & 0.4 & 0.6 & 0.8 & 1.0 & 0.8 & 0.6 & 0.4\\ 0 & 0 & 0 & 0 & 0.1 & 0.2 & 0.4 & 0.6 & 0.8 & 1.0 & 0.8\end{bmatrix}$$

④权重集。

A. 每类因素的权重集。

$$\underset{\sim}{A}_1=(0.2,\ 0.2,\ 0.3,\ 0.3)$$

$$\underset{\sim}{A}_2=(0.6,\ 0.4)$$

$$\underset{\sim}{A}_3=(0.5,\ 0.5)$$

B. 因素类权重集。

$$\underset{\sim}{A}=(0.2,\ 0.3,\ 0.5)$$

⑤各级模糊综合评判结果。

A. 一级模糊综合评判结果。

$$\underset{\sim}{\boldsymbol{B}}_{1j}=\begin{bmatrix}0.336 & 0.467 & 0.536 & 0.606 & 0.579 & 0.552 & 0.473 & 0.394 & 0.309 & 0.224 & 0.115\\ 0.336 & 0.467 & 0.536 & 0.606 & 0.579 & 0.552 & 0.473 & 0.394 & 0.309 & 0.224 & 0.115\\ 0.297 & 0.417 & 0.407 & 0.577 & 0.571 & 0.566 & 0.500 & 0.434 & 0.349 & 0.263 & 0.183\\ 0.297 & 0.417 & 0.407 & 0.577 & 0.571 & 0.566 & 0.500 & 0.434 & 0.349 & 0.263 & 0.183\end{bmatrix}$$

$$\underset{\sim}{\boldsymbol{B}}_{2j}=\begin{bmatrix}0.297 & 0.417 & 0.407 & 0.577 & 0.571 & 0.566 & 0.500 & 0.434 & 0.349 & 0.263 & 0.183\\ 0.336 & 0.467 & 0.536 & 0.606 & 0.579 & 0.552 & 0.473 & 0.394 & 0.309 & 0.224 & 0.115\end{bmatrix}$$

$$\underset{\sim}{\boldsymbol{B}}_{3j}=\begin{bmatrix}0.155 & 0.224 & 0.309 & 0.394 & 0.473 & 0.552 & 0.579 & 0.606 & 0.536 & 0.467 & 0.336\\ 0.336 & 0.467 & 0.536 & 0.606 & 0.579 & 0.552 & 0.473 & 0.394 & 0.309 & 0.224 & 0.115\end{bmatrix}$$

B. 二级模糊综合评判结果。

$$\underset{\sim}{\boldsymbol{B}}_i=\begin{bmatrix}0.313 & 0.473 & 0.459 & 0.589 & 0.574 & 0.560 & 0.489 & 0.418 & 0.333 & 0.347 & 0.172\\ 0.240 & 0.340 & 0.368 & 0.504 & 0.532 & 0.548 & 0.532 & 0.503 & 0.424 & 0.345 & 0.244\\ 0.246 & 0.346 & 0.423 & 0.500 & 0.526 & 0.537 & 0.526 & 0.500 & 0.423 & 0.346 & 0.246\end{bmatrix}$$

C．三级模糊综合评判结果。

$$\underset{\sim}{\boldsymbol{B}} = [0.258 \quad 0.326 \quad 0.414 \quad 0.519 \quad 0.537 \quad 0.545 \quad 0.520 \quad 0.485 \quad 0.405 \quad 0.326 \quad 0.231]$$

⑥ Φ 值得确定。

A．按最大隶属度法。

$$\Phi=0.500$$

B．按加权平均法。

$$\Phi=0.453$$

因此，软体排对水流作用的实际抵抗能力为：

$$F_r' = \Phi P_r = 0.453 \times 2.747 = 1.244(\mathrm{kN})$$

⑦安全可靠度的确定。

因为$F_r = 1.566\mathrm{kN} > F_r' = 1.244\mathrm{kN}$，故该软体排抵抗水毁的能力不满足稳定要求，已不可靠，其超安全度为：

$$\gamma = \frac{F_r - \Phi \cdot P_r}{P_r} = \frac{1.566 - 1.244}{2.747} = 11.7\% \tag{6-31}$$

因此，在水流作用下，由于客观模糊随机因素的长期影响，该软体排抵抗水毁的能力降低，安全可靠性下降，经评定，不能满足可靠性要求，需采取措施提高其抵御水毁的能力。

6.4 丁坝可靠度分析及寿命预测

6.4.1 危及丁坝的因素

丁坝周围水流呈现复杂三维性，各研究者对引起局部冲刷的水流动力有不同的观点。主要有以下四个观点：由坝头附近的漩涡系引起；丁坝的存在使丁坝附近的单宽流量增大所致；坝头附近的下潜水流所引起的；也有人认为是这几个因素综合作用的结果 。

王先登等通过对丁坝水流结构的研究认为：丁坝的存在使得周围的水流状况变得较为复杂。坝头上游水流行进丁坝时，在坝前分成两部分：一部分直接绕过坝头，另一部分在坝前受阻变为螺旋水流冲刷床面，并直接绕过坝脚向下游扩散。两者的综合作用引起坝头以及坝体周围的冲刷。

Rajaratnam 对刚性平整床面条件下丁坝周围的水流流态进行了试验分析，结果表明，与上游未受扰动区流速的对数分布规律不同，在丁坝坝头及下游区域，流速沿水深方向变成了近均匀分布；在坝头附近至下游方向，有一股指向床面的射流（或称下潜水流）；坝头附近的床面切应力达到行进水流床面切应力的 5 倍。

曹艳敏等通过对冲刷坑条件下丁坝流场平面、坝头区以及回流区三维流场的测量，得到了冲刷坑条件下的流场和紊动动能分布规律。研究发现，较强的紊动主要分布在坝头和冲刷坑内，冲刷坑内紊动动能分布在水流分离区；冲刷坑条件下使得底层切应力范围明显小于平底情况，并且切应力最大值明显减小。

彭静等采用颜料示踪和油膜技术对淹没丁坝群附近流场进行了可视化试验研究，结果表明，绕丁坝的近场流动具有很强的三维非恒定特性，表现在坝后震荡回流区的形成和坝顶表面波的生成。在坝头的分离区，流动加速并伴有二次回流，形成该处冲刷的水力学条件。

王平义、荣学文等通过试验数据的比较和分析，得出了丁坝坝体迎水面所受的动水总压力分布规律为相同水深情况下丁坝坝体迎水面所受的脉动压力分布规律，并且相同水深情况下脉动压力沿坝体的纵轴线从坝根到坝头逐渐增大，坝头区脉动压力最大；沿垂直方向脉动压力随着水深的增加而减小，坝顶附近的脉动压力最大；动水总压力随着流量、水深、坝长和底坡的增加而增加，脉动压力随着流量、坝长和底坡的增加而增加，但脉动压力随着水深的增加而减小。

Dey 和 Barbhuiya 采用 ADV 对冲坑内的三维流场进行了测量，采取的方法是先通过冲刷试验，使坝前床面达到平衡冲深，然后将冲坑床面固化后测量冲坑内的三维紊流场。得到的结论是，水流在坝头上游侧发生离散，导致了冲坑内漩涡的形成；在建筑物竖直壁面上水流速度的差异导致向下的动水压力梯度，造成了向下的折冲水流，并认为行进水流折转进入冲刷坑，旋转形成漩涡流，此即主漩涡。另外，通过三维流场测量结果，根据紊流理论计算了床面切应力，是一种间接获取床面切应力的方法。得到的固定平整床面无冲刷时丁坝周围的床面剪切力约为上游来流床面切应力的 2 ～ 3 倍。

综上可以看出，坝头存在主漩涡和下潜水流，坝后存在尾流涡，伴随主漩涡的还有二次涡，其方向与主漩涡相反。主漩涡和下潜水流是造成局部冲刷，危急丁坝稳定的主要原因。值得注意的是，天然河道中的水流和水利枢纽下泄水流都呈现出非恒定流的特征，水位在涨落过程中，水流对丁坝的冲击力和冲刷破坏较恒定流情况下更加明显和复杂。非恒定流条件下，丁坝附近较大范围内，脉动压力受漩涡和水面波动所影响大大加强。此外，脉动水流还可以沿泥沙和坝体的缝隙传播，使坝头区的泥沙在瞬时更易起动。

6.4.2 丁坝稳定可靠度理论及计算模型

（1）丁坝的失效概率

广义地讲，对任何一个结构的可靠性分析包括了研究其“抗力”和“荷载”之间的关系。分别以 X 和 Y 来代表这两个因素，那么当 $X > Y$ 时，结构处于安全状态；当 $X < Y$ 时，结构处于失效状态；当 $X=Y$ 时，结构处于极限状态，处于极限状态的自变量组合构成了该问题的状态边界面。

$$M = X - Y = 0 \tag{6-32}$$

对于抛石丁坝，作用在其上的抗力和荷载分别可用 X 和 Y 表示。由于丁坝自身结构的抗力和所承受的荷载的不确定性，将 X 和 Y 假设为随机变量，则两者的概率密度函数分布形式如图 6–2 所示。如果抗力 X 小于荷载 Y，丁坝就会受外力的作用而发生损毁，导致结构失效。坝体失效的概率 P_F 可用 X 和 Y 的概率密度函数 $f_X(X)$ 和 $f_Y(Y)$ 相重叠的部分表示。从图 6–2 可以看出，失效概率 P_F 通常由以下两个方面决定：

① X 和 Y 的概率密度分布函数的相对位置。$f_X(X)$ 和 $f_Y(Y)$ 位置越远，重叠越少，失效概率 P_F 越小，反之失效概率 P_F 越大。两者相对位置通常用 X 和 Y 的均值的比值

μ_X/μ_Y（也称为是安全系数）或者安全裕度（$\mu_X-\mu_Y$）来衡量。

② X 和 Y 的概率密度分布函数的分散度。$f_X(X)$ 和 $f_Y(Y)$ 分布越分散，重叠越多，失效概率越大(图 6-2 中虚线代表的曲线)。$f_X(X)$ 和 $f_Y(Y)$ 的分散度，通常用 X 和 Y 的标准差 σ_X 和 σ_Y 和来描述。

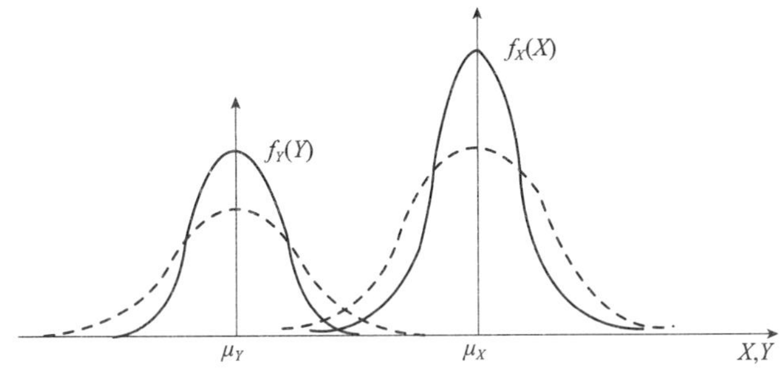

图 6-2　抗力 X 和荷载 Y 的概率密度函数

（2）极限状态方程的建立

丁坝的水毁主要是坝头、坝顶（包括背水坡）及坝根的破坏，为了对丁坝进行可靠度分析，首先必须建立坝体稳定可靠性分析功能函数，在定值法分析计算的基础上，选定某些参数为基本变量，并令按定值法计算得到的安全系数 $K=1$，则可得到相应于各种分析方法的功能函数及极限状态方程。可靠性分析是建立在极限平衡分析的基础上进行的，应用何种分析方法将十分关键。由于丁坝坝体大多采用抛石结构，所以本文对丁坝坝坡的稳定性分析拟参考无黏性土坡稳定分析方法，采用有渗流作用时的无黏性土土坡稳定计算公式，此种方法计算不很复杂，但精度较高，虽然目前对丁坝坝坡稳定可靠度分析只是探究阶段，但通过人们不断地总结探索，希望在不远的将来，对丁坝可靠性的研究能像可靠度理论在岩土、土木、水利等工程中普遍应用。

库区蓄水或洪水期水位上涨，都会使坝体块石受到一定得渗流力作用，对坝体稳定性带来不利影响。此时在坝坡面上渗流逸出处以下取一单元体。它除了本身质量外，还受到渗流力 J 的作用。因渗流方向与坡面平行，渗流力的方向也与坡面平行，此时块石下滑的剪切力为：

$$T+J=W\sin\alpha+J \tag{6-33}$$

将丁坝稳定性分析中的上举力、拖曳力，将其与块石剪切力联系起来，可得到抛石下滑所受到的合力为：

$$F_{合}=T+J+F_D+F_L=(W-F_L)\sin\alpha+J+F_D\cos\alpha \tag{6-34}$$

其中 $F_L=C_L\dfrac{\pi}{4}d^2\rho\dfrac{u_0^2}{2}$，$F_D=C_D\dfrac{\pi}{4}d^2\rho\dfrac{u_0^2}{2}$

而单元体所能发挥的最大抗剪力为 $T_f=W\cos\alpha\tan\varphi$，于是安全系数就成为：

$$F_s=\frac{T_f}{F_{合}}=\frac{W\cos\alpha\tan\varphi}{\left(W-C_L\dfrac{\pi}{4}d^2\rho\dfrac{u_0^2}{2}\right)\sin\alpha+J+C_D\dfrac{\pi}{4}d^2\rho\dfrac{u_0^2}{2}\cos\alpha} \tag{6-35}$$

式中：α——背水坡坡角；

φ——块石内摩擦角；

J——渗流力；

W——单元体有效重力。

对于块体来说，当直接用渗流力来考虑渗流影响时，单位体积的块体自重就是浮重度 γ'，而单位体积的渗流力 $j=i\gamma_w$，式中：γ_w 为水的重度；i 则是考虑点的水力梯度。因为是顺坡出流，$i=\sin\alpha$，于是上式可写成：

$$F_s=\frac{T_f}{F_{合}}=\frac{\gamma'\cos\alpha\tan\varphi}{\left(\gamma'-C_L\frac{\pi}{4}d^2\gamma_w\frac{u_0^2}{2}\right)\sin\alpha+\gamma_w\sin\alpha+C_D\frac{\pi}{4}d^2\gamma_w\frac{u_0^2}{2}\cos\alpha} \tag{6-36}$$

化简后得：

$$F_s=\frac{\gamma'\tan\varphi}{\gamma\tan\alpha+(C_D-\tan\alpha C_L)\frac{\pi}{4}d^2\gamma_w\frac{u_0^2}{2}} \tag{6-37}$$

由式（6–37）所示的有渗流作用时的丁坝坝体稳定计算公式，假定边坡属于极限平衡状态，令 $F_s=1$，于是得到极限状态方程：

$$g(X)=\sum\gamma'\tan\varphi-\sum\left[\gamma\tan\alpha+(C_D-\tan\alpha C_L)\frac{\pi}{4}d^2\gamma_w\frac{u_0^2}{2}\right] \tag{6-38}$$

式中：γ——块石的重度，应用可靠度理论于丁坝稳定问题时，应首先确定基本随机变量，这些基本变量可以是几何尺寸、材料性能指标和作用荷载等。

式(6–38)中 α、γ 和 γ_w 等可视为常数，因此我们只要知道参数 C_D、C_L、φ 的分布模型，继而可以通过式（6–38），对抛石坝坝体可靠度进行计算。找寻 C_D、C_L、φ 的分布规律需研究其统计方法、统计特性以及参数取值等问题，而目前对丁坝可靠度的研究尚处在起步阶段，对于参数 C_D、C_L、φ 的研究还需要大量的实测资料，以便归纳出其分布规律，以进一步对丁坝可靠度进行计算。

（3）设计可靠指标的选择

设计可靠度是设计规范规定的或设计取用的作为设计依据的可靠度，它表示设计所预期达到的工程可靠度。可靠度是相对的，丁坝工程可接受的风险水平是由破坏概率和破坏后果决定的，它反映决策者的风险态度，既要结合主观判断，又要考虑工程性质和重要程度，实际破坏的经验数据及所承担风险与可能得到的经济受益之间的权衡。故丁坝工程的可靠性并不是越高越好，因为可靠度越高，所需要的费用就越多。如何在安全和费用上做出合理的权衡，是可靠度设计的最重要的问题。然而在不同的工程条件下确定设计可靠度或可以接受的风险值并非易事，因为至今尚没有一个统一的标准，丁坝可靠度设计还处于刚刚起步的阶段，还缺乏实际经验。这里结合国外和国内一些规范的规定谈谈设计可靠度的选择。

自 20 世纪 80 年代以来世界许多国家相继颁布了结构可靠度规范，北欧五国颁布了《承载结构荷载及安全规定》NKB Report No.55E（表 6–5），英国建筑工业研究及信息协会

(cIRIA) 颁布了《结构规范中安全及正常使用状态系数合理化》C Report63 (表 6–6)。美国国家标准局修订了 A58–82，苏联、日本、加拿大等国也分别颁布了可靠度规范。

北欧五国结构承载能力目标可靠度指标 表 6–5

安全等级	低	一般	高
目标可靠度指标	3.71	4.26	4.75

CIRIA 结构承载能力目标可靠度指标 表 6–6

安全等级	一般的	重要的	很重要的
目标可靠度指标	3.09	3.71	> 4.26

我国现行《水利水电工程结构可靠度设计统一标准》，按照建筑物重要性等级和破坏类别确定水利水电工程的目标可靠度指标。该标准规定，持久状态结构的允许 β 值如表 6–7 所示，表中第一类破坏指非突发性破坏，破坏前能看到明显征兆，破坏过程缓慢；第二类破坏指突发性破坏，破坏前无明显征兆，结构一旦发生事故难于补救或修复。

水工规范规定的持久结构承载能力允许可靠度设计指标 表 6–7

结构安全级别	Ⅰ级	Ⅱ级	Ⅲ级
一类破坏	3.7	3.2	2.7
二类破坏	4.2	3.7	3.2

比较表 6–5 ~表 6–7，北欧五国结构承载力目标可靠度指标最高，偏保守。英国建筑工业研究及信息协会 CIRIA 结构承载能力目标可靠度指标跟我国水工规范规定的二类破坏允许可靠度设计指标基本一致，对破坏类型没有加以区分，比较笼统。相比较而言，我国水工可靠度设计指标内容详尽，指标适中，所以在设计丁坝可靠度指标时，以我国规范规定为准。

根据表 6–7，河道中的丁坝工程安全级别属于Ⅲ级航道整治建筑物，坝坡失稳破坏属于一类破坏，由于有关部门还没有对这方面进行相关规范，不妨将其可靠指标定在 2.7 ~ 3.0 范围内。

(4) 延长丁坝使用年限的探讨

土建工程的使用寿命（使用年限）是建筑物建成后所有性能均能满足原定要求的实际使用年限。我国目前对水利水电工程设计使用年限尚未颁布规程规范，参照我国《建筑法》分析认为，水利水电工程设计使用年限是指水工建筑物建成投入运行后，在设计运行工况和维修条件下，其所有性能均能满足预定目标安全使用的年限。对于延长丁坝的使用年限可以注意下面几点：

①原型观测方面。

A. 观测整治河段内洪中枯主流流向轨迹，查明主流流带宽度，从而为建筑物的坝型选择、坝位布置、断面设计提供基础资料。

B．观测整治河段内卵石输移带的运行轨迹，推移强度、卵砾粒径，从而为坝面建材强度设计提供分析资料。

②工程设计方面。

A．坝位布置要因势利导。整治建筑物应尽可能避开中洪水急流顶冲点，坝位布置要顺应河势，因势利导，不宜强制改变流向。对于水流流速较大且丁坝受水流顶冲时，宜用多座丁坝组成一个群体，让水流逐步转向，然后引入设计河槽。这样，有利于减轻中洪水主流对坝体的正面顶冲。

B．建筑物横断面尺寸按受力条件确定。不同的坝型，不同的坝位，或同一座坝的不同坝段，在不同的水位条件下，其受力条件差异很大。因此，对受力大的坝段或护岸要加大断面尺寸，如中洪水顶冲点，强度大的横向流冲刷区，与水流成正交或交角大的部位。对受力较小的坝段或护岸，要减小断面尺寸。在同一座建筑物上，不同的部位，断面尺寸应有差异。受力大的，断面尺寸大；受力小的，断面尺寸小。

③施工方面。

A．在石质较差的地区建坝或筑护岸时，宜选用混凝土块代替石料，以确保工程质量。

B．受扫弯水傍蚀的坝段和护脚棱体，迎水坡可分两期施工。目的是为遏制弯道横向环流对顺坝前坡和护岸基脚的淘刷。方法是，按设计断面完成一期施工，然后待横向环流将前坡基脚傍蚀到接近坝基（多为沙卵石）休止角时，再用块石补筑冲蚀边坡。

C．提高整治建筑物的整体性。目前广泛使用的抛石坝、抛石护脚，从总体看，整体性差，抗冲蚀能力低，使用年限短。为此，改善和提高建筑物的整体性是非常必要的。

④后期维护管理方面。

丁坝投入运行后，维护检修影响其使用年限。丁坝自身及基础受运行条件及环境因素的影响，可能随时间的推移会逐渐水毁老化。安全监测是了解丁坝工作性态，为评价其运行安全状况和发现异常迹象提供依据，以便制订丁坝检修加固处理措施，在发生险情时发布警报以减免事故损失。

6.4.3 丁坝时变可靠性分析

一般情况下，丁坝所承受的荷载多样而且复杂，结构可靠度分析时一般将结构承受的荷载分为永久荷载和可变荷载。我国在编制结构可靠度设计统一标准时，采用了校准法，这时只考虑永久荷载与一种可变荷载的组合，称为基本组合，并以此为基础确定结构设计的目标可靠指标。当有两个或多个可变荷载作用时，则再考虑可变荷载效应的概率组合。设丁坝所承受的永久荷载效应为 G，可变荷载效应为 $Q(t)$，则在基本组合下丁坝某一状态的功能函数为：

$$Z(t)=R(t)-G-Q(t) \tag{6-39}$$

结构在设计基准期 T 内的失效事件为结构可靠事件的补事件，因而丁坝失效的概率为：

$$P_{\mathrm{f}}(T)=1-P_{\mathrm{s}}(T)=P\{R(t_i)<S(t_i),\ t_i\in[0,\ T]\} \tag{6-40}$$

该式表示在结构的设计基准期内，只要有一个时刻 t_i 结构抗力小于结构荷载效应，结构就会失效。由于抛石丁坝是松散结构，而且实际情况中并不是坝体，一旦出现水毁破坏，就一定失去其整治作用，所以以块体抗力的形式来表示丁坝的可靠度是否过于保守，还有待进一步商榷。

由式（6–40），设计基准期（设计使用年限）T内丁坝失效概率为：

$$\begin{aligned} P_f(T) &= P\{R(t_i) - G - Q(t_i) < 0,\ t_i \in [0,\ T]\} \\ &= P\{\min[R(t) - G - Q(t)] < 0,\ t \in [0,\ T]\} \end{aligned} \tag{6–41}$$

如果不考虑结构抗力随时间的变化，即取$R(t) = R$，则式（6–41）为：

$$P_f(T) = P\{R - G - \max Q(t) < 0,\ t \in [0,\ T]\} \tag{6–42}$$

式中：$\max Q(t)$——在设计基准期内可变荷载效应的最大值随机变量。

在可靠度理论中，式(6–42)可用$Z(t) = g(R,\ G,\ Q_T) = R - G - Q_T$作功能函数用一次二阶矩法求解。

为确定随机变量$Q(t)$的概率分布，将设计基准期T分为m个相等的时段，每个时段为$\tau = t/\mathrm{m}$。通过统计分析确定τ时段内荷载效应最大值Q_i的概率分布函数$F_{Q_i}(x)$，并假定各时段的Q_i相互独立。于是，按照极值统计学的原理（在结构可靠度分析中，一般认为最大可变荷载效应服从极值Ⅰ型分布），设计基准期T内最大荷载效应Q_T的概率分布函数$F_{Q_T}(x)$为：

$$F_{Q_T}(x) = [F_{Q_i}(x)]^m \tag{6–43}$$

若荷载效应Q_i服从极值Ⅰ型分布，其概率分布函数为：

$$F_{Q_i}(x) = \exp\{-\exp[-a(x - \mu)]\} \tag{6–44}$$

则Q_T也服从极值Ⅰ型分布，其概率分布函数中的参数α和μ改为：

$$\begin{aligned} a_T &= \alpha \\ \mu_T &= \mu + \frac{\ln m}{\alpha_T} \end{aligned} \tag{6–45}$$

上面的推导是假定结构抗力$R(t)$不随时间变化，现行结构可靠度统一标准采用的结构可靠度分析方法。下面研究$R(t)$随时间变化时丁坝可靠度的分析问题。

将设计基准期T分为m个相等的时段，将荷载效应随机过程$Q(t)$离散化为m个随机变量Q_i的同时，将抗力随机过程$R(t)$也离散化为m个随机变量$R(t_i)$。经过一系列的推导，可以得出考虑抗力随时间变化的丁坝可靠度分析的功能函数为：

$$g(R_1,\ R_2,\ \cdots,\ R_m,\ Q_T,\ G) = -\frac{1}{\alpha_T}\left[\frac{1}{m}\sum_{i=1}^{m}\exp(-\alpha_T R_i)\right] - G - Q_T \tag{6–46}$$

式中：R_1、R_2、…、R_m——相关的，当离散化后的抗力取$R_i = R_0\varphi_i$时，抗力项中只有一个随机变量R_0，式（6–46）可得到相应的简化。

这里需要说明的是：本书推导是基于假定最大可变荷载Q_T服从极值Ⅰ型分布，但实际情况中是否是这样还有待进一步调查，并且对于丁坝的初始抗力R_0如何来求，以及服从哪种分布尚未可知，结构抗力随时间的衰减函数$\varphi(t)$也不知道。因此目前还无法用抗力随时间变化的方法对丁坝进行可靠度分析。

6.4.4 基于水毁体积比的丁坝可靠性判别分析

对于抛石丁坝的安全性判别，以往主要是通过枯水期观测坝体表面的破坏程度来判断丁坝的水毁等级（少量破坏、严重破坏、完全破坏等），但这往往依赖于观测者的主观感觉，无法定量分析，且水下破坏部分通常难以观测，因此缺少一定的说服力。鉴于此，本书通过模型试验，研究了不同工况组合下抛石丁坝的水毁过程，希望通过试验数据来找出各因素对抛石丁坝水毁的影响程度，并将影响抛石丁坝水毁的主要因素与坝体水毁体积联系起来，通过多元回归分析建立抛石丁坝水毁体积比计算公式，进而通过坝体水毁体积对抛石丁坝安全性进行定量分析。该方法考虑的因素比较全面且计算简单方便，可为航道部门对抛石丁坝的设计和维护提供参考依据。

（1）抛石丁坝临界失效水毁体积

丁坝是河道整治与航道整治中最常见的建筑物，常用以束窄水流，刷深主槽和保护岸滩。但由于丁坝复杂的水流结构，在深水大流速下，坝体对水流的阻挡作用引起水流对坝体的破坏，尤其是坝头的破坏十分严重。其水毁形态主要表现为以下几个方面：

①丁坝的坝头、坝根等部位的基础长期受水流作用而淘空，丁坝将失去支撑而发生局部或整体崩陷塌落，此类水毁破坏为间接水毁。

②坝面块石在水流的冲击或漂浮物的撞击作用下常脱离原位，并逐层剥落，使坝体产生局部损坏，最终溃缺，此类水毁破坏为直接水毁。

其中以第一种水毁形态最为普遍，几乎占了整个丁坝水毁形态的80%以上。而丁坝水毁较重或严重的部位主要发生在丁坝的坝头、坝根与河岸坡连接处，特别是坝头。整个建筑物的崩毁，往往是多种局部水毁因素共同作用在一起，或是单一水毁因素未得到及时修复而扩大蔓延所至。

丁坝作为最常见的一种河道治理工程，在建成投入使用一段时间后，坝体会出现不同程度的水毁，但根据以往的经验，并不是只要丁坝发生损坏，就一定失去其整治功能，有时坝体虽部分水毁但仍可以满足整治要求。究竟坝体水毁程度达到多少时认为其失去整治作用即丁坝失效，航道部门一直没有给出明确的规定。通过在清水冲刷试验中对坝头断面平均流速与坝体水毁体积的跟踪测量，提出以丁坝水毁体积 $V_{毁}$与坝头总体积 $V_{总}$的比值 $V_{毁}/V_{总}$，为表征丁坝水毁程度的指标，由此来建立以水毁体积比 $V_{毁}/V_{总}$为基准的丁坝可靠性判别公式，并认为当丁坝水毁体积达到坝头总体积的30%时，丁坝失效，即当 $V_{毁}=0.3V_{总}$时，水毁体积为临界失效水毁体积。

（2）量纲分析与回归计算

由于抛石丁坝的坝头、坝根等处的基础和泥沙常年受到水流的冲刷和侵蚀作用，使其基础淘空，这样丁坝就会在其自身重力作用下失去支撑，使坝体的局部或整体崩陷塌落，这是丁坝水毁的主要原因之一。通过前人的研究与总结确定抛石丁坝水毁主要与以下因素有关：

①描述抛石丁坝及河床几何变量：河宽 B、丁坝长度 L_D、挑角 θ、抛石粒径 D。

②描述水流变量：断面平均流速 V、上游行近水深 H、最大冲深 h_s。

③描述流体的变量：重力加速度 g、水的重度 γ、水的动力黏度 μ。

④描述泥沙变量：中值粒径 d_{50}、不均匀系数 σ、泥沙起动流速 V_c、泥沙重度 γ_s。

从而抛石丁坝水毁体积的一般表达式为：

$$V_{毁}=f(h_s,\ \theta,\ \gamma,\ L_D,\ B,\ \gamma_s,\ H,\ g,\ V,\ D,\ d_{50},\ V_c,\ \mu,\ \sigma) \tag{6-47}$$

坝头坍塌主要与泥沙冲刷及冲刷坑深度有关，泥沙变量对冲深的影响主要由泥沙起动流速 V_c 来反映。当坝头最大流速 V_m 小于坝头处泥沙起动速 V_c 时，坝头泥沙处于静止状态；当 $V_m > V_c$ 且在断面平均流速小于泥沙起动流速时（$V < V_c$），坝头冲刷坑开始形成；当流速进一步增大（$V > V_c$），床面泥沙呈大量运动状态时，冲刷深度可能受输沙率或床面整体下降的影响。在此不妨将行近流速用坝头断面垂线平均行进流速来代替，并忽略描述流体动力黏性的变量，同时将 γ 视为常量。考虑到所用泥沙可近似看作均匀沙，将不均匀系数 σ、泥沙重度 γ_s 视为常量，故式（6-47）又写成为：

$$V_{毁}=f(h_s,\ \theta,\ L_D,\ B,\ H,\ g,\ V_m,\ V_c,\ D,\ d_{50}) \tag{6-48}$$

从试验结果来看，挑角为 90° 时，坝体水毁最为严重。理论上讲，当挑角为 0° 或 180° 时，丁坝的水毁体积为 0，故可以用 $[(180°-\theta)/90°]^{\beta}$ 来表达挑角对抛石丁坝水毁程度的影响，图 6-3 可以反映（180°−θ）/90° 与毁 $V_{毁}$之间的关系，这里将 θ=90° 时的挑角影响因子视为 1。从图 6-3 中可以看出，当挑角从 90° 逐渐增大时，刚开始挑角影响因子减小很快，然后逐渐恢复平稳，这说明如果将挑角为 90° 的正挑丁坝稍微向下游倾斜一个角度，水毁程度将大大减小。本项试验主要是以梯形断面直线型丁坝为主要研究对象，对于不同的坝头形状对坝体水毁的影响，从初步试验结果来看，如果将直线型丁坝的坝头形状影响因子视为 1，则勾头坝、扩大头坝的坝头形状影响因子分别为 0.64 和 0.34，可以看出，改变坝头形状也可以减小抛石丁坝的水毁程度。

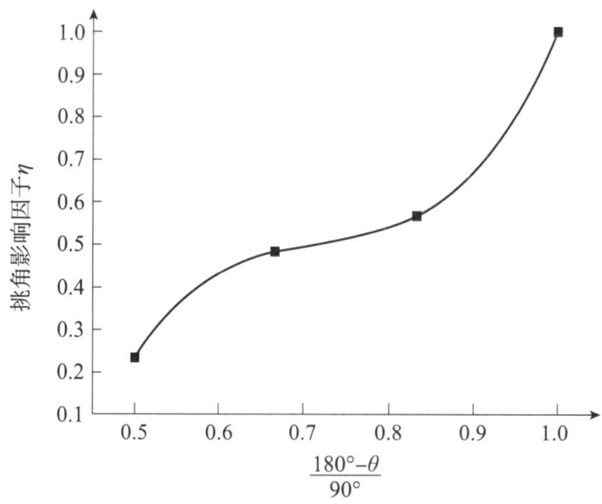

图 6-3　挑角影响因子与挑角间的关系曲线

利用量纲分析方法，并应用计算机对各变量进行优化组合，因子筛选，可得出如下的无因次表达式：

$$\frac{V_{毁}}{V_{总}}=f\left(\frac{h_s}{H},\frac{180-\theta}{90},\frac{L_D}{B},\frac{D}{H},\frac{L_D}{H},\frac{d_{50}}{H},\frac{V_m-V_c}{\sqrt{gH}}\right) \tag{6-49}$$

式中：$V_{毁}$——丁坝水毁体积；

$V_{总}$——坝头总体积；

$\frac{L_D}{B}$——丁坝几何压缩比，表示丁坝压缩水流的影响；

$\frac{V_m-V_c}{\sqrt{gH}}$——表示坝头弗劳德数 F_r 的影响。

由于 θ、L_D、d_{50}、$\frac{V_m-V_c}{\sqrt{gH}}$等本身也是影响冲深 h_s 的因素，因此，$\frac{h_s}{H}$对水毁体积的影响可以从这些因素中得到反映，从而把公式（6–49）简化为：

$$\frac{V_{毁}}{V_{总}}=f\left(\frac{180-\theta}{90},\frac{D}{H},\frac{L_D}{H},\frac{d_{50}}{H},\frac{V_m-V_c}{\sqrt{gH}}\right) \tag{6-50}$$

现将式（6–50）写成指数形式：

$$\frac{V_{毁}}{V_{总}}=k_1\times\left(\frac{V_m-V_c}{\sqrt{gH}}\right)^{k_2}\times\left(\frac{L_D}{H}\right)^{k_3}\times\left(\frac{d_{50}}{H}\right)^{k_4}\times\left(\frac{D}{H}\right)^{k_5}\times\left(\frac{180-\theta}{90}\right)^{\beta} \tag{6-51}$$

式中：　k_1——常数；

k_2、k_3、…、β——指数；

V_c——泥沙起动流速公式，本书中选用窦国仁公式：

$$V_c=0.32\left[\ln\left(11\frac{h}{K_s}\right)\right]\left(\frac{\gamma_s-\gamma}{\gamma}gd+0.19\frac{gh\delta+\varepsilon_k}{d}\right)^{\frac{1}{2}} \tag{6-52}$$

$$\delta=0.213\times10^{-4}\text{cm}$$

$$\varepsilon_k=2.56\text{cm}^3/\text{s}^2$$

K_s——河床粗糙度（当量糙率），对于平整床面，当 $d\leqslant0.5$mm 时，K_s=0.5mm；当 $d>0.5$mm，取 $K_s=d_{50}$。

通过清水动床冲刷试验数据，采用最小二乘法，在置信水平 α=0.01 的条件下，对式（6–51）中的参数进行回归分析，得出：

k_1=0.000 7，k_2=1.153 5，k_3=−0.262，k_4=−0.686，k_3=−0.902，β=0.115 6

所要说明的是：笔者还选用了沙莫夫、岗恰洛夫、张瑞瑾以及四家平均的泥沙起动公式。采用不同的起动流速公式，上式中对应的 k_i 值和 β 值见表 6–8。

不同泥沙起动公式对应的 k_i 值和 β 值　　表 6–8

k_1/β	窦国仁	沙莫夫	张瑞瑾	岗恰洛夫	四家平均
k_1	0.000 07	0.000 1	0.000 07	0.000 046	0.000 069
k_2	1.153 5	1.148 2	1.022 5	1.045 8	1.1
k_3	−0.262	−0.287 2	−0.225 8	−0.235	−0.25
k_4	−0.686	−0.631	−0.683	−0.754	−0.7
k_5	−0.902	−0.905	−0.889	−0.889	−0.9
β	0.115 6	0.095 6	0.112 9	0.100 9	0.11

（3）水毁体积比公式的应用与抛石丁坝可靠性判别模型

①水毁体积比公式在长江中游河段的应用。

前面通过各家泥沙起动公式，得到了不同的抛石丁坝水毁体积比计算公式，究竟哪一个能更好地适用于长江中游河道丁坝水毁体积的计算，通过对收集到的 6 组长江中游河段坝体水毁资料的分析，由四家平均公式计算的结果与实际水毁情况很接近，因此，我们把由四家平均公式得到的计算结果作为抛石丁坝水毁体积比计算公式，即：

$$\frac{V_{毁}}{V_{总}}=0.000\,069\times\left(\frac{V_{m}-V_{c}}{\sqrt{gH}}\right)^{1.1}\times\left(\frac{L_{D}}{H}\right)^{-0.25}\times\left(\frac{d_{50}}{H}\right)^{-0.7}\times\left(\frac{D}{H}\right)^{-0.9}\times\left(\frac{180-\theta}{90}\right)^{0.11}\tag{6-53}$$

该式相关系数 R=0.95，图 6-4 为$\frac{V_{毁}}{V_{总}}$计算值与试验值的对比。

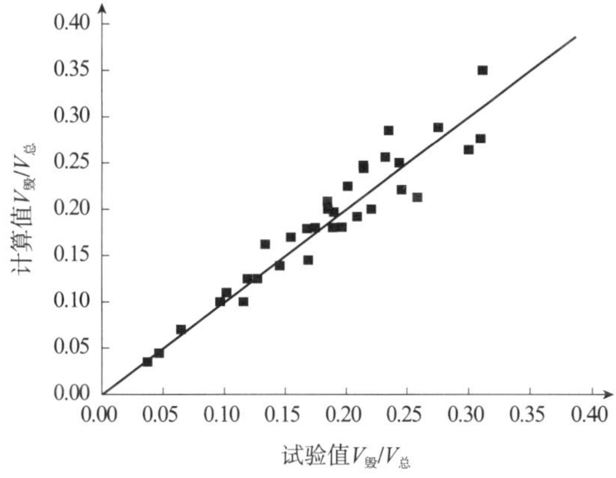

图 6-4　公式（6-53）计算值与试验值对比

将长江中游荆江河段实际勘测到的 4 组抛石丁坝水毁体积比与用公式（6-53）计算得到的体积比进行对比分析，结果见表 6-9。可以发现，用水毁体积比公式计算得到的抛石丁坝水毁体积比与实际水毁体积比的相对误差不超过 20%，用来估算抛石丁坝的水毁程度有较高的准确率，而且从计算结果来看，用水毁体积比公式计算得到的结果普遍要大于实际水毁情况。这是因为天然河道中水流、泥沙运动情况十分复杂，坝体破坏并非像水槽试验中的连续性破坏而是在洪水期突发的间断性破坏，这使得以试验数据得到的水毁体积比公式的计算结果偏大。

判别结果分析　　表 6-9

丁 坝 名 称	由式（6-53）计算的 $V_{毁}/V_{总}$	实测 $V_{毁}/V_{总}$	误差率
碾子湾水道 2 号丁坝	23.2%	21.48%	8%
碾子湾水道 3 号丁坝	19.23%	16.2%	18.7%
碾子湾水道 4 号丁坝	11%	9.33%	17.9%
碾子湾水道 10 号丁坝	12.4%	10.86%	14.2%

②抛石丁坝安全可靠性判别模型。

由上一小节中得到的抛石丁坝水毁体积比计算公式，进一步通过转化，使其成为可以定量分析抛石丁坝安全稳定的判别公式：

$$K = 1 - \frac{V_{毁}}{V_{总}} = 1 - 0.000\,069 \times \left(\frac{V_m - V_c}{\sqrt{gH}}\right)^{1.1} \times \left(\frac{L_D}{H}\right)^{-0.25} \times \left(\frac{d_{50}}{H}\right)^{-0.7} \times \left(\frac{D}{H}\right)^{-0.9} \times \left(\frac{180 - \theta}{90}\right)^{0.11} \tag{6-54}$$

式中：K——抛石丁坝安全系数，由前面规定的，以 $V_{毁}=0.3V_{总}$时的水毁体积为临界失效水毁体积来作为衡量抛石丁坝可靠性的判别标准，则当 $K > 0.7$时，认为坝体可靠，且 K 值越大，坝体越安全，当 $K=1$ 时，认为坝体没有发生破坏；当 $K < 0.7$时，认为坝体失效，这时可以考虑对其进行修复；当 $K=0.7$时，坝体处于极限状态，即此时的 K 为最小安全系数。

6.4.5 全寿命周期内丁坝可靠度分析及剩余寿命预测

丁坝水毁破坏的过程，从几何结构角度来看，原坝体结构发生变形破坏形成新的稳定结构；从力学性能上来看，新结构的结构抗力、阻水能力等均有所降低。借鉴损伤力学中的宏观分析方法，引进损伤变量（这里指水毁体积）作为内部变量，把坝体水毁过程通过宏观现象加以分析，并由此建立坝体水毁的本构关系。

（1）全寿命周期内坝体破坏试验设计

每一年在河道断面上都会出现枯洪水的交替作用，而每一水文年的流量过程线虽然看似杂乱没有规律，但不难发现，整个流量过程都是由一个个大小不一的洪水波组成（这里把枯水期的流量过程看作为一个小的洪水波，把洪水期的流量过程看作为一个大的洪水波，如图 6–5 所示。考虑到实际流量过程与丁坝水毁程度之间的关系十分复杂，可变因素较多，因此，本次水槽试验采用概化高斯曲线来模拟洪水波过程。

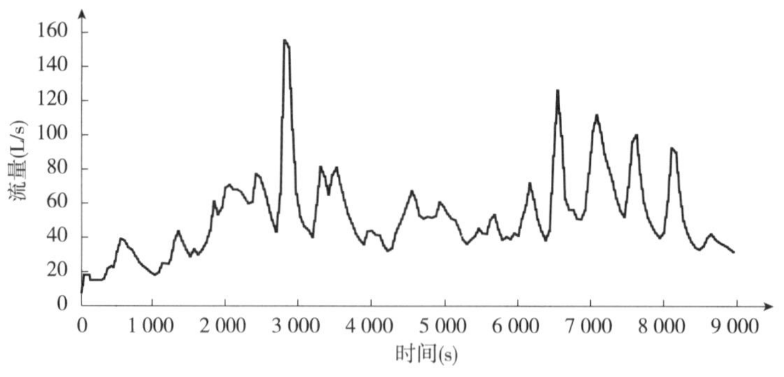

图 6–5　某一河道断面一个水文年的流量过程线

收集在三峡水库蓄水之后，坝下游宜昌、枝城、沙市、监利、螺山、汉口等站历年流量资料，分析每年枯、中、洪水期的最大流量及其对应的实测最大流速，并将其按照发生的频率及流量大小分成不同的流量段，再通过比尺换算到水槽试验中来，可以得到试验中不同时期各流量段的最大流量值在 38.7 ~ 100L/s 范围内分布，找出几种发生频率较大且有代表性的流量段。为了研究不同流量段对坝体破坏的影响程度，我们将每一流量段过程概化成连续的正弦波形式（这里我们将其简称为洪水波，见图 6–6)，对丁坝进行冲刷破坏，找出每种流量段对丁坝的影响程度，然后按照实际的流量过程，将不同流量段的正弦波进行组合并将其影响因子进行叠加，这样我们就把实际很复杂的流量过程简化为一个个大小不一的洪水波对丁坝的影响，而且通过对洪水波的排列，可以反映出坝体在实际服役期间所受的流量过程，从而对其进行全寿命周期的可靠度研究。

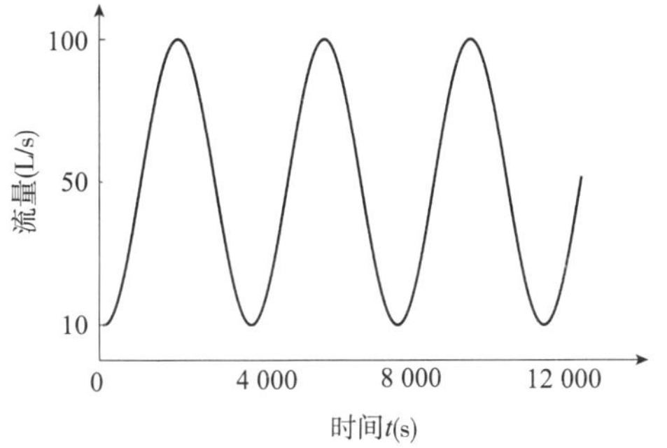

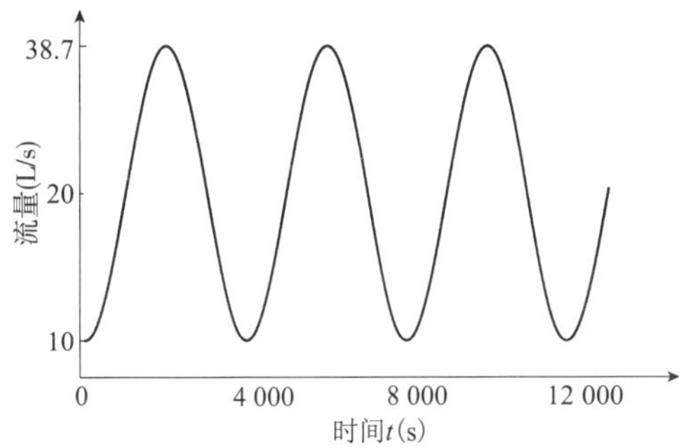

图 6–6　水槽试验概化洪波水过程曲线

天然河道中每一次的洪水历时可能都不相同，但本次试验为了找出丁坝在不同流量段下的水毁过程，将不同流量段下每一次的洪水循环历时视为相同，即 $t_i-t_{i-1}=C$（C 为常数）。设 S 为每一流量段的最大流量，N 为使丁坝水毁以至于无法满足整治要求时的每一流量段洪水波的循环次数（丁坝循环使用寿命）。从水槽试验中得到不同流量段的洪水波循环作用下丁坝水毁体积达到坝头总体积的 30% 时洪水波的循环次数（表 6–10），由此得到丁坝水毁 S–N 关系曲线，如图 6–7 所示。

水槽试验中不同流量段的洪水波对丁坝水毁体积的影响　　表 6–10

试验工况	每一流量段洪水波的最大流量（L/s）	水毁体积达到 30% 时此流量段洪水波的循环次数 N
1	38.7	100
2	50	12
3	68	5
4	100	2
5	120	1

注：试验中，当最大流量为 38.7L/s 时，无论循环多少次，丁坝水毁体积都达不到 30%，这里以 100 次来表示；这里的 120L/s 是为了应对将来有可能发生的超大洪水而进行的模拟性试验。

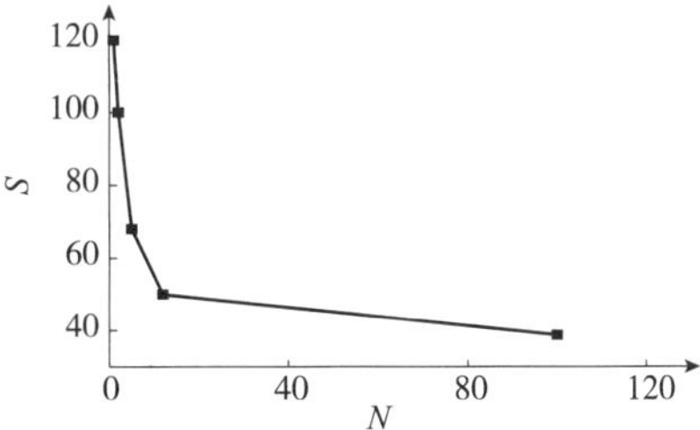

图 6–7　不同流量段 S 与水毁循环次数 N 的关系曲线

这里需要说明的是在航道整治工程中，丁坝建成投入使用一段时间后，坝体虽部分水毁但仍可以满足整治要求。究竟丁坝水毁程度为多少时认为其失效，航道部门一直没有给出明确的规定。本书首次提出以坝体水毁体积达到坝头总体积的 30% 时认为丁坝失效。因为在清水冲刷试验中，对某一工况下丁坝坝轴线断面上远离坝头 10cm 处的断面平均流速进行跟踪，从水流调稳开始跟踪，跟踪到坝体水毁体积大约在坝头总体积的 30%，从图 6−8 中可以看出，此时坝头最大流速大约减小 50%。而整治工程中丁坝的主要作用为束水攻沙、稳定航槽，随着坝头处流速的减小，丁坝逐渐达不到整治效果，因此本书认为，当丁坝水毁体积达到坝头总体积的 30% 时，丁坝失去其整治作用。试验中，对水毁体积的测量是在每一次洪水周期过后，在 $t_i(i=1,2,3\cdots)$ 时刻，将每一次洪水循环后的水毁体积 V_i 叠加，求出 $\sum_{i=1}^{n}V_i/V_0$ 的比值，当 $\sum_{i=1}^{n}V_i/V_0=0.3$ 时，记下在此洪峰流量下的洪水循环次数 n。其中 V_0 为坝头总体积，$\sum_{i=1}^{n}V_i$ 为累计水毁体积。

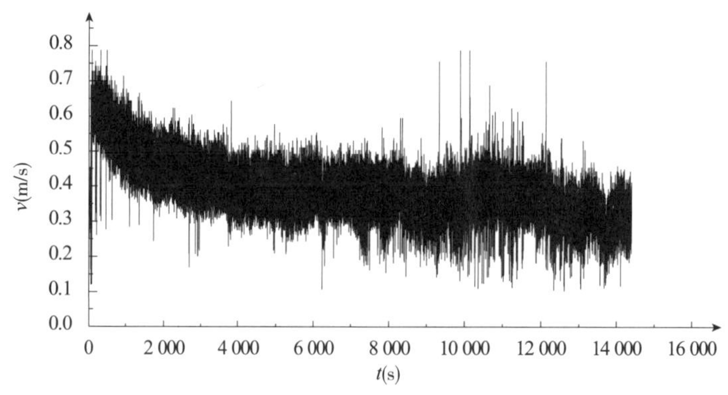

图 6−8　某一工况时的跟踪流速图

（2）全寿命周期内丁坝可靠度模型

由于散抛石坝的结构松散度较大及坝基处泥沙运动的随机性，导致丁坝的水毁 $S-N$ 关系也有明显的随机性。假设 $f(N)$ 为在确定的流量段 S 下，丁坝水毁体积达到坝头总体积的 30% 时的洪水波循环次数 N 的密度函数。由于天然条件下丁坝周围水沙条件复杂，坝体多以抛石为主，密实度较差，加之其工作环境一般位于水下，难以进行实际观测，所以丁坝受洪水波冲击作用下的失效模型究竟服从何种分布，目前还没有充足的论证，难以从理论上推断究竟服从何种分布。对表 6−11 中的工况 3 和工况 4 分别重复进行 12 次循环作用下坝体破坏试验，得到的试验结果如图 6−9 所示。

不同洪水波循环作用下坝体失效时所经受的循环次数—发生频率　　表 6−11

	水毁体积达到坝头总体积 30%（坝体失效）时的洪水波循环次数	12 次试验中每种循环次数发生的次数	发生的频率（%）
工况3	4	2	16.7
	5	7	58.3
	6	2	16.7
	7	1	8.3
工况4	1	2	16.7
	2	9	75
	3	1	8.3
	4	0	0

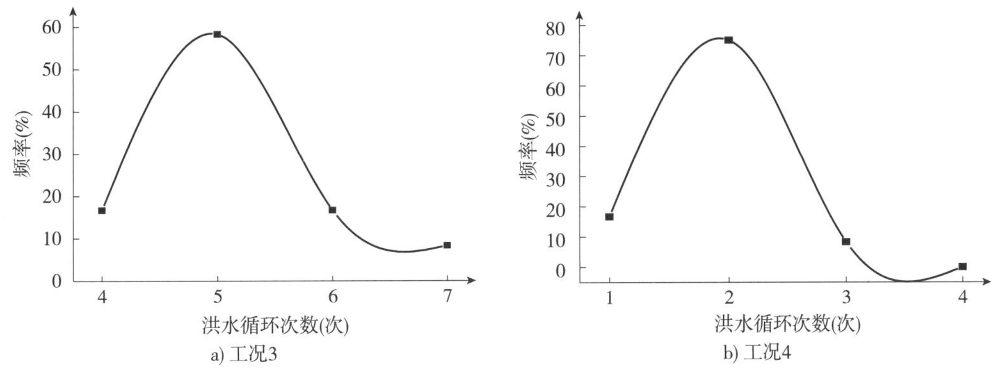

图 6-9　丁坝失效时洪水波循环次数 - 发生频率曲线

观察图 6-9 中丁坝失效时洪水波循环次数—发生频率曲线，可以判断出，此曲线类似于某种指数形式或极值形式的分布函数。由于本书中的数据都是从概化水槽模型试验中得到的，加上样本数量较少，而建模成败的关键是要选择恰当的寿命分布类型，盲目地依赖于假设检验是不可取的，因为同一组数据常常可以用多个分布来建模，在一定置信度下通过检验，通过图 8-8 并不能够准确地得到洪水循环作用下丁坝的水毁失效分布模型。但考虑到曲线的形状及工程上常采用的寿命分布形式，本书借鉴损伤力学中通过定义损伤变量研究损伤演化规律来预测疲劳寿命的方法，提出一种应用比较普遍的三参数威布尔（Weibull）分布模型对洪水循环作用下丁坝可靠度进行探究。之所以选择威布尔分布，是由于威布尔分布对于各种类型的试验数据拟合的能力很强，在各个领域中有许多现象近似地符合于威布尔分布，它的适用范围很广，是在可靠性工程中广泛使用的连续型分布形式。选择 Weibull 分布的另一个原因是：无论指数分布还是极值分布都与 Weibull 分布密切相关；在大量仿真试验的基础上发现，正态分布和三参数威布尔分布之间存在解析关系；工程中常常可以用威布尔分布有效地拟合对数正态数据，用三参数威布尔分布拟合正态和对数正态数据，相对误差 $\varepsilon < 5\%$。由此可见，用三参数威布尔分布拟合试验数据，可以提供工程上能够接受的统一结果。

通过以上的分析，本书拟采用比较普遍的三参数威布尔分布对丁坝坝体可靠度进行推导，首先建立洪水波循环作用下丁坝的寿命分布函数：

$$F(N)=1-\exp\left[-\left(\frac{N-m}{a}\right)^{b}\right]\qquad(N-m>0)\tag{6-55}$$

式中：N——寿命随机变量；

m——最小保证寿命；

a——特征寿命或尺度参数；

b——形状参数。

相应的丁坝受洪水波循环作用寿命分布密度函数可表示为：

$$f(N)=\frac{b}{a}\left(\frac{N-m}{a}\right)^{b-1}\exp\left[-\left(\frac{N-m}{a}\right)^{b}\right]\qquad(N-m>0)\tag{6-56}$$

已知某洪水波最大流量和丁坝受洪水波循环作用寿命分布密度函数，则可以得到丁坝在洪水波循环作用下的可靠度为：

$$P_{\mathrm{r}}(n)=P(n<N)=\int_{n}^{\infty}f(N)\mathrm{d}N \tag{6-57}$$

式中：n——给定的洪水波循环次数；

$P_{\mathrm{r}}(n)$——在洪水波循环次数 n 下的可靠度。

由式（6-56）和式（6-57）可知，在某一流量段下，丁坝坝体可靠度为：

$$P_{\mathrm{r}}(n)=\exp\left[-\left(\frac{N-m}{a}\right)^{b}\right] \tag{6-58}$$

（3）不同流量段的洪水波循环作用下丁坝的失效概率

如表 6-10 和图 6-7 所示，在洪水波历时相同的情况下，最大流量对丁坝水毁程度影响很大，当洪峰流量为 38.7L/s 时，坝体失效（水毁体积达到总体积的 30%）洪水波循环次数为 100 次，而当洪峰流量为 120L/s 时，坝体失效洪水波循环次数为 1 次。由于在真实河道断面上每一次洪水波的洪峰流量、洪水总量等可能都各不相同，为了简化计算，假设将洪峰流量、历时相近的洪水波循环归并为一个阶段，这样就把不同流量段的水流随机作用下丁坝的水毁问题简化为不同流量段的洪水波顺序作用下丁坝水毁失效问题。设第 i 阶段中洪峰流量为 S_i，洪水波循环次数为 n_i，在此种流量段循环作用下丁坝的使用寿命为 N_i。

为了便于分析，本书作了如下假设：不同流量段的洪水波施加顺序对丁坝使用寿命没有影响。

如图 6-10 所示，在 S_i 水平的流量段洪水波循环作用下，洪水循环次数与丁坝坝体水毁程度间的关系曲线，可以看出，随着洪水波循环次数的增加，每一次洪水波过后，水毁体积在逐渐减小。在水平 S_i 下，洪水循环 n_i 次产生的损伤因子（水毁程度）可以定义为 D_i，当 $n_i=N_i$ 时，$D_i=1$，此时，坝体水毁体积达到坝头总体积的 30%，丁坝失效。如图 6-11 所示，在 S_i 水平洪水循环作用 n_i 次，可以等效为在 S_j 水平下作用 $n_{i,je}$ 次洪水循环，它们所产生的损伤因子是一样的。

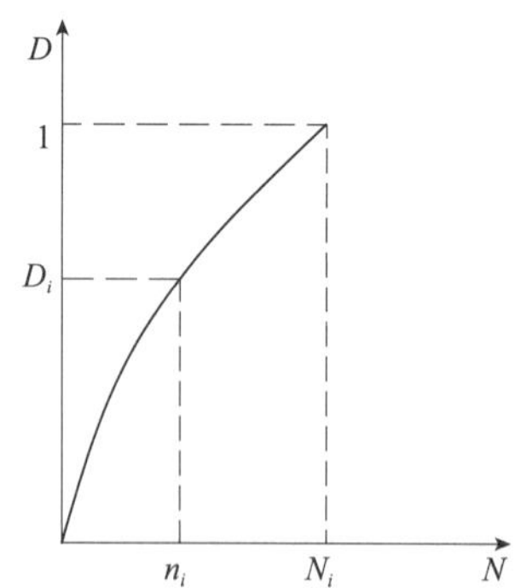

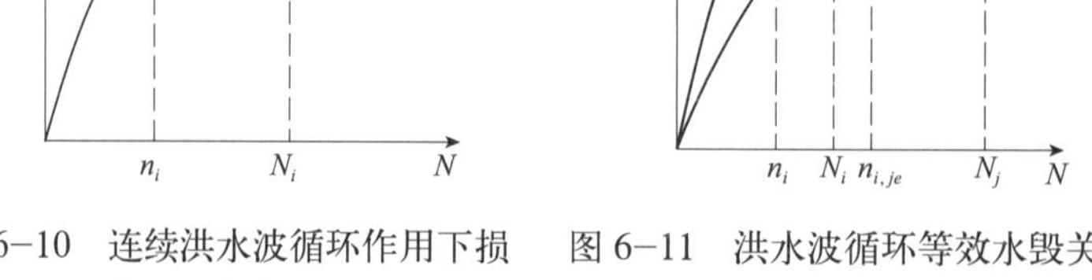

图 6-10　连续洪水波循环作用下损伤因子与循环次数关系

图 6-11　洪水波循环等效水毁关系

对于丁坝来说，随着使用年限的增加，如果没有进行及时修补，其失效概率是逐年递增的，根据三参数威布尔分布的性质可得，失效概率为递增时，形状参数 $b>1$。

下面尝试对全寿命周期内不同流量段洪水波循环作用下，丁坝在各阶段的失效概率进行推导。由失效概率和可靠度的关系可得，受连续洪水波循环作用的丁坝失效概率为：

$$P_{\mathrm{f}}(n)=1-P_{\mathrm{r}}(n)=1-\exp\left[-\left(\frac{n-m}{a}\right)^{b}\right] \tag{6-59}$$

在第一阶段洪水波循环作用下，丁坝寿命的密度函数为$f_1(N_1)$，洪水波循环次数为n_1，可知这时丁坝失效概率为：

$$P_{\mathrm{f}_1}(n_1)=1-\exp\left[-\left(\frac{n_1-m_1}{a_1}\right)^{b_1}\right] \tag{6-60}$$

假设在第二阶段洪水波循环作用下丁坝寿命的密度函数为$f_2(N_2)$，洪水波循环次数为n_2，那么可根据上述丁坝水毁等效原理，将第一阶段洪水波循环次数n_1化成第二阶段的等效洪水循环次数$n_{1,2e}$，使得在第一阶段洪水波循环作用n_1次坝体结构失效概率与在第二阶段洪水波循环作用$n_{1,2e}$次的失效概率相等，即有：

$$P_{\mathrm{f}_1}(n_1)=P_{\mathrm{f}_2}(n_{1,2e}) \tag{6-61}$$

可得：$\exp\left[-\left(\frac{n_1-m_1}{a_1}\right)^{b_1}\right]=\exp\left[-\left(\frac{n_{1,2e}-m_2}{a_2}\right)^{b_2}\right]$，即：

$$n_{1,2e}=a_2\left(\frac{n_1-m_1}{a_1}\right)^{\frac{b_1}{b_2}}+m_2 \tag{6-62}$$

因此，在相邻的两流量段不同洪峰流量洪水波循环作用下，坝体结构的失效概率为：

$$P_{\mathrm{f}_2}(n_1,\ n_2)=1-\exp\left[-\left(\frac{n_{1,2e}+n_2-m_2}{a_2}\right)^{b_2}\right]=1-\exp\left\{-\left[\left(\frac{n_1-m_1}{a_1}\right)^{\frac{b_1}{b_2}}+\frac{n_2}{a_2}\right]^{b_2}\right\} \tag{6-63}$$

同样可将$n_{1,2e}+n_2$等效成第三阶段洪水波循环作用下的等效循环次数$n_{1+2,3e}$，类似于式(6-63)，可写出：

$$n_{1+2,3e}=a_3\left[\left(\frac{n_1-m_1}{a_1}\right)^{\frac{b_1}{b_2}}+\frac{n_2}{a_2}\right]^{\frac{b_2}{b_3}}+m_3 \tag{6-64}$$

在相邻的三个阶段不同洪峰流量洪水波循环作用下，丁坝的失效概率为：

$$P_{\mathrm{f}_3}(n_1,\ n_2,\ n_3)=1-\exp\left\{-\left\{\left[\left(\frac{n_1-m_1}{a_1}\right)^{\frac{b_1}{b_2}}+\frac{n_2}{a_2}\right]^{\frac{b_2}{b_3}}+\frac{n_3}{a_3}\right\}^{b_3}\right\} \tag{6-65}$$

以此类推，可得到在第k阶段作用下，前$k-1$阶段洪水波循环作用的等效循环次数为：

$$n_{1+2+\cdots+(k-1),ke}=a_k\left\{\cdots\left[\left(\frac{n_1-m_1}{a_1}\right)^{\frac{b_1}{b_2}}+\frac{n_2}{a_2}\right]^{\frac{b_2}{b_3}}+\cdots+\frac{n_{k-1}}{a_{k-1}}\right\}^{\frac{b_{k-1}}{b_k}}+m_k \tag{6-66}$$

在连续的k个阶段洪水波循环作用下，丁坝的失效概率为：

$$P_{\mathrm{f}_k}(n_1,\ n_2,\ \cdots,\ n_k)=1-\exp\left\{-\left\{\cdots\left[\left(\frac{n_1-m_1}{a_1}\right)^{\frac{b_1}{b_2}}+\frac{n_2}{a_2}\right]^{\frac{b_2}{b_3}}+\cdots+\frac{n_k}{a_k}\right\}^{b_k}\right\} \tag{6-67}$$

（4）全寿命周期内丁坝可靠度分析实例

通过上述理论来计算一个工程实例。某河段上一丁坝竣工后共经历了3次不同流量段的洪水波作用，经分析，该丁坝经历的3次洪水波中有两次与试验中工况3的流量过程对坝体影响程度相似，一次与工况4的流量过程对坝体影响程度相似，本例中最小保证寿命 m 取0。

对于丁坝可靠度模型中的参数，由于实测资料有限，加上本书是首次提出洪水条件下丁坝的三参数Weibull可靠度模型，因此，无法从其他的Weibull分布参数表中查找。这里我们选择一种针对小样本情况下对威布尔分布参数进行估计的一种方法—最优线性无偏估计法（BLUE）。

此时对于公式（6–61）中的丁坝受洪水波循环作用的寿命分布函数，令 $X=\ln N$，则 X 服从极值分布，其分布函数为：

$$F(x,\ \mu,\ \sigma)=1-\exp\left(-e^{\frac{x-\mu}{\sigma}}+\frac{m^{1/\sigma}}{e^{\mu/\sigma}}\right),\ \mu\in(-\infty,\ +\infty),\ \sigma\in(0,\ +\infty) \tag{6–68}$$

式中：μ、σ——分别为极值分布的位置参数和尺度参数，且 $\mu=\ln a$，$\sigma=1/b$。当 $m=0$ 时：

$$F(x,\ \mu,\ \sigma)=1-\exp\left(-e^{\frac{x-\mu}{\sigma}}\right),\ \mu\in(-\infty,\ +\infty),\ \sigma\in(0,\ +\infty) \tag{6–69}$$

利用BLUE方法，对表6–8中的数据进行处理，获得母体分布参数和可靠性指标的估计，由BLUE无偏系数表，经计算后，可得到坝体水毁分布参数的估计值，如表6–12所示。

丁坝受不同流量段洪水波循环作用各阶段分布函数的参数 表6–12

序号	循环次数	洪峰流量（L/s）	a	b
1	1	100	2	2.524
2	2	68	5	3.155

由式（6–66）可以得到等效水毁循环次数：$n_{1,2e}=5\times\left(\frac{1}{2}\right)^{\frac{2.524}{3.155}}=2.87$，结合式（6–67），得到该丁坝的失效概率为 $P_{f_2}=1-\exp\left[-\left(\frac{2.87+2}{5}\right)^{3.155}\right]=0.602$。

由于时间有限，本次研究所划分的流量段比较少，如果要更好地模拟全寿命周期内丁坝的水毁破坏，建议在将来的研究中对流量段的划分更加细致。

对于其他流量段下的洪水波循环分布参数，我们可以通过今后的工作，进一步进行统计，以建立起三参数威布尔丁坝可靠度模型的参数表，进而通过式（6–67）、式（6–69）计算三阶段与 k 阶段的洪水循环作用下的丁坝失效概率。

①服役一定年限后丁坝剩余寿命预测。

实际河道中的丁坝，在服役的过程中一直受到水流冲击作用，但并不是丁坝遭受洪水作用就会使结构失效，而是坝体块石有部分被冲走，剩下的部分又重新形成新的稳定结构，仍能继续工作和继续承受下一次洪水的作用，直到坝体水毁体积达到一定程度。考虑到航道整治的效果，丁坝在承受一定次数的洪水循环作用后，估算其还能再承受多少次洪水的作用，从而来预测丁坝的剩余寿命，这对航道维护和整治效果有重要的作用。

下面以两阶段洪水循环作用为例，说明丁坝剩余寿命的预测过程。设在第1阶段，洪峰流量为 S_1 下的洪水循环次数为 n_1，第2阶段洪峰流量为 S_2 下的洪水循环次数为 n_2。在这两阶段不同洪峰流量的洪水循环作用下，丁坝的剩余寿命计算步骤如下：

A. 计算 n_1 相当于 S_2 水平下的洪水循环次数 $n_{1,2e}$；

B. 计算丁坝经历第二阶段洪水循环作用后的剩余寿命 n_r，可写成：

$$n_r=N_2-n_{1,2e}-n_2 \tag{6-70}$$

对于更多阶段的洪水循环情况下的剩余寿命预测的计算过程，可依此类推。仍以上述两阶段的例子进行剩余寿命预测，在经历了第2阶段的洪水循环作用后，丁坝的剩余寿命为 $n_r=5-2.87-2=0.13$，即丁坝还可以承受 S_2 水平的洪水作用0.13次，也就是1次。基于目前国家水文预报已经趋于成熟，我们可以通过河道中每年的洪水预报来计算此丁坝的剩余寿命。如预测到明年 S_2 水平的洪水将会发生，则此丁坝剩余使用寿命为1年，如果为 S_i 水平的洪水，则可以通过等效循环次数的计算公式，计算出坝体还可以承受 S_i 水平的洪水循环次数。

工程设计中关心的是在某一预期使用年限下，整治建筑物该如何设计。通过上述计算与分析，只要预先知道此预期使用年限期间每年的洪水过程，通过基于等效水毁原理的可靠度及使用寿命计算方法，可以知道预期使用年限内该整治建筑物是否稳定，可以为工程设计提供参考。

②延长丁坝寿命的措施。

工程中采取了各种各样的措施来提高坝体的稳定性，这些措施或消弱丁坝附近水流动力，或提高坝体及附近床面的抗冲性，取得了很好的效果。按防护机理把局部冲刷防护工程措施分为两类　，一类是实体抗冲防护；另一类是减速不冲防护。所谓的实体抗冲防护，是指利用实体材料提高坝面结构和周围床面的抗冲刷能力，主要有抛石防护、模袋混凝土、混凝土铰链排防护、异性块等；减速不冲防护是指在丁坝周围放置一些装置或结构，来改变丁坝周围的水流，以削弱或抑制水流结构的冲刷力，这些措施主要包括透水桩坝、四面体透水框架、短丁坝等。

总结而言，主要从以下三个方面来防止丁坝局部破坏，从而保证丁坝的稳定：

A. 合理设计坝体结构及布置形式，尽量平顺绕坝水流，如坝长、坝头边坡、间距、挑角等；

B. 实体抗冲防护，加强丁坝面层和周围河床的抗冲性，如坝面采用浆砌石或模袋混凝土护面，坝头采用抛石、异型块或混凝土铰链排等垫层护底；

C. 减速不冲防护，使用透水构件减小坝头前的水流流速，或采用其他工程措施控导水流。

7 荆江全河段枯水碍航预测预报系统

7.1 预测模型的集成与建立

近年来，荆江河段数学模型得到了长足的发展，大量地应用于长江干线航道整治工程前期研究及相关的科研专题研究中，但数学模型专业要求高、程序操作烦琐、计算结果不够直观，需进行二次开发的缺点大大制约了数学模型的推广与应用，因此，本次荆江全河段枯水碍航预测预报系统研究对研究所得的荆江河段水沙模拟技术进行了组合集成，在此基础上，结合目前较为先进的Smart Earth界面设计方法，对水流模拟系统操作界面进行开发，基本实现了高精度航道地形的三维仿真、河道水沙的自动化模拟计算以及荆江河段短期、枯水期、长期航道条件的预测。通过以上模块，对河道内水沙条件的合理选择，实现了三种时间尺度下荆江河段航道条件的预测，为航道维护部门规划航路指导船舶航行提供依据，为船舶实时通航、汛后航道条件维护、碍航浅滩的综合治理提供技术服务。下面介绍系统的主要功能模块。

7.1.1 三维地形仿真

对于荆江全河段枯水碍航预测预报系统而言，准确捕捉河道地形变化是保证其水流模拟精度的前提。同时与一般数学模型不同，本系统要求河道地形的展示方式更加丰富，展示系统通用性更强，能够较好的贴合自然地形、标志地物的变化。

本系统依据前文介绍的正交曲线网格生成技术自动生成正交计算网格，同时借助实测地形资料，在网格节点上的地形插值，通过三维平台采用瓦片金字塔技术，将DOM和DEM数据进行分级处理，最后融合成高效率的MPT文件。所谓瓦片，指将固定范围的某一比例尺下的地图按照指定的尺寸（通常为128×128或者256×256像素）切成若干行与列的正方形栅格图片。切图后获得的正方形栅格图片被称为瓦片（也称Tile）。所谓的金字塔来源于影像金字塔的概念。根据用户需要，将地图不同比例尺进行分割、存储与显示，形成比例尺由小到大、数据量由小到大的金字塔形结构，以便对栅格图像能够按照相应的算法进行管理、读取、显示等。然后利用计算机图形学原理生成较为直观、逼真的二维或三维图形，见图7-1。

由图7-1可以看出，差值生成的河道地形能够很好地拟合河道边界，网格边界平滑、与卫星图片贴合紧密，较好地反映了河道平面形态的变化。同时，地形插值准确捕捉到了河道内部的高低起伏变化，尤其在对高滩及深槽的捕捉方面，滩体完整、边界线平滑，深槽明晰、极深点平面位置及大小捕捉准确，为进一步准确模拟河道内水流流动奠定了基础。同时，结合卫星图片并借助平面二维及三维的展示方式，更加直观地展示了河道两岸沿程的标志性地物、河道边界的变化情况及河道内部洲滩形态的调整。

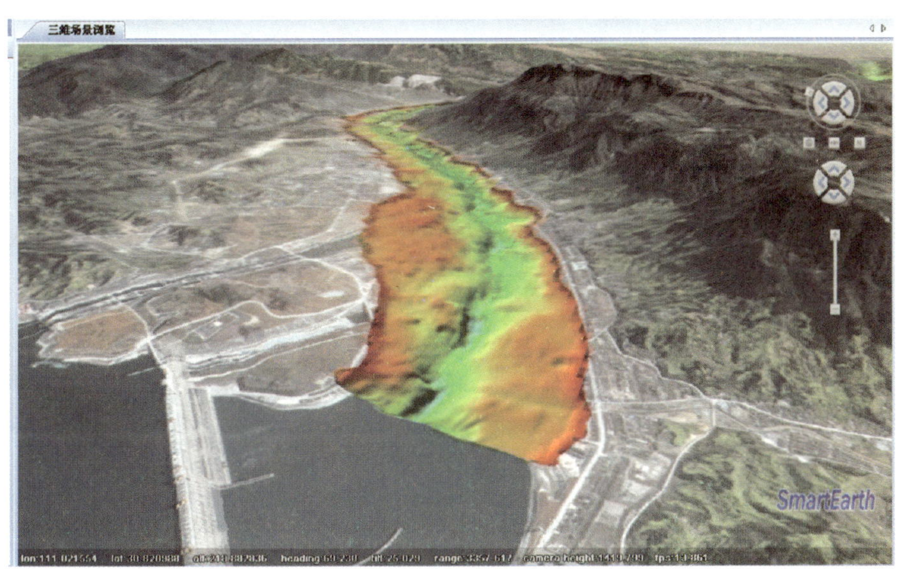

图 7-1　三维地形插值结果展示

7.1.2　水沙模拟模块

对于荆江全河段枯水碍航预测预报系统而言，高效准确地捕捉到河道内水流变化并直观地进行展示是其大规模广泛应用的关键。本项目依据下文中提出的水流模拟参数率定、验证方法及数值计算格式，建立了一套完整的水沙实时模拟及展示平台（图 7-2）。

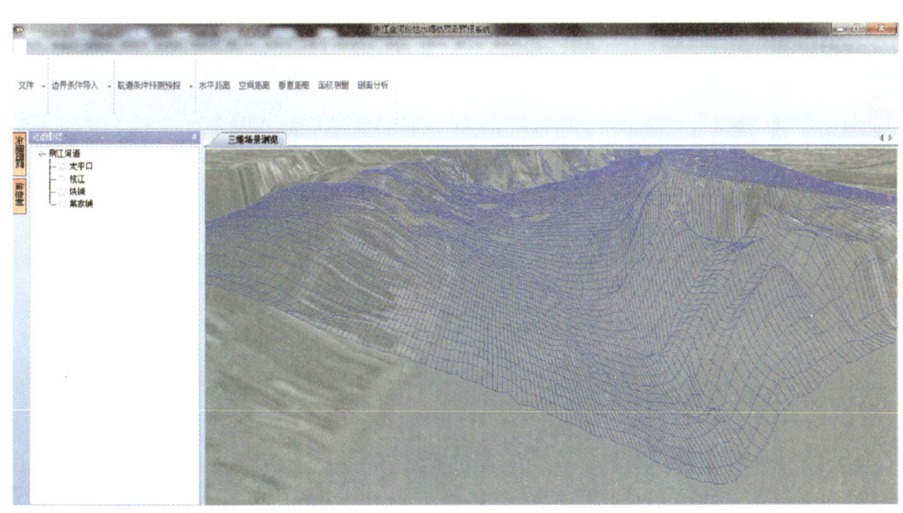

图 7-2　水流实时模拟动态过程展示

首先选择计算河段，根据实测资料，采用数学模型参数自动识别技术设定精度（图7-3），率定得到关键参数，合理选择水沙边界条件，定义水沙模拟的初边值条件（图7-4），随后模拟系统自动对方程进行离散求解，在求解过程中，依据高效准确地实时更新水沙模拟的计算结果，并提供相应的查询服务。

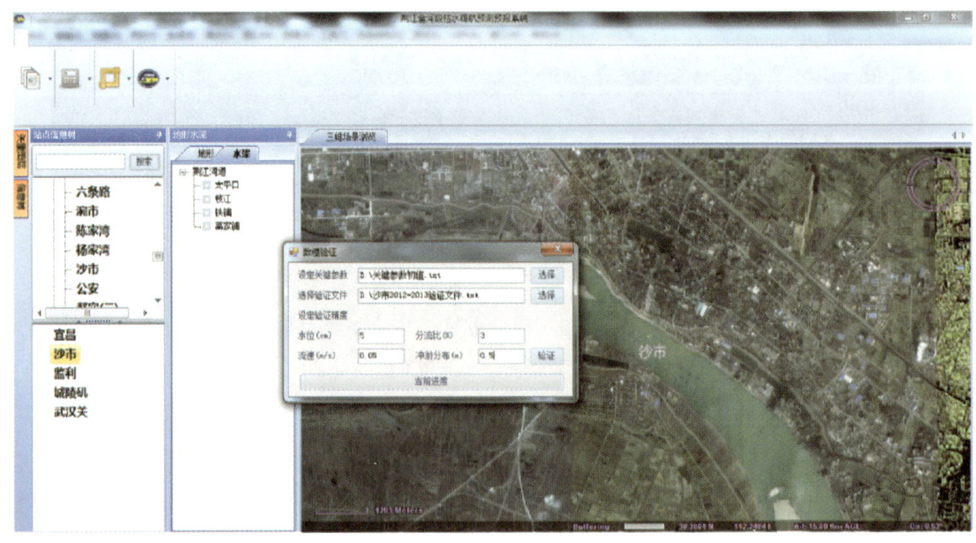

图 7-3　关键参数自动率定展示图

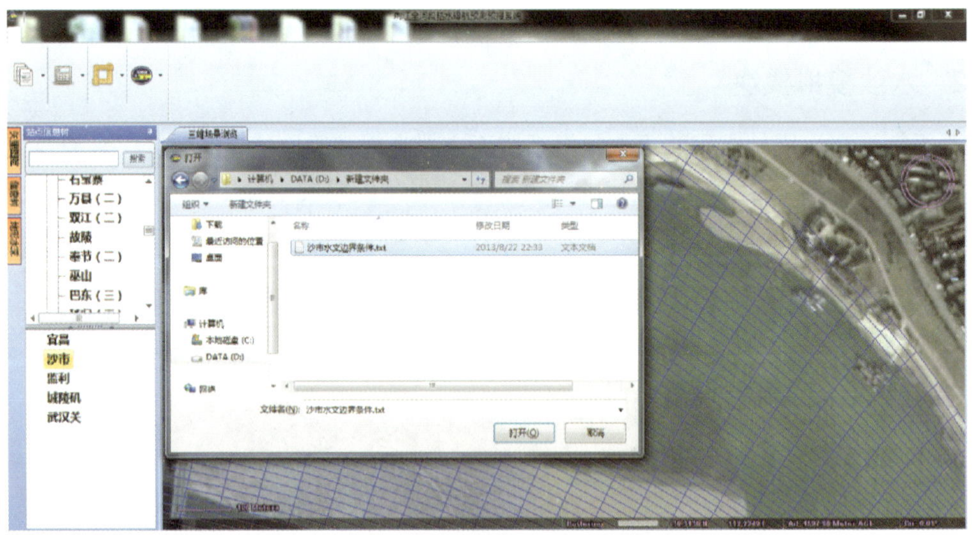

图 7-4　导入水沙计算边界

7.1.3　航道条件预测模块

荆江全河段枯水碍航预测预报系统的最主要目的是为船舶实时通航、汛后航道条件维护、碍航浅滩的综合治理提供技术服务，本系统的开发借助水沙模拟计算结果，并依据计算机仿真技术，直观地展示短期、退水期、长期三个层面航道条件预测结果。

依据水沙计算结果，自动绘制航道内部水深等值线，短期内监测河道内部水深条件变化，为航道维护部门制定合理的航行线路提供参考，在退水期及长期航道条件预测的基础上，分别为汛后航道条件维护、碍航浅滩的综合治理提供技术服务，见图 7–5。

图 7–5　航道条件预测结果展示

7.2　短期航道条件预测预报

目前针对荆江河段航道条件的短期预测较少，且水利部门的洪水预报主要针对汛期，难以满足长江航道部门的实际需求。本次所建预测预报系统采用统计的方法根据三峡下泄流量预测下游荆江河段各重要站点短期流量过程，再由各站点水位流量关系，考虑城陵矶入汇顶托作用，得出各站点短期水位过程，然后将预测得到的水位、流量作为边界条件，采用荆江河段二维平面二维数值模型进行计算，得出沿程水深的平面分布。对于长江中游，主要站点包括宜昌、沙市、监利、城陵矶。

7.2.1　流量、水位短期预报技术研究

（1）宜昌流量预测

宜昌来流是长江中下游径流的重要组成部分，对于长江中游沿程水位的短期预测，首先必须获得宜昌流量的变化过程。三峡水库蓄水后，宜昌的下泄流量从天然到调节，受制于调度方式的变化，对其的预测必须结合调度方式来进行。在调度方式不能准确确定的条件下，这里通过两种方式共同确定宜昌下泄流量。首先，根据宜昌蓄水后近期的流量过程，通过移动平均方法确定其变化规律，建立基于移动平均的宜昌下泄流量预测过程。其次，基于每年度的三峡水库调度方式，建立水库径流调度模型，以总入库流量（寸滩＋武隆）进行调节，考虑寸滩洪水至宜昌的传播时间，该方法也仅有 1 ～ 2d 的预测期。最后，综合对比上述两种方法，确定合理的宜昌流量，见图 7–6。

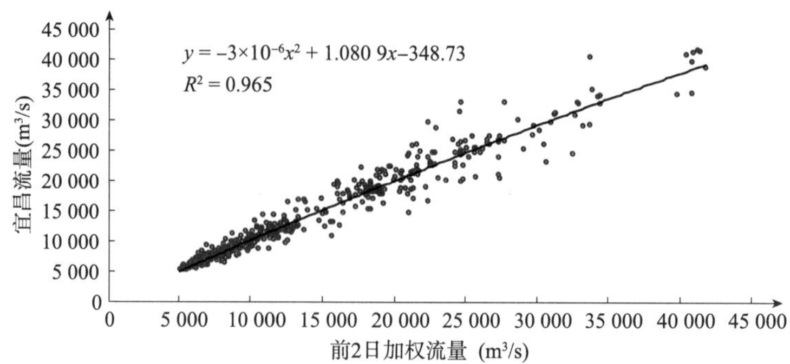

图 7−6　宜昌前 2 日加权流量与第 3 日流量关系

宜昌流量的移动平均预测公式：

$$Q_c=-3\times10^{-6}Q_{前}^{2}+1.0809Q_{前}-348.73$$

长江三峡集团公司在长江上游布设大量气象和水文测站，建立了长江上游流域的降雨径流预报模型，每日发布未来 5 ~ 7d 入库流量的滚动预测数据，可作为本项研究的基础数据。根据其入库预报结果，通过本次研究建立的水库径流调度模型，可直接预测宜昌下泄流量的短期变化过程。

为检验本次水库径流调度模型的结果合理性，这里采用三峡水库 2004—2005 年、2005—2008 年实测入库坝前流量过程，运用本次建立的三峡水库径流过程调度模型，计算了三峡水库出库流量过程，并与宜昌实际流量过程进行了比较。图 7−7 给出了上述年份三峡水库入库流量过程，图 7−8 给出了宜昌下泄流量过程的比较。由图可知，本模型计算的宜昌下泄流量过程与实际流量过程吻合良好，充分表明了模型的可靠性。

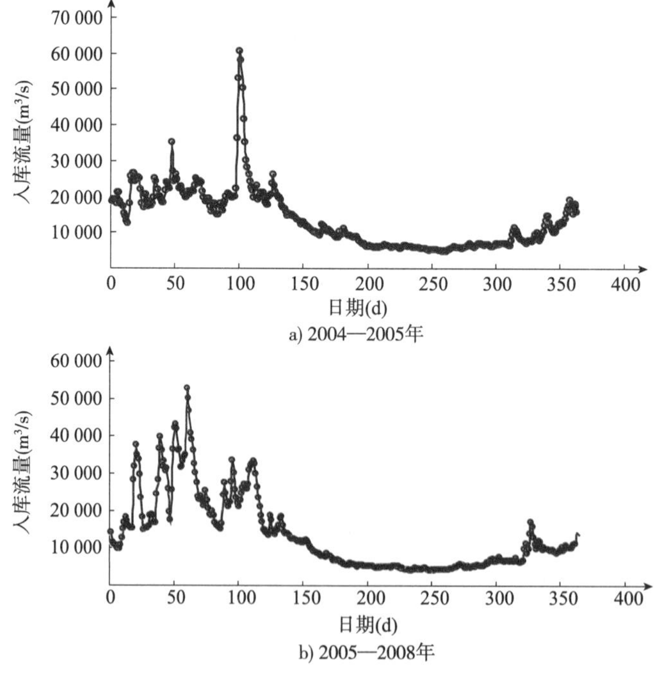

图 7−7　三峡入库流量过程

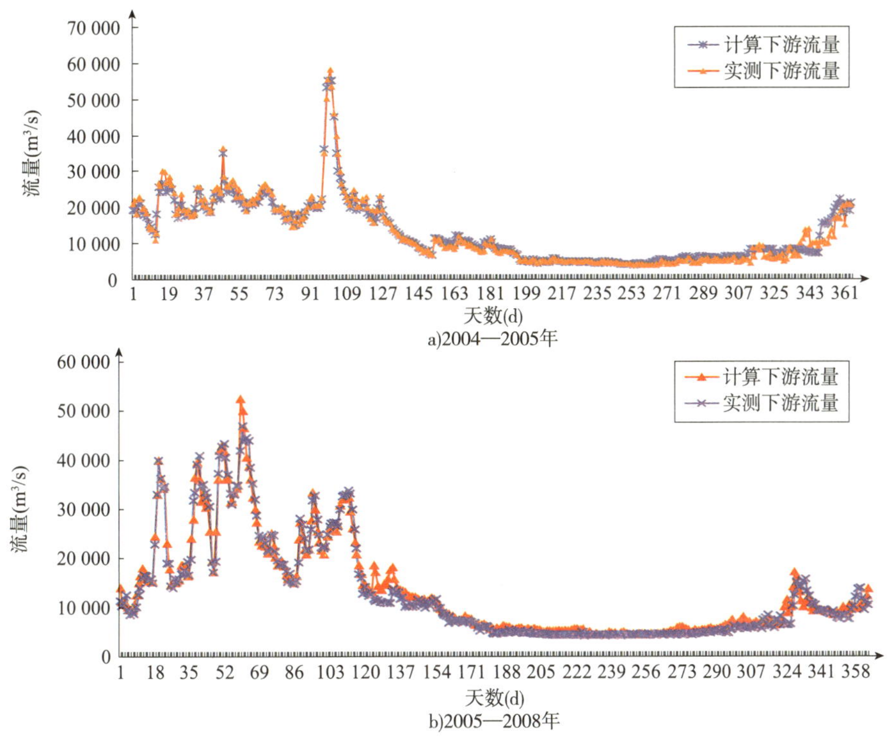

图 7-8　宜昌下泄流量过程比较

（2）城陵矶入汇流量预测

城陵矶为长江干线洞庭湖入汇处的关键水文控制站点，其流量变化直接反应了洞庭湖入汇情况。洞庭湖进流既包括长江干线的“三口”分流，也包括其自身的“四水”入汇，流域面积较广。若对上述因素意义考虑进行流量预测操作，难度较大。分析洞庭湖流域地理位置及其与长江枝江的分汇流关系可以看出，洞庭湖与长江地理位置较近，丰枯季划分基本一致，结合近年来的流量变化情况，丰枯季之间洞庭湖入汇流量表现出明显不同的变化特点，枯期入流流量较为平稳，汛期流量陡涨陡落，差异较大。考虑到上述特点，对于城陵矶出流的预测，本书分汛期和枯期进行。

在流量预测阶段，依据已有研究成果，对于长江这样一类的大江大河，其流量预测主要有加权移动平均、自回归分模型及多元回归模型三种方法。以上三种方法均在考虑近期流量变化过程的基础上推求短期流量变化，理论上而言无明显的优劣之分，可依据其与实测资料的吻合情况进行比选。

①枯期流量预测。

A. 移动加权平均法。

图 7-9 给出了前 2 日加权移动平均和前 3 日加权移动平均的城陵矶流量与加权流量的关系。其中，数据系列采用 2010 年 1 ～ 3 月、2010 年 11 月～ 2011 年 3 月数据；2 日加权的权重系数分别取为 0.2、0.8；3 日加权的权重系数分别取为 0.1、0.2、0.7。由图 7-9 可知，移动平均的时段越短，两者的相互关系越好。这也反映了采用前期数据时刻越近，其对预测时刻流量影响越大的事实。

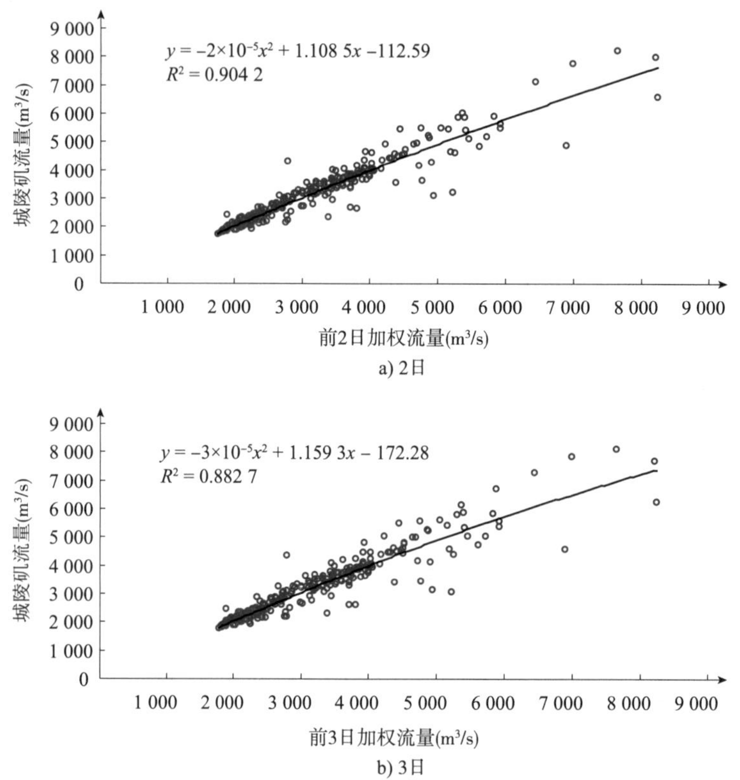

图 7–9　城陵矶流量与加权流量的关系

为了验证加权移动平均法的预测效果，这里根据 2011 年 11 月 1 日至 2011 年 12 月 30 日的数据进行初步检验，公式采用 3 日加权计算结果，结果如图 7–10 所示。预测值与实测值的相对误差（= 预测值与实测值差值 / 实测值）如图 7–11 所示。由图 7–11 可知，通过 3 日加权移动平均预测的城陵矶流量过程存在较为明显滞后现象，在有峰值的位置，尤其显著。预测值的相对误差基本在 ±20% 以内，大部在 10% 以内。

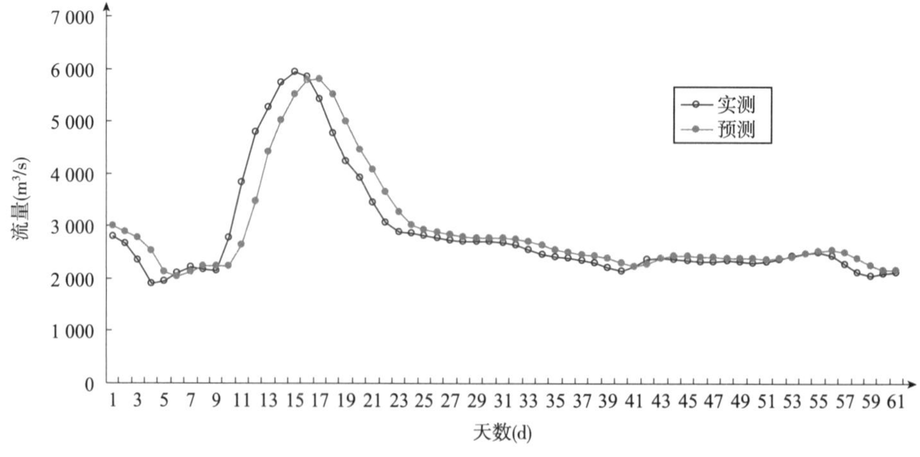

图 7–10　城陵矶站 3 日加权平均预测与实测流量对比

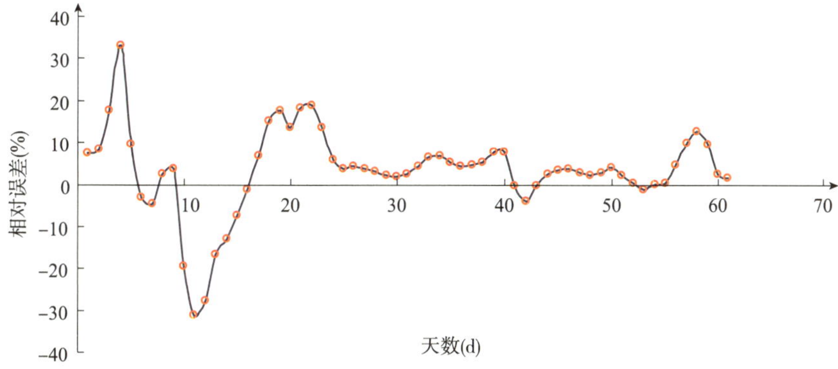

图 7-11　城陵矶站 3 日加权移动平均预测相对误差

为了克服加权移动平均的滞后效应，进一步采用二次移动平均模型，对城陵矶流量预测模式进行了探讨。图 7-12 给出了该站二次移动平均模型预测值与实测值的对比，同样采用的是 2011 年 11 ~ 12 月资料进行方法的验证。图 7-13 给出了实测值与预测值相对误差的变化。由图 7-13 可知，二次移动平均能够消除简单移动平均和加权移动平均方法本身所带来的滞后现象，但其在前后时段流量变化较大时，相对误差也较大，一般误差在 40% 以内，最大误差达到 50%。

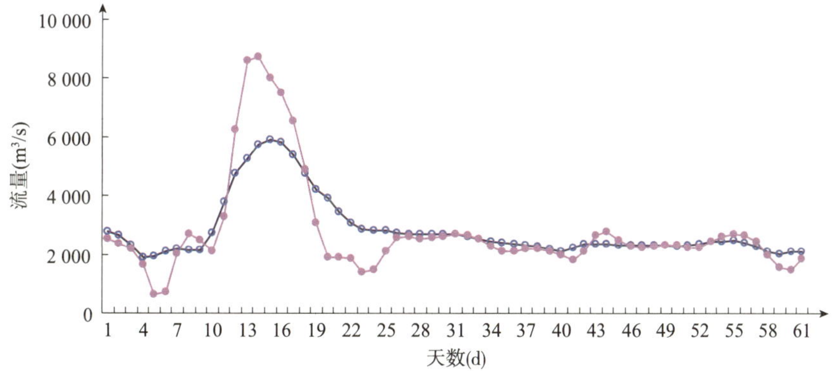

图 7-12　城陵矶站二次移动平均预测与实测流量对比

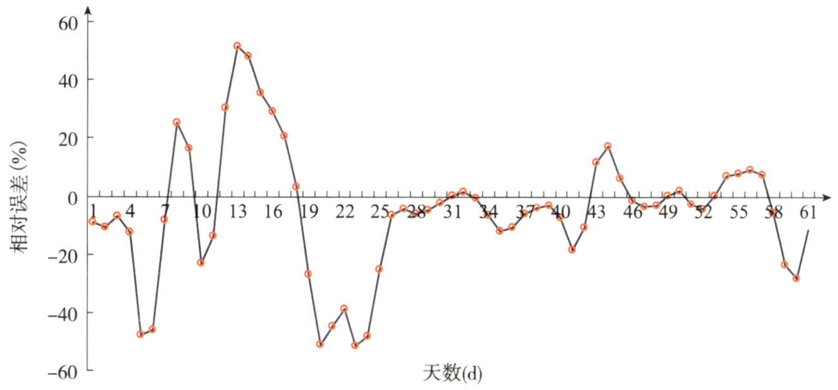

图 7-13　城陵矶站二次移动平均预测相对误差

B．自回归模型。

同样从前期实测资料出发，对后续时刻数据进行预测，自回归模型在已有水文预报中得到大量应用。本项研究同样采用自回归模型对城陵矶流量过程预测模式进行了研究。这里建立了 2 阶自回归模型，其中自回归系数分别为 −2 832.802、0.907 055、0.990 729 1。图 7−14 给出了基于 2 阶自回归模型的城陵矶流量预测值与实测值的比较。图 7−15 给出了预测值和实测值的相对误差变化。由图 7−15 可知，自回归模型预测结果与二次移动平均类似，在流量过程波动较大除误差较大，最大误差达到 60%。

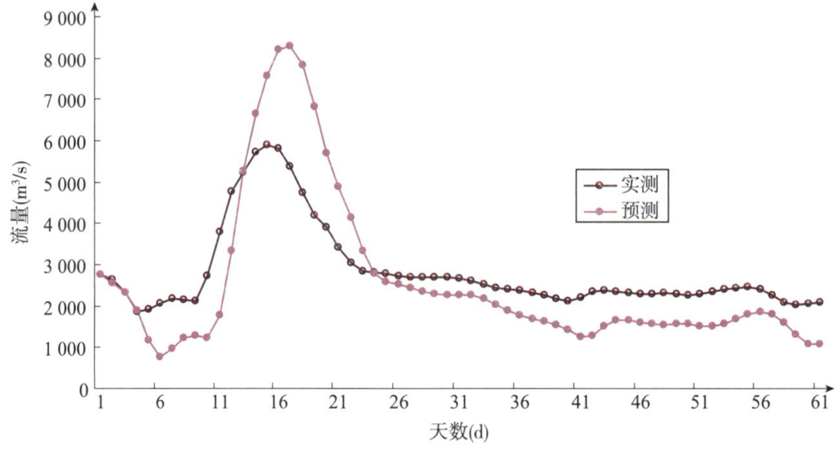

图 7−14　城陵矶站自回归模型预测与实测流量对比

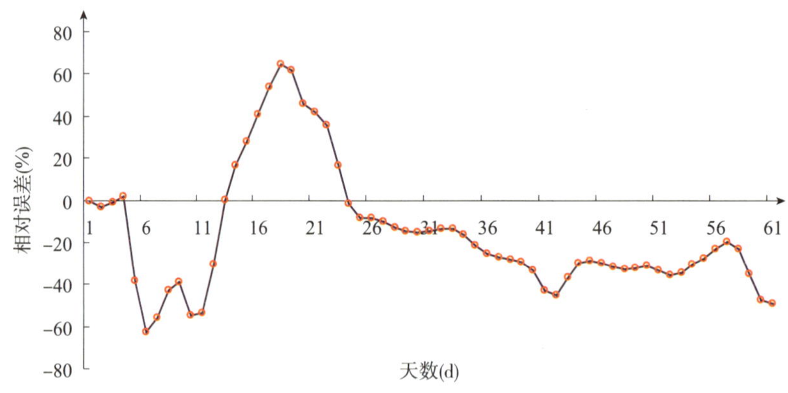

图 7−15　城陵矶站自回归模型预测相对误差

C．多元回归模型。

综合上述移动平均方法和自回归模型对城陵矶流量的预测模式，均是考虑到流量序列的延续性，通过前期临近时刻的数据，直接预测后续时刻的数据。由于没有考虑到流量过程的波动和涨落情况，其误差均相对较大。基于这一情况，本项研究采用多元回归模型，考虑流量过程涨落情况，采用前 2 天流量以及前 2 天的流量差（代表涨落情况），来预测第 3 天的流量。

多元回归公式如下：

$$Q(t)=200.567-6.865DQ(t-1)-7.559Q(t-2)+8.5Q(t-1)$$

式中：$Q(t)$——第 3 天预测流量；

$Q(t-2)$、$Q(t-1)$——前 2 天、前 1 天流量；

$DQ(t-1)$——前 2 天与前 1 天流量差值，代表涨落情况。

根据 2010 年 1 月～ 2011 年 10 月资料，对模型中各变量的偏相关系数进行了计算，分别为 0.98、0.99、0.994，复相关系数为 0.985。

根据上述公式，对 2011 年 11 ～ 12 月的实测流量过程进行了检验，结果如图 7-16 所示。预测值与实测值的相对误差如图 7-17 所示。由图 17 可知，考虑了流量涨落情况后，城陵矶站的流量过程预测精度明显提高，一般误差在 5% 以内，最大误差在 20% 以内。

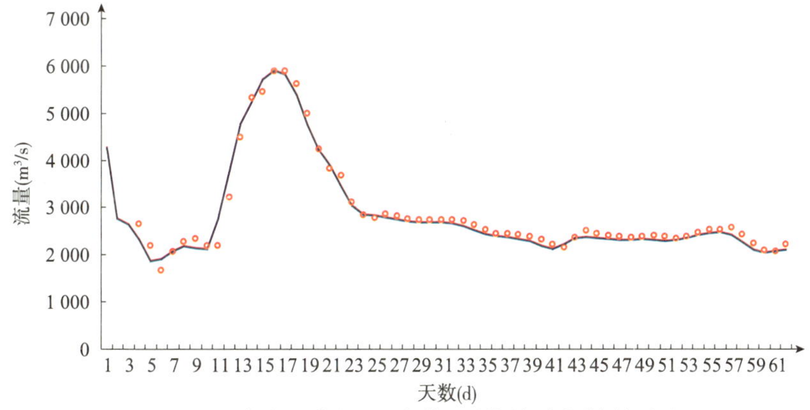

图 7-16 城陵矶站多元回归模型预测与实测流量对比

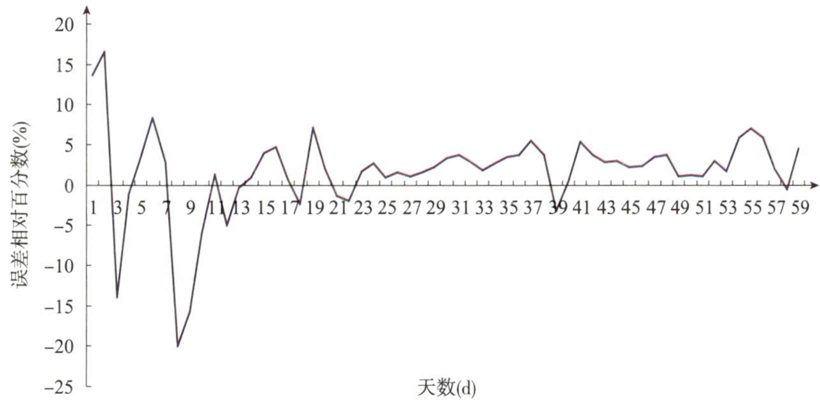

图 7-17 城陵矶站多元回归模型预测相对误差

②汛期流量预测。

对城陵矶 2 ～ 10 月汛期的流量过程预测模型，本项研究也分别采用移动平均、自回归、多元回归等多种方法进行尝试。具体如下：

A．移动加权平均。

图 7-18 给出了城陵矶汛期 3 日加权移动平均流量与实测流量的关系图，图 7-19 给出了 2011 年 8 ～ 9 月采用 3 日加权移动平均模型计算流量与实测流量的对比，图 7-20 给出了其相对误差变化情况。由图 7-20 可知，在流量波动较大处存在滞后现象，相对误

差一般在 20% 以内，最大值接近 40%。

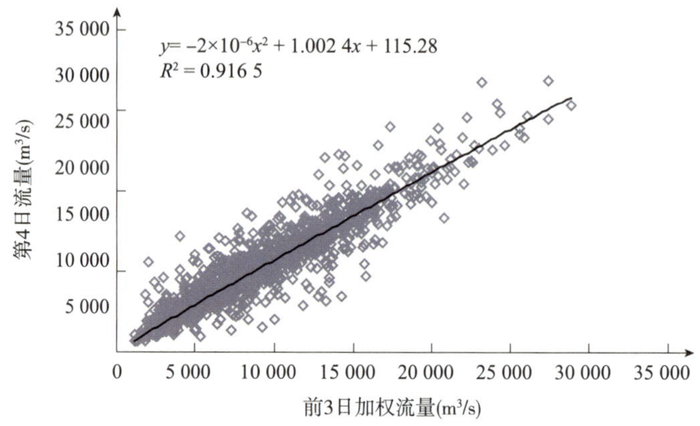

图 7–18 城陵矶站 3 日移动平均模型预测与实测流量关系

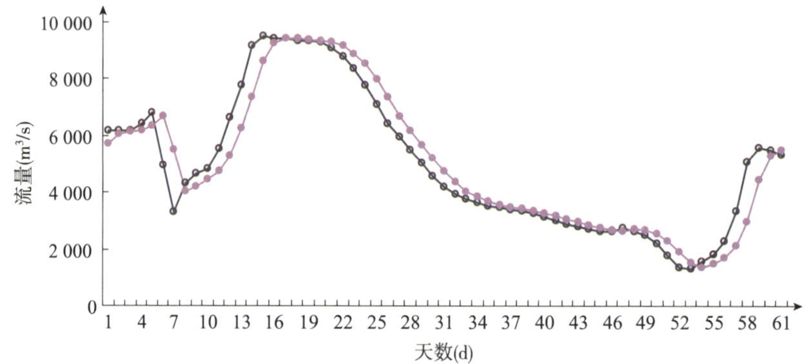

图 7–19 城陵矶站 3 日加权移动平均模型预测与实测流量对比

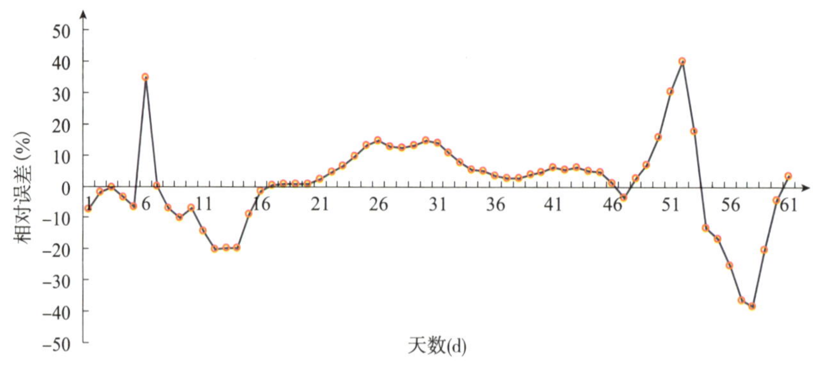

图 7–20 城陵矶站 3 日加权移动平均模型预测相对误差

B．自回归模型。

进一步采用自回归模型对城陵矶汛期流量过程预测进行探讨。采用 2 阶自回归模型，对城陵矶 2011 年 8 ～ 9 月流量过程进行了验证，如图 7–21 所示，图 7–22 给出了其相对误差变化。由图 7–22 可知，自回归模型能解决移动平均模型滞后现象，但其预测结果在流量的峰值处往往误差较大，最大相对误差达到 55%。

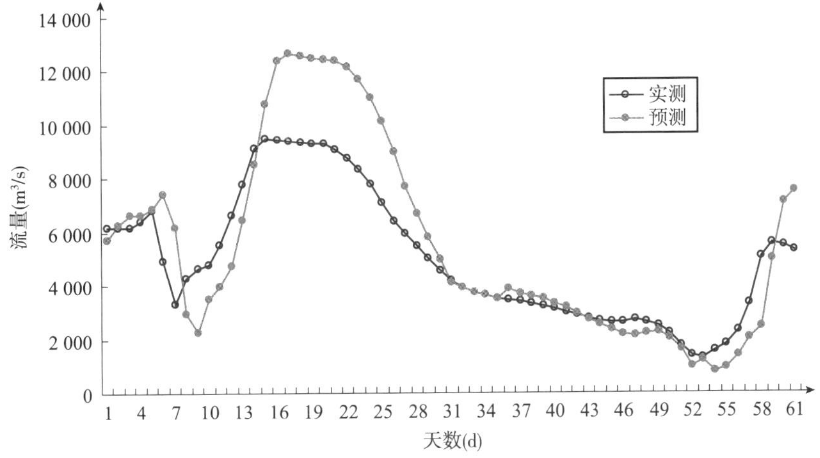

图 7–21 城陵矶站汛期自回归模型预测与实测流量对比

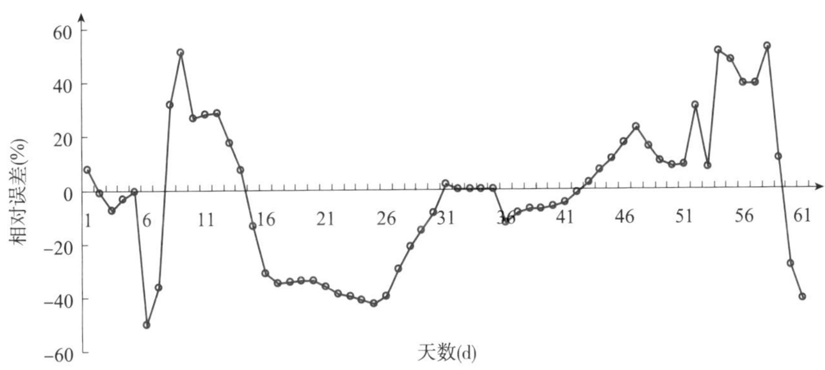

图 7–22 城陵矶站汛期自回归模型预测相对误差

C．多元回归模型。

考虑到汛期流量过程受涨落率的影响较大，前期的流量及其涨落过程在预测过程中应该作为主要因子进行考虑。本项研究通过多元回归模型，建立了城陵矶预测流量与前 2 天流量、前 2 天流量涨落率（用流量差值代替）的关系。多元回归公式如下：

$$Q(t)=140.187-0.33DQ(t-2)+2.32DQ(t-1)+1.486Q(t-2)-0.5Q(t-1)$$

式中： $Q(t)$——第 3 天预测流量；

$Q(t-2)$、$Q(t-1)$——前 2 天、前 1 天流量；

$DQ(t-1)$、$DQ(t-2)$——分别为前 3 天与前 2 天、前 2 天与前 1 天的流量差值，代表涨落情况。

根据 2010 年 2 ~ 10 月、2011 年 4 ~ 7 月的实测资料，对模型中各变量的偏相关系数进行了计算，分别为 0.41、0.954、0.999、0.994，复相关系数为 0.993。

采用 2011 年 7 ~ 10 月实测资料对上述公式进行了初步验证，结果如图 7–23 所示，其相对误差如图 7–24 所示。由图 7–24 可知，采用多元回归模型，城陵矶站汛期流量计算与实测值吻合较好，一般误差在 10% 以内，最大误差在 20% 以内。

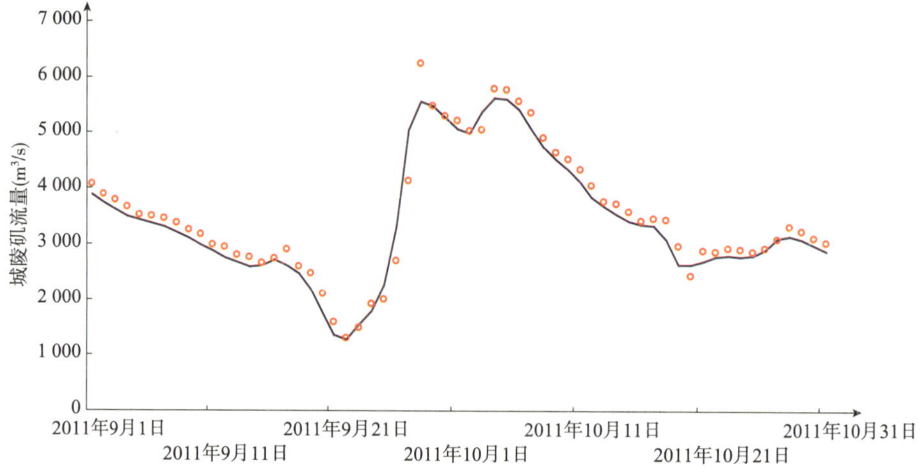

图 7–23　城陵矶站汛期多元回归模型预测与实测流量对比

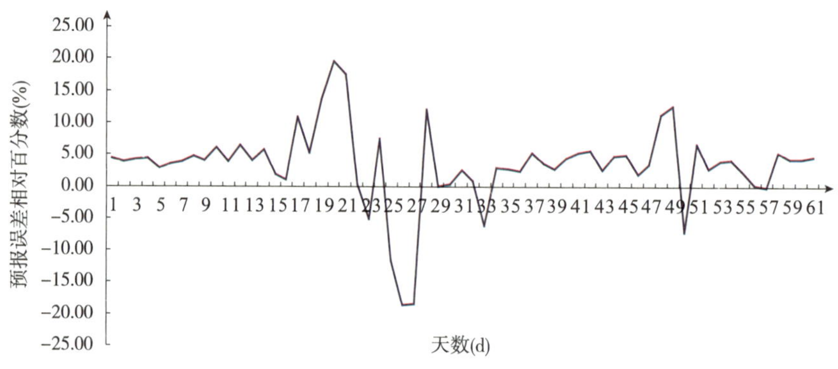

图 7–24　城陵矶站汛期多元回归模型预测相对误差

综上所示，在对多种流量过程预测方法进行尝试的基础上，对城陵矶入汇流量预测模型进行了研究，与移动平均、自回归模型等方法相比，多元回归模型考虑因素更为全面，预测效果更好，因此，本项研究中对于其他支流入汇流量预测的模式也均采用多元回归模型进行。

（3）长江中游沿程站点水位、流量预测

在流量预报的基础上，需进一步结合相应站点的水位流量关系，实现对站点水位过程的预报。长江中游宜昌至大通段流经冲积平原，区间内有干支河道河洞庭湖、鄱阳湖调蓄干支流洪水。该河段江湖联通、水系复杂，常造成干支流洪水相互顶托，且支流洪水对干流洪水的顶托影响较远。由于洪水组成的差异，各次洪水顶托影响程度也不同，故各控制站的实测水位流量关系较为散乱。在长江水文实际预报过程中，通过考虑测站以下河段的支流洪水注入顶托影响以及涨落率的修正，常可拟定出有规律的水位流量关系线。本项研究也采用这一思路，在对控制站水位流量关系的研究中，充分考虑不同来流、下游水位顶托等的影响，可将荆江河段分为上荆江河段与下荆江河段。

①上荆江河段。

上荆江河段水位变化主要受上游来流影响，由于洪枯季流量、水位变化特点差异较为明显，对于本段河道内站点将主要分洪枯季分别建立水位流量关系。

A．宜昌水位预测经验模式。

考虑到三峡水库蓄水运用后，宜昌站仍然存在水位缓慢下降的趋势，为提升经验公式模拟精度，采用近期 2010—2011 年数据点绘其经验关系，如图 7–25 所示。宜昌站水位短期预测经验公式如表 7–1 所示。

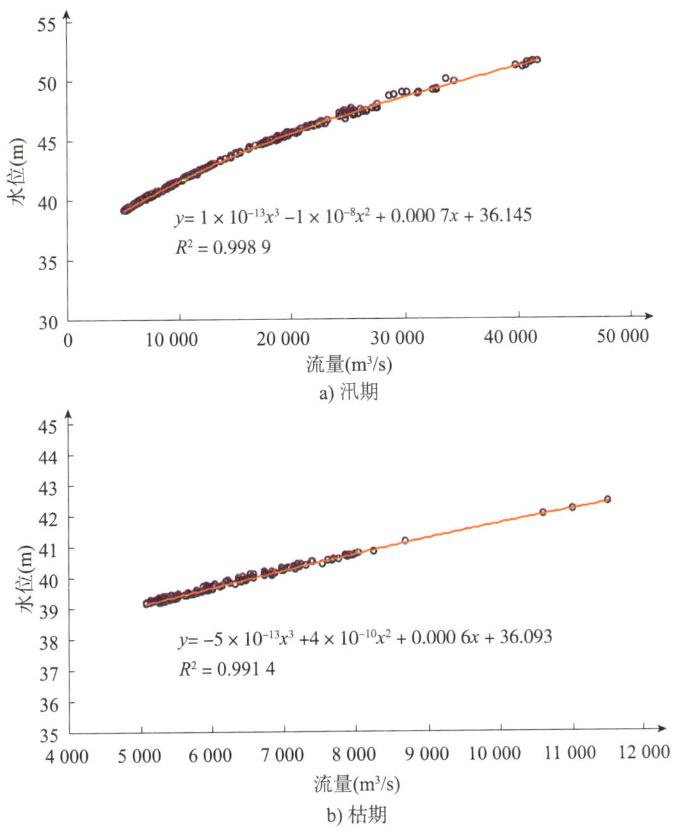

图 7–25　宜昌站水位流量关系（2010—2011 年）

宜昌站水位短期预测经验公式　　表 7–1

一 般 形 式	拟 合 公 式
	$Z_宜 = aQ_宜^3 + bQ_宜^2 + cQ_宜 + d$
汛期（2010—2011 年）	$Z_宜 = 1\times10^{-13}Q_宜^3 - 1\times10^{-8}Q_宜^2 + 0.000\,7Q_宜 + 36.145$
枯期（2010—2011 年）	$Z_宜 = -5\times10^{-13}Q_宜^3 + 4\times10^{-10}Q_宜^2 + 0.000\,6Q_宜 + 36.093$

注：*a*、*b*、*c* 均为参数，由实测资料率定获得，下同。

B．沙市水位预测经验模式。

考虑到沙市水位的实际变化特征，尤其是蓄水后不同时间的冲刷发展情况，为了进一步细化沙市水位变化预测模式，考虑到汛期和枯期径流变化特征的差异以及三口分流情况的差别，如果分汛期和枯期，则沙市水位经验预测精度会进一步提升。以 2010—2011 年为例，点绘枯期宜昌流量和沙市水位的关系，如图 7–26 所示。

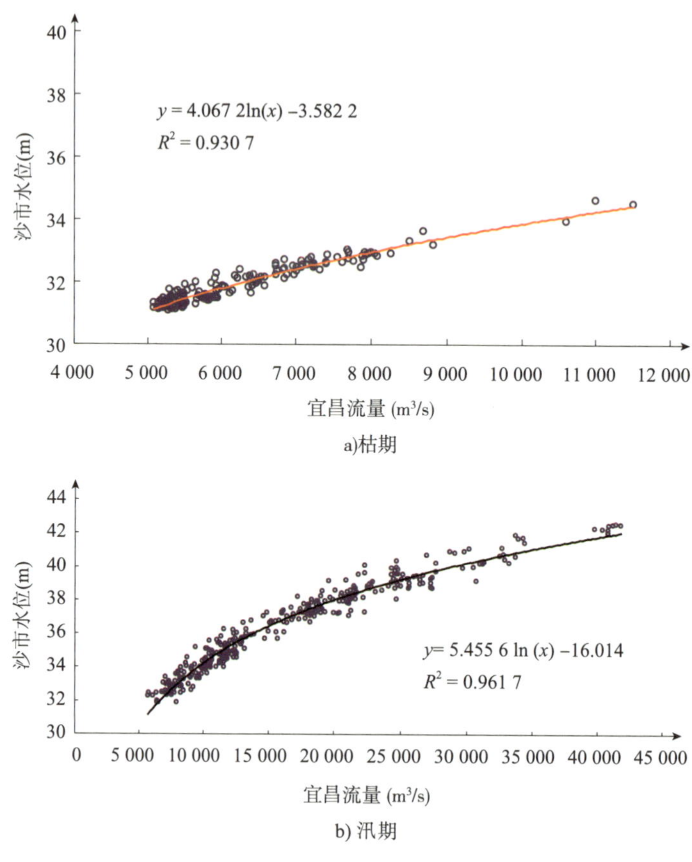

图 7−26　2010—2011 年枯期数据拟合结果（11 月～次年 4 月）

因此，对于沙市站的水位预测，其经验公式如表 7−2 所示。

沙市站水位短期预测经验公式　　表 7−2

一般形式	$Z_{沙}=a\times\ln(Q_{宜})-b$
汛期（2010—2011 年）	$Z_{沙}=5.455\,6\times\ln(Q_{宜})-16.014$
枯期（2010—2011 年）	$Z_{沙}=4.067\,2\times\ln(Q_{宜})-3.582\,2$

②下荆江河段。

下荆江河段受上游来流及洞庭湖出流顶托的影响。对于上游来流的影响而言，差异主要体现在洪枯期来流过程及水位的变幅及频率的不同；对于洞庭湖顶托的影响而言，主要体现在洞庭湖不同出流流量级条件下城陵矶水位对上游水位的影响幅度及范围。因此，对于下荆江河段水位流量关系的研究过程，需在依据干流来流分洪枯季的基础上，进一步依据洞庭湖出流流量分级建立水位流量关系。本书以监利站、城陵矶为例，研究入汇顶托情况下的该站水位预测方法。

A．监利水位预测经验模式。

监利站的水位流量关系变化除受上游来流（宜昌流量）的影响外，下游洞庭湖出流对其顶托作用不可忽视，为考虑顶托影响，这里以城陵矶的出流量为参数，点绘同一城陵矶出流量条件下的宜昌流量和监利水位的相关关系，城陵矶出流以 5 000m³/s 为单位进行划分，分为 5 000m³/s 以下，5 000 ~ 10 000m³/s，10 000m³/s 以上等。采用 2010—2011 年最新资料点绘监利水位—宜昌流量关系，如图 7-27 所示。由图 7-27 可知，其点群密度较为密集。监利站水位短期预测经验公式如表 7-3 所示。

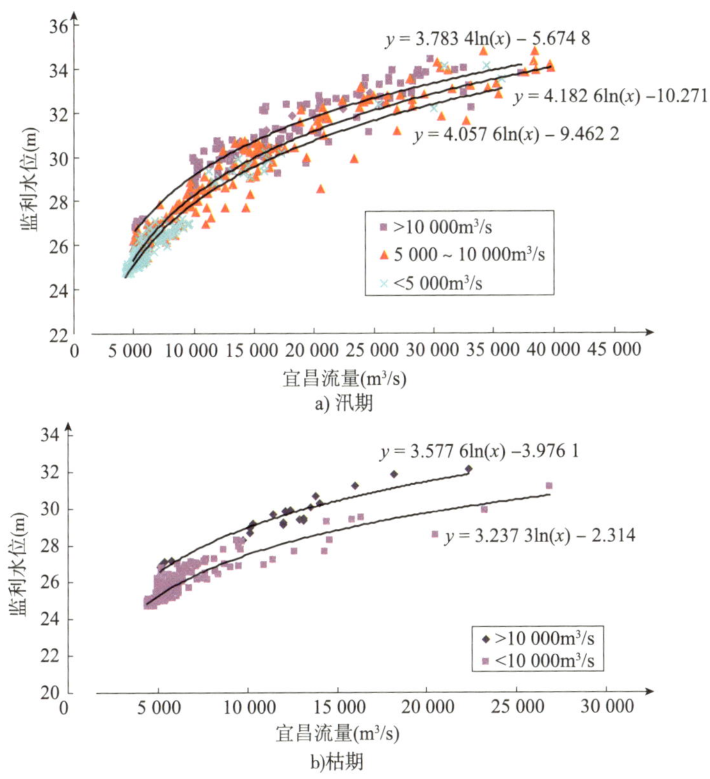

图 7-27 城陵矶出流为参数的宜昌流量和监利水位关系

监利站水位短期预测经验公式 表 7-3

一般形式	$Z_{监}=a\ln(Q_{宜})+b$	
汛期 (2010—2011 年)	$Z_{监}=3.783\,4\ln(Q_{宜})-5.674\,8$	$Q_{城}>10\,000\text{m}^3/\text{s}$
	$Z_{监}=4.182\,6\ln(Q_{宜})-10.271$	$5\,000\text{m}^3/\text{s}<Q_{城}<10\,000\text{m}^3/\text{s}$
	$Z_{监}=4.057\,6\ln(Q_{宜})-9.462\,2$	$Q_{城}<5\,000\ \text{m}^3/\text{s}$
枯期 (2010—2011 年)	$Z_{监}=3.577\,6\ln(Q_{宜})-3.976\,1$	$Q_{城}>10\,000\ \text{m}^3/\text{s}$
	$Z_{监}=3.237\,3\ln(Q_{宜})-2.314$	$Q_{城}<10\,000\ \text{m}^3/\text{s}$

B. 城陵矶水位预测经验模式。

城陵矶站位于洞庭湖出口，该站水位变化江湖相互顶托影响，水位流量关系较为散乱。采用最新的 2010—2011 年汛期和枯期资料，点绘了以宜昌流量为参数的城陵矶站水位流量关系。如图 7-28 所示，枯期无须区分宜昌不同量级，其相关效果较好，这也反映了枯期时江湖交汇区顶托较弱的事实。城陵矶站水位短期预测经验公式如表 7-4 所示。

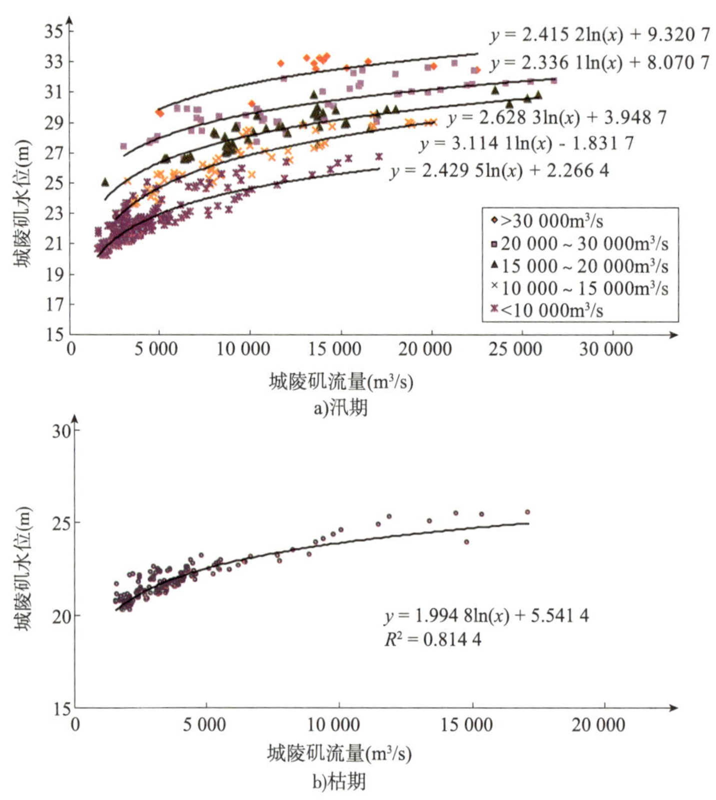

图 7−28　宜昌流量为参数的城陵矶流量和城陵矶水位关系

城陵矶站水位短期预测经验公式　　表 7−4

一般形式	$Z_{城}=a\ln(Q_{城})+b$	
汛期（2010—2011 年）	$Z_{城}=2.4152\ln(Q_{城})+9.3207$	$Q_{宜}>30\,000m^3/s$
	$Z_{城}=2.3361\ln(Q_{城})+8.0707$	$30\,000m^3/s>Q_{宜}>20\,000m^3/s$
	$Z_{城}=2.6283\ln(Q_{城})+3.9487$	$20\,000m^3/s>Q_{宜}>15\,000m^3/s$
	$Z_{城}=3.1141\ln(Q_{城})-1.8317$	$15\,000m^3/s>Q_{宜}>10\,000m^3/s$
	$Z_{城}=2.4295\ln(Q_{城})+2.2664$	$Q_{宜}<10\,000m^3/s$
枯期（2010—2011 年）	$Z_{城}=1.9948\ln(Q_{城})+5.5414$	

7.2.2　典型河段短期航道条件预报

选取荆江沙市河段作为典型河段进行航道条件预测，在上文所述水位流量短期预测方法的基础上，进一步探讨浅滩段沿程航道条件的预测情况。

（1）短期航道条件预测边界条件选取

本次沙市河段航道条件的短期预测实例采用 2012 年 12 月 4 日及之前的实测资料，通过上文的宜昌流量预测以及沙市站水位的经验预测模式，推求之后 7d（即 12 月 3 ~ 11 日）的沙市站的水位和流量过程。在此基础上，通过一维河网水流模型进行计算，获得沙市河段 2012 年 12 月 4 ~ 11 日的进出口的水流边界条件，并将之作为沙市河段平面二维水流模型的输入条件。沙市河段进口流量（陈家湾）及出口水位（玉和坪）的过程线如图 7–29 和图 7–30 所示。

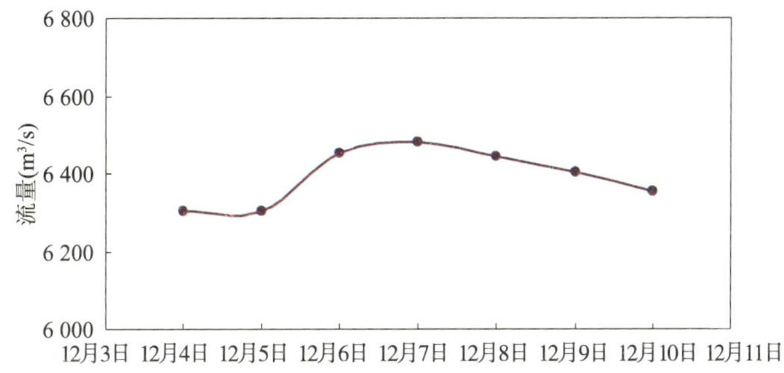

图 7–29　沙市河段 7d 预测进口流量变化（2012–12–4 ~ 2012–12–11）

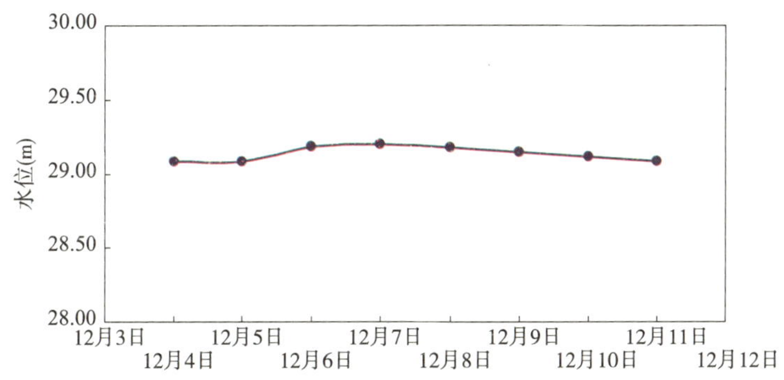

图 7–30　沙市河段 7d 预测出口水位变化（2012–12–4 ~ 2012–12–11）

（2）短期航道条件预测结果分析

从计算所预测 2012 年 12 月 11 日航道条件来看，受 2012 年来水较大的影响，太平口水道北汊进出口浅区淤积较为严重。南槽—北汊航路内，3m 等深线全线贯通，5m 等深线在北汊进口不通。同时杨林矶边滩大幅度向下游淤涨，北汊进口流路弯曲，航道形势较为紧张，航道条件见图 7–31。

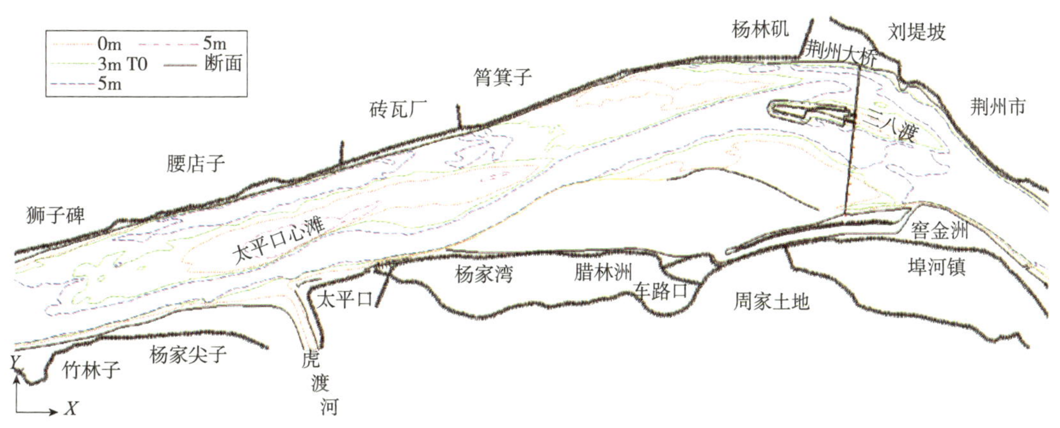

图 7–31　沙市河段 2012 年 12 月 11 日航道条件预测

7.3 中期航道条件预测预报

中期航道条件预报技术主要是指对荆江河段退水期航道条件变化情况的预测。对于荆江这样一类紧邻三峡下游的河段而言。由于其自身洲滩、岸线河床组成较为松散，加之三峡蓄水后清水下泄长期持续作用。河道地形的冲淤调整较为剧烈，随之而来的是航道条件短期内的复杂多变。尤其在退水期，经历了汛期来沙大幅度淤积之后，退水期水流归槽，主航槽内部将会发生一定幅度的冲刷，但这一退水冲刷将对航道条件产生如何的改善，目前尚缺乏行之有效的预测方法。本系统借助数学模型，对退水期航道条件冲淤变化过程进行预测。

7.3.1 退水期水沙过程选择

河道演变不仅决定于来水和来沙的绝对数量，而且还与水沙过程相关。河道演变趋势、冲淤幅度大小，浅滩是否会碍航，均与水沙过程息息相关。这里基于长江中游河道演变特征以及三峡水库蓄水后中游水沙过程变化，提出了典型退水期过程的选取方法。

本章基于长江中游河道演变特征以及三峡水库蓄水后中游水沙过程变化，提出了典型退水期过程的选取方法。其主要思路是：通过分析浅滩演变与流量过程的关系，明确特征流量级及其持续时间对浅滩冲淤积性质的影响；在此基础上，分析三峡水库蓄水后的年内流量过程，尤其是退水过程的变化，归并不同的退水类型；基于年内前期径流过程（1 ~ 8月），确定后续来水总量；参考已有设计洪水的确定方法，根据实际需要，选择有对浅滩冲刷好、中、差的实际退水曲线为典型过程，进行水量修正及与前期过程的合理衔接，确定符合实际需求的设计退水过程。

（1）长江中游浅滩演变与流量过程的关系

长江中游浅滩绝大多数属于“洪淤枯冲”类型的浅滩，且多出现在过渡段或放宽段，其碍航的主要原因在于岸滩大幅度变形（河岸大幅度崩退或边心滩切割）或浅滩冲刷程度的不够。长江中游按照主流平面位置的不同，可将流量分为洪水、中水、枯水三级，浅滩切割、冲淤等演变现象均与流量过程，尤其是特征流量持续时间存在较为密切关系。

图 7-32 为螺山站洪水流量（35 000m^3/s以上流量）持续天数以及嘉鱼水道汪家洲边滩 0m 线变化，从图 7-32 中可以看出，20 世纪 70 年代末至 80 年代中期，洪水流量持续天数明显增加，同期汪家洲边滩大幅度淤长。如上所述，洪水流量时，主流偏离汪家洲边滩，可见正是由于主流偏离汪家洲边滩，导致其淤积。

当连续 2 ~ 5 年洪水流量持续时间超过某一天数时，分汊河道洲头低滩易于切割，以上荆江马家嘴水道洲头低滩切割为例，该浅滩分别于 1974 年、1984 年、2000 年左右被切割。图 7-23 给出了沙市站 1970 年以来大于 29 000m^3/s流量持续天数。从图 7-33 中可以看出，洲头低滩切割年份，至少连续两年洪水流量持续时间 27d 以上。1973 年、1974 年洪水流量持续时间分别为 27d、56d，1979—1984 年连续 6 年洪水流量持续时间为 27 ~ 49d，1998—2000 年洪水流量分别持续 70d、39d、31d，这分别与 1974 年、1984 年、2000 年洲头低滩切割对应。

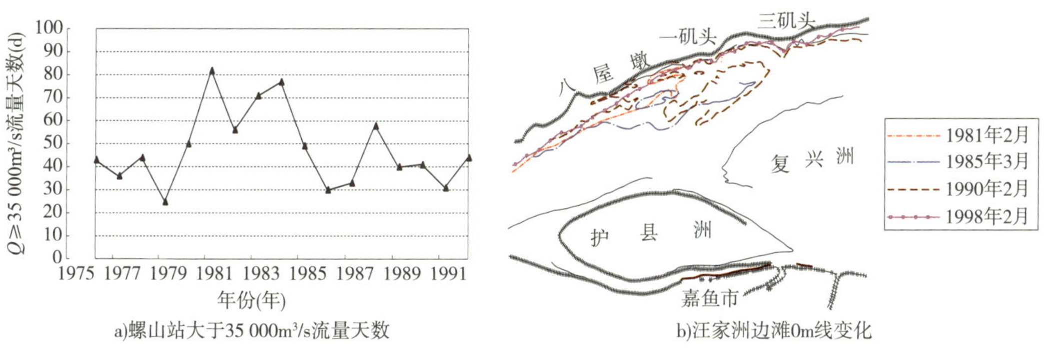

图 7-32 螺山站大于 35 000m^3/s 流量持续天数与汪家洲边滩冲淤关系

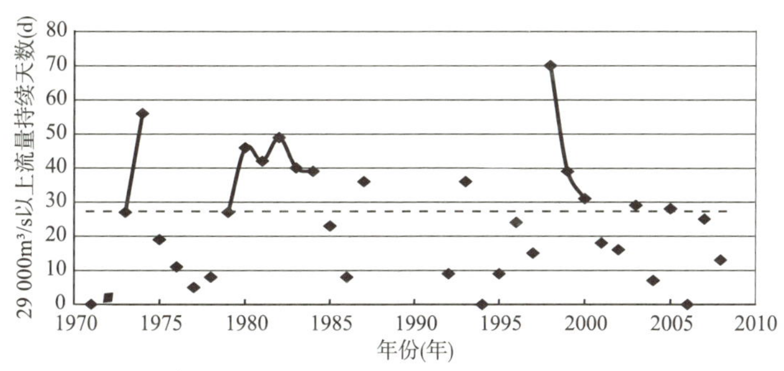

图 7-33 沙市站 29 000m^3/s 以上流量持续时间

长江中游荆江河段浅滩多属于“洪淤枯冲”浅滩，汛后退水期，水流开始归槽，浅滩段产生冲刷，但其冲刷的程度如何与特征流量持续天数密切相关（图 7-34）。显然，枯水流量持续时间越长，浅滩冲刷越充分；反之，枯水流量持续时间越短，浅滩冲刷不足，浅滩碍航的可能性越大。

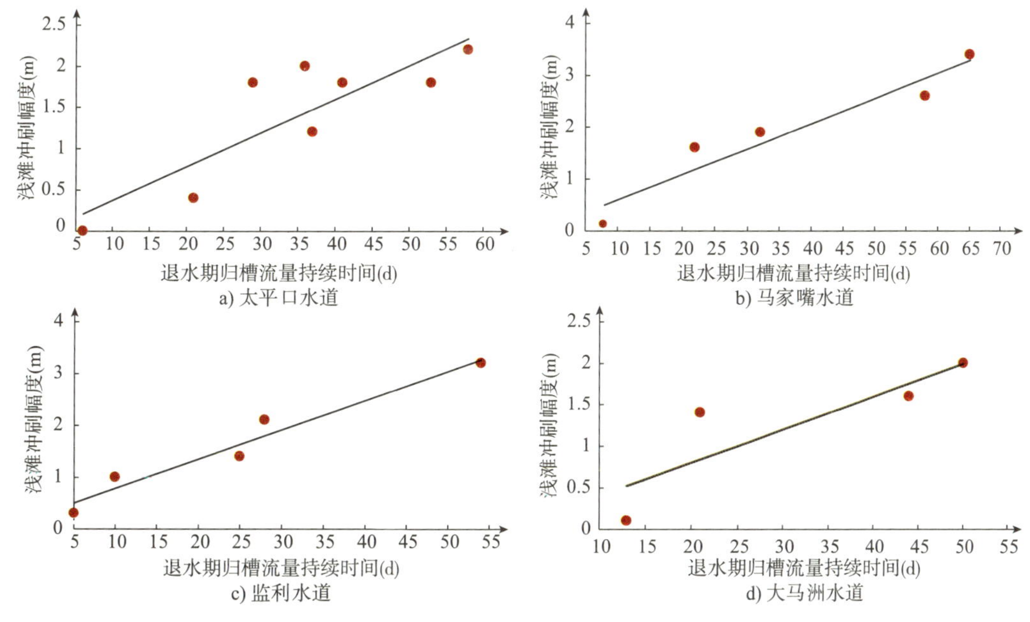

图 7-34 浅滩冲刷流量持续时间与浅滩冲刷幅度关系图

在上述研究的基础上，通过整理分析长江中游主要浅滩段的实测资料，表 7–5 汇总了长江中游不同河段的洪、中、枯水的临界流量。需要说明的是，受实测资料的限制，表中特征流量范围仍较为粗略。

长江中游洪、中、枯流量取值范围（单位：m^3/s）　　表 7–5

河段名称	上荆江	下荆江	城陵矶—汉口
代表站点	沙市	监利	螺山
洪水流量	＞ 2 9000	＞ 27 000	＞ 35 000
中水流量	12 000 ～ 29 000	11 000 ～ 27 000	14 000 ～ 35 000
枯水流量	＜ 12 000	＜ 11 000	＜ 14 000

（2）荆江河段典型退水过程确定方法

三峡水库蓄水以来，下泄水沙过程发生了较大变化，汛后退水的加快使得浅滩冲刷时间不足。对于适用于三峡水库蓄水后荆江实际情况的典型退水过程的确定方法，必须反映上述情况。如前所述，流量过程的差异，特别是特征流量（洪、中、枯）持续时间的不同，将造成主流位置的摆动以及浅滩冲淤性质的变化。通过长江中游洲滩演变与各级流量持续时间关系的分析可知，荆江河段浅滩碍航需具备以下两个基本特点：①枯水流量持续时间相对较短，退水过程较快；②洪中流量持续时间偏长，汛期浅滩发生较多淤积。在此种条件下，汛期浅滩发生大幅度淤积，汛后退水冲刷期得不到充分的冲刷，容易造成浅滩碍航。这里首先对三峡蓄水以来宜昌、沙市、监利各站的汛期大流量及汛后退水枯水流量的变化进行分析。

①荆江河段汛期、退水期特征流量持续天数变化特点。

表 7–6 ～表 7–8 分别给出了宜昌、沙市和监利站的退水期 10 000 ～ 20 000m^3/s 流量持续天数以及汛期大于 27 000m^3/s 的持续天数。其中，三峡水库蓄水前统计时段为 1990—2002 年，三峡水库蓄水后的统计时段为 2001—2011 年。如前文所述，荆江河段的枯水临界流量约在 11 000 ～ 12 000m^3/s 之间，已有研究成果也揭示了芦家河河段浅滩的汛后主要冲刷流量约在 10 000 ～ 25 000m^3/s 之间，监利河段的汛后最佳冲刷流量约在 10 000 ～ 15 000m^3/s 之间，综合上述认识及荆江河段的实践经验，该河段浅滩汛后主要冲刷流量取为 10 000 ～ 20 000m^3/s 较为合适，能够体现最佳的冲刷时段。同时，如前文所述，荆江河段的洪水临界流量约为 27 000 ～ 29 000m^3/s，这里统一取 27 000m^3/s，大于该流量持续的天数表明了“洪淤枯冲”浅滩汛期淤积的情况，与退水期长度一起，组成判别荆江河段汛后浅滩条件的重要指标。

宜昌站特征流量持续天数统计表　　表 7–6

时　段	年份（年）	退水期 10 000 ～ 20 000m^3/s 流量持续天数 (d)	汛期流量大于 27 000m^3/s 的天数 (d)	备　注
三峡蓄水前	1990	57	37	中水中沙年
	1991	48	50	中水中沙年
	1992	80	29	中水中沙年
	1993	54	58	中水中沙年

续上表

时　段	年份（年）	退水期 10 000 ~ 20 000m^3/s 流量持续天数（d）	汛期流量大于 27 000m^3/s 的天数（d）	备　注
三峡蓄水前	1994	97	4	小水小沙年
	1995	50	38	中水中沙年
	1996	68	44	中水中沙年
	1997	62	21	中水中沙年
	1998	42	81	大水大沙年
	1999	70	66	大水中沙年
	2000	30	61	中水中沙年
	2001	38	36	中水小沙年
	2002	53	27	中水小沙年
	均值	57.6	42.5	
三峡蓄水后	2003	25	48	中水中沙年（相对）
	2004	47	14	中水年沙年（相对）
	2005	46	50	中水大沙年（相对）
	2006	60	3	小水小沙年（相对）
	2007	39	45	中水中沙年（相对）
	2008	41	33	中水中沙年（相对）
	2009	26	32	中水中沙年（相对）
	2010	22	36	中水中沙年（相对）
	2011	49	6	小水中沙年（相对）
	均值	39.4	30	

注：中水中沙年（相对）指三峡水库蓄水后各年的相对比较定义的水沙系列年（下同）。

沙市站特征流量持续天数统计表　　表 7-7

时　段	年份（年）	退水期 10 000 ~ 20 000m^3/s 流量持续天数（d）	汛期流量大于 27 000m^3/s 的天数（d）	备　注
三峡蓄水前	1990	53	20	中水中沙年
	1991	65	40	中水中沙年
	1992	87	15	中水中沙年
	1993	64	45	中水中沙年
	1994	100	1	小水小沙年
	1995	66	21	中水中沙年
	1996	76	25	中水中沙年
	1997	81	17	中水中沙年
	1998	51	75	大水大沙年
	1999	74	48	大水中沙年
	2000	40	38	中水中沙年
	2001	45	23	中水小沙年
	2002	55	21	中水小沙年
	均值	65.9	30	

续上表

时　段	年份（年）	退水期 10 000 ~ 20 000m³/s 流量持续天数(d)	汛期流量大于 27 000m³/s 的天数(d)	备　注
三峡蓄水后	2003	31	42	中水中沙年（相对）
	2004	52	8	中水中沙年（相对）
	2005	53	31	中水大沙年（相对）
	2006	63	0	小水小沙年（相对）
	2007	42	35	中水中沙年（相对）
	2008	44	20	中水中沙年（相对）
	2009	34	12	中水中沙年（相对）
	2010	30	23	中水中沙年（相对）
	2011	60	0	小水中沙年（相对）
	均值	45.4	19	

监利站特征流量持续天数统计表　　表 7-8

时　段	年份（年）	退水期 10 000 ~ 20 000m³/s 流量持续天数(d)	汛期流量大于 27 000m³/s 的天数(d)	备　注
三峡蓄水前	1990	57	14	中水中沙年
	1991	68	36	中水中沙年
	1992	93	10	中水中沙年
	1993	65	35	中水中沙年
	1994	105	1	小水小沙年
	1995	73	8	中水中沙年
	1996	91	21	中水中沙年
	1997	94	16	中水中沙年
	1998	57	67	大水大沙年
	1999	89	35	大水中沙年
	2000	47	31	中水中沙年
	2001	46	10	中水小沙年
	2002	58	13	中水小沙年
	均值	72.5	22.8	
三峡蓄水后	2003	38	26	中水中沙年（相对）
	2004	54	7	中水中沙年（相对）
	2005	55	28	中水大沙年（相对）
	2006	67	0	小水小沙年（相对）
	2007	49	31	中水中沙年（相对）
	2008	53	10	中水中沙年（相对）
	2009	44	8	中水中沙年（相对）
	2010	41	17	中水中沙年（相对）
	2011	63	0	小水中沙年（相对）
	均值	51.5	14.1	

由表 7-6 ~表 7-7 可知：

A. 三峡水库蓄水后，宜昌、沙市、监利沿程各站的退水期主要冲刷时段（10 000 ~ 20 000m^3/s）持续天数较蓄水前大幅度消减，表明蓄水后退水过程明显加快，对于浅滩冲刷呈现不利的影响。其中，就退水期 10 000 ~ 20 000m^3/s 流量持续天数来看，三峡水库蓄水前，宜昌、沙市、监利三站多年平均分别为 57.6d、65.9d、72.5d；而三峡水库蓄水以来，上述各站蓄水后多年平均分别为 39.4d、45.4d、51.5d，平均减少 16 ~ 21d，分别占 32%、31%、28%。从沿程来看，无论蓄水前后，宜昌、沙市、监利的退水期中 10 000 ~ 20 000m^3/s 流量持续天数呈增大趋势，这主要是受沿程分流的影响。图 7-35 给出了 2010 年宜昌、沙市、监利三站的汛后退水过程，沿程流量的差别表现的较为明显。

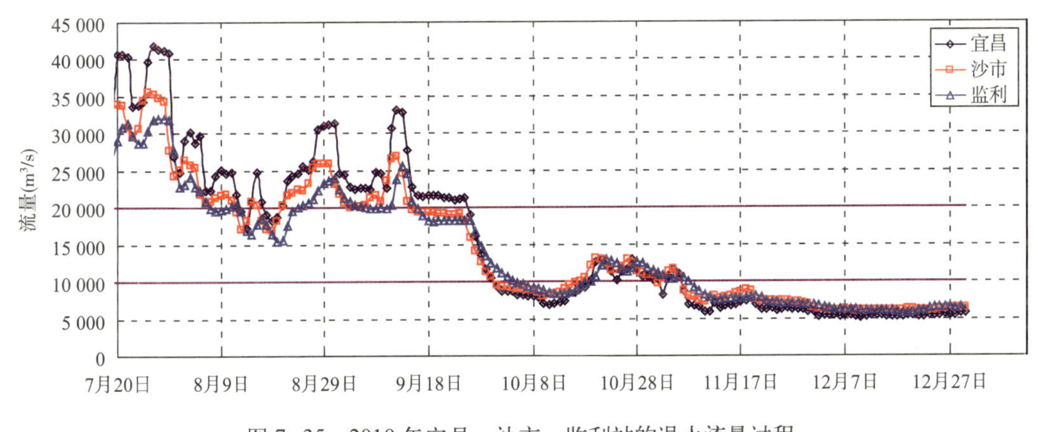

图 7-35　2010 年宜昌、沙市、监利站的退水流量过程

B. 从汛期大于 27 000m^3/s 流量持续天数可知，三峡水库蓄水前后，宜昌、沙市、监利站的持续天数分别为 42.5d、30d，30d、19d，22.8d、14.1d，分别减少了 29%、36%、38%。三峡水库蓄水前后相比，宜昌、沙市、监利各站洪水持续过程有所缩短，这一方面与水库拦蓄作用有关，以及 2008 年以后的中小洪水调度试验，均使得汛期下泄流量有所减少，此外也与 2000 年以后上游来水整体偏枯有一定关系。

②荆江河段典型浅滩退水过程确定方法。

对于荆江河段典型浅滩退水过程的选择，直接关系到汛后浅滩状况的预测。这里以荆江沙市河段为例，给出了典型退水过程确定的方法。

图 7-36 给出了沙市站 1990—2010 年流量过程图，其中，1990—2002 年采用三峡水库径流调度计算获得，2001—2010 年采用蓄水后的实测资料。由图 7-36 可知，三峡水库蓄水后，沙市站的流量过程仍延续了蓄水前的基本规律，汛期 3 ~ 10 月峰高量大，来水较多；枯期 1 ~ 4 月及 11 ~ 12 月流量过程变化较为平缓。从年内的发展过程来看，每年年初流量平稳，至 4 月中旬后，流量开始逐渐起涨，汛期 7、8 月份过后开始逐渐回落，11 月中旬左右逐渐退落至 10 000m^3/s 以下，与次年的枯水期衔接。从汛后退水过程来看，每年的退水开始及结束时间存在差异。大水年水量较大，往往洪峰持续时间较长，退水开

始时间偏后，如 1998 年等较为典型；小水年水量偏少，往往洪峰持续时间较短，退水开始时间偏早，如 2006 年。从退水结束时间来看，除少数年份外，大多数年份 11 月中旬过后，流量大多小于 10 000m³/s，水流归入枯水河槽，可认为退水基本结束。

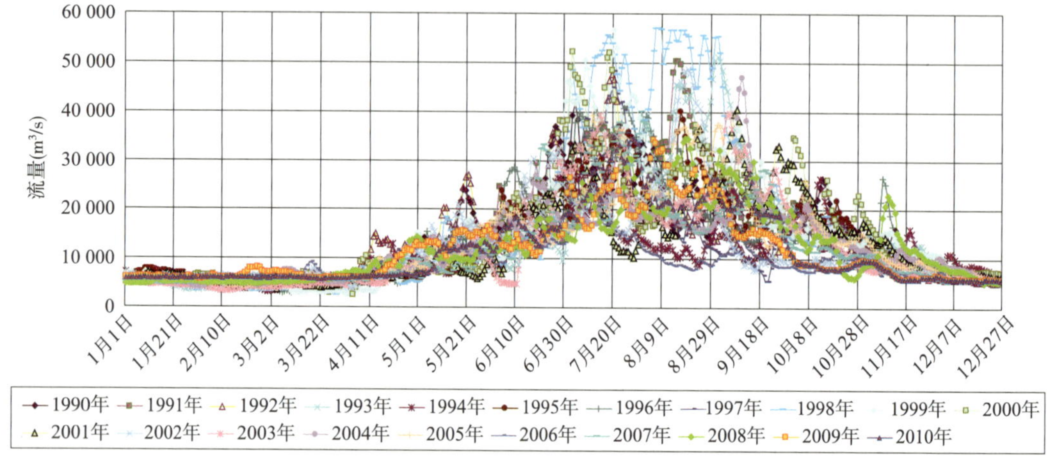

图 7-36 沙市站 1990—2010 年流量过程

退水过程体现了汛期到枯期的过渡，从流量曲线上体现为流量从大到小的过渡性曲线，如前所述，荆江河段浅滩汛后主要冲刷流量取为 10 000 ～ 20 000m³/s 能够体现最佳的冲刷时段，针对上述退水时段的不同，以蓄水后各年的退水曲线为例，可分为如下两类：

第一类是枯水年，汛期来流不大时，退水过程开始时间较早，且过程较长，如图 7-37 所示，以 2006 年、2011 年为典型。

第二类为大中水年，汛期来流较大，退水相对较晚，过程相对第一类较短。该类按照退水的速率又可粗略分为两子类。子类一是退水速率相对较慢，且退水过程起伏较大，如图 7-38 所示，如 2004 年、2005 年、2008 年。子类二是退水速率相对较快，如图 7-39 所示，退水过程很快从 20 000m³/s 以上流量退落至 10 000m³/s 流量以下，以 2007 年、2009 年、2010 年较为典型。上述几种类型中，从对浅滩最为不利的角度来看，第二类子类二的退水过程较为典型。

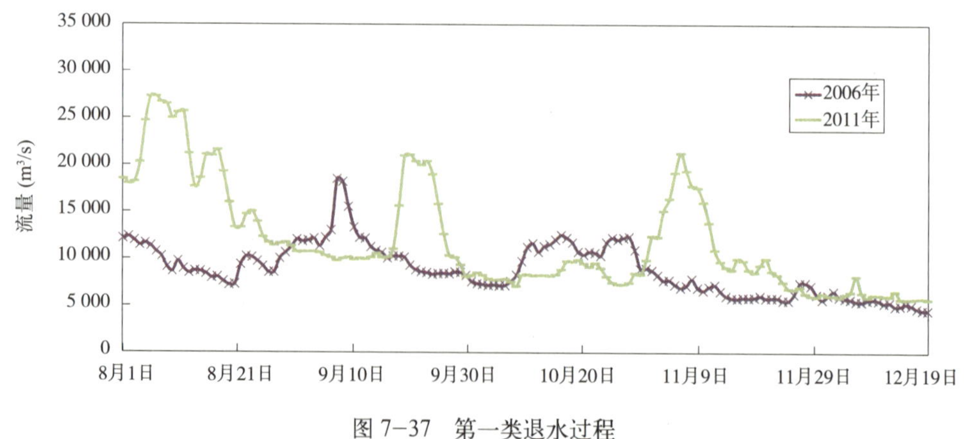

图 7-37 第一类退水过程

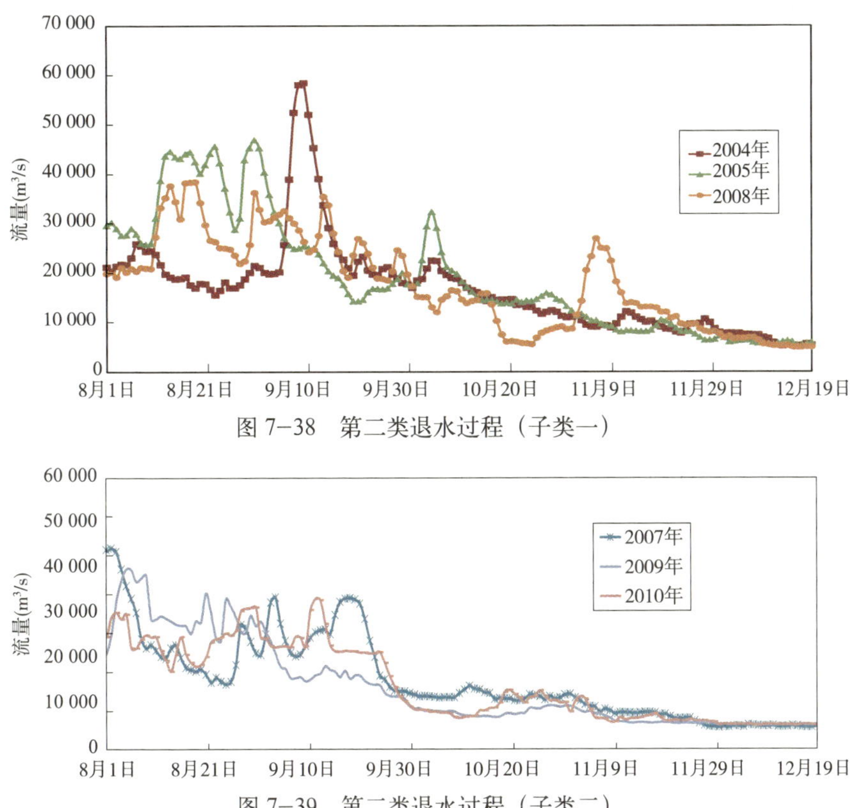

图 7-38　第二类退水过程（子类一）

图 7-39　第二类退水过程（子类二）

在进行退水期过程预测之前，往往前期水沙过程已知。考虑到 7、8 月份流量较大，即使小水年，平均流量也往往大于 20 000m³/s，此时属于大中流量，我们所需要关注的是 10 000 ~ 20 000m³/s 浅滩冲刷特征流量的持续时期，该时期基本在 9 ~ 11 月份的范围内。因此，我们这里限定前期 1 ~ 8 月份的流量过程已知，确定后续退水期的合理过程。图 7-40 给出了 1953—2010 年内 1 ~ 8 月的径流总量与年均径流量的关系。由图 7-40 可知，二者相关关系良好，呈正比关系，即年内前 1 ~ 8 月的径流量越大，则后续的 7 ~ 12 月的径流量也越大。由此，依据年内 1 ~ 8 月的径流量，可通过该关系确定全年的径流总量，并进而定出后续 7 ~ 12 月的径流量。

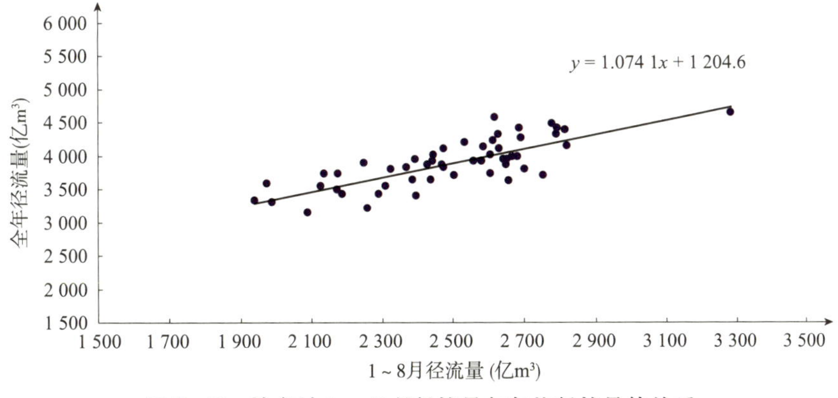

图 7-40　沙市站 1 ~ 8 月径流量与年均径流量的关系

依据上述径流量，参考设计洪水的确定方法，通过选择典型年退水过程，并在之基础上对其进行水量修正，即可获得所需的典型年份的设计退水过程。根据需要的不同，可选择不同的典型退水过程。其中，第一类退水过程，对于浅滩冲刷最为有利；第二类退水过程子类一属于平均意义的退水过程，体现了一般年份的特点；第二类退水过程子类二对浅滩的冲刷最为不利，体现了可能碍航情况下的退水过程。

对于荆江河段各浅滩典型退水过程的选择，从图 7-37 ～图 7-39 及表 7-7 退水期长度的考虑，从对浅滩冲刷好、中、差的角度，可分别选择 2011 年、2008 年、2010 年典型退水过程来确定设计退水过程。在此基础上，可通过一维河网水沙模型具体确定典型河段进出口处的流量、沙量、水位及级配等。

7.3.2 典型河段中期（退水期）航道条件预报

（1）典型河段选择

本次研究的河段主要以航道条件较为复杂的沙卵石河段：枝江河段；冲积河流特征显著，河道很不稳定，河床演变剧烈的沙质河段沙市河段（分汊河段）、莱家铺河段（弯曲河段）及铁铺—熊家洲河段（顺直河段），这些河段以河道内主流频繁摆动、洲滩互为消长、汊道兴衰交替为主要变化特征，是需要借助数学模型进行退水期航道条件预测预报的典型河段。本书研究将以枝江河段、沙市河段、莱家铺河段及铁铺—熊家洲河段为典型河段，利用一维水沙及平面二维水沙数学模型，进行荆江全河段枯水期碍航预测预报研究，以指导航道维护部门枯水期航道维护方案的制定。

（2）典型河段退水期航道条件预测

如前所述，典型退水期的选择要针对研究目的而定，不仅照顾到总量，而且要关注汛后退水速率，根据本章第 1 节中荆江河段的典型浅滩退水过程的确定方法，可根据需要确定合适的设计退水过程。这里以 2012 年 1 ～ 8 月实际流量过程为基础，在此基础上选择对浅滩冲刷不利的 2010 年典型退水过程，对其进行水量修正，进而获得了各浅滩的设计退水过程，用于本次的预测计算。

以沙市站为例，2012 年沙市站来流特性可以看出（图 7-41），本年度来水量较大，属蓄水后的中大水年。沙市河段 2012 年 1 ～ 4 月枯水期历时和汛期涨水过程与 2010 年较为相近，不仅径流总量基本相当，而且涨水幅度与 2010 年也基本一致。因此，可直接采用 2010 年 9 ～ 12 月实测水沙过程作为浅滩设计退水过程，无须进行水量修正，即可用于对典型河段退水期航道条件进行预测研究。

本次退水期预测选取 2012 年 8 月实测地形作为计算初始地形。对于本次研究所选择枝江、沙市、莱家铺、铁铺—熊家洲河段的退水期航道条件的预测，其河段进口水沙边界、级配条件以及出口的水位过程均由一维河网水沙模型提供。

①枝江河段。

受 2012 年来水较大的影响，枝江河段总体河势保持稳定，滩槽格局稳定，但局部滩槽仍出现不利变化。枝江河段总体呈现冲刷态势，在一期工程作用下，水陆洲、张家桃园已守护区域基本呈现淤积，基本保持稳定，而尚未守护部分滩体则有所冲刷，如张家桃园边滩下段略有冲刷。枝江水道航槽内普遍冲刷，但在枝江上浅区局部有零星淤积。由3m航槽宽度来看，虽然目前3m等深线宽度大于250m，但航槽内仍存在水深小于3m的乱石堆；枝江水道下浅区变化幅度较小，保持相对稳定，3m等深线较宽，最小宽度都在300m以上，下浅区航道条件较好。张家桃园边滩变化不大，但从滩形来看，滩体下段仍还不够完整，见图7-42。

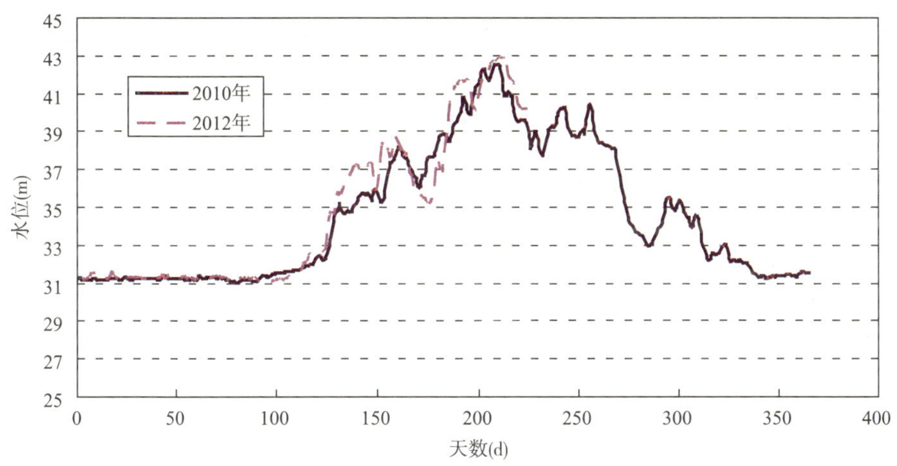

图 7-41　沙市河段2010年与2012年水位过程对比

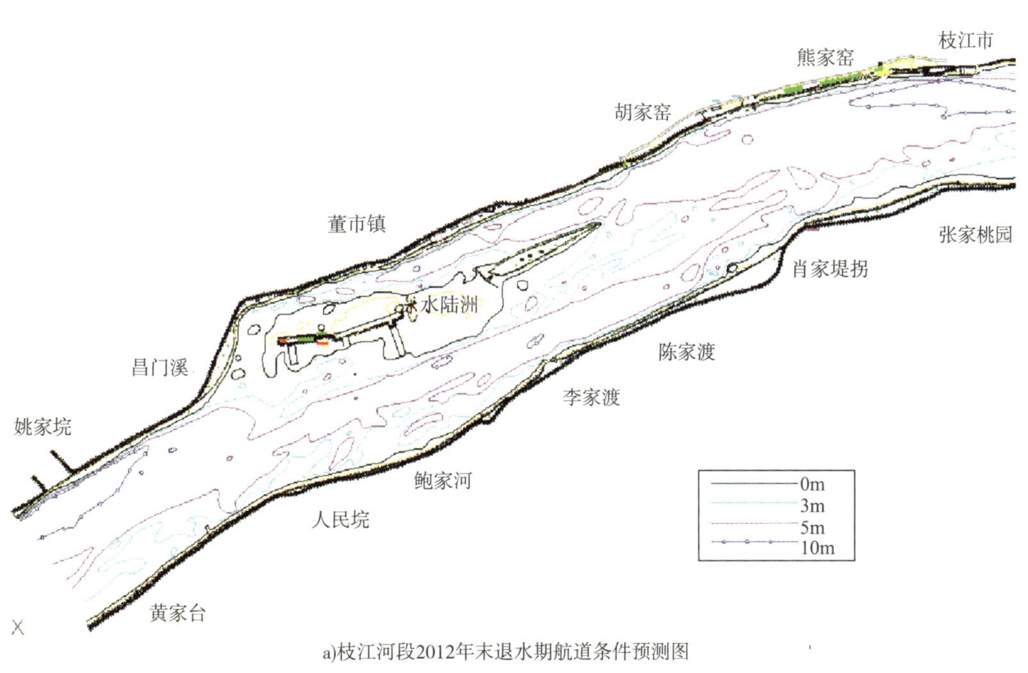

a)枝江河段2012年末退水期航道条件预测图

图　7-42

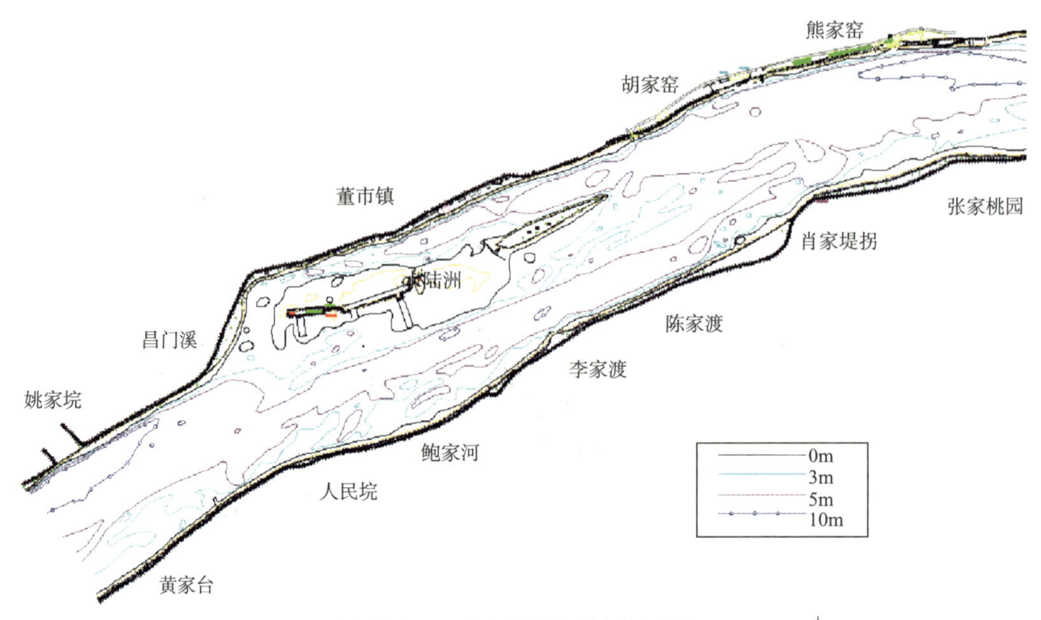

b)枝江河段2012年末退水期航道条件实测图

图 7-42　枝江河段 2012 年末退水期航道条件

综上分析可知，在经历了 2010 年末退水过程后，本河段呈现持续冲刷，其中张家桃园边滩仍不够完整，航槽内仍存在在水深小于 3m 的乱石堆，航道条件有恶化趋势。同时与同期实测测图对比，航道条件预测结果与实测结果吻合较好，能够反映退水后航道条件的变化情况。

②沙市河段。

受 2012 年来水较大的影响，太平口水道北汊进出口浅区淤积较为严重。南槽—北汊航路内，3m 等深线全线贯通，5m 等深线在北汊进口不通。同时杨林矶边滩大幅度向下游淤涨，北汊进口流路弯曲，航道形势较为紧张。

从沙市站水位及流量过程线来看，2010 年主汛期（7 月、8 月）的径流量较往年有所增大，汛期径流量及径流峰值的增大增加了涨水期落淤的强度，三峡水库从 9 月 7 日开始蓄水，蓄水过程中采取分阶段控制水库蓄水位的调度方式，计划 10 月底蓄水至 175m。受三峡蓄水的影响，沙市水位降落比较明显，随着水位进一步退落，汛期淤沙将落淤在北槽出口及杨林矶边滩头部一带；新三八滩左缘的 2 号槽水流较为集中，将会出现逐步冲刷的态势，同时由于腊林洲边滩的导流作用及三八滩头部滩槽高差加大，将有利于北汊的进一步的冲刷发展。

从数学模型计算结果可以看出，经过假定退水期冲刷后，航槽的变化较好地体现了上述变化特点。退水期 6 ～ 10 月间，水流逐渐归槽，太平口水道南槽—北汊航路内普遍冲刷，北汊进口 2 号槽持续冲深，太平口心滩北槽进口有所淤积，出口杨林矶边滩头部与太平口心滩尾部淤积连为一体。至 2013 年初，“南槽—北汊”主航槽已明显冲深，航路趋于顺直，航道条件大幅度好转，暂时能够满足规划需求，见图 7-43。

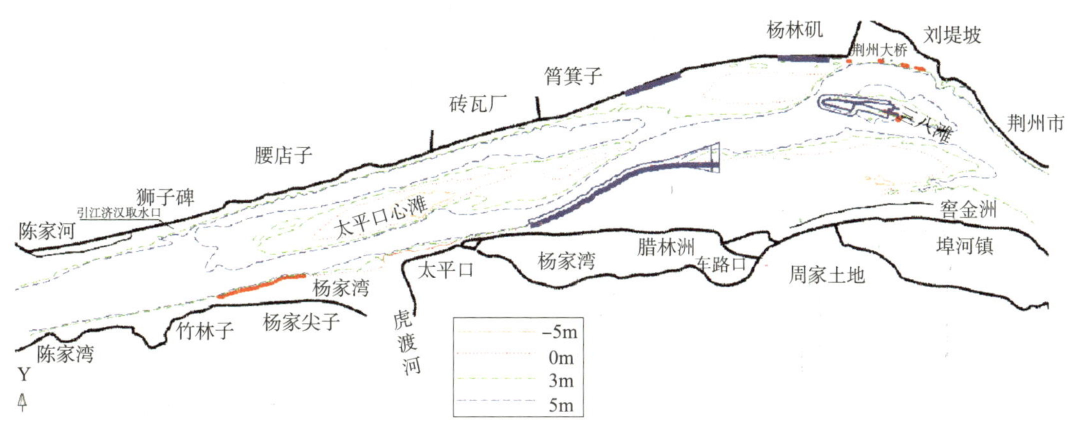

a)沙市河段2012年末退水期航道条件预测图

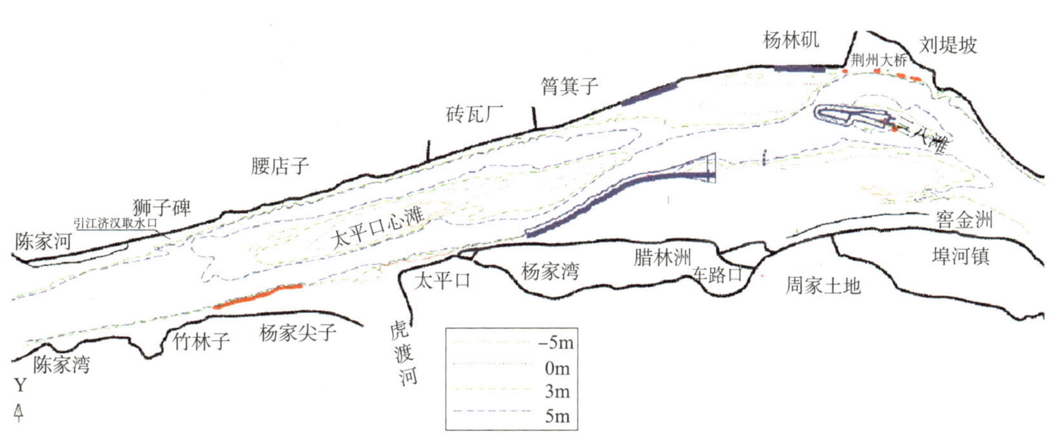

b)沙市河段2012年末退水期航道条件实测图

图 7−43　沙市河段 2012 年末退水期航道条件

依据上述预测结果，本年度虽然汛期河道内部发生了较大幅度的淤积，但由于目前滩体形态相对较为完整，滩槽高差较大，汛后退水过程中主航槽将会出现较为明显的冲刷，但汛末枯初航道条件仍然比较紧张，需进行必要的疏浚，以保证航道的畅通。同时与同期实测测图对比，航道条件预测结果与实测结果吻合较好，能够反映退水后航道条件的变化情况。

③莱家铺河段。

根据数模计算结果来看，本河段在 2012 年 8 月地形上经历 2010 年汛末退水过程后，莱家铺水道演变总体表现为上段弯道段进口段及凸岸边滩淤积，凹岸侧有所冲刷；下段顺直放宽段，左岸持续崩退，右侧莱家铺边滩中下段及尾部有所淤积，左岸深槽淤高，航槽进一步淤浅。弯道段，凸岸桃花洲边滩整体向河心淤涨，凹岸上段边滩淤积，向凹岸侧挤压 5m 河槽；顺直段，莱家铺边滩中下段有所淤积，滩体根部窜沟基本稳定，但由于左岸中洲子高滩的持续崩退，左侧主航槽仍持续淤浅，见图 7−44。

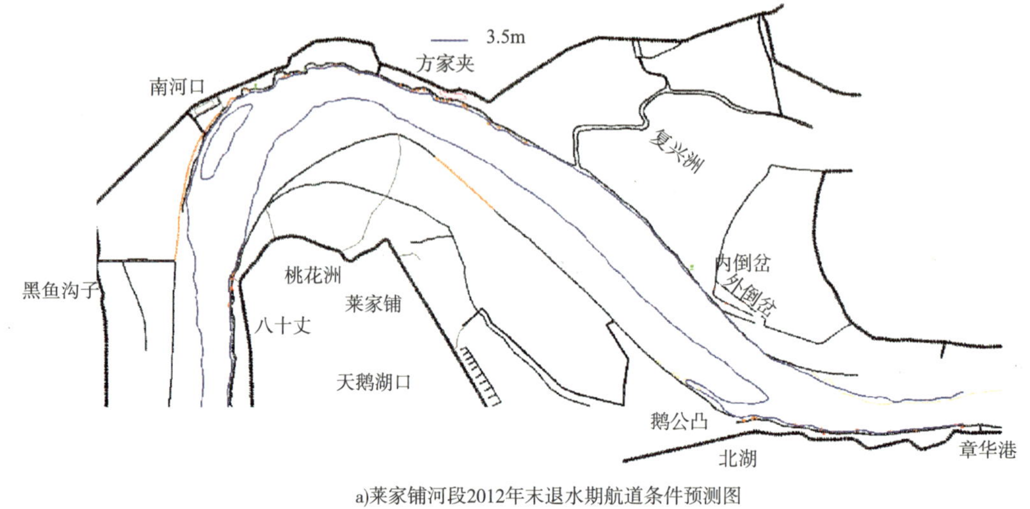

a)莱家铺河段2012年末退水期航道条件预测图

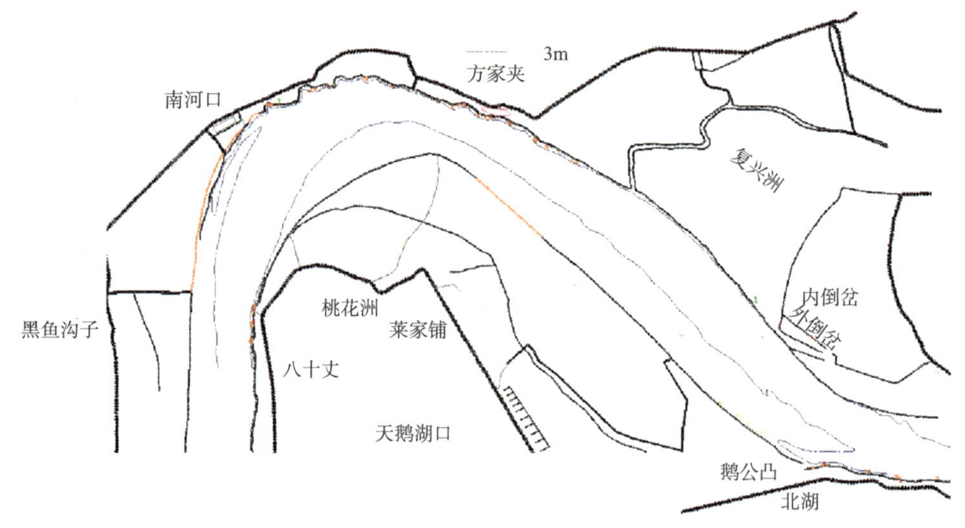

b)莱家铺河段2012年末退水期航道条件实测图

图 7-44　莱家铺河段 2012 年末退水期航道条件

总体上来看，根据预测结果 2013 年初莱家铺水道探槽格局基本稳定，桃花洲边滩及莱家铺边滩均出现了一定幅度的回淤，滩槽格局基本稳定。护滩工程区域普遍呈现出淤积态势，护岸工程区域岸线崩退、岸线陡峭、坡脚冲深的现象依然明显，浅区航宽、航深仍有一定幅度的减小。同时与同期实测测图对比，航道条件预测结果与实测结果吻合较好，能够反映退水后航道条件的变化情况。

④铁铺—熊家洲河段。

经历 2012 年较大水年，过渡段河槽普遍发生淤积，深泓仍不稳定，航道条件有所变差。本河段内过渡段河槽普遍发生淤积，冲刷主要发生在航行基面以下 7m 以上的深槽。熊家洲水道进口处深泓右摆，对下游河势的稳定不利。河道内广兴洲边滩滩头有所淤积、滩体缩窄，熊家洲右边滩变化不大，过渡段河槽均淤积，航道条件总体有所变差，见图 7-45。

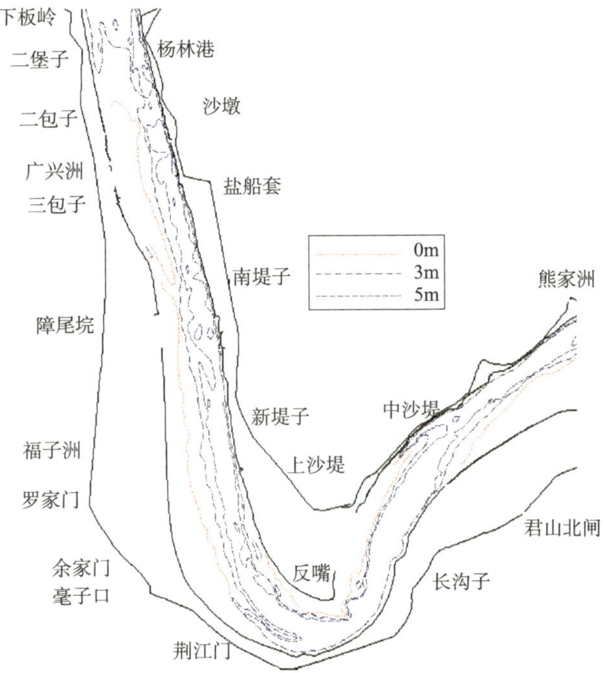

a)铁铺—熊家洲河段2012年末退水期航道条件预测图

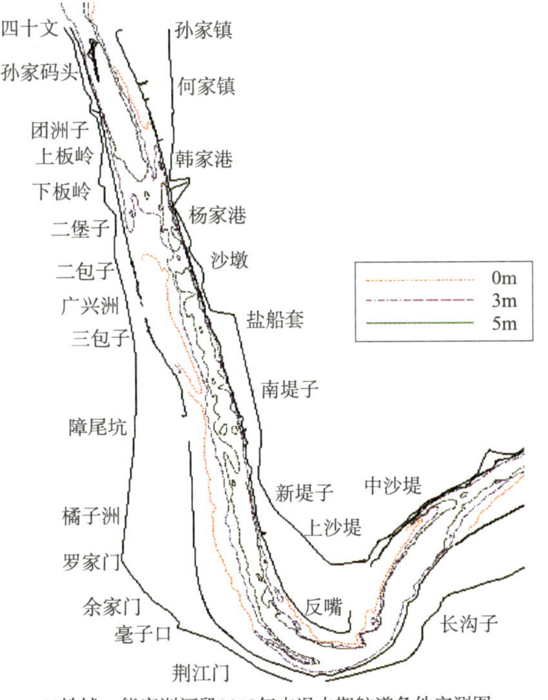

b)铁铺—熊家洲河段2012年末退水期航道条件实测图

图 7-45　铁铺—熊家洲河段 2012 年末退水期航道条件

2012 年退水期，铁铺—熊家洲河道内滩体形态总体较稳定，受大水年影响航道条件恶化。同时与同期实测测图对比，航道条件预测结果与实测结果吻合较好，能够反映退水后航道条件的变化情况。

7.4 长期航道条件预测预报

三峡工程蓄水应用后，随着上游来水来沙条件的变化，长江中游荆江河段发生着自上而下的变化，与蓄水前相比，部分河段主流及洲滩的演变都更为剧烈。沙市河段紧邻三峡葛洲坝下游，又是长江中下游沙质河段的起点，加之其自身洲滩演变较为剧烈，是长江中下游航道条件长期预测预报的难点和重点，其预测技术及结果也能为长江中下游类似河段的演变趋势预测提供借鉴。

7.4.1 水沙系列年选择

河床变形一般滞后于来水来沙的变化，滞后响应是冲积河流河床演变的一种普遍现象，也是研究冲积河流河床演变规律的关键因素之一。任何时期的河床演变，均是在给定的初始边界条件下进行的，而这一条件本身就是前期水沙作用的结果，体现了前期水沙条件对当前时段河床演变的影响。因此，当前时段的河床不仅受当时发生的水沙条件的影响，还受到前期若干时段内水沙条件的影响，即通常所说的累积影响。因此，对于航道整治过程中的水沙系列年的长度，不仅需要考虑实际来水来沙过程的周期性，而且更应该考虑前期水沙过程的影响。通过模糊假设检验模型，以及长江中游实际洲滩演变过程中的洲滩演变对水沙过程的实际要求，综合确定系列年水沙系列。

（1）系列年长度的确定

影响年径流序列和输沙序列长期变化的因素极其复杂，其中可能存在一定的周期。当然，这种周期应属于非严格的周期，是统计与模糊概念上的周期，可以通过周期分析的方法来确定。这里引入模糊假设检验的方法，以沙市站为代表，探讨了系列水沙年的长度问题。

①模糊假设检验模型。

年水沙序列的时序变化过程，可以看成有限个不同的周期波叠加的结果，其数学模型为：

$$x(t) = p_1(t) + p_2(t) + \cdots + p_n(t) = \sum_{t=1}^{n} p_i(t) \tag{7-1}$$

式中：$x(t)$——年水沙的时间序列；

$p_i(t)$——各个周期波的序列。

设有 n 年的年水沙序列实测资料。假定其具有 b 年周期$\left(2 \leqslant b \leqslant \frac{n}{2}\right)$。将系列按 b 年的间隔分组。各组数据间的离差平方和为：

$$S_1 = \sum_{j=1}^{b} a_j (\bar{x}_j - \bar{x})^2 \tag{7-2}$$

组内离差平方和为：

$$S_2 = \sum_{j=1}^{b} \sum_{i=1}^{a_j} (x_{ij} - \bar{x}_j)^2 \tag{7-3}$$

式中：a_j——第 j 组数据的项数；

x_{ij}——第 j 组数据的第 i 个数值；

$\bar{x}$——年水沙序列的平均值：

$$\bar{x}=\frac{1}{n}\sum_{j=1}^{b}\sum_{i=1}^{a_j}x_{ij} \tag{7-4}$$

$\bar{x}_j$——第 j 组的平均值：

$$\bar{x}_j=\frac{1}{a_j}\sum_{i=1}^{a_j}x_{ij} \tag{7-5}$$

令 $f_1=b-1$，$f_2=n-b$，设各组数据相互独立，且服从方差相同的正态分布，则统计量 $F=(S_1/f_1)/(S_2/f_2)$ 服从 $F(f_1, f_2)$ 分布。

设给定一个显著性水平区间[∂_1，∂_2]，$\partial_1<\partial_2$，定义非严格周期 b 年的相对隶属函数为：

$$\mu(F)=\begin{cases}1 & [F\geqslant F_{\partial_2}(f_1, f_2)]\\ \dfrac{F-F_{\partial_2}(f_1, f_2)}{F_{\partial_2}(f_1, f_2)-F_{\partial_1}(f_1, f_2)} & [F_{\partial_1}(f_1, f_2)<F<F_{\partial_2}(f_1, f_2)]\\ 0 & [F\leqslant F_{\partial_2}(f_1, f_2)]\end{cases} \tag{7-6}$$

式中：$F_{\partial_1}(f_1, f_2)$、$F_{\partial_2}(f_1, f_2)$——分别是显著性水平∂_1，∂_2对应的由 F 分布表查得的临界值；

$\mu(F)$——在给定的显著性水平区间[∂_1，∂_2]条件下，存在周期 b 年的相对隶属度，$0\leqslant\mu(F)\leqslant1$，$\mu(F)=1$ 表示存在 b 年周期，$\mu(F)=0$ 表示不存在 b 年周期。

②推求水沙序列的周期。

这里以沙市站 1951—2002 年实测资料为例，通过上述方法推求水沙序列的周期。因事先不知道沙市站的年水沙序列是否存在 b 年周期，故需反复试验排列各种周期数，其水沙系列周期具体的计算见表 7-9。由表 7-9 可知，沙市站的年径流序列存在 b=10 年的周期，其显著性水平为 0.01，换句话说，意味着判断正确的保证率为 99%。同理可以计算，沙市站的年输沙序列的周期也是 10 年。这说明，对于沙市河段而言，水沙系列年的长度可取为 10 年。

试验周期成果表 表 7-9

b	S_1	f_1	S_2	f_2	F	$F_{0.01}$	$F_{0.1}$	$\mu(F)$	有无周期
5	1 876 962.8	4	18 419 416	33	0.84	3.96	2.13	0	无
8	6 684 193	7	167 175 372	30	0.13	3.12	1.87	0	无
11	239 807.3	10	464 697.4	27	1.39	3.06	1.85	0	无
13	646 818.4	12	914 441.6	25	1.47	2.99	1.8	0	无
10	481 529.1	9	420 018.9	29	4.16	3.2	1.89	1	有

（2）长江中游浅滩演变对水沙系列的要求

近年来，一些学者针对河床演变的累积影响进行了大量的研究，从众多的实际现象和理论上论证了累积影响的存在，得出了淤积量和来水来沙的滞后响应关系以及断面形态受前期 2 ～ 5 年水沙过程影响的结论。对长江中游河段，浅滩变形及滩体切割不仅要求特征流量持续时间超过临界值，还要求这样的水文年连续出现。不仅如此，枯水流量持续时间小于临界值的水文年连续出现后，浅滩碍航的可能性大大增加。这里统计长江中下游低滩及河槽冲淤与水沙条件的关系，低滩及深槽变形要求特征流量持续时间大于临界值的年份一般需持续 2 ～ 4 年。

图 7–46 为罗湖洲水道浅滩脊相对高程与不同连续年份枯水流量持续时间的相关关系，从图 7–46 中可以看出，连续 3 年枯水流量持续时间与浅滩脊高程的相关性最好。

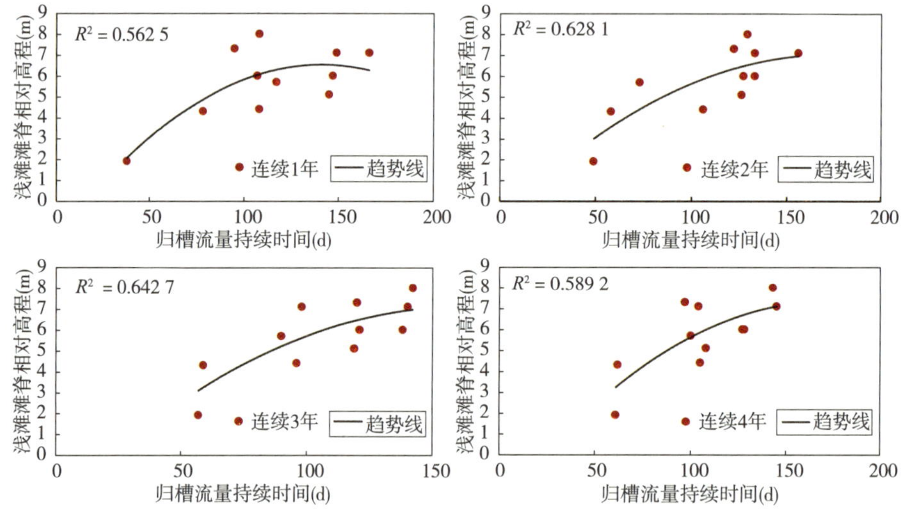

图 7–46　罗湖洲水道浅滩滩脊相对高程与枯水流量持续时间关系图

图 7–47 为 1971 年以来汉口站汛后枯水流量持续时间，图 7–48 为罗湖洲水道历届枯水航道疏浚量，两者对比可以发现：1975—1977 年枯水连续 3 年持续时间小于 38d，相应地，罗湖洲水道自 1977 年汛后开始进入历史上航道疏浚量最大的时期；1981 年前后也有连续 3 年的时间汛后特征流量持续时间不足 40d，由此导致 1981—1985 年各届枯水期罗湖洲水道均须疏浚才能维持航道通畅；20 世纪 80 年代中期至 90 年代末，基本没有出现过连续 3 年汛后持续时间不足 40d 的情况，仅 1989、1990 年连续两年不足 33d，河段航道条件总体较好，个别枯水期进行了小范围的疏浚。尤其是进入 90 年代后，枯水流量持续时间有整体增加的趋势，航道条件相应得到改善；21 世纪初至三峡水库蓄水以来，1999—2002 年连续 4 年汛后特征流量级持续时间不足 40d，这一现象并未导致河段出现航道问题，其主要原因在于 20 世纪 90 年代以来上游来沙量有一定幅度的减少，尽管如此，2003 年较其他年份航道条件略差，汛后河段 4m 等深线几乎断开，而其他各年 4m 等深线线贯通情况均良好。进一步论证了，连续 3 年或以上出现枯水流量持续时间不足 40d 后，会造成罗湖洲水道航道条件的恶化。

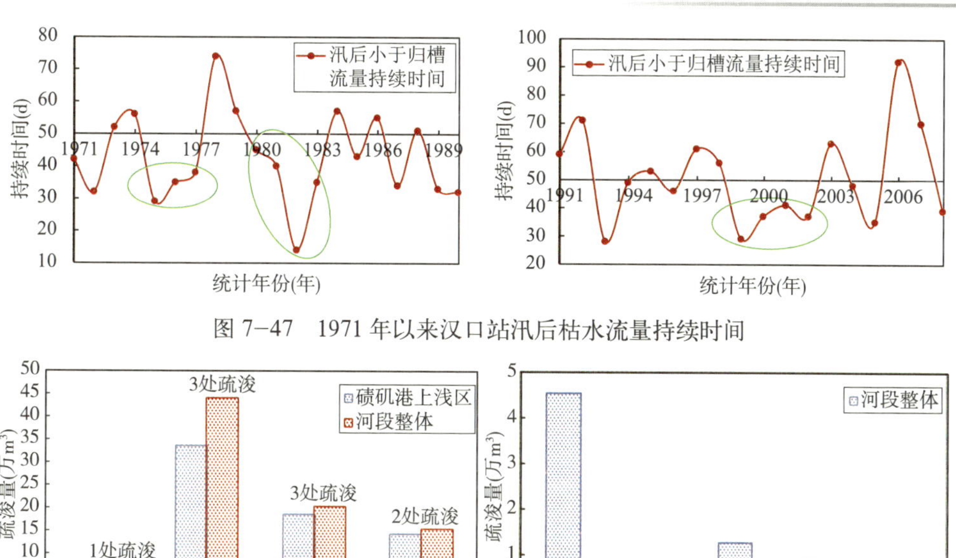

图 7-47　1971 年以来汉口站汛后枯水流量持续时间

图 7-48　罗湖洲水道历届枯水期航道疏浚量变化图

（3）荆江河段水沙系列年的选择

综上所述，综合模糊数学的周期分析方法以及长江中游洲滩演变对水沙系列的要求，若要全面反映长江中游荆江河段浅滩演变特征，水沙系列年的选择原则有如下两点：①系列年长度满足周期性要求，长度应至少选择 10 年；②低滩及深槽变形要求特征流量持续时间大于临界值的年份持续 2 ~ 4 年。

对于三峡水库蓄水初期荆江河段的系列水沙年，可参考已有研究成果，直接采用蓄水后的实测资料，但考虑到蓄水后未出现大水年，为满足代表系列中包含完整的大、中、小水年，可在其中增加蓄水年的大水年经三峡调度计算的成果。以监利河段为例，考虑到该河段已守护工程的情况以及乌龟夹进口浅滩水深条件主要受水沙条件和新河口边滩变形的影响，新河口边滩冲刷要求中水流量持续天数超过 150d 的年份连续 2 ~ 4 年出现，而 2006—2010 年这一现象比较突出，且边滩切割出南槽的现象十分显著。同时考虑到 2006—2007 年在边滩冲刷持续时间较短的情况下，新河口边滩上段明显下延。因此，选择的设计水沙系列年为如下 10 年系列:（2007、2008、2009、2010）年 +1998 年 +（2003、2004、2005、2006、2007）年。沙市河段 20 世纪 80 年代该河段尚属单一河段，右岸腊林洲边滩规模较大，其后边滩切割分别形成三八滩和太平口心滩，上段为顺直放宽段，下段为微弯分汊段。河段内的洲滩很不稳定，近期三八滩经历了冲失和淤出的过程，太平口心滩、三八滩、腊林洲边滩、杨林矶边滩之间存在相互依存、相互制约的关系，边心滩的稳定对于该河道航道条件的维持具有重要意义。无论是三峡水库蓄水前的 1981—1985 年、还是三峡水库蓄水后的 2004—2005 年，当中水流量 12 000 ~ 29 000m^3/s 持续时间较长时且连续出现时，腊林洲边滩头部和中部低滩往往出现切割现象。与此同时，主流在流量小于 25 000m^3/s 的情况下呈南移的趋势，这一现象的出现带来的最直接的问题就是将杨林矶边滩置于缓流区，造成边滩冲刷强度减弱，又给主通航孔的通航增加了负担。该河段三峡水库蓄水后水沙系列年的选择考虑上述不利条件，选择的设计水沙系列年为如下10年系列：(2005、2006、2007、2008、2009）年+1998年+（2006、2007、2008、2009）年。上述年份中，在保证大、中、小水年代表性的基础上，考虑了2006年对航道条件最为不利，重复了两次，2008、2009年大流量偏少，中等流量持续天数偏多。

对于典型河段进口及出口边界条件，在上述河段水沙系列年选择的基础上，通过一维水沙模型计算提供进口的流量、沙量过程及泥沙颗粒级配，以及出口的水位过程。尤其对于三峡水库蓄水后较长时期的预测研究，径流过程可以通过三峡水库调度后的上述年份的流量进行循环，但沙量过程存在三峡水库出库泥沙的恢复以及沿程的冲刷恢复，预测期超过10年的，则必须通过一维水沙模型获得。

7.4.2 典型河段长期航道条件预报

在上述河道演变特性分析的基础上，采用本书研究建立的平面二维水沙数学模型，以沙市河段为例进行长时间航道条件预测。

(1) 长期航道条件预测水沙边界条件

如前所述，考虑到沙市河段浅滩的演变特征，对于航道条件长期趋势预测计算的水沙系列的选择，选取了三峡水库蓄水后的实际水文年和1998大水年组成10年的系列年，即：2005—2009年+1998年+2006—2009年。这其中，1998年为大水年，弥补了蓄水后实际系列中缺乏大水年，系列代表性不强的不足。2006、2008、2009年均为汛期大流量偏少，中等流量持续时间偏长的年份。

模型进口流量与沙量均采用上述系列一维河网水沙模型计算后的陈家湾的流量、沙量过程(图7-49),出口采用玉和坪处水位。预测计算与水文系列年的对应情况如表7-10所示。

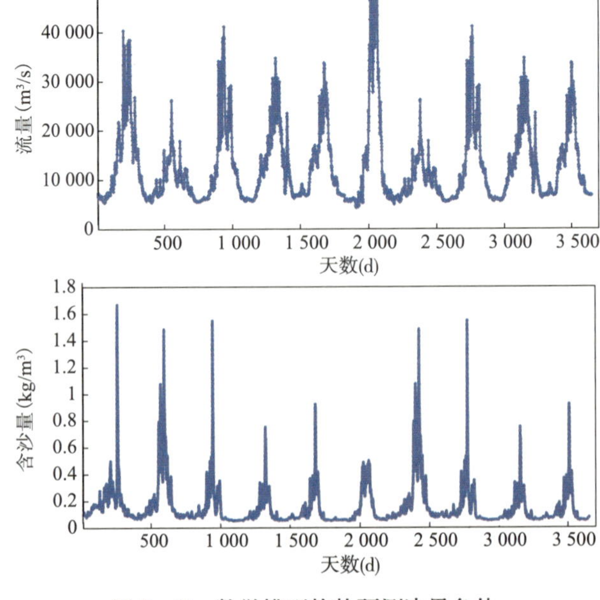

图7-49 数学模型趋势预测边界条件

预测计算年份与水沙系列对应情况（单位：年）　　表 7-10

预测年份（年）	2011	2012	2013	2014	2015	2016	2017	2018	2019	2020
模型水沙	2005	2006	2007	2008	2009	1998	2006	2007	2008	2009

（2）长期航道条件预测结果

①冲淤变化。

A. 冲淤量。

从各年年内冲淤及累计冲淤变化情况来看（表 7-11、图 7-50）：计算水沙系列 2011—2020 年，河段处于持续冲刷状态。从各年的冲刷量来看，2016 年对应 1998 年大水年冲刷量最大，而 2012 年对应 2006 年为径流量最小的年份，因此，相应冲刷量也最小。可见，本河段的冲淤情况与来水来沙关系密切。至 2020 年末，太平口水道累积冲刷约 4 109.8 万 m^3。

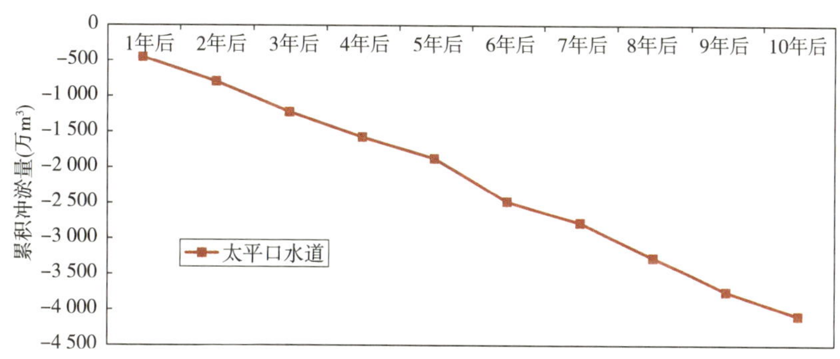

图 7-50　陈家湾—玉和坪 10 年累计冲淤变化过程预测结果

陈家湾—玉和坪动床冲淤量计算值（单位：万 m^3）　　表 7-11

年份（年）	2011	2012	2013	2014	2015	2016	2017	2018	2019	2020	累积
冲淤量	-488.1	-341.0	-426.4	-350.8	-298.3	-608.2	-297.0	-489.4	-473.3	-337.2	-4 109.8

注：“-”为冲刷。

B. 冲淤平面分布。

图 7-51 分别给出了 3 年、6 年、10 年后陈家湾—玉和坪河段冲淤分布情况（图中冲淤幅度的单位为 m）。由图可见：

该段深槽普遍冲刷，分汊段南北槽、南北汊均处于冲刷状态，随着时间的延长，冲刷幅度和范围都在进一步扩大，仅北槽下浅区，北汊中下段略有淤积，淤积幅度不超过 3m。其中，北槽下浅区淤积主要是由于随着冲刷的发展，北槽上下浅区抗冲性较强的位置限制其发展速度，北槽的进一步萎缩导致下浅区有所淤积；对于北汊，其淤积的主要原因是伴随冲刷杨林矶边滩淤积体逐渐下移，类似这类现象在 1999 年大水过后也曾出现过，河槽变化特点与上文趋势分析基本一致。顺直段南北槽浅滩冲刷后，水深情况满足良好；微弯段北汊进口杨林矶边滩大水过后沿岸冲刷幅度较大，相应于上段杨林矶边滩的冲刷，2 号槽附近有较大范围的淤积。

滩体冲淤变化来看，除腊林洲尾部和太平口心滩尾部略有淤积外，滩体均有一定幅度的冲刷。太平口心滩头部2009年实际淤积上延的幅度已经较小，模型计算水沙系列下滩头转淤为冲；杨林矶边滩呈逐渐冲刷下移的态势，滩顶高程也逐年降低，而滩尾受三八滩中下段冲刷缩小、河道展宽的影响，呈逐年淤积下移之势；腊林洲中部低滩和三八滩中下段均有较大幅度的冲刷。

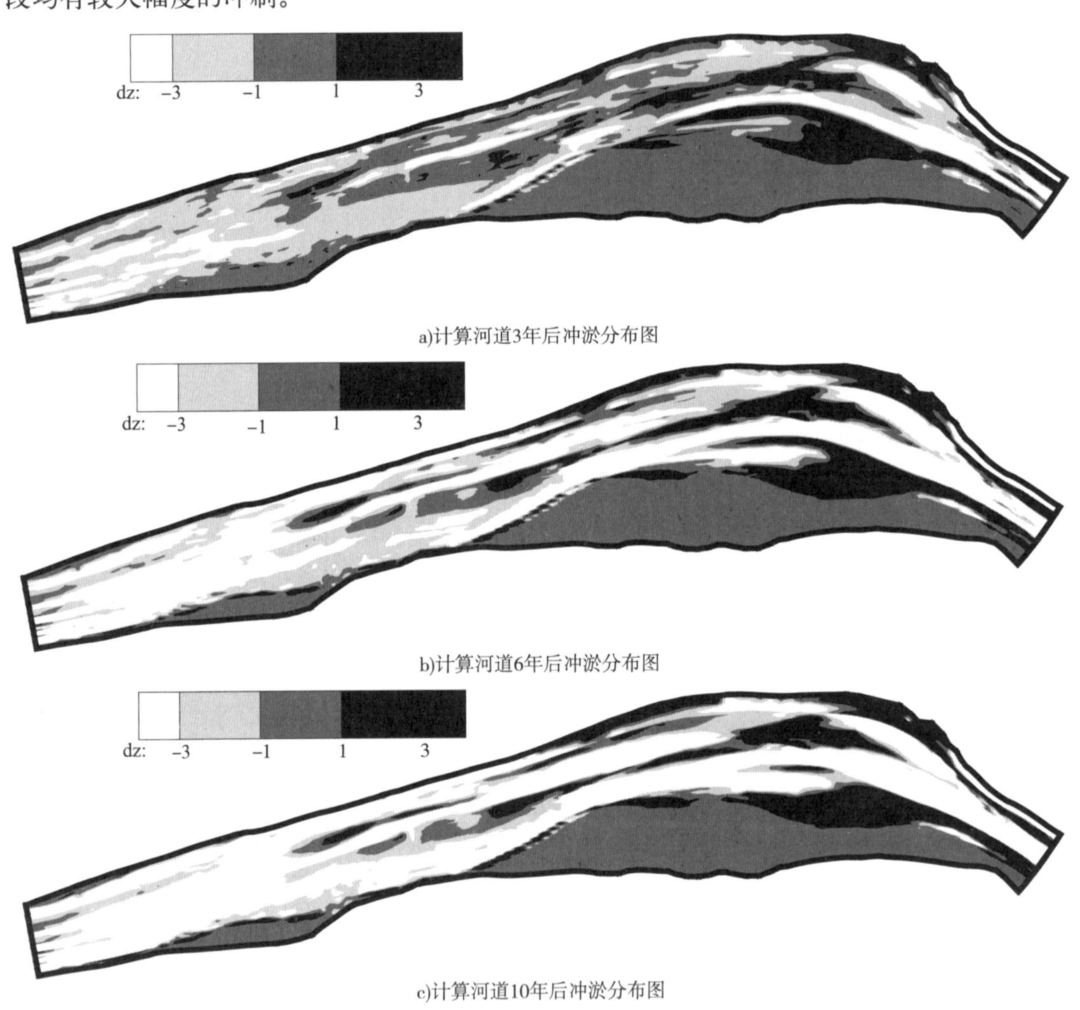

a)计算河道3年后冲淤分布图

b)计算河道6年后冲淤分布图

c)计算河道10年后冲淤分布图

图 7-51　计算河道冲淤分布图

②分流比变化。

表7-12统计的分流比均为5 500m^3/s流量对应的分流情况，如2010年即为2010年12月实测地形该流量下的分流情况，2年后即2012年12月地形下该流量的分流，依次类推。从表7-12中所统计的结果来看，大水对北槽和北汊的发展均有一定的促进作用，大水过后，北槽及北汊的分流比均有所增加，增幅均约4%，随后又开始减小；10年后北槽分流比不足36%，北汊分流比不足40%，上段主槽仍位于南槽，下段主汊仍位于南汊，河段主流仍保持整体南偏的趋势。

沙市河段分流比变化统计表　　表 7-12

时　间	分 流 比 (%)			
	北槽	南槽	北汊	南汊
2010 年	36.9	63.1	40.1	59.9
2 年后	35.8	64.2	39.6	60.4
4 年后	34.2	65.8	38.7	61.3
6 年后	38.2	61.8	42.7	57.3
8 年后	36.4	63.6	41.1	58.9
10 年后	35.6	64.4	39.9	60.1

注：表中分流比均为 5 500m^3/s 流量下的计算值。

分流变化的特点与演变分析的结果基本一致：大水小沙年有利于北槽北汊的发展。从三峡水库蓄水前的 1999 年和三峡水库蓄水后的 2005 年河床冲淤变化来看，北槽和北汊的冲刷幅度均有所增加，北汊枯期分流比 2004—2005 年更是增加近 10%。然而，今后即使是遇大水小沙年，北槽与北汊的分流增加幅度也是有限的，其主要原因一方面是源于河槽地质组成情况，另一方面整个河段主流南偏的趋势仍然十分显著。

③等深线变化。

A．滩形变化。

图 7-52 给出了不同时期沙市河段各滩体滩形 0m 等深线变化情况，从图 7-52 中可以看出：

a．随着冲刷的进行，太平口心滩头部蓄水后淤积上延的现象不再出现，而是转淤为冲，实际上 2009 年年内，太平口心滩头部上延的幅度已经较小，10 年后，心滩头部 0m 线冲刷下移约 680m；其尾部仍保持淤积下延，但下延趋势较初始年份有所减缓，计算 3 年、6 年、10 年后，心滩尾部 0m 线较初始地形分别淤积下延了约 630m、720m 和 960m。

b．腊林洲头受守护工程的影响基本保持稳定，腊林洲中部低滩由于其初始形态突出于南汊，易受水流冲刷，从计算结果来看，3 年末腊林洲边滩中部 0m 滩体发生较大冲刷，其后由于滩体形态变得较为平顺，水流对其冲刷作用明显减弱，滩形线变化幅度较小。

c．杨林矶边滩呈逐渐冲刷下移的态势，滩顶高程也逐年降低，而滩尾受三八滩中下段冲刷缩小、河道展宽的影响，呈逐年淤积下移之势。尤其是大水年，这一趋势表现的更加明显，在计算第 6 年末，杨林矶边滩 0m 线已基本消失。

d．三八滩中上段受守护工程影响，滩体略有淤积，滩体中下段仍表现为冲刷，0m 滩形线有所缩窄并上提。

B．河槽变化。

图 7-53 给出了不同时期沙市河段河槽航基面以下 3.5m 等深线变化情况，同样从图 7-53 可以看出：

a．上游顺直段除北槽出口 3.5m 线略窄以外，南北槽其他各处 3.5m 线贯通情况良好。

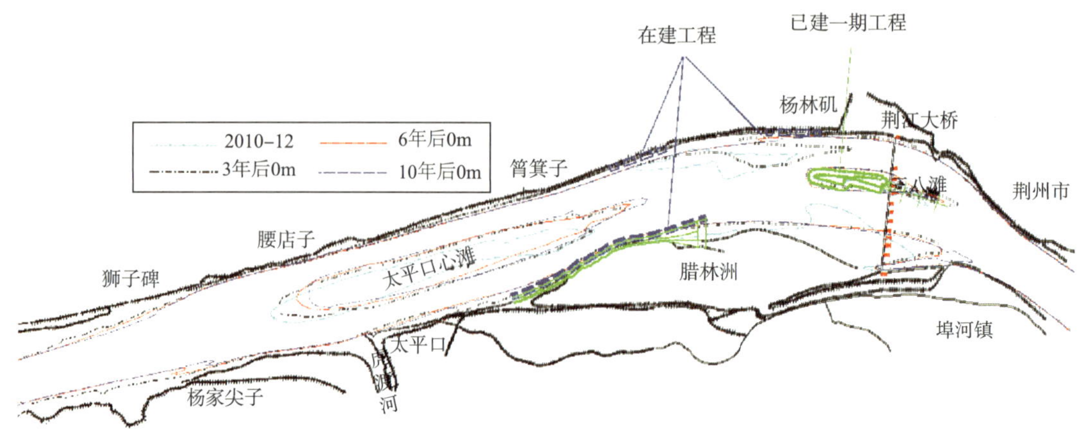

图 7-52　计算河道 0m 等深线趋势变化

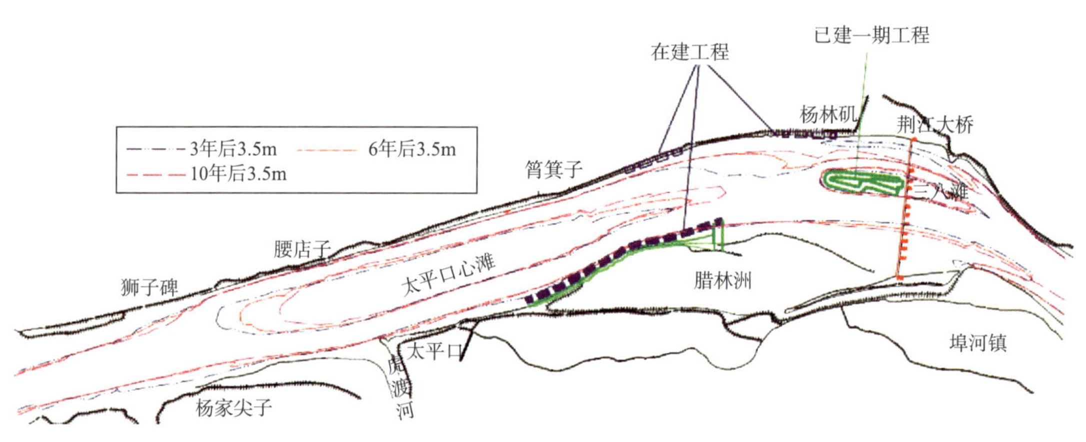

图 7-53　计算河道 3.5m 等深线趋势变化

b. 下游微弯段受洲滩变形的影响，北汊进口 2 号槽表现为先淤积束窄后冲刷展宽的变化特点，6 年后受杨林矶边滩下移的挤压，2 号槽 3.5m 线的宽度较起始缩窄，最窄处难以满足 150m 通航要求，而随后又逐渐展宽，但展宽幅度较缓，计算 10 年末 2 号槽口宽度勉强能通航；北汊汊道内部主通航孔附近 3 年末有一定冲刷，但受三八滩中下段的冲刷和杨林矶边滩尾部下移的影响，随后淤积较为明显，计算 6 年和 10 年末主通航孔间 3.5m 线均淤塞。

c. 南汊副通航孔始终呈淤塞状态，也没有冲刷发展的迹象。

综上认为，沙市河段在当前工程作用下上段河势格局基本稳定，即南北航线中上段基本稳定；然而，但局部洲滩的冲淤变化依然会对航道条件的稳定产生威胁：腊林洲中部低滩的冲刷和杨林矶边滩的下移并始终存在会影响北汊进口的入流条件，使得 2 号槽口宽度减小，不利于航道条件的稳定；三八滩中下段滩体的冲刷缩小使得北汊出口段河床向宽浅方向发展，航道条件也有恶化之势。

8 荆江河段规划标准及治理目标研究

8.1 “十二五”期工程实施后荆江河段航道条件变化趋势

本节根据荆江河段内相邻河道演变的关联性，分枝城—大埠街、大埠街—杨家厂、杨家厂—塔市驿、塔市驿—城陵矶四段建立了平面二维水沙数学模型，对上文研究的荆江河段 3.5m 航道系统治理工程实施后的航道条件变化趋势进行了计算分析。

数学模型依据 2003 年三峡水库蓄水后的实测水文、地形资料展开了细致的定、动床验证计算工作。考虑到研究河段洪、枯期流路不一致的特点，定床验证资料尽可能地选择了不同流量级；动床验证以 2008 年 10 月作为起始地形，采用 2008 年 10 月至 2012 年 2 月水沙系列作为动床验证计算条件。四段数学模型的验证结果显示，模型能较好地反映河道水沙运动特点，定量上精确度满足要求，可以用来进一步研究这些河段的水沙运动规律。在此基础上，采用 2012 年 2 月的实测地形作为计算起始地形，将三峡水库蓄水后的实际水文年和 1998 大水年组成 10 年的系列年（即 2005—2009 年 +1998 年 +2006—2009 年）作为计算水沙边界条件，考虑近期河势控制措施，对荆江河段航道整治工程昌门溪—熊家洲段工程、宜昌—昌门溪河段航道整治一期工程实施后的荆江河段航道条件变化趋势进行了计算分析。

8.1.1 枝城—大埠街段航道条件变化趋势

该河段包括枝城、关洲、芦家河、枝江、刘巷、江口等 6 个水道，总体河势较为稳定，但航道条件较差，芦家河水道的沙泓进口、枝江上浅区、江口水道的吴家渡过渡段航道水深均不足 3.5m。芦家河水道的沙泓进口与江口水道均为淤沙浅滩，枝江上浅区是由于硬质河床高程较高、难于冲刷下切造成的。随着三峡水库蓄水持续运行，河床冲刷造成水位下降，不利于这三个水道航道条件的稳定，将进一步加剧航深不足的问题。“十二五”期航道整治工程的实施能在一定程度上抑制水位下降，改善航道条件。从工程引起的水位变化来看（表 8-1），工程实施后沿程各水尺水位基本上均高于无工程情况。各水道具体航道条件变化也呈现如下特点：

（1）关洲水道

工程实施 10 年后，水道左岸焦岩子边滩及左汊进口淤积，左汊下段则有所冲刷，但受进口淤积的影响，下段冲刷幅度较之无工程明显减弱。关洲右汊普遍冲刷，右汊进口略有冲刷展宽，中下段则有所冲深，随着右汊的冲刷发展，相应分流比也有所增加，这表明拟实施的工程起到了控制左汊发展的作用，右汊的航道条件得到了巩固，计算过程中，3.5m航槽宽度均在185m以上、4m线的航槽宽度在150m以上。然而由于右汊进口存在着难以冲动的卵石覆盖层，一定程度上限制了右汊进口的冲刷，加上河床冲刷过程中的水位下降，使得4.5m等深线宽度不足200m。

有无工程条件下沿程各位置水位比较（Q=5 600m^3/s） 表8-1

比较	2年末（2014年）		6年末（2018年）		10年末（2022年）	
工况	无	方案	无	方案	无	方案
枝城	35.475	35.73	35.313	35.58	35.296	35.53
车阳河	34.992	35.24	34.936	35.14	34.911	35.09
陈二口	34.91	35.08	34.824	34.92	34.808	34.91
毛家花屋	34.552	34.67	34.427	34.47	34.386	34.449
姚港	33.621	33.735	33.396	33.44	33.328	33.43
昌门溪	33.372	33.382	33.122	33.172	33.072	33.172
枝江	31.95	32.01	31.76	31.91	31.65	31.82
七星台	30.98	31	30.68	30.71	30.56	30.59
大埠街	30.79	30.79	30.47	30.47	30.24	30.24

（2）芦家河水道

工程实施之后，阻止了碛坝头部后退，稳住了碛坝头部高程，稳定了沙泓分流比变化，沙泓进口段流速增加，航槽有所冲刷，航道条件得到改善。第3年末，沙泓进口枯期3.5m航宽达195m，航路顺畅；10年末沙泓进口枯期3.5m航宽达220m。然而，由于芦家河水道沙泓中部毛家花屋（上、下倒挂金钩石）至40号礁一带河床"底高床硬"，难以冲刷，随着上下游河床冲刷过程中的水位下降，4m和4.5m等深线宽度不足150m；而且，碛坝鱼嘴及石泓尾部护底带工程实施后，沙泓进口浅滩水深条件改善程度较有限，4.5m等深线宽度不足150m。

（3）枝江—江口河段

已建及在建工程维持了水陆洲洲尾及张家桃园边滩的基本稳定，在三峡工程蓄水后来沙减小的条件下，枝江下浅区淤沙浅滩航道条件明显改善，水浅问题主要出现在枝江上浅区。"十二五"期荆江上浅区整平后，4m等深线宽度基本可以达到150m，但由于工程开挖幅度有限，加上河床冲刷过程中的水位下降，4.5m等深线宽不足150m。

柳条洲尾护滩带以及吴家渡边滩潜丁坝工程实施后，江口水道右汊出口水流较集中，航道条件明显改善，计算10年内，3.5m等深线宽度均在200m以上，且一般年份4m等深线宽度可达150m以上，但遇大水年出口河心淤积造成航宽不足。

8.1.2 大埠街—杨家厂段航道条件变化趋势

该河段包括大埠街、涴市、太平口、瓦口子、马家嘴、斗湖堤等6个水道，航道条件总体较好，大埠街、涴市、斗湖堤水道洪枯水流较为稳定，长期以来一直为优良航段，但沙市河段、瓦口子、马家嘴水道局部放宽分汊，枯水河槽很不稳定，历来是长江中游重点碍航河段。随着河控及护岸工程、重点碍航水道航道整治工程以及在建荆江河段航道整治工程的实施，大埠街—杨家厂洪水河势得到基本控制，大部分水道枯水河槽趋于稳定，加之三峡工程枯水期下泄流量的补偿作用，该段部分水道的航道条件得以改善，基本满足建设标准要求，但河段内还有些水道由于洲滩岸线崩退、主流摆动、滩体刷低、局部枯水河槽向宽浅方向发展的现象仍在继续，随着三峡水库蓄水持续运行和河床冲刷的发展，上述现象的持续有可能导致部分水道的航道条件进一步恶化，而有些优良水道航道条件也会向不稳定的方向发展。计算10年末本段航道条件，航道条件变化具体表现为：

（1）涴市水道

涴市水道的冲刷发展延续了三峡水库蓄水后这几年的变化特点，火箭洲、马羊洲头部及右缘有所崩塌，支汊相对较为稳定，右汊逐年冲刷下切，且下段河床冲刷幅度相对较大。在冲刷过程中，航道条件始终较好，水深可达5m以上。

（2）太平口水道

在一系列守护工程及荆江航道整治工程实施后，在10年系列年计算条件下，本河段河势格局相对稳定，河床总体表现为冲刷，局部的滩槽调整对航道条件有较为明显的影响。

在上段太平口顺直分汊段，太平口心滩头部蓄水后淤积上延的现象不再出现，而是发生明显冲刷，计算3年、6年、10年后，心滩头部0m线分别冲刷下移了约254m、710m、1 025m，尾部仍有多淤积下延；南北槽均以冲刷为主，其中，南槽冲刷幅度略大于北槽，计算条件下南槽(主航槽)3.5m和4m等深线始终保持贯通，但由于太平口心滩头部的冲刷，分流区水流趋于分散，南槽进口出现零星的浅包，4.5m等深线宽度不到200m。

在下段三八滩微弯分汊段，已建及在建工程作用下，腊林洲中部低滩以及三八滩滩体始终较为稳定，但腊林洲滩尾有所冲刷；杨林矶边滩发育空间受到一定的限制，其滩体变化表现为冲刷，并有所下移，但下移幅度较缓；由于腊林洲中部护滩工程起到顺导水流向北汊过渡的作用，北汊入流条件改善，航道条件也有所好转，南汊入流受到一定程度的限制。计算10年内，北汊3.5m线的宽度始终保持在200m以上，但随着杨林矶边滩下移，贴三八滩头部的槽口受到挤压，4m等深线航宽不足150m。如计算第6年末，该槽口附近4m和4.5m等深线宽度仅130m和100m，且北汊主通航孔附近4.5m线的宽度仅160m。

（3）瓦口子水道

由于上游太平口水道发生的各种变化，导致了本水道的滩槽的调整。其中，冲刷主要表现在水道左槽、金城洲左缘及右槽倒套，淤积部位主要在金城洲上段滩面、左岸盐卡港一带及金城洲尾部。总体上来看，已建和在建工程的效果得到一定程度的体现，金城洲中上段滩面冲刷的趋势已经明显减缓，计算条件下，金城洲洲头和中上段在工程作用下稳定性较好，左、右槽总体均呈冲刷状态，航道条件在计算10年内始终保持稳定，金城洲左汊 3.5m、4m 和 4.5m 等深线保持贯通。然而，水道内局部位置依然存在不利变化，主要表现在 5 号护滩带以下金城洲滩面窜沟进一步冲刷发展，冲刷幅度为 2 ～ 3m，并逐渐与右槽出口倒套连通，同时 5 号护滩带下游根部有所冲刷，冲刷幅度约为 1 ～ 5m，护滩带的稳定性难以保持，金城洲右槽冲刷发展，相应的金城洲左槽局部出现了泥沙淤积的现象，表现最为显著的是左岸侧盐卡港区附近的泥沙落淤，局部淤积幅度可达 4 ～ 5m，这也对附近航道宽度、水深条件产生了不利影响。

（4）马家嘴水道

在已有工程的作用下，白渭洲边滩尾部呈淤积状态，南星洲洲头低滩的冲退也得到一定程度遏制，在计算过程中，滩体冲刷后退的速度明显减缓；南星洲左汊内护滩和护底带的修建使得左汊的冲刷受到限制，计算过程中，左汊的冲刷主要集中在护底带的下游；由于工程对左汊的限制作用，使得南星洲右汊始终保持较好的水流条件，右汊冲刷下切较为明显。计算过程中 4.5m 等深线始终保持贯通。

（5）斗湖堤水道

从数学模型的计算结果来看，对于斗湖堤水道，方案实施后，河道形态基本保持稳定，双石牌至青龙庙一带浅滩无明显淤涨趋势，斗湖堤水道右岸侧浅埂范围较同期无工程情况要小。10 年后，两汊均有所冲刷，其中，北汊冲刷相对较小，南星洲下段滩形有所恢复，水流集中对南汊下段冲刷，出口浅滩附近 3.5m 等深线展宽至 500m，4m 和 4.5m 等深线最小宽度始终维持在 200m 以上。总体而言，南星洲尾及左右岸守护工程的实施保证了河道边界的稳定，有效限制了汇流区域的河道展宽，河道边界的稳定保证了中枯水流量下的主流归槽，使得浅滩区域航道条件保持在较为稳定的范围之内，3.5m、4m 和 4.5m 等深线宽度均满足设计通航要求。

总的来说，在已建和在建工程的作用下，大埠街—杨家厂段航道条件有所改善，大部分水道航道条件保持稳定。而太平口水道由于滩槽形态复杂且极不稳定，局部的滩槽调整还是有可能会影响其通航标准的进一步提高，需要辅以一定的工程措施。

8.1.3 杨家厂—塔市驿河段航道条件变化趋势

该段共有 11 个水道，由于河床及两岸抗冲性弱，加之缺乏节点控制，上下游河道演变关联密切，河道变化剧烈，多次发生自然及人工裁弯，航道条件总体较差且很不稳定，除马家寨、郝穴、河口、塔市驿水道航道条件较好外，其余水道历史上均出浅碍航，1994 年碾子湾水道还发生过断航事件。三峡工程蓄水运用以来，该段普遍发生崩岸、滩体冲刷，枯水河槽展宽，主流摆动，部分水道多次出浅碍航，需靠疏浚挖泥进行维护。

随着河控及护岸工程、重点碍航水道航道整治工程以及在建荆江河段航道整治工程的实施，杨家厂—塔市驿段洪水河势得到基本控制，大多数水道枯水河槽趋于稳定，加之三峡工程枯水期下泄流量的补偿作用，目前该段航道条件基本满足建设标准要求，但河段内少部分水道洲滩岸线崩退、主流摆动、滩体刷低、局部枯水河槽向宽浅方向发展的现象仍在继续，现有较好的航道条件难以长期维持。根据模型计算结果，主要浅水道航道条件变化趋势如下：

（1）周天河段

荆江航道整治工程实施后，经过 10 年系列年，本河段河势格局相对稳定，河床总体表现为冲刷，局部有所淤积。周公堤水道上深槽往左侧岸边下挫的势头得到遏制，主流居中，由于上深槽右岸戚家台边滩滩嘴位置基本稳定，上下深槽过渡较好，3.5m 等深线贯通，最窄处宽度约 380m；新厂边滩护岸工程实施后，该处岸线得到稳定，崩退趋势得到抑制，天星洲进口右边界得以稳定，此处主流得到稳定后，相应对岸的挑流作用减弱，天星洲左缘冲退趋势得到减缓，限制了主流进一步左摆，对浅滩交错发展的趋势起到了一定的遏制作用，在一定程度上维持了周公堤水道较好的航道条件，同时，新厂一带岸线得到守护，在一定程度上限制了主流摆动空间，天星洲低滩冲刷幅度减弱，天星洲水道各年航道条件也维持了相对稳定。但由于周公堤水道颜家台闸一带，拟建潜丁坝与上游丁坝群相隔仍较远，此处主流仍有一定的摆动空间，4.0m 等深线宽度不到 150m，4.5m 等深线断开，断开距离约 600m。

（2）藕池口水道

荆江航道整治工程实施后，天星洲一带岸线均保持稳定，主流摆动幅度受到限制，倒口窑心滩由于受到工程的守护作用，滩形基本保持完整，左岸边滩的窜沟发展势头也得到遏制。由于航道左右边界均得到了较好的控制，水流能够集中冲槽，逐渐形成了稳定的航路，航深、航宽均得到了一定程度的改善。10 年末，倒口窑心滩、左岸边滩滩体形态得到维持，主航道 4.0m 等深线贯通且宽度约为 150m；由于工程强度有限，4.5m 深槽航宽较窄，难以达到 200m 的航宽要求。

（3）碾子湾水道

水利部门拟建护岸工程及荆江河段航道整治工程实施后，南碾子湾上段高滩崩塌得到有效抑制，限制了进口主流右摆，边滩维持了基本完整，3.5m 等深线达到 300m 以上。由于工程守护范围有限，拟建护岸工程下段高滩仍有所崩塌，低滩缓慢淤长挤压航槽，使弯顶段 4.5m 等深线宽度不足 200m；而且，切滩趋势有所减缓，但未完全得到抑制，较大水年滩面窜沟的发展引起 4m 等深线宽度不足 150m。

（4）调关水道

随着系列年的进行，弯道上段凸岸边滩持续冲退，同时凹岸侧河床淤积，引起河道向左岸侧展宽，加上凹岸倒套吸流影响，在放宽度河心泥沙落淤形成水深不足 4.5m 的浅包，断面形态由“V”形向“W”形转化，航道条件向不利方向发展。而且，上段主流有所左摆、下段主流相对稳定，致使主流弯曲半径减小，不利于通航。

（5）莱家铺水道

荆江航道整治工程实施后，弯道及过渡段两岸边界条件保持稳定。一方面，弯道段凸岸上游侧岸滩冲刷、凹岸侧滩体淤展的趋势得到抑制，枯水航槽保持稳定，且大水年可能切滩造成多槽分流的情况不再出现；另一方面，在放宽过渡段，左岸中洲子高滩保持稳定，右边滩中下段冲刷、尾部倒套上延的趋势得到抑制，过渡段水流较集中。航道条件明显改善，计算序列年内 4.5m 等深线均贯通且宽度基本可达到 200m。

总的来说，荆江河段航道整治工程实施以后，天星洲、藕池口、碾子湾、莱家铺等水道关键洲滩的不利变化得到抑制，较好航道条件得以维持；周公堤水道局部滩槽形态有所调整，航道条件改善，全河段航道尺度达到规划标准。但是，航道条件改善程度，如周公堤水道航道尺度难以满足 4m × 150m、不利水文年藕池口水道 4.5m 航槽宽度不足 200m、碾子湾水道航道条件难以长期维持 4m × 150m 航道尺度。而且，随着三峡水库蓄水的进一步影响，调关弯道主流撇弯，较好航道条件难以长期维持，存在弯曲半径不足的隐患。

8.1.4 塔市驿—城陵矶段航道条件变化趋势

本河段包括 11 个水道，历史上汊道兴衰调整、弯道弯曲发展、过渡段主流摆动，航道条件较差，其中，窑监大、铁铺等河段均出现过碍航现象，尤其窑监大河段是荆江碍航重点河段中的重中之重。随着水利护岸工程和航道整治工程的逐步实施，河道总体河势基本稳定。但三峡工程蓄水以来河床冲刷导致航道条件仍很不稳定，在弯曲分汊河段（如窑监河段）以及弯道间的长顺直段（如大马洲、铁铺水道）较为明显。前者体现在心滩和低矮边滩受到强烈冲刷、主流摆动，致使乌龟夹（主汊）进口向宽浅方向发展、与之衔接的大马洲水道主流大幅调整，对自身及下游水道的航道条件均不利；后者体现在边滩冲刷，过渡段深槽淤积，滩槽形势恶化造成航道条件很不稳定。尽管拟建荆江河段航道整治工程的实施会抑制这些不利变化，但随着三峡水库蓄水的持续运行及河床冲刷的继续发展，部分未实施工程的河段的不利变化仍将延续，航道条件也极有可能进一步恶化。数学模型的预测结果也反映了上述变化，航道条件变化具体表现为：

（1）窑监大河段

在窑监河段，由于新河口边滩护滩带的守护作用，边滩滩头形态相对较好，计算 10 年内没有出现天然情况下切滩的现象，乌龟夹进流条件较好，3.5m 等深线宽大于 500m，一般年份 4m 等深线宽度也能够达到 200m。同时，由于新河口边滩滩头较为完整，中下段淤积减弱，乌龟夹中下段航宽条件也有所改善，3.5m 线最小航宽为 250m 左右，4m 等深线贯通程度也较好。然而，由于拟建新河口边滩护滩工程集中乌龟夹进口水流的力度有限，大水年乌龟夹进口淤积幅度较大时可能会出现汛后 4m 等深线宽度不足 150m 的现象，如计算第 6 年末；而且，新河口边滩中下段仍然存在淤积态势，使得乌龟夹中下段的 4.5m 等深线宽度偏窄，如计算 10 年乌龟夹出口 4.5m 等深线最小宽度仅 180m。

在大马洲水道，丙寅洲滩体得到守护后，左岸淤积作用减弱，滩头下延减缓，主流摆动空间得到遏制，随着下段大马洲护滩带的边界控制作用，相比于天然情况下河道内主流“S”形的发展趋势，河道内主流呈现出较为良好的发展态势，始终保持了单一微弯的主流走向，航道条件趋于良好，直至计算 10 年末，河段内 3.5m 航深、航宽条件较好。但由于拟建工程对丙寅洲沙质边滩的控制范围和力度有限，尤其是天子一号边滩存在切割冲蚀的态势，这使得附近的主流存在着一定得的摆动空间，水流也相对分散，不利于浅滩段泥沙的冲刷，遇不利年份造成航槽淤积。如计算 10 年末，4m 等深线最小宽度不到 150m，4.5m 等深线断开距离达 200m。

（2）铁铺—熊家洲河段

在铁铺水道，广兴洲边滩护滩工程减弱了滩头的冲刷，计算 10 年内滩体始终保持较为完整的形态，有利于浅滩退水冲刷，致使 3.5m 等深线发生了较大程度扩宽，滩头附近 3.5m 航宽最窄约 300m，但由于拟建工程仅为守护工程，对水流控制力度有限，主流仍有一定的摆动空间，遇不利年份航槽淤积，4m、4.5m 等深线的宽度偏窄，如计算 10 年末航槽 4.5m 等深线最小宽度仅 180m。

在反嘴水道，凸岸侧河床冲刷，但受铁铺水道主流下挫受限影响，冲刷速率有所减缓，枯水期 3.5m 等深线始终保持贯通且宽度可以达到 150m。随着凸岸侧河床冲刷的持续，上段河道展宽，水流向凸岸侧扩散，遇较大水年，凸岸侧河床冲刷幅度较大，造成主航槽水流分散，4m 等深线宽度不足 200m。

在熊家洲水道，熊家洲边滩守护工程抑制了边滩的冲刷后退，右边滩的稳定有利于过渡段深槽的冲刷，计算 10 年内 3.5m、4m 和 4.5m 等深线保持贯通，宽度均能达到 200m。

(3) 熊家洲—城陵矶河段

该段除凹岸及局部凸岸得到护岸守护外，河道总体上仍处于天然状态。近期实测资料显示，该段高滩岸线均存在一定程度的变形，对航道条件存在不同程度的影响。但受模拟技术的限制，现有的数学模型尚无法准确的模拟岸线及高滩滩缘崩退等现象。因此，本次对该河段航道条件变化趋势进行预测时假设熊家洲—城陵矶河段河势控制应急工程已实施，河段的高滩、岸线基本稳定。

趋势预测计算结果显示，该河段航道条件不稳定，主要位于弯道段。熊家洲弯道位于尺八口水道的上段，随着凸岸侧河床刷低，水流分散，影响凹岸侧主航道水深的稳定，加上主流有向凸岸侧摆动的趋势，航道条件极不稳定，计算 10 年出现 4m、4.5m 两个槽口，致使 4.5m 等深线宽度不足 200m；尺八口水道过渡段主流位于凸岸侧、七弓岭弯道段双槽争流的滩槽格局未明显改善，且心滩上段呈冲刷之势，致使弯道上段水流分散，常出现多槽口争流、航槽过渡段左右摆动的局面，遇不利年份，航道水深条件较差，计算 10 年末该段 3.5m 等深线宽度不足 150m；八仙洲弯道发生撇弯切滩，放宽段断面形态向“W”形转化，3.5m 等深线宽度基本能达到 200m，但在主航槽由凹岸侧向凸岸侧转化的过程中，由于原槽口淤积而新槽口未完全冲开，4m 等深线宽度难以长期维持 150m。而且，八仙洲弯道凹岸顶冲点下移，会加速下游观音洲水道左侧沙嘴边滩的冲刷。

8.1.5　荆江河段航道条件变化趋势总体分析

根据数学模型计算结果，结合荆江河段浅滩碍航特性及航道条件现状核查，荆江河段的航道条件变化趋势呈现如下特点：

对于枝城—熊家洲河段，由于已建和拟建工程的实施，使得河段内对航道条件起着重要控制作用的心滩或者边滩的冲刷变形得以控制，不仅有利于河势的稳定，也加大了浅滩段的冲刷能力，各水道浅滩段航道条件均有所改善，计算 10 年内 3.5m 等深线基本保持贯通，宽度也能满足设计标准要求。由于航道整治力度有限，一些水道，如芦家河、太平口、周公堤、大马洲水道 4m 等深线宽度不到 150m；一些水道，如江口、碾子湾、窑监、大马洲、反嘴水道航道尺度可以达到 4m×150m，但航道条件难以长期稳定，不利水文年

4m 等深线宽度不足 150m；一些水道如瓦口子、藕池口、莱家铺、铁铺水道 4m 等深线贯通且宽度也可达到 150m，但 4.5m 等深线宽度难以长期维持 200m；未进行整治的调关水道，航道条件进一步向不利方向发展，4.5m 等深线宽度难以长期维持 200m。

对于熊家洲—城陵矶河段，弯道段不利变化明显且各水道演变关联性仍较强，计算 10 年内尺八口水道出现 3.5m 等深线不足 150m 的情况；八仙洲水道 3.5m 等深线可达到 200m，但航道条件不稳定，存在不利水文年 4.0m 等深线宽度不足 150m 的情况。

计算条件下各水道航道尺度情况见表 8-2。

荆江河段主航道尺度变化趋势 表 8-2

序号	水道名称	核查水深、航宽		
		3.5m × 150m	4.0m × 150m	4.5m × 200m
1	枝城	○	○	○
2	关洲	○	○	●
3	芦家河	○	●	●
4	枝江	○	○	●
5	刘巷	○	○	○
6	江口	○	◎	●
7	大埠街	○	○	○
8	涴市	○	○	○
9	太平口	○	●	●
10	瓦口子	○	○	◎
11	马家嘴	○	○	○
12	陡湖堤	○	○	○
13	马家寨	○	○	○
14	郝穴	○	○	○
15	周公堤	○	●	●
16	天星洲	○	○	○
17	藕池口	○	○	◎
18	石首	○	○	○
19	碾子湾	○	◎	◎
20	河口	○	○	○
21	调关	○	○	◎
22	莱家铺	○	○	○
23	塔市驿	○	○	○
24、25	窑集佬、监利（窑监河段）	○	◎	●
26	大马洲	○	●	●

续上表

序号	水道名称	核查水深、航宽		
		3.5m×150m	4.0m×150m	4.5m×200m
27	砖桥	○	○	○
28	铁铺	○	○	◎
29	反嘴	○	◎	◎
30	熊家洲	○	○	○
31	尺八口	●	●	●
32	八仙洲	○	◎	◎
33	观音洲	◎	◎	●

注：1．“○”表示当前可以维持此航道尺度。

2．“◎”表示一般年份能够畅通，但存在不稳定性，难以长期维持的航道尺度。

3．“●”表示不能维持的航道尺度。

8.2 航道标准规划

8.2.1 航道规划标准与水运发展趋势的适应性

荆江河段是连接长江干线上、中、下游重要且唯一的水运通道，是长江干线航道的重要组成部分。经调查，荆江河段现有船舶运输组织方式主要有：机动船运输、机动船组运输、顶推船队运输等三种，其中以机动货船单船为主，机动货船船组运输为辅，普通驳船队运输方式在逐渐淡出市场。从运输船舶营运组织方式看，本河段现主要有直达运输（江海直达、干干、干支直达运输，其中江海直达机动船运营方式较少）和中转运输（港口中转、水上过驳中转）；但由于荆江河段枯水期水深的限制，还存在“母子船”营运组织方式，即煤炭等散货运输大型船舶（2 000t 以上）在枯水期通过本航段时，需在宜昌港或城陵矶港加减载，如将下行满载大型船舶先在宜昌港船舶减载基地将部分货物转载到小型船舶上，再让大、小两船同时下行至城陵矶港船舶减载基地，并将小型船舶所载货物转载到大型船舶上，继续下行；上行满载大型船舶类似。近年来，由于荆江河段腹地湖北、湖南两省经济不断发展壮大，上游四川省、重庆市经济综合实力在西部领先，而且位于荆江河段的宜昌和荆州两大港口货物吞吐增长量巨大，水运航道标准提升需求强烈。

鉴于本河段船舶类型及吨位分布特征可参考三峡船闸过闸船舶类型及吨位情况，对近几年三峡船闸各吨位过闸船舶艘数的调查发现，三峡过闸 2000 吨级以上船舶超六成，其中，4000 吨级以上超过 1/3，而且，2 000t 以下级船舶艘数呈现出明显下降趋势，4000 吨级以上船舶艘数呈现上升趋势，特别是 5 000t 以上船舶艘数增长尤为明显。通过本航段机动船船型主尺度系列见表 8–3。

长江干线中上游货船船型主尺度系列　　表 8-3

总长 LOA (m)	船宽 B (m)	参考设计吃水 (m)	参考设计载货量（t）	总长 LOA (m)	船宽 B (m)	参考设计吃水 (m)	参考设计载货量（t）
50 ~ 55	8.6	2.2 ~ 2.4	400 ~ 650	86 ~ 92	14.8	2.8 ~ 3.2	2 200 ~ 2 750
55 ~ 58	10.8	2.4 ~ 2.6	750 ~ 900	88 ~ 95	16.2	3.3 ~ 3.5	2 800 ~ 3 300
60 ~ 63	11.8	2.4 ~ 2.6	900 ~ 1 100	98 ~ 105	16.2	3.3 ~ 3.5	3 350 ~ 3 600
60 ~ 63	12.8	2.2 ~ 2.4	800 ~ 1 100	105 ~ 110	17.2	3.5 ~ 3.6	3 600 ~ 4 100
72 ~ 80	13.6	2.6 ~ 2.9	1 300 ~ 1 800	105 ~ 110	19.2	3.5 ~ 3.8	4 200 ~ 4 800
82 ~ 87	14.0	2.8 ~ 3.0	1 900 ~ 2 200	105 ~ 110	19.2	4.2 ~ 4.3	4 800 ~ 5 400

荆江河段货运量主要包括散货、集装箱、石油及其制品和其他货类等，其中，散货运输一直以来都占有长江航运的很大比例，平均占 50% 左右，总体呈逐年上升趋势。根据预测，随着长江航运中集装箱以及危化品等专业运输的快速发展，以及未来长江干线能源和原材料等运输需求逐渐放缓的趋势，长江航运结构将发生变化，长江散货运输占长江航运比例近期基本保持原来的水平，远期将有所缩小；集装箱运量增长明显，将会成为荆江河段水运的主体之一。长江流域集装箱运输的主要船型的载箱量及其相关参数见表 8-4。

长江流域集装箱运输的主要船型　　表 8-4

船型（TEU）	船长（m）	船宽 (m)	设计吃水 (m)	设计载箱量 (TEU)	设计航速 ≥ km/h	主机功率（kW）
50	62 ~ 64	10.8	2.0 ~ 2.4	45 ~ 55	20	(200 ~ 230) ×2
60	67 ~ 70	13	2.0 ~ 2.6	60 ~ 70	20	(300 ~ 350) ×2
100	72 ~ 75	13	2.6 ~ 3.0	90 ~ 110	20	(330 ~ 350) ×2
150	85 ~ 90	13.6	2.8 ~ 3.2	120 ~ 157	20	(330 ~ 440) ×2
200 ~ Ⅰ	85 ~ 90	14.8	2.8 ~ 3.2	133 ~ 170	20	(420 ~ 470) ×2
200 ~ Ⅱ	85 ~ 90	16.2	3.0 ~ 3.5	150 ~ 200	20	(470 ~ 500) ×2
250	103 ~ 112	16.2	3.5 ~ 4.0	240 ~ 260	20	(600 ~ 660) ×2
300	103 ~ 112	17.2	3.5 ~ 4.0	260 ~ 310	20	(630 ~ 660) ×2
350	105 ~ 110	19.2	4.1 ~ 4.3	320 ~ 360	20	(700 ~ 730) ×2

可见，随着船舶大型化、标准化、专业化的发展，吃水 3.5m 以上的船舶增长趋势明显，荆江河段 3.5m × 100m × 1 000m 的航道尺度规划标准不适应水运发展需求。

8.2.2　航道规划标准提高综合分析

（1）航道尺度提高标准

根据目前航道条件现状核查结果和航道条件变化趋势成果，随着宜昌至昌门溪河段航道整治一期工程、荆江河段航道整治工程昌门溪至熊家洲段工程的实施，本河段以大埠街、熊家洲为界，碍航特性及航道条件存在明显差异：

①枝城—大埠街河段，河床冲刷引起水位进一步下降，既不利于宜昌水位的维持，也直接影响本河段航道条件。一方面，由于局部河床“底高床硬”，坡陡流急、水浅的问题将依然存在。例如，150m航宽内不能维持4.0m最小水深的卵石浅滩有一处，位于芦家河水道沙泓内毛家花屋一带；200m航宽内不能维持4.5m最小水深的卵石浅滩有三处，除位于毛家花屋一带外，还位于关洲右汊进口的石鼓附近、枝江上浅区；另一方面，淤沙浅滩航道条件改善程度有限，芦家河水道沙泓进口、江口水道过渡段，4.5m等深线宽度不足150m。

②大埠街—熊家洲河段，随着三峡工程蓄水影响持续，部分未实施航道整治、滩槽形态不稳定的河段，洲滩冲刷、局部岸线崩退引起航道条件向不利方向发展，如调关、反嘴弯道切滩撇弯现象逐渐明显，陆续出现枯水双槽局面；部分已实施航道整治工程的河段，已实施工程是总体治理方案的一部分，工程对航道条件改善作用有限。150m航宽内不能维持4.0m最小水深的部位有太平口北汊进口、周公堤水道过渡段、大马洲水道过渡段，不能长期维持4m最小水深的部位有碾子湾水道弯顶、窑监河段的乌龟夹进口、反嘴水道上段；200m航宽内不能维持4.5m最小水深的部位增加了太平口水道南槽进口、窑监河段乌龟夹进口，不能长期维持4.5m最小水深的部位增加了瓦口子、藕池口、调关、铁铺等水道。其中，调关、反嘴弯道航道条件的不稳定主要由切滩撇弯趋势引起。

③熊家洲—城陵矶连续急弯河段，除凹岸段经护岸工程守护外，河道基本处于天然状态，三峡工程蓄水后弯道凸岸边滩持续冲刷，河道展宽、水流分散，航道条件变差。其中，尺八口水道已发生切滩撇弯，航道条件恶化，航道尺度维护3.5m×150m×1 000m需采取疏浚措施，八仙洲基本能达到规划标准，但由于边滩不断冲退、主流不稳定，中枯水河槽宽浅化，150m航宽内不能长期维持4.0m及4.5m最小水深。观音洲水道受洞庭湖出流顶托影响明显，枯水初期江洲沙嘴附近江中易出现心滩，不利水文年冲刷不及时可能出现水深不足4m的局面。

因此，结合荆江河段船舶发展趋势，考虑长江干线航道尺度衔接，荆江河段上游重庆至宜昌河段航道尺度已达到4.5m×200m×1 050m、下游武汉至安庆河段航道尺度已达到4.0m×150m×1 050m，拟定4m和4.5m两个航道尺度提高标准。

（2）航道治理思路及工程措施

① 4m水深标准。

A. 航道治理思路。

枝城—大埠街河段：对芦家河水道的卵石浅区局部清障，拓宽航槽，提高航道尺度；同时，进一步对重点关键部位河床进行守护，维持本河段水位控制作用，并对宜昌至枝城河段的关键洲滩进行守护，抑制宜昌枯水水位下降。

大埠街—熊家洲河段：进一步完善对关键洲滩的守护，抑制航道边界不利变化，利用清水下泄改善航道条件；稳定太平口水道上段滩槽格局的同时，适当采取调整型措施，引导水流冲刷北汊进口，拓宽航槽；局部恢复周公堤水道有利航道边界，加强浅滩冲刷能力，提高航道尺度。

熊家洲—城陵矶河段：采取疏浚措施进行维护。

B．工程措施。

宜昌—枝城河段：在古老背水道实施护底加糙，增加河道糙率并适当缩小过水面积；对云池水道、宜都水道、龙窝水道的周家河边滩、上沙湾边滩、阮家湾边滩进行护滩或护底守护，在沙坝湾边滩上修建潜丁坝，抑制边滩冲刷或切割，并加强河道的束水作用；在宜都水道右汊修建护底工程，限制支汊发展。

枝城—大埠街河段：在关洲水道，对左汊中下段进行护滩守护，对右汊进口石鼓一带局部卵石浅包进行清障；在芦家河水道，对石泓中下段进行护底守护，对毛家花屋一带河床进行清障。

大埠街—杨家厂河段：对涴市水道的火箭洲、马羊洲高滩岸线进行守护，抑制航道边界不利变化，稳定较好航道条件；对太平口心滩进行守护，稳定太平口水道上段滩槽格局；对腊林洲边滩中段已建护滩工程进行加高，并对下段低滩进行守护，强化南槽出流进入北汊的同时，引导水流冲槽，改善北汊进口航宽。

杨家厂—塔市驿河段：已建周公堤水道航道整治工程强度受到颜家台闸取水需求限制，故拟在颜家台一带修建1道潜丁坝的同时，对原有颜家台闸取水方式进行整改，并对蛟子渊高滩右缘及尾部进行守护，稳定主流；藕池口水道的藕池口心滩下段左缘以及北门口凹岸进行守护，进一步稳定的航道边界，维持较好的航道条件；对南碾子湾中部高滩岸线进行守护，防止滩面窜沟进一步冲刷下切形成切滩、双槽局面，稳定航道条件。

塔市驿—熊家洲河段：对已建新河口边滩头部护滩带进行加高，加大水流归槽冲刷能力，改善进口水深条件；在丙寅洲高滩下段修建护底工程，并对对岸大马洲高滩进行护岸及护岸加固，限制上下深槽交错发展，稳定过渡段主流，改善航道条件；对反嘴水道上段的凸岸高滩进行守护，抑制河道展宽，防止大水年主流撇弯引起航道条件变差。

利用数学模型对上述工程实施后的航道条件变化趋势进行研究，模型计算结果显示各工程实施后荆江河段航道尺度均能够达到4m×150m的建设目标。

② 4.5m水深标准。

A．治理思路。

枝城—大埠街河段：对关洲、芦家河、枝江水道的卵石浅区局部清障，拓宽航槽，提高航道尺度；同时，进一步对重点关键部位河床进行守护，维持本河段水位控制作用，并适当恢复宜昌至枝城河段的关键洲滩的水位控制作用，抑制宜昌枯水水位下降；在芦家河、江口水道已建工程的基础上，通过筑坝工程束水归槽，提高淤沙浅滩的航道尺度。

大埠街—熊家洲河段：进一步完善对关键洲滩的守护，抑制航道边界不利变化，利用清水下泄改善航道条件；主要采取调整局部河床形态的进攻型工程，加强太平口、周公堤、窑监、大马洲、藕池口、莱家铺、铁铺等水道（河段）的局部水流归槽能力，提高航道尺度；适当控制沙质河段水位下降的向上传递。

熊家洲—城陵矶河段：进行综合治理，在维持现有河势稳定的基础上，通过守护熊家洲弯道、八仙洲弯道凸岸边滩，抑制航道条件不利变化；局部调整尺八口水道、观音洲水道滩槽形态，加强水流归槽能力，改善航道条件。

B. 工程措施。

宜昌—枝城河段：在 4m 方案的基础上，加大护底加糙范围，适当恢复局部深槽原有河床高程，加强对支汊、边滩的控制力度。在虎牙峡、古老背水道实施护底加糙，增加河道糙率并适当缩小过水面积；对云池水道、龙窝水道进行边滩守护的同时，在主槽内实施护底加糙或潜丁坝，适当恢复水位的控制作用；稳定并适当恢复宜都水道的上沙湾边滩、阮家湾边滩、大石坝，同时加强对支汊的控制。

枝城—大埠街河段：在关洲水道，对左汊进行潜锁坝守护，对右汊进口石鼓一带局部卵石浅包进行清障；在芦家河水道，加高碛坝洲体鱼嘴工程，并对石泓中下段进行护底守护，对毛家花屋一带河床进行清障；在枝江水道，对张家桃园边滩已建护滩进行加高，对陈家渡上浅区进行清障；在江口水道，加高柳条洲尾部护滩带。

大埠街—杨家厂河段：涴市水道为沙卵石河段下游的第一个沙质河段，对限制沙市水位下降向上游传递起着控制作用，故在守护火箭洲、马羊洲的同时，对深槽进行护底守护，抑制河床冲刷进一步发展引起的涴市水道自身水位下降以及下游水位下降向上游传递；对太平口心滩进行守护，稳定上段滩槽格局，对腊林洲中部已建护滩进行加高、在腊林洲下段低滩进行守护，并配合三八滩头部上延鱼嘴工程，使南槽至北汊水流平顺衔接，调整局部河床形态，改善航道条件；在瓦口子水道右槽已建 5 号护滩带下游建设 1 道护滩带，加大金城洲守护范围，进一步限制右槽的发展，巩固已建及拟建航道整治工程效果。

杨家厂—塔市驿河段：加高周公堤水道颜家台下游已建潜丁坝、在颜家台新建 2 道潜丁坝，并对原有颜家台闸取水方式进行整改，与蛟子渊头部已建丁坝工程衔接，对蛟子渊高滩右缘及尾部进行守护；加高倒口窑心滩头部护滩带，加强水流归槽冲刷能力，并对藕池口心滩左缘及北门口一带岸线进行守护，将左汊整治成出口平顺并相对稳定的航道；对南碾子湾中部高滩岸线进行守护，防止滩面窜沟进一步冲刷下切形成切滩、双槽局面，稳定航道条件；对调关水道的凸岸边滩进行护滩守护，并对对岸进行护岸及护岸加固，稳定较好航道条件；在窑监水道的新河口边滩修建丁坝工程，加强乌龟夹进口水流归槽冲刷能力，并在乌龟洲尾修建潜丁坝，归顺乌龟夹下段主流、束窄河床，限制下段淤积；在大马洲水道的丙寅洲高滩下段修建潜丁坝群，并对对岸大马洲高滩进行护岸及护岸加固，塑造良好的过渡段河床形态，改善航道条件；加高铁铺水道已建广兴洲边滩护滩工程，加固对岸已护岸线，通过束水归槽，进一步提高航道尺度；对反嘴水道上段凸岸高滩进行护滩守护，抑制主流撇弯，维持弯道目前较好的水深条件。

熊家洲—城陵矶河段：对熊家洲凸岸高滩进行守护，限制主流撇弯，稳定航道条件；对七弓岭弯道心滩修建鱼骨坝，限制凹岸槽的同时，增强主航槽归槽能力，改善主航槽水深条件；对八仙洲水道凸岸边滩进行守护，对窑嘴一带凹岸岸线进行加固，稳定主流位置及滩槽格局，维持较好航道条件及出流条件；在观音洲水道左岸侧的泥滩嘴滩尾修建潜丁坝，束窄枯水河宽、顺导水流，塑造单一枯水河槽形态。

利用数学模型对上述不同工程实施后的航道条件变化趋势进行研究，模型计算结果显示，各工程实施后，荆江河段航道尺度均能够达到 4.5m × 200m 的建设目标。

(3) 工程措施的可行性分析

①枝城至大埠街沙卵石河段。

本河段对宜昌水位起着主要的控制作用，航道治理在改善各滩险自身水深条件和水流条件的同时，还要考虑到如何兼顾河道自身的水位控制能力，航道整治技术难度较大。

对于4m标准航道整治方案而言，仅对芦家河水道沙泓中部进行拓宽航槽的零星清障，并配合宜昌长江公路大桥至芦家河水道的关键控制节点守护工程、护底加糙工程，可使芦家河水道疏浚挖槽的影响被这些节点的守护所层层缓冲，治理方案较可行。

对于4.5m标准航道整治方案而言，一方面，需对关洲右汊进口、芦家河水道沙泓中部以及枝江水道上浅区三处卵石浅区进行挖槽，并增加节点河段的控制力度以恢复和加强水位控制作用，从而消除挖槽对水位控制的不利影响且实现较大的航道水深。由于部分水位控制工程，它们位于中华鲟省级自然保护区的缓冲区，工程实施难度较大，需寻求环境保护补偿措施。另一方面，还需进一步采取洲滩恢复工程增加芦家河水道进口、江口水道过渡段等淤沙浅区的泥沙输移能力。为减小工程对江口水道左汊涉水建筑物、松滋口分流的影响，工程的实施应根据宜昌至昌门溪河段航道整治一期工程及荆江河段航道整治工程枝江—江口河段工程的整治效果，视机而动。

②大埠街—熊家洲沙质河段。

一些河床演变十分剧烈的碍航水道，如太平口、藕池口、大马洲等水道，由于滩槽格局很不稳定且受三峡工程影响显著，采取调整汊道分流比及河床形态的进攻型措施，其治理效果可能适得其反，加上防洪形势严峻，航道条件改善必须因势利导、循序渐进。故近期可采取稳定有利滩槽形态、抑制不利变化的工程措施实现4.0m标准，远期视工程效果及河床调整情况，逐步完善工程措施，实现4.5m标准。

一些前期工程整治力度有限的碍航水道，如周公堤、窑监、大马洲等水道，4m标准的治理思路与前期工程较一致，工程方案与外部环境的协调难度较小。对于周公堤水道而言，密切关注荆江河段航道整治工程实施后左岸侧滩体的恢复情况，在ZJ1号潜丁坝上游修建一道潜丁坝对其进行稳定和加强，根据荆江河段航道整治工程方案论证成果，并在对岸实施一定的护岸加固工程，可使其航道条件达到4.0m×150m航道尺度标准且不影响岸线稳定、防洪安全；对于窑监河段而言，对新河口边滩头部1～3号护滩带加高至设计水位上3m，可使其航道条件达到4.0m×150m航道尺度标准，且不影响防洪安全；对于大马洲水道而言，借鉴荆江河段航道整治工程经验，对丙寅洲高滩下段修建护底工程抑制上、下深槽交错趋势的发展，可使其航道条件达到4.0m×150m航道尺度标准且不影响防洪安全。但4.5m标准的治理思路以调整局部河床形态为主，窑监、大马洲、铁铺等水道工程方案的可行性主要取决于防洪安全论证及协调。

另外，一些水道航道整治工程建设涉及与相关水产种质资源保护区或自然保护区的协调，应开展相关专题研究，全面考虑保护补偿措施、合理预算补偿经费，消除环境影响，促进环评影响审批工作的顺利开展。

③熊家洲以下的急弯段。

由于自身河道边界未得到有效控制，该段航道条件改善应从以下两个方面着手：

一是采取疏浚维护措施适度提高航道尺度。从航道条件变化特点来看，熊家洲、观音洲弯道当前航道条件尚能达到 4.0m × 150m 航道尺度，但必须对弯道的“撇弯切滩”趋势进行抑制，否则现有航道条件难以长期维持，甚至迅速恶化。从航道条件现状来看，改善七弓岭弯道、荆江河段出口航道条件，对于 4.0m × 150m 航道尺度而言，必须采取疏浚措施解决不利水文年出浅问题；对于 4.5m × 150m 航道尺度而言，由于单纯的疏浚措施难以改变尺八口水道双槽争流格局以及荆江河段出口浅滩的淤积问题，不仅疏浚量较大，而且难以达到预期效果。

二是进行综合治理，在维持现有河势稳定的基础上，通过守护熊家洲弯道、八仙洲弯道凸岸边滩，抑制航道条件不利变化；局部调整尺八口水道、观音洲水道滩槽形态，加强水流归槽能力，改善航道条件。工程的推进需各部委通力合作。

综上所述，近期，采取卵石浅区局部清障、沙卵石河段关键水位控制节点守护、沙质河段关键洲滩稳定及局部河床形态适当调整、对熊家洲以下维护性疏浚等措施，并考虑全面的环境保护补偿措施，可实现 4.0m × 150m 航道尺度；远期，根据工程效果及河床调整情况，逐步完善工程措施，实时守护，局部调整河床形态，在沿江各省市以及各部委通力合作、协调一致并能明确航道整治工程对防洪的影响标准、落实环境保护补偿措施的条件下，逐步实现 4.5m × 200m 航道尺度。

8.3 结语

本书通过踏勘调研、原型观测、数值模拟、水槽试验和理论分析相结合的技术手段，提出了新水沙条件下荆江河段航道系统整治原则、整治参数确定方法、整治措施、建筑物新型结构及建筑物可靠度评估技术，明确了荆江河段航道尺度提高的可能性，开发了荆江全河段枯水碍航预测预报系统。综合本书的内容具有如下要点和特点：

（1）三峡工程蓄水运用后，荆江河段年径流量没有明显变化，河型没有发生较大调整，但受来沙量大幅度减少、河床粗化以及中水流量持续时间增长等新水沙特性影响，局部河势调整的活跃度加大，分汊河段凸岸侧支汊发展；弯道段主流不稳、凸岸冲刷，部分河段出现切滩撇弯；顺直河段边滩冲刷、深槽淤积，河道断面向宽平方向发展。

（2）荆江河段航道整治以守护洲滩的控导工程为主，整治建筑物高度普遍比较低，本书首次揭示了三峡枢纽下游航道清水冲刷条件下采用控导型工程提高航道尺度的机理。参照河流动力学相关理论，推求出整治水位下河槽在冲刷前后航深变化值的表达式，揭示了通过守护关键可动洲滩，抑制河道向两侧展宽的同时，控制河道内低矮的洲滩不被冲蚀，使得清水冲刷只能向纵向发展，从而能够达到增加航深的目的。

（3）系统地提出了适用于三峡建库条件下中游荆江航道新变化特征的长河段系统治理原则和方法。

考虑将来航道尺度的发展，单滩局部与整个河段的综合治理，同时兼顾防洪、环境影响等，新水沙条件下荆江河段系统航道整治原则为：

①统筹考虑工程治理效果与工程对荆江防洪、生态环境及其他水事权益的影响，主体工程配备必要的专项辅助工程，实现综合治理；

②系统布局格局守护与浅滩治理两方面的工程措施，注重上下游平顺衔接，稳定有利河势，引导冲刷发展方向，趋利避害的发掘三峡工程下泄清水在荆江河段的航槽塑造能力；

③遵循河道自身的调整规律，循序渐进的实施航道治理，逐步实现与上、下游航道水深的对接；

④注重研究积累，强化时机判断，及时采取工程措施，守护控制河道自然演变过程中出现的有利格局。

（4）提出了基于系列长度修正的实测资料推求设计水位以及基于设计流量反求设计水位的方法。前者能充分利用蓄水后的实测资料以及规范中的常规方法，并通过系列长度修正的方式，对蓄水后实测资料系列较短可能造成的误差进行修正，但该方法确定的设计水位仅能供短期使用，当河床冲刷继续发展后，应根据后期资料重复上述过程，对设计水位进行不断修正。后者补充和完善了2004标准中的枢纽下游设计水位的确定思路，并对蓄水后水位流量关系的确定，提出了经验关系模式以及一维数学模型计算模式，该方法既保持了设计水位的频率概念，同时也兼顾了水库对枯期流量的补偿、不同时期的河床冲刷变形，能够较好用于蓄水后不同时期设计水位的确定。

（5）将航道整治工程划分为守护型工程和调整型工程，提出了各类工程的整治参数确定方法。

守护型工程以河段自身相对有利的滩槽条件为基础，守护现有优良的滩槽格局，避免洲滩冲散造成浅滩段的不利变化。守护型工程整治参数的确定方法如下：

①整治水位：考虑到该种类型整治对于浅滩冲刷、增加水深的要求并不是首要的，提出了浅滩河段边心滩高程控制法，能够体现守护型工程的特点；该方法针对现状较为良好的洲滩格局，或可能出现的不利演变趋势，确定主体守护洲滩，在此基础上，将所需守护洲滩的滩面高程或岸坡高度作为整治水位。

②提出了针对守护型工程整治线宽度确定的浅滩优良时期河宽法。通过统计浅滩断面岸线与洲滩边线的间距，点绘优良时期河宽—最小航深的关系曲线，确定不同航深尺度下的优良时期河宽值，将其作为守护型工程的整治线宽度。

调整型工程主要依靠整治建筑物束窄河宽，调整枯水河道内水沙分配，进而改善浅滩碍航状态。调整型工程整治参数的确定方法如下：

①整治水位：建议采用临界水位法，该方法适用于荆江河段洪淤枯冲的浅滩，但需要较多的实测资料。对于水库修建后到拥有较为丰富的河床演变资料之前，调整型工程整治水位的确定，可以采用从整治流量推求整治水位的方法，选择汛后出现频率较高、浅滩冲刷较为迅速的流量作为整治流量，在相应地形条件下对应的水位为整治水位，荆江河段三峡水库蓄水运用初期的整治流量建议取为10 000m^3/s左右。

②整治线宽度：基于局部输沙不平衡关系，考虑整治水位到设计水位过程中的有效冲刷时段以及碍航淤积量等要素，得到了相应的整治线宽度计算公式，并进一步综合已有研究成果，提出了整治线宽度确定的统一表达式。并在此基础上，提出了具有一定重现期意

义的设计碍航淤积量（厚度）计算方法，完善了调整型工程整治线宽度的确定方法。

（6）初步探讨了航道系统整治内涵，研究了控制水位下降及不同类型滩体的治理措施，进一步提出了荆江长河段系统整治措施；总结归纳了荆江河段边滩守护、江心洲守护、支汊（窜沟）控制、岸坡守护等四类治理措施的平面与竖向设计技术，并通过建立水槽概化模型，深化了对心滩守护技术研究，提出了大小结合的透水框架护心滩技术。

（7）首次开发了内河航道枯水碍航预测预报系统，并成功应用于荆江河段。

利用一维水沙及平面二维水沙数学模型，合理确定水沙系列，对荆江河段中的典型河段进行了短期航道条件、退水期航道条件、长期航道条件预测，预测结果能够为船舶实时通航、汛后航道条件维护、碍航浅滩的综合治理提供技术服务。

①短期航道条件预测主要是根据对宜昌流量及城陵矶入汇流量的7d预测、沿程主要站点的水位预测经验模式、一维河网非恒定流水沙数学模型及平面二维水流数值模型对荆江河段中的典型河段进行短期航道条件预测。

②退水期航道条件预测首先是合理地选择退水期水沙条件，通过一维河网水沙数学模型，为平面二维水沙数学模型提供边界条件，最终通过平面二维水沙数学模型，对荆江河段中的枝江河段（沙卵石河段）、沙市河段（分汊河段）、莱家铺河段（弯曲河段）及铁铺—熊家洲河段（顺直河段）进行了退水期航道条件预测，预测结果与实测结果基本吻合。

③长期航道条件预测：在合理选择水沙系列的基础上，通过平面二维水沙数学模型，对荆江河段中的沙市河段进行了长期航道条件的预测，预测结果符合该河段实际演变趋势。

（8）提出了适应于荆江河段航道整治建筑物的新型结构及相应的施工工艺，即空心块体作为筑坝结构、波状式压载体作为护滩软体排结构。空心块体具有透水性及对近底水流消能减速的功能，抛投于床面后，可减小坝头水体能量，削弱坝体下游水体紊动，减小局部冲刷，同时水流可穿行于块体中部的空心处，为上下游水体提供交换通道，在流速2～3m/s的水流作用下，块体群高度内水流平均消能率约0.71～0.85。波状式压载体表面水体紊动加强、流速减小，水体能量减弱，利于压载体表面泥沙落淤，表面泥沙淤积强度与流速直接相关，流速小于1m/s时促淤效果明显，流速大于2m/s时基本无泥沙落淤。

（9）首次探索了航道工程的软体排和抛石丁坝的可靠度分析方法。探索了基于软体排抗滑、抗掀稳定性的时变可靠性分析及计算方法，建立了基于软体排水毁面积计算方法和模糊数学的可靠性判别模型；建立了基于水毁体积比的抛石丁坝可靠性判别模型，提出了基于洪水作用下丁坝水毁等效原理的可靠度及设计使用年限计算方法。

参考文献

［1］A. Kadota, K. Suzuki. Local Scour and Development of Sand Wave around T–type and L–type Groynes. Proceedings of the Fifth International Conference on Scour and Erosion, 2010.

［2］Alfredo H–S, Wilson T. Probability concepts in engineering design, Vol. Ⅱ, Secession, rescue and reliability［M］. Hohn Wiley & Sons, New York, 1984.

［3］Alireza Masjedi, Mahmood Shafai Bejestan and Poya Rahnavard. Reduction of Local Scour at Single T–Shape Spur Dike with Wing Shape in a 180 Degree Flume Bend. World Applied Sciences Journal 2010, 8 (9): 1122–1128.

［4］Ang H–S, Ma H F. On the reliability of structural system. In: Proeeedings of International Conference on Structural Safety and Reliability, Trondheim,1981.

［5］Brett D. Moore, Kenneth K. Humiston. Composite T–Head Groins for Erosion Control. Proceedings of Coastal Structures. 2003.

［6］Breusers. H. N. C. , Nicollet,G, Shcu, H. w. Local Scour around cylindrical piers［J］.

［7］Brooks G R. Holocene lateral channel migration and incision of the Red River, Manitoba, Canada［J］. Geomorphology, 2003, 54(3): 197–215.

［8］Chengtao HUANG, Li ZHENG, Ming LI & Bi HE. Application of two–dimensional mathematical model in the Yangtze River Waterway Management［C］. 12th international symposium on river sedimentation. 2013–9.

［9］Chiew, Y M. Scour Prection at Bridge Piers［J］. J. Hydr, Engrg, ASCE, 1992, 118(9) : 1260–1269.

［10］Cornell C A. Bounds on the Reliability of Structural System, Journal of Struetural Division, ASCE.

［11］Darby S E, Thorne C R. Simulation of near bank aggradation and degradation for width adjustment models［J］. Hydraulic and Environmental Modelling: Estuarine and River Waters, Falconer RA, Shiono K, RGS Matthew (eds). University Press: Cambridge, 1992: 431–441.

［12］David J. Gilvear. Patterns of channel adjustment to impoundment of the upper river Spey, Scotland (1942–2000), River Research and Application, 2004, 20: 151–165.

［13］Dey S,Barbhuiya A K. Clear–Water Scour at Abutments in Thinly Armored Beds. J Hydraul Eng, ASCE, 2004,130(7):622–634.

[14] Dey S,Barbhuiya A K. Turbulent flow field in a scour hole at a semicircular abutment. Can J Civ Eng,2005,32:213–232.

[15] Ditlevsen O. Narrow reliability bounds for structural systems, Journal of Structural Mechanics, 1979, 7 (4).

[16] Einstein H A, Banks R B. Fluid resistance of composite roughness [J]. Trans Amer Geophys Union, 1950, 31(4):603–610.

[17] Fang Hong–Wei and Wang Guang–Qian. Three–dimensional mathematical model of suspended–sediment transport. J. Hydra. Engrg. ASCE, 2000, 126 (8): 578–592.

[18] Fernette R. Dhatt G. and Tanguy J. M. A three–dimensional finite element sediment transport model. Proceedings of 5th International Symposium on River sedimentation, University of Karlsruhe, 1992 : 365–374.

[19] Fernette R. Dhatt G. and Tanguy J. M. A three–dimensional finite element sediment transport model. Proceedings of 5th International Symposium on River sedimentation, University of Karlsruhe, 1992 : 365–374.

[20] Friedkin J F. Laboratory study of the meandering of alluvial rivers [J]. 1945.

[21] Garde R J, Raju K G R. Mechanics of sediment transportation and alluvial stream problems [M]. Taylor & Francis, 2000.

[22] Geidl V, Saunders S. Calculation of Reliability for Time–varying Loads and Resistanees [J]. Struetural Safety, 1987, 4 (4).

[23] Gilvear D J. Patterns of channel adjustment to impoundment of the upper River Spey, Scotland (1942 - 2000) [J]. River Research and Applications, 2004, 20(2): 151–165.

[24] H. Karami, A. Ardeshir, M. Saneie, K. Behzadian, F. jalilsani. Reduction of local scouring with protective spur dike. World environmental and water resources congress 2008.

[25] Hartung F, Scheuerlein H. Design of overflow rockfill dams [J]. 1970.

[26] Hiroyuki Kameda. Takeshi Koike: Reliability Theory of Deterioration Structures, Journal of the Structural Division, 1975, 101(1).

[27] Hu L W, Li Y J, Lin Y C. Construction technique of soft mattress used in land reclamation at Daxie Port [J]. Advances in Science and Technology of Water Resources, 2007, 3: 17.

[28] Hua–feng CHAI, Cheng–cheng ZHOU, Wei XIA & Yuan–fang CHEN. Physical Model Experimental Investigation on Riverbed Evolution Trend Prediction with Different Model Sand [C]. 12th international symposium on river sedimentation,2013–9.

[29] Huaihan LIU, Ling JIANG, Huafeng CHAI & Guoping ZHANG. Riverbed evolution trend of Laijiapu riverbend downstream from Three Gorges Project [C]. 12th international symposium on river sedimentation, 2013–9.

[30] Huang H Q, Nanson G C. Hydraulic geometry and maximum flow efficiency as products of the principle of least action [J]. Earth Surface Processes and Landforms, 2000, 25(1): 1–16.

[31] Huawei Q, Wanling R, Peng F. Improvement on Laying Technology of Underwater

Large-scale Soft Mattress within Open Sea Macro-tidal Range Area [J] . Port Engineering Technology, 2011, 2: 12.

[32] Hudson P F, Kesel R H. Channel migration and meander-bend curvature in the lower Mississippi River prior to major human modification [J] . Geology, 2000, 28(6): 531-534.

[33] Ikeda S, Parker G, Kimura Y. Stable width and depth of straight gravel rivers with heterogeneous bed materials [J] . Water resources research, 1988, 24(5): 713-722.

[34] 中华人民共和国行业规范 . JTJ 312—1998 航道整治工程技术规范 [S] . 北京 : 人民交通出版社 , 1998.

[35] J. Hydr. Res., Delft, The Netherlands, 1977, 15(3) : 221-252.

[36] Jin-xiong L I N Y H, Ying-jie L I. Research and Improvement of Construction Method of Sand Bag and Soft Mattress under Complicated [J] . South China Harbour Engineering, 2005, 3: 20.

[37] 中华人民共和国行业标准. JTJ 312—2003 航道整治工程技术规程 [S] . 北京 : 人民交通出版社 , 2003.

[38] Kuhnle R A, Alonso C V, Shields Jr F D. Local scour associated with angled spur dikes [J] . Journal of Hydraulic Engineering, 2002, 128(12): 1087-1093.

[39] L1 C. Q. A Case Study on the Reliability Anaiysis of Deteriorating Structures, Proeeedings of the Institution of Civil Engineering, Structures and Buildings, 1995, 110 (8).

[40] Leopold L B, Maddock Jr T. The hydraulic geometry of stream channels and some physiographic implications [R] . 1953.

[41] Leopold L B, Wolman M G. River channel patterns [J] . Fluv Geom: Geom Crit Conc Vol, 2013: 3.

[42] LI Z, DUAN F, LI W. Application of X-shape Mattress in Beach Protection Project on the Middle & Lower Reaches of the Yangtze River [J] . Port & Waterway Engineering, 2007, 4: 22.

[43] Lin B. L., Falconer R. A. Numerical modeling of three-dimensional suspended sediment for estuarine and coastal waters. J. Hydra. Res., Delft, The Netherlands, 1996, 34 (4) : 435-456.

[44] Melville B W,Coleman S E. Bridge scour. Water Resources Publications,LLC. 2000.

[45] Michue M,Hinokidani O. Local bed form around spur-dikes in alluvial channels. proceedings of 22th I-AHR,Lausanne,1987.

[46] Minxiong Cao, Qin Chang, Guozheng Cai, Qun Xu, Evolution and regulation principles of fluctuating backwater area in alluvial mountain rivers [J] . Proceedings of The Tenth International Symposium on River Sedimentation. 2007.

[47] Mori Y, Ellingwood R. Time-dependent System Reliability Analysis Adaptive Importance Sampling [J] . Structural Safety, 1993, 12 (1).

[48] Nagata N, Hosoda T, Muramoto Y. Numerical analysis of river channel processes with bank erosion [J] . Journal of Hydraulic Engineering, 2000, 126(4): 243-252.

[49] Nanson G C, Hickin E J. Channel migration and incision on the Beatton River [J] . Journal of Hydraulic Engineering, 1983, 109(3): 327−337.

[50] Olivier H. THROUGH AND OVERFLOW ROCKFILL DAMS−NEW DESIGN TECHNIQUES. (INCLUDES APPENDICES) [C] //ICE Proceedings. Thomas Telford, 1967, 36(3): 433−471.

[51] Osman A M, Thorne C R. Riverbank stability analysis. I: Theory [J] . Journal of Hydraulic Engineering, 1988, 114(2): 134−150.

[52] Pinter N, Miller K, Wlosinski J H, et al. Recurrent shoaling and channel dredging, Middle and Upper Mississippi River, USA [J] . Journal of Hydrology, 2004, 290(3): 275−296.

[53] Rizzetta, D. P. Numerical Simulation of turbulent Cylinder Juncture Flow Fields AIAA Journal 1994, 32（6）: 1113—1119.

[54] Roger A. Kuhnle; Carlos V. Alonso; and F. Douglas ShieldsJr. Local scour associated with angled spur dikes. Journal of hydraulic engineering, 2002：1087−1093.

[55] S. A. S. Ibrahim. Flow Patterns In The Vicinity of a New Hydraulic Structure Using 2−D. Mathematical Model. Management of Landscapes Disturbed by Channel Incision. The University of Mississippi,1997.

[56] Shields Jr F D, Simon A, Steffen L J. Reservoir effects on downstream river channel migration [J] . Environmental Conservation, 2000, 27(01): 54−66.

[57] 中华人民共和国水利部 . SL 26—2012　水利水电工程技术术语 [S] . 北京：中国水利水电出版社 , 2012.

[58] Vrengedenil J, Wijbenga H. A. Computation of Flow Patterns in Rivers, ASCE HY11,1982.

[59] Wang S. Y. and Jia Y. Computational modeling and hydroscience research. Advances in Hydro−Science and Engineering, Proceedings of 2nd International Conference on Hydro−Science and Engineering, Tsinghua University Press, 1995：2147−2157.

[60] Williams G P, Wolman M G. Downstream effects of dams on alluvial rivers [J] . 1984.

[61] Wu W. M., Rodi W. and Wenka T. 3D numerical model for suspended sediment transport in open channels. J. Hydr. Engrg., ASCE, 2000, 126（1）: 4−15.

[62] Xian−wu Z H U. Analysis and Calculation of Stress of Soft Mattress of Concrete Interlocking Blocks [J] . Port & Waterway Engineering, 2000, 12: 5.

[63] Xiping Dou, Tilai Li. Application of Boundary−Fitted Grids to Model 3D Unsteady Flow. Management of Landscapes Disturbed by Channel Incision. The University of Mississippi,1997.

[64] Yang C T, Song C, Woldenberg M J. Hydraulic geometry and minimum rate of energy dissipation [J] . Water Resources Research, 1981, 17(4): 1014−1018.

[65] YANG H, WU W, WANG W, et al. Experimental study on stability of sand ribbed soft mattress of dike head for macro−tidal estuary [J] . Journal of Waterway and Harbor, 2009, 6: 12.

[66] 长江航运管理局，长江航道局．长江干线航道发展规划［M］．2002.
[67] 曹广晶，王俊．长江三峡工程水文文泥沙观测与研究［M］．北京：科学出版社，2015.
[68] 曹棉．软体排在长江航道整治工程中的应用［J］．水运工程，2004（9）:70-73.
[69] 曹民雄，蔡国正，王秀红．边滩水沙运动特点及护滩建筑物破坏机理研究［D］.
[70] 曹民雄，王秀红，蔡国正，等．长江中游航道整治鱼嘴工程稳定性关键技术研究［R］．南京：南京水利科学研究院，2006.
[71] 曹民雄，周彬瑞，蔡国正，等．鱼嘴工程的研究及其在航道整治中的应用［J］．水运工程，2006 (6):50-56.
[72] 曹艳敏，张华庆，蒋昌波，等．丁坝冲刷坑及下游回流区流场和紊动特性试验研究［J］．水动力学研究与进展 A 辑，2008.
[73] 常福田．航道整治［M］．北京：人民交通出版社，1995.
[74] 常晓辉．新型结构丁坝在黄河下游河道整治中的研究与应用［D］．北京：北京航空航天大学硕士论文，2003.
[75] 左东启．模型试验的理论与方法［M］．北京：中国水利电力出版社，1984.
[76] 陈显维，许全喜，陈泽方．三峡水库蓄水以来进出库水沙特性分析［J］．人民长江，2006，37(8): 1-3.
[77] 陈晓云，周冠伦，刘怀汉．长江中游航道整治技术研究［J］．水道港口，2005 (z1): 7-14.
[78] 陈学良，张景明．土工织物在长江口深水航道治理工程中的应用［J］．水运工程，2000（12）: 48-52.
[79] 陈泽方，童辉，姚丽娟．长江中游武汉河段近期河道演变分析［J］．人民长江，2006，37（11）: 49-50，72.
[80] 程昌华，刘晓平，航空，等．航道工程学［M］．北京：人民交通出版社，2001.
[81] 程武．汉江航道整治技术分析研究［D］．武汉：华中科技大学，2004.
[82] 程玉来，赵龙根．土工织物软体排在长江口深水航道治理工程一期北导堤工程中的应用［J］．水运工程，2000(12)．53-58，62.
[83] 崔占峰，张小峰．三维紊流模型在丁坝中的应用［J］．武汉大学学报（工学版），2006(1)：15-20.
[84] 戴清．河道演变机理及其成因分析系统探讨［J］．泥沙研究，2007，（5）: 54-59.
[85] 邓良爱，等．长江中游周天河段航道整治控导工程初步设计［R］．武汉：长江航道规划设计研究院，2005.
[86] 董耀华，汪秀丽．密西西比河下游河道裁弯工程影响与近期演变分析［J］．水利电力科技，2006，31(3): 1-19.
[87] 方达宪，王军．丁坝坝头床沙起冲流速及局部最大冲深计算模式的探讨［J］．泥沙研究，1992，(4).
[88] 付中敏，雷国平，刘奇峰．长江中游藕池口水道演变分析及航道治理措施研究［R］．武汉：长江航道规划设计研究院，2005.
[89] 付中敏，等．长江中游窑监河段航道整治一期工程工程可行性研究报告［R］．长江

航道规划设计研究院，2008.

[90] 高桂景，王平义，杨成渝，等. 丁坝附近水流动能分布研究［J］. 水运工程，2007.

[91] 高桂景. 丁坝水力特性及冲刷机理研究［D］. 重庆：重庆交通大学，2006.

[92] 高凯春,李青云,黄颖,等. 长江干线航道重点碍航河段图集［R］. 武汉:长江武汉航道局，2008.

[93] 高培. 长江中游航道丁坝稳定性及防护技术研究［D］. 重庆：重庆交通大学，2006.

[94] 宫平，杨文俊. 三峡水库建成后对长江中下游江湖水沙关系变化趋势初探 Ⅱ. 江湖关系及槽蓄影响初步研究［J］. 水力发电学报，2009，28(6): 120-125.

[95] 国务院三峡工程建设委员会办公室泥沙课题组专家，中国长江三峡工程开发总公司泥沙专家组. 长江三峡工程泥沙问题研究（1996—2000，第八卷）——长江三峡工程“九五”泥沙研究综合分析［M］. 北京：知识产权出版社，2000.

[96] 韩其为，胡春宏. 50 年来泥沙研究所主要研究进展［J］. 中国水利水电科学研究院学报，2008，6(3): 170-182.

[97] 王平义. 航道整治建筑物水毁理论及模拟技术［M］. 北京：人民交通出版社，2004.

[98] 郝品正，李军，徐国兵. 微弯分汊河段航电枢纽总体布置与通航条件优化试验研究［J］. 水运工程，2004（11）：68-69.

[99] 何春光，刘焕芳，周银军. 透水丁坝冲刷特性的试验研究［J］. 水运工程，2008 (12): 94-96.

[100] 谢鉴衡. 河床演变及整治［M］. 北京：水利电力出版社，1990.

[101] 胡向阳，张细兵，黄悦. 三峡工程蓄水后长江中下游来水来沙变化规律研究［J］. 长江科学院院报，2010，27(6): 4-9.

[102] 宗全利，刘焕芳. 透水丁坝工程设计关键技术问题研究述评［C］//2007 年中国农业工程学会学术年会论文摘要集. 北京：中国农业工程学会，2007.

[103] 胡旭跃，沈小雄，黄伦超，等. 分汊河道分流区航道内斜流的整治方法研究［J］. 长江科学院院报，2002（3）：22-24.

[104] 黄成涛，等. 长江中游三八滩应急守护工程护滩（底）整治建筑物结构技术专题研究［R］. 武汉：长江航道规划设计研究院，2008.

[105] 黄成涛，等. 长江中游沙市河段航道整治工程施工图设计［R］. 武汉：长江航道规划设计研究院，2008.

[106] 朱玉德，李旺生. 长江中游沙市河段航道治理思路的探讨［J］. 水道港口，2006(4): 223-226.

[107] 黄颖. 水库下游河床调整及防护措施研究［D］. 武汉：武汉大学，2005.

[108] 黄永健，丁留谦，赵进勇，等. 河口软体排护岸工程的锚固结构［J］. 水利水电技术，2007，38(2): 70-73.

[109] 黄召彪，等. 长江中游碾子湾水道航道整治工程［R］. 武汉：长江航道规划设计研究院，2002.

[110] 黄召彪. 非淹没丁坝局部冲刷深度计算的探讨［J］. 水运工程，2003，(12).

[111] 贾锐敏. 从丹江口、葛洲坝水库下游河床冲刷看三峡工程下游河床演变对航道的影响[J]. 水道港口，1996，3: 1-13.

[112] 江凌，李义天，孙昭华，等. 三峡工程蓄水后荆江沙质河段河床演变及对航道的影响[J]. 应用基础与工程科学学报，2010，2: 18(1): 1-10.

[113] 朱玲玲，张为，葛华. 三峡水库蓄水后荆江典型分汊河段演变机理及发展趋势研究[J]. 水力发电学报，2011(5).

[114] 朱玲玲，张为. 长江中游宜昌—湖口河段浅滩分类研究[J]. 水力发电学报，2001，1(5)：30-31.

[115] 解中柱. 航道整治建筑物可靠性设计的思考[J]. 中国港湾建设，2008(03)：36-37.

[116] 乐培九，李旺生. 冲积河流航道整治线宽度问题的研究[J]. 泥沙研究，1991，(2).

[117] 李旺生，朱玉德. 长江中游沙市河段航道治理方案专题研究(阶段成果报告)[R]. 天津：交通部天津水运工程科学研究所，2006.

[118] 李旺生. 长江中下游航道整治技术问题的几点思考[J]. 水道港口，2007(6)：418-424.

[119] 李文全，刘怀汉，付中敏. 长江航道整治边滩守护及护底工程关键技术研究总报告[R]. 武汉：长江航道规划设计研究院，2009.

[120] 李宪中，陆永军，刘怀汉. 三峡枢纽蓄水后对荆江重点河段航道影响及对策初步研究[J]. 水运工程，2004，8: 55-59.

[121] 李义天. 长江中下游设计水位及航道整治参数研究[D]. 武汉：武汉大学，2005.

[122] 李志江，段斐，李伟林. X型排在长江中下游护滩工程中的应用[J]. 水运工程，2007，(4): 88-89.

[123] 李中伟. 丁坝附近局部流场的数值模拟[J]. 武汉水利电力大学学报，2000，33(3)：18-22.

[124] 梁碧. 护心滩建筑物稳定性研究[D]. 重庆：重庆交通大学，2009.

[125] 刘怀汉，曹民雄，潘美元，等. 鱼骨坝工程水流结构与水毁机理研究[J]. 水运工程，2008(3): 99-104.

[126] 刘怀汉，付中敏，陈婧，等. 长江中游航道整治建筑物护滩带稳定性研究[C]//中国水利学会第三届青年科技论坛论文集. 郑州：黄河水利出版社，2007.

[127] 赵德玉，付中敏，王涵. 窑监河段航道整治一期工程方案试验研究和效果分析[J]. 水运工程，2012，10: 013.

[128] 刘怀汉，李文全，付中敏. 长江中游心滩守护工程关键技术研究总报告[R]. 武汉：长江航道规划设计研究院，2010.

[129] 刘怀汉，曹民雄，等. 鱼骨坝工程水流结构与水毁机理研究[J]. 水运工程，2011，(1): 192-197.

[130] 刘怀汉，付中敏，袁达全，等. 长江中游藕池口水道航道整治一期工程工程可行性研究报告[R]. 武汉：长江航道规划设计研究院，2008.

[131] 朱俊凤. 长江上游宜宾至重庆河段整治建筑物新结构研究与应用[J]. 水道港口，

2010 (5): 464-467.
[132] 刘怀汉，李文全，等. 长江中游周公堤—天星洲河段浅滩演变及整治工程初步研究［R］. 武汉：长江航道规划设计研究院，2004.
[133] 刘丽. 非平稳流对防护结构物的冲刷作用研究［D］. 重庆：重庆交通学院，2005.
[134] 刘莉莉，刘洪言. 一种新型护岸构件——透水框架在长江干堤护岸的应用［J］. 湖南水利水电，2000 (6): 32.
[135] 刘倩颖，王平义，喻涛，等. 四面六边透水框架群的护滩效果研究［J］. 水运工程，2009 (12): 44-48.
[136] 刘润刚. 山区河流散抛石坝冲毁原因浅析［J］. 重庆交通大学学报（自然科学版），2004，23(1): 90-94.
[137] 刘晓菲，王平义，杨成渝. X 型系混凝土块软体排模拟技术［J］. 水运工程，2011 (2): 102-107.
[138] 刘晓菲. 护滩建筑物破坏机理及模拟技术研究［D］. 重庆：重庆交通大学，2008.
[139] 卢汉才，张定邦，方住岱. 内河航道整治技术发展战略［J］. 水道港口，1987，(Z1):1-7.
[140] 卢汉才. 内河航道整治工程科技进步的回顾和展望［J］. 水道港口，2004，25（增）: 3-7.
[141] 卢金友. 长江河道演变与治理［M］. 北京：中国水利水电出版社，2005.
[142] 陆永军，刘建民. 荆江重点浅滩整治的二维动床数学模型研究［J］. 泥沙研究，2005 (1): 37-51.
[143] 陆永军. 长江中游窑监河段航道整治工程水沙数学模型研究［R］，南京：南京水利科学研究院，2008.
[144] 罗海超. 长江中下游河道演变及整治的研究与展望［J］. 长江科学院院报，1992，9(3):32-38，52.
[145] 罗宏. 长江河道护岸工程及优化研究［D］. 重庆：重庆交通学院，2006.
[146] 马爱兴，曹民雄，王秀红，等. 长江中下游航道整治护滩带损毁机理分析及应对措施［J］. 水利水运工程学报，2011 (2): 32-38.
[147] 马颖，江恩惠，李军华，等. 丁坝在荷兰莱茵河航道整治中的作用［J］. 人民长江，2008，39(5): 77-78.
[148] 闵朝斌. 关于最低通航设计水位计算方法的研究［J］. 水运工程，2002 (1): 29-33.
[149] 缪吉伦，陈景秋，张绪进，等. 河道整治中新型丁坝块体结构试验研究［J］. 水利水电技术，2013，44(10): 136-139.
[150] 潘庆燊，胡向阳. 长江中下游分汊河段的整治［J］. 长江科学院院报，2005，3: 13-16.
[151] 潘庆燊，胡向阳. 长江中下游河道整治研究［M］. 北京：水利水电出版社，2010.
[152] 潘庆燊. 长江中下游分汊河段的整治［J］. 长江科学院院报，2005，3: 13-16.
[153] 潘庆燊. 长江中下游河道近 50 年变迁研究［J］. 长江科学院院报，2001，18(5)：18-22.

[154] 潘庆燊. 长江中下游河道演变趋势及对策 [J]. 人民长江，1997，28 (5)：22−25.

[155] 潘庆燊，余文畴，曾静贤. 抛石护岸工程的试验研究 [J]. 泥沙研究，1981，01.

[156] 潘庆燊，胡向阳. 长江中下游河道整治研究 [J]. 泥沙研究，2011.

[157] 彭静. 丁坝群近体流动结构的可视化实验研究 [J]. 水利学报，2000 (3): 42−45.

[158] 彭静，等. 丁坝坝头冲淤的三维数值模拟 [J]. 泥沙研究，2002，(1)：25−29.

[159] 齐江澎. 新技术在江西长江干流江岸整治中的应用 [J]. 中国水利，2002. 12，86−89.

[160] 祁茂文，罗保平. 长江中游碾子湾河段航道整治工程研究 [J]. 水道港口，2002:48−51.

[161] 钱宁，张仁. 河床演变学 [M]. 北京：科学出版社，1987.

[162] 钱宁，万兆惠. 泥沙运动力学 [M]. 北京：科学出版社，1981.

[163] 钱宁，张仁，周志德. 河床演变学 [M]. 北京：科学出版社，1989.

[164] 钱宁，张仁，等. 河床演变学 [M]. 北京：科学出版社，1987.

[165] 秦宗模. 澜沧江曼厅大沙坝抛石坝体水毁分析及防护措施 [J]. 云南交通科技，2002，18(1). 53−54.

[166] 瞿凌锋. 山区河流散抛石坝防冲毁措施研究 [D]. 南京：河海大学，2003.

[167] 荣学文. 丁坝的水毁机理及其平面二维水流数值模拟 [D]. 重庆：重庆交通学院，2003.

[168] 佘俊华. 川江航道整治建筑物新结构研究 [D]. 重庆：重庆交通大学，2006.

[169] 佘俊华. 长江上游新型整治建筑物的研究与应用 [C] // 国际航运协会 2008 年会暨国际航运技术研讨会论文汇编. 北京：中国水运建设行业协会，2008.

[170] 施少华，林承坤，杨桂山. 长江中下游河道与岸线演变特点[J]. 长江流域资源与环境，2002，11（1）：69−73.

[171] 中华人民共和国水利部. SL/T 225—98 水利水电工程土工合成材料应用技术规范 [S]. 北京：中国水利水电出版社，1998.

[172] 周哲宇，陶东良，哈岸英. 丁坝局部冲刷研究现状与展望 [J]. 人民黄河，2010(6).

[173] 孙爱军，黄金芳，李赞庆. 土工布软体排技术在余姚市治江围涂工程中的应用 [J]. 浙江水利科技，2009 (1): 45−46.

[174] 谭伦武，崔承章，付中敏. 长江中游航道整治护滩带稳定性关键技术研究[R]. 武汉：长江航道规划设计研究院，2006.

[175] 唐金武. 长江中下游河道演变及航道整治方法 [D]. 武汉：武汉大学，2012.

[176] 王厚天. 结构可靠性理论的概念及应用 [J]. 桥梁建设，1993，4: 14.

[177] 王军. 桥梁墩台及丁坝冲刷的护坦防护试验研究 [D]. 西安：长安大学，2001.

[178] 王明进. 四面六边透水框架保护丁坝——矶头模型试验研究 [J]. 江西水利科技，1997，23(4): 191−193.

[179] 王南海，张文捷. 新型护岸技术——四面六边透水框架群在江西护岸工程中的应用 [J]. 江西水利科技，1999，25(1): 30−32.

[180] 王平义，张继生，程昌华. 航道整治建筑物安全稳定性的模糊综合评定 [J]. 水动

力学研究与进展：A 辑，2004，19(3): 383-388.

[181] 王平义，程昌华，荣学文，等. 航道整治建筑物水毁理论及模拟技术[M]. 北京：人民交通出版社，2005.

[182] 王平义. 模糊数学在水科学与工程中的应用[M]. 成都：成都科技大学出版社，1996.

[183] 王维国，阳华芳，熊法堂，等. 近期长江荆江河道演变特点[J]. 人民长江，2003，34(11): 19-21.

[184] 王伟峰. 心滩守护前后泥沙运动规律及冲刷变形特性研究[D]. 重庆：重庆交通大学，2009.

[185] 王先登，彭冬修，夏炜. 丁坝坝体局部水流结构与水毁机理分析[J]. 中国水运：下半月，2009 (9): 189-190.

[186] 王秀英，李义天，孙昭华. 长江中下游整治线宽度确定方法研究[J]. 泥沙研究，2006 (6): 13-20.

[187] 王秀英. 冲积河流航道整治设计参数确定方法研究[D]. 武汉：武汉大学，2006.

[188] 吴成祥，王蔚斌，张永杰. 软体沉排在护岸工程中应用[J]. 黑龙江水利科技，2006，34(3): 93-93.

[189] 吴龙华. 透空四面体（群）尾流水力特性及应用研究[D]. 南京：河海大学，2006.

[190] 吴世伟. 结构可靠度分析[M]. 北京：人民交通出版社，1990.

[191] 肖盛燮. 模糊数学与工程应用[M]. 成都：成都科技大学出版社，1993.

[192] 谢鉴衡. 河床演变及整治[M]. 武汉：武汉大学出版社，1997.

[193] 谢世楞，谢善文. 新型空心方块斜坡堤结构在长江口深水航道治理工程中的应用[J]. 水运工程，2009 (1): 23-29.

[194] 熊明，许全喜，袁晶，等. 三峡水库初期运用对长江中下游水文河道情势影响分析[J]. 水力发电学报，2010 (1): 120-125.

[195] 徐国宾，张耀哲. 多沙河流河道整治新型工程措施试验研究[J]. 西北水资源与水工程，1994，5(3): 1-8.

[196] 徐静，李义天，崔正辉. 长江中游窑监大河段演变机理及发展趋势[J]. 水电能源科学，2012-9.

[197] 许全喜，胡功宇，袁晶. 近 50 年来荆江三口分流分沙变化研究[J]. 泥沙研究，2009 (5): 1-8.

[198] 许全喜，谈广鸣，张小峰. 长江河道崩岸预测模型的研究与应用[J]. 武汉大学学报（工学版），2005，37(6): 9-12.

[199] 许全喜，袁晶，伍文俊，等. 三峡工程蓄水运用后长江中游河道演变初步研究[J]. 泥沙研究，2011 (2): 38-46.

[200] 许全喜，朱玲玲，袁晶. 长江中下游水沙与河床冲淤变化特性研究[J]. 人民长江，2013，44(23): 16-21.

[201] 许全喜. 三峡工程蓄水运用前后长江中下游干流河道冲淤规律研究[J]. 水力发电

学报，2013，32(2): 146−154.

[202] 闫军，付中敏，陈婧，等. 长江中游藕池口水道河床演变及航道条件分析 [J]. 水运工程，2012 (1): 97−104.

[203] 杨超. 浅谈航道整治的原则任务及方法 [J]. 中国水运，2010，10 (12)：185−186.

[204] 杨怀仁，唐日长. 长江中游荆江变迁研究 [M]. 北京：中国水利水电出版社，1999.

[205] 叶敏，毛红梅. 荆江河段河道冲淤变化及影响分析 [J]. 人民长江，2003，34(1): 41−42.

[206] 周宜林，等. 非淹没丁坝附近三维水流运动特性的研究 [J]. 水利学报，2004.

[207] 周祥恕，刘怀汉，黄成涛，等. 下荆江莱家铺弯道河床演变及航道条件变化分析 [J]. 人民长江，2013，506(44):26−29.

[208] 应强，张幸农. 枢纽下游航道整治线宽度的确定方法 [J]. 水利水电科技进展 2009，29(2): 44−50.

[209] 余凡，等. 三八滩应急守护工程效果分析 [R]. 武汉：长江航道规划设计研究院，2005.

[210] 周冠伦. 航道工程手册 [M]. 北京：人民交通出版社，2014.

[211] 余文畴，卢金友. 长江河道崩岸与护岸 [M]. 北京：中国水利水电出版社，2008.

[212] 余文畴，卢金友，等. 长江河道演变与治理 [M]. 北京：中国水利水电出版社，2005.

[213] 余文畴. 长江河道认识与实践 [M]. 北京：中国水利水电出版社，2013.

[214] 袁达全，等. 长江中游沙市河段航道整治一期工程三八滩头部抗冲结构专题研究[R]. 武汉：长江航道规划设计研究院，2008.

[215] 袁达全，等. 三八滩头部抗冲结构专题研究 [R]. 武汉：长江航道规划设计研究院，2008.

[216] 詹世富. 航道工程学 (Ⅱ) [M]. 北京：人民交通出版社，2003.

[217] 张柏山，吕志咏，祝立国. 绕丁坝流动结构实验研究 [J]. 北京航空航天大学学报，2002，28(5): 585−588 .

[218] 张海燕，等. 河流演变工程学 [M]. 北京：科学出版社，1993.

[219] 张景明，严之菲. 软体排深水沉放结构受力试验分析 [J]. 水运工程，2002(10) : 34−35.

[220] 张景明. 长江口深水航道治理工程护底软体排结构设计 [J]. 水运工程，2006 (S2): 20−23.

[221] 张俊华，等. 河道整治及堤防管理 [M]. 郑州：黄河水利出版社，1998.

[222] 张明进，伍文俊. 浅谈数值模拟技术在长江中下游航道整治中的应用[J]. 水道港口，2010，31(2): 102−107.

[223] 张沛文. 论冲积性浅滩航道整治线宽度的确定 [J]. 水运工程，1979(3):25−32.

[224] 张为，李义天，江凌. 三峡水库蓄水后长江中下游典型分汊浅滩河段演变趋势预测 [J]. 四川大学学报工学版，2008，4.

[225] 张文捷，王玢，麻夏. 江河护岸新技术——四面六边透水框架群［M］. 北京：中国水利水电出版社，2002.

[226] 张文捷，王南海. 四面六边透水框架群用于长江护岸固脚工程实例及设计要点［J］. 江西水利科技，2002，28(1): 11−16.

[227] 张幸农，孙波. 冲积河流航道整治线宽度的研究［J］. 泥沙研究，2002(5): 48−53.

[228] 张修桂. 近代长江中游河道演变及其整治［J］. 复旦学报（社会科学版），1994 (6): 55−61.

[229] 张燕菁，胡春宏，王延贵. 国外典型水利枢纽下游河道冲淤演变特点［J］. 人民长江，2010，41(24): 76−80.

[230] 章平平，张志乐. 混凝土四面六边透水框架在坝下消能设计中的应用［J］. 水利技术监督，2001，2: 42−46.

[231] 长江航道规划设计研究院，长江重庆航运工程勘察设计院. 长江三峡工程航道泥沙原型观测 2006−2007 年度分析报告［R］. 2007.

[232] 长江航道规划设计研究院，武汉大学. 长江中游沙市河段航道整治三八滩控制守护工程工可阶段动床模型试验研究［R］. 2004.

[233] 长江航道规划设计研究院. 长江中游典型浅滩演变规律与整治措施研究［R］. 武汉：长江航道规划设计研究院，2002.

[234] 长江航道规划设计研究院. 长江中游马家嘴水道航道整治一期工程工程可行性研究报告［R］. 武汉：长江航道规划设计研究院，2004.

[235] 长江航道规划设计研究院. 长江中游碾子湾水道航道整治一期工程工程可行性研究［R］. 武汉：长江航道规划设计研究院，1999.

[236] 长江航道规划设计研究院. 长江中游藕池口水道航道整治一期工程工程可行性研究［R］. 武汉：长江航道规划设计研究院，2009.

[237] 长江航道规划设计研究院. 长江中游沙市河段航道整治一期工程工程可行性研究报告［R］. 武汉：长江航道规划设计研究院，2008.

[238] 长江航道规划设计研究院. 长江中游瓦口子水道航道整治控导工程工程可行性研究报告［R］. 武汉：长江航道规划设计研究院，2009.

[239] 长江航道规划设计研究院. 长江中游窑监河段航道整治一期工程工程可行性研究报告［R］. 武汉：长江航道规划设计研究院，2008.

[240] 长江航道规划设计研究院. 长江中游枝江～江口河段航道整治一期工程工程可行性研究报告［R］. 武汉：长江航道规划设计研究院，2008.

[241] 长江航道规划设计研究院. 长江中游周天河段航道整治控导工程工程可行性研究报告［R］. 武汉：长江航道规划设计研究院，2005.

[242] 长江武汉航道局. 长江中游沙市河段航道整治控导工程工可阶段数学模型研究［R］. 武汉：长江武汉航道局，2004.

[243] 长江航道局. 川江航道整治［M］. 北京：人民交通出版社，1998.

[244] 长江航道局. 航道工程手册［M］. 北京：人民交通出版社，2003.

[245] 长江流域规划办公室水文局. 长江中下游河道基本特征. 1983.
[246] 周根娣,固振华,高柱,等. 四面六边透水框架尾流场水力特性[J]. 长江科学院院报,2005,6(4): 9-12.
[247] 长江水利委员会. 三峡工程综合利用与水库调度研究 [M]. 武汉:湖北科学技术出版社,1997.
[248] 长江水利委员会长江勘测规划设计研究院. 长江荆江河段河势控制应急工程可行性研究报告(修订本)[R]. 武汉:长江水利委员会长江勘测规划设计研究院,2005.
[249] 长江水利委员会长江科学院. 长江荆江河段近期河道演变分析报告 [R]. 武汉:长江水利委员会长江科学院,2005.
[250] 长江武汉航道局. 藕池口水道航道维护工作浅析 [R]. 武汉:长江武汉航道局,2007.
[251] 赵世强. 丁坝的冲刷机理和局部冲刷计算 [J]. 重庆交通学院学报,1989,28(1):11-41.
[252] 中国科学院地理研究所,长江水利水电科学研究院,长江航道局规划设计研究所. 长江中下游河道特性及其演变 [M]. 北京:科学出版社,1985.
[253] 重庆交通大学. 长江中游航道整治丁坝稳定性关键技术研究 [R]. 重庆:重庆交通大学,2006.
[254] 周彬瑞,曹民雄,王秀红,等. 鱼骨坝工程刺坝最佳间距的研究 [J]. 水运工程,2006 (11):74-78.

索　引

X

Y

Z